Sabine Groß/Gerhard Sauder (Hg.)

Der frühe und der späte Herder:
Kontinuität und/oder Korrektur

Der frühe und der späte Herder: Kontinuität und/oder Korrektur

Early and Late Herder: Continuity and/or Correction

Beiträge zur Konferenz der
Internationalen Herder-Gesellschaft
Saarbrücken 2004

Herausgegeben von
Sabine Groß und Gerhard Sauder

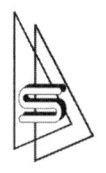

SYNCHRON
Wissenschaftsverlag der Autoren
Synchron Publishers
Heidelberg 2007

Die Drucklegung wurde ermöglicht durch die Unterstützung
der Fritz Thyssen Stiftung und der Deutschen Forschungsgemeinschaft.

Bibliografische Information der Deutschen Nationalbibliothek
Die Deutsche Nationalbibliothek verzeichnet diese Publikation in der
Deutschen Nationalbibliografie; detaillierte bibliografische Daten sind
im Internet über <http://dnb.ddb.de> abrufbar.

© 2007 Synchron Wissenschaftsverlag der Autoren
Synchron Publishers GmbH, Heidelberg
www.synchron-publishers.com
Umschlaglayout: Reinhard Baumann, München
Titelabbildung: Johann Gottfried Herder
Gussmedaille, Bronze, ø 112 mm
Gestaltung: Hubertus von Pilgrim, 2004
Satz: Marion Berner, Dortmund
Druck und Weiterverarbeitung:
Strauss GmbH, Mörlenbach
Printed in Germany
ISBN 978-3-935025-90-4

Inhalt

Vorwort 9

I. Orientierungen

GERHARD SAUDER
 Kein Herder-Bild 13

ULRICH GAIER
 Philosophie der Systeme und Organisationen
 beim frühen und späten Herder 33

GÜNTER ARNOLD
 Kontinuität und Geschichtlichkeit im Schaffen Herders 45

SILVIO VIETTA
 Herder und der Entwurf einer Poetik der Moderne 55

NICOLE WELTER
 Glückseligkeit und Humanität. Die Grundideen
 der Herderschen Bildungsphilosophie 65

VANNA CASTALDI
 Kontinuität und Diskontinuität im Werk Herders:
 Anthropologie und Geschichte 75

II. Kultur, Ethnien, Geografie

PETER A. ZUSI
 »Kein abgefallenes Blatt ohne Wirkung geblieben«: Organicism
 and Pluralism in Herder's Metaphorics of Culture 89

ANNE LÖCHTE
 Die Aufklärung der »Unmündigen«? Herders Beurteilung
 von Missionierungen 99

SONIA SIKKA
  Did Herder Have a Racial Theory? 111

CHENXI TANG
  Herder und die Entstehung der modernen Geographie 121

MARTIN MOMEKAM
  Entwicklungspolitische Impulse in Herders Geschichtsphilosophie . . 129

GONTHIER-LOUIS FINK
  Herders ambivalentes Verhältnis zu Frankreich im
  Journal meiner Reise im Jahr 1769 145

VLADIMIR A. AVETISJAN
  Herders Konzeption der Geschichte Russlands:
  Wandlungen und Aktualität 173

III. Theologie, Judentum, Philosophie

DANIEL WEIDNER
  Lesen, Schreiben, Denken – Herders *Leben Jesu* 185

MARKUS BUNTFUSS
  ›Eine höhere Gestalt als die unsre kennen wir nicht‹.
  Herders anthropologische Religionsästhetik 199

WULF KOEPKE
  Die höhere Nemesis des Christentums 211

JOST SCHNEIDER
  Herder und die Säkularisierung 221

KARL MENGES
  Hebräische Poesie, Rabbinisches Judentum, Haskala:
  Perspektiven jüdischer Identität bei Herder 229

DAVID L. SIMMONS
  Spinoza and the *Urkunden*. Herder's Exegesis of Genesis in
  the Context of His Early Studies of Spinoza ca. 1769–1774 243

HORST LANGE
  »Ich bin (k)ein Spinozist«. Warum sich Herders Berufung
  auf Spinoza gewandelt hat 253

IV. Poetik, Ästhetik, Genre

ANDRE RUDOLPH
    Kontinuum der Rhapsodie: Herder – Hamann – Shaftesbury 269

HARRO MÜLLER-MICHAELS
    Vom Erkennen, Empfinden und Träumen –
    Konstanten einer Anthropologie der Jugend 285

MICHAEL MAURER
    Die Briefe des jungen Herder – die Briefe des alten Herder 293

RALF SIMON
    Herders exegetische Autorschaft 307

LOTHAR VAN LAAK
    Bildlichkeit und Bildkonzepte beim späten Herder 321

NATALIE BINCZEK
    Zur Deutung der Gewänder: *Viertes kritisches Wäldchen*,
    Plastik und *Kalligone* 331

V. Sprache, Metaphorik, Übersetzung

MARIO MARINO
    Die Sprache: Demokratie oder Tyrannei?
    Über eine erfolgreiche Analogie bei Michaelis,
    Lambert, Beauzée, Herder 343

ULRIKE ZEUCH
    Figmente ex nullis ad nulla?
    Herders sprachphilosophische Prämissen in der *Abhandlung*
    und der *Metakritik* – kritisch betrachtet 355

SABINE GROSS
    Vom »Körper der Seele« zum »Damm der Affekte«.
    Zu Johann Gottfried Herders Metaphorik 369

RÜDIGER SINGER
    Hat Herder eine Theorie der Übersetzung entwickelt?
    Überlegungen, ausgehend von Schleiermachers
    Methoden des Übersezens 385

VI. Rezeptionsstrategien bei Herder / Herder in der Rezeption

RALPH HÄFNER
Macht der Willkür und Poesie des Lebens.
Herders Swedenborg-Lektüre zwischen Saint-Martin
und Friedrich Schiller 399

GUNDULA EHRHARDT
Attraktion und Repulsion. Herders frühe Burke-Rezeption
und »Kalligone« 415

WOLF GERHARD SCHMIDT
Paradigma des Sentimentalischen. Die Ossianrezeption
des späten Herder 425

JOHN H. ZAMMITO
Physiological Psychology: Herder's Engagement
with Haller in the 1770s 433

ERNEST A. MENZE
Johann Gottfried Herder, ›Young Germany,‹ and Beyond:
Problems of Reception 449

WOLFERT VON RAHDEN
»Nie wirklich satt und froh ...« – Nietzsches Herder 459

Namenregister 479

Die Beiträgerinnen und Beiträger 491

Summary 495

Vorwort

Die »Internationale Herder-Gesellschaft«/»International Herder Society« (IHS) veranstaltet ihre großen Tagungen alle zwei Jahre an der Universität des jeweiligen Präsidenten. Für die Universität des Saarlandes als Tagungsort (26.-28. August 2004) war dies ein ›Jubiläum‹: Im November 1984 fand in Saarbrücken die 9. Jahrestagung der »Deutschen Gesellschaft für die Erforschung des achtzehnten Jahrhunderts« über Herder statt. Es war das erste Herder-Symposion in der Bundesrepublik! Seither hat sich die Erforschung von Herders Lebenswerk intensiviert und differenziert; erfreulich sind die zahlreichen Beiträge von jungen Forscherinnen und Forschern, die aus der jeweiligen Gegenwart heraus immer wieder neue, erhellende Perspektiven auf Herders Schriften eröffnen.

Mit dem Thema der Tagung »Der frühe und der späte Herder: Kontinuität und/oder Korrektur« wurde ein Wunsch zahlreicher Mitglieder der IHS erfüllt, den späten Herder mehr als in bisherigen Herder-Gesprächen zu Wort kommen zu lassen. Aus der Sicht verschiedener Disziplinen wurden Werk- und Lebenspositionen, Kontinuität und Korrektur im Œuvre kenntlich gemacht.

An einem Tag fanden die Teilnehmer der Tagung gastfreundliche Aufnahme im Schloss Klingenthal im Elsass. Dafür gebührt der Johann Wolfgang von Goethe-Stiftung in Basel und ihrer Präsidentin, Frau Prof. Dr. Marie-Paule Stintzi, besonderer Dank.

Ohne die finanzielle Förderung von vielen Seiten wäre die Tagung nicht möglich gewesen. Wir danken der Deutschen Forschungsgemeinschaft, dem Minister für Bildung, Kultur und Wissenschaft des Saarlandes, der Saartoto GmbH, der Vereinigung der Freunde der Universität des Saarlandes, der ASKO EUROPA-STIFTUNG, dem Frankreichzentrum der Universität des Saarlandes, der Alfried Krupp von Bohlen und Halbach-Stiftung, dem DAAD und der Fritz Thyssen-Stiftung für Wissenschaftsförderung. Die Botschaft von Lettland (Berlin) überließ uns für die Dauer der Tagung ihre Ausstellung »J.G. Herder und Riga« – dafür sei herzlich gedankt. Allen Teilnehmern – nicht zuletzt den Saarbrücker Mitarbeitern – danken wir für das Gelingen der Saarbrücker Herder-Tagung.

Ein Großteil der Konferenzbeiträge wird hiermit in überarbeiteter und in vielen Fällen erweiterter Form vorgelegt. Dieser Band erscheint im Synchron Verlag, wo seit 2004 auch das im Zweijahresrhythmus veröffentliche Herder-Jahrbuch zu Hause ist. Dokumentiert wird zum einen die beeindruckende Multi- wie auch Interdisziplinarität, die die Forschung zu Herder kennzeichnet und sich in der Beschäftigung mit wohl kaum einem anderen Autor so ausgeprägt findet. Zum anderen laden die Beiträge in vielfacher Hinsicht dazu ein, Querverbindungen aufzunehmen und neu zu fügen. Die von den Herausgebern gewählte Einteilung gliedert die Beiträge nach disziplinären, thematischen oder methodologischen Gesichtspunkten und erleichtert auswählendes Lesen nach Interessenschwerpunkten, stellt aber – darauf sei einleitend ausdrücklich hingewiesen – nur *eine* mögliche An- und Einordnung der Beiträge dar. Der Band lohnt nicht nur »lineare« Lektüre, sondern kann den LeserInnen gerade auch beim »Springen« zwischen Sektionen neue Erkenntnisse und Zusammenhänge eröffnen. Um nur einige Beispiele zu nennen: In mehreren Beiträgen wird die Problematik einer disziplinären Abgrenzung beispielsweise der Theologie zur Ästhetik (Buntfuß, Rudolph) oder Anthropologie (Löchte) deutlich; über die Verbindung von Physiologie und Geografie lässt sich Tangs Beitrag mit Zammitos in Beziehung setzen; während neben der metaphorischen (Groß) die materielle (Binczek) Bedeutung von Kleidung und Einkleidungen bei Herder beleuchtet wird, bieten andererseits Beiträge zur Allegorie (van Laak) und Kulturtheorie (Zusi) bei Herder auch wichtige Beiträge zur Rolle von Bildlichkeit und Metapher; und nicht zuletzt bilden Geschichtsphilosophie sowie Anthropologie – letztere beispielsweise bei Zammito, Buntfuß, Müller-Michaels, Löchte, Momekam und Castaldi – eine Unterfütterung für eine Reihe der Beiträge.

Deutlich wird: Es sind nicht zuletzt die vielfachen transdisziplinären Überschneidungen von Philosophie, Literatur, Geschichte und Theologie, die zum dynamischen Charakter der gegenwärtigen Herder-Forschung beitragen. Neue Erkenntnisse finden sich sowohl im Rahmen durchaus gängiger und nach wie vor produktiver literaturwissenschaftlicher oder -historischer Kategorien (»Genre«, Rezeptionsgeschichte) als auch in Forschungsbereichen, die sich erst in jüngerer Zeit im Kontext innovativer (inter)disziplinärer Ausdifferenzierungen, vor allem auch durch Impulse aus dem angloamerikanischen Bereich (race and postcolonial theory, cosmopolitanism), etabliert haben. So bietet der Band über die in der Rahmen-Kategorisierung explizit gemachten Verbindungen hinaus eine Polyphonie von Stimmen unterschiedlicher Herkunft (im disziplinären wie geografischen Sinne) und Ausrichtung, die sich auf anregende Weise(n) miteinander in Beziehung setzen lassen.

Die neue Herder-Medaille, die auf dem Umschlag abgebildet ist, wurde von Hubertus von Pilgrim (München) geschaffen, dem wir hiermit im Namen der Gesellschaft unsere dankbare Anerkennung für sein Werk aussprechen.

Madison/Saarbrücken, im Frühjahr 2007
Sabine Groß/Gerhard Sauder

I. Orientierungen

GERHARD SAUDER

Kein Herder-Bild

Wenn zeitgenössische Dichter Herder zu charakterisieren versuchten, griffen sie mit Vorliebe nach den Sternen und Lichtphänomenen. Am berühmtesten wurde Jean Pauls Bemerkung, Herder habe den Fehler gehabt, »daß er kein Stern erster oder sonstiger Größe war, sondern ein Bund von Sternen, aus welchem sich dann jeder ein beliebiges Sternbild buchstabiert ...«.[1] Mit der Zerstreuung und Konzentration von Licht verglich auch Matthias Claudius den Schriftsteller Herder: »Ihr habt eine besondre Gabe, ein Ding aufzufassen und hundert zerstreute Spiegelscherben zu stellen, daß sie die Strahlen auf *einen* Punkt werfen.«[2] Für Goethe war die »Älteste Urkunde« so außerordentlich, dass er sich außerstande sah, zumindest ihre Konturen nachzuzeichnen: »es ist ein so mystisch weitstrahlsinniges Ganze, eine in der Fülle verschlungner Geschöpfsäste lebend und rollende Welt, dass weder eine Zeichnung nach veriüngtem Maasstab, einigen Ausdruck der Riesengestalt nachäffen, oder eine treue Silhouette einzelner Teile, melodisch sympathetischen Klang in der Seele anschlagen kann«.[3]

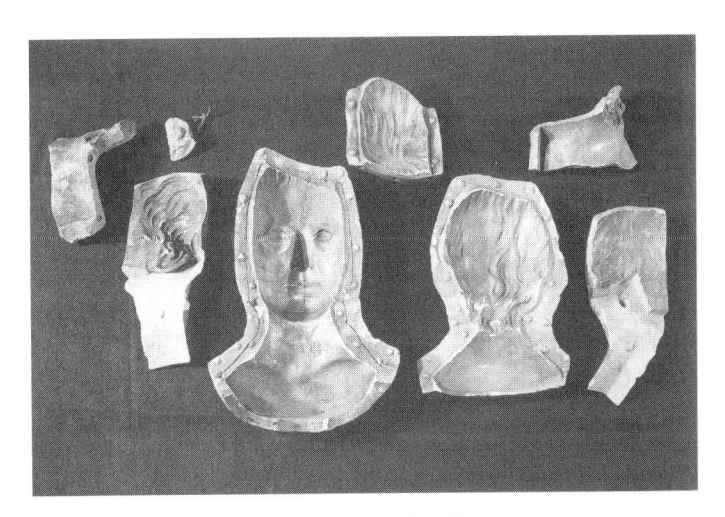

Abb. 1: Martin Gottlieb Klauer:
Abgussformen für die Herder-Büste, 1781/83.

---

1   Jean Paul: Werke. Fünfter Bd. Vorschule der Ästhetik. Levana oder Erziehlehre. Politische Schriften. Hg. von Norbert Miller. München 1963, S. 443.
2   Matthias Claudius an Herder, Wanderbek, den 3. Oktober 1785. In: Matthias Claudius: Briefe an Freunde. Hg. von Hans Jessen. Bd. I. Berlin 1938, S. 319.
3   Goethe an Gottlieb Friedrich Ernst Schönborn, 8. Juni 1774. In: Der junge Goethe. Hg. von Hanna Fischer-Lamberg. Bd. 4, Berlin 1968, S. 23.

Herder lässt sich offenkundig nur fragmentiert wahrnehmen. Deshalb fehlt heute eine zufriedenstellende Herder-Monographie. Aus heutiger Sicht kommt die generelle Problematisierung des Subjekts hinzu. Alle Versuche erscheinen gegenwärtig fragwürdig, wenn sie einen *ganzen* Herder imaginieren wollen. Dabei erweist sich schon bei physiognomischen Versuchen die Sprache als Hindernis. Ein leibhaftiges Gesicht als Gegenstand lässt sich sprachlich nicht vermitteln, geschweige denn eine historische Gestalt. Gesichtsbeschreibungen und Monographien werden immer wieder unternommen, obwohl sie eigentlich nicht möglich sind. Eine Ausnahme stellen literarische Gesichtsbeschreibungen dar, wie Peter von Matt[4] gezeigt hat. Goethe versuchte in seinem großen Herder-Kapitel in »Dichtung und Wahrheit« das fast Unmögliche:

> Er hatte etwas Weiches in seinem Betragen, das sehr schicklich und anständig war, ohne daß es eigentlich adrett gewesen wäre. Ein rundes Gesicht, eine bedeutende Stirn, eine etwas stumpfe Nase, einen etwas aufgeworfenen, aber höchst individuell angenehmen, liebenswürdigen Mund. Unter schwarzen Augenbrauen ein Paar kohlschwarze Augen, die ihre Wirkung nicht verfehlten, obgleich das eine rot und entzündet zu sein pflegte.[5]

Karoline Herder fasste sich kürzer: Seine »äußere Gestalt entsprach dem Innern: ein geist- und ausdrucksvolles Gesicht, in einem jugendlich zarten und höchst elastischen, kräftigen, lebensvollen Körper«.[6] Wer sich später einen Eindruck von Herders Aussehen durch Abbildungen hatte verschaffen wollen, der verwarf in seiner Gegenwart alle abbildenden Versuche. So schreibt J.G. Müller in seinem Tagebuch (7. Oktober 1780): »Weg wie ein Blitz alle Silhouetten, Kupferstiche, Beschreibungen u. dgl.«[7]

Vom Kind oder Jugendlichen Herder gibt es keine bildliche Vorstellung. Zu arm waren seine Eltern, um sich selbst oder ihre Kinder malen oder porträtieren zu lassen. Herders Kindheit war alles andere als glücklich. Er litt unter pedantischen und strafwütigen Lehrern, die er noch aus später Erinnerung als »schwarze Perücken«, »Menschenverderber« und »fromme Tiger« bezeichnete. »Die ersten Bilder meiner Jugend sind mir dabei natürlich meistens traurige Bilder; und manche Eindrücke der Sklaverei möchte ich, wenn ich mich ihrer erinnere, mit theuren Blutstropfen abkaufen.«[8] Übereinstimmend berichten die Zeitgenossen, dass Herder wegen seiner dürftigen Gestalt und gepeinigt durch sein Augenleiden als unglückliches Kind Gegenstand des Mitleids war.[9] Er galt als furchtsam, schüchtern und seine Stimme »war nur halblaut«.[10]

---

4   Peter von Matt: ... fertig ist das Angesicht. Zur Literaturgeschichte des menschlichen Gesichts. München/Wien 1983, S. 97f.
5   Johann Wolfgang Goethe: Aus meinem Leben. Dichtung und Wahrheit. Hg. von Peter Sprengel. In: J.W. Goethe. Sämtliche Werke nach Epochen seines Schaffens. Münchner Ausgabe. Hg. von Karl Richter in Zusammenarbeit mit Herbert Göpfert, Norbert Miller und Gerhard Sauder [= MA]. Bd. 16, S. 434.
6   Karoline Herder über H. (R 141).
7   J.G. Müller (Tagebuch 7. Okt. 1780) (R226).
8   Johann Gottfried Herder: Briefe Fünfter Band. September 1782–August 1788. Bearbeitet von Wilhelm Dobbek † und Günter Arnold. Weimar 1979 (= DA), S. 252.
9   Vgl. Johann Gottfried von Herders Lebensbild. Erster Band, erste Abteilung. Hg. von seinem Sohne Emil Gottfried von Herder. Erlangen 1846, S. 149 (Zit. nach der Repr. – Ausg. Hildesheim – New York 1977).
10 Vgl. den Bericht von Karoline Herder. In: Hans Reisiger: Johann Gottfried Herder. Sein Leben in Selbstzeugnissen, Briefen und Berichten. Berlin 1944 [¹1942], S. 15.

Abb. 2: Unbekannt: Herders Geburtshaus in Mohrungen.
Holzstich, 1892.

Der Königsberger Student in spe wird wegen kleinstädtischer Kleidung und Schüchternheit zunächst vom Dekan der Philosophischen Fakultät nicht geprüft, ob er überhaupt immatrikuliert werden könne. Mit unfreundlichen Worten verschiebt er das Prüfungsgespräch. Nach dem Äußeren zu urteilen, werde es wahrscheinlich erfolglos sein.[11] Ein Freund, mit dem er Vorlesungen bei Kant hörte, erinnert sich: »er war damals schüchtern und still; sein Gang war gebückt und schnell – seine Augen mehrentheils krank; seinem Äußern sahe man es an, daß er arm war; sein Geist war aber schon damals reich [...]«.[12] Mit solchen Formulierungen

---
11 Vgl. J.G. v. Herders Lebensbild (wie Anm. 9), S. 157.
12 Vgl. J.G. v. Herders Lebensbild (wie Anm. 9), S. 137 [Aus dem Briefe eines Freundes von dem Herrn Bürgermeister Carl Wilpert in Riga an diesen].

bezeichneten Romanautoren der Aufklärung den Zeittypus des ›Hypochondristen‹. Aber der junge Herder übernahm mitnichten diese naheliegende Rolle unter Gleichaltrigen. Er kletterte gern auf Bäume, um stundenlang dort oben zu lesen,[13] verschaffte sich immer viel Bewegung, lief Schlittschuh und ritt, falls er ein Pferd geliehen bekam, für sein Leben gern.

Der in Mohrungen gedrückte und versklavte junge Mann hat schon als Dienstbote des Diakons Trescho Gedichte geschrieben, die immer wieder an das erwachende Selbstbewusstsein appellierten, sich zu »fühlen«,[14] »Ich zu seyn«,[15] »Mensch fühl ich mich«,[16] »Es schläft in mir! im Schoos des Chaos schläft / welche Gedankenwelt!«,[17] »Mich sing ich! Welt und Gott ein All in mir! / ich bin mir Gott und / Lied und Welt und Phöbus mir! / Selbst bin ich –.«[18] »... dein Genius / sei du dir! (Ernsthaft rührt er mein Auge an!)«;[19]

> Nein! *mich selbst* will ich suchen,
> daß ich mich endlich finde,
> und dann mich nie verliere,
> und dann mich Freunden schenke,
> bis ich ein Mädchen finde.
> Komm, sei *mein Führer*, Rousseau![20]

Neben Rousseau wird auch Kant als Mentor angerufen. Diesem war der kluge Student bereits aufgefallen. Hamann meinte Herders Empfehlung an Lindner in Riga (17.10.1764) nicht ironisch: »Ich kann Ihnen also nach meinem besten Gewißen versichern, daß Sie an diesem liebenswürdigen Jüngling mit etwas triefenden Augen, ein Andenken bey Ihrer Schule hinterlaßen werden, das Ihre übrigen Verdienste um selbige krönen wird.«[21]

Die »eigentümliche Abneigung« Herders, bei der Toilette in den Spiegel zu sehen,[22] mag auf den Überdruss zurückgehen, den er wegen des ständig entzündeten Auges (seit dem 5. Lebensjahr) angesichts seines Konterfeis empfand. Aber er kannte Mittel der Kompensation: Zunächst die zahlreichen lyrischen Versuche mit dem Zentralthema der Ich-Stärkung, dann aber auch erste literaturkritische Versuche, die Herder die schöne Selbsterfahrung der Autorschaft ermöglichen.

Mit einem Lieblingsausdruck Hamanns, der ›Autorschaft‹, machte er allerdings in Riga nicht die besten Erfahrungen. Seine anonym veröffentlichten Schriften, die »Fragmente« und »Kritischen Wälder«, versuchte er mit zum Teil rührenden Mitteln zu verleugnen. Selbst Freunden gegenüber stritt er seine Autorschaft ab. Kant gegenüber erklärt er sich, da auch er auf seine Autorschaft zu sprechen kam:

> Nicht, als wenn ich so viel Unverantwortliches geschrieben; sondern vornehmlich weil mein Name dabei so bekannt, u. auf manchen Lippen so sehr abusirt worden. [...] Mein vester Vorsatz, u. ich

---

13 Vgl. J.G. v. Herders Lebensbild (wie Anm. 9), S. 145 [Aus von Balzko's Nachtrag ...].
14 J.G. v. Herders Lebensbild (wie Anm. 9), S. 171.
15 Ebd., S. 173.
16 Ebd., S. 191.
17 Ebd.
18 Ebd., S. 197.
19 Ebd., S. 233.
20 Ebd., S. 252.
21 Hamann an Johann Gotthelf Lindner, Königsberg, den 17. Oktober 1764. In: Johann Georg Hamann: Briefwechsel. Zweiter Band 1760–1769. Hg. von Walther Ziesemer und Arthur Henkel. Wiesbaden 1956, S. 270f.
22 Vgl. den Bericht von Karoline Herder. In: Hans Reisiger: Johann Gottfried Herder (wie Anm. 10), S. 140.

schreibe dies kaltblütig hin, war, völlig ohne Namen zu schreiben, bis ich die Welt mit einem Buche überraschen könnte, das meines Namens nicht unwürdig wäre. Hiezu, u. aus keiner andern Ursache wars, daß ich hinter einer Blumendecke eines verflochtenen Styls schrieb, der mir nicht eigen ist, u. Fragmente in die Welt sandte, die bloß Vorläuferinnen seyn wollen, oder sie sind unleidlich ...[23]

Herder fürchtete sich vor dem Gerede, das auch in Riga aufkam. Man hielt es für unschicklich, dass ein Prediger in Rezensionen abgestraft und sein Ansehen dadurch herabgesetzt würde. Nicolai gegenüber verleugnete er in einem Brief vom 10. Januar 1769 ausdrücklich seine »Kritischen Wälder«. Er wisse von Ihnen nichts. Der Verfasser wolle unbekannt bleiben. Auch der Verleger Hartknoch könne den Ort seines Aufenthalts nicht verraten.[24] In der »Allgemeinen deutschen Bibliothek« von 1769 ließ er eine Erklärung einrücken, in der er sich gegen die Angriffe von Klotz wehrte, der diese Schrift ihm zuschreibe, was ihm Gelegenheit gebe, sein Amt, seinen Stand und seinen Aufenthalt zu beschimpfen, »ohne alle Rücksicht auf Ehrbarkeit, Publikum und menschliche Rechte. Ich protestiere nochmals gegen die *kritischen Wälder*, mit deren Ton ich ebensowenig zufrieden bin als Herr Klotz; beklage mich aber bei dem unparteiischen Publikum über solche persönliche Angriffe und Beleidigungen recht empfindlich. Herder.«[25]

Hamann ermahnte seinen jüngeren Freund, sich künftig nicht mehr mit einem so »kleinen Geist und offenbaren Marktschreyer« anzulegen und dem »Publico *en detail* Ihre Autorenempfindlichkeit und eine mehr eitle als gründl. Rache zu verrathen oder sich wenigstens den Verdacht davon zuzuziehen«.[26] Später wird Herder seine Autorschaft mit der unverzichtbaren Hilfe seiner Frau vereinigen. Er folgte Hamanns Aufforderung: »Geben Sie Ihr die Hosen Ihrer Autorschaft, ich meyne die Censur Ihres Styls und ziehen Sie darüber Ihren Geschmack und Ihr Urtheil zu Rathe, daß Ihnen beßere Dienste thun wird als alle Kunstrichter und Freunde [...].«[27] Für Herder war die Rede von der Mitautorschaft seiner Frau keine leere Floskel. Für die Zeit der »Ideen«, die unter »so vielen Kümmernissen und Ermattungen von innen u. Turbationen von außen« geschrieben wurden, verweist er auf seine Frau, »die eigentlich Autor autoris meiner Schriften ist«, und auf Goethe: beide hätten ihn »unabläßig ermuntert u. getrieben«, die »Ideen« weiterzuschreiben.[28]

Es klingt paradox: Der junge Herder, der nicht mehr gebückt gehen will, sondern den aufrechten Gang probt, findet eine seiner wichtigsten Rollen im Schreiben. Er veröffentlicht seine Arbeiten, aber seine Autorschaft soll verborgen bleiben. Er glaubt, sein geistliches Amt damit vor kritischer Verunglimpfung schützen zu müssen. Zu seinem sichtbaren ›Augenübel‹ sollten nicht noch Gerüchte kommen, die auch in einer größeren Stadt, einem Handelsplatz wie Riga, schnell wucherten. 1767 unterzieht er sich einer Augenkur, die seiner »Thränenfistel abhelfen soll«[29] und ihn dazu verurteilt, zwei Monate halb im Finstern zu sitzen

---

23 Herder an Immanuel Kant. Riga, November 1768. DA 1, Weimar 1977, S. 118.
24 Herder an Christoph Friedrich Nicolai. Riga, 27. Dezember 1768 und 10. Januar 1769. Da 1, Weimar 1972, S. 128.
25 Zit. nach Hans Reisiger: J.G.H. (wie Anm. 10), S. 74.
26 Hamann an Herder, Königsberg, den 13. März 1769. In: Johann Georg Hamann: Briefwechsel. Zweiter Band (wie Anm. 21), S. 435.
27 Hamann an Herder. Königsberg, den 14. März 1775. In: Johann Georg Hamann: Briefwechsel. Dritter Band. 1770-1777. Hg. von Walther Ziesemer und Arthur Henkel. Wiesbaden 1957, S. 168.
28 Herder an Georg Hamann, Weimar, 10 Mai 1784. DA 5, Weimar 1979, S. 43.
29 Herder an Johann Georg Scheffner, Riga, März 1767. DA 1, Weimar 1977, S. 76.

und auf das Ausgehen, Wein, Liebe, Lesen, Schreiben und Studieren zu verzichten. Erfolg scheint sich nicht eingestellt zu haben. 1770 unternimmt er noch einen Versuch, sein Augenleiden zu kurieren. Es gibt jetzt einen neuen Grund, sein Aussehen zu verbessern – nach Darmstadt gehen zahlreiche Briefe an Karoline Flachsland. Aus Straßburg schreibt er ihr am 9./10. September: »Zuerst will ich mir, wo möglich, mein Auge operiren lassen; ich will erst so gesund u. ganz werden, als ich kann, ehe ich weiter fürs Äußere denke [...].«[30] Für die Freundin will er »ganz« werden. Aber auch dieser Operationsversuch misslingt. Die Martern der damaligen Medizin erträgt Herder – nach dem Zeugnis Goethes, der ihm manchen Tag im verdunkelten Hotelzimmer Gesellschaft leistet – mit großer Geduld; sechs Tage muss er eine Bleistange in der Nase tragen; in die zwei Zoll tiefe Wunde wird »täglich zweimal eine Wicke [Docht] gesteckt und geprützt [...]«.[31] An die Darmstädter Freundin berichtet er Mitte März 1771, die sechsmonatige Kur sei jetzt zu Ende,

> aber, haben Sie mit mir Mitleiden, nach allen Schmerzen, Kosten, Abmattungen, Versäumnißen u. Verdruß und Kränkungen, ist's schlechter, als es je gewesen, roth, aufgedrungen, voll Materie, ein Abscheu der Leute, das es voraus nicht war. Die Cur fehlgeschlagen! die Hoffnung der Cur verlohren! auf eine Lebenszeit schlimmer, unheilbar, u. wer weiß, von welchen gefährlichen Folgen gemacht [...].[32]

Aber für das nicht zu kurierende Leiden, das Triefauge, hatte Herder eine andere Eigenschaft seiner Körperlichkeit als Kompensation. Wer es nicht ertrug, dem Prediger oder Sprechmenschen länger ins Gesicht zu sehen – »ein Abscheu der Leute« –, hörte Herder einfach zu. Über seine Stimme und seine Sprachmelodie sind außerordentliche Zeugnisse überliefert. Karoline Flachsland scheint sich in Herders Stimme verliebt zu haben, als er am 19. August 1770 in der Darmstädter Schlosskirche predigte: »Ich hörte die Stimme eines Engels und Seelenworte, wie ich sie nie gehört!«[33] Sturz berichtet in einem Brief an Boie vom Sommer 1777 über den Eindruck, den Herders Predigt in Pyrmont machte: »Alle Herzen öfneten sich; jedes Aug hing an ihm und freute sich ungewohnter Thränen; nur Seufzer der Empfindung rauschten durch die bewegte Versammlung.«[34] Im August 1787 ist in Weimar an die Stelle der empfindsamen Wirkung eine eher nüchterne getreten. Schiller berichtet dem Freunde Körner am 12. August 1787, die ganze Predigt »glich einem Discours, den ein Mensch allein führt, äusrst plan, volksmäßig, natürlich. Es war weniger eine Rede als ein vernünftiges Gespräch. [...] Einfach wie sein Inhalt ist auch der Vortrag, keine Gebehrdensprache, kein Spiel mit der Stimme, ein ernster und nüchterner Ausdruck. Es ist nicht zu verkennen, daß er sich seiner Würde bewußt ist.«[35] Dieser Predigtstil, der die körperliche Predigtrhetorik auf ein Minimum reduzierte, hatte bereits im voraus in Bückeburg zu dem Gerücht geführt, er könne nicht predigen. Von seiner Antrittspredigt dort berichtet der fürstliche Beamte Westfeld enttäuscht:

---

30 Herder an Karoline Flachsland, Straßburg, 9. und 10. September 1770. DA 1, Weimar 1977, S. 210.
31 Herder an Karoline Flachsland, Straßburg, 28. Oktober 1770. DA 1, Weimar 1977, S. 268.
32 Herder an Karoline Flachsland, Straßburg, nach Mitte März 1771. DA 1, Weimar 1977, S. 316.
33 Bericht von Karoline Herder. In: Hans Reisiger: Johann Gottfried Herder (wie Anm. 10), S. 101.
34 [Helfrich Peter Sturz]: Auszüge aus Briefen. I. vom Hrn. E. R. St. In: Deutsches Museum, Oktober 1777, S. 374.
35 Schiller an Körner, Weimar, den 12. und 13. August 1787. In: Schillers Werke. Nationalausgabe. 24 Bde. Briefwechsel. Schillers Briefe 17.4.1785–31.12.1787. In Verbindung mit Walter Müller-Seidel hg. von Karl Jürgen Skrodzki. Weimar 1989, S. 128.

Zum Kirchenredner fehlte es ihm auch wirklich an körperlichen Talenten; er war fast klein, war sehr schmal und zart gebaut, hatte kein blühendes, sondern vielmehr ein schwächliches Ansehen, eine blasse, schwärzliche Gesichtsfarbe; gab sich, indem er sich stark pudern ließ, ein noch totenhafteres Äußeres; in seinen körperlichen Bewegungen zeigte er zwar viel Gesetztheit und Anstand, aber doch wenig Leben. Der Ton seiner Stimme war schwach und einförmig. Für das Zimmer deklamierte er äußerst schön und gefällig, aber in einer großen Kirche machte seine Deklamation keinen Effekt.[36]

Diesem Urteil hätte Goethe widersprochen. Er schätzte Herders Art zu lesen sehr. Das Vorlesen aus einem Roman nennt er »ernst und schlicht«. Er verzichte auf alle »dramatisch-mimische Darstellung« und »Mannigfaltigkeit« durch Abwechslung des Tons für verschiedene Personen. »Ohne monoton zu sein ließ Herder alles in Einem Ton hintereinander folgen, eben als wenn nichts gegenwärtig, sondern alles nur historisch wäre, als wenn die Schatten dieser poetischen Wesen nicht lebhaft vor ihm wirkten, sondern nur sanft vorübergleiteten. Doch hatte diese Art des Vortrags aus seinem Munde, einen unendlichen Reiz [...].«[37]

Herders Stimme scheint eine geradezu erotisierende Wirkung gehabt zu haben. So erzählt Karoline Schlegel, er habe sie durch seinen kurländischen Akzent »entzückt und fast verliebt gemacht«, Leichtigkeit, Würde und geistreiche Anmut lebe in allem, was er sage – »er sagt kein Wort, das man nicht gern hörte – so hat mir seit langer Zeit kein Mensch gefallen.«[38] So wirkte Herders Rede auch auf Wilhelm von Humboldt: »Nie vielleicht hat ein Mann schöner gesprochen als Herder, wenn man, was bei Berührung irgendeiner leicht bei ihm anklingenden Saite nicht schwer war, ihn in aufgelegter Stimmung antraf. Alle seltenen Eigenschaften dieses mit Recht bewunderten Mannes schienen, so geeignet waren sie für dasselbe, im Gespräch ihre Kraft zu verdoppeln.«[39]

Herder hatte spätestens in Bückeburg, nach ersten Erfolgen in Riga, die »Predigerfigur« für sich in einer von der Norm abweichenden Interpretation angenommen. Dieser Identifizierungsversuch bestimmte auch sein Äußeres, Frisur und Kleidung. Goethe erkannte den jungen Geistlichen im Halbdunkel des Treppenhauses im Hotel »Zum Geist« in Straßburg an seinem originellen ›Cachet‹ als Herder, ohne ihn je gesehen zu haben.[40] Gerade die performative Abweichung vom Üblichen charakterisierte Herder. In den »Provinzialbriefen« (XI) meint er sich selbst:

Predigerfigur allein interessierte ihn wenig, und wie ich oft bemerkte, nicht zum besten: er zog sich immer, unwissend und wo er nur konnte, lieber zu andern guten Leuten zurück und lebte in Wüste. Welchen Geistlichen [...] haben Sie je gesehen, der nur eine natürliche *Menschensprache* habe? Der nur im ungestörtesten Gesellschaftskreise zwischen Niederträchtigkeit und Grobheitsstolz, die wahre edle Mitte guter Sitten, geschweige denn, *Einfalt, Würde, Göttlichkeit, erhabne Ruhe* seines Standes träfe – Wie sie kriechen, oder sich brüsten –, und vergebens, daß ihn die Erfahrung in edlen Ausnahmen, hie und da ein andres lehrte![41]

---

36 Bericht von Westfeld. In: Hans Reisiger: Johann Gottfried Herder (wie Anm. 10), S. 142.
37 Johann Wolfgang Goethe: Aus meinem Leben. Dichtung und Wahrheit, MA 16, S. 457f.
38 Karoline Schlegel über Herder. In: Hans Reisiger: Johann Gottfried Herder (wie Anm. 10), S. 327.
39 Wilhelm von Humboldt über Herder. In: Ebd., S. 328.
40 Vgl. Goethe: Aus meinem Leben. Dichtung und Wahrheit. MA 16, S. 434.
41 Johann Gottfried Herder: Theologische Schriften. Hg. von Christoph Bultmann und Thomas Zippert. In: J.G.H.: Werke in zehn Bänden. Hg. von Günter Arnold u.a. (= FA), Bd. 9/1, Frankfurt a.M. 1994, S. 115f.

Abb. 3: Johann Heinrich Lips: Johann Gottfried Herder. Kupferstich, um 1774.
Abb. 4: Joachim Ludwig Strecker: Johann Gottfried Herder. Öl auf Leinwand, 1775.

Dabei ging es nicht ohne ein wenig Maskerade. Dies ist eines der Stichworte in der Diskussion um die kulturelle Konstruiertheit der Geschlechter. »Maskerade verweist auf die Ebene der Repräsentation, auf den kulturellen Akt der Darstellung und kann so hartnäckige Vorstellungen einer vordiskursiven Natur zurückweisen. [...] Symptomatisch durchziehen Masken, Maskeraden, Fetischismus, Schleier-Metaphorik, (Ver-)Kleidung, Mode und Tra(ns)vestie die wesentlichen (Kultur-)Diskurse.«[42] Die Maskerade in ihrer für Herder keineswegs zu unterschätzenden Bedeutung beginnt im Zuge von Auseinandersetzungen mit dem Inspektor des Königsberger Friedrichskollegs, Domsien. Er forderte als Requisit eines tüchtigen Lehrers – neben Kenntnissen – »auch noch eine – Perücke *auf* dem Kopf. Herder protestierte dagegen blos deswegen, weil eine Hauptdecke, die ihm sein natürliches Haar gab, *weniger kostete*, als jene künstliche.«[43] Erst als er sich auf die Reise nach Riga vorbereitete, trug Herder eine Perücke. Während der Frankreich-Reise scheint er wieder davon abgekommen zu sein – beim ersten Zusammentreffen mit Goethe in Straßburg war sein »gepudertes Haar [...] in eine runde Locke aufgesteckt«;[44] den Bückeburger Herder stellt sich Karoline Flachsland mit seinem »hohen« Toupee vor.[45] Herder weiß, dass seine Akzeptanz unter den Menschen, besonders unter den Kirchenbesuchern, einer Ästhetik der Inszenierung bedarf. Die an Sicherheit zunehmende Konstruktion des Ich lässt Kleidung und Frisur während der Reisemonate nicht außer Acht. Die Körperlichkeit des Haars und seine Gestaltbarkeit ermöglichen eine Veränderung der Silhouette und eine eigene Physiognomik des Haars – nicht ohne Grund wird in vielen Berichten über Begegnungen mit Herder diese scheinbare Nebensäch-

---

42 Maskeraden. Geschlechterdifferenz in der literarischen Inszenierung. Hg. von Elfi Bettinger und Julia Funk. Berlin 1995, S. 8f.
43 Borowsky's erster Beitrag zur Jugendgeschichte Herder's. 24. Juli 1804. In: Johann Gottfried von Herders Lebensbild. I, 1 (wie Anm. 9), S. 81.
44 Johann Wolfgang Goethe: Aus meinem Leben. Dichtung und Wahrheit. MA 16, S. 434.
45 Karoline Flachsland an Herder, Darmstadt, den 10 Mai 1771. In: Herders Briefwechsel mit Caroline Flachsland, hg. von Hans Schauer. Erster Band: August 1770 bis Dezember 1771. Weimar 1926 (= Schriften der Goethe-Gesellschaft, 39. Bd.), S. 202.

lichkeit erwähnt. Die gepuderten Haare und das weiße Gesicht müssen auf die biederen Bückeburger und Weimarer merkwürdig gewirkt haben.

Längerfristig schadet ihm sein »schöngekräuselt Haar« bei den Bauern oder Dorfschulmeistern der winzigen Residenzstadt Bückeburg.[46] In Weimar trug er keine Perücke, aber er puderte sich.[47] Seit 1780 sei er - so an Hamann - »alt u. grau geworden«. »Meine Haare fallen wie Stoppeln hinweg u. ich kann mit dem Scheitel kaum die Glatze mehr decken, ein junger Greis vom Baume, der auf seinem Stamm verdorret.«[48]

Warum brauchte der junge Herder bis zu seiner Berufung nach Weimar seine kleine Maskerade? Die Selbstverpflichtung, einen möglichst großen Abstand zwischen der geduckten Figur seiner Kindheit und Jugend und seinem aktuellen Habitus zu konstruieren, ist erkennbar. Die Erfahrung der Frankreich-Reise hat zusätzlich an der neuen Imaginierung seines Ich mitgewirkt. In Hamburg will man ihn im Sommer 1770 »en abbé gekleidet« gesehen haben.[49] Hamann urteilt 1774 aus der Ferne, Herder zeichne sich in »seinem Wandel und Kleidung« durch »so viel Soloecismen« aus wie in seinem Stil.[50] Goethe erinnert in einer Versepistel vom Februar 1776 an Herders seidenes Mäntelchen, wobei er die Endstücke in die Tasche gesteckt hatte - so war er ihm in Straßburg begegnet. Ironisch weist er den Freund auf den Kleiderzwang hin, den sein Amt in Weimar mit sich bringe:

> So würd' es euch gar übel stehn,
> Als Schaf in Wolfskleidern zu gehn.
> Ihr habt darum ein schwarzes Kleid,
> Einen langen Mantel von schwarzer Seid',
> Ein Kräglein wohl in Saum gelegt,
> Das nun keiner läng-breiter trägt.
> Schick' euch ein Muster zur nächsten Frist
> Weil's immer doch die Hauptsach ist.
> Dürft auch den Mantel wie vor Zeiten
> In Sack 'nein stecken vor allen Leuten.[51]

Herder berichtet selbst seiner Verlobten, was er für eine »Figur« gespielt habe, als ihn sein »Ehrwürdiger College« in Bückeburg durch die Kirche führte, »mich u. meinen Mantel in der Tasche, als Konsistorialrath u. Hochwürdigen Oberpredigers«.[52] Er hatte es offenbar darauf angelegt, in Bückeburg seinen Einzug als französischer Abbé und Petit-maître zu halten - »in einem himmelblauen, mit Golde besetzten Kleide, einer weißen Weste und einem weißen Hute«.[53] Auf seinen Reisen hatten es ihm »die weichen Kleider, Liebkosungen u, Vergötterungen einer von Herzen kleinen Hofwelt«[54] angetan. Dieser kleine Hang zur Maskerade verliert sich offenbar in Bückeburg allmählich. Aber auch in Weimar kommt er

---

46 Herder an Johann Georg Hamann, Bückeburg, 2. Januar 1773. DA 2, Weimar 1977, S. 285. 285.
47 Bericht von Lynkers Sohn. In: Hans Reisiger: Johann Gottfried Herder (wie Anm. 10), S. 217; Tagebuch von J.G.Müller, August 1780. In: Ebd. (wie Anm. 10), S. 229.
48 Herder an Johann Georg Hamann, Weimar, 11. Mai 1781. DA 4, Weimar 1979, S. 181.
49 Hartknoch an Herder, Berlin, 1. Juni 1770. In: Johann Gottfried Herder im Spiegel seiner Zeitgenossen. Briefe und Selbstzeugnisse. Hg. von Lutz Richter. Göttingen [Berlin] 1978, S. 85.
50 Hamann an Johann Friedrich Hartknoch, Königsberg, den 24. Oktober 1774. In: Johann Georg Hamann: Briefwechsel. Dritter Band (wie Anm. 27), S. 115.
51 Johann Wolfgang Goethe: [An Johann Gottfried Herder]. In: MA 2.1, S. 14.
52 Herder an Karoline Flachsland, Bückeburg, 1. Mai 1771. DA 2, Weimar 1777, S. 14.
53 Bericht von Karoline Herder. In: Hans Reisiger: Johann Gottfried Herder (wie Anm. 10), S. 140.
54 Herder an Johann Georg Hamann, Bückeburg, 2. Januar 1773. DA 2, Weimar 1777, S. 285.

wegen seiner Kleidung ins Gerede, weil er »der erste seines Standes war, welcher gewöhnlich keine schwarzen, sondern dunkelfarbige Kleider, auch keine Perücke trug, zuweilen in das Theater ging, auf dem Eise erschien und nicht selten scharf ritt.«[55] Seinem Verleger Hartknoch schreibt er von dem Geschwätz, er predige in Stiefeln und Sporen und »galonnirten Kleidern«. In Wahrheit stehe er auf der Kanzel »in Doctor Luthers Priesterrock u. Chorhemde, wie die andern stehen u. *so fort.*«[56]

Herders wachsender Ruhm als Autor legte ihm bereits in Bückeburg nahe, auf seinen Tribut an die Maskerade allmählich zu verzichten. Die Zeit schien gekommen, dass er sich im Spiegel sehen konnte. Hartknoch forderte ihn im Oktober 1773 auf, sich malen zu lassen.[57] Welche Bedeutung Graffs Porträt Herders bereits nach wenigen Jahren gewonnen hat, belegt Schillers Bericht über seinen ersten Besuch bei Herder (24.7.1787): »Wenn Ihr sein Bild bei Graff gesehen habt, so könnt ihr ihn euch recht gut vorstellen, nur daß in dem Gemählde zuviel leichte Freundlichkeit, in seinem Gesicht mehr Ernst ist. [...] ueber sein Bild von Graff ist er nicht sehr zufrieden. Er hohlte mirs her und liess michs mit ihm vergleichen. Er sagt daß es einem italienischen Abbe gleich sehe.«[58] Diese Kritik klingt im Hinblick auf die zurückliegende Phase der ›Maskerade‹ eigenartig: Gewiss durfte man ihm nicht mehr mit seiner früheren Rolle als ›Abbé‹ identifizieren – mildernd wirkt immerhin das Epitheton ›italienisch‹, das ihn vom Petit-maître distanziert. 1771 verspricht er Karoline Flachsland, sich malen zu lassen;[59] im November dieses Jahres bedankt sich seine Mutter aus Mohrungen »vor das Pattret«.[60] Dieses frühe Herder-Porträt ist nicht überliefert. Von der Mitte der siebziger Jahre an mehren sich die Versuche von Künstlern, Herder zu porträtieren. In Rom wird der Bildhauer Trippel vom Herzog beauftragt, eine Herder-Büste zu schaffen, »die zu Goethe seiner ein Pendant werden soll [...]. O der leidigen Pendants! Goethe hat sich als einen Apollo idealisiren lassen, wie werde ich armer mit meinem kahlen Kopf dagegen aussehn! Desto besser, so stehe ich nackt und arm da.«[61] Ein anderes Pendant hat er wohl nicht ›leidig‹ genannt.

Angelika Kaufmann hatte Goethe während seines Rom-Aufenthalts aus Freundschaft und Zuneigung für sich selbst gemalt – so porträtierte sie nun Herder. Es handelt sich um eine der menschlichsten Darstellungen des Autors, wenn auch verjüngend und die Züge des Alters retouchierend. Als Pendants hängen beide Gemälde noch nicht allzu lange in Frankfurt im Freien Deutschen Hochstift.

Herder teilt die allgemeine Begeisterung über das neue Darstellungsmittel der Silhouette. Seiner Skepsis gegenüber traditionellen Portraits kommt die Abstraktion dieser Form auf Umriss und Kontrast von Schwarz und Weiß entgegen. Unter Freunden tauscht man »Schattenrisse« aus. Hamann berichtet, dass er sich die Silhouetten von Herder, seiner Frau und seinen Kindern so aufgehängt habe, dass er sie jeden Morgen beim Aufwachen als erste sehe.[62] Lavater hat mit seinen »Physiognomischen Fragmenten zur Beförderung der Men-

---

55 Bericht von Lynkers Sohn. In: Hans Reisiger. Johann Gottfried Herder (wie Anm. 10), S. 217.
56 Herder an Johann Friedrich Hartknoch, Weimar, 13. Januar 1777. DA 4, Weimar 1979, S. 29.
57 Hartknoch an Herder, Riga, den 2. Oktober 1773. In: Johann Gottfried Herder im Spiegel seiner Zeitgenossen (wie Anm. 49), S. 147.
58 Schiller an Körner, Weimar, den 23.[-25.] Juli 1787. In: Schillers Werke. Nationalausgabe. 24. Bd. (wie Anm. 35), S. 110.
59 Herder an Karoline Flachsland, Bückeburg, etwa 20. und 23. Oktober 1771. DA 2, Weimar 1977, S 86.
60 Herders Mutter an Herder, Mohrungen, den 23. November 1771. In: Hans Reisiger: Johann Gottfried Herder (wie Anm. 10), S. 158.
61 Herder an Karoline Herder, Rom, 21. Februar 1789. DA 6, Weimar 1981, S. 117.

Oben: Abb. 5: Anton Graff: Johann Gottfried Herder. Öl auf Leinwand, 1785.
Abb. 6: Angelika Kaufmann: Bildnis Johann Gottfried Herder, 1791.
Unten: Abb. 7: Johann Heinrich Lips: Johann Gottfried Herder (wie Abb. 3).
Abb. 8: Unbekannt: Johann Gottfried Herder. Gestochene Silhouette, um 1776.

schenkenntniß und Menschenliebe« in den siebziger Jahren Furore gemacht. Die Abbildungen nahezu aller seinerzeit bekannten und berühmten Deutschen ließen die »Fragmente« fast zu einem Who is Who der späten Aufklärung werden. Die gegenseitige Kenntnis von Schriftstellern war im 18. Jahrhundert wegen der Schwierigkeiten des Reisens oft ein Produkt von Zufällen. Das Aussehen des Kollegen kannte man durch Berichte von Bekannten und Freunden oder durch den »Schatten« bei Lavater. So bekennt auch dieser in einem Brief an Herder: »Nur von fern hab' ich Dich durch Zimmermanns Auge gesehen – und Dein

---

62 Vgl. Johann Gottfried von Herder's Lebensbild. Hg. von seinem Sohne (wie Anm. 9), S. 79.

Schatten – den ich Tor verkannte – nur gut, aber schwach nannte – ich Tor!, liegt immer vor mir – Siegel, daß Du mich tragen, reinigen, bessern willst. –«.[63] Man forderte sich immer wieder zum Austausch von Silhouetten auf. Lenz befahl es Herder und seiner Frau in ungewöhnlich dringlichen Worten.[64] Zu einer der Herder-Silhouetten schrieb Lavater: »Was aber beyde, was alle, Freunde, Feinde, nahe, ferne zugeben müssen, und geben – ist, daß der Mann Mann und ein Stern der ersten Größe ist, wenigstens in der religios-poetischen – und litterarisch theologischen Welt.«[65] Immerhin hat er an den zahlreichen Silhouetten, die von ihm angefertigt und leicht durch den Druck in Zeitschriften und Almanachen vervielfältigt wurden, selten Kritik geübt. Nur an der Einordnung unter die »Religiosen«, die Lavater vornahm, nahm er Anstoß.[66]

Seit den achtziger Jahren wird Herder in der Weimarer Gesellschaft als verdrießlich und depressiv geschildert. Goethe berichtete im September 1780 an Lavater: »Herder fährt fort sich und andern das Leben sauer zu machen.«[67] 1811 hatte sich dieser Eindruck Goethes von seinem alten Weggefährten noch mehr ins Negative verkehrt, als er in einer Charakteristik schrieb, die ursprünglich für »Dichtung und Wahrheit« bestimmt war: »Herder war von Natur weich und zart, sein Streben mächtig und groß. Er mochte daher wirken oder Gegenwirken, so geschah es immer mit einer gewissen Hast und Ungeduld; sodann war er mehr von dialektischem als konstruktiven Geiste. Daher der beständige heteros Logos gegen alles, was man vorbrachte.«[68] Von Herders damaliger Selbstcharakteristik differieren diese Urteile nicht allzu sehr. Er selbst klagte über die endlose Belastung in seinem geistlichen Amt und die daraus entstehende Teilnahmslosigkeit. 1778 schon schrieb er an Hamann: »Ich habe den Winter einsamer gelebt, als ich in meinem Leben je gelebt habe: die Kirchmauer, die gerade vor mir steht, scheint mir unaufhörlich die wahre Bastille und ich habe von jeher mein Haus, groß und verschnitzelt, unbewohnbar u. wo es bewohnt wird eingeklemmt und drückend, als das wahre Symbol meines Amts angesehen. »Es ist und bleibt doch immer ein Elendleben, sich früh auf die hölzerne Folterbank zu spannen, u. unter dem alten Sächsischen Dreck zu wühlen.«[69] Durch Berichte von Freunden und Bekannten war Herder sehr wohl darüber informiert, was in und außerhalb von Weimar über ihn geredet wurde. Immer wieder vermutet er in Goethe den Schuldigen: »Sie ›der Herzog und Goethe bei Lavater‹ haben mich ihm als einen Gallsüchtigen geschildert, der mit ihnen nicht leben wolle oder vielmehr mit dem sie nicht leben könnten, u. doch habe ich gegen all ihr Beginnen, das übrigens nicht meines Amts ist, kein Wort gesagt.«[70] Auch in der Familie wusste man von den teilweise mehr als unfreundlichen üblen Nachreden, die über Herder in literarischen

---

63 Lavater an Herder, Zürich, den 6. April 1774. In: Johann Gottfried Herder im Spiegel seiner Zeitgenossen (wie Anm. 49), S. 150.
64 Lenz an Herder, Straßburg, den 28. August 1775. In: Jakob Michael Reinhold Lenz: Werke und Briefe in drei Bänden. Hg. von Sigrid Damm. Bd. 3, München/Wien 1987, S. 333: »Schick mir Dein Gesicht, Deiner Frauen Gesicht!« S. 334: »Ich befehle Dir, den ich anbete, daß Du mir Dein und Deiner Frau und Deines Sohns Gesicht schickest – denn *ich brauche sie.*«
65 Johann Caspar Lavater: Physiognomische Fragmente zur Beförderung der Menschenkenntniß und Menschenliebe. Dritter Versuch. Leipzig und Winterthur 1777, S. 262.
66 Vgl. ebd., S. 263.
67 WA IV, 4. Bd.: Goethes Briefe 1. Januar 1779–7. November 1780. Weimar 1889, S. 300.
68 MA Bd. 9, S. 940 (Überschrift »Herder späterhin«); in WA I, Bd. 36, S. 254 unter der Überschrift »Herder«.
69 Herder an Hamann. Weimar, 20. März 1778. In: DA 4, Weimar 1979, S. 59 f.
70 Herder an Hamann. Weimar, Mitte November und 18. Dezember 1780. In: DA 4, Weimar 1979, S. 145.

Zirkeln im Umlauf waren. Der Sohn und Herausgeber von Herders »Lebensbild« spricht später von »Zerrbildern, die man von Herder's Charakter zu machen sich gewöhnt hat und welche ihren Urhebern und Verbreitern zu keiner Ehre gereichen«.[71] Sein Vater habe schon früh »im bittersten Schmerzgefühle über sein *verfehltes* Leben«[72] geklagt. Wie haben ihn die Maler in diesen Jahrzehnten zwischen 1780 und 1800 gesehen?

Abb. 9: Johann Friedrich August Tischbein: Johann Gottfried Herder.
Öl auf Leinwand, 1795. - Abb. 10: Johann Friedrich August Tischbein:
Johann Gottfried Herder. Öl auf Leinwand, 1796.

Die Herder-Porträts von Johann Friedrich August Tischbein aus den Jahren 1795 und 1796 gehören zu den künstlerisch bedeutendsten Darstellungen des Weimarer Herder. Sie scheinen von einer Lebenskrise nichts zu verraten. Im großen Herder-Katalog von 1994 heißt es dazu:

> Eine gewisse Steifheit in der würdevollen Haltung des Theologen verrät den ungestillten Drang nach Anerkennung, den auf die höchsten Dinge gerichteten Ehrgeiz und ein übersteigertes Selbstgefühl, das sich in Herders Werken, besonders in der Auseinandersetzung mit Kant, oft in der Polemik äußerte. Im persönlichen Umgang zeigten sich diese Eigenschaften als Egozentrik einer stark introvertierten Persönlichkeit, die jedoch im Innersten ihres Wesens äußerst gefühlbetont, sensibel und leicht verletzbar war.[73]

Herder wird in dem Porträt von 1795, einem Dreiviertelporträt, im geistlichen Gewand mit Beffchen gezeigt. Die Geste der linken Hand spielt auf den ikonografischen Topos des Denkers an, der sein Haupt mit der Hand stützt. Indem Tischbein diesen Gestus andeutet – der Zeigefinger nur berührt die Wange –, entsteht zumindest in dieser Inszenierung eine

---

71 Herder's Lebensbild 1846 (wie Anm. 9)., S. XVI
72 Ebd., S. XVIII f.
73 Egon Freitag: Enge und Weite. Weimar 1776-1803. In: Johann Gottfried Herder. Ahndung künftiger Bestimmung. Hg. von der Stiftung Weimarer Klassik/Goethe-Nationalmuseum. Stuttgart und Weimar 1994, S. 129.

Abb. 11: Friedrich Bury: Johann Gottfried Herder.
Brustbild dreiviertel nach links, 1800. Kreidezeichnung.

gewisse Leichtigkeit, die mit dem angedeuteten Lächeln harmoniert. Dennoch hat das Porträt auch einen Hang zum Statuarischen. Böttiger berichtet von einem Ausspruch Wielands, nachdem er das Porträt gesehen hatte: Gerade dieses ihn »trefflich kleidende Kostum« lasse erkennen, »daß Herder dazu gemacht ist, *um der Erzpriester des menschlichen Geschlechts zu sein.*«[74] Tischbeins zweites Porträt Herders, das 1796 als Brustbild entstand, ist weniger prätentiös angelegt. Es zeigt Herder in privater Kleidung mit einem Ausdruck von ›Bonhomie‹, die gleichwohl von selbstverständlicher Würde zeugt. Wenn bereits oben von Herders Hang zur Maske die Rede war, dann muss hier angesichts der Tischbeinschen Porträts noch einmal auf diese Beobachtung verwiesen werden. Herder diszipliniert sein natürliches Gesicht, wenn er sich von dem Maler zeichnen und malen lässt. Nicht nur der Maler, sondern v. a. er selbst stilisiert sich maskenhaft, um den Erwartungen all derer zu entsprechen, die ihn noch nicht von Angesicht gesehen haben. Während jede Mimik in ihrer Wechselhaftigkeit das Bild auflöst und höchst kurzlebige Bildsequenzen produziert, legt die Maske das Gesicht auf ein einziges Bild fest. Hans Belting hat die These formuliert:

---

74 Karl Wilhelm Böttiger (Hg.): Literarische Zustände und Zeitgenossen. Schilderungen aus Karl August Böttiger's handschriftlichem Nachlasse. 2 Bde., Leipzig 1838, Bd. 1, S. 117

man kann wohl so weit gehen, Porträts überhaupt als Masken zu verstehen, die vom Körper unabhängig geworden und auf ein neues Trägermedium übertragen worden sind. Auf diese Weise lässt sich auch das neuzeitliche Porträts als Maske der Erinnerung und als Maske der sozialen Identität lesen. Die Repräsentation des Subjekts ist mit der Frage nach der Maske, die es trägt, und also nach dem Bild, die es in der Maske abgibt, eng verbunden. Die Maske ist Bildträger und Medium in einem solchen Maße, daß sie mit dem Bild, das sie erzeugt, von unserem Blick nicht mehr unterschieden wird.[75]

Es wäre falsch, in dem Brustbild, das Friedrich Bury 1800 geschaffen hat, einen veränderten Herder entdecken zu wollen. In Rom hatte Herder den Maler schon kennengelernt und sich dann in Weimar, wo Bury seit Ende des Jahres 1799 lebte, von ihm in einer Kreidezeichnung porträtieren lassen. Nach Auskunft von Karoline Herder ist dies die »vielleicht genaueste und ähnlichste Zeichnung«. Herders Frau schreibt am 20. Dezember 1799 an Karl Ludwig von Knebel: »Mein Mann ist von Buri aus Rom, der seit einiger Zeit hier ist, gezeichnet oder vielmehr mit Bleistift gemalt, ganz vortrefflich, ein wahres Charakterbild. Sie werden sich auch darüber freuen, wenn Sie's sehen. Das ist ein lieber Naturmensch und praktischer Künstler dieser Buri!«[76] Das Urteil von Karoline Herder über die ›Ähnlichkeit‹ mag zutreffen. Erstaunlich daran ist jedenfalls, dass sie den eher mürrischen Gesichtsausdruck durchaus als habituell zu akzeptieren scheint und die Ähnlichkeit der Zeichnung vom lebenden Modell abliest. Wieder aber wirkt das Antlitz Herders gerade durch die differenziert wiedergegebene Gesichtsmuskulatur statuarisiert und maskenhaft. Das Porträt ist an die Stelle des Körpers getreten und erweitert dessen Präsenz wie Belting bemerkt hat, zeitlich und räumlich.

> Das frontale Gesicht, das unseren Blick sucht (wie es auch ein lebender Körper in der Begegnung mit seinem Betrachter tun würde), ist gleichsam eine Maske, die sich vom Körper durch gemalte Abbildung getrennt hat. Hinter dem Porträt verbirgt sich ein sterbliches Gesicht, mit dem wir durch das Medium, durch ein gemaltes Gesicht, kommunizieren sollen. Das Porträt ist nicht nur Dokument, sondern Medium des Körpers in dem Sinne, dass es den Betrachter zur Anteilnahme auffordert.[77]

Herder wohnte mit Bury und anderen Deutschen am Corso und hat auch Friedrich Rehberg in Rom kennengelernt. Er hielt ihn für einen vortrefflichen Maler und verständigen Menschen.[78] Von Rehberg stammt eine Federzeichnung, die Karoline Herder wiederum überaus lobte – sie wird heute vom Goethe-Museum Frankfurt/Freies Deutsches Hochstift aufbewahrt und ist leider wegen Tintenfraß nicht ausstellungsfähig.

Das Porträt Herders, das Rehberg vor 1800 gemalt hat und das im Goethe-Nationalmuseum aufbewahrt wird, zeigt Herder quasi im Négligé: Im Gegensatz zu den sonstigen Porträts trägt er den häuslichen Rock, der mit einem Pelzkragen und mit Pelzbesatz an den Ärmeln versehen ist; das Hemd könnte offensichtlich nicht bei offiziellen Verpflichtungen getragen werden: Wir sehen einen Herder, wie man ihn wohl im Alltag wahrnehmen konnte. Offenbar ist das Bild in Rom entstanden. Im Gegensatz zu Burys Porträt hat Rehberg keinen Versuch unternommen, die Glatze zu »schönen«, indem der Blick von schräg unten geführt wird. Herders Haupt zeigt sich mit den letzten Haupthaaren so, wie er sich schon vor

---

75 Hans Belting: Bild-Anthropologie. Entwürfe für eine Bildwissenschaft. München ²2002, S. 37 (= Bild und Text, hg. von Gottfried Boehm und Karlheinz Stierle).
76 DA 8, Weimar 1984, S. 423.
77 Belting (wie Anm. 75), S. 126.
78 Vgl. Katalog (wie Anm. 73), S. 134.

Abb. 12: Friedrich Rehberg: Johann Gottfried Herder.
Öl auf Leinwand, vor 1800.

Jahrzehnten den Freunden geschildert hat. Auf die besondere Ondulierung der verbliebenen Haare wird im Gegensatz zu Burys Porträt kein Wert gelegt. Hier ist der Gesichtsausdruck weniger maskenhaft. Der Maler hat darauf verzichtet, Herder eine ›offizielle‹ Physiognomie zu verleihen. Allerdings ist der Gesamtausdruck hier wieder eher zurückhaltend, in der Nähe zu einer leicht depressiven Mimik. Nicht nur dieses Porträt, sondern auch das von Bury wurde häufig in Lithographien und Kupferstichen reproduziert und war offenbar weit verbreitet. »Die *Veröffentlichung* verändert ein Bildnis, das bisher im Unikat der gemalten Porträttafel die Analogie mit dem ebenfalls einzigartigen Körper in sich trug, den er darstellte. Und es entsteht der Zwitter eines Privatbildes, das zugleich eine öffentliche Person neuer Art ins Bild setzt.«[79] Damit wurde der allgemeine Eindruck, der durch Besucher und die Weimarer Freunde allenthalben verbreitet wurde, visuell verstärkt. 1799 schrieb Jean Paul an Jacobi, dass man es »mit dem vom Staate etc. gebognen und wundgeriebnen Herder nicht genau« nehmen dürfe. »Er trägt auf seinen zarten Zweigen ausser den Früchten die Konsistorialwäsche die jener an ihn hängt zum Troknen. Ach welchen Zederngipfel würd er treiben ausserhalb der Kanzeldecke und Sessionsstube«.[80] Knebel, der zu den treuesten Freunden

---

[79] Belting (wie Anm. 75), S. 138.
[80] Jean Pauls Sämtliche Werke. Hist.-krit. Ausgabe. 3. Abt., 3. Bd. Briefe 1797–1800. Hg. von Eduard Behrend, Berlin 1959, S. 166 (am 4. März 1799 an Jacobi).

Herders in Weimar gehörte, führte die resignative Stimmung des alternden Herder weniger auf das bedrückende Amt als auf den Hof und sein Intrigennetz zurück. Am 7. Juli 1798 schrieb er an Karoline Herder: »Wenn er nicht in diesem Sumpf leben müßte, was wäre er geworden! Freiheit ist das Licht der Seele. Es ist beinahe unmöglich, in der Nähe eines Hofes sie zu erhalten. Man weiß, nicht was man dadurch verliert!«[81] Es ist geradezu ein Ausruf der Verzweiflung, wenn Karoline Herder am 23. Juni 1803 Knebel gegenüber klagt: »Ach Sie haben meinen innersten Wunsch herausgesprochen daß er sein Amt niederlege. [...] Gott weiß es, es geht nicht mehr so. Er ist in den malhonnetsten Händen; sein Geist u. Herz ist darüber zerrüttet. Ach, Sie wissen es nicht, *wie sehr er verstimmt ist.*«[82]

In den literarischen und philosophischen Auseinandersetzungen hatte sich Herder durch seine Kantkritik wenig Freunde erworben; seine frühen offenen Worte an den Lehrer haben sich im Laufe der Jahre zu einer Feindschaft gesteigert. 1768 hatte Herder noch maßvoll auf seine Distanz zu Kants Positionen hingewiesen:

> Zweifel wider manche Ihrer Philosophischen Hypothesen u. Beweise, insonderheit da wo sie mit der Wißenschaft des Menschlichen gränzen sind mehr als Spekulationen: u. da ich aus keiner andern Ursache mein geistliches Amt angenommen, als weil ich wuste u. es täglich aus der Erfahrung mehr lerne, daß sich nach unsrer Lage der bürger*lichen* Verfassung von hieraus am besten Cultur u. Menschenverstand unter den ehrwürdigen Theil der Menschen bringen laße, den wir Volk nennen: so ist diese Menschliche Philosophie auch meine liebste Beschäftigung.[83]

In Weimar und Jena war es wohl häufiger Gegenstand von Gesprächen und kritischen Urteilen über Herder, dass der ehemalige Schüler sich scharf gegen seinen Königsberger Lehrer wandte. Schiller schrieb am 24. Juli 1787 an Körner: »Herder haßt Kanten, wie Du wissen wirst.«[84]

Nicht nur der philosophische Querdenker Herder, sondern auch der Anwalt einer eher konservativen Aufklärungsästhetik sorgte bei den Weimarer Freunden, vor allem bei Goethe und Schiller, für dauerhafte Verärgerung. Schillers Urteile über Herders literarische Positionen werden immer negativer. Goethe schrieb bereits am 20. Juni 1796 an Meyer:

> Eine unglaubliche Duldung gegen das Mittelmäßige, eine rednerische Vermischung des Guten und des Unbedeutenden, eine Verehrung des Abgestorbenen und Vermoderten, eine Gleichgültigkeit gegen das Lebendige und Strebende [...]. Und so schnurrt auch wieder durch das Ganze die alte, halbwahre Philisterleier: das die Künste das Sittengesetz anerkennen und sich ihm unterordnen sollen. [...] thäten sie das aber das zweite, so wären sie verloren und es wäre besser daß man ihnen gleich einen Mühlstein an den Hals hinge und sie ersäufte, als daß man sie nach und nach ins nützlich-platte absterben ließe.[85]

Hatte das Goethe und Herder gemeinsame Interesse an Fragen der Paläontologie und an Naturwissenschaften überhaupt zu einer Annäherung bis hin zur wieder lebendigen Freundschaft geführt, so entsteht um die Jahrhundertwende spätestens erneut Entfremdung. Die Ablehnung der Autonomieästhetik Goethes und Schillers spielte dabei keine geringe Rolle.

---

81 Zit. Nach Richter: Herder im Spiegel seiner Zeitgenossen (wie Anm. 49), S. 271 f.
82 DA 8, Weimar 1984, S. 548.
83 Herder an Kant. Riga, November 1768. DA 1, Weimar 1977, S. 120.
84 Schiller an Körner, 23.[-25.] Juli 1787. In: Schillers Werke. Nationalausgabe. 24. Bd. Briefwechsel. Schillers Briefe 17.04.1785-31.12.1787. In Verbindung mit Walter Müller-Seidel hg. von Karl Jürgen Skrodzki. Weimar 1989, S. 111.
85 Goethes Werke. WA IV, 11. Bd.: Goethes Briefe 1796. Weimar 1892, S. 101.

Abb. 13: Ludwig Schaller: Herder-Denkmal vor
der Weimarer Stadtkirche, eingeweiht 1850.

Das Herder-Denkmal vor der Stadtkirche von Weimar wurde am 25. August 1850 enthüllt. Bereits im Herder-Jubiläumsjahr 1844 war das Projekt eines Herder-Denkmals von der Weimarer und Darmstädter Freimaurerloge an die Öffentlichkeit gebracht worden. Der Großherzog Karl Friedrich von Sachsen-Weimar unterstützte das Vorhaben. Das Standbild entwarf der Bildhauer Ludwig Schaller. Herder wird nicht eindeutig als Geistlicher charakterisiert. Er trägt einen Reisemantel im Sinne der Mode seiner Zeit. In der Linken hält er vier Papierblätter. Auf der Unterseite des letzten Blattes ist sein Wahlspruch »Licht, Liebe, Leben« zu lesen. Das Herder-Denkmal in Weimar gilt als das erste Dichter-Denkmal in Deutschland. Weitere Herder-Denkmäler folgten 1854 in Mohrungen, 1864 in Riga, 1907 in Bückeburg.[86] Der Bildhauer Schaller folgte bei der Modellierung von Herders Haupt offensichtlich dem Porträt von Bury. Kopfform und Gesichtsausdruck reproduzieren die Maskenhaftigkeit des Buryschen Brustbildes. Die Statuarisierung wird hier durch die Körperlichkeit der Figur gesteigert. Sie erhält durch den Faltenwurf des Reisemantels zusätzlich einen Zug ins Klassische – die Nähe zu einer antiken Gewandfigur ist sichtlich intendiert. Der Denkmal-Stil des 19. Jahrhunderts will Würde und Größe des Dargestellten versinnlichen und

---

86 Vgl. Katalog, S. 250 f.

wählt auch im Falle Herders eine beruhigte Mimik, in der das Maskenhafte noch einmal besonders stark zum Vorschein kommt.

Den positiven und kritischen zeitgenössischen Urteilen über Herder vermag dieses Denkmal kaum zu entsprechen. Auf dem Höhepunkt seiner Laufbahn Ende der siebziger Jahre schrieb Wieland an Merck:

> Der Mann ist wie eine elektrische Wolke – von fern macht das Meteor einen ganz stattlichen Effekt; aber der Henker habe solch einen Nachbar über seinem Haupte schweben. [...] Aber ich kann für den Tod nicht leiden, wenn ein Mensch seinen eignen Werth so stark fühlt; und wenn vollends ein starker Kerl ewig seine Freude dran hat andre zu necken und zu gecken – dann möcht ich gleich ein Dutzend Pyrenäen zwischen ihm und mir haben.[87]

Die Lebhaftigkeit und Lust an der Veränderung, die sich Herder selbst zuschrieb und die in entsprechenden Metaphern der Zeitgenossen ihr Erinnerungsbild findet, ist aus dem Herder des Denkmals völlig verbannt. Sturz schrieb im Sommer 1777 an Boie: »Sie wissen, wie ungleich ich mit dem Schriftsteller Herder denke: Wir gehn nur eine kleine Ecke Wegs mit einander, so entbraust er mir, glänzend und schnell wie eine Rakete; aber als Prediger und Mensch ist Herder mein Mann [...].«[88]

Herders Zeitgenossen haben übereinstimmend von seiner außergewöhnlichen »Anziehungskraft«[89] gesprochen. Die schwierigen psychischen Phasen, von welchen vor allem die Weimarer Freunde und Bekannten aus seinen letzten 15 Lebensjahren berichteten, sind in den künstlerischen Darstellungen nur andeutungsweise repräsentiert worden. Es liegt in der Natur der Sache des Porträts, dass es eher eine schmeichelhafte als eine abträgliche Vorstellung des Dargestellten vermittelt. Die außerordentliche Beweglichkeit der Herderschen Mimik war nicht darstellbar. Das »Anziehen und Abstoßen«, das Herder in schnellen »Pulsen« zeigte, konnte er schlecht ausgleichen – so entstanden die maskenhaften Porträts von ihm. Es bleibt dem Leser überlassen, den Herderschen Buchstaben zum Leben zu erwecken und darin einen Ersatz für seine menschliche Erscheinung zu suchen.

---

87 Wielands Briefwechsel. Hg. von der Akademie der Wissenschaften der DDR. 5. Bd.: Briefe der Weimarer Zeit (21. Sept. 1772–31. Dez. 1777), bearb. von Hans Werner Seifert, Berlin 1983, S. 627 (an Merck 13. Juni 1777).
88 Auszüge aus Briefen. Vom Hrn. E.R.St. (Helferich Peter Sturz an Boie, 1777). In: Deutsches Museum. Oktober 1777, S. 374.
89 MA 16, S. 446.

Verzeichnis der Abbildungen

Abb. 1   Martin Gottlieb Klauer: Abgussformen für die Herder-Büste, 1781/83. Goethe-Nationalmuseum, Plastiksammlung.

Abb. 2   Unbekannt: Herders Geburtshaus in Mohrungen. Holzstich, 1892. In: Die Gartenlaube, Illustriertes Familienblatt. Jg 1892, S. 164.

Abb. 3   Johann Heinrich Lips: Johann Gottfried Herder. Kupferstich, um 1774. In: Johann Caspar Lavater: Physiognomische Fragmente zur Beförderung der Menschenkenntnis und Menschenliebe, III. Versuch, Leipzig und Winterthur 1777, S. 262f.

Abb. 4   Joachim Ludwig Strecker: Johann Gottfried Herder. Öl auf Leinwand, 1775. Hessisches Landesmuseum Darmstadt.

Abb. 5   Anton Graff: Johann Gottfried Herder. Öl auf Leinwand, 1785. Gleimhaus Halberstadt.

Abb. 6   Angelika Kaufmann: Bildnis Johann Gottfried Herder, 1791. Öl auf Leinwand. Freies Deutsches Hochstift/Frankfurter Goethe-Museum.

Abb. 7   Johann Heinrich Lips: Johann Gottfried Herder (wie Abb. 3).

Abb. 8   Unbekannt: Johann Gottfried Herder. Gestochene Silhouette, um 1776. In: Johann Caspar Lavater: Physiognomische Fragmente zur Beförderung der Menschenkenntnis und Menschenliebe, II. Versuch, Leipzig und Winterthur 1777, S. 102.

Abb. 9   Johann Friedrich August Tischbein: Johann Gottfried Herder. Öl auf Leinwand, 1795. SHD Fürst zu Schaumburg-Lippe, Bückeburg.

Abb. 10 Johann Friedrich August Tischbein: Johann Gottfried Herder. Öl auf Leinwand, 1796. Goethe Nationalmuseum, Gemäldesammlung.

Abb. 11 Friedrich Bury: Johann Gottfried Herder. Brustbild dreiviertel nach links, 1800. Kreidezeichnung. Freies Deutsches Hochstift/Frankfurter Goethe-Museum.

Abb. 12 Friedrich Rehberg: Johann Gottfried Herder. Öl auf Leinwand, vor 1800. Goethe-Nationalmuseum, Gemäldesammlung.

Abb. 13 Ludwig Schaller: Herder-Denkmal vor der Weimarer Stadtkirche, eingeweiht 1850.

ULRICH GAIER

Philosophie der Systeme und Organisationen beim frühen und späten Herder

Mit Philosophie der Systeme und Organisationen bezeichne ich hier Herders Weiterentwicklung und Anwendung von Johann Heinrich Lamberts allgemeiner Theorie der Systeme, die dieser »Systematologie« nennt.[1] Eine Beziehung zur Systemtheorie Luhmanns steht hier nicht zur Diskussion, einerseits weil sich diese Schule um ihre Geschichte wenig kümmert, andererseits weil Lamberts Systematologie und deren Weiterführung im Organisationsbegriff Herders, Kants, Hölderlins, Schellings[2] eine philosophische Theorie eigenen Rechts ist und keiner nachträglichen Erläuterung oder Apologie durch Zeitgenössisch-Modisches bedarf. Mein Unternehmen, systemisches Denken durchgängig in Herders Werk nachzuweisen und eine Philosophie der Systeme und Organisationen als Herders Philosophie überhaupt nahezulegen, lässt sich am einfachsten dadurch bewältigen, dass ich auf die durchgängige Präsenz Lamberts und seiner zentralen Begriffe im Werk Herders hinweise, dabei zugleich auf Herders Weiterentwicklung der physikalisch angesetzten Theorie Lamberts in das biologische Paradigma der Organisation oder des Organismus eingehe, um abschließend in einem Überblick zu den Anwendungsgebieten der Philosophie der Systeme und Organisationen bei Herder zu kommen.

Bezüge zu Lambert und seinen Begriffen

Die erste Nennung Lamberts im zur Veröffentlichung vorgesehenen Werk Herders findet sich 1767 in der zweiten Fassung der Fragmente *Über die neuere deutsche Literatur*. In einer Anmerkung spielt er hier auf Lamberts Berechnung in seinem 1764 erschienen *Neuen Organon oder Gedanken über die Erforschung und Berechnung des Wahren, und dessen Unterscheidung von Irrthum und Schein* an,[3] wonach das Deutsche aufgrund seiner scharf artikulierten 13 Konsonanten und 17 Selbstlauter zu mehr unterscheidbaren Wortformen fähig ist als andere »weichere« Sprachen (FHA 1, 576).[4] Auf dieselbe Stelle kommt er wieder in der Abhandlung *Über den Ursprung der Sprache* zu sprechen (FHA 1, 702). Das *Neue Organon* hat Herder wohl 1766 exzerpiert;[5] wahrscheinlich hat er als Schüler des Kosmologen Kant auch Lamberts

---

1   Johann Heinrich Lambert: *Anlage zur Architectonic oder Theorie des Einfachen und des Ersten in der philosophischen und mathematischen Erkenntnis*. Riga 1771. ND hg. von Hans Werner Arndt. Hildesheim 1965. Bd. 1, §59, S. 49. Zur Systematologie vgl. ders.: *Fragment einer Systematologie*, abgedruckt in Geo Siegwart (Hg.): *Texte zur Systematologie und zur Theorie der wissenschaftlichen Erkenntnis*. Hamburg 1988. Über Lamberts Systematologie vgl. Stefan Metzger: *Die Konjektur des Organismus. Wahrscheinlichkeitsdenken und Performanz im späten 18. Jahrhundert*. München 2002, S. 65-104.
2   Dargestellt bei Metzger (wie Anm. 1). Goethe und Jean Paul wären sicher zu der Reihe zu stellen.
3   ND hg. von Hans Werner Arndt. Hildesheim 1965. Hier §63.
4   Johann Gottfried Herder: *Werke in zehn Bänden*. Hg. von Günter Arnold u.a. Frankfurt a.M. 1985-2002 [künftig: FHA].

Cosmologische Briefe über die Einrichtung des Weltbaues (Augsburg 1761) mit ihrem reichen Gebrauch des Systembegriffs studiert, die er dann in den *Ideen* mehrfach zitiert.⁶ Wenn Herder im 4. *Kritischen Wäldchen* von 1769 »*eine Physische und Mathematische Optik des Schönen*« wünscht, »eine würkliche große ›*Wissenschaft des schönen Anscheins*‹ [...], die sich so auf Mathematik und Physik stützen wird, wie die Schönheitslehre der Gedanken auf Logik und Sprache«, und wenn er zur Erfüllung dieser »Ästhetischen Phänomenologie [...] auf einen zweiten *Lambert* wartet« (FHA 2, 334f.), dann spielt er auf das Kapitel »Phänomenologie« im *Neuen Organon* Lamberts an, wo dieser eine erste Darstellung des zentralen Maximum- und Minimum-Begriffs seiner Systematologie entfaltet. Herder hat übrigens richtig vorhergesehen, dass Lambert an diese Theorie eine Ästhetik anschließen müsste: in dessen 1771 erschiener *Anlage zur Architectonic oder Theorie des Einfachen und des Ersten in der philosophischen und mathematischen Erkenntnis*⁷ ist nicht nur die Systematologie ausführlich dargestellt – Herder bezieht sich in der Schrift *Gott. Einige Gespräche* darauf –, sondern auch der Ansatz zur Ästhetik wird im Sinne der systemisch strukturellen Zweckmäßigkeit, also der bloßen Vollkommenheit des Systems, weiter ausgeführt,⁸ was Kant in seinem Begriff der »Zweckmäßigkeit ohne Zweck« aufnahm und seiner Ästhetik zugrunde legte.⁹ Im *Neuen Organon* aber sind mit Maximum und Minimum schon zwei Zentralbegriffe der Systematologie eingeführt.¹⁰ System ist bei Lambert, vom physikalischen Modell ausgehend, konstituiert aus einer Anzahl oft heterogener Elemente, die durch Kräfte verbunden werden und damit Ganzheiten sind, die einem Zweck oder einer bestimmten Anzahl von Zwecken durchgängig dienen und zu ihrer Erfüllung vollständig sind. Ein Fernrohr zum Beispiel »muss eine Vielzahl von Forderungen optimal miteinander in Einklang bringen, Vergrößerung, Schärfen, Helligkeitsausbeute, Sichtfeld etc. sollen zugleich möglichst groß sein, und außerdem soll es noch bequem zu handhaben sein«.¹¹ Die Erreichung dieses Optimums, also der Zustand der Erfüllung all dieser Zwecke auf dem Niveau des schwächsten Kompromisses heißt Minimum, auf dem Niveau der bestmöglichen Erfüllung aller Anforderungen heißt Maximum: es ist der Scheitel- oder Tiefpunkt einer Kurve, wo die erste Ableitung = 0 ist; es ist das labile oder stabile Gleichgewicht eines Gleichgewichtssystems; es ist eine Brückenwaage mit leeren oder mit gleichmäßig belasteten Schalen. Ein System, aus der Ruhe gebracht, strebt asymptotisch wieder in den Beharrungszustand zurück, hat also eine selbsterhaltende Tendenz. Mit Durchgängigkeit, Vollständigkeit, Maximum, Minimum, Rückkehr zum Maximal- oder Minimal-Zustand sind die zentralen Begriffe von Lamberts Systematologie angesprochen.

Nachdem Herder im 4. *Kritischen Wäldchen* mit der Forderung einer wissenschaftlichen, auf mathematischen und physikalischen Modellen begründeten Ästhetik direkt in die Systematologie Lamberts vorgestoßen war – etwa in dem von Lambert dann eingelösten Sinne der Erklärung des Schönen als sinnliche Erscheinung des Maximums eines Systems –, verwundert es nicht, dass Herder in der Abhandlung *Über den Ursprung der Sprache* wenn auch ohne Nennung Lamberts und Verwendung seiner Begriffe, die Theorie des systemischen Maxi-

---

5 Hans-Dietrich Irmscher und Emil Adler: *Der handschriftliche Nachlass Johann Gottfried Herders.* Wiesbaden 1979, Kaps. XXVI, 6, 17. Ausführliche »Grundsätze aus Lamberts Architektonik« aus der Weimarer Zeit in Kaps. XV, 412.
6 FHA 6, 22, 25, 40.
7 Wie Anm. 1.
8 Architectonic §353 (Bd. 1, S. 344).
9 Metzger (wie Anm. 1), S. 103.
10 Neues Organon, Phänomenologie §232 (Bd. 2, S. 394f.).
11 Architectonic §356 (Bd. 1, S. 347f.), zusammengefasst bei Metzger (wie Anm. 1), S. 102.

mums verwendet. Es geht um einen der heikelsten Punkte in der anthropologischen Diskussion des 18. Jahrhunderts, nämlich das Problem der Kontinuität zwischen Tierreihe und Mensch und der dennoch zu sichernden Differenz zwischen Mensch und Tier. Während Lambert eher Dinge intern als Systeme betrachtet hatte, nimmt Herder den tierischen Organismus zusammen mit seiner Umwelt als System in den Blick und greift damit auf die Beobachtungen zu der sphaera activitatis, der Wirkungskreise zurück, die die Tiere mittels ihrer von Hermann Samuel Reimarus beschriebenen »Kunsttriebe« erschließen. Dessen Beobachtungen zusammenfassend stellt er fest, »dass je schärfer die Sinne der Tiere, und je wunderbarer ihre Kunstwerke sind, desto kleiner ist ihr Kreis: desto einartiger ist ihr Kunstwerk«. Er finde überall eine »*umgekehrte Proportion zwischen der mindern Extension ihrer Bewegungen, Elemente, Nahrung, Erhaltung, Paarung, Erziehung, Gesellschaft* und ihren *Trieben und Künsten*«. Sein erstes Beispiel von der Weisheit des Zellenbaus der Bienen stammt von Lambert, der es im *Neuen Organon* zur Demonstration des Minimums im Wachsverbrauch verwendet, den die Bienen durch Minimierung der Wabenoberfläche bei der sechseckigen Bauform ihrer Zellen und der Pyramidalfigur des Zellenbodens erzielen.[12] Sein zweites Beispiel von der Spinne im Netz stammt aus Rousseaus *Emile ou De l'éducation*, der schon die Analogie zwischen Tier und Mensch auf diesem Felde angedacht hatte; er bestimmte den Wirkungskreis des Menschen aus seinen Bedürfnissen und den Kräften, sie zu befriedigen, und sah das Glück des Menschen in der Übereinstimmung der Bedürfnisse mit dem, was sich aus eigener Kraft erreichen lässt:

> Mesurons le rayon de notre sphère, et restons au centre comme l'insecte au milieu de sa toile; nous nous suffirons toujours à nous-mêmes, et nous n'aurons point à nous plaindre de notre faiblesse, car nous ne la sentirons jamais.[13]

Rousseau gerät mit dem Problem der Freiheit allerdings in einen infiniten Regress. Er stellt fest, dass die Bedürfnisse und Wünsche den begrenzten Fähigkeiten davonlaufen und den unglücklichen Menschen seine Unfreiheit und Beschränkung spüren lassen. Seine Empfehlung, dann eben den *monde imaginaire* der Wünsche zurückzuschneiden,[14] setzt aber genau die Freiheit voraus, die dadurch gewonnen werden soll. Durch seine Anwendung der Theorie des systemischen Maximums entgeht Herder elegant dieser Schwierigkeit. Er macht eine proportionale Reihe auf:

> *Je vielfacher die Verrichtungen und Bestimmung der Tiere; je zerstreuter ihre Aufmerksamkeit auf mehrere Gegenstände, je unstäter ihre Lebensart, kurz je größer und vielfältiger ihre Sphäre ist; desto mehr sehen wir ihre Sinnlichkeit sich verteilen und schwächen.* (FHA 1, 712)

Das Maximum dieser Doppelreihe aus Zunahme der Größe und Vielfältigkeit der Sphäre und Abnahme der determinierenden Kraft der Sinnlichkeit und Triebe ist eine potentiell unendliche, unendlich diversifizierbare Sphäre und eine gegen Null gehende Determination durch Sinne, Triebe, Leidenschaften: dieses Maximum ist der Mensch. Seine Sinne sind schwächer, aber freier, seine Vorstellungskräfte haben »weitere Aussicht« und sind lernfähig.

---

[12] Wie Anm. 10.
[13] »Messen wir den Radius unseres Wirkungskreises und bleiben wir in seiner Mitte wie das Insekt in seinem Netz, dann genügen wir uns immer selbst und werden uns nicht über unsere Schwäche zu beklagen haben, denn wir werden sie nie spüren.« (Jean-Jacques Rousseau: *Emile ou De l'éducation*. Ed. par François et Pierre Richard. Paris 1957, S. 65)
[14] Ebd. S. 64.

»Da er auf keinen Punkt blind fällt und blind liegen bleibt: so wird er freistehend, kann sich eine Sphäre der Bespiegelung suchen, kann sich in sich selbst bespiegeln.« Freiheit, Vernunft, Reflexivität, Besonnenheit, die »ganze Disposition«, also das System »seiner Kräfte« (FHA 1, 716f.), vor allem die systemische Beziehung zu der Sphäre, die als selbst gewählte sowohl eine Objektbeziehung ermöglicht wie eine reflexiv anerkennende (FHA 1, 722) Selbstbeziehung: dieser »Charakter der Menschheit« (FHA 1, 717) ergibt sich als Maximum der aus der Tierreihe bis zu ihm kontinuierlich verlaufenden Reihe, die nun bei ihm in die neue Qualität einer nicht mehr gegebenen, sondern frei wählbaren und damit reflexiven Systembeziehung zu seiner Sphäre umschlägt. Statt Lamberts Begriff System verwendet Herder Organisation, Haushaltung, Ökonomie; die Durchgängigkeit wird als die »ganze Einrichtung aller menschlichen Kräfte; die ganze Haushaltung seiner sinnlichen und erkennenden, seiner erkennenden und wollenden Natur« umschrieben; die paradoxe Besonderheit des Maximums, der Umschlag von Quantität in Qualität wird damit ausgedrückt, »dass die Menschengattung über den Tieren nicht an *Stufen* des Mehr oder Weniger stehe, sondern an *Art*« (FHA 1, 716).

Es bedarf in diesem ersten chronologischen Überblick nur eines erinnernden Hinweises darauf, dass Herder in den Schriften, mit denen er sich vor allem gegen Kants unqualifizierte Angriffe in den Rezensionen der *Ideen zur Philosophie der Geschichte der Menschheit* zur Wehr setzte, sich besonders deutlich auf Lamberts Systematologie bezog. Im dritten der Gespräche der Schrift *Gott* von 1787 sagt Philolaus:

> Da treffen Sie, Theophron, auf den Satz eines meiner geachtesten Philosophen, den ich den Leibnitz unserer Zeit nennen möchte, *Lamberts*. Sowohl in seinem Organon als in seiner Architektonik kann er nicht oft gnug auf die Wahrheit zurückkommen, ›dass der Beharrungsstand, mithin das Wesen jedes eingeschränkten Dinges, allenthalben auf einem Maximum beruhe, bei welchem gegenseitige Regeln einander aufheben und einschränken, mithin die Bestandheit der Dinge und ihre innere Wahrheit nebst dem Ebenmaß, der Ordnung, Schönheit, Güte, die sie begleiten, auf eine Art *innerer Notwendigkeit* gegründet sei.‹ (FHA 4, 721)

Im gegebenen Kontext wird Lamberts Systematologie, die hier mit den Begriffen des Maximums und der Beharrung zitiert ist, mit Herders Konzept der Nemesis verbunden, mit dem die Verpflichtung bezeichnet ist, sich den von Lambert im Anschluss an die thomistische Ontologie gebildeten Begriff »innerer Vollkommenheit, Güte und Schönheit in der Existenz und Fortdauer eines jeden Dinges« (FHA 4, 723) und beharrenden Systems zu eigen zu machen und Störungen dieses inneren Gleichgewichts mit dem Gedanken einer naturalen Ethik zu verbinden. Angesprochen auf die Frage nach dem »Rad der Veränderung, das der Nemesis gehöret«, weist Philolaus auf die Beobachtung Lamberts, »dass wenn Dinge oder Systeme von Dingen in ihrem Beharrungszustande gestört werden, sie sich demselben auf Eine oder die andere Weise wieder zu nähern trachten« (FHA 4, 722). Die Weiterentwicklung der Lambertschen Systematologie, die Herder schon in der Bückeburger Geschichtschrift vorgenommen hatte, wird hier nicht aufgegriffen. Dort hatte er im Blick auf die Veränderungen ganzer Kultursysteme die Transformation von Systemen in der Zeit durchdacht und Begriffe wie »Folgeganzes«, »Fortgebäude« verwendet (FHA 4, 35, 89).[15] In dem zeitgleich mit der Schrift *Gott* entstandenen 15. Buch der *Ideen* wird nicht nur die Systematologie Lamberts in ihren Hauptgesetzen dargelegt, sondern auch dem Begriff der Humanität wie der Zunahme und Abnahme von Kultur zugrunde gelegt (FHA 6, 650f.).

---

15 Vgl. Ulrich Gaier: »Johann Gottfried Herder (1744-1803), *Auch eine Philosophie der Geschichte zur Bildung der Menschheit* (1774)«. In: *KulturPoetik* 4, 2004, S. 104-115.

Noch in der Spätzeit der *Metakritik* und der *Kalligone* ist die von Herder mittlerweile voll zur eigenen Philosophie entfaltete Systematologie die tragende Denkform. In der *Metakritik* wird Lambert mehrfach zitiert und sowohl methodisch als auch hinsichtlich seines sorgsamen und gegründeten Begriffsgebrauchs über Kant gestellt (z.B. FHA 8, 497, 618); an einer Stelle wird er kritisiert, weil er die Grundsätze des Verstandesgebrauchs nicht genügend zusammengeordnet und auf einfachste Prinzipien zurückgeführt habe (FHA 8, 446), was Herder für sich in Anspruch nimmt. Der Begriff des Systems, den Lambert aus dem physikalischen Paradigma übernahm, ist bei Herder dem Begriff der Organisation vollends gewichen, den er seit Mitte der 70er Jahre dem biologischen Paradigma entlehnte und aus dem ursprünglich der auf Beharrung im Gleichgewicht verschiedenartiger Elemente, Kräfte und Zwecke gestellte Systembegriff auch abgeleitet worden war. Organismen oder Organisationen werden verstanden »als selbsterhaltend-konstante und zugleich offene, in permanentem Austausch mit ihrer Umwelt stehende Systeme«.[16] In dem systemischen Bezug des Organismus zu seiner Umwelt sind, wie die Pflanze sich dem Licht zuwendet (FHA 8, 385), »die Sinne selbst, als Organe betrachtet, [...] *Sonderungs-Werkzeuge*, des zu ihnen Gelangenden läuternde Kanäle« (FHA 8, 384). Die Natur hat diese Organe gegeben und damit sich als Gegenstandswelt auf eine dem Sinn gemäße Weise erschlossen: »Tut irgend ein Organ, irgend ein Gefäß meines Körpers je etwas anders, als das ihm Gleichartige *läuternd sich aneignen*?« (FHA 8, 389) Die »Homologie« der Organe und ihrer Medien und Gegenstände – die schon von den Neuplatonikern betonte Sonnenhaftigkeit des Auges – wird aber in dem Sinne selektiv eingesetzt, als das für einen bestimmten Organismus »*Anziehende* (Interessante) id quod interest« (FHA 8, 385) die Bildung der Organe wie etwa die nach Nahrung suchende Pflanzenwurzel bedingt, in höheren Erkenntnisorganisationen etwa die »Aufmerksamkeit« und die »Richtung des Organs« auf das interessante Merkmal lenkt, das »Eins aus Vielem«, das damit zur Forderung wird und den erkannten Gegenstand im Sinne dieses fordernden Interesses für den Gesamtorganismus profiliert. Alles Erkannte ist damit »wahr« in dem Sinne, dass es durch ein Naturorgan wahrgenommene Natur ist, aber es ist wahr für diesen Organismus als Gattungswesen mit gattungsspezifischen Organen und als Individuum innerhalb dieser Gattung, das jeweils momentan bestimmte Interessen hat. Der systemische Zusammenhang von Sinn und Welt bewirkt, dass wir »ein vermöge unsres Organs uns gleichsam *zuorganisiertes Eins aus Vielem für unsere Empfindung*« empfangen. Die aus allen Sinnen in uns zusammenströmenden und »*uns zuorganisierten Einheiten und Vielheiten*« werden von uns als einem sensorium commune zusammengeführt;[17] »wir sind zu Einer und derselben Zeit in verschiedenen Weisen vielfach berührte *Empfindungsorgane*« (FHA 8, 384f.). Vermöge ihrer bestimmten organischen Struktur – das Auge mit formbarer Linse, nach Lichtstärke weit und eng werdender Iris, für Farb- und Scharfsehen spezifisch ausgelegtem Augenhintergrund – konstituieren die Sinne ein organisches a priori, so etwa das Auge für das Nebeneinander im Raum, das Ohr für das Nacheinander in der Zeit. Ich kann mich hier nicht auf die gewollten und ungewollten Missverständnisse Herders bezüglich der Transzendentalphilosophie Kants einlassen; die grundlegende Differenz liegt in der von Kant traditionell postulierten Zweistämmigkeit der Erkenntnis, die »vielleicht« eine gemeinsame Wurzel voraussetze, die Kant aber ohne Bedenken dieser Alternative zum Fundament seiner gesamten Erkenntnistheorie macht. Herder weist mit Recht auf dieses metakritische Argument hin (FHA 8, 333)[18] und

---

16 Metzger (wie Anm. 1), S. 111.
17 Vgl. Ulrich Gaier: »Nous sommes un sensorium commune pensant: l'aspect anthropologique de la langue chez Herder«. In: *Revue germanique internationale* 20, 2003, S. 29–45.

verfolgt die systemische Alternative: »Die empfindende und sich Bilder erschaffende, die denkende und sich Grundsätze erschaffende Seele sind Ein lebendiges Vermögen in verschiedener Wirkung.« (FHA 8, 320) Die zweite und dritte Fassung der Abhandlung *Vom Erkennen und Empfinden der menschlichen Seele* (1775/78) haben dies bereits ausgearbeitet.[19] Schon auf der Stufe des Sinnes ist die Ordnungskraft tätig, die auch in Verstand und Vernunft wirkt: »die festesten und feinsten Gesetze einer *Zusammenordnung der Dinge*, nach Abgrenzung, Licht, Farben und Gestaltung – kurz eine *Logik des Sehens* ist dem Verstande durch die *Form seines Werkzeugs selbst gegeben*.« (FHA 8, 399) Ein Blinder entwirft, wie Diderot in seiner *Lettre sur les aveugles* gezeigt hatte, eine völlig andere Welt; eine Fliege, eine Schnecke, ein Fisch sehen andere Welten als der Mensch, »und doch sehen sie alle nach denselben Regeln der Wahrhaftigkeit, Lebhaftigkeit und Klarheit Eine und dieselbe Schöpfung«, wie Herder in *Über Bild, Dichtung und Fabel* schrieb (FHA 4, 638). Auch der Verstand ist nichts als ein Organ, das die von den Sinnen beigebrachte und im sensorium commune kombinierte Zusammenordnung der Dinge weiter verarbeitet: »Mittelst des Auges lernt er also seine ihm eingeborne Funktion, die nichts anders war als *ordnend zusammenzufassen*, d.i. zu *trennen und zu verknüpfen*, aufs feinste üben; wenn er sie nicht oder schlecht übt, ist er so ungesund, wie ein fehlerhaftes Auge.« (FHA 8, 399) Während Kant sowohl in der Anschauung wie im Verstand gegebene Formen a priori annimmt, verfährt Herder in beiden Bereichen operational, beschreibt Tätigkeiten, die variabel auf die jeweiligen Bedingungen des Systems zwischen Bewusstsein und Sphäre eingehen und für die Formen wie Raum und Zeit oder Kausalität und Substantialität nur ad hoc und a posteriori gebildete abstrakte Schemata sind.

Man sieht, dass Herder bis in die Spätzeit der *Metakritik* nach seiner Philosophie der Systeme und Organisationen argumentiert, hier im Sinne einer systemischen Zuordnung des Gesamtorgans der Erkenntnis zur umgebenden Sphäre, wobei die Entwicklung wahrnehmender und erkennender Organe durch die Lebensbedürfnisse des Organismus und die Beschaffenheit der Umwelt provoziert und umgekehrt die Umwelt durch die physiologischen Voraussetzungen der Organe in spezifischer Weise zu einer gattungseigenen Welt aufbereitet werden. Das Erkannte als Wahrnehmung oder Begriff ist selbst Organ, durch das Organ Sprache festgehalten und kommunikabel gemacht, zunächst für die Interessen des einzelnen Organismus, die von Anfang an die Selektion des Wahrgenommenen und Erkannten leiten, dann für die Interessen der anderen menschlichen Organismen und der menschlichen Gattung. Außer diesen organischen Funktionen hat das Erkennen keinen Eigenwert; der Status des Erkannten und Gedachten ist der einer bestmöglichen Vermutung, die ständig überprüft werden muss. Das gilt natürlich auch für diese Erkenntnistheorie selbst, für die es die Unterscheidung von Genese und Geltung nicht geben kann, da auch sie nur bestmögliche Vermutung ist und dies ebenso von Kants Transzendentalphilosophie behaupten kann, wenn auch die polemische und von Verständnisfehlern gestörte Art, wie Herder das in der *Metakritik* tut, seine Argumente entwertet. Weniger belastet ist in diesem Sinne die *Kalligone* (1800); hier kommen auch Lamberts Begriffe wieder konstitutiv zur Verwendung:

> Das *Sein* oder die *Bestandheit* eines Dinges beruhet auf seinen *wirksamen Kräften* in einem *Eben- und Gleichmaß*, mithin auf seiner *Umschränkung*. Bewegung und Ruhe konstituieren ihm ein Maximum, und bei mehreren Gliedern oder Rücksichten mehrere Maxima, *Exponenten seines Bestandes*. Wird diese Konformation zum dauernden Ganzen und sinnlich empfindbar, und ist dies gefundene

---

18 Vgl. Ulrich Gaier: *Herders Sprachphilosophie und Erkenntniskritik*. Stuttgart-Bad Cannstatt 1988, S. 204f.
19 Ulrich Gaier: »Herder und Oetinger«. In: *Pietismus und Neuzeit* 28, 2003, S. 213–236.

Maximum meinem Gefühl *harmonisch*, so ist die Bestandheit des Dinges, als eines solchen, uns angenehm; wo nicht, so ists hässlich, fürchterlich, widrig. (FHA 8, 688f.)

Eine unterscheidende Bedeutung hat wieder der systemische Bezug zur Umwelt, die die Bildung und Gestaltung des Organs und Organismus provoziert, wie Herder am Fisch nachweist:

> So scheint er uns, was er auch ist, eine lebendige Darstellung des silbernen Meeres selbst zu sein, das sich in ihm nicht etwa nur abspiegelt, das sich *verkörpert* in ihm hat, wenn man so sagen darf, sich in ein Gefühl seiner selbst *verwandelt*. [...] Die kleinste Silberschuppe auf dem Rücken des Fisches, wie die ganze Symmetrie seines Baues, Alles, was an ihm ist und zu ihm gehöret, ist *Ausdruck dessen, was er Kraft seines Elements* sein konnte, lebendige Darstellung seines innern und äußern elementarischen Daseins in Verhältnissen, Kräften, Gliedern. (FHA 8, 715)

Das Zusammenspiel von »organischem Geist« von innen und beschränkendem Element von außen (FHA 8, 723) erzeugt in der Gestalt des Lebewesens »ein Maximum seiner Bedeutsamkeit [...], dessen Anerkennung, verständig oder sinnlich, uns den Begriff seiner Schönheit, d.i. des Wohlseins in *seinem* Element gewähret« (FHA 8, 720), denn der betrachtende Mensch »setzt sich, soweit er kann, in jede Natur« (FHA 8, 716) und sucht die systemische Beziehung zwischen dem Lebewesen und seinem Element, die Lust und das Wohlsein des Fisches im Wasser nachzufühlen. Diese auf Zentralerkenntnis begründete Ästhetik ist dadurch denkbar, dass für Herder »jedes Gebilde als ein Inbegriff der Wirksamkeiten und Fühlbarkeiten zu betrachten ist, die in diesem Element nach Ort und Zeit Statt fanden« (FHA 8, 723). Dieser »Inbegriff von innen« (ebd.) gilt auch vom Menschen mit seinem inneren Leib als »Empfindungsorgan« (FHA 8, 385) und als »Seelenmensch«, anthropos psychikos,[20] der generisch und individuell nach einer bestimmten Kombination von Grundkräften, wesentlichen und organisierenden Kräften organisiert ist,[21] die auch im gesamten Kosmos und allen Geschöpfen in jeweiligen Kombinationen wirksam sind. Bis zu einem gewissen Grad ist der Mensch als Gattung und Individuum fähig, sein Kräftesystem auf das System eines anderen Menschen, Lebewesens oder auch Kunstwerks umzustellen, um so in einer »Zentralerkenntnis« von Wesen zu Wesen sich in die Natur des Fremden hineinzuversetzen.[22] Auch in der Ästhetik wird also eine systemisch begründete Erkenntnis auf physiologischer Basis angenommen; die Gedankengänge der *Kalligone* gehen bis in die Abfassung des 4. *Kritischen Wäldchens*, vor allem aber auf die Überlegungen zur *Plastik* und zum *Empfinden und Erkennen der menschlichen Seele* zurück.

---

20 Johann Gottfried Herder *Werke*, hg. von Wolfgang Pross. Bd. 2, München 1987, S. 686. Vgl. FHA 8, 385, 453 mit Formulierungen, die diese antike Annahme vom ätherischen Leib des Menschen umschreiben.

21 Vgl. Herder und Oetinger (wie Anm. 19), S. 222. Zur Diskussion des Systems von Kräften im 18. Jahrhundert vgl. Johann Gottfried Herder *Werke*, hg. von Wolfgang Pross. Bd. 3, München 2002, S. 309-312, 319 (Quellen: Spinoza, Caspar Friedrich Wolff, in denen er jedoch nur die Annahme Einer Kraft nachweist).

22 Ulrich Gaier: »The Problem of Core Cognition in Herder«. In: *Monatshefte* 95, 2003, S. 294-309. Pross (wie Anm. 21) S. 326 hat sicher recht, wenn er auf Charles Bonnet als Quelle für die These von der »Naturwüchsigkeit des Geistigen« bei Herder hinweist. Die hermetischen und damit für die Theologie wie die Verbindung zur *Ältesten Urkunde* wichtigen Beziehungen sind über die Verbindung zu Oetinger erschließbar, die in dem hier genannten Aufsatz und in »Herder und Oetinger« (wie Anm. 19) dargestellt wird. Durch Oetinger wird auch allein der emphatische Plural der »Kräfte« erklärt, während Pross' Quellen nur »Kraft« im Singular konzipieren.

Anwendungen

Nachdem wir die Präsenz systemischer Argumentation, verbunden oft mit der Nennung Lamberts und seiner systematologischen Hauptbegriffe, spätestens ab 1769 ansetzen können – die ausführlichen Exzerpte aus dem *Neuen Organon* sind wohl 1766 entstanden, und Wolfgang Pross vermutet aufgrund dieses Studiums schon in dieser Zeit »wesentlich vertiefte Reflexion über die Konstitution des Sinneswesens Mensch«[23] – und sie bis ins Spätwerk der *Kalligone* verfolgt haben, ist es sinnvoll, die Anwendungsgebiete dieser Philosophie zu überblicken. Einige haben wir im bisher Besprochenen schon berührt, andere sind zu ergänzen.

Ausführlicher war Herders Erkenntnistheorie darzustellen, denn unter ihrem Vorzeichen stehen sämtliche Aussagen in den anderen Wissenschaftszweigen. Erkenntnis ist für Herder ein Werkzeug der Orientierung im systemischen Verhältnis eines Organismus zu seiner Umwelt. Als Gattungswesen entwickelt der Organismus die seinen Lebensbedürfnissen gemäßen Organe der Sinneswahrnehmung und der Weiterverarbeitung des Wahrgenommenen in der Breite und Präzision, die für diese Gattung ausreicht; individuelle Besonderheiten sind möglich. Wolfgang Pross führt Herders Nichtgebrauch des Begriffs der Epigenese zu Recht darauf zurück, dass er im Prinzip jedem individuellen Organismus eine eigene Genese zumisst.[24] Ein solcher Erkenntnisapparat, dessen Organe im Zusammenspiel mit der Umwelt von dieser hervorgerufen, mitgebildet und geübt werden, schneidet aus der Umwelt eine Sphäre heraus, die auf die Lebensbedürfnisse des Organismus genau zugeschnitten, seinen Interessen gemäß gegliedert und nach Gesichtspunkten der Attraktion und Repulsion gestaffelt ist: jeder Organismus hat seine generisch und individuell bestimmte Welt. Für den Menschen gilt aufgrund der Maximumposition in der Tierreihe das Prinzip der freien Wahl seiner individuellen Sphäre, mithin der Ausbildung und des Besitzes einer individuellen Welt, die er bei sich anerkennt (FHA 1, 722) und im systemischen Verhältnis zu der er sich selbst reflektiert. Über die Sprache als Mitteilungsinstrument gilt es, im systemischen Zusammenleben mit anderen Menschen die individuellen Welten miteinander zu vermitteln und einem Maximum der Übereinstimmung und Verständigung zuzuarbeiten. Jede Erkenntnis ist grundsätzlich Konjektur, bestmögliche Vermutung, die der Überprüfung in dem sich ändernden Verhältnis zur Umwelt bedarf. Als Orientierungswerkzeug hat sie ihren Wert nicht in der Adäquatheit zum Gegenstand, sondern in der Tauglichkeit zu einer zuversichtlichen Bewegung in der individuellen Welt (FHA 6, 304). Sie ist insofern immer Bild, Allegorie eines unbekannten Zusammenhangs (FHA 4, 635), den wir spüren, dessen Elemente und Verbindungen wir jedoch für uns konstruieren. Zusammenhang zu konstruieren aus den Wahrnehmungsdaten der Sinne, diese Konstrukte untereinander in immer umfassenderen Zusammenhang zu bringen, ist das Geschäft des Verstandes (FHA 6, 160-162); je exakter und umfassender der Erkenntnis- oder Bildzusammenhang ist, desto zuversichtlicher kann sich der Erkennende darin bewegen. Desto näher zu Gott kommt er auch in seiner Suche nach Zusammenhang, denn diese als einzige nicht hinterfragbare Verstandesoperation[25] ist direkt auf Gott gerichtet, der als »großer Zusammenhang aller Dinge, Wesen der Wesen« definiert wird (FHA 6, 162).

Auch die Ontologie und Theologie sind damit organisationsphilosophisch begründet. Gemäß Herders Grundsatz: »Keine Kraft der Natur ist ohne Organ; das Organ ist aber nie

---

23 Johann Gottfried Herder *Werke*, hg. von Wolfgang Pross. Bd. 1, München 1984, S. 695.
24 Werke (wie Anm. 21), S. 338.
25 Auch die Leugnung des Zusammenhangs stellt Zusammenhang her.

die Kraft selbst, die mittels jenem wirkt« (FHA 6,171), lässt sich der Kosmos als Wirkung und Organ einer »ewigen Urkraft, Kraft aller Kräfte« verstehen (FHA 4, 728). Diese Kraft ist Leben, wirkt hervorbringend und zerstörend, ist Geist, Ordnung und Zusammenhang, ist Sein, Wesen der Wesen und damit Gott. Sie ist nicht wie bei Spinoza mit Raum und Materie vermischt, sondern inkommensurabel wie Ewigkeit gegen Dauer, Unendliches gegen Endliches. Dennoch ist sie im All und in jedem Punkt:

> Wir sind mit Allmacht umgeben, wir schwimmen in einem Ozean der Allmacht, so dass jenes alte Gleichnis immer wahr bleibet: ›die Gottheit sei ein Kreis, dessen Mittelpunkt allenthalben, dessen Umkreis nirgend ist‹. (FHA 4, 713)

Gemäß der neuplatonischen Trias der Ekstasen des Seins, der Beharrung, des Hervorgehens in Trennung und Vereinigung, und der Rückwendung in Verähnlichung (die Herder nach Spinoza formuliert, FHA 4, 779), beharrt diese Kraft erstens in sich, im einen und allen präsent, allbewirkend und allbelebend, aber unberührt von all ihren Wirkungen und Organen. Lamberts Postulat der Beharrungstendenz jedes Systems war für Herder in der Schrift *Gott* ein Beleg für die physikalische und insgesamt naturale Fundierung auch seiner Theologie und Ontologie. Hervorgehend drückt zweitens dieses Sein sich aus (FHA 4, 713) in Daseiendem, die Urkraft entfaltet sich in einander widerstreitende Kräfte – wieder ist mit Newtons Zentralkräften ein physikalischer Beleg zur Hand – die sich in ungezählten Organen unbelebter Materie und belebter Organismen artikulieren. Deren zunächst chaotischer Widerstreit geht drittens – das sucht Herder in den *Ideen* nachzuweisen – in immer ruhigeren Bahnen und Zusammenhängen und nähert sich damit asymptotisch dem Beharrungszustand, nicht des Einen Seins, sondern des Alles der ungezählten organischen Ausdrucksformen des Seins. Ob Lambert in seiner Trias von Beharrung, Störung und asymptotischer Rückkehr zur Ruhe ebenfalls diese neuplatonische Trias gesehen hat, lässt sich nicht mit Sicherheit sagen; Herder jedenfalls sah in seiner physikalisch modellierten Systematologie eine naturale Bestätigung seiner Theologie, Ontologie und Kosmologie, oder umgekehrt: er begründete diese drei Disziplinen systematologisch.[26]

Herders Anthropologie haben wir an zwei Punkten schon berührt, einmal bezüglich der Maximum-Stellung in der aufsteigenden Reihe der tierischen Organismen in ihrem systemischen Bezug zur Umwelt; diese Maximum-Stellung löst das paradoxe Problem von Kontinuität und Differenz. Der Mensch ist damit, wie immer nur unvollständig zitiert wird, »der erste *Freigelassene* der Schöpfung« im Blick auf die Tierreihe, aus der er kommt; er ist, wie auf derselben Seite in den *Ideen* steht, »ein Freigeborner« im Blick auf die wesentliche Unterscheidung von der Tierreihe, die ihn nicht nur frei, sondern in seiner Systembeziehung zur Sphäre reflexiv und vernünftig macht; er ist endlich, immer noch auf derselben Seite, »seiner Freiheit nach, und selbst im Missbrauch derselben ein König [...]: er kann über sich gebieten, wenn er sich auch zum Niedrigsten aus eigner Wahl bestimmte« (FHA 6, 145). Zweitens war die Rede vom anthropos psychikos oder Seelenmenschen, der auf alte Tradition gegründeten Vorstellung Herders von einem aus Kräften in bestimmter generischer und individueller Konstellation gesponnenen geistigen Leib des Menschen – und übrigens aller Geschöpfe – dessen äußerer Ausdruck und Organ der materielle Körper ist. Wie überall sucht er Anschluss für diese Vorstellung an die modernen naturwissenschaftlichen Entdeckungen. Bei seinen Arbeiten zur zweiten und dritten Fassung der Schrift *Vom Erkennen und Empfinden der*

---

26 Ausgeführt in Ulrich Gaier: »Herders systematologische Theologie«. In: Martin Kessler, Volker Leppin (Hg.): *Johann Gottfried Herder. Aspekte seines Lebenswerkes*. Berlin, New York 2005, S. 203-218.

menschlichen Seele stieß er auf Friedrich Christoph Oetinger, der die Vorstellung der inneren empfindenden Leiblichkeit mit der Bioelektrizität der Nerven und galvanischen Erscheinungen in Verbindung gebracht hatte, und schrieb dann: »Was er auch sei, dieser innere Geist, der Elektrische Strom, der Äther, die fortzündende Flamme in unsern Sehnen: Er ist, was das Licht dem Auge, der Schall dem Ohr ist, *Medium der Empfindung für den geistigen Menschen.*«[27] Ein Kapitel im 5. Buch der *Ideen* ist überschrieben: »Das Reich der Menschenorganisation ist ein System geistiger Kräfte.« (FHA 6, 180) Noch in der *Metakritik* beobachtet er,

> dass der Mensch von dem, was er ist, oder vielmehr was er kann und sein soll, eine Komprehension in sich trage, die er sich zwar selten oder nie zur ganzen Anerkennung bringt, deren er nur Teilweise inne wird, die aber demohngeachtet als ein Ganzes, als die Gestalt seiner Anlagen und Kräfte ihm einwohnet. (FHA 8, 453)

Die Systemstruktur der inneren Kraft und des organischen Ausdrucks, auch der Verähnlichungstendenz des noch nicht dem Inbild entsprechenden Organs ist also analog der systemischen Struktur der Theologie und Ontologie gestaltet. Vor allem ist der Begriff der Humanität keineswegs material, sondern rein strukturell als »Gleichgewicht [der] Kräfte oder ihrer harmonischen Bewegung« definiert, da »die Menschheit«, also das Menschsein, »sowohl im Ganzen als in ihren einzelnen Gesellschaften und Nationen ein daurendes Natursystem der vielfachsten lebendigen Kräfte ist« (FHA 6, 648). Vehement wehrt sich Herder gegen Kants Ansatz, der das Ziel der Menschengeschichte ans Ende der Zeit setzt und das Glück der Gattung durch die Züchtigung aller Einzelnen herbeiführen will. Herder setzt dagegen:

> Jeder einzelne Mensch trägt also, wie in der Gestalt seines Körpers so auch in den Anlagen seiner Seele, das Ebenmaß zu welchem er gebildet ist und sich selbst ausbilden soll, in sich. [...] Durch Fehler und Verirrungen, durch Erziehung, Not und Übung sucht jeder Sterbliche dies Ebenmaß seiner Kräfte, weil in solchem allein der vollste Genuss seines Daseins lieget; nur wenige Glückliche aber erreichen es auf die reinste, schönste Weise. Da der einzelne Mensch für sich sehr unvollkommen bestehen kann: so bildet sich mit jeder Gesellschaft *ein höheres Maximum zusammenwirkender Kräfte*. (FHA 6, 648 f.)

Dabei sind diese Maxima durchaus verschieden – die Griechen erstrebten »ein Maximum des sinnlich-Schönen sowohl in der Kunst als den Sitten, in Wissenschaften und in der politischen Einrichtung«, Sparta und Rom erstrebten auf verschiedene Weise die »Tugend eines vaterländischen oder Heldenpatriotismus«. Entscheidend ist auch bei dieser Humanitäts- und Kulturtheorie das organische Zusammenwirken von Menschengesellschaft und »Ort und Zeit«, also der Sphäre und ihren Bedingungen (FHA 6, 649). Diese Bedingungen überhaupt und dann in den einzelnen Kulturen zu beschreiben hat Herder sich in den *Ideen zur Philosophie der Geschichte der Menschheit* vorgenommen, die deshalb keine Geschichtsphilosophie sind, wenn sie auch geschichtsphilosophische Theoreme wie die Aufzehrung der zerstörenden durch die erhaltenden Kräfte in Natur und Gesellschaft (FHA 6, 636) enthalten, sondern eine konjekturale Theorie zur Möglichkeit von Humanität und Kultur mit der Beschreibung historischer Verwirklichungen und Versäumnisse. Nichts anderes war schon die Bückeburger Geschichtsschrift, wenngleich der gewissermaßen heilsgeschichtliche Gedanke dieser Schrift vom »Gang Gottes über die Nationen« (FHA 4, 88)[28] hier völlig durch

---

27 Werke (wie Anm. 20), S. 607. Die Beziehung zu Oetinger dargelegt in »Herder und Oetinger« (wie Anm. 19), S. 220–223.
28 Wie Anm. 15.

die naturalistische Philosophie der Systeme und Organisationen ersetzt ist, deren theologischen Hintergrund wir allerdings schon erkannt haben. Im Sinne der rein naturalistischen Theoriebildung wird auch die 1778 noch religiös getönte »Waage der Wiedervergeltung« in der Hand des Weltenrichters (FHA3, 510) in eine systematologische Formulierung mit den Denkbildern der Nemesis und der Adrastea naturalisiert.[29] Anfangs naturalistisch, dann unter dem Eindruck von Hamanns Protest wieder theologisiert ist der Ursprung der Sprache, der in der Preisschrift von 1770 parallel mit der Freilassung aus der Tierreihe die Entstehung des Wortes der Seele als Maximum der drei auch den Tieren verfügbaren Sprachen des Naturschreis, der Gattungssprache und der kommunikativen Gefühlsäußerung angesetzt wird, später aber wieder gut alttestamentlich der Anrede der Gottheit bedarf, um in Gang zu kommen. Im Blick auf das Problem von Kontinuität und/oder Korrektur in Herders Denken und Werk haben wir hier gegenläufige Prozesse der Naturalisierung bzw. Theologisierung zu beobachten. Nun konnte aber Herder gar nicht verstehen, dass der Freund Hamann die starke theologische Fundierung der Ursprungsschrift nicht begreifen und sich mit Herders Hinweis auf die Abhandlung als »Schrift eines Witztölpels« zur Befriedigung der Berliner Akademie[30] nicht besänftigen lassen wollte. Und dies, obwohl Hamann durch seine immer auf bestimmte Anlässe und Adressaten gerichteten Schriften systemisch demonstrierte, dass eine bestimmte Form von gemeinsamer Vernunft erst im Gespräch, als gemeinsamer Geist der Unterredner entstehen kann. So richtete Herder seine Äußerungen über den Sprachursprung in der mittleren Zeit (in der *Metakritik* argumentiert er wieder naturalistisch) gewissermaßen an Hamann und führte statt der Anrede des Menschen durch die göttliche Natur die anredende Gottheit ein. Das ist keine billige Rhetorik, sondern entspringt der systematologischen Einsicht, dass die geäußerte Sprache wesentlich unzulänglicher Ausdruck, Organ eines unfassbaren Sinnes und innerlicher Präsenz ist, so wie die Welt der Dinge Ausdruck und Organ des unfassbaren göttlichen Seins ist. Herder argumentiert deshalb, um der Vollständigkeit des Dahinterstehenden durch Verähnlichung möglichst nahe zu kommen, bevorzugt dreifach, induktiv, deduktiv und abduktiv. Dieser letztere Ausdruck von Charles Sanders Peirce bezeichnet das Verfahren, einen Einzelfall exemplarisch zu verallgemeinern und entdeckungslogisch als vermuteten Zusammenhang zu formulieren.[31] Da er solche konjekturalen Entdeckungen von Zusammenhängen bevorzugt mythisch personifizierend formuliert, um ihren Erfindungscharakter hervorzuheben, ist es nur eine Frage der Gewichtung in den Ausdrücken des Gesprächs und den Organen der gemeinsamen Vernunft, wenn Herder hier den Historiker, da den Philosophen und dort den Dichter mehr in den Vordergrund treten lässt. Über die systematologische Fundierung der Literatur, überhaupt der verschiedenen Ästhetiken, muss gesondert gehandelt werden, insbesondere im Blick auf die Symphilosophie der Jenaer Romantik und die Ironie bei Friedrich Schlegel, deren transzendentale Buffonerie der Witztölpel Herder vorwegnimmt.[32]

---

29 Ulrich Gaier: »Nemesis und natürliche Ethik«. In: Regine Otto, John H. Zammito (Hg.): *Vom Selbstdenken. Aufklärung und Aufklärungskritik in Herders ›Ideen zur Philosophie der Geschichte der Menschheit‹*. Heidelberg 2001, S. 25-35.
30 Ulrich Gaier: »Herders Abhandlung über den Ursprung der Sprache als ›Schrift eines Witztölpels.‹« In: Gottfried Gabriel und Christiane Schildknecht (Hg.): *Literarische Formen der Philosophie*. Stuttgart 1990, S. 155-165.
31 Mit Literaturangaben zu Peirces Definition und Gebrauch der Abduktion vgl. Metzger (wie Anm. 1), S. 136f. Die Komplexität der Herderschen Dreifach-Argumentation habe ich an der Ursprungsschrift gezeigt (wie Anm. 17).
32 Vgl. Ulrich Gaier: »Herders ›Symphilosophie‹« [im Druck].

Zwei Sachverhalte haben sich gezeigt: Einmal die chronologische Durchgängigkeit in der Anwendung der Philosophie der Systeme und Organisationen von den Frühwerken bis zur *Kalligone*, zum andern die Durchgängigkeit der Anwendung auf alle von Herder bearbeiteten wissenschaftlichen Disziplinen so, dass man von einer selbstständigen Philosophie und Wissenschaftslehre Herders und von einer echten Alternative zu Kant sprechen kann.

GÜNTER ARNOLD

Kontinuität und Geschichtlichkeit im Schaffen Herders

Als erstes möchte ich gegen das Rahmenthema der Tagung ›Kontinuität und/oder Korrektur‹ einwenden: ›Korrektur‹ bedeutet, dass etwas falsch war. – Hat Herder sich selbst korrigiert oder beabsichtigen das die Mitglieder der Internationalen Herder-Gesellschaft? Letzteres wäre kein historischer Standpunkt, ersteres bezweifle ich aufgrund der Quellen.

Das gesamte Lebenswerk Herders ist meines Erachtens in allen seinen Bestandteilen von einer durchgehenden Kontinuität geprägt. Deren objektive und subjektive Voraussetzungen sind zu benennen, postmoderner Dekonstruktivismus und Diskurse der Beliebigkeit hingegen völlig zu ignorieren. Mit ›Geschichtlichkeit‹ in meinem Thema ziele ich auf Modifikationen unter bestimmten sich verändernden Bedingungen von Zeit und Ort und individuellen Faktoren.

Die Entgegensetzung des jungen und des alten Herder, des Früh- und Spätwerkes, die Erwähnung von ›Diskontinuität‹ in der Themenstellung verschiedener Referate dieser Tagung lässt mich als Editionsphilologen befürchten, dass die neuen Werk- und Briefausgaben mit den in ihren Kommentaren ausgebreiteten Forschungsergebnissen nicht hinreichend zur Kenntnis genommen worden sind.

Wenigstens andeutungsweise möchte ich auf den Begriff der ›Systemphilosophie‹ eingehen und daran erinnern, dass Herder sich in allen Schaffensperioden überwiegend pejorativ über die »Spinnengewebe der Systeme« (SWS 1, 228) ausspricht und beteuert, dass ihm »vor dem Erbfehler der Deutschen, Systeme zu zimmern« graue – so an Johann Georg Scheffner am 31.10.1767 (DA 1, 92) – und dass er »kein vorgefaßtes System habe« (SWS 17, 362);[1] denn »die Menschen handeln nach etwas Anderm als kahlen und kalten Systemen«, und philosophische Systeme seien nur »als Dichtung« zu betrachten – so über die Systeme von Spinoza, Leibniz, Descartes in der Rezension über James Beatties *Versuch über die Natur und Unveränderlichkeit der Wahrheit* 1772 (SWS 5, 460f.).[2] Ein vollständiges System wäre ein Lehrgedicht, »selbst die reinste und höchste Poesie an Würde und Klarheit« (*Adrastea*, SWS 23, 244) – es wäre! d.h. es gibt kein solches System. Im Gegensatz zu philosophischen Systematikern erweist Herder sich, wenn man seine Denkmethode charakterisieren will, in seinen Schriften als assoziativ-kombinierender Analogiedenker.

Die verschiedene Werke Herders strukturierenden Metaphern – die Sabbat- oder Schöpfungshieroglyphe der Siebenzahl nach Philon von Alexandria oder der durch die *Encyclopédie* Diderots und d'Alemberts tradierte Baconsche Triceps, das ist die Einteilung nach den Fähigkeiten des Geistes (Gedächtnis=Geschichte, Vernunft=Philosophie, Einbildungskraft=Poesie), die Herder aus Hamanns *Kleeblatt hellenistischer Briefe* übernahm, können wohl nicht ernsthaft als Kriterien für ein System gelten, ebenso nicht die Bestimmungen zur

---

1   Vgl. SWS 4, 442 f.; 13, 207; 20, 214 f. – Insbesondere gegen das System der Wolffschen Schulphilosophie äußert Herder sich am 23.8.1784 gegen Hamann (DA 5, 60).
2   Vgl. die Bezeichnung von Leibniz' *Monadologie* als »Monadenpoem« (SWS 8, 178).

Ordnung der Einbildungskraft Analogie, Kontiguität, Kausalität aus Humes *Enquiry concerning human understanding* (vgl. FHA 10, 1425).

Für den monistischen Charakter des Gesamtwerkes, zur Bezeichnung des Hervorgehens von Allem aus Einem, möchte ich die Metapher ›das orphische Ei‹ gebrauchen – in der *Aeltesten Urkunde* und in der *Adrastea* zitiert im orphischen Hymnus Πρωτογονου θυμιαμα, »Weihrauchopfer der Erstgeburt« (SWS 6, 349; 23, 535) – im Kontrast zu dem Bild der getrennten, zerstückelten, hingeworfenen »Absyrtusglieder« (SWS 6, 358).

Ausgangspunkt des Gesamtwerkes war die in Riga erarbeitete, zeitlebens tragfähige, nach allen Seiten ausbau- und erweiterungsfähige anthropologische Konzeption auf polyhistorisch-enzyklopädischer Grundlage – eine ganzheitliche Konzeption unter Einbeziehung der verschiedensten Wissenschaftsdisziplinen: der Theologie, Gnoseologie, Psychologie, Naturgeschichte, Natur- und Geschichtsphilosophie, Philologie, Ästhetik, der komparatistischen Kunst- und Literaturbetrachtung und so weiter.

Zahlreiche Entwürfe aus der Jugendzeit, z. B. aus dem *Reisejournal*, sind in späteren Jahren, durch neue Erkenntnisse und Lesefrüchte angereichert, nach und nach ausgeführt worden. Alle diese Exzerpte, Entwürfe und die später aus ihnen entstandenen Schriften sind Bausteine zu einer unabgeschlossenen »Geschichte der Wissenschaften« oder »Geschichte des menschlichen Verstandes« (SWS 12, 405) oder »Universalgeschichte der Bildung der Welt« (SWS 4, 353). In diesem umfassenden konzeptionellen Rahmen ist ein ungemein vielseitiges Lebenswerk von seltener Ganzheitlichkeit und zwingender Logik entstanden, das nur dem oberflächlichen und kenntnislosen Betrachter als ungeordnet, widersprüchlich und durch Brüche gekennzeichnet erscheint.

Die Rezeptionsweise und ihr Resultat sind von den jeweiligen Entstehungsbedingungen nicht zu trennen, die mithin trotz intendierter Objektivität die inhaltliche Deutung beeinflussen. Obgleich »zufällige Geschichtswahrheiten der Beweis von notwendigen Vernunftwahrheiten nie werden können«,[3] machen einige subjektive Erfahrungen diese Zusammenhänge transparent. Wenn insbesondere dank der Herder-Edition von Wolfgang Proß[4] und der Dissertation von Ralph Häfner die Bedeutung Herders für die philosophische Anthropologie in den Blick genommen wurde, so war uns in der DDR diese Tradition nicht unbekannt, wurde aber als ›nicht der Sache förderlich‹ eher verdrängt; fiel doch die philosophische Anthropologie als Forschungsgegenstand unter die Rubrik ›Kritik der spätbürgerlichen Ideologie‹. Ich habe einmal in den siebziger Jahren die Verlegerin und klassische Philologin Leiva Petersen, die Inhaberin des Verlags ›Hermann Böhlaus Nachfolger Weimar‹, in deren Studienzeit im Freundeskreis von Max Kommerell Arnold Gehlens Buch *Der Mensch: seine Natur und seine Stellung in der Welt* (1940) positiv rezipiert worden war, mit der Bemerkung schockiert, das sei ›Biologismus‹; ich fand mich aber später durch die Lektüre des idealistischen Leipziger Philosophen Theodor Litt in meiner Auffassung bestätigt.

Der maßgebliche Herder-Forscher in der DDR war der Marxist Heinz Stolpe, zuerst Mitarbeiter des Kreises um Gerhard Scholz in Weimar, aus dem mehrere germanistische Ordinarien hervorgegangen sind, dann in der Arbeitsgruppe zur Geschichte der deutschen und französischen Aufklärung an der Deutschen Akademie der Wissenschaften unter der Leitung des großen Romanisten Werner Krauss tätig. Stolpes Forschungen waren dadurch Bestandteil der europäischen Aufklärungsforschung mit dem umfassenden Begriff von ›littérature‹ und unterschieden sich wohltuend von dem Klassik-Bild der Goethe- und Schiller-

---

3 Lessing, *Über den Beweis des Geistes und der Kraft* (1777). In: Rilla 8, 12.
4 Vgl. insbesondere Proß II: Herder und die Anthropologie der Aufklärung. 1987.

Spezialisten, die nicht über den nationalen und fachspezifisch-germanistischen ›Tellerrand‹ blickten.

Nach seinem unter anderem für die sozialgeschichtliche Periodisierung von Literarhistorie grundlegenden Buch *Die Auffassung des jungen Herder vom Mittelalter* (1955) erarbeitete Stolpe Kommentare zu den *Ideen zur Philosophie der Geschichte der Menschheit* (1965) und zu den *Humanitätsbriefen* (1971), denen noch die Herausgeber der Herder-Ausgabe des Deutschen Klassiker Verlags vieles verdanken. Im Hinblick auf die weltweiten Wirkungen der Großen Französischen Revolution, die in dem ehemaligen Leipziger ›Zentrum für Vergleichende Revolutionsforschung‹ unter Walter Markov in Kooperation mit französischen Historikern wie Albert Soboul und Michel Vovelle untersucht wurden, wies Stolpe in seinen letzten Lebensjahren immer wieder auf den späten Herder als Forschungsdesiderat hin. In eigenen Aufsätzen und in meiner *Adrastea*-Ausgabe bin ich den Anregungen des 1976 verstorbenen Freundes gefolgt.

Ich muss aber auch einen Blick auf die andere Seite werfen, die trotz der kollegialen Wechselseitigkeit der meisten Institutionen, was den Austausch von Quellen betrifft, dennoch keine geringe Gefährdung für eine große und aufwendige Edition darstellte. Der ›völkische‹ Missbrauch der – bewusst falsch interpretierten – Ideen Herders über Volk, Nation und Nationalkultur in der Zeit des Nationalsozialismus beschädigte das Ansehen des großen Aufklärers und führte nach 1945 im westlichen Teil Deutschlands bis in die fünfziger Jahre zu einer Tabuisierung Herders.[5] Man konnte an den Universitäten keine Arbeiten über ihn vergeben, weil die dominierenden konservativen Ordinarien auf peinliche Weise mit ihrer braunen Vergangenheit konfrontiert worden wären, mit ihren eigenen Schriften über Herder als Propheten des ›Dritten Reiches‹ und als ›Blut- und Boden‹-Theoretiker.

Dieser ›Geist‹ wurde auch institutionell restauriert in dem Marburger Johann-Gottfried-Herder-Institut für deutsche Ostforschung, das anfänglich von den revanchistischen Landsmannschaften, vor allem den Ostpreußen und Sudetendeutschen, gefördert wurde. Die Geschichte ist über diese anachronistische Einrichtung hinweggeschritten, deren hochkarätiger ›Forschungsrat‹ Herders Mahnung in seiner Schulrede von 1798 *Vom Fortschreiten einer Schule mit der Zeit* anscheinend nicht beherzigt hat: »Wir leben in der Zeit; folglich müssen wir auch mit ihr und für sie leben und leben lernen. [...] Wir müssen also der Zeit dienen, damit wir sie nicht verlieren oder von ihr unterdrückt und vom Vater Saturn aufgefressen werden« (SWS 30, 240).

Ein leitendes Mitglied des ›Johann-Gottfried-Herder-Forschungsrates‹, Hans-Bernd Harder, seinerzeit Ordinarius für Slavistik in Marburg, bereitete angeblich seit 1973 mit einem Arbeitskreis eine kommentierte Ausgabe von Herders Briefwechsel vor. Unterstützt von dem Historiker Roderich Schmidt, versuchte er anlässlich der Frankfurter Buchmesse 1975, unsere Verlegerin Leiva Petersen zu einem Verzicht auf die Herder-Edition in Weimar zu veranlassen. Ziemlich verstört durch die Drohung mit einem angeblich weitaus kompetenteren Konkurrenzunternehmen kam sie nach Weimar zurück. Karl-Heinz Hahn, der 1990 verstorbene Direktor des Goethe- und Schiller-Archivs, ein weitblickender Wissenschaftsorganisator, fand eine salomonische Lösung: »Wir müssen eben schneller sein.« Und die seit 1977 in rascher Folge erschienenen Briefbände der Weimarer Herder-Briefausgabe machten Harders Pläne zunichte, weil ihm für ein fast paralleles Projekt keine Mittel bewilligt wurden.

---

5 Vgl. Zaremba 1985; Becker 1987; Schneider 1994.

1992 nahm ich am sechsten Internationalen Hamann-Kolloquium in Marburg teil. Als ich in einer Konferenzpause die Bibliothek des Herder-Instituts und den von meinem Vorgänger Wilhelm Dobbek benutzten Nachlass Hans Schauers sehen wollte, verwehrte Herr Harder mir den Zugang mit den Worten: »Nur wenn ich Mitherausgeber der Herder-Briefe werde.« Das war durchaus kein Scherz. Unter diesen Umständen habe ich gern auf eine Besichtigung der Bibliothek verzichtet. De facto war mir damit für die Marburger Bestände ein Benutzungsverbot ausgesprochen worden. Diese Antipathie wirkte anscheinend über den Tod Harders im Jahr 1996 hinaus: Im März 2002 fand in der Hochschule für Musik Franz Liszt in Weimar eine Tagung »Johann Gottfried Herder in der interdisziplinären Forschung« statt, die stillschweigend an den Weimarer Klassikerstätten vorbei organisiert wurde. Keiner von uns erhielt eine Einladung. Veranstalter war der ›Johann-Gottfried-Herder-Forschungsrat‹ des Marburger Instituts.

In entschiedenem Gegensatz zu den eher nationalistischen Tendenzen der früheren Marburger Ostforscher wurde in der DDR die völkerverbindende Funktion der Humanitätsphilosophie Herders herausgestellt und seine geschichtliche Wirkung als ›Vater der slavischen Wiedergeburt‹ gewürdigt (deswegen die Herder-Medaille der Gesellschaft für Deutsch-Sowjetische Freundschaft, die für besondere Leistungen im Russischunterricht verliehen wurde).

Werner Krauss hob insbesondere den prägenden Einfluss der westeuropäischen Aufklärung in allen Schaffensperioden Herders hervor, auch dann, wenn er – wie in der Bückeburger Geschichtsphilosophie – dagegen polemisierte. Die Vorstellung eines deutschen Sturm-und-Drang-Originalgenies erwies sich vor dieser Konzeption als unhaltbar:

> Die Größe Herders wird dadurch nicht herabgesetzt, daß wir die tiefe Verbindung seiner Gedanken mit den Gedanken der Vor- und Mitwelt spüren. Durch Herder ist das geschichtliche Weltbild der Aufklärung nach Deutschland gelangt. [...] Die Taten des deutschen Genius sind nicht aus dem Nichts entstanden; sie können nicht als eine Urschöpfung verstanden werden. Die Größe Herders ist vielmehr gerade in seiner allseitigen Aufgeschlossenheit, in seiner einzigartigen Empfänglichkeit und in der Erkenntnis der vorwärtsweisenden Ideen begründet (Krauss 1963, CLXXIIIf.).

Wenn wir Herders Schaffen in seiner Gesamtheit betrachten, zunächst die von ihm sukzessiv oder simultan bearbeiteten Disziplinen im allgemeinen, ohne die Werktitel zu nennen, so geraten wir an ontologische Positionsbestimmungen über das Dasein als unhintergehbare Grunderfahrung, danach zu der Herder immer wieder primär bewegenden Frage nach dem Ursprung der Dinge, vor allem der »Geschichte unsres eignen Verstandes«, dem »Ursprung menschlicher Werke und Erfindungen«, dem Ursprung der Begriffe usw. »Wie und auf was Art ist etwas entstanden?« (SWS 32, 85, 87). In den frühen *Fragmenten* wird das für Herders ganzes Lebenswerk typische historisch-genetische Prinzip entwickelt: »[...] in dem Ursprung eines Phänomenon liegt aller Schatz von Erläuterung, durch welche die Erklärung desselben Genetisch wird« (SWS 2, 62). Die ästhetischen Begriffe werden psychologisch hinterfragt und erscheinen als unzergliederlich wie der Begriff des Seins (SWS 32, 61). Anstelle von Definitionen der Begriffe werden die literarischen Gattungen durch ihre Entstehungsgeschichte charakterisiert, und das bleibt bis zum Schluss so, wie die literaturtheoretischen Erörterungen in der *Adrastea* beweisen. Werke der Literatur und der Künste werden historisch, komparatistisch und psychologisch betrachtet nach einer sinnesphysiologisch differenzierenden Ästhetik unter Einwirkung des englisch-französischen Sensualismus, dem Herder auch die wichtigsten Elemente seiner Sprachphilosophie, Psychologie und Erkenntnistheorie verdankt. In seiner als Einheit zu verstehenden pantheistischen Natur- und Geschichtsphilosophie schließlich verbinden sich Naturgeschichte und Humanitätstheologie zu einer Théodicée, deren wesentlichste philosophische Grundlagen – Kontinuitätsgesetz, Analogiedenken und Kräftelehre (Substanzbegriff) – genuin Leibnizsches Erbe sind.

Die Übergänge zwischen den einzelnen Disziplinen sind fließend, unmerklich wie ›les petites perceptions‹. Herders Entwürfe und Schriften lassen sich nie vorrangig einem einzigen Gebiet zuordnen, da in ihnen meist alle Probleme gleichzeitig tangiert werden, am reichhaltigsten in den ungedruckten älteren Niederschriften, während den Druckfassungen eher eine straffere Komposition eigen ist, vor allem dann, wenn Manuskriptteile zu einem selbständigen, simultan entstehenden Nebenwerk abgezweigt werden. Metaphorisch gesprochen, handelt es sich bei dem Gesamtwerk um Einen einzigen großen Text über Ein Thema, der sich in ständiger Palingenesie und mannigfaltigen Metamorphosen fortwährend weiterschreibt. ›Es‹ schreibt sich – Herder unterlag einem Schreibzwang, wie er zu Silvester 1781 gegenüber Hamann bekennt: »Das Schreiben und die Umstände des Schreibens hängen nicht von uns ab, so wenig als das Wetter oder die Aussaat. Ich bin bisher in meiner Autorschaft mehr getrieben worden, als daß ich nach Willkühr gegangen wäre« (DA 4, 201). Wegen der Besonderheiten seiner Autorschaft, der Neigung zum Fragmentarischen, der Überlieferung einer Vielzahl von Entwürfen und mehrerer Niederschriften von nicht wenigen Werken, wurde Herder nach Klaus Hurlebuschs Feststellung neben Klopstock und Hamann zu einem der »Wegbereiter autorzentrischen Schreibens«, das Gegenstand der ›textgenetischen Edition‹ oder der ›critique génétique‹ ist: die Verselbständigung des Schreibprozesses, der für den Autor wichtiger sein soll als das hervorgebrachte Werk. Tatsächlich aber lässt sich bei ihm wie bei den meisten Schriftstellern ein Wechselverhältnis zwischen subjektiv-autorbezüglichem und objektiv-werkzentrischem Schreiben feststellen. Es ist wohl kaum zu erwarten, dass diese theoretischen Überlegungen sich auf umfangreichere Editionen auswirken werden; dazu sind sie viel zu elitär, und ihre praktische Anwendung wäre unvertretbar aufwendig.

Ursprünglich hatte ich beabsichtigt, an Beispielen aus der *Adrastea* die ungebrochene Kontinuität wie die Geschichtlichkeit der in der Jugendzeit begründeten Auffassungen nachzuweisen (so z.B. das Russlandbild, das griechische Menschenbild, die Shakespeare-Rezeption, Probleme literarischer Gattungen u.a.), aber das kann ja jeder Interessierte selbst anhand meiner *Adrastea*-Edition (FHA 10) tun, in der ich im Kommentar bei jedem relevanten Gegenstand den Blick nach rückwärts bis zu den Anfängen gerichtet habe. Der Ensemblecharakter, das Simultanschaffen und die wechselseitige Verflechtung des Herderschen Gesamtwerkes lassen sich am besten in Tabellenform verdeutlichen (s.u. S. 50/51). Wegen der großen Anzahl der Schriften konnte ich nicht alle auf einmal aufführen. Ich habe diejenigen Titel zusammengestellt, die zu Herders eigenem Großprojekt »Geschichte des menschlichen Verstandes« gehören, und sie von denen getrennt, mit denen er auf äußere Veranlassungen reagiert oder die eher unter Literatur im engeren Sinn fallen. Auf manche Titel treffen die Kriterien von beiden Tabellen zu. Eigentlich sind aber alle Werke als Teile eines Ganzen aufeinander bezogen, hängen an der ›catena aurea Homeri‹ und sind durch den ›nexus rerum universalis‹, den allgemeinen Zusammenhang der Dinge der Welt, miteinander verbunden. Hinzu kommen noch die nichtliterarischen Tätigkeiten im geistlichen und schulischen Amt im gleichen anthropologisch-humanistischen Geist.

Für die sowohl zeitliche als fächerübergreifende Kontinuität führe ich ein Beispiel aus der Praxis an. Für die Kommentierung der Schrift *David Hume über den Glauben oder Idealismus und Realismus. Ein Gespräch* (Breslau 1787) in der historisch-kritischen Gesamtausgabe der Werke Friedrich Heinrich Jacobis hat mich Walter Jaeschke um die Ermittlung eines Herder-Zitats gebeten:

Tabelle 1: Fremdanlässe (Polemik) und Literatur im engeren Sinn

1764/65	Versuch über das Seyn Philosophie zum Besten des Volkes Odenabhandlung
1767	Über die neuere Deutsche Litteratur. Fragmente
1768	Thomas Abbts Schriften. Der Torso von einem Denkmaal
1769	Kritische Wälder. Oder Betrachtungen, die Wissenschaft und Kunst des Schönen betreffend Journal meiner Reise im Jahr 1769
1771-1773	Shakespear Auszug aus einem Briefwechsel über Oßian und die Lieder alter Völker
	Preisschriften:
1772	Abhandlung über den Ursprung der Sprache
1775	Ursachen des gesunknen Geschmacks bei den verschiednen Völkern, da er geblühet
1774/75, 1778	Vom Erkennen und Empfinden der menschlichen Seele
1778	Über die Würkung der Dichtkunst auf die Sitten der Völker in alten und neuen Zeiten
1780	Vom Einfluß der Regierung auf die Wissenschaften und der Wissenschaften auf die Regierung
1785-1797	Zerstreute Blätter
1795/96	Terpsichore
1799	Verstand und Erfahrung/Vernunft und Sprache (Metakritik)
1800	Kalligone

> Die Vernunft ist durch die Zeitfolge gebildet: alles was das menschliche Geschlecht erzogen, gelehrt, fortgebracht hat, bildete auch sie. Ein Kind entwickelt seine Vernunft nur durch Erziehung: alles also, was das menschliche Geschlecht erzogen hat, dem ist die Vernunft, was sie geworden ist, schuldig, und es wäre Spiel, wenn wir eins vom andern absondern und Vernunft als ein selbständiges Abstractum betrachten wollten, wo sie nichts ist. [...] So wenig Menschengeschlecht ohne Schöpfung werden konnte: so wenig konnt's ohne göttliche Beihülfe fortdauern, und ohne göttliche Erziehung wissen, was es weiß (Erstdruck, 192f.).

Jaeschke hatte thematisch ähnliche (nicht wörtlich übereinstimmende) Partien im 11. und 15. Buch des dritten Teils der *Ideen* gefunden, der aber wegen des identischen Erscheinungstermins mit *David Hume* im Frühjahr 1787 als Quelle nicht in Frage kam. Ich fand im 9. und 10. Buch des zweiten Teils der *Ideen* (1785) weitere inhaltliche Entsprechungen, vermutete eine Bezugnahme Herders auf Kants *Critik der reinen Vernunft* und Hamanns *Metakritik*, stieß aber wenig später durch Zufall auf die von Jacobi wörtlich zitierte Stelle in den *Erläuterungen*

Tabelle 2: Eigenes Großprojekt (Philosophie, Theologie, Geschichte)

1764	Versuch über das Seyn
1766	Versuch einer Geschichte der lyrischen Dichtkunst
1768	Das Lied von der Schöpfung der Dinge Zur Geschichte der Wissenschaften
1768–1776	Älteste Urkunde des Menschengeschlechts (verschiedene Fassungen)
1769	Journal meiner Reise im Jahr 1769
1770, 1772	Abhandlung über den Ursprung der Sprache
1770, 1778	Plastik. Einige Wahrnehmungen über Form und Gestalt aus Pygmalions bildendem Traume
1774/75, 1778	Vom Erkennen und Empfinden der menschlichen Seele. Bemerkungen und Träume
1774, 1778/79	Volkslieder Lieder der Liebe
1774	Auch eine Philosophie der Geschichte Johannes Offenbarung An Prediger. Funfzehn Provinzialblätter
1775	Erläuterungen zum Neuen Testament
1779	ΜΑΡΑΝ ΑΘΑ. Das Buch von der Zukunft des Herrn
1780/81	Briefe, das Studium der Theologie betreffend
1782/83	Vom Geist der Ebräischen Poesie
1784–1791	Ideen zur Philosophie der Geschichte der Menschheit
1787	Gott. Einige Gespräche
1793–1797	Briefe zu Beförderung der Humanität
1794–1798	Christliche Schriften
1801–1803/04	Adrastea

zum Neuen Testament aus einer neueröfneten Morgenländischen Quelle, Riga 1775 (SWS 7, 369), einem Buch, das Jacobi besaß und mit Anstreichungen und Eintragungen versehen hat (Wiedemann 1989, Nr. 281). Zwischen Herders Schriften der angeblich mystisch-schwärmerischen Bückeburger Zeit und der von naturwissenschaftlich-philosophischen Studien gemeinsam mit Goethe geprägten 1780er Jahre besteht kein derartiger Unterschied, dass nicht ganze Seiten, stilistisch unauffällig und thematisch passend, ausgetauscht werden könnten! – In den *Ideen* hat Herder »sein grundlegendes religions- und geschichtsphilosophisches Konzept gegenüber der *Aeltesten Urkunde* nicht verändert« (Bultmann 1999, 175). Die exegetischen Erläuterungen zu seinen theologischen Schriften sind großenteils kulturphilosophisch, so auch in den *Christlichen Schriften* der 1790er Jahre, die parallel zu den *Humanitätsbriefen* entstanden. Das gesuchte Zitat gehört zu den »Anmerkungen« (SWS 7, 368–372) zum 3. Kapitel des 1. Buchs der *Erläuterungen zum Neuen Testament*, »In Jesu ist das Menschengeschlecht erwählet«. Es handelt von den Heilstatsachen als Gottes Weg zur Erziehung des Menschengeschlechts - eine Théodicée, die Lessings *Erziehung des Menschengeschlechts* (1780) als Quelle gedient hat (SWS 7, XXVI f.).[6] Dass sich bei durchgehenden thematischen Untersuchungen biographische Zäsuren als nicht stichhaltig erweisen, sondern zu einem großen Teil Erfindungen des Biographen sind, um Dynamik in das Leben seines Helden zu bringen, konnte ich in meinem 1986 veröffentlichten Aufsatz zu Herders Luther-Rezeption und zur Herder-Tagung 2003 in meinem Referat über die Unsterblichkeitsproblematik von der Rigaer Zeit bis in die letzten Weimarer Jahre deutlich machen.

Die Rezeptionsgeschichte verstellt den Blick auf das Eigentliche. Goethe hat im zehnten Buch von *Dichtung und Wahrheit* ausführlich seine Begegnung mit Herder in Straßburg geschildert. Diese Darstellung, im zweiten Teil seiner Autobiographie 1812 erschienen, hat den Herder-Artikel Johann Gottfried Grubers in *Brockhaus' Real-Encyclopädie für gebildete Stände* seit der 5. Auflage entscheidend geprägt: Herders Wirkung auf den jungen Goethe und damit auf den ›Sturm und Drang‹ als seine angeblich mit Abstand wichtigste Leistung wurde lexikographisch fortgeschrieben in jeder neuen Auflage des weitverbreiteten Nachschlagewerkes bis in die heutige Zeit. Karoline von Herders authentische *Erinnerungen aus dem Leben Johann Gottfrieds von Herder* (1820) kamen dagegen nicht an. Die pejorativen Urteile der Klassiker Schiller und Goethe über die Werke des späten Herder in ihrem 1828/29 veröffentlichten Briefwechsel, den Bertolt Brecht in seinem *Arbeitsjournal* am 2.1.1948 als »eine ›hochgesinnte‹ Verschwörung gegen das Publikum« bezeichnete,[7] wurden von den Literarhistorikern als kanonisch übernommen und in sämtlichen Literaturgeschichten unkritisch kolportiert. Selbst der bis heute bedeutendste Biograph Herders, Rudolf Haym, hat in seinem unübertroffenen monumentalen Werk (1877-1885) trotz kongenialer Einfühlung in Persönlichkeit und Arbeitsweise Herders die Spätphase als Zeit der Krankheit und sinkenden Schaffenskraft beurteilt, zumal er, Haym, mit seinen philosophischen Auffassungen ein Wegbereiter des Neukantianismus wurde (vgl. Harich 1954, LXVII). Es ist das Verdienst des Deutschen Klassiker Verlags, in seine umfangreiche Auswahlausgabe Herders auch die späten Werke in angemessener Relation aufgenommen und damit zweihundert Jahre nach ihrer Entstehung erstmals einen ausführlicheren Kommentar veranlasst zu haben.

Ich habe eingangs von objektiven und subjektiven Voraussetzungen für die durchgehende Kontinuität in Herders Lebenswerk gesprochen. Die objektive war die in Riga entwickelte ganzheitliche anthropologische Konzeption. Deren subjektive, d.h. seelenkundliche Ursachen hat der große Psychologe - in seinen Bemühungen um die »Semiotik der Seele« (SWS 13, 187) ein Schüler Rousseaus - in wiederholter Selbstanalyse eingehend charakterisiert. In einem Brief an Hamann im Juli 1765 bezeichnet er sich als einen »pomum praecox [frühreife Frucht] zu einem Amte, zu einer Schulstelle, zu einem gesetzten Umgange und Stil« und beklagt, in einem Alter, da er Schüler sein sollte, Lehrer sein zu müssen (DA 1, 46), ebenso zu Beginn des *Reisejournals* 1769 und in dem in Nantes niedergeschriebenen Entwurf *Über die Bildung Menschlicher Seelen aus Thomas Eloges* (SWS 4, 347, 463 f.). Früchte reifen im Herbst; Herder ist seiner Natur nach ein herbstlicher Mensch,[8] zudem ein ›Mitternachtsgeborener‹, zu Schwermut und düsteren Ahnungen neigend, die sich schon in den Gedichten der Jugendzeit niedergeschlagen haben (SWS 29, 249, 341). Im *Reisejournal* konzipiert er aus dem subjektiven Gefühl, alt zu sein und seine eigene Jugend versäumt zu haben, den Plan zu

---

6 Vgl. Schilson 2001, 807, 814 f.
7 Mittenzwei 1972, 175.
8 Vgl. Herder an Karoline Flachsland, 20. und 23.10.1771 (DA 2, 87); Nohl 1949, 47.

einem »Werk über die Jugend und Veraltung Menschlicher Seelen« in der Absicht, »die Jugend der Menschlichen Seele in Erziehung wieder herzustellen« (SWS 4, 447–461, 453; DA 1, 132). Die Lebensalter mit ihren spezifischen Seelenfähigkeiten »entwickeln sich aus einander« gemäß der »Ordnung der Natur« (SWS 4, 450), nach Rousseaus *Émile ou De l'education* darf keines übersprungen werden. Dreiundzwanzig Jahre danach (1792) erscheint eine Abhandlung über diese Thematik in der 4. Sammlung *Zerstreute Blätter, Tithon und Aurora*. Die Schatten des Abends beginnen sich auf das Leben des Vereinsamten zu senken, der – im Mythos des vergreisten Tithonus – zwar »sich selbst überlebt« hat (SWS 16, 109), die evolutionär-revolutionäre Gegenwart aber optimistisch im Bild der jungen Aurora, εως ροδοδακτυλος (der »rosenfingrigen Morgenröte«) sieht. Von den bekannten Gemälden Guido Renis und Guercinos zu diesem tiefsinnigen Denkbild enthält der *Adrastea*-Band des Deutschen Klassiker Verlags Reproduktionen und poetische Beschreibungen (FHA 10, 1473). Dass am Ausgang des Lebens »Scenen aus der Jugend« in den Träumen wiederkehren, gehört zu den psychologischen Bemerkungen in der Schrift *Vom Erkennen und Empfinden der menschlichen Seele* 1778 (SWS 8, 228) und in den Gesprächen *Über die Seelenwanderung* 1782 (SWS 15, 256). Im 5. Buch des naturgeschichtlich-naturphilosophischen ersten Teils der *Ideen* (1784) hat Herder aus der Tiefe der gläubigen Seele die Hoffnung gewonnen, dass der »erquickende Todestraum« ihm »die Jugend seines Lebens« zurückbringen werde (SWS 13, 189).

Literaturverzeichnis

SWS = Herders Sämmtliche Werke. Hg. von Bernhard Suphan. 33 Bde. Berlin 1877–1913.

FHA = Johann Gottfried Herder. Werke in zehn [elf] Bänden. Hg. von Günter Arnold, Martin Bollacher, Jürgen Brummack, Christoph Bultmann, Ulrich Gaier, Gunter E. Grimm, Hans-Dietrich Irmscher, Rudolf Smend, Rainer Wisbert, Thomas Zippert. Frankfurt a.M. 1985–2000.

Proß = Johann Gottfried Herder. Werke. Hg. von Wolfgang Proß. Bd. I–III. München 1984, 1987, 2002.

DA = Johann Gottfried Herder. Briefe. Gesamtausgabe 1763–1803. Hg. von den Nationalen Forschungs- und Gedenkstätten der klassischen deutschen Literatur in Weimar/Stiftung Weimarer Klassik. Bearbeitet von Wilhelm Dobbek und Günter Arnold. 11 Bde. Weimar 1977–2001.

Rilla = Gotthold Ephraim Lessing. Gesammelte Werke. Hg. von Paul Rilla. 10 Bde. Berlin, Weimar ²1968.

Arnold, Günter: Luther im Schaffen Herders. In: Impulse. Aufsätze, Quellen, Berichte zur deutschen Klassik und Romantik. Folge 9. Berlin, Weimar 1986, 225–274.

Becker, Bernhard: Herder-Rezeption in Deutschland. Eine ideologiekritische Untersuchung. Sankt Ingbert 1987 (Saarbrücker Beiträge zur Literaturwissenschaft, 14).

Bultmann, Christoph: Die biblische Urgeschichte in der Aufklärung. Johann Gottfried Herders Interpretation der Genesis als Antwort auf die Religionskritik David Humes. Tübingen 1999 (Beiträge zur historischen Theologie, 110).

Häfner, Ralph: Johann Gottfried Herders Kulturentstehungslehre. Studien zu den Quellen und zur Methode seines Geschichtsdenkens. Hamburg 1995 (Studien zum 18. Jahrhundert, 19).

Harich, Wolfgang: Einleitung zu: Rudolf Haym, Herder. Bd. 1. Berlin 1954.

Hurlebusch, Klaus: Klopstock, Hamann und Herder als Wegbereiter autorzentrischen Schreibens. Ein philologischer Beitrag zur Charakterisierung der literarischen Moderne. Tübingen 2001 (Studien und Texte zur Sozialgeschichte der Literatur, 86).

Krauss, Werner: Die französische Aufklärung im Spiegel der deutschen Literatur des 18. Jahrhunderts. Hg. und eingeleitet von Werner Krauss. Berlin 1963 (Schriftenreihe zur Geschichte der deutschen und französischen Aufklärung, 10).

Mittenzwei, Werner: Brechts Verhältnis zur Tradition. Berlin 1972 (Literatur und Gesellschaft. Hg. von der Akademie der Wissenschaften der DDR, Zentralinstitut für Literaturgeschichte).

Nohl, Johannes: Einleitung zu: Johann Gottfried Herder, Journal meiner Reise im Jahr 1769. Weimar 1949.

Schilson, Arno u. Axel Schmitt (Hg.): Gotthold Ephraim Lessing. Werke und Briefe. Bd. 10: Werke 1778–1781. Frankfurt a.M. 2001.

Schneider, Jost (Hg.): Herder im »Dritten Reich«. Bielefeld 1994.

Wiedemann, Konrad u. Peter-Paul Schneider (Bearb.): Die Bibliothek Friedrich Heinrich Jacobis. Ein Katalog. Bd. 1. Stuttgart-Bad Cannstatt 1989 (Friedrich Heinrich Jacobi. Dokumente zu Leben und Werk).

Zaremba, Michael: Johann Gottfried Herders humanitäres Nations- und Volksverständnis: ein Beitrag zur politischen Kultur der Bundesrepublik Deutschland. Berlin 1985 (Studien zu deutscher Vergangenheit und Gegenwart, 1).

SILVIO VIETTA

Herder und der Entwurf einer Poetik der Moderne

I

Im Diskurs der Aufklärung entspringen zwei sehr gegensätzliche Formen von *Kritiken*. Die *eine* Form der Kritik meint die kritische Eingrenzung der Vernunft auf jenes Erkenntnisvermögen, das – nach dem Schock der kopernikanischen Revolution der Erkenntnis – für *allein* wahrheitsfähig gehalten wird, die *Rationalität*. Die Philosophie der Aufklärung reagiert hier auf die Naturwissenschaften der Neuzeit und den von ihnen ausgelösten Erkenntnisschock. Dabei radikalisiert die kopernikanische Wende ein Erkenntnismotiv, das die abendländische Philosophie und Wissenschaft von ihren Anfängen an durchzieht, aber erst in der frühen Neuzeit zu einem radikalen *Bruch* führt: zum Bruch zwischen sinnlicher Wahrnehmung und logisch Erkanntem. Dieser Bruch, der in der frühgriechischen Philosophie auch einhergeht mit der Zurückdrängung des Mythos durch den Logos, wird in der klassischen griechischen Philosophie noch überbrückt vom Konzept der Methexis, der Teilhabe des sinnlich Seienden am Logos des Seins.

Die Neuzeit sprengt diese Brücke. Das, was sinnlich zu erkennen ist – der Umlauf der Sonne um die Erde – ist nachweislich falscher Schein. Richtig ist vielmehr das Gegenteil: Zirkulation der Erde um die Sonne, wobei bekanntlich Kopernikus im Fahrwasser von Platons »Timaios« von kreisrunden Umlaufbahnen der Planeten um die Sonne ausging. Erst Kepler hat diese Annahme durch genauere Berechnungen korrigiert. Gleichwohl: Kopernikus, der den Erkenntnisschritt vom heliozentrischen zum geozentrischen Weltbild bekanntlich vollzieht, ist stolz darauf, »Mathematiker« zu sein und nicht wie das Volk – »vulgo« – zu denken.[1]

Die Naturwissenschaft der Neuzeit allerdings unterläuft partiell ihren eigenen Erkenntnisfortschritt. Insbesondere Galilei beruft sich immer wieder auf das sinnliche Organ des Auges, mit dem man die Jupiter-Monde sehen könne, und Brechts Dramatisierung des Galilei-Stoffes akzentuiert ja auch eben dieses Moment. Das Fernrohr steht, von Galilei platziert, am Hof der Medici zu Florenz. Man muss, so Galileis Aufforderung, nur hindurchschauen, um die Wahrheit über die Planeten des Jupiter mit eigenen Augen zu sehen. Und so ruft er denn hinter dem sich bereits verabschiedenden Hof her:

---

1 Nicolaus Kopernicus: Das neue Weltbild. Drei Texte. Kommentariolus, Brief gegen Werner De revolutionibus I im Anhang eine Auswahl aus der Narratio prima des G.J. Rheticus. Übersetzt, herausgegeben und mit einer Einleitung und Anmerkungen versehen von Hans Günter Zekl. Lateinisch-deutsch. Hamburg 1990, hier S. 77. Bekanntlich aber hatte der Herausgeber der Revolutionsschrift, der Lutheraner Theologe Andreas Osiander, diese mit einem Vorwort versehen, in dem er deren Wahrheitsanspruch dadurch abschwächte, dass er sie als »Hypothese« darstellte und deren Wahrheitsanspruch noch einmal relativierte: »Es ist nämlich gar nicht notwendig, daß diese Voraussetzungen *wahr* sein müssen, nicht einmal daß sie *wahrscheinlich* sind, sondern es reicht schon dies allein, wenn sie *eine mit den Beobachtungen zustimmende Berechnung* darstellen.« Siehe dazu Hans Blumenberg: Die kopernikanische Wende. Frankfurt a.M. 1965, S. 41 ff.

> Aber die Herren brauchten wirklich nur durch das Instrument zu schauen!²

Sie tun es nicht.

Aber der Gegensatz zwischen Neuzeit und Mittelalter ist nicht der zwischen sinnlicher Wahrnehmung und scholastischer Begriffsverkapselung, sondern der zwischen rationalem und theologischem System. In der Folgezeit wird die Rationalität zeigen, dass ihre Formeln mindestens ebenso unanschaulich sind wie die heilige Trinität.

Die Cartesianische Schlussfolgerung aus dem Erkenntnisschock der Neuzeit ist bekannt: Allein die *ratio*, nicht die Sinnlichkeit oder gar imaginatio, oder auch Erinnerung taugt zu jener Grundlegung der Wissenschaft und als Dienstbote jener wahren Methode, auf die Descartes die Wissenschaft nun einschwören will. Descartes macht dies in seinen »Meditationes de prima philosophia« ja auch sinnfällig an einem Stoff, der sich in der Tat wie ein Chamäleon in verschiedenen Aggregatzuständen verändert und dessen klare Erkenntnis eher ein Puzzle für die Sinne zu sein scheint: Wachs. Mal flüssig, mal fest, mal durchsichtig, mal farbig, den Geruch ändernd; so scheint man dem Jesuitenschüler aus La Flèche in der Tat Recht geben zu müssen, dass, was denn Wachs sei, am wenigsten über die sinnliche Erkenntnis festgestellt werden kann.

> Was aber ist dieses Wachs, das sich nur denkend begreifen lässt? Nun, dasselbe, das ich sehe, das ich betaste, das ich mir bildlich vorstelle, kurz, dasselbe, was ich von Anfang an gemeint habe; aber – wohlgemerkt – seine Erkenntnis ist nicht Sehen, nicht Berühren, nicht Einbilden und ist es auch nie gewesen, wenngleich es früher so schien, sondern sie ist eine Einsicht einzig und allein des Verstandes, die entweder, wie früher, unvollkommen und verworren, oder, wie jetzt, klar und deutlich sein kann [...].³

Die Sinnlichkeit rutscht in dieser eben typisch aufklärerischen Typisierung der Vorstellungen nicht nur in den Kellerbereich des Dunklen und Verworrenen, sie rutscht eben damit auch unter die Schwelle der Wahrheitsfähigkeit. Denn diese erfährt und beschreibt sich nun selbst in der Aufklärung als jene Form der vermessenden Berechnung, *ratiocinatio* heißt sie bei Hobbes und Leibniz, die beide auf den Spuren Descartes' »rationale Erkenntnis« definieren als »Berechnung«, Leibniz darüber hinaus noch eindeutiger als Descartes als deren reflexive Repräsentation.

Kant, der diese Linie der Aufklärung beerbt und in seiner »Kritik der reinen Vernunft« auf ein konstruktives Begriffssystem bringt, das mit der naturwissenschaftlichen Erkenntnis kompatibel sein soll, leitet deren transzendentale Wende direkt von Kopernikus und dem Erfolg der neuzeitlichen Naturwissenschaften ab.⁴ Kant entwickelt eben dabei auch den Begriff der Kritik zu einer »besonderen Wissenschaft«, die diese wahre, will sagen naturwissenschaftliche Erkenntnisform des Bewusstseins apriorisch synthetisch *konstruiert*.

Die *zweite* Form der Kritik der Aufklärung folgt der ersten auf dem Fuße. Es ist eben die kritische Eingrenzung der Vernunft, die jene zweite Form der Kritik ins Visier nimmt. Und das ist die Linie, der Herder folgt. Sie verläuft von Pascal, der bekanntlich gegen die Logik

---

2   Bertolt Brecht: Werke. Große kommentierte Berliner und Frankfurter Ausgabe. Hg. von Werner Hecht, Jan Knopf, Werner Mittenzwei und Klaus-Detlef Müller. Bd. 5: Stücke 5. Bearbeitet von Bärbel Schrader und Günther Klotz. Frankfurt a.M. 1988, S. 224. Ich zitiere aus der Berliner Fassung des Stücks von 1955/56.
3   Die »Meditationen über die Grundlagen der Philosophie« erschienen 1641. Ich zitiere im folgenden nach der Übersetzung von Artur Buchenau, neu hg. von Lüder Gäbe. Durchgesehen von Hans Günter Zekl. Hamburg 1959, S. 55.
4   Immanuel Kant: Kritik der reinen Vernunft, Vorrede B XVI.

der Vernunft die des Herzens setzt – wir haben Pascals schönen Satz im Ohr: »Le cœur a ses raisons, que la raison ne connaît point;«[5] – über die englische Philosophie Shaftesburys, der Anfang des 18. Jahrhunderts eben die Sicherheit, mit der Descartes auf das denkende Ich als absoluten Erkenntnisfels in der Wahrnehmungsbrandung zurückgekommen war, in Frage stellt und hier selbst die Frage anbringt:

But the question is, ›What constitutes the We or I?‹[6]

Bei Shaftesbury wird diese Frage verbunden mit der Einsicht, dass die »obscure implicit language« unserer Gedanken schwer zu lesen ist. Der Weg der *kritischen Selbsterfahrung* unseres Bewusstseins und ihre Öffnung hin auf verdeckte vorbewusste Motive *wie auch* auf physiologische Voraussetzungen ist aber die *andere* Linie der kritischen Selbstbefragung der Aufklärung. Während die erste Form der Kritik den Erkenntnisanspruch der Naturwissenschaft in einer Erkenntnistheorie des rationalen Denkens sichern und allererst begründen will, führt die zweite zu einer kritischen Selbstanalyse von Subjektivität, die zur Psychologie und auch zur Physiologie hinführt. In beiden Linien übrigens ist Leibniz vertreten, dessen Lehre von den »petites perceptions« in der »Monadologie« und in den »Nouveaux essais sur l'entendement humain« eine Form der Wahrnehmung *vor* der bewussten und selbstreflexiven Apperzeption ins Visier nimmt. In die zweite Linie der kritischen Selbsterforschung der Subjektivität gehört auch die *Autobiographie* als ein psychologisches Textgenre, wie sie Adam Bernds »Eigene Lebens-Beschreibung« von 1738 im deutschen Literaturraum eindrucksvoll unter Einbezug von frühkindlichen Traumatisierungen, Träumen und Ängsten begründet. Wie gesagt: Dies ist der Weg, der auch über Hamann zu Herder führt, und über diese beiden meta-kritischen Denker der späten Aufklärung – wobei es Hamann war, der den Begriff der »Metakritik« eingeführt hat[7] – hinaus zur Romantik, zu Nietzsche und zu jenen Bewusstseinstheorien des 20. bis 21. Jahrhunderts, die eben viel stärker die vorbewussten und auch physiologischen Voraussetzungen unseres Denkens herausstellen, als es die klassische Vernunftphilosophie der Aufklärung wahrhaben wollte.

Es scheint mir wichtig, auch die zweite Linie der Aufklärungs-Kritik als eine Linie der *Aufklärung* zu beschreiben. Dies nicht nur, weil sie im dialogischen Diskurs mit der ersten Form der Kritik sich artikuliert und formiert, sondern eben auch, weil sie eine Form der Aufklärung *ist*. Die ältere Darstellung dieser Linie, wie sie beispielsweise Baeumler in seinem Begriff des Irrationalismus vorstellte, schiebt die Begriffsbildung ja selbst in diesen Bereich ab.[8] Die Analyse der *anderen Subjektivität* ist aber nicht selbst irrational, sondern sie fördert vorbewusste, unbewusste und in diesem Sinne irrationale Motive unseres Bewusstseins allererst zutage und gehört somit selbst zur Aufklärung.

---

5   Blaise Pascal: Pensées. Texte de l'édition Brunschvicg. Introduction et notes par Ch.-M. des Granges. Pensée 277.
6   Shaftesbury: Characteristics of Men, Manners, Opinions, Times etc. Ed., with an introduction and notes, by John M. Robertson. 2 Bde., London 1900, Bd. 2, S. 275.
7   Johann Georg Hamann: Metakritik. Golgatha und Scheblimi. Fliegender Brief an Niemand den Kundbaren. Briefe bis 1788. Hamanns Schriften Bd. 7, hg. von Friedrich Roth. Leipzig bey G. Reimer 1825.
8   Alfred Baeumler: Das Irrationalitätsproblem in der Ästhetik und Logik des 18. Jahrhunderts bis zur Kritik der Urteilskraft. Halle 1923. Neudruck: Darmstadt 1981.

II

An diesem Strang der Aufklärung setzt auch Herder ein. Seine Option für den »Riesenmann Pascal«,[9] für Shaftesbury, seine Kenntnis der autobiographischen Tradition Adam Bernds, und eben auch seine Kenntnis der Vernunftkritik Kants und ihrer Traditionslinie einschließlich der scholastischen Philosophie Wolffs, führen jene Kritik fort, die bereits Shaftesbury geäußert hatte. Es ist jene Kritik an der »traurige[n], arme[n] Dame Philosophie«, die »in dunkle Mauren, Kollegien und Schulkerker eingeschlossen« sinne und denke.[10] Die Kritik an dem Schematismus und der farblosen Abstraktheit der Begriffe der Aufklärung, insbesondere der Wolff-Schule, ist ein Motiv des jungen Herder des »Journals« in Anknüpfung an die explizite Kritik am Rationalismus der Aufklärung, wie sie bereits Shaftesbury vorgetragen hatte.

Insbesondere erscheint Herder der Glaube an die *Absolutheit* und *Reinheit* der Vernunft problematisch. Diesen Glauben attackiert er. Dabei bewegt sich Herder aber durchaus auf einem Stand der Forschung, der die kritischen Bewusstseinsphilosophien beider Couleur wahrgenommen hat, und greift in die Diskussion selbst auf sehr originelle Weise ein. Insbesondere *transformiert* Herder den neuen Stand der Bewusstseinsphilosophie in den Bereich der Poetik und Ästhetik. Das Maß der Originalität und auch Innovationskraft Herders wird eigentlich erst mit dem Ablauf der literarischen und ästhetischen Moderne selbst recht deutlich, denn seine Theorie greift der Entwicklung der literarischen Moderne selbst voraus.

Doch zunächst ein Wort zur *Erkenntnistheorie* Herders, weil diese auch die Basis für seine Poetik ist. Genauer: Erkenntnistheorie und Poetik durchdringen sich wechselseitig. Ich stütze mich dabei vor allem auf die Schriften »Vom Erkennen und Empfinden der menschlichen Seele« und »Über Bild, Dichtung und Fabel«. Ersterer Text geht auf eine Preisaufgabe der Berliner Akademie vom Jahre 1773 zurück, welchen Preis Herder nicht gewinnen konnte. Herder hat den Text mehrfach überarbeitet. Letzterer Aufsatz stammt aus dem Jahre 1787. Was unternimmt Herder in diesen Texten? Er will auch die Vernunft auf eine Basis von *Empfindung* und *Wahrnehmung* stellen, folgt also eher der *empiristischen* Linie der Aufklärung. Herder rekurriert dabei auf einen Begriff, der weder in der innatistischen noch in der empiristischen Vernunftphilosophie eine Rolle spielt, wohl aber bei Pascal: das »Herz« als ein Zentrum der Emotionalität und – über Pascal hinaus – als biologischer Motor des Menschen, seiner Wollungen, Gefühle und Gedanken.

> Wasser allein tuts nicht, und die liebe kalte spekulierende Vernunft wird dir deinen Willen eher lähmen, als dir Willen, Triebfedern, Gefühl geben. Wo sollte es in deine Vernunft kommen, wenn nicht durch Empfindung? würde der Kopf denken, wenn dein Herz nicht schlüge?[11]

Entgegen der Vernunftphilosophie spaltet Herder das Denken nicht von der Gefühlsbasis ab – erst diese Abspaltung macht ja die Vernunft zu einer »kalten« Institution – sondern hält im Rahmen seiner Anthropologie an der *Einheit* der Lebensfunktionen fest, die in der Individualität des Ich synthetisiert werden, bzw. dort ihren »tiefsten Grund« finden:

> Der tiefste Grund unseres Daseins ist individuell, so wohl in Empfindungen als Gedanken.[12]

---

9   Johann Gottfried Herder: Schriften zu Philosophie, Literatur, Kunst und Altertum 1774–1787. Hg. von Jürgen Brummack und Martin Bollacher, Werke Bd. 4. Frankfurt a.M. 1994, S. 350.
10 Herder (wie Anm. 9), S. 376.
11 Herder (wie Anm. 9), S. 361.
12 Herder (wie Anm. 9), S. 365.

Wo im Ich aber werden die einlaufenden Empfindungen synthetisiert, wer oder was übernimmt diese Koordination? Herder greift hier zurück auf eine Kategorie, die in der Begriffsgeschichte des 18. Jahrhunderts eine starke Aufwertung erfahren hat: die Kategorie der »Einbildung«. Sie leistet nach Herder so etwas wie die innere Koordination der Empfindungen und auch schon der Reize der Sinnlichkeit, eine Art Synthesevermögen also im Bereich der sinnlichen Wahrnehmung:

> Wenn also aus unsern Sinnen in die Einbildungskraft, oder wie wir dies Meer innerer Sinnlichkeit nennen wollen, Alles zusammenfleußt und darauf unsre Gedanken, Empfindungen und Triebe schwimmen und wallen: hat die Natur abermals nichts gewebet, das sie einige, das sie leite?[13]

Ich würde durchaus wagen, hier einen Zusammenhang auch zur ersten Auflage der »Kritik der reinen Vernunft« zu sehen, die ja bekanntlich der Rolle der Einbildungskraft als dem grundlegenden Synthesevermögen unseres Bewusstseinsapparates größere Bedeutung zumaß als die zweite Auflage von 1787.

In einem Punkt allerdings geht Herder vor Kant weit über Kant hinaus. Das ist in der Vermittlung dieser Synthesefunktion von Bewusstseinsakten mit *physiologischen* Begriffen. Die Stelle, die ich gerade zitiert habe, geht weiter:

> Allerdings, und dies ist das *Nervengebäude*. Zarte Silberbande, dadurch der Schöpfer die innere und äußere Welt, und in uns Herz und Kopf, Denken und Wollen, Sinne und alle Glieder knüpfet. [...] Wir empfinden nur, was unsre Nerven uns geben; darnach und daraus können wir auch nur denken.[14]

Die Theorie der Perzeption und Apperzeption, der Wahrnehmung und des Verstehens mündet hier also letztlich - bzw. *gründet* in einer Theorie der *Physiologie*, und dies weist weit hinaus ins 19. und 20. Jahrhundert. Ich sehe hier einen direkten Zusammenhang mit Nietzsche, der genau diese entscheidende Verbindung von Wahrnehmungstheorie und Physiologie ausdrücklich als Grundlage seiner Anthropologie akzentuiert hat. Nietzsche geht da freilich noch weiter als der Pfarrer Herder:

> Der Mensch kannte sich nicht physiologisch, die ganze Kette der Jahrtausende entlang: er kennt sich auch heute noch nicht. Zu wissen z.B. dass man ein Nervensystem habe (- aber keine »Seele«), bleibt immer noch das Vorrecht der Unterrichtetsten.[15]

Gleichwohl grundiert auch Herder seine Erkenntnislehre in der »Tiefe dieses Zusammenflusses« in der Einbildung und durch sie in der Physiologie.[16] Das verdeutlicht gleich der erste Abschnitt des Erkennens- und Empfindungsaufsatzes:

> Meines geringen Erachtens ist keine *Psychologie*, die nicht in jedem Schritte bestimmte *Physiologie* sei, möglich.[17]

---

13 Herder (wie Anm. 9), S. 350. Dazu Silvio Vietta: Literarische Phantasie: Theorie und Geschichte. Barock und Aufklärung. Stuttgart 1986.
14 Herder (wie Anm. 9), S. 350f. Zum Begriff der Einbildungskraft im 18. Jahrhundert: Silvio Vietta: Literarische Phantasie. Theorie und Geschichte. Barock und Aufklärung. Stuttgart 1986. Zum Thema Sinnlichkeit und Verstand in der Aufklärung siehe Horst-Michael Schmidt: Sinnlichkeit und Verstand. Zur philosophischen und poetologischen Begründung von Erfahrung und Urteil in der deutschen Aufklärung (München 1982), der aber Herder gerade nicht einbezieht.
15 Friedrich Nietzsche: Nachgelassene Fragmente Anfang 1888 bis Anfang Januar 1889, Kritische Studienausgabe Bd. 13, hg. von Giorgio Colli und Mazzino Montinari. Neuausgabe. München: dtv 1999, S. 363.
16 Herder (wie Anm. 9), S. 349.
17 Herder (wie Anm. 9), S. 340.

Ich würde denken: Herder integriert hier auf eine bemerkenswerte Weise Tendenzen der kritischen Subjektphilosophie der Aufklärung, eben die genannten Namen Pascal, Shaftesbury, dazu Leibniz, und fusioniert sie mit einer Physiologie wie sie durch Haller und auch den französischen Materialismus des 18. Jahrhunderts möglich geworden ist. Diese höchst interessante Verbindung von kritischer Subjektphilosophie, die in einer vorrationalen *Empfindungstheorie* begründet ist, und Physiologie weist der Erkenntnistheorie des 19. und 20. Jahrhunderts den Weg. Ich erinnere in diesem Zusammenhang auch an die gegenwärtige Diskussion um die neurobiologische Gehirnforschung, wie sie in Deutschland Wolf Singer vertritt, in der sich Bewusstseinsprozesse letztlich in undurchschaubaren Kodierungen von Nervenzellen verlieren.[18]

Es ist deutlich, dass Herder von seinem Ansatz her gegen die Abstraktion einer apriorischen Philosophie polemisieren *muss*. Das macht er an verschiedenen Stellen und eben immer von dem Grundsatz aus, dass Denken vom Empfinden abhinge, dass es ein rein abstraktes Denken vor aller Sensualität nicht gäbe. Die reinen Begriffe, so seine These, seien letztlich nicht viel mehr als »reine Ziffern und Zeros von der mathematischen Tafel« und hätten, auf die Natur angewandt, auch nicht viel mehr als diesen »Ziffernwert«.[19]

Natürlich kann man an dieser Stelle kritisch einwenden, Herder habe zweifellos die Funktion unserer apriorischen Denkvoraussetzungen unterschätzt, die im Übrigen nicht nur in den Naturwissenschaften, sondern auch in der modernen konstruktivistischen Ästhetik eine zentrale Rolle spielen. Denn auch der Kubismus, auch die großen konstruktivistischen Ästhetikbewegungen des 20. Jahrhunderts sind ohne diesen apriorischen Konstruktivismus und das Bewusstsein davon nicht denkbar. Über Henry Kahnweiler, den Freund Picassos, kam die Transzendentalphilosophie und der Neukantianismus in die Kreise der Künstler, die in Paris um 1906 die neue Linie der bildenden Kunst entworfen haben. Gleichwohl ist Herders Leitmotiv anthropologisch und auch kulturgeschichtlich sinnvoll: die Abstraktion des Denkens einzuholen und rückzuverweisen auf jene sensualistisch-biologischen Quellen, die *menschliches* Denken allererst ermöglichen: das Herz, die Sinne, die biologische Funktion der Nerven.

III

Aber nun zu der Frage, welche Art *Literaturtheorie* aus Herders Ansatz folgt und auch in der Tat zumindest rudimentär von Herder entworfen wird. Herders Rückgang auf eine vorrationale Konstellation von Perzeptionen, dieses »Meer innerer Sinnlichkeit«, synthetisiert durch die »Einbildungskraft«, erlaubt es, einen – ich möchte sagen – modernen Begriff von Poetik zu denken, der Genese und Entstehung von Poesie aus diesem vorrationalen Fundus der Subjektivität ableitet. Herder entwirft in der Tat die Form eines – modernen – Romans, der den vorrationalen Fundus unserer »Gedanken, Empfindungen und Triebe« selbst zum Thema hat oder haben könnte. Die Stelle, die ich im Blick habe, ist von Herder so formuliert, dass der Begriff des »Romans« hier selbst in metaphorischer Funktion gebraucht wird.

> Würde ein Mensch den tiefsten, individuellsten Grund seiner Liebhabereien und Gefühle, seiner Träume und Gedankenfahrten zeichnen können, welch ein Roman![20]

---

18 Wolf Singer: Der Beobachter im Gehirn. Essays zur Hirnforschung. Frankfurt a.M. 2002.
19 Herder (wie Anm. 9), S. 392.
20 Herder (wie Anm. 9), S. 365.

Was Herder hier andenkt, ist, dass ein Protokoll dieses »Meeres innerer Sinnlichkeit«, Träume und Gedanken selbst einen Roman ergeben *würde*. Ganz offensichtlich hat er dabei nicht einen schon vorliegenden Roman als Beispiel eines solchen Protokolls im Blick, obwohl er doch auch Adam Bernds »Eigene Lebens-Beschreibung« von 1738 kannte, einen Text, der ein solches autobiographisches Protokoll über die »großen Theils noch unbekannten Leibes- und Gemüthsplage« über weite Strecken ja darstellt. Man kann in diesem Zusammenhang auch auf den psychologischen Roman »Anton Reiser« von Karl Philipp Moritz von 1785-90 verweisen, dessen Entstehungs- und Veröffentlichungsdatum aber nach dem Aufsatz vom »Erkennen und Empfinden« liegt. Herder hat kein Modell eines solchen Romans vorliegen, der sich aus einem solchen Protokoll der »tiefsten, individuellsten [...] Liebhabereien und Gefühle, [...] Träume und Gedankenfahrten« ergeben würde. Er sagt nur, dass ein solches Protokoll in der Tat einen »Roman« ergeben würde. Ich lese diese Verwendung von »Roman« in einem vorpoetologischen, eben metaphorischen Sinn.

IV

Lösen wir uns an dieser Stelle einmal von der Textbasis Herders und fragen, »welch ein Roman« der Moderne dem Vorentwurf Herders am ehesten entsprechen könnte. Man kann die These wagen, dass jener von Herder visionär gesehene Typus eines Romans der inneren und vorrationalen Subjektivität in der Tat ein zentraler Typus der literarischen Moderne werden sollte. Denn die großen Romane der literarischen Moderne sind über weite Strecken Protokolle der Subjektivität. Ich habe in meinen Studien zur Ästhetik der Moderne nach Kriterien Ausschau gehalten, die die moderne Literatur *grundsätzlich* von der vormodernen unterscheiden.[21] Dabei stieß ich auf jene *Ich-Basierung* der modernen Literatur, die Novalis im Blick hatte, wenn er forderte:

> Das Ich muß sich, als darstellend setzen. [°] Es wird damit nur angedeutet, daß nicht das Obj[ect] qua solches sondern *das Ich*, als Grund der Thätigkeit, die Thätigkeit bestimmen soll.[22]

Dirk Kemper hat die Ich-Basierung der literarischen und darüber hinaus gesamten ästhetischen Moderne mit dem Begriff der »Ich-Origo« verbunden.[23] In der Tat kann man sagen: Die literarische Moderne gründet – und sie *weiß* um diese subjekthafte Selbstverankerung – im Ich. Diese Bewusstheit der *Selbstreflexion* der literarischen Moderne als begründet in und entsprungen aus der Ich-Origo unterscheidet die literarische Moderne *prinzipiell* von der vormodernen Literatur.

Ich habe im Anschluss an diese These eine Typologisierung der literarischen Moderne nach den *dominanten Perzeptionsformen* der Subjektivität vorgeschlagen und dabei sechs für die literarische Moderne kennzeichnende Texttypen unterschieden:

1) Textualität der Emotion
2) Textualität der Imagination
3) Textualität der Erinnerung

---

21 Silvio Vietta: Ästhetik der Moderne. Literatur und Bild. München 2001, S. 179 ff.
22 Novalis: Schriften: die Werke Friedrich von Hardenbergs. Hg. von Richard Samuel. Histor.-kritische Ausgabe, Bd. 2. Stuttgart: Kohlhammer 1981, S. 282.
23 Dirk Kemper: ineffabile. Goethe und die Individualitätsproblematik der Moderne. München 2004, S. 98 ff.

4) Textualität der Assoziation
5) Textualität der sinnlichen Wahrnehmung
6) Textualität der Reflexion[24]

Wo aber und wie kommt Herders literarisches Konzept ins Spiel? Ich denke, am ehesten in einem Typus von Literatur, den man als die Textualität der *Emotion*, der *Assoziation* und auch der *Erinnerung* bezeichnen kann. Sind dies doch literarische Typen, die in den *vorrationalen* Bereich der Subjektivität hinabsteigen, die sich in eben jene verdeckten und »impliziten« Motive unseres Bewusstseins hineinschreiben, in denen auch das rationale Bewusstsein gründet. Und auch die Textualität der *Imagination* erforscht jenes Reich der »Einbildungskraft« und der »inneren Sinnlichkeit«, auf dem unsere »Gedanken, Empfindungen und Triebe schwimmen und wallen«. Assoziative Texte, die wie der Schlussmonolog der Molly Bloom in James Joyce's *Ulysses* solche »Träume und Gedankenfahrten« ausloten, können als Protokolle einer vorbewussten Subjektivität und »inneren Sinnlichkeit« beschrieben werden, die Herder antizipatorisch im Blick hatte. Das 20. Jahrhundert hat im Surrealismus ein regelrechtes Programm einer écriture automatique entwickelt, das allerdings oft genug eher zu Programmtexten als zu wirklichen Protokollen von »Träumen und Gedankenfahrten« geführt hat.

Die Exploration der »inneren Sinnlichkeit« aber, die Herder im Blick hatte, ist eine wesentliche, vielleicht die zentrale Textdimension der literarischen Moderne. Insofern kann diese literarische Moderne über weite Strecken als eine Ausfahrt in jenen »tiefsten, individuellsten Grund« der Subjektivität, als jenes innere Meer von Bildern und Assoziationen beschrieben werden, das nach Herder der kommende Roman befahren würde.

Dabei hat die literarische Moderne auch eine *reflexive Qualität* entwickelt, die sie den Prozess der inneren Wahrnehmung selbst reflektieren lässt. Ein schönes Beispiel dafür ist Durs Grünbeins Langgedicht »Vom Schnee oder Descartes in Deutschland«, das nicht nur die Genese der inneren Bilder, sondern auch die Cartesianische Selbstkorrektur mitthematisiert:

> Jetzt schließ die Augen. Geh spazieren durch dein Hirn.
> Denk an den Ausflug letztes Jahr. Was siehst du noch
> Von jenem Wintertag dort draußen vor den Toren?
> Ist da ein Bild, das festumrissen im Gedächtnis blieb?
> Du weißt: das Auge macht sich von der Welt sein Bild
> im Passepartout [...].[25]

Ich denke, Grünbeins Descartes-Gedicht hätte Herder mit Vergnügen gelesen. In der Literatur der inneren Wahrnehmung oder »der Literatur der Selbstentblößer«, wie Helmut Heißenbüttel sie einmal genannt hat,[26] werden allerdings auch Texte ausgeworfen, die dem frommen Kirchenmann Angst eingeflößt hätten. Ich denke an jene Gewalt- und Sexualprotokolle, wie sie vor allem in der amerikanischen Literatur eines William Burroughs und Charles Bukowsky unter dem Einfluss von Drogen als »Träume« einer Welt ausgebrütet werden, die ein ungeheures Aggressions- und Angstpotential in sich bergen und entbergen.

---

24 Vietta (wie Anm. 21), S. 183 ff.
25 Durs Grünbein: Vom Schnee oder Descartes in Deutschland. Frankfurt a. M. 2003, S. 88.
26 Helmut Heißenbüttel: Zur Tradition der Moderne. Aufsätze und Anmerkungen 1969–1971. Neuwied 1972, S. 80 ff.

V

Kommen wir in diesem Zusammenhang noch einmal auf den anderen Aufsatz Herders zu sprechen: »Über Bild, Dichtung und Fabel«. Auch hier wählt Herder seinen Ausgang in der sinnlichen Perzeption der Seele. Die Seele erfasst die Bilder, formt sie, und dabei bringt Herder bereits einen vorpoetologischen Begriff von Poetik in Anschlag. »Poetik« meint hier eine Art von fundamentaler anthropologischer Qualität, die Möglichkeit und auch Notwendigkeit der Seele, sich ihr Bild der Wirklichkeit selbst zu schaffen:

> Unser ganzes Leben ist also gewissermaßen eine *Poetik*: wir sehen nicht, sondern wir erschaffen uns Bilder.[27]

Auf dieser Grundlage, die Herder auch noch einmal theologisch überhöht, setzt dann ein innerer *Übersetzungsprozess* ein, der das Bild der Seele selbst in einen Gedanken transferiert, mithin »unsre Seele, so wie unsre Sprache, beständig allegorisiere«.[28] Der Begriff der »Poetik« korrespondiert hier dem früheren der »Einbildungskraft« im Sinne eben einer permanenten *Erschaffung* und auch Übersetzung von Produkten des inneren Sinnes (Bilder der sinnlichen Wahrnehmung) in eine weitere Stufe der Gedanken und dann auch deren *sprachlicher* Form in der Dichtung. Dieser Prozess selbst wird mit dem Begriff des »Metaschematisierens« bezeichnet, sowie mit dem Begriff des Alläosierens, also einer Art Mitteilung und Übersetzung *im* Bewusstseinsraum des Subjekts und in zweiter Linie dann als Mitteilung an andere. Dabei unterstreicht Herder, dass der innere Sinn selbst als die »Regel des Verstandes und Bewußtseins« den »einzigen Maßstab« geben könne, »wie in jedem Werk, in jedem System der Kunst oder des Vortrages *ein Bild gestellet, gewandt, ausgemalt*, kurz, *zu welchem Grad der Wahrheit, Lebhaftigkeit und Klarheit es in jedem Zuge gebracht werden dürfe.*«[29] In gewissem Sinne wird hier bereits die Nachahmungslehre im Sinne der Orientierung an einer außermentalen Wirklichkeit aufgegeben, der zentrale Schritt auch in der romantischen Poetik weg von der Nachahmungsästhetik hin zu einer modernen subjektorientierten *Produktionsästhetik*. In beiden Fällen wird in der »wirkenden Kraft« der Subjektivität der eigentliche Grund einer modernen Poetik und Ästhetik gesehen, die sich mithin nicht mehr an einer Übereinstimmung von extramentaler Wirklichkeit orientieren kann. Herder sagt das explizit, »*daß der Wirkung eine wirkende Kraft, mithin ein Subjekt zum Grunde liege;*«[30]

In dem Bild-Aufsatz wird dementsprechend dann auch die Dichtung als eine Art *Metapoetik* in der Poetik der Seele, als ein Metabild in der Bildlichkeit der Seele im Binnenraum der Subjektivität angesetzt.

> Liegt nämlich das was wir Bild nennen, nicht im Gegenstande, sondern in unsrer Seele, in der Natur unsres Organs und geistigen Sinnes, der sich in jedem Mannigfaltigen immer ein Eins schafft, mithin immer, verständig oder unverständig, träumt und dichtet: so dürfen wir nur auf die *innere Gestalt* und *eigne Art*, oder gleichsam auf den *Habitus unsrer Bilder-schaffenden Seelenkraft* merken, so wird sich daraus die Art und Lieblingsmanier aller menschlichen Dichtung leicht ergeben. Wir dichten nämlich nichts, als was wir in uns fühlen: wir tragen, wie bei einzelnen Bildern *unsern Sinn*, so bei Reihen von Bildern *unsre Empfindungs- und Denkart* in die Gegenstände hinüber und dies Gepräge der Analogie, wenn es Kunst wird, nennen wir *Dichtung.*[31]

---

27 Herder: Über Bild, Dichtung und Fabel in: Schriften zu Philosophie [...] (wie Anm. 9), S. 635.
28 Herder (wie Anm. 27), S. 635.
29 Herder (wie Anm. 27), S. 637.
30 Herder (wie Anm. 27), S. 642.
31 Herder (wie Anm. 27), S. 642.

Die Funktion und die Leistungskraft von Dichtung wird hier also aus der inneren Poetik der Seele selbst erzeugt, nicht etwa rhetorisch durch die Anordnung und den Gebrauch von Kunstgriffen und eben auch nicht klassisch nachahmungsästhetisch durch den Rückgriff auf eine extramentale Wirklichkeit: Ein wesentlicher Schritt zu jener Poetik der produktiven Einbildungskraft, wie sie Novalis, Coleridge – sein Begriff der *imagination* im Gegensatz zu *fancy* – und, dieser romantischen Theorie folgend, Baudelaire als Poetik der Moderne dann in der Tat entworfen haben.[32]

Es ist in diesem Zusammenhang allerdings auch interessant, dass Herder dabei den Begriff des »Habitus« der Bilder-schaffenden Seele mit einbezieht. Das ist die Brücke zu jenem Herder, der die nationalen Poesien und auch die Epochen der Poesien eben nach den in ihnen dominierenden *Habitus-Strukturen* abklopft und sie nach jenem Schema beschreibt und begreift. Subjektivität, Individualität stehen in seiner Theorie gerade nicht im luftleeren Raum, sondern werden kodiert durch nationale und auch epochale Stereotypen, wie man solche Prägungen in Anlehnung an Roland Barthes nennen könnte, und von dieser Grundlage aus geht Herder in die einzelnen Nationalliteraturen hinein und beschreibt die in ihnen dominierenden Habitus-Formen, wie er auch an den einzelnen Epochen die in ihnen dominierenden Epochen-Habitus-Formen herausarbeitet. Bekanntlich erkennt er für seine Zeit einen historischen Verfall der Bildkraft des Menschen. Die Bibel als die »Älteste Urkunde des Menschengeschlechts« ist ihm die bildkräftigste Quelle der Literaturgeschichte, während die späten Phasen, seine eigene eingeschlossen, durch einen Verfall an Bildkraft und Imaginationskraft geprägt seien. Das ist auch die stehende Klage schon im »Journal meiner Reise« und in der Schrift »Auch eine Philosophie der Geschichte zur Bildung der Menschheit« mit ihrer Kritik an der blutleeren Abstraktheit der Aufklärung und ihren Begriffs-Schematismen.

Und so ist uns zwar der Herder der Perfektibilisierung der Welt zur Humanität heute auf Grund des dominierenden Habitus unserer Epoche eher ferner gerückt. Aber der Forscher der physiologischen Grundlagen und Grundoperationen unseres Bewusstseins ist vielleicht näher herangerückt. Mit Herder können wir erkennen, dass in unseren Bewusstseinsprozessen selbst eine Poetik waltet, die ihrerseits in der Poesie nur eine Sonderfunktion erfüllt. Diese Poetik arbeitet – auch im Alltag – in *Bildern*, und diese Bilder entstehen in synthetischen Funktionen und Operationen unseres Bewusstseins und in ihm, aber eben in Bereichen, die vor der kritischen Rationalität liegen.

---

32 Vietta (wie Anm. 21), S. 125 ff.

NICOLE WELTER

Glückseligkeit und Humanität
Die Grundideen der Herderschen Bildungsphilosophie

Herder wird in der Pädagogik als Klassiker erwähnt, seine Rezeptionsgeschichte allerdings ist im Vergleich zu anderen Klassikern der Pädagogik wie zum Beispiel Wilhelm von Humboldt marginal. Auf die Gründe möchte ich hier nicht eingehen (vgl. Welter 2003, 11 und 183f.). Vielmehr soll die Kontinuität des Herderschen pädagogischen Denkens in Bezug auf seine Bildungsphilosophie skizziert werden: Die Idee der Bildung durchzieht nahezu seine gesamten Schriften. Das 18. Jahrhundert gilt als das Zeitalter der Aufklärung und als Jahrhundert der Pädagogik. Herder schließt sich einerseits zwar den pädagogischen Hoffnungen seiner Zeit an, wählt aber andererseits einen eigenständigen denkerischen Weg, in dem die Kritik an der ratio-orientierten Hoffnung der Aufklärung ebenso enthalten ist, wie die Kritik an der ratio- und aufklärungsoptimistischen pädagogischen Bewegung des Philanthropinismus. Daraus kann man schließen, dass die Fragen nach der Erziehung des Menschen und der Bildungsprozesse des einzelnen für ihn von großer Bedeutung waren; dennoch geht bei ihm Bildung nicht ausschließlich in Aufklärung durch Wissen und Denken auf. Herder entwickelt seine Erziehungs- und Bildungstheorien wie andere Klassiker der Pädagogik - z.B. Platon - systematisch: Er konzipiert im Rahmen seines Werks eine große Theorie, deren einzelne Theoreme sich zu einer Gesamtbetrachtung verbinden lassen. Dies lässt sich für die Pädagogik aufzeigen.

Man würde die Herdersche Theorie der Erziehung und Bildung verkürzen, wollte man sich ausschließlich auf seine im engeren Sinne pädagogischen Überlegungen beziehen. Seine pädagogische Theorie und seine Reformideen sind die Konsequenzen seiner philosophischen Grundlegungen. Seine bildungstheoretischen Vorstellungen beginnen mit der Frage: Was ist der Mensch? Dieser anthropologische Horizont mündet bei ihm zwangsläufig in eine Sprach-, Geschichts- und Kulturtheorie. Diese Theorien sind das Begründungsfundament und Bezugssystem seiner Pädagogik.

Die Kontinuität der Herderschen Bildungsphilosophie lässt sich an zwei Grundideen aufzeigen, die er durchgängig in seinen Schriften im Rahmen seiner pädagogischen Überlegungen als zentrale Intentionen fokussiert: Glückseligkeit und Humanität.[1] Beide lassen sich aus seinen philosophischen Reflexionen als Zieldimensionen pädagogischer Prozesse und ihrer Theorie eruieren. Der Begründungszusammenhang soll hier nur am Rande beachtet werden. Er bedarf jedoch der Erwähnung, da gegen Herder häufig der Vorwurf erhoben wurde, er sei ein unsystematischer Denker (Heise 1998, 7). Dieser Vorwurf findet sich gerade in der Konzeption seiner Erziehungs- und Bildungstheorie nicht bestätigt. Im gegenwärtigen Bildungsdiskurs innerhalb der Erziehungswissenschaft und in der politischen Debatte findet die Auseinandersetzung mit dem Begriff der Bildung und ihrer Theorie zum Teil systematisch verkürzt statt oder sie wird teils in zu engen schulkonzeptionellen Zusammenhängen geführt.[2] Herder bietet demgegenüber vorbildlich eine Konzeption von Bildung, die sich

---
1   Vgl. auch zum Glücksdiskurs in der Pädagogik: Brumlik 2002.
2   Zu dieser Debatte vgl. Ladenthin 2003, 354-975; Tenorth 2004, 650-661.

ihrer Grundlagen und Prämissen bewusst ist. Er kann demgemäß eine Bildungstheorie entwickeln, die in ihrer systematischen Schärfe und theoretischen Legitimationstiefe ihresgleichen sucht.

Anhand der frühen Schrift Herders »Journal meiner Reise im Jahr 1769« und des lebenszeitlich wesentlich späteren Werks »Briefe zu Beförderung der Humanität«, geschrieben in den Jahren 1793 bis 1797, sollen die beiden Grundideen seiner Bildungstheorie nachgezeichnet und in einen inneren Zusammenhang gebracht werden. Für diesen Gesichtspunkt relevante Textstellen aus anderen Schriften Herders werden an angemessener Stelle der Argumentation hinzugezogen.

1. Glückseligkeit

»Das Journal meiner Reise aus dem Jahr 1769« entsteht in der Zeit seiner Seereise, die Herder vom 5. Juni bis zum Beginn des Jahres 1770 macht (Herder 1769/1976). Das Journal berichtet demnach über einen Zeitraum von ca. einem halben Jahr.

Herder entwirft in diesem Text eine Vielzahl seiner grundlegenden Ideen, die er in seinen späteren Werken differenzierter ausführt. Hierzu gehören auch seine pädagogischen Theorien, die er im Journal gedanklich vorwegnimmt. Zudem legt er sie ausführlich in seinen Plänen zur Reform der Schule dar (vgl. Herder 1769/1976, 39ff.). Die pädagogische Besonderheit des Textes liegt vor allem auch darin, dass Herder in diesem Werk theoretische und auf seine Person und seine Geschichte bezogene Reflexionen miteinander verknüpft. Die pädagogische Analyse und Interpretation dieses besonderen autobiographischen Textes ist bislang noch nicht ausführlich erfolgt. Seine bildungstheoretischen Überlegungen führen ihn von der Analyse seiner eigenen Bildungsgeschichte zu einer Theorie der Bildung. Sein im Journal explizit geäußerter Wunsch, seine pädagogischen Ideen durch Einflussnahme in der Politik umsetzen zu können, wird ihm zeitlebens verwehrt. Herder beginnt das »Journal« mit der Schilderung seiner inneren und äußeren Situation vor seiner Abreise in Riga. Die Unzufriedenheit, die er beschreibt, bezieht er vor allem auf die Art seiner Bildung und die Art seiner Tätigkeit. Er bezeichnet sich als Wortgelehrten, der seine Welterfahrung vorrangig aus der Literatur bezogen hat. Ihn reut es, nicht genügend authentische Erfahrungen gemacht und diese mit seinen Studien verbunden zu haben. Er hat nicht lebensaltergemäß gelebt. Er vermisst reelle Kenntnisse und Menschenkenntnis (vgl. Herder 1769/1976, 8), von denen er meint, sie nicht genügend erworben zu haben. Auf den letzten Seiten des Journals schließt Herder an den Anfang an, indem er sich vornimmt, zukünftig nur noch »lebendig« zu lesen (Herder 1769/1976, 151f.). Lebendig lesen bedeutet gerade, sich exemplarisch Literatur und Themen zu wählen. Diese intensiv zu bearbeiten und sie mit den eigenen Erfahrungen zu verbinden, hieße die Zeit genügend genutzt zu haben. Die Gegenwart hat besonders in der Jugend Vorrang vor Vergangenheit und Zukunft. Der jugendliche Genuss der Gegenwart ist ihm deswegen so von Bedeutung, weil dies die Voraussetzung bildet, eine innere psychische Struktur aufzubauen, die grundlegend für das ganze Leben ist:

> Welch ein andres Gebäude einer andren Seele! Zart, reich, Sachenvoll, nicht Wortgelehrt, Munter, lebend, wie ein Jüngling! Einst ein glücklicher Mann! Einst ein glücklicher Greis!
> (Herder 1769/1976, 10).

In seiner Theorie zur Psychologie der Lebensalter wird demgemäß die Lebensphase der Jugend ausgezeichnet durch die Fähigkeit, intensiv Erfahrungen machen zu können. In dieser Lebensphase sei man besonders aufnahmefähig und erlebe besonders eindrucksstark. Das Verhältnis von Leben und Reflexion im Zeitalter der Jugend bestimmt die weiteren Lebensalter. Herder formuliert seinen eigenen Zugang zur Welt folgendermaßen:

> O Gott, der den Grundstoff Menschlicher Geister kennet, und in ihre körperliche Scherbe eingepaßt hast, ists allein zum Ganzen, oder auch zur Glückseligkeit des Einzelnen nöthig gewesen, daß es Seelen gebe, die durch eine schüchterne Betäubung gleichsam in diese Welt getreten, nie wissen, was sie thun, und thun werden, nie dahin kommen, wo sie wollen, und zu kommen gedachten, nie da sind, wo sie sind, und nur durch solche Schauder von Lebhaftigkeit aus Zustand in Zustand hinüberrauschen, und staunen, wo sie sich finden (Herder 1769/1976, 10).

Hier tritt erstmals im Journal der Begriff der Glückseligkeit auf. Herder verwendet durchgängig in Hinsicht auf seine Idee der Bildung den Begriff der Glückseligkeit anstelle des Begriffs des Glücks. Es lässt sich in der Auseinandersetzung mit diesen beiden Begriffen eine deutliche Unterscheidung zwischen beiden treffen. Der Begriff des Glücks lässt sich mit Goethe auf die Bedeutung des Augenblicks beziehen, auch wenn es sich um die Vorstellung und nicht den erfüllten Augenblick als solchen handelt (vgl. Soeffner 2004, 145f.). Das unmittelbare Erleben der Gegenwart in einem Moment des Glücks stellt einen Teil der Idee der Glückseligkeit dar. Glückseligkeit jedoch ist mehr. Die Momente der Glückserfahrungen werden zum Teil der Gesamtperson und ihrer Biographie. Dazu müssen sie innerlich verarbeitet werden. Die Anverwandlung der Lebensmomente zu einem dauerhaften Zustand der Selbstkonstitution zeigt sich in der Bildung einer inneren Struktur, die über die Zeit erhalten bleibt. Diese strukturelle Konstituierung des einzelnen bezieht sich auf die Gesamtheit der menschlichen Seele. Es bedarf nicht nur des Erlebens des Augenblicks in der erfüllten Zeit, sondern der kontinuierlichen Selbstwerdung im Prozess der Bildung. Dieser vollzieht sich in der Auseinandersetzung mit Welt und dem Aufbau lebendiger Erfahrungen. Die Aufforderung: »Werde der du bist« kann nur im Prozess der Bildung erreicht werden. Bildung bedeutet: Sei und Werde. Die Forderung »Sei und Werde« impliziert einen sich permanent zu vollziehenden Identitätsprozess des einzelnen. Die Identität des einzelnen wird bei Herder als die Bildung eines Habitus beschrieben, mit dem das Individuum durch die Welt geht und an ihr teilhat (vgl. Welter 2003, 393). Die Grunddisposition des Individuums wird ihm zur Grundlage seines Bildungsprozesses. Der Einzelne macht Erfahrungen und diese werden auf den verschiedenen Ebenen verarbeitet, die allerdings letztlich zusammenwirken. Jede neue Erfahrung, die der Struktur anverwandelt wurde, wird zur Voraussetzung der Verarbeitung folgender Erfahrungen. So lässt sich mit Herder von einem strukturellen Kern-Selbst sprechen und einem biographischen Selbst, das sich im biographischen Prozess formiert. Herder geht von der aus der Leibnizschen Monadologie stammenden Idee der Individualität aus. Jeder Mensch kommt mit einer je spezifischen, unwiederholbaren Individualität zur Welt, die im letzten unergründbar bleibt (vgl. Leibniz 1720/1990). Diese Individualität stellt die Grunddisposition des einzelnen dar, die ihm einen bestimmten Zugang zur Welt und seinen Erfahrungen ermöglicht. Die Unwiederholbarkeit des einzelnen hat die radikale Wichtigkeit eines jeden zur Folge. Der Verlust einer Seele bedeutet den Verlust einer kleinen Welt. In Anlehnung an Leibniz ist das Individuum ein perspektivischer Spiegel der Welt. In struktureller Analogie ist dieser Mikrokosmos Abbild des Makrokosmos, bietet jedoch eine je eigentümliche Perspektive von Welt und Wirklichkeit. Selbstverlust bedeutet Weltverlust. Mit dieser anthropologischen Prämisse wird die Bedeutung, die Herder der Glückseligkeit zuspricht, verständlich. Wir haben diese unsere Individualität dieses einmaligen Lebens in der konkreten Zeit. Herder bricht mit der Dominanz der Jenseitsvorstellung. Die Aufgabe des Menschen sieht er in der Selbstkonstituierung, die sich über Selbstbildung in der Begegnung mit der Welt vollzieht (vgl. Buntfuß 2004, 22ff.). Zunächst ist vom irdischen Leben auszugehen, mehr können wir nicht mit Gewissheit erwarten. Ein Vertrösten ins Jenseits bedeutet einen Verrat an der Exklusivität des Diesseits und der uns gestellten Aufgabe zur Selbstbestimmung und Bildung. Glückseligkeit bedeutet einerseits, die Gegenwart intensiv erleben zu können und durchaus zu genießen. Andererseits bedeutet Glückseligkeit, sich aus diesen Erfahrungen ein Grundgerüst von Selbst- und Welterfahrung geschaffen zu haben, wodurch die Kontinuität über die Zeit berücksichtigt wird. Denn, so Herder: »Nichts, als Menschliches Leben und Glückseligkeit ist Tugend: jedes Datum ist Handlung; alles übrige ist Schatten, ist Raisonnement« (Herder 1769/1976, 12).

2. Bildung

Betrachten wir uns nun diesbezüglich Herders Vorstellung von Bildung. Herder differenziert in seinem Gesamtwerk immanent zwischen Erziehung und Bildung. Erziehung ist der interaktive Prozess zwischen den Generationen. Die ältere Generation nimmt intentional Einfluss auf die jüngere. Erziehung hier im weitesten Sinne gedacht, einschließlich Unterrichtung, kann immer nur zu Bildung anregen. Der Bildungsprozess bezeichnet die inneren Prozesse der Selbstkonstitution. Bildung kann immer nur Selbstbildung sein. Der Pädagoge kann nicht bilden, sondern ausschließlich Bedingungen und Anregungen bieten, die den Bildungsprozess unterstützen. Erziehung verfolgt zunächst die Intention, das Kind in die Gesellschaft einzuführen. Es lernt über seine Familie und seine es umgebende Lebenswelt den ersten Horizont seines Denkens und Fühlens kennen. Damit wäre das Kind sozialisiert und hinsichtlich der Gesellschaft, in der es lebt, erzogen. Es kann sich in seiner geschichtlich-sozialen Welt adäquat bewegen. Dennoch kann Erziehung den einzelnen zu Selbstbildung anregen. Bildung im Sinne Herders erfordert jedoch zweierlei: Erstens eine Selbstkultivierung, die die eigenen Möglichkeiten veredelt und sich an der Idee der Humanität orientiert. Humanität stellt dabei eine letzte Wertorientierung im Bildungsprozess dar, die Herder anthropologisch begründet. Trotz Herders Individualitätsorientierung und seiner Offenheit für unterschiedliche Ethosformen in den Lebens- und Sinnhorizonten der Menschen und ihrer Gesellschaften formuliert er ein letztes allgemeines Telos: die Humanität. Zweitens fordert Bildung die Möglichkeit des einzelnen, den eigenen Horizont reflektieren zu können. Nur durch die Konfrontation mit alternativen Welten z. B. über Sprachen, Literatur und Geschichtsbewusstsein lässt sich eine Reflexion des eigenen Horizonts vollziehen. Bildung unterscheidet sich bei Herder nicht zuletzt von Erziehung über die in ihr enthaltene Chance zur Emanzipation und Reflexion der Lebenswelt, in die der einzelne geworfen wird. Bildung wird so zum Selbstbefreiungsprozess. Die Beschäftigung mit alternativen Denk- und Gefühlshorizonten führt zugleich zu einer Selbstrelativierung der eigenen Lebenswelt und ihrer geschichtlich-kulturellen Voraussetzungen. Herder wünscht für den Jugendlichen demgemäß: »[E]r lernt Humanität, nichts blind verachten und verspotten, alles sehr kennen, und seinen Zustand genießen, oder sich einen beßern suchen.« (Herder 1769/1976, 47) An dieser Textstelle verbindet Herder die Idee der Humanität mit der Idee der Glückseligkeit im eben genannten Sinne. Das heißt, Herder bezeichnet in diesem frühen Text die beiden Grundorientierungen von Bildung. Was er unter Humanität versteht, führt er in seinen »Briefen zu Beförderung der Humanität« (vgl. Herder 1793-1797/1991) differenzierter aus als im »Journal«.

Die von Herder getroffene Differenzierung von Erziehung und Bildung ist im 18. Jahrhundert ungewöhnlich. Kant zum Beispiel bleibt beim Begriff der Erziehung und differenziert ihn vom Begriff der Aufklärung. Aufklärung bei Kant bezieht sich vor allem auf den Gebrauch der Vernunft (vgl. Kant 1803/1983 sowie Kant 1783/1983). Herder demgegenüber wünscht eine proportionierliche Ausbildung aller Kräfte im Menschen:

> Das erste ist für den Sinn, das andre fürs Gesicht des Geistes und Einbildung, das dritte für Verstand und Vernunft: so werden die Seelenkräfte in einem Kind von Jugend auf gleichmäßig ausgebessert, und mit Proportion erweitert. Das ist das Kunststück aller Erziehung und der Glückseligkeit des Menschen auf sein ganzes Leben (Herder 1769/1976, 57).

In Anlehnung an seine Anthropologie hat Herder ein holistisches Konzept vom Menschen. Dieses schließt alle Seelenkräfte, wie er sie nennt, ein. Die analytische Trennung, die diese in menschliche Vermögen aufteilt, hält Herder für künstlich. Die Ganzheitlichkeit des Menschen bezieht sich auf die untrennbare Verbindung von sinnlicher Wahrnehmung, Gefühl als innerpsychischem Erleben und Vernunft. Grundlegend für diese Position ist besonders seine Schrift »Vom Erkennen und Empfinden der menschlichen Seele« aus den Jahren 1774 bis 1778 und seine Abhandlung »Über den Ursprung der Sprache« (vgl. Herder 1774/1778/ 1994 sowie Herder 1770/1966). Eine Pädagogik, die diese Ganzheitlichkeit des Menschen nicht berücksichtigt, vergeht sich an der Natur des Menschen. Herder macht nun sensible Phasen in den spezifischen Lebenszeiten aus. Das bedeutet, dass der Mensch zwar jederzeit mit allen seinen Kräften in der Welt steht, in den entsprechenden Lebensaltern jedoch eine spezifische Sensibilität hinsichtlich Offenheit und Art der Erfahrungen besteht. Eine Inkongruenz zwischen Erlebensform und Lebensalter führt zu einer Unzeitgemäßheit, die letztlich nicht mehr einzuholen ist. Herder leidet an seiner Unfähigkeit, die Unmittelbarkeit der Gegenwart erleben zu können. Das Erleben der Gegenwart und die Verarbeitung der Gegenwartserfahrung in der Reflexion stellen das Grundgerüst der Herderschen Lebensphilosophie dar. Im Gegensatz zu Herder möchte Rousseau seinen Emil bis in die Pubertät ausschließlich authentische Erfahrungen machen lassen. Das einzige Buch, das Emil bis zum Beginn seiner Pubertät kennenlernen wird, ist Robinson Crusoe von Daniel Defoe (vgl. Rousseau 1762/1993, 179 f.). Herder dagegen verbindet in seinem pädagogischen Konzept die Notwendigkeit von vermittelter und authentischer Erfahrung. Denn nur so kann der einzelne einerseits aus seinem engen Kreis der individuellen Lebens- und Gedankenwelt austreten. Dadurch kann er sich gedanklich mit alternativen Denk- und Erlebensformen auseinandersetzen und sich in seiner Gefühls- und Gedankenwelt sowie in seinem Handeln zur Humanität kultivieren. Andererseits bedarf es der authentischen Erfahrung, denn nur durch sie kann eine wirkliche innere Auseinandersetzung stattfinden. Denn die authentische Erfahrung ermöglicht ein« eigenes Erleben und erfüllt die Herdersche Prämisse des »zu den Sachen selbst«. In seinem Schulreformprogramm kritisiert er radikal den frühzeitigen abstrakten Unterricht, der in den Lateinschulen durchgeführt wird. Der Mensch kann in der realen Konfrontation mit der Wirklichkeit eine innere Welt aufbauen, die er sich selbst angeeignet, erfahren und selbsttätig überprüft hat. Ein solcher Mensch weiß, wovon er spricht. Nur so kann sich eine innere Struktur aufbauen, die den Menschen ganz erfasst. Das Gegenbild zum Gebildeten stellt der Gelehrte dar. Bei ihm »klappert das Wissen im Bauch« und ist unverdaut, das heißt die Auseinandersetzung mit der Welt hat nahezu ausschließlich rational stattgefunden. Im Gegensatz dazu, so Herder in seinen Darlegungen zur Schule, vollzieht das Kind in der ersten Phase des Bildungsprozesses eine Entwicklung zu einer altersadäquaten Fähigkeit zu Selbstbestimmung und Erlebensfähigkeit (Herder 1769/1976, 41 ff.). Im folgenden Zitat stellt Herder diese Forderung exemplarisch an der Studierfähigkeit dar: »Auf die Akademie geht, und siehe da! Eine Krone aller Philosophie, den Jüngling zu erheben, daß er sich selbst bestimme, seine Studien recht einzurichten wisse, gut lese, höre, betrachte, genieße, sehe, fühle, lebe, daß er wisse sein eigner Herr zu seyn« (Herder 1769/1976, 55 f.).

Die Möglichkeit zu Bildung setzt voraus, dass der Mensch sich ändern kann. Bildung bedeutet bei Herder eine Erfassung der Gesamtperson im Sinne einer Kultivierung und Moralisierung des einzelnen unter der Prämisse der Humanität. Die Natur des Menschen wird nicht unterdrückt, sondern veredelt, d. h. überformt. Anhäufung von Wissen bedeutet für Herder, wie schon angedeutet, zunächst nichts weiter als eine bestimmte Form von Gelehrtentum, wobei über das Innere eines Menschen und seiner Grundhaltung noch nichts ausgesagt ist. Es handelt sich demnach weder um bloßes Wissen noch um bloße intellektuelle Potenz oder um Lernen-Können. Es handelt sich vielmehr um die pädagogische Frage nach der Veränderungsfähigkeit und Zentrierung innerpsychischer und geistiger Qualitäten zu einer integrierten Gesamtperson. Durch die Bildung eines Grundhabitus kann der Gebildete innerlich überzeugt den qualitativen Forderungen der Humanität in Denken und Handeln entsprechen. Im Gegensatz dazu konstruiert Herder das Bild des Vielwissers, der innerlich unverändert geblieben ist und an der Oberfläche eine Schicht Kultur wie eine Maske trägt (Welter 2003, 272). Herder hat in seiner Schulrede »Von den Gefahren der Vielwisserei und Vieltuerei« von 1801 das alte Gelehrtenideal explizit kritisiert (Herder 1801/1997). Er greift die Problematik der im 18. Jahrhundert aufbrechenden Wissensflut durch die Etablierung der Einzelwissenschaften thematisch auf. Arbeit und Muße sind die beiden Dimensionen der Beschäftigung mit Welt. Er zielt auf eine fruchtbringende Wechselwirkung zwischen einer vita activa und einer vita contemplativa. Anthropologisch legt Herder dem Wissens- und Tätigkeitsdrang die Neugier als erste Triebfeder zugrunde. In Bezug zum monadologischen Streben nach Vervollkommnung, das auch Dilthey in seiner Bildungstheorie im Sinne von Erhalt und Steigerung des Selbst aufnehmen wird (vgl. Hufnagel 1982, 130ff.), schließt Herder dieses Bedürfnis nach Selbsterweiterung in seine Theorie ein. Die Neugier ist eine List der Natur, die den konstitutionell unfertigen Menschen zum Bildungsprozess motiviert. Das Kind ist durstig nach Welt und möchte auf Entdeckungsfahrt gehen. Konzentration und Tiefe sind jedoch nur im Zustand der Ruhe möglich. Die Gegenstände der Beschäftigung müssen strukturiert, systematisiert und ausgewählt sein, um dem Kind eine innere Strukturierung des Chaos zu ermöglichen. So kann es eine innere Einheit herstellen und sich die Welt der Erfahrungen und des Wissens strukturieren. Die Dezentrierung im Bildungsprozess birgt die Gefahr des Selbstverlustes und der Entfremdung von sich selbst, so Herder: »Wer sich selbst verliert, hat alles verloren« (Herder 1801/1997, 826). Durch die Berücksichtigung der Individualität des einzelnen wird diese Gefahr reduziert. Herders Theorie enthält die Idee der Passung, was bedeutet, dass der Kulturmannigfaltigkeit im Enkulturationsprozess durch den Bezug zur Struktur des individuellen Selbst Einhalt geboten wird (vgl. Herder 1799/1997, 794 ff.). Der Bildungsprozess ist am einzelnen orientiert, die Gegenstände der Beschäftigung sucht sich das Individuum in Kongruenz zu seiner Struktur und in schrittweiser Selbsterweiterung. Das Individuum verliert sich nicht in der Masse der Eindrücke, sondern ist in der Lage, immer wieder seine innere Einheit herzustellen. Es handelt sich um einen dialektischen Identitätsprozess. Der Strebensprozess wird rückbezogen auf unser individuelles Zentrum und der Einheit unseres Selbst. Diese seelische Bewegung des Hinausgreifens in die Welt und des Zurückkommen zu sich selbst hält Herder für eine Voraussetzung von Glückseligkeit. Es handelt sich um die Befreiung von der Flut des Wissens. Herder denkt existentiell. Wir müssen unser Leben berechnen und unsere eigene Endlichkeit einkalkulieren. Eine mit sich selbst identische Einheit geschaffen zu haben, ist das Ziel der Bildung und eine Bedingung für Glückseligkeit. Herders scharfe Kritik an seinem Zeitalter bezieht sich vor allem auf die Schnellebigkeit und die Priorisierung von Quantität gegenüber Qualität.

> Der sogenannte Kunstfleiß, die ins Fieber gejagte Industrie der Menschen bringt in wilden Träumen bunte Ungeheuer hervor, die dem verwirrten tollen Geschmack unserer Zeitgenossen das flüchtige Vergnügen des Unerhörten, des Niegesehenen, des Neuen geben, ihre Sinne aufreizen und mit dem Verderbnis des guten Geschmacks wenigstens die Gewinnsucht befriedigen (Herder 1801/1997, S. 823).

Bildung stattdessen braucht Zeit. Eine innere Übereinstimmung von Denken, Fühlen und Handeln, bei der der Mensch mit sich selbst kongruent ist und bei der er die Mannigfaltigkeit seiner Anlagen zu einer integrierten Gesamtpersönlichkeit kultiviert hat, bedarf neben der Selbstaktivität der Muße.

Bildung ist nur möglich, weil der Mensch im Gegensatz zum Tier nicht fertig zur Welt kommt. Er ist aufgrund seiner Instinktungesichertheit der »erste Freigelassene der Schöpfung« (Herder 1782-1791, 145 f.). Die Freiheit, von der Herder spricht, ist eine relationale, weil der Einzelne in eine bestimmte geschichtlich-kulturelle Situation geboren wird, mit der er sich zwangsläufig auseinanderzusetzen hat. Er begegnet anderen Menschen und ist aufgrund seiner konstitutionellen Hilflosigkeit ein Wesen der Soziabilität. Durch diese konstitutionelle Angewiesenheit steht er in einem anthropologischen Abhängigkeitsverhältnis zu seiner Mitwelt. Nur durch diese grundlegende soziale Bezüglichkeit ist Erziehung überhaupt möglich. Dadurch wird auch der Bildungsprozess zu keiner egomanen Veranstaltung, sondern oszilliert zwischen Selbst-Sein und sozialer Bezogenheit. Die Menschen sind in ihrem Kulturprozess aufeinander angewiesen. Die Humboldtsche Zentralisierung der Selbstbezüglichkeit, wie Theodor Ballauff in seiner Geschichte der Pädagogik darlegt, steht diesbezüglich dem Herderschen Konzept nach (Ballauff/Schaller 1970, 502 ff.).[3] Gerade dieser Vorwurf, der in der pädagogischen Diskussion gegenüber dem klassischen Bildungsgedanken häufiger erhoben wird, das klassische Bildungsideal sei zu stark auf die Selbstbildung des einzelnen fokussiert und habe die Weltorientierung und das praktische und politische Handeln in der Zeit vernachlässigt, kann die Herderschen Vorstellungen nicht treffen. Bildung bedeutet bei Herder gerade, sich mit einer humanen Grundhaltung ins Weltgeschehen einzulassen und seinen Beitrag an der Gemeinschaft zu leisten. Der Gebildete ist zugleich der sozial und politisch Orientierte. Er nimmt tätig teil am Anderen. Der stoische Weise, der sich der Welt entziehen kann, ist eine Illusion, weil der Andere immer Bezugspunkt im Leben ist und bleiben muss. Dadurch, dass der Mensch geschichtliches Wesen ist und nur durch Kulturproduktivität überleben kann, steht er in einer unhintergehbaren Bezüglichkeit zum Anderen: in der Gegenwart und in der Kette der Generationen. Die Vorstellung einer individualen Hermetik im Bildungsprozess würde die Herdersche Idee der Bildung verkürzen. Der Bildungsprozess des einzelnen vollzieht sich in der Auseinandersetzung mit Welt. Das Selbst konfrontiert sich mit der Außenwelt, eignet sich das Fremde, das Unverstandene an und kehrt partiell verändert zu sich selbst zurück, um daraus handelnd an der Welt teilzunehmen. Nur über die Konfrontation mit dem Anderen lässt sich das Eigene verstehen und zur Bildung

---

3   Benner zeigt im Gegensatz dazu in seiner Humboldt-Monographie die Dialektik von persönlicher und politischer Bildung des Humboldtschen Bildungsdenkens (Benner 1990).

einer inneren Struktur und Erfahrungswelt führen. Selbsterfahrung und Welterfahrung bedingen sich wechselseitig. Das eine ist ohne das andere unmöglich.

3. Humanität

Der Bildungsprozess selbst ist jedoch an eine letzte Wertdimension gebunden. Bildung ist nicht gänzlich relativ. Herder als geschichtlicher Denker nimmt zwar den Aspekt geschichtlich und kulturell differierender Lebensformen und der hieraus resultierenden Unterschiedlichkeit der Ethosformen auf, aber bewahrt in der Idee der Humanität eine grundsätzliche Letztorientierung. Der Idee der Humanität in ihrer Komplexität widmet er sich besonders in seinen »Briefen zu Beförderung der Humanität« (Herder 1793-1797/1991). Die Legitimation dieser normativen Letztorientierung bezieht Herder aus der grundsätzlichen strukturellen Ähnlichkeit der Menschen miteinander, trotz aller Individualität. Der Mensch ist individuell und unwiederholbar und dennoch lässt sich anthropologisch fundamental das Allgemein-Menschliche verorten. Die beiden zentralen Grundlagen der Humanität, die jeder Mensch als Anlage in sich trägt, sind Gefühl und Vernunft. Herder schreibt in der Schrift »Vom Erkennen und Empfinden der menschlichen Seele«: »Kurz, folge der Natur! Sei kein Polype ohne Kopf und keine Steinbuste ohne Herz: laß den Strom deines Lebens frisch in deiner Brust schlagen, aber auch zum feinen Mark deines Verstandes hinaufgeläutert, und da Lebensgeist werden« (Herder 1774/1778/1994, 362). Das im Bildungsprozess veredelte Selbstgefühl ermöglicht ein Mitgefühl mit dem Anderen. Selbstgefühl und Mitgefühl verbunden mit der Besonnenheit der Vernunft ermöglichen eine sich selbst und dem Anderen gemäße Lebens- und Handlungsorientierung. Bildung resultiert aus der anthropologischen Verfasstheit des Menschen. Der Mensch als Wesen der Freiheit ist zu Kultur und zu Selbstkultur gezwungen. Er ist nicht bestimmt, sondern muss sich relational selbst bestimmen. Bildung kann demnach nicht gewählt oder verweigert werden, sondern ist unabdingbar für die Lebensform des Menschen. Im Herderschen Sinne gibt es keine Ungebildetheit, sondern ausschließlich seelische Verbildung, indem man entweder die Individualität oder die Humanität ignoriert. Die Bezüglichkeit der Menschen untereinander und die Korrelation von Selbst- und Weltbegegnung führen hinsichtlich des Umgangs des einzelnen mit sich selbst und den Anderen zu einer jeweiligen Rückwirkung. Herder schließt es aus, dass ein Mensch selbst glücklich werden kann, wenn er andere unglücklich macht. Humanität ist im Menschen grundsätzlich als Möglichkeit angelegt. Im Bildungsprozess, so Herder, folgt der Mensch seiner allgemein-menschlichen Stimme, die ihn zu einem Selbstkultivierungsprozess aufruft.

> Humanität ist der Charakter unsres Geschlechts; er ist uns aber nur in Anlagen angeboren, und muß uns eigentlich angebildet werden. Wir bringen ihn nicht fertig auf die Welt mit; auf der Welt aber soll er das Ziel unsres Bestrebens, die Summe unserer Übungen, unser Wert sein: denn eine Angelität im Menschen kennen wir nicht, und wenn der Dämon, der uns regiert kein humaner Dämon ist, werden wir Plagegeister der Menschen. Das Göttliche in unserm Geschlecht ist also Bildung zur Humanität; [...] Humanität ist der Schatz und die Ausbeute aller menschlicher Bemühungen, gleichsam die Kunst unsres Geschlechts. Die Bildung zu ihr ist ein Werk, das unablässig fortgesetzt werden muß; oder wir sinken, höhere und niedere Stände zur rohen Tierheit, zur Brutalität zurück (Herder 1793-1797/1991, 148).

Humanität als Ziel des Bildungsprozesses fanden wir schon im »Journal«. Herder ist dieser Idee treu geblieben.

Wie kann der Mensch mit Humanität gebildet glückselig sein? Gleich zu Beginn der »Briefe zu Beförderung der Humanität« formuliert Herder im Zusammenhang mit seinem Wunsch nach einem Bund der Humanität: »Unglücklich ist, wer lauter falsche Federn und falsche Edelsteine an sich trug; glücklich und dreimal glücklich, wem nur die Wahrheit Schmuck ist, und der Quell einer teilnehmenden Empfindung im Herzen quillet« (Herder 1793-1797/1991, 13).

Glückseligkeit entsteht durch die Bildung seiner selbst, die einen dauerhaften Zustand der Selbstentsprechung und Teilhabe am anderen ermöglicht. Der einzelne soll sich zur maximalen Verwirklichung seiner selbst mit allen seinen menschlichen Möglichkeiten entfalten. Die Orientierung am Individuum und an dem Menschlich-Allgemeinen stellen die beiden intrikaten Dimensionen des Bildungsprozesses dar. Zwei Stimmen sprechen also im Menschen, die eine, die das Allgemein-Menschliche vertritt und den Menschen zur Humanität auffordert und die andere, die ein individuelles ›daimonion‹ anspricht, und den Menschen zu seiner unverwechselbaren Selbstheit aufruft – Selbstheit im ganzheitlichen Sinne Herders gedacht (vgl. Welter 2003, 248). »Werde der du bist« als Individuum und als Mensch ist der an den einzelnen gerichtete Auftrag, bedingt und ermöglicht durch seine anthropologische Verfasstheit, und der durch Selbstbildung zu realisierende asymptotische Prozess. Der Gebildete lässt sich auf das Leben und die Gemeinschaft ein. Er leistet seinen produktiven Anteil an der mit Anderen geteilten Welt. Er erfährt sich aus seinem Handeln und findet in seine Innerlichkeit zurück. Seine Selbstkultivierung und humane Grundhaltung gegenüber der Welt ermöglicht es ihm, sich auf die Welt einzulassen, weil er sich angesprochen fühlt. Er kann das Schöne genießen und zwischen Einlassen und Distanznehmen oszillieren. Er besitzt die Fähigkeit, aufgrund der im Bildungsprozess eröffneten Emanzipation aus der Alltäglichkeit des Unmittelbaren herauszutreten. Diese Fähigkeit zur Distanznahme ermöglicht eine Entlastung von den Belastungen, die das Leben durchaus auch stellt. Diese Distanznahme befähigt zu einer Rückkehr zu sich selbst, ohne sich in den Wirrnissen der Welt zu verlieren. Die innere Stabilität ermöglicht ein erneutes Hinwenden zur Welt, bei der das Leben in seinen Freuden genossen und in seinem Leid ertragen werden kann. Bildung ist wesentlich mehr als Wissen. Sie impliziert eine Lebensweisheit und Lebenskunst, die der Komplexität der Wirklichkeit gewachsen ist, ohne ihr auszuweichen. Der Gebildete kann sich auf das Leben mit einer inneren humanen Grundhaltung, die zugleich seine Individualität ausdrückt, einlassen. Der Gebildete realisiert für sich Glückseligkeit und entspricht der Humanität sich selbst und den Anderen gegenüber. Glückseligkeit und Humanität sind die zwei Dimensionen eines Prozesses.

Herder berücksichtigt durch die Orientierung an Glückseligkeit und Humanität im Bildungsprozess radikal die Individualität des einzelnen und sein einmaliges Leben sowie die Vorstellung einer im Menschen angelegten Menschlichkeit in der Hinwendung zum Anderen. Der Bildungsprozess ist Herder eine existenzielle Frage, die Lebensbemeisterung, Selbstwerdung und Mitmenschlichkeit verschränkt. Den beiden Grundprämissen Glückseligkeit und Humanität durch Bildung bleibt Herder in seinem Werk verpflichtet.

Literaturverzeichnis

Ballauff, Theodor und Schaller, Klaus: Eine Geschichte der Bildung und Erziehung. Bd. II: Vom 16. bis zum 19. Jahrhundert, Freiburg/München 1970, S. 502-517.

Benner, Dietrich: Wilhelm von Humboldts Bildungstheorie. Eine problemgeschichtliche Studie zum Begründungszusammenhang neuzeitlicher Bildungsreform, Weinheim/München 1990.

Brumlik, Micha: Bildung und Glück. Versuch einer Theorie der Tugenden, Berlin/Wien 2002.

Buntfuß, Markus: Die Erscheinungsform des Christentums. Zur ästhetischen Neugestaltung der Religionstheologie bei Herder, Wackenroder und De Wette, Berlin 2004, S. 21-86.

Herder, Johann Gottfried: Journal meiner Reise im Jahr 1769, hg. von Mommsen, Katharina, Stuttgart 1976.

— Abhandlung über den Ursprung der Sprache [1770], hg. von Irmscher, Hans-Dietrich, Stuttgart 1966.

— Vom Erkennen und Empfinden der menschlichen Seele [1774/1778], in: Schriften zu Philosophie, Literatur, Kunst und Altertum, hg. von Bollacher, Martin und Brummack, Jürgen, Frankfurt a.M. 1994, S. 327-393 und S. 1090-1127.

— Von den Gefahren der Vielwisserei und Vieltuerei [1801], in: Pädagogische Schriften, hg. von Wisbert, Rainer unter Mitarbeit von Pradel, Klaus, Frankfurt a.M. 1997, S. 821-829.

— Ideen zur Philosophie der Geschichte der Menschheit [1782-1791], hg. von Bollacher, Martin, Frankfurt a.M. 1989.

— Briefe zu Beförderung der Humanität [1793-1797], hg. von Irmscher, Hans-Dietrich, Frankfurt a.M. 1991.

— Hodegetische Abendvorträge an die Primaner Emil Herder und Gotthilf Heinrich Schubert [1799], in: Pädagogische Schriften, hg. von Wisbert, Rainer unter Mitarbeit von Pradel, Klaus, Frankfurt a.M. 1997, S. 794-808.

Heise, Jens: Johann Gottfried Herder zur Einführung, Hamburg 1998.

Hufnagel, Erwin: Der Wissenschaftscharakter der Pädagogik. Bd. I: Von Trapp bis Dilthey, Frankfurt a.M. 1982, S. 130-179.

Kant, Immanuel: Beantwortung der Frage: Was heißt Aufklärung? [1783], in: Schriften zur Anthropologie, Geschichtsphilosophie, Politik und Pädagogik, Erster Teil, hg. von Weischedel, Wilhelm, Stuttgart 1983, S. 51-61.

— Über Pädagogik [1803], in: Schriften zur Anthropologie, Geschichtsphilosophie, Politik und Pädagogik, Zweiter Teil, hg. von Weischedel, Wilhelm, Stuttgart 1983, S. 693-761.

Ladenthin, Volker: PISA - Recht und Grenzen einer globalen empirischen Studie. Eine bildungstheoretische Betrachtung, in: Vierteljahrsschrift für wissenschaftliche Pädagogik, 2003, S. 354-375.

Leibniz, Gottfried Wilhelm: Monadologie [1720], hg. von Glockner, Hermann, Stuttgart 1990.

Rousseau, Jean-Jacques: Emil oder über die Erziehung [1762], hg. von Schmidts, Ludwig, 11. Auflage, Paderborn, München, Wien, Zürich 1993.

Soeffner, Hans-Georg: Vermittelte Unmittelbarkeit. Das Glück der ästhetischen Erfahrung, in: Quellen des Glücks - Glück als Lebenskunst, hg. von Bellebaum, Alfred und Braun, Hans, Würzburg 2004, S. 143-162.

Tenorth, Heinz-Elmar: Bildungsstandards und Kerncurriculum. Systematischer Kontext, bildungstheoretische Probleme, in: Zeitschrift für Pädagogik, Heft 5, 2004, S. 650-661.

Welter, Nicole: Herders Bildungsphilosophie, St. Augustin 2003.

VANNA CASTALDI

Kontinuität und Diskontinuität im Werk Herders: Anthropologie und Geschichte

1.

Setzt man sich mit der Thematik der Kontinuität in Herders philosophischem Werk auseinander, stößt man vor allem auf die in der kritischen Rezeption verbreitete Ansicht, Herders Denken sei weitestgehend unsystematisch. Beobachten lässt sich die allgemeine Neigung, Herder als den Philosophen der genialen Intuition aufzufassen, dessen lebendige fragmentarische Überlegungen zwar die Kraft besaßen, vielfach neue Denkanstöße zu geben, ohne jedoch ihrerseits als ein zusammenhängendes Ganzes rekonstruierbar zu sein. Im Lichte dieses Vorurteils scheint der Diskussion um Kontinuität oder Diskontinuität in Herders Werk allerdings nur wenig Erfolg beschieden zu sein.

Demgegenüber ist es das Verdienst vor allem der neueren Forschungsbeiträge, die originär philosophische Dimension Herders aufgewertet zu haben.[1] Sofern die knappen Ausführungen dieses Vortrags überhaupt als ein genuiner Beitrag zu dieser Debatte gelten dürfen, soll nachfolgend die These der Kontinuität gestützt werden und zwar sowohl mit Blick auf die Frage nach der Einheit des Herderschen Werkes als auch bezüglich dessen begrifflicher Kohärenz; beide Aspekte lassen sich ohnedies nicht trennen. Vorläufig sei deshalb die Frage nach Kontinuität oder Diskontinuität der Philosophie Herders in den umfassenderen Kontext des Spannungsfeldes zwischen der Behauptung eines einheitlichen Denkwegs und der Annahme einer inneren Fragmentarität seiner philosophischen Ambitionen gestellt.

Zur Eingrenzung der Untersuchung soll die Analyse des Problems der Kontinuität unter zwei Gesichtspunkten erfolgen, die für das philosophische Interesse Herders gleichermaßen charakteristisch sind, und zwar die Anthropologie und die Geschichtsphilosophie. Die hier gewählte Verfahrensweise, in einem ersten Schritt beide Disziplinen analytisch zu trennen, erlaubt eine doppelte Blickrichtung auf die hier unterstellte Arbeitshypothese einer substantiellen Kontinuität im Werk Herders.

Im ersten Teil des Beitrags soll versucht werden, den konzeptuellen Rahmen des anthropologischen Denkens bei Herder unter Rückgriff auf entsprechende Textstellen zu umreißen, um anschließend zu zeigen, dass die anthropologischen Grundbegrifflichkeiten in den unterschiedlichsten philosophischen Erörterungen Herders mit außerordentlicher Konstanz und Linearität wiederkehren.

Eine gänzlich andere Perspektive auf die Kontinuitätsproblematik ergibt sich hingegen aus der im zweiten Teil des Beitrags erfolgenden Betrachtung der Geschichtsphilosophie. Nur wenn man die konzeptuelle Konstanz der Überlegungen Herders unterstellt, ist es überhaupt möglich, Entwicklung und eventuelle Diskontinuitäten seines Geschichtsdenkens zu verstehen. Die hier gewählten Ansatzpunkte - angesichts der Breite des Themas notge-

---

1 Vgl. insbesondere Gaier 1988, Adler 1990, Heinz 1994b, Simon 1998.

drungen nur einige wenige – beziehen sich auf die Frage nach dem Fortschritt der menschlichen Gattung (im spezifischen Sinne des eingeschränkten Fortschrittsbegriffs bei Herder).

> Wers bisher unternommen, den *Fortgang der Jahrhunderte* zu entwickeln, hat meistens die Lieblingsidee auf der Fahrt: Fortgang zu *mehrerer Tugend* und *Glückseligkeit einzelner Menschen*. Dazu hat man alsdenn Fakta *erhöht*, oder *erdichtet*: Gegenfacta *verkleinert* oder *verschwiegen*; ganze Seiten *bedeckt*; Wörter für Wörter *genommen*, *Aufklärung* für *Glückseligkeit*, mehrere und feinere *Ideen* für *Tugend* – und so hat man ›von der *allgemeinfortgehenden Verbesserung der Welt*‹ Romane gemacht – die keiner glaubte, wenigstens nicht der wahre Schüler der *Geschichte* und des *menschlichen Herzen*.
> (Herder 1994a, 40)

Was Herders Geschichtsphilosophie angeht, so soll von den zahlreichen Gedankensträngen, die Herder im Laufe seines Denkweges beschreitet, die Aufmerksamkeit dem Begriff des Fortschritts gelten. Einem historisch-konzeptuellen Ansatz verpflichtet, soll hier die These vertreten werden, dass im Zuge der Werkentwicklung aus der von Herder bereits in den Jugendjahren vorgelegten Kritik der aufklärerischen Vorstellung einer linearen *Verbesserung* (*Auch eine Philosophie der Geschichte zur Bildung der Menschheit*, 1774) mehr und mehr eine Auffassung von Geschichte als *Entwicklung* sich herauskristallisiert.[2] Mit dieser Tendenz seiner philosophischen Reflexionen verbindet sich bei Herder darüber hinaus eine spezifische Lesart der Modernität: Erst im umfassenderen Kontext der neuzeitlichen Epoche lässt sich seine Haltung gegenüber der Frage nach dem geschichtlichen Fortschritt verständlich machen.

2.

Wenn Herder in den *Ideen zur Philosophie der Geschichte der Menschheit* in Anlehnung an Linnés »philosophia botanica« den glücklich gewählten Ausdruck »philosophia anthropologica« einführt, denkt er an eine Erweiterung der Wissenschaften vom Studium des Menschen. Er war fasziniert von der Möglichkeit einer neuen, der Leitwissenschaft der Philosophie verpflichteten Forschungsrichtung, welche die extreme Vielfalt der menschlichen und tierischen Welt beschreibt und ordnet, so wie dies zuvor Linné mit der Pflanzenwelt getan hat. Berechtigte Gründe, die gegen eine Übertragung dieser bereits in der Botanik bewährten wissenschaftlichen Methode sprechen, sah Herder nicht:

> Alle Pflanzen wachsen hin und wild in der Welt [...]. Mit den Tieren und Menschen ists nicht anders: denn jede Menschenart organisiert sich zu der ihr natürlichsten Weise.
> (Herder 1989, 63)

In der *Abhandlung über den Ursprung der Sprache* und nachfolgend im ersten Teil seines Hauptwerks (um hier nur die bekanntesten Belege anzugeben) bereitet Herder indirekt den Boden vor für jene neue, mit dem Namen »philosophia anthropologica« belegte Disziplin. Obwohl die soeben zitierten Stellen der *Ideen* zunächst nur als eine Referenz Herders an die Methode Linnés zu betrachten sind, scheint es keineswegs übertrieben, zu behaupten, dass vielleicht nur die Bezeichnung »philosophia anthropologica« in der Lage ist, die Zentralität und

---

2 Zum Herders Entwicklungsbegriff vgl. vor allem: Cesana 1988, 160-183; Wieland 1975, 199-228, insbesondere 204-207; Irmscher 1996.

Ursprünglichkeit seines Interesses für die Frage nach der menschlichen Natur in angemessener Weise zum Ausdruck zu bringen. Insbesondere geht es um das Problem der »Naturgebundenheit des Menschen und seiner Kultur« (Plessner 1975, 4), um einen gewichtigen Teil der Forschungsarbeit Herders mit einer Formulierung Helmuth Plessners zu umschreiben.

Herder grenzt konzeptuell den Bereich ein, innerhalb dessen Erklärungen über die natürliche Anpassung des Menschen an seine Umwelt erfolgen, indem er wesentliche Unterschiede zum tierischen Umweltverhalten herausarbeitet. Nachfolgend sollen jene Absichten Herders zusammenfassend dargestellt werden, welche die *These einer Sonderstellung des Menschen in der Natur* stützen. Zu diesem Zweck wird insbesondere Arnold Gehlens Lektüre der Herderschen Jugendschrift zur *Abhandlung über den Ursprung der Sprache* herangezogen. Dabei soll es weniger darum gehen, die Anklänge zwischen der Terminologie der Philosophischen Anthropologie des zwanzigsten Jahrhunderts und der Sprache Herders aufzudecken – was ohnehin nur unter großen Vorbehalten möglich erscheint[3] –, als vielmehr darum, die Grundstruktur eines Philosophierens über die menschliche Wesensnatur, insbesondere deren *physis*, zu erhellen. Anerkennend schreibt Gehlen:

> Die philosophische Anthropologie hat seit Herder keinen Schritt vorwärts getan, und es ist im Schema dieselbe Auffassung, die ich mit den Mitteln moderner Wissenschaft entwickeln will. (Gehlen 1993, 93)

Ganz im Sinne seiner Anthropologie hat Gehlen hervorgehoben, dass sich bereits in der *Abhandlung* tiefgreifende Überlegungen zum Unterschied zwischen Mensch und Tier finden, die auf Basis der Differenzierung von menschlicher Welt und tierischer Umwelt – letztere nennt Herder »die Sphäre der Tiere« (Herder 1966, 21) – erfolgen. Wie Herder präzisiert:

> Jedes Tier hat seinen Kreis, in den es von der Geburt an gehört, gleich eintritt, in dem es lebenslang bleibt und stirbt. Nun ist aber sonderbar, daß *je schärfer die Sinne der Tiere, je stärker und sicherer ihre Triebe und je wunderbarer ihre Kunstwerke sind, desto kleiner ist ihr Kreis, desto einartiger ist ihr Kunstwerk.* (Herder 1966, 21)

Je enger die Sphäre des tierischen Wirkungskreises, desto größer die Sicherheit, mit der es sein Dasein bewältigt.[4] Obwohl die wissenschaftlichen Konzepte, auf die sich Gehlen stützt, von Herder deutlich abweichen, beschreibt auch er das Spezifische der tierischen Lebensumwelt durch Verwendung räumlicher Begrifflichkeiten. Entsprechend beobachtet Gehlen,

> daß fast alle Tiere eine weitgehende regionale Fesselung an ganz bestimmte Umwelten, eine ›Einpassung‹ in solche zeigen, so daß die Betrachtung des organischen Bau bis in alle Einzelheiten der Sinnesorgane, der Verteidigungs- und Angriffswaffen, der Ernährungsorgane usw. Rückschlüsse auf Lebensweise und Wohngebiet zuläßt und umgekehrt. (Gehlen 1993, 29)

Mit Max Schelers Kategorie der Weltoffenheit[5] lassen sich Herders Überlegungen der *Abhandlung* sehr treffend beschreiben: Erklärt werden soll die Situation des Menschen, der »so schwach, so dürftig, so verlassen von dem Unterricht der Natur, so ganz ohne Fertigkeiten

---

3 Vor Gehlens Lektüre der Herders Anthropologie warnt W. Pannenberg; vgl. insbesondere Pannenberg 1983, 40-41.
4 Vgl. Herder 1966, 22: »*Die Empfindsamkeiten, Fähigkeiten und Kunsttriebe der Tiere nehmen an Stärke und Intensität zu im umgekehrten Verhältnisse der Größe und Mannigfaltigkeit ihres Würkungskreises.*«
5 Vgl. Scheler 1976, 32: »Ein ›geistiges‹ Wesen ist also nicht mehr trieb- und umweltgebunden, sondern ›umweltfrei‹ und, wie wir es nennen wollen, ›*weltoffen*‹: Ein solches Wesen hat ›Welt‹.«

und Talente auf die Welt« kommt (Herder 1966, 97). Der Vergleich mit dem Tier dient dazu, herauszuarbeiten, was den Menschen wesentlich unterscheidet, durch welchen Grundcharakter er sich auszeichnet. Wie Herder nämlich schreibt: »Mit den Menschen ändert sich die Szene ganz« (Herder 1966, 23).

Gehlen hebt hervor, dass sich Herder der Definition des Menschen als eines *Mängelwesens* deutlich annähert. Mit diesem Ausdruck bezeichnet Gehlen in seinem Hauptwerk *Der Mensch* von 1940 (vgl. insbesondere die 4. verbesserte Auflage von 1950) dessen organisch unspezialisiertes Wesen. Diesbezüglich heißt es bei Herder: »*Der Mensch hat keine so einförmige und enge Sphäre*, wo nur *eine* Arbeit auf ihn warte: eine Welt von Geschäften und Bestimmungen liegt um ihn.« (Herder 1966, 22)

Herder unterstreicht die zentrale Rolle der Bildung und des Erlernens aller menschlichen Fähigkeiten – bis hin zu den elementarsten, wie dem Erlernen des aufrechten Gangs. Der Darstellung dessen, was man mit Gehlens Worten die »Sonderstellung des Menschen in morphologischer Hinsicht« nennen kann, räumt Herder in den *Ideen* breiten Raum ein; das wesentliche Kennzeichen, welches den Menschen vom Tier unterscheidet, ist seine Aufrichtung, als die erste Handlung, die der Mensch erlernt.

> Mit dem aufgerichteten Gange wurde der Mensch ein Kunstgeschöpf: denn durch ihn, die erste und schwerste Kunst, die ein Mensch lernt, wird er eingeweihet, alle zu lernen und gleichsam eine lebendige Kunst zu werden. (Herder 1989, 136-137)

Betrachtet man Herders philosophische Anthropologie im ganzen,[6] so fällt auf, dass – bei aller gebotener Unterscheidung der Betrachtungsebenen – einige Ergebnisse der *Abhandlung über den Ursprung der Sprache* (1772) auch in den theologischen Jugendschriften, die sich mit der biblischen Genesis-Deutung beschäftigen (*Älteste Urkunde des Menschengeschlechts*, 2. Bd., 1776), zu finden sind.[7] Hinsichtlich der hier eingeschlagenen Fragerichtung könnte vor allem eine Orientierung bei den Autoren der philosophischen Anthropologie des zwanzigsten Jahrhunderts (M. Scheler, H. Plessner, A. Gehlen) herangezogen werden, um zu zeigen, wie spätere terminologische Unterscheidungen bereits in Herders Werk vorgebildet sind (Die Unterscheidung zwischen Umwelt und Welt, Begriffe wie »Weltoffenheit« und »Plastizität« der menschlichen Sensibilität, die Definition des Menschen als eines »Mängelwesens«, die Bestimmung von »Kultur als einer zweiten Natur des Menschen«). Von besonderem Interesse ist jedoch der dem Spätwerk zuzurechnende 25. Brief der *Briefe zu Beförderung der Humanität*, in dem Herder die Prinzipien seiner anthropologischen Philosophie in engem Zusammenhang mit dem Problem der »kulturellen Natur« des Menschen umreißt. Wie Herder in den §§ 10 und 11 dieses Briefes ausführt:

> Durch Übung *vermehren* sich die Kräfte, nicht nur bei Einzelnen, sondern ungeheuer mehr bei Vielen nach und mit einander. Die Menschen schaffen sich immer mehrere und bessere Werkzeuge; sie lernen sich selbst einander immer mehr und besser als Werkzeuge gebrauchen. Die *physische Gewalt der Menschheit* nimmt also zu: der Ball des Fortzutreibenden wird größer; die Maschinen, die es forttreiben sollen, werden ausgearbeiteter, künstlicher, geschickter, feiner. (Herder 1991, 125, § 10)

---

6   Zur Herders philosophische Anthropologie vgl. vor allem Zammito 2002.
7   Vgl. z.B. Herder 1993, 530: »Dem Menschen ist keine Kunst angeboren, außer der sich alle eigen zu machen, die ganze Schöpfung sich einzuverleiben. [...] Welche Kunst hat der Mensch, die ein Tier als eignes und Eines Lebenswerk nicht besser habe? Er hat sie alle mit ihren eignen Waffen überwunden [...].« Vgl. auch Herder 1993, 510-547 u. 558-566.

Denn die Natur des Menschen ist *Kunst*. Alles, wozu eine Anlage in seinem Dasein ist, kann und muß mit der Zeit Kunst werden. (Herder 1991, 126, §11)

Die Behauptung, dass die menschliche Natur Kunst sei, weist somit zurück auf die anthropologischen Prämissen Herders. Es handelt sich dabei vielleicht um eines der konstantesten Motive bei Herder überhaupt, das in allen Schaffensphasen wiederkehrt;[8] wie kaum ein anderer Gesichtspunkt kann es deswegen die Kontinuität der anthropologischen Reflexionen in Herders Werk veranschaulichen.

3.

Weitaus komplizierter erscheint es dementgegen, die Frage nach Kontinuität oder Diskontinuität im Werk Herders ausgehend von seiner Philosophie der Geschichte in Angriff zu nehmen. Gleichwohl scheint auch hier die These haltbar, dass Herders Geschichtsdenken, ungeachtet der zweifelsfrei bestehenden Differenzen zwischen frühem, mittlerem und spätem Werk, sein Fundament in einem feststehenden Grundproblem hat. Vielleicht empfiehlt sich für Herders Philosophie der Geschichte, statt der üblicherweise erfolgenden Periodisierung, eine Lesart, die der Kontinuität der leitenden philosophischen Fragestellungen eine erhöhte Bedeutung schenkt. Denken wir beispielsweise an die klassischen Gegenüberstellungen: dezidiert gegenaufklärerische Position der Jugendjahre vs. Abschwächung des polemischen Tons in den späteren Jahren, der sogenannte Historismus[9] des Frühwerks vs. Universalismus des Humanitätsbegriffs der nachfolgenden Jahre.

Etwas zugespitzt formuliert: Wer wollte bestreiten, dass nicht bereits auf Stufe von *Auch eine Philosophie der Geschichte zur Bildung der Menschheit* (1774) die wesentlichen Elemente der soeben angeführten Gegensatzpaare bereits vorhanden sind und ihre spätere Kollision sich andeutet? Mit anderen Worten: Die Diskontinuität und die von Herder vorgenommenen Revisionen seines Projektes einer »Philosophie der Geschichte« müssen als Antworten verstanden werden auf die Notwendigkeit, letztere als Einheit, das heißt: in ihrem steten Bezug auf die Totalität der menschlichen Gattung, zu denken.[10] Dass es sich hierbei um eine Schwierigkeit von einigem Gewicht handelt, dürfte niemandem klarer gewesen sein als Herder selbst, der bereits in jungen Jahren in seiner Kritik der Aufklärung betont hat, dass sich die historischen Epochen und die Entwicklung der Völker in ihrer Unveräußerlichkeit nicht auf ein universelles Wertesystem reduzieren lassen.

---

8   Vgl. Herder 1989, 337: »Der Mensch ist [...] eine künstliche Maschine, zwar mit genetischer Disposition und einer Fülle von Leben begabt; aber die Maschine spielet sich nicht selbst und auch der fähigste Mensch muß lernen wie es sie spiele. Die Vernunft ist ein Aggregat von Bemerkungen und Übungen unsrer Seele; eine Summe der Erziehung unsres Geschlechts, die, nach gegebnen fremden Vorbildern, der Erzogne zuletzt als ein fremder Künstler an sich vollendet.« Vgl. z.B. auch Herder 1989, 314; Herder 1994a, 35; Herder 1994b, 633; Herder 1991, 149-154.
9   Vgl. vor allem Meinecke 1965, 355 ff.; Vgl. auch dazu Mauer 1987, Heinz 1994a, Markworth 1994.
10 Vgl. Gadamer 1967, 146-177; vgl. insbesondere 150: »Wenn man seine Schrift [Auch eine Philosophie der Geschichte] von Probleminteresse eines vollendeten Historismus aus würdigt, wird man ihr nicht gerecht. Es entsteht dann der falsche Schein, als wäre ihre spätere Ausführung in den *Ideen* und erst recht der Tenor der *Humanitätsbriefe* ein Rückfall in aufklärerische Gedankengänge.«

> Niemand in der Welt fühlt *die Schwäche des allgemeinen Charakterisierens* mehr als ich. Man malet *ein ganzes* Volk, Zeitalter, Erdstrich - *wen* hat man gemalt? Man fasset *auf einander folgende* Völker und Zeitläufte, in einer *ewigen Abwechslung*, wie Wogen des Meers zusammen - *wen* hat man gemalt? *wen* hat das schildernde Wort getroffen? (Herder 1994a, 32)[11]

Ein derart stark gefasster Begriff von Pluralität scheint sich, zumindest dem ersten Eindruck nach, mit der Behauptung einer einheitlichen Grundansicht des Geschichtlichen kaum zu vertragen. Mit der Frage konfrontiert, ob es eine allgemeine Tendenz der menschlichen Gattung in der Geschichte gibt, antwortet Herders Philosophie einerseits mit der entschiedenen Zurückweisung der These einer unaufhaltsamen Dekadenz;[12] andererseits jedoch, kann er die gegenteilige Behauptung nur innerhalb seines Systems, welches eine direkte Antwort auf diese Frage gar nicht vorsieht, stützen.

In *Auch eine Philosophie der Geschichte* stellt sich Herder die Frage, ob es einen anderen als den von den Geschichtsphilosophien seiner Zeit beschrittenen Weg geben kann, Einheit und Fortschritt der menschlichen Gattung darzulegen. Begriffsgeschichtlich gesehen markiert das Werk Herders den Anfang des modernen Begriffs der Entwicklung, dessen konzeptuelle Stärke darin besteht, »gut geeignet [zu sein] Kontinuität in der Veränderung auszudrücken.« (Wieland 1975, 41)[13]

> Sollte es nicht offenbaren *Fortgang* und *Entwicklung* aber in einem höhern Sinn geben, als mans gewähnet hat? Siehst du diesen *Strom* fortschwimmen: wie er aus einer kleinen Quelle entsprang, wächst, dort abreißt, hier ansetzt, sich immer schlängelt und weiter und tiefer bohrt - bleibt aber immer *Wasser*! *Strom*! Tropfe immer nur Tropfe, bis er ins Meer stürzt - wenns so mit dem menschlichen Geschlechte wäre? Oder siehst du jenen wachsenden *Baum*! jenen emporstrebenden Menschen! er muß durch verschiedene *Lebensalter* hindurch! alle offenbar im *Fortgange*! ein *Streben* auf einander in *Kontinuität*! (Herder 1994a, 41)

Hier lässt sich eine gewisse Nähe der Begriffe von *Entwicklung* und *Fortschritt* beobachten; wenngleich nämlich Herder den Fortschrittsbegriff[14] nur selten explizit verwendet, ist ihm die Differenzierung von Fortschritt und Entwicklung stets präsent. Der Versuch, den Entwicklungsbegriff abzugleichen mit der Vorstellung eines Endzwecks - das heißt hier: einer Zielbestimmung der Menschengeschichte - erweist sich als hochgradig problematisch. Tatsächlich bestand ja gerade eine der Konsequenzen der Herderschen Kritik an den Vorstellungen eines linearkontinuierlichen Fortgangs darin, in geschichtstheoretischer Hinsicht den Terminus »Fortschritt« durch »Entwicklung« zu ersetzen. Das Schwanken der geschichtsphilosophischen Positionen Herders lässt sich, zumindest teilweise, auf diese begriffliche Spannung, die innerhalb seines Systems angelegt und deswegen schwer zu überwinden ist, zurückführen. Gleichwohl sind Herders Korrekturen weniger bewusste Zäsuren als vielmehr graduelle Revisionen und Erweiterungen eines von den immanenten Schwierigkeiten seiner eigenen Prämissen vorangetriebenen philosophischen Denkens.

---

11 Vgl. auch Herder 1994a, 35.
12 Vg. z.B. Herder 1994a, 40-41.
13 Vgl. dazu Herder 1994a, 41.
14 »Wie unser Gang ein beständiges Fallen ist zur Rechten und zur Linken und dennoch kommen wir mit jedem Schritt weiter: so ist der Fortschritt der Kultur in Menschengeschlechtern und ganzen Völker. [...] So gehet wie in der Maschine unsers Körpers durch einen notwendigen Antagonismus das Werk der Zeiten zum Besten des Menschengeschlechts fort und erhält desselben daurende Gesundheit.« (Herder 1989, 655)

Eine Kontinuität zeigt sich vor allem in der Art und Weise, wie Herder die Frage nach dem Fortschritt in Angriff nimmt und formuliert; alle späteren Abweichungen, so scheint es, lassen sich nur im Lichte dieser Einsicht verstehen. Zweifelsohne ist es die Polemik gegen die Fortschrittstheorie der »*Philosophen* und *Thronsitzer* des achtzehnten Jahrhunderts« (Herder 1994a, 82), die den Bezugspunkt zum Verständnis der Kontinuität der Überlegungen Herders bildet. Erwähnt sei die Argumentation des Pamphlets von 1774, in dem sich die Kritik am Fortschrittsbegriff verbindet mit einer metaphorischen Vorstellung von Geschichte als Entwicklung. Die immanente Zweckmäßigkeit der geschichtlichen Bewegung verbürgt nach Herder deren Individualität und Unumkehrbarkeit. Demgemäß scheint das Ergebnis eines determinierten Geschichtsprozesses durch seine Prämissen bestimmt; bezeichnenderweise greift Herder in seinem Werk immer wieder zurück auf die Metapher vom Samenkorn.

> Der Grund jeder Reformation war allemal eben solch ein *kleines Samenkorn, fiel still* in die Erde, kaum der Rede wert: die Menschen hattens *schon lange, besahens* und *achtetens nicht* - aber nun sollen dadurch *Neigungen*, *Sitten*, eine Welt von *Gewohnheiten* geändert, *neugeschaffen* werden [...].
> (Herder 1994a, 59)

Vor allem in den jugendlichen Schriften richtet sich Herders Polemik gegen den Anspruch der Philosophen des 18. Jahrhunderts, dass politische Reformen planbar seien. Mit großer Entschiedenheit - und der Beständigkeit vieler Jahre - ist Herder jenen Geschichtsauffassungen vehement entgegengetreten, die den Fortschritt mit der europäischen Zivilisation (heute würde man sagen: der abendländischen Zivilisation) gleichgesetzt haben.[15] Mit Abscheu vor demjenigen, der den Preis des vermeintlichen Zivilisationsfortschritts[16] zu akzeptieren bereit ist, fragt er 1797:

> Aber warum müssen Völker auf Völker wirken, um einander die Ruhe zu stören? Man sagt, der fortgehenden-wachsenden Kultur wegen; wie gar etwas anders sagt das Buch der Geschichte! (Herder 1991, 671)

Das »Buch der Geschichte«, im Zuge der modernen Wechselfälle weit aufgeschlagen, gewährt einen intimen Blick auf die Menschheit in ihrer Komplexität. Es ist nicht zu übersehen, dass es gerade der von den Lesern der Jugendschriften oftmals gefeierte »historische Sinn« Herders ist, der ihm erlaubt, der Individualität seines Zeitalters, welche in gewisser Weise gerade dessen »Universalität«[17] ausmacht, gerecht zu werden.

Das von Herder beobachtete Ausgreifen staatlichen Handelns auf den Weltmaßstab zwingt zu einer allgemeinen Betrachtung über die Zielbestimmung der Menschengattung. Herder ahnte, dass die im 18. Jahrhundert drängende Frage, ob die menschliche Gattung zum Besseren voranschreitet, unauflöslich mit ihrem Zeitalter und dessen Grundcharakter verbunden war; zugleich gründet darin die Schwierigkeit, eine bejahende Antwort zu geben:

> Es ist fast unvermeidlich, daß eben das Höhere, Weitverbreitete unsers Jahrhunderts auch Zweideutigkeiten der *besten* und *schlimmsten* Handlungen geben muß, die bei engern, tiefern Sphären wegfielen. Eben daß niemand fast mehr weiß, wozu er würkt: das Ganze ist ein Meer, wo Wellen und Wogen, die wohin? aber wie gewaltsam! (Herder 1994a, 102)

---

15 Vgl. z.B. Herder 1994a, 70–77; Herder 1989, 281–285 u. 315ff.; Herder 1991, 688 u. 700.
16 Vgl. dazu Malsch 1990 u. Förster 1996.
17 Vgl. Herder 1994a, 100: »Auch der *große Umfang* und die *Allgemeinheit*, in der das alles läuft, sehen wir, kann darzu offenbar ein *unbekanntes Gerüste* werden.«

An manchen Stellen seines Werkes nimmt Herder den Faden dieser Argumentation wieder auf. So finden sich höchst originelle Überlegungen zum historischen Fortschritt, insbesondere was das Problem des zeitlichen Zusammenrückens angeht: »Wenn ist je die ganze Erde *an so wenig vereinigten Fäden* so allgemein zusammen gegangen als Jetzt?« (Herder 1994a, 70). In Analogie zur Naturgeschichte erscheint es nach Herder nicht gänzlich unmöglich, sich den Ausgang des seit der Moderne eingeschlagenen Weges auszumalen.

Tatsächlich erfasst Herder intuitiv einen der Grundcharaktere der Moderne, wenn er die Grenzüberschreitung[18] sieht, die sich vor allem ausdrückt in der exponentiellen Zunahme der Kriege, mit denen die Europäer den Erdball überziehen. In moralischer Hinsicht schließt dies eine generelle Schuld aller Europäer ein, sofern »wir uns des *Verbrechens beleidigter Menschheit* fast vor allen Völkern der Erde schämen müßten.« (Herder 1991, 672) Dies nötigt Herder zur Annahme: »wir nahen uns einem neuen Auftritte, wenn auch freilich bloß durch *Verwesung*!« (Herder 1994a, 101)[19]

Eine der bemerkenswertesten Stellen in Herders Werk über den Fortschritt enthält der zweite Band seiner Humanitätsbriefe, wo die theoretische Fragestellung vom fünfzehnten Buch der *Ideen* abweicht. Tatsächlich hat Herder in seinem Hauptwerk auf externe Argumente, etwa auf die Vorstellung von »Naturgesetze[n] Gottes« (Herder 1989, 636), denen der Geschichtsverlauf untersteht, zur Stützung seiner These Zuflucht nehmen müssen: »unverjährbar sind die Rechte der Menschheit und die Kräfte, die Gott in sie legte, unaustilgbar.« (Herder 1989, 635) Anders in den *Briefen*, in denen Herders Argumentation wesentlich in seiner Anthropologie verankert ist. Der dort entwickelten Ansicht zufolge lässt sich die Frage nach dem Fortgang des Menschengeschlechts einzig und allein auf Basis von Überlegungen über den allgemeinen Charakter der Menschheit beantworten. Der Fortschritt lässt sich nicht als eine Linie darstellen, sondern als Konstruktion, als »Bau«, wie Herder sagt:

> Es ist nur *Ein Bau*, der fortgeführt werden soll, der simpelste, größeste; er erstreckt sich über alle Jahrhunderte und Nationen; wie physisch, so ist auch moralisch und politisch wie die *Menschheit im ewigen Fortgang und Streben*. (Herder 1991, 131)

Die einzige Möglichkeit, in menschlichen Begriffen zu umreißen, was Vollkommenheit heißt, besteht darin auf die menschliche »Kulturwelt« zu rekurrieren, um den Ausdruck Gehlens aufzugreifen.[20]

Verfolgt man diese Fährte konsequenterweise, erschließt sich - trotz und gerade wegen ihrer Vielgestaltigkeit - der kontinuierliche Charakter der menschlichen Fortschritte in der Geschichte. Es gibt Herder zufolge keinen Königsweg zur Erreichung menschlicher Vollkommenheit, schon gar nicht den des rationalen Planens, da sich das menschliche Handeln in alle Richtungen auswirkt: »Zu seinen *besten Gütern* ist der Mensch durch *Unfälle* gelangt, und tausend Entdeckungen wären ihm verborgen geblieben, hätte sie die Not nicht erfunden.« (Herder 1991, 128)

Vom Fortschrittsgedanken des 18. Jahrhunderts bleibt gewissermaßen nur noch die Vorstellung haltbar, dass sich in ihm die menschliche Kulturwelt mit ihren Notwendigkeiten, Konflikten und Fehlern spiegelt; dazu gehört ebenfalls eine Richtschnur, die »den erhaltenden Neigungen unsrer Natur« (Herder 1991, 128) Einhalt gebietet: »Diese Regel ist

---

18 In diese Richtung deutet beispielsweise auch der Text der *Nemesis. Ein lehrendes Sinnbild* (1786-1796).
19 Von dieser extremen Hypothese geht Herder sowohl im Früh- als auch im Spätwerk aus. Vgl. z.B. Herder 1995, 100-101; Herder 1991, 741.
20 Vgl. Gehlen 1993, 37.

Vernunft, bei Handlungen *Billigkeit und Güte*. Eine Vernunftlose, blinde Macht ist zuletzt immer eine ohnmächtige Macht; entweder zerstört sie sich selbst, oder muß am Ende dem Verstande dienen.« (Herder 1991, 128)

4.

Abschließend lässt sich behaupten, dass Herders Spätwerk zunehmend entschiedener in einer Position terminiert, die auf Anerkennung sämtlicher Fortschritte der menschlichen Gattung hinausläuft und damit *strictu senso* auf den Humanitätsbegriff abzielt. Wenn es hier erlaubt ist, einen hoffentlich nicht zu weit hergeholten Vergleich anzustellen, so gelangt Herder – freilich auf ganz unterschiedlichen Wegen – zur Überzeugung der Kantischen Schrift *Über den Gemeinspruch: Das mag in der Theorie richtig sein, taugt aber nicht für die Praxis* (1793): Die Beweislast fällt auf denjenigen zurück, der den menschheitlichen Fortschritt verneint.[21] Hingegen ließe sich in Herders Sprache sagen: der empirische Beweis für die Gleichsetzung von Fortschritt und Humanität obliegt denen, die ihre Verneinung beabsichtigen. Das schönste Bild für diese Identität und deren Selbstevidenz stammt aus Herders religiöser Überzeugung und repräsentiert zugleich in höchstem Maße die kulturgeschichtliche Entwicklung:

> Die *Religion Christi*, die Er selbst hatte, lehrte und übte, war die *Humanität* selbst. Nichts anders, als sie; sie aber auch im weitesten Inbegriff, in der reinsten Quelle, in der wirksamsten Anwendung. Christus kannte für sich keinen edleren Namen, als daß er sich den *Menschensohn* d.i. einen Menschen nannte. (Herder 1991, 130)

Die Geschichte sowie die Analyse der Modernität lassen ferner eine inhaltliche Bestimmung des Fortschritts zu: Frieden ist der langwierige Prozess der Einsicht in die Inhumanität des Krieges und hängt notwendigerweise ab von den Einzelindividuen und deren Fähigkeit, zivile Tugenden außerhalb der staatlichen Mechanismen auszubilden.

> Immer mehr muß sich die *falsche Staatskunst* entlarven [...]. Die allgemeine Stimme muß über den Wert des bloßen *Staats-Ranges* und seiner *Zeichen*, selbst über die aufdringendsten Gaukeleien der Eitelkeit, selbst über früheingesogene Vorurteile siegen. (Herder 1991, 721-722)

Eine bessere Staatsform wäre sonach diejenige, die sich der Dynamik der Gesellschaft und damit deren Fortschritt anpasst.[22] Zweifelsohne ist es seine philosophische Anthropologie, welche Herder die Kategorien liefert, die zum Verständnis der Komplexität der menschlichen Natur und der mit ihr zusammenfallenden Kulturwelt notwendig sind.

---

21 Vgl. Kant 1993, 167: »Ich werde also annehmen dürfen: daß, da das menschliche Geschlecht beständig im Fortrücken in Ansehung der Kultur, als dem Naturzwecke desselben, ist, es auch im Fortschreiten zum Besseren in Ansehung des moralischen Zwecks seines Daseins begriffen sei, und daß dieses zwar bisweilen unterbrochen, aber nicht abgebrochen sein werde. Diese Voraussetzung zu beweisen, habe ich nicht nötig; der Gegner derselben muß beweisen.«

22 Vgl. Herder 1991, 130-131 u. 768-769; Vgl. insbesondere Herder 1991, 131: »Ist der Staat das, was er sein soll, *das Auge der allgemeinen Vernunft, das Ohr und Herz der allgemeinen Billigkeit und Güte*: so wird er jede dieser Stimmen hören, und die Tätigkeit der Menschen nach ihren verschiednen Neigungen, Empfindbarkeiten, Schwächen und Bedürfnissen aufwecken und ermuntern.« (Herder 1991, 131). Vgl. dazu vor allem: Koepke 1996.

Demnach, um zur Ausgangsfrage nach Kontinuität oder Diskontinuität in Herders Werk zurückzukehren, erweist sich der grundbegriffliche Rahmen seiner »philosophia anthropologica« als eine echte Werkkonstante, die vielleicht das Fundament selbst seiner Reflexionen zur Geschichte bildet. Der zentrale Punkt ist die Auffassung der totalen, aktiv gestalteten Abhängigkeit des Menschen von der Welt als einer biologischen Grundgegebenheit, die in seiner *physis* wurzelt.

> Wollen wir diese zweite Genesis des Menschen, die sein ganzes Leben durchgeht, von der Bearbeitung des Ackers *Kultur* oder vom Bilde des Lichts *Aufklärung* nennen: so stehet uns der Name frei; die Kette der Kultur und Aufklärung reicht aber sodann bis ans Ende der Erde. (Herder 1989, 340)

Herders Philosophie der Geschichte nimmt dieses Prinzip zum Ausgangspunkt,[23] was einerseits gerade ihre argumentative Stärke ausmacht, andererseits jedoch der Grund ist für Herders Schwanken hinsichtlich der Beantwortung der Frage nach der Zielbestimmung der menschlichen Gattung.

Literaturverzeichnis

Adler, Hans: Die Prägnanz des Dunklen. Gnoseologie, Ästhetik, Geschichtsphilosophie bei Johann Gottfried Herder, Hamburg 1990.

Bollacher, Martin (Hg.): Geschichte und Kultur, Würzburg 1994.

Cesana, Andreas: Geschichte als Entwicklung? Zur Kritik des geschichtsphilosophischen Entwicklungsdenkens, Berlin/New York 1988.

Förster, Wolfgang: Herders Zivilisationskritik als Bestandteil seiner Auffassung von der Nation, in: Otto 1996, 165-175.

Gadamer, Hans-Georg: Nachwort, in: Johann Gottfried Herder: Eine Philosophie der Geschichte zur Bildung der Menschheit, Frankfurt a.M. 1967.

Gaier, Ulrich: Herders Sprachphilosophie und Erkenntniskritik, Stuttgart-Bad Cannstatt 1988.

Gehlen, Arnold: Der Mensch. Seine Natur und seine Stellung in der Welt. Textkritische Edition, in: Gesamtausgabe, Bd. 3, Frankfurt a.M. 1993.

Heinz, Marion: Historismus oder Metaphysik? Zu Herders Bückerburger Geschichtsphilosophie, in: Bollacher 1994, 75-85. [1994a].

— Sensualistischer Idealismus. Untersuchungen zur Erkenntnistheorie und Metaphysik des jungen Herder (1763-1778), Hamburg 1994. [1994b].

Herder, Johann Gottfried: Abhandlung über den Ursprung der Sprache, Hans-Dietrich Irmscher (Hg.), Stuttgart 1966.

— Ideen zur Philosophie der Geschichte der Menschheit, in: Werke in zehn Bänden, Bd. 6, Martin Bollacher (Hg.), Frankfurt a.M. 1989.

— Briefe zu Beförderung der Humanität, in: Werke in zehn Bänden, Bd. 7, Hans-Dietrich Irmscher (Hg.), Frankfurt a.M. 1991.

— Älteste Urkunde des Menschengeschlechts, in: Werke in zehn Bänden, Bd. 7, Rudolf Smend (Hg.), Frankfurt a.M. 1993.

— Auch eine Philosophie der Geschichte zur Bildung der Menschheit, in: Werke in zehn Bänden, Bd. 4, Jürgen Brummack u. Martin Bollacher (Hg.), Frankfurt a.M. 1994. [1994a].

---

23 Vgl. Herder 1989, 337.

— Über Bild, Dichtung und Fabel, in: Werke in zehn Bänden, Bd. 4, Jürgen Brummack u. Martin Bollacher (Hg.), Frankfurt a.M. 1994 [1994b].

Irmscher, Hans-Dietrich: Der Vergleich im Denken Herders, in: Koepke 1996, 78-96.

Kant, Immanuel: Über den Gemeinspruch: Das Mag in der Theorie richtig sein, taugt aber nicht für die Praxis in: Werkausgabe, Bd. 9, Wilhelm Weischedel (Hg.), Frankfurt a.M. 1993.

Koepke, Wulf: Der Staat – die störende und unvermeidliche Maschine, in: Otto 1996, 227-238. [1996a].

— (Hg.): Johann Gottfried Herder. Academic disciplines and the pursuit of knowledge, Columbia, SC 1996.

Malsch, Wilfried: Herders ambivalente Zivilisationskritik an Aufklärung und technischem Fortschritt, in: Mueller-Vollmer 1990, 65-83.

Markworth, Tino: Unterwegs zum Historismus. Der Wandel des geschichtsphilosophischen Denkens Herders von 1771 bis 1773, in: Bollacher 1994, 51-59.

Maurer, Michael: Die Geschichtsphilosophie des jungen Herder in ihrem Verhältnis zur Aufklärung, in: Sauder 1987, 147-154.

Meinecke, Friedrich: Die Entstehung des Historismus, München 1965.

Mueller-Vollmer, Kurt (Hg.): Herder Today: Contributions from the International Herder Conference (1987, Stanford, Calif.), Berlin/New York 1990.

Otto, Regine: Nationen und Kulturen. Zum 250. Geburtstag Johann Gottfried Herders, Würzburg 1996.

Pannenberg, Wolfhart: Anthropologie in theologischer Perspektive, Göttingen 1985.

Plessner, Helmuth: Die Stufen des Organischen und der Mensch, Berlin/New York 1975.

Sauder, Gerhard (Hg.): Johann Gottfried Herder 1744-1803, Hamburg 1987.

Scheler, Max: Die Stellung des Menschen im Kosmos in: Gesammelte Werke, Bd. 9, Bern/München 1976.

Simon, Ralf: Das Gedächtnis der Interpretation. Gedächtnistheorie als Fundament für Hermeneutik, Ästhetik und Interpretation bei Johann Gottfried Herder, Hamburg 1998.

Wieland, Wolfgang: Entwicklung, Evolution, in: Geschichtliche Grundbegriffe. Historisches Lexikon zur politisch-sozialen Sprache in Deutschland, Brunner, Otto u. Werner Conze u. Reinhart Koselleck (Hg.), Bd. 2, Stuttgart 1975, 199-228.

Zammito, John H.: Kant, Herder, and the Birth of Anthropology, Chicago 2002.

II. Kultur, Ethnien, Geografie

PETER A. ZUSI

»Kein abgefallenes Blatt ohne Wirkung geblieben«: Organicism and Pluralism in Herder's Metaphorics of Culture

The exploration of the logic of historical reason on the one hand and of the vitalist principle of *Kraft* on the other are, arguably, two of Herder's most influential philosophical legacies.[1] Several of Herder's most effective metaphors draw their force precisely from the convergence of these two principles. An example is the well-known passage from *Auch eine Philosophie der Geschichte zur Bildung der Menschheit*:

> *Großes Geschöpf Gottes*! Werk *dreier Weltteile* und fast sechs *Jahrtausende*! die zarte saftvolle *Wurzel*, der schlanke, blühende *Sprößling*, der mächtige *Stamm*, die starkstrebende, verschlungne *Äste*, die luftigen, weit verbreiteten *Zweige* – wie ruhet alles auf einander, ist aus einander erwachsen! (Herder 1891, 554)

This image of the »tree of history« – massive, powerful, and developing over millennia – illustrates well how for Herder history was not to be understood as dead nomenclature describing past life, but rather as something itself alive and organic.

The use of organic and vegetative metaphors to express the conjuncture of history and vitalist *Lebenskraft* continues in the later *Ideen zur Philosophie der Geschichte der Menschheit*. There Herder describes history as a »Garten [...] wo hier diese, dort jene menschliche Nationalpflanze in ihrer eignen Bildung und Natur blühet« (Herder 1909, 84). The garden metaphor adds a new dimension to Herder's conception: the functionally differentiated but still basically linear development of the tree expands to an entire field of organic activity, where *Sprößling* grows next to *Baum*, one unique *Nationalpflanze* next to another, in a medley of *ungleichzeitige Gleichzeitigkeiten*. Where the tree describes a single narrative, variegated but interconnected, the garden describes a multiplicity of independent narratives of birth and blossoming, death and decay.

This shift reflects the later Herder's focus on the concept of culture, which he understood quite literally as a process of cultivation: as »Saat und Ernte« (Herder 1887, 252) or *Fortpflanzung*. The cultural formations of the past did not die in vain, nor did they disappear altogether, for their remains fertilized the ground and thereby cultivated what came afterwards: »[...] so ist auch kein abgefallenes Blatt eines Baums, kein verflogener Same eines Gewächses, kein Leichnam eines modernden Thiers, noch weniger Eine Handlung eines lebendigen Wesens ohne Wirkung geblieben« (Herder 1909, 236). The result of this extremely literal understanding was that, for Herder, culture did not designate only selected monuments of artistic, intellectual, and scientific achievement; rather, culture was everywhere, in every forgotten corner of the historical record. No longer a litany of impressive accomplishments or a pedigree qualifying social or political status, culture changed from a diachronic narrative into a synchronic field upon which various traditions and peoples existed side by side, each in various stages of development. Every expression of *Lebenskraft* was an integral component

---

[1] On the importance of Herder's vitalist principle of *Kraft*, see Beiser 1987, 145-48, and Norton, 1996a.

of this garden, not only the most successful or most decorative; each plant deserved respect as a unique and transient phenomenon. Transience did not mean that human action was pointless but rather revealed the self-sufficient nature of *Lebenskraft*. The purpose of individual cultural phenomena was not the attainment of a state of perfection but simply sheer existence. Transience was thus not the mark of death and decay but rather of life: only that which was once alive could fade; that which endured eternally had never truly been vital.

These two metaphors come from different periods of Herder's development, and, obviously, carry different connotations and suggest different interpretational conclusions. Yet precisely the temporal distance separating them also makes clear the consistency of Herder's organicist understanding of historical development. History for Herder was an organic phenomenon not simply because it treated of human beings and their cultures and societies, but also by virtue of the recurring developmental cycles of birth, development, decay and death, through which historical entities passed. For Herder, history – the record of purely human capacities and failings – became a phenomenon of nature. Natural history was the only kind possible: »Der Gott, den ich in der Geschichte suche, muß derselbe seyn, der er in der Natur ist: denn der Mensch ist nur ein kleiner Theil des Ganzen und seine Geschichte ist wie die Geschichte des Wurms mit dem Gewebe, das er bewohnt, innig verwebet« (Herder 1909, 244).

The organicism of Herder's conception of history, and the holistic logic that it occasions, have for many commentators been a source of discomfort. Precisely these elements of Herder's thought have often given rise to interpretations of Herder as a »founding father« of essentializing discourses on historical, social, or racial identity.[2] Regardless of his own calls for and expressions of tolerance, Herder has been interpreted as having laid important foundations for later intolerant conceptions of organicist nationalism and racism.[3] An example of how widespread such notions remain is the perhaps surprising appearance of Herder within Stefan Jonsson's recent account of Robert Musil and the origins of modernist subjectivity. Jonsson interprets Musil as one of the most incisive modernist critics of the »expressivist paradigm,« an ideological constellation that for Jonsson represented

> the dominant cultural superstructure in Germany and Austria between 1800 and 1930. What unites the ideas belonging to this paradigm is the view that personality, identity, morality, culture, art, politics, and ultimately the historical world as a whole are *expressions* or *objectifications* of an intrinsic disposition that resides in all beings and unites them in an organic totality. (Jonsson 2000, 25)

While acknowledging »crucial historical and theoretical differences between the various systems and ideas that [he] fold[s] into the expressivist paradigm,« Jonsson claims that »these

---

2   Probably the most strident recent debate about Herder's role as precursor of 19th- and 20th-century racisms was occasioned by Bernal 1987. While recognizing that »Herder himself stayed within the universalist bounds of the Enlightenment, maintaining that all peoples, not merely Germans, should be encouraged to discover and develop their own genii« Bernal claims that Herder's »concern with history and local particularity, and the disdain for rationality or ›pure reason‹ […] provided a firm basis for the chauvinism and racism of the following two centuries« (206). Norton (1996b) has trenchantly critiqued Bernal's portrayal of Herder.

3   That Herder was contentiously interpreted as an intellectual ancestor by later thinkers with narrowly nationalist, chauvinist, and racist agendas is beyond doubt. Also clear is his co-option for fascist ideology during the Nazi period. The question (as in the similar case of Nietzsche) is whether such drastically skewed interpretations can be said to have even a partially legitimate basis in Herder's actual writings. See Becker 1987 and Schneider 1994. Further, Herder's early writings contain some grotesquely racist statements, although his mature texts are more often characterized by their striking appreciation for and celebration of racial and cultural diversity. See Norton 1995.

ideas all share one principal notion: that the identity of the individual subject and of the collective is grounded in an intrinsic essence [...]« (Jonsson 2000, 26). Jonsson specifies Herder as a founder of and *locus classicus* for this expressivist paradigm: »Herder thus exalted the notion of *das Volk* - ›as much a plant of nature as a family‹ - by defining it as an expressive totality in which all individuals branch out from the nourishing identity of the collective« (Jonsson 2000, 36). Jonsson thus locates Herder within a tradition of insidiously organicist nationalism that includes among its extreme proponents Fichte in the *Reden an die deutsche Nation* and, at the other end of the temporal spectrum, Oswald Spengler (Jonsson 2000, 45).

Leaving aside the question of the historical plausibility of such accounts, it is striking how other commentators have portrayed Herder in a quite different light: as one of the first great spokespeople for a tolerantly »pluralist sense of history,« as it were a multiculturalist *avant la lettre*: »Die Multikulturalisten sind Kinder Herders.«[4] As James Tully writes:

> Herder also presents an alternative attitude of cosmopolitanism as cultural pluralism: the presumption that all cultures are of intrinsic worth and that they have their own histories. In the long term Herder's cultural pluralism called into question the attitude of European cultural superiority informing the Kantian idea and helped to foster an outlook of cultural pluralism. This outlook is expressed in early-twentieth-century anthropology, the respect for non-European cultures that began to emerge during decolonization, and the more recent demands of multiculturalism.[5]

My intention here is certainly not to argue for one of these interpretations as the »real« or essential Herder. Rather, what interests me is how these two aspects of Herder's thought - organicist holism on the one side, pluralism on the other - co-exist and interpenetrate in Herder's conceptual structures. Precisely the metaphorical nexus Herder brings to bear when describing his understanding of culture - »Saat und Ernte,« the interaction of unique »Nationalpflanzen,« the ongoing influence of every »abgefallenes Blatt« - illustrates the interpenetration of what are nowadays commonly considered incompatible logical modes. The strange simultaneity of these logical modes can hardly be accounted for by the standard »billiard ball« theory that sees Herders pluralism come to an abrupt end with the holistically conceived unit of the nation or *Volk*.[6] As the early metaphor of the tree makes clear, the later metaphor of the garden cannot be understood to mean that each *Nationalpflanze* represents an internally undifferentiated unit or monad. Precisely the organicism of Herder's metaphors implies variation and plurality at every scale: between different plants, between functionally differentiated parts of those plants, between each individual instance of those parts, and so on. The charge that Herder imagines cultures as »billiard balls« reveals that precisely Herder's organicism has been left behind by this model. Thus, I would contend, the simul-

---

4 The first quote is from Said 1979, 118, and echoes the emphasis on Herder's pluralism put forward in the influential Berlin 1976. The second quote is from a 1995 article in *Die Zeit* and is cited in Werlen 1996, 307. For balanced investigations of Herder's relevance for contemporary debates on multiculturalism, see, in addition to Werlen, Chase 1998. Herder's outspoken anti-slavery and anti-colonialist statements produced 19th-century echoes that form a strange counterpoint to the racist co-options of his legacy noted above (note 3). See in this context Barnouw 1994, Boening 1990, and Solbrig 1990.
5 Tully 2002, 344.
6 Parekh 2000 has described this as follows: »while appreciating the diversity *of* cultures, Herder is antipathetic to that *within* it. Indeed the very ground on which he champions the former, namely that every culture is a distinct and harmonious whole, requires him to ignore or suppress its internal differences and diversities. He cherishes a culturally plural world but not a culturally plural society« (73). Tully 2002 also criticizes Herder on these grounds.

taneity of organicism and pluralism in Herder's cultural metaphors reveals complexities that are too often overlooked in some of the current uses of these terms.

The conceptual structure informing Herder's botanical metaphors for history and culture is best approached through its critical backdrop: Herder's early critique (especially in *Auch eine Philosophie*) of the »mechanical« model of rationality he perceived in major Enlightenment thinkers such as Hume or Voltaire. He wrote: »Der Geist der *neuern Philosophie* - daß er auf mehr als eine Art *Mechanik* seyn müße, zeigt, denke ich, der meiste Teil *seiner Kinder*. Bei Philosophie und Gelehrsamkeit oft wie *unwißend* und unkräftig in Sachen des Lebens und des gesunden Verstandes!« (Herder 1891, 535). Herder's use of the term »mechanical« led him, not surprisingly, to oppose it to »life,« to the capacities and powers that make human beings into something more than merely intricate machines. The mechanical mode of thought seemed dangerous for Herder because it functioned as a soporific, putting such human capacities to sleep and ultimately withering them away: »Wenn meistens *neue Methoden* in jeder Art und Kunst die Welt veränderten - neue Methoden *entübrigten Kräfte*, die voraus nöthig waren, sich aber jetzt (denn jede ungebrauchte Kraft schläft!) mit der Zeit verlohren« (Herder 1891, 534).

Simultaneously, however, Herder gave the term »mechanical« a surprising spin. The claim that Enlightenment rationality ultimately turned society into a »machine« was not a claim about the instrumentality of Enlightenment reason. Herder did not portray Enlightenment thought as having ignored something »higher« or more spiritual in favor of means-end calculation or utilitarian concern with the production of particular results in the most efficient manner. Quite the opposite, Herder argued that Enlightenment reason was not nearly instrumental enough. It had lost sight of the fact that philosophy and theory were not to be ends in themselves but rather tools to achieve particular goals and to provide a means for action:

> Statt, daß in den alten Zeiten der philosophische Geist nie für *sich allein* bestand, von *Geschäften* ausging und zu *Geschäften* eilte, also auch nur Zweck hatte, *volle, gesunde, würkende Seelen* zu schaffen, seit er *allein* stehet und *Handwerk* geworden - ist er *Handwerk*. Der wievielste Theil von euch betrachtet Logik, Metaphysik, Moral, Physik, als was sie sind - Organe der menschlichen Seele, *Werkzeuge*, mit denen man würken soll! (Herder 1891, 535)

The mechanistic nature of the new philosophy thus did not consist for Herder in some sort of fatal ignorance of what was truly human and a blind adherence to means-end rationality. Rather it consisted in fatal ignorance of real life and in an inability to produce practical results. For Herder, Enlightenment rationality had ceased to produce tools that could be put to practical use. Instead, it merely spun a web of cross-indexed encyclopedias, dictionaries, and philosophical systems that lost all reference to outside reality. The result was mere ivory tower learning:

> Auf dem Papier wie rein! wie sanft, wie schön und groß; heillos im *Ausführen*! bei jedem Schritte *staunend* und *starrend* vor ungesehenen Hindernißen und Folgen. [...] *Wörterbücher* und *Philosophien* über alle, ohne eine einzige mit dem *Werkzeug in der Hand* zu verstehen: sind allesamt abregé raisonné ihrer vorigen Pedanterie geworden - *abgezogner Geist*! Philosophie aus zwei *Gedanken*, die *Mechnischte* Sache von der Welt. (Herder 1891, 537)

The claim that Enlightenment reason was mechanistic thus implied for Herder not that it was instrumental but rather the direct opposite: that it was autonomous, cut off from real life. »Mechanik« was not opposed to the spiritual but was simply the other face of »abgezogener Geist.« Herder's argument against the mechanistic philosophy of the Enlightenment, therefore, surprisingly enough arrived at the startling conclusion that the mechanistic philosophers were in fact mere dreamers – »staunend und starrend.«

Such conclusion was possible only because Herder's vitalist presuppositions allowed him to criticize Enlightenment reason on two fronts: he opposed *Mechanik* not only to feeling (*Empfindung*) but also to activity (*Tätigkeit*) and action (*Handlung*). This association of feeling and action emerges clearly in a key passage in *Auch eine Philosophie*, in which Herder defended the Middle Ages against the charge of having been nothing more than a thousand years of pointless and petty feudal quarrels:

> ›Daß es jemanden in der Welt unbegreiflich wäre, wie Licht die Menschen nicht nährt! Ruhe und Üppigkeit und so genannte Gedankenfreiheit nie allgemeine Glückseligkeit und Bestimmung seyn kann!‹ Aber *Empfindung, Bewegung, Handlung* – wenn auch in der Folge ohne Zweck […] wenn auch mit *Stößen* und *Revolutionen*, wenn auch mit Empfindungen, die hie und da *schwärmerisch, gewaltsam*, gar *abscheulich* werden – als *Werkzeug in den Händen des Zeitlaufs*, welche Macht! welche Würkung! *Herz* und nicht *Kopf* genährt! mit *Neigungen* und *Trieben* alles gebunden, nicht mit *kränkelnden Gedanken*! […] Gährung *Menschlicher Kräfte. Große Kur* der ganzen Gattung durch *gewaltsame Bewegung*, und wenn ich so kühn reden darf, das Schicksal zog, (allerdings mit grossem Getöse, und ohne daß die Gewichte da ruhig hangen konnten) *die große abgelaufne Uhr auf*! da raßelten also die Räder! (Herder 1891, 525-6)

Thus only the capacity to feel passionately would produce the impulse to action: only affect could produce effect. Such action might be unwise, irrational, or even destructive, but as a sheer release of energy it served a positive purpose by putting events into motion, even if the direction of that motion might not be under control. The head, the faculty of reason, consequently appeared mired in »kränkelnde Gedanken« or sickly thoughts, resulting in a ceaseless curbing of energy or in a form of contemplation that might be peaceful but was unnourishing and unproductive.

This association of feeling and action against mechanical reason is one of the characteristic features of Herder's critique of Enlightenment rationality. Such a double front, however, became unsustainable for most thinkers after Herder. By the early nineteenth-century, the different sides of Herder's critique were developing in absolutely opposite directions: *Mechanik* could be opposed either to *Empfindung* or to *Tätigkeit*, but not to both. Thus one side of Herder's critique clearly anticipated a conservative, Burkean position valorizing feeling, tradition, and even prejudice over the coldly rational and ruthlessly destructive revolutionary drive. Napoleon's notorious comment (made in 1812 in reference to Destutt de Tracy's science of ideology) that »diffuse metaphysics« lacked »knowledge of the human heart and of the lessons of history« clearly made use of Herderian categories, even if it gave them a different political shading. Simultaneously, however, Herder's opposition of *Mechanik* to *Tätigkeit* glorified revolutionary upheaval for its own sake, perceiving it as the rattle of chains and creaking of gears that accompanied the rewinding of the clock of history. This side of Herder's thought valorized action over mere philosophy or theory. Such valorization of revolutionary action led Herder to criticize autonomous reason or paper knowledge in terms that occasionally sound straight out of Marx. Statements such as »*Ideen* geben eigentlich nur *Ideen*« (Herder 1891, 539) show how Herder's claim that Enlightenment thought had lost the ability to function as a tool anticipated Marx's later attack against idealist philosophy for having failed to change the world.

Herder thus straddled several of the conceptual positions that later crystallized as fundamental oppositions within nineteenth- and twentieth-century culture. Herder was at times one of the Enlighteners, and at times their militant critic; at times he anticipated Romantic conservatism, and at other times revolutionary socialism. This apparent schizophrenia has, nonetheless, a certain logic to it.

This logic is visible, for example, in Herder's historical portrayal of the Roman Empire. This portrayal was often harshly negative: Herder did not perceive Rome as the foundation-builder of a common European culture but rather as the destroyer of untold cultural wealth: »Unglaublich ist der Nachtheil, den Roms Beherrschung an dieser Ecke der Welt den Wissenschaften und Künsten, der Cultur des Landes und der Menschen zufügte.« (Herder 1909, 171) Damage was wrought not only by constant wars of conquest but also by the oppression, »das eherne Joch,« (Herder 1909, 170) with which Rome forced subject peoples into slavery or servitude and rooted out their native cultures. For Herder, Rome represented the ruthless imposition of authoritarian will upon conquered cultures:

> Der Name knüpfte *Völker und Weltstriche* zusammen, die sich voraus nicht dem Laut nach gekannt hatten. *Römische Provinzen*! in allen wandelten *Römer*, Römische *Legionen*, *Gesetze*, Vorbilder von *Sitten*, *Tugenden* und *Lastern*. Die *Mauer* ward *zerbrochen*, die *Nation von Nation schied*, der erste Schritt gemacht, die *Nationalcharakter aller zu zerstören*, alle in eine *Form zu werfen*, die ›Römervolk‹ hieß. (Herder 1891, 500–1)

This passage, with its appeal to »national character,« is a good example of the difficulties Herder presents to readers attempting to categorize him in modern political terms. At first sight Herder appears to reject Roman civilization by extolling the virtues of narrow provincialism, of ignorance of the surrounding world, of satisfaction with one's lot, right or wrong. The lament that »die Mauer ward zerbrochen, die Nation von Nation schied« sounds like a flagrant apology for anti-cosmopolitan chauvinism. But the passage can also be understood in an entirely different light. In such light, Herder was not so much valorizing national self-satisfaction as he was criticizing the violent suppression of differences for the sake of centralized power, or the destruction of diversity in favor of uniformity. Herder thus does not clearly assume any of the standard political positions recognizable for a modern reader. The appeal to national character appears conservative, almost tribally nationalistic, rife with intolerance for the village on the other side of the river. But at the same time the lament against the Roman Empire's destruction of different cultures appears an enlightened or liberal defense of individuality, anti-authoritarianism, a call for toleration of differences.

The point, of course, is not to label Herder with modern political classifications but rather to identify the logical principle that united such apparently conflicting implications. Clearly, Herder did not lament the destruction of walls separating neighboring peoples and cultures because it brought an end to ignorant self-absorption but rather because he felt it cleared a surface allowing imposition of a uniform grid of laws and pre-determined patterns: the *Gesetze* and *Vorbilder* of the Roman Empire. Herder was haunted by the sheer cost of the »single form« thus achieved. The loss of variation, of subtlety, of individual and irreplaceable cultures entailed for Herder an impoverishment of the world. What lay behind Herder's regret for the loss of the barriers separating different peoples can perhaps be described as the »formalism« of the Roman Empire: the subjugation of local variation to a uniform, *a priori* pattern or form.

The physical violence with which the Romans imposed this grid on their provinces was for Herder merely an extreme manifestation of the conceptual violence inherent in formalist or mechanical Enlightenment reason. Just as (in Herder's account) the uniform laws and customs of the Roman Empire steamrollered over conquered individual cultures, so formalist reason operated by subjugating the individual case, or the unique example, to the general rule. The debilitating autonomy of mechanical Enlightenment thought consisted precisely in this constant striving for generality. In place of the painstaking examination of detail, »wo jeder Vorfall *als der* behandelt und untersucht werden soll, *der er ist* – hat [die neue Philosophie] darin welch *schönes, leichtes, freies Urtheil* gebracht, nach *zwei* Vorfällen *alles* zu meßen und abzuthun! über das *Individuelle*, worin allein *Species facti* besteht, hinüber, sich am hellen, vortreflichen *Allgemeinen* zu halten« (Herder 1891, 536). By striving to grasp the universe, generalizing reason lost the real world: the reduction of phenomena to their most general form did not distill their essential characteristics but rather drained them precisely of their defining qualities. The real world became merely a collection of imperfect or impure examples from which pure, abstract principles were to be derived. Once such principles were established, a logical *Gleichschaltung* took place whereby individual cases were subjugated to the general rule. The drive of generalizing reason to produce equivalencies for the purpose of establishing laws of universal applicability was thus for Herder a form of cognitive imperialism.

The culmination of this generalizing logic was the notion of progress characteristic for Enlightenment historians such as Hume, Voltaire, and Robertson, who, Herder felt, evaluated the past »nach der *einen Form* ihrer Zeit« (Herder 1891, 508). The intellectual hubris of understanding the present as the culmination of the past – and, consequently, of regarding the past as merely an imperfect form of the present – was a cognitive appropriation as violent as the Roman Empire's efforts »die Nationalcharakter aller zu zerstören, alle in eine Form zu werfen.« The imposition of alien conceptual standards was the defining characteristic of generalizing reason; what the study of past cultures revealed for Herder, however, was that it was not possible »mit dem *Maasstabe einer anderen Zeit* zu meßen« (Herder 1891, 490). Such a methodology was incompatible with the organic nature of history:

> Daß offenbar dies *Erwachsen*, dieser *Fortgang* aus einander nicht ›*Vervollkommung*‹ im eingeschränkten Schulsinne sei, hat, dünkt mich, der ganze Blick gezeigt‹. Nicht mehr *Saamenkorn*, wenns *Sprößling*, kein zarter *Sprößling* mehr, wenns *Baum* ist. Über dem Stamm ist *Krone*; wenn jeder Ast, jeder Zweig derselben *Stamm* und *Wurzel* seyn wollte – wo bliebe der Baum?
> (Herder 1891, 554)

Progress in the »Schulsinne« involved a simple quantitative increase, but development in the organic sense involved qualitative change and functional differentiation. The yearling could not be viewed simply as an inferior version of the fully-grown tree. And on the fully-grown tree, one could not claim that the trunk or crown was »better« than the twigs and branches, for all had their place and purpose. Variety and multiplicity were preconditions for healthy development of the whole.

Thus Herder's organicist and holistic discourse cannot be interpreted »mit dem Maasstabe einer anderen Zeit« – that is, as a straightforward precursor of organicist nationalisms of the later nineteenth- and twentieth-centuries.[7] Herder's organicism was an integral

---

7   Which is not to say that these Herderian categories have no relevance to the present. Consider, for example, Said's critique (1997) of Western media-generated notions of Islam: »In no really significant way is there a direct correspondence between the ›Islam‹ in common Western usage and the enormously varied life that goes on within the world of Islam, with its more than 800,000,000 people, its millions of square miles of territory principally in Africa and Asia, its dozens of societies, states, histories, geographies, cultures« (l). Said's invocation of the irreducible particularity of individual cultures, societies, localities, and human lives is in fact strongly Herderian in spirit, and it critiques precisely the generalized, essentialized, »billiard ball« notion of Islam as an undifferentiated unit that can then clash against other civilizations.

part of his critique of generalizing reason, and thus inseparable from his cognitive claim for the irreducible individuality of phenomena, their absolute uniqueness. The holism expressed in Herder's claim that »der Mensch ist nur ein kleiner Teil des Ganzen« cannot be separated from the particularism that requires one to recognize each »Nationalpflanze« of the garden of history as irreplaceably unique, and each part of the tree of history as functionally differentiated. Thus to interpret Herder either as the intellectual source for essentialist nationalism (the »expressivist paradigm«) or as a modern multi-culturalist *avant la lettre* is to miss the dialectical interconnection of organicist holism and pluralism that hints at common intellectual origins in what, to twenty-first century eyes, appear as absolutely opposed discourses.

References

Barnouw, Dagmar: Political Correctness in the 1780s: Kant, Herder, Forster, and the Knowledge of Diversity, in: Malsch/Koepke 1994, 51-76.

Becker, Bernhard: Phasen der Herder-Rezeption von 1871-1945, in: Sauder 1987, 423-36.

Beiser, Frederick C.: The Fate of Reason: German Philosophy from Kant to Fichte, Cambridge, MA 1987.

Berlin, Isaiah: Vico and Herder, New York 1976.

Bernal, Martin: Black Athena: The Afro-Asiatic Roots of Classical Civilization, vol. I: The Fabrication of Ancient Greece, 1785-1985, New Brunswick, NJ 1987.

Boening, John: Herder and the White Man's Burden: The Ideen zur Philosophie der Geschichte der Menschheit and the Shaping of British Colonial Policy, in: Koepke 1990, 236-245.

Chase, Bob: Herder and the Postcolonial Reconfiguring of the Enlightenment, in: Bucknell Review: A Scholarly Journal of Letters, Arts and Sciences, Lewisburg, PA 1998, 172-196.

Fisher, Richard (Hg.): Ethik und Ästhetik. Werke und Werte in der Literatur vom 18. bis zum 20. Jahrhundert, Frankfurt a.M. 1995.

Herder, Johann Gottfried: Auch eine Philosophie der Geschichte zur Bildung der Menschheit, in: Bernhard Suphan (Hg.), Herders Sämmtliche Werke, H. 5, Berlin 1891.

— Ideen zur Philosophie der Geschichte der Menschheit, in: Bernhard Suphan (Hg.), Herders Sämmtliche Werke, H. 14, Berlin 1909.

Jonsson, Stefan: Subject Without Nation: Robert Musil and the History of Modern Identity, Durham, NC 2000.

Koepke, Wulf (Hg.): Johann Gottfried Herder: Academic Disciplines and the Pursuit of Knowledge, Columbia, SC 1996.

— (Hg.): Johann Gottfried Herder: Language, History and the Enlightenment, Columbia, SC 1990.

Lefkowitz, Mary R. u. Guy MacLean Rogers (Hg.): Black Athena Revisited, Chapel Hill, NC 1996.

Malsch, Wilfried, u. Wulf Koepke (Hg.): Herder Jahrbuch/Herder Yearbook 1994, Stuttgart 1994.

Mueller-Vollmer, Kurt (Hg.): Herder Today: Contributions from the International Herder Conference, Berlin and New York 1990.

Norton, Robert E.: Herder's Concept of ›Kraft‹ and the Psychology of Semiotic Functions, in: Koepke 1996, 23-31 [1996a].

— Racism, History, and Physiognomy. Herder and the Tradition of Moral Beauty in the Eighteenth Century, in: Fisher 1995, 43-54.

— The Tyranny of Germany over Greece?: Bernal, Herder, and the German Appropriation of Greece, in: Lefkowitz/Rogers 1996, 403-410 [1996b].

Otto, Regine (Hg.): Nationen und Kulturen. Zum 250. Geburtstag Johann Gottfried Herders, Würzburg 1996.

Pagden, Anthony (Hg.): The Idea of Europe: From Antiquity to the European Union, New York 2002.
Parekh, Bhikhu C.: Rethinking Multiculturalism: Cultural Diversity and Political Theory, New York 2000.
Said, Edward: Covering Islam: How the Media and the Experts Determine How We See the Rest of the World, New York 1997.
— Orientalism, New York 1979.
Sauder, Gerhard (Hg.): Johann Gottfried Herder, 1744-1803, Hamburg 1987.
Schneider, Jost (Hg.): Herder im »Dritten Reich«, Bielefeld 1994.
Solbrig, Ingeborg: Herder and the »Harlem Renaissance« of Black Culture in America: The Case of the »Neger-Idyllen,« in: Mueller-Vollmer 1990, 402-414.
Tully, James: The Kantian Idea of Europe: Critical and Cosmopolitan Perspectives, in: Pagden 2002, 331-358.
Werlen, Hansjakob: Multikulturalismus, Postmoderne und Herder, in: Otto 1996, 307-317.

ANNE LÖCHTE

Die Aufklärung der »Unmündigen«?
Herders Beurteilung von Missionierungen

Herders Beurteilung von Missionierungen erfährt in seinem letzten Werk, der *Adrastea*, im Vergleich zu früheren Schriften eine markante Veränderung. Im Gegensatz zu der scharfen Missionskritik, die Herder in den *Ideen zur Philosophie der Geschichte der Menschheit* und den *Briefen zu Beförderung der Humanität* übt, lässt sich in der *Adrastea* eine vorsichtige Würdigung der Missionsarbeit feststellen. Im Folgenden soll zunächst ein Überblick über Herders Missionsbeurteilungen in den genannten drei Werken gegeben werden. Anschließend möchte ich die These begründen, dass sich Herders späte Befürwortung von Missionen durchaus mit seiner früheren Missionskritik in Einklang bringen lässt. Schließlich soll herausgearbeitet werden, worin trotz der grundlegenden inhaltlichen Übereinstimmung der Schriften die neue Qualität der *Adrastea* besteht.[1]

I.

Gemeinhin gilt Herder in der Forschungsliteratur als überzeugter Gegner des europäischen Kolonialismus. Herder setze sich für die Anerkennung einer gleichberechtigten Vielfalt ein, welche die privilegierte Stellung einer Kultur als der einzig gültigen ausschließe. Er lehne die Einmischung in fremde Kulturen ab, da jede Kultur ihre eigenwertige Individualität ausbilde, die externe Belehrungen oder Eingriffe verbiete. Zu Herders Kampf für die Anerkennung kultureller Pluralität werden auch die Religionen gezählt. Herder, so die gängige Meinung, setze sich für religiöse Toleranz ein und lehne Missionierungen prinzipiell ab. In diesem Sinne behauptet Edmund Weber, Herders »Prinzip der Gleichwertigkeit aller Religion« bedinge »die Respektierung aller Gläubigen« und schließe »jede religiöse Fremdherrschaft, Vormundschaft und Schulmeisterei« (Weber 1995, 209) aus. Auch Regine Otto legt in ihrem Aufsatz »Herder über Religion und Kolonialismus« den Schwerpunkt darauf, wie »umfassend Herder sein generelles Plädoyer zur Schonung von Nationalkulturen« (Otto 1996, 455) habe verstanden wissen wollen. Diese Einschätzungen beruhen auf der Deutung, Herders Humanitätsidee stelle ein inhaltlich offenes Konzept dar, das alle Möglichkeiten geschichtlicher Realisation zulasse. Samson B. Knoll konstatiert: The »lack of definition of this central theme [...] allowed him in one concept to embrace the unending diversity of human situations, human endeavors and achievements, across the boundaries of space and time, free of normative value judgments« (Knoll 1982, 9). Dementsprechend müssten in Herders Verständnis die unterschiedlichsten kulturellen und religiösen Vorstellungen als gleichwertige Ausformungen des menschlichen Potenzials akzeptiert werden. Tatsächlich lässt sich die damit verbundene missionskritische Haltung Herders mit zahlreichen Zitaten aus den *Ideen*

---

1 Dieser Aufsatz beruht auf Teilen meiner Dissertation: Johann Gottfried Herder. Kulturtheorie und Humanitätsidee der *Ideen*, *Humanitätsbriefe* und *Adrastea*. Würzburg 2005.

und den *Briefen* belegen. Herder versteht die Religionswahl eines Menschen als zutiefst innerliche Angelegenheit, über die er niemandem Rechenschaft schuldig sei. Er beteuert, nichts sei ihm von Kindheit an »abscheulicher gewesen, als Verfolgungen oder persönliche Beschimpfungen eines Menschen über seine Religion« (XVII, 274).[2] In den *Ideen* und den *Briefen* erscheinen die Missionare zumeist als Vertreter einer überheblichen und korrumpierten Gesellschaft, die unter dem Banner der Kultur Gewalt und Verderben in alle Teile der Welt bringt:

> Der Neger mahlet den Teufel weiß; und der Lette will nicht in den Himmel, sobald Deutsche da sind. ›Warum gießest du mir Wasser auf den Kopf?‹ sagte jener sterbende Sklave zum Mißionar. – ›Daß du in den Himmel kommest.‹ – ›Ich mag in keinen Himmel, wo Weiße sind‹ sprach er, kehrte das Gesicht ab und starb. Traurige Geschichte der Menschheit! (XVIII, 224)

Auch für die gewaltsamen Christianisierungen der katholischen Kirche hat Herder in den *Ideen* nur bittere Verachtung übrig. In seiner Darstellung der »Römische[n] Hierarchie« und ihrer schädlichen Wirkung auf Europa schildert er in schneidenden Worten die »*Bekehrung vieler heidnische[r] Völker*«, die nur zu oft »durch Feuer und Schwert, durch Fehmgerichte und ausrottende Kriege« vollzogen worden sei:

> Was nicht umkam, ward leibeigen gemacht und ist es großentheils noch; so hat sich das christliche Europa gegründet; so wurden Königreiche gestiftet, und vom Papst geweiht, ja späterhin das Kreuz Christi als Mordzeichen in alle Welttheile getragen. Amerika raucht noch vom Blut seiner Erschlagnen, und die in Europa zu Knechten gemachte Völker verwünschen noch ihre Bekehrer. Und ihr zahllosen Opfer der Inquisition im südlichen Frankreich, in Spanien und in andern Welttheilen, eure Asche ist verflogen, eure Gebeine sind vermodert; aber die Geschichte der an euch verübten Gräuel bleibt eine ewige Anklägerin der in euch beleidigten Menschheit. (XIV, 410f.)

Trotz dieser massiven Missionskritik lässt sich die Behauptung, Herder lehne jegliche religiöse Bekehrungsversuche ab, kaum aufrechterhalten, wenn man die *Adrastea* in die Betrachtung einbezieht. Herder beschäftigt sich im 5. und nahezu dem gesamten 7. Stück mit Missionsunternehmungen des 17. und 18. Jahrhunderts in Indien, China, Paraguay, Lappland und Grönland sowie mit Missionaren wie Hans Egede, Graf Zinzendorf und den Jesuiten. Insbesondere bezüglich der Missionen »am Nordpol« zeigt sich, dass Herder ihnen durchaus positive Seiten abgewinnt. Er schildert sie als Licht und Wärme spendende »*christliche Aurora*«, die am Anfang des 18. Jahrhunderts in die kältesten, dunkelsten Gegenden der Welt gelangt sei: »Wohl ihnen, wenn sie eine Sonne der Erleuchtung und Erwärmung würde für diese dürftigen, in einer nackten Natur mit Sturm und Frost kämpfenden Menschenvölker« (XXIV, 27). Herder will Einwände gegen die Legitimität und den Nutzen dieser Missionen entkräften. Auf das Argument, die christliche Religion sei für diese nördlichen Völker unangemessen, da ihnen ihre eigene Religion »ins Herz geschrieben sei«, und den Hinweis auf die zerstörerischen Folgen in Form von Krankheiten und Alkoholismus antwortet Herder:

> Gehört dies zum Christenthum? [...] zum evangelischen gewiß nicht. Ihm sind die scholastischen Formeln und das Unverständliche aus Palästina ebenso fremde, als ärgerliche Sitten und der

---

2   Die nach Herder-Zitaten in Klammern gesetzten römischen und arabischen Ziffern verweisen auf die Werkausgabe Suphans. Die römischen Ziffern geben den Band, die arabischen die Seite an. Die in der Suphan-Ausgabe gesperrt gedruckten Zeichen werden kursiv wiedergegeben, um die Lesbarkeit zu erleichtern.

> Völker-aufreibende Branntwein. Freilich gehört ein redliches Herz, ein heller Verstand und eine sanfte Hand dazu, diese Unmündigen zu erziehen, so wie ein wachsames Auge, sie vor Aergernißen zu bewahren; hat dies nicht aber der Stifter der Religion in Ansehung jedes Unmündigen, geschweige ganzer Völker empfohlen, und die Laster des Gegentheils davon hart verpönet? Ist nun, wie die Geschichte zeigt, das Christenthum in der Hand der Vorsehung das große Band, alle Völker der Erde einander zu nähern und sie mit einander zu verbinden; soll diese Religion, wie es offenbar ist, nicht nur eine *Schule*, sondern auch eine *thätige Werkstatt der Menschlichkeit* seyn, wer mag ihr Grenzen setzen, wohin sie nicht kommen dürfe? Indem sie in der Einen Hand Werkzeuge bringt, der Menschen Leben zu erleichtern und zu verschönen, trägt sie in der andern die Palme stiller Tugend und Sanftmuth. (XXIV, 30)

Es wird deutlich, dass Herder dem Christentum aufgrund seiner angenommenen völkerverbindenden Funktion eine Sonderstellung unter den Religionen zuweist. Zum anderen wird das paternalistische Verhältnis Herders zu den als unmündig eingestuften Lappen und Grönländern offenbar. Er zeigt sich überzeugt, dass es ein menschenfreundlicher Akt ist, diesen Völkern das Leben durch eine sanfte Aufklärung und die Vermittlung von praktischen Fertigkeiten zu erleichtern:

> Thäte sie [die christliche Religion, A.L.] in jenen Gegenden nichts, als Lappen und Grönländer vom Betruge der *Angekocks* befreien, ihren Verstand über die Natur, die um sie ist, aufklären, ihren Geist durch Schrift und Sprache behender zu machen, und ihr vom Klima gedrücktes mühsames Lebens durch ihnen nützbare Künste zu erleichtern, wie viel hätte sie gethan! (XXIV, 30)

Die positive Umakzentuierung in der Bewertung von Missionen zeigt sich mit verschiedenen Abstufungen auch bezüglich anderer Länder. Obwohl Herder die Jesuitensiedlungen, die Mitte des 17. Jahrhunderts in Paraguay gegründet wurden, kritisch sieht, weist er auf ihre fruchtbaren Folgen für die Zukunft hin. Er bemerkt, der Unterschied zwischen dem »Stande der Einfalt«, in welchem die meisten der sesshaft gemachten Völker gelebt hätten, und der Jesuitensiedlung sei zu groß gewesen. Die sprunghafte Veränderung ihrer Lebensweise habe ihren ursprünglichen Charakter angegriffen: »Der natürliche Geist der Nationen erkrankte«. Jedoch hebt Herder neben dem völkerkundlichen Nutzen der jesuitischen Mission die langfristigen zivilisatorischen Erfolge hervor. Von der Vermittlung von Kenntnissen, Künsten und Handwerken, der Erziehung zu »Ordnung und Arbeitsamkeit« würden die Nachfahren dieser Völker zweifelsfrei profitieren: »Es ist ein Baum, der in den Wüsteneien still wächset« (XXIV, 25). Diese positive Bemerkung Herders sticht insbesondere im Vergleich zu seinem vernichtenden Urteil über diese Siedlungen in den *Ideen* hervor. Dort prangert er ausschließlich den Eingriff in die Lebensweise der Völker an. Diejenigen Indianer, welche »die Mißionen in Paraguai an sich zu ziehen wusten, mussten mit ihrem folgsamen Charakter fast bis zu Kindern ausarten« (XIII, 247), urteilt Herder. In der Ursprungsfassung dieses Kapitels folgt eine scharfe Bemerkung über die verheerenden Auswirkungen der christlichen Missionstätigkeit. Über die Indianer Perus heißt es:

> Die christliche Religion ist ihnen so verhaßt, als der Name der Unmenschen, die sie bekennen und mißbrauchen. Durch Pfaffen und Obrigkeiten überall behorcht, erniedrigt, gezüchtigt, ist ihnen selbst die Seligkeit jener Welt gleichgültig und sie wäre mirs an ihrer Stelle deßgleichen. (XIII, 247)

Allerdings übt Herder auch in der *Adrastea* Missionskritik, die in ihrer Schärfe an die der *Ideen* und *Briefe* anschließt. In einem fiktiven Gespräch zwischen einem Europäer und einem Asiaten werden die christlichen Missionsbemühungen in Indien als ebenso unmoralisch wie nutzlos geschildert. Der Europäer tritt als der eindeutig unterlegene Gesprächspartner auf, der in seiner eurozentrischen Verblendung als blind für all jene Mängel vorgeführt wird, die er der indischen Religion und Verfassung vorwirft, im eigenen Land aber ignoriert. Zweimal lässt ihn Herder selbst auf die enge Verflechtung zwischen dem Sendungsbewusstsein der Europäer und ihren ökonomischen Interessen hinweisen: »Wir haben Macht, Schiffe, Geld, Kanonen, *Kultur*« (XXIII, 498), antwortet er auf die Frage des Asiaten, mit welchem Recht die Europäer in fremde Länder einfielen. Auch in Bezug auf die Jesuitenmissionen in China überwiegt Herders Kritik. Allerdings gilt diese weniger der Tätigkeit der Jesuiten als der überheblichen Einmischung der katholischen Kirche in innerchinesische Angelegenheiten. Während er über das Vorgehen der Kirche bemerkt, sie habe die ganze Angelegenheit »sehr *unsinesisch*« (XXIV, 7)[3] behandelt, findet die Herangehensweise der Jesuiten Herders Zustimmung. Neben den zahlreichen Kenntnissen, die sie den Europäern vermittelt hätten, urteilt er, ihr »politische[r] Scharfsinn« sei »für alle Zeiten merkwürdig« und vielleicht sogar »für die künftigen brauchbar« (XXIV, 10). Die Jesuiten hätten in China als »gelehrte Mandarine« gegolten, was Herder zum höchsten Ausdruck missionarischen Selbstverständnisses erklärt:

> giebt's für Europäische Missionare einen edleren Namen? Ists ihre reine Absicht, Völker aufzuklären, das Wohl der Reiche nicht zu untergraben, sondern durch Wißenschaften und Sitten auf dem Grundstein echter Menschlichkeit zu sichern, welchen Namen können sie edler führen, welch' Amt Ehrenvoller verwalten, als das Amt *gelehrter, sittlicher Mandarine*. (XXIV, 10)

Es lässt sich für die *Adrastea* festhalten, dass Herder seine kritische Sicht der Missionsarbeit keineswegs aufgibt, sie aber durch die Hinweise auf ihre fruchtbaren Auswirkungen stark relativiert. Auch bezüglich der Herrnhuter Brüdergemeine, deren Begründer Nikolaus Ludwig Graf von Zinzendorf er ein wohlwollendes Porträt widmet, hebt Herder die langfristig kultivierenden Folgen der Missionen hervor. Aus den »Anlagen«, die die Gemeine »von Grönland aus bis zu den Negern, Hottentotten und Amerikanischen Wilden gemacht« habe, werde für die Nachwelt Gutes erwachsen, »da sie diese Völker nicht zu Sklaven macht, vielmehr ihre Sitten zu brüderlicher Menschlichkeit bildet!« (XXIV, 37).

II.

Es ist zu fragen, ob sich die positiven Missionsbeurteilungen der *Adrastea* mit der scharfen Missionskritik der *Ideen* und der *Briefe* vereinbaren lassen. Zudem ergibt sich die Schwierigkeit, wie sich Herders Einsatz für die Anerkennung einer gleichberechtigten kulturellen Vielfalt mit der vorsichtigen Befürwortung der Missionsarbeit in Einklang bringen lässt. Stellt diese nicht einen Eingriff in die gewachsene Individualität der Völker dar, die Herder schützen will? Daran schließt das Problem an, das sich aus der Spannung zwischen einer angenommenen Gleichwertigkeit der Nationalreligionen und der von Herder postulierten Sonderstellung der christlichen Religion ergibt. Meine These lautet, dass es sich nur um scheinbare, letztlich auflösbare Widersprüche handelt. Die Würdigung der Missionstätigkeit

---

3 Herder bezieht sich auf den Ritenstreit und kritisiert das nutzlose Festhalten an zeremoniellen Angelegenheiten. Die Chinesen hätten ihren Gottesbegriff erweitern sowie den tief verwurzelten Ahnenkult und die Verehrung des Konfucius einstellen oder verändern sollen. Herder plädiert für die Akkomodation, da er überzeugt ist, dass das Christentum in China nur dann angenommen werde, wenn es den dortigen Sitten und Gebräuchen, vor allen Dingen der Sprache angepasst werde.

in der *Adrastea* ist nicht als Bruch Herders mit früheren Auffassungen, sondern als Akzentverschiebung seines Denkens zu verstehen. Diese These möchte ich anhand von drei Aspekten des Herderschen Kulturverständnisses belegen, die in allen drei Schriften nachweisbar sind.

a) Es ist eine Fehlinterpretation, Herder sei von der Notwendigkeit kultureller Absonderungen ausgegangen. Zumeist wird sein berühmtes Bild, jede Nation habe »ihren *Mittelpunkt* der Glückseligkeit *in sich*, wie jede Kugel ihren Schwerpunkt!« (V, 509), in seiner Abgeschlossenheit verabsolutiert. So konstatiert Wolfgang Welsch, Herder habe generell die Einzelkulturen in den Vordergrund gestellt und deren Überlagerungen abgelehnt: »Herder diagnostiziert Kulturenmischung als Verfall« (Welsch 1994, 102).[4] Die Folgen dieses Kulturverständnisses brandmarkt Welsch als »*kultur-rassistisch*«, da Herder auf der reinlichen Trennung der Kulturen bestanden habe, deren Authentizität nicht durch fremde »Importe verwässert oder durch Einwanderungen untergraben werden« (ebd., 90) dürfe. Dabei fordert Herder nichts weniger als kulturelle Abschottungen. Er kennzeichnet sie in den *Ideen* vielmehr als negative Begrenzungen, weil er durch sie die Entwicklungsmöglichkeiten eines Volkes eingeschränkt sieht. Sein herablassendes Urteil über die chinesische Kultur etwa begründet Herder hauptsächlich mit dem ignoranten Ethnozentrismus und der kulturellen Abgrenzung der Chinesen. Er bezeichnet China als »balsamirte Mumie« (XIV, 13), die aufgrund ihrer Isolierung auf einer kulturellen Urstufe stehen geblieben sei. Griechenland dagegen habe seine herausragende Kultur nicht zuletzt aufgrund seiner geographischen Offenheit ausbilden können. Zwar ist Herder davon überzeugt, dass für eine bestimmte Phase der Selbstvergewisserung die Konzentration eines Volkes auf sich selbst produktiv sein kann. In diesem Sinne ist seine positive Wertung des Vorurteils, die in seinen Fragmenten *Über die neuere deutsche Literatur* einsetzt und bis zu den *Briefen* anhält, als Anerkennung seiner selbstbestätigenden Kraft zu verstehen. »Das Vorurteil ist *gut*, zu seiner Zeit: denn es macht *glücklich*« (V, 510), heißt es in *Auch eine Philosophie der Geschichte*. Man kann diese Äußerung im Sinne der modernen Kulturanthropologie als Einsicht in die Funktionsweise von Identifikationsprozessen verstehen. Diese finden auch über die »Abgrenzung von der fremden Lebenswelt, indem man sie schlecht macht«, statt. Sie können aufgrund ihrer negativen Auswirkungen nicht einfach als schädlich abqualifiziert werden: »Verfälschungen und Vorurteile gegenüber anderen Gesellschaften sind Bestandteil im Bestätigungsprozeß der eigenen kulturalen Ordnung. [...] So verheerend der Ethnozentrismus gewirkt hat – es muß doch festgehalten werden, daß er Bindematerial einer Gesellschaft und Kultur ist« (Marschall 1990, 8). Jedoch hebt Herder für die Weiterentwicklung einer Kultur die Unabdingbarkeit des gegenseitigen Austausches hervor, mit dem die Überwindung von Vorurteilen einhergeht, denn nichts sei hemmender als »Stockung ihrer Säfte« (XIV, 94). Bei Herder erfahren die Völker, die zu einem friedlichen Kulturkontakt beitragen, eine hohe Wertschätzung. Auch für den eigenen Kulturkreis betont er die Bedeutung interkultureller Durchmischungen:

> Aus den Gegenden schöngebildeter Völker haben wir unsre Religion, Kunst, Wissenschaft, die ganze Gestalt unserer Cultur und Humanität, so viel oder wenig wir deren an uns haben. In diesem Erdstrich ist alles erfunden, alles durchdacht und wenigstens in Kinderproben ausgeführt, was die Menschheit verschönern und bilden konnte. (XIII, 228)

---

4   Welsch bezieht sich keineswegs nur auf *Auch eine Philosophie der Geschichte zur Bildung der Menschheit*, aus der das Zitat stammt, sondern ebenso auf die *Ideen*.

Herder bewertet die Strahlkraft der »schöngebildeten Völker« als wesentliche Antriebskraft allgemeiner kultureller Entwicklung. Es sei »Ein und dasselbe Principium der Natur, das eben die wohlgebildeten Nationen zugleich zu den wohltätigsten Wirkerinnen auf andre machte« (XIII, 227). Umgekehrt versteht Herder mangelndes interkulturelles Engagement als Defizit:

> Die Tungusen und Eskimohs sitzen ewig in ihren Höhlen und haben sich weder in Liebe noch Leid um entfernte Völker bekümmert. Der Neger hat für die Europäer nichts erfunden; er hat sich nie in den Sinn kommen lassen, Europa weder zu beglücken, noch zu bekriegen (XIII, 227).

Zwar klingt in dieser Äußerung die Ambivalenz kulturellen Wirkens an, wenn Herder zugesteht, dass sie auch kein Leid über andere Völker gebracht haben, aber die Kritik an ihrem mangelnden Sendungsbewusstsein dominiert. Auch in den *Briefen* ist Herders Befürwortung des Kulturkontakts – aller Kritik an den Auswirkungen des europäischen Kolonialismus zum Trotz – nicht zu übersehen, wenn er sich für einen freien Welthandel als Mittel der Völkerverständigung ausspricht.

b) Herders vorbehaltlose Befürwortung der Missionierung der Lappen und Grönländer ist wesentlich auf seine angenommene Benachteiligung der Völker extremer Klimazonen zurückzuführen. Er folgt einer Klimatheorie, die auf Aristoteles zurückgeht und der zufolge nur ein gemäßigtes Klima die idealen Bedingungen einer gelungenen Humanitätsbildung darstellt. Dieser Theorie nach gibt es drei Klimazonen, deren Bewohnern unterschiedliche Mentalitäten zugeschrieben werden.[5] Den Völkern des kalten Nordens wird ein anarchischer Freiheitsdrang nachgesagt, während die Bewohner südlicher, heißer Regionen zur Sklaverei bestimmt seien. Nur im gemäßigten Klima Griechenlands herrsche ein ideales Mittelmaß zwischen staatlicher Ordnung und freier Lebensweise. Aristoteles' »triadische Zonentheorie« (Fink 1987, 161) wurde von d'Espiard, Cartaud de la Villate und in gemilderter Form von Buffon aufgenommen. Von Letzterem hat Herder wohl die Vorstellung übernommen, extreme klimatische Bedingungen seien der Ausbildung des Menschen abträglich.[6] Herder vertritt die Ansicht, je milder das Klima sei, desto »verhältnißmäßiger und feiner« (XIII, 214) sei auch die Menschenbildung. Ein gemäßigtes Klima wie das Griechenlands führe zur »feinern Ausbildung des Zustandes der Menschheit«, dort finde sich die »schönere Form der Vernunft und Humanität« (XIV, 211). Den »Schöngebildete[n] Völker[n]« (XIII, 221) wie den Indern oder Griechen schreibt Herder positive Charaktereigenschaften wie Sanftheit, Freundlichkeit und Mäßigkeit zu, denn er nimmt eine enge Verbindung innerer und äußerer Wohlgestalt an. Äußerste Kälte oder Hitze hingegen sei der Humanitätsbildung abträglich. Insbesondere das Leben der Eskimos schildert Herder als hart, mühselig und bedauernswert. Ihr angeblich karges Leben betrachtet er als Probe der Natur, welche »gewaltsamen Zustände unser Geschlecht« (XIII, 212) zu ertragen fähig sei. Zwar habe der Mensch den Belastungstest der Natur bestanden, jedoch mache er sich in dem Fehlen grundlegender zivilisatorischer Errungenschaften bemerkbar. Obwohl Herder daran gelegen ist, die Humanitätsbildung der

---

5 Bei Herder sind es fünf Klimazonen: Afrika, Amerika, Asien, der Erdstrich »schöngebildeter Völker« (XIII, 228) und der arktische Gürtel. Vgl. Zantop 1999, 97.
6 So jedenfalls die Vermutung von Fink. Ihm zufolge hat die Lektüre Buffons Herders Überzeugung geformt, dass »große Kälte nicht die Kräfte im Menschen wecke, sondern ihn verkümmern lasse, wie er [Herder] nun durch das Beispiel der Lappländer und der noch nördlicher wohnenden Eskimos bewies.« Fink 1987, 172.

Völker in allen Erdstrichen und unter allen Bedingungen zu erweisen, begreift er die Naturnähe dieser Völker bei aller Zivilisationskritik als einen Mangel. Diese Tatsache verdeutlicht eine Bemerkung aus den *Briefen*. Dort heißt es:

> Und da vom Menschen-Schicksal viel, sehr viel in der Hand der Menschen, in ihrem Willen, in ihrer Verfaßung und Einrichtung liegt: könnte uns zu Beförderung solcher Anstalten wohl ein Grönländer, der aus seiner Höhle gezogen ward, oder nicht vielmehr ein Grieche, der ein Mensch wie wir war und als ein Gottesbild dasteht, erwecken und reizen? (XVIII, 372)

Herders Auffassung von der Benachteiligung der Völker extremer Klimazonen schlägt sich auch in seinem bekannten Afrika-Bild der *Ideen* nieder. Er sieht die »Neger« einer stark ausgeprägten, der Hitze geschuldeten Sinnlichkeit verhaftet. Eine »feinere Geistigkeit« (XIII, 236) sei ihnen aufgrund der Temperaturen versagt geblieben.[7] Auf dieser angenommenen Belastung und Herders Überzeugung von der Notwendigkeit interkultureller Einflüsse beruht die Tatsache, dass er ein erzieherisches Verhältnis zwischen Europäern und »Naturvölkern«[8] keinesfalls ablehnt. Allerdings wird diese Tatsache in den *Ideen* und *Briefen* häufig durch sein Entsetzen über die zerstörerischen Auswirkungen von Kolonialismus und Sklaverei überdeckt. Es drückt sich jedoch auch in den *Ideen* in einer beiläufigen Bemerkung im Amerika-Kapitel aus, das von dem Entsetzen über die Ausrottung der mittel- und südamerikanischen Indianer geprägt ist. Dort wird das Verhältnis zwischen ihnen und den Eroberern als vergebene Chance geschildert:

> Sanftmüthig und harmlos waren sie, da ihr zu ihnen kamet; und das ungebildete Wilde in den gutartigen Geschöpfen zu dem, was in ihm lag, hättet veredeln sollen. Jetzt, könnet ihr etwas anders erwarten, als daß sie argwöhnisch und düster, den tiefsten Verdruß unauslöschlich in ihrem Herzen nähren? (XIII, 247)

Es wird deutlich, dass Herder keinesfalls den Kulturkontakt ablehnt, sondern nur die gewaltsamen Auswüchse desselben. Dementsprechend formuliert er in den *Ideen*: »Der Barbar beherrscht; der gebildete Ueberwinder bildet« (XIV, 289).

c) In der Missionsproblematik der *Adrastea* entfaltet sich ein Problemkomplex, der schon in den *Ideen* und den *Briefen* angelegt ist. Auf der einen Seite will Herder die Nationalreligionen als Teile gewachsener Kulturen schützen, auf der anderen Seite ist er von der herausragenden Stellung des Christentums und seinen weltumspannenden Aufgaben überzeugt. Allerdings lassen sich diese scheinbar widersprüchlichen Aussagen miteinander in Einklang bringen, wenn man Herders Argumentationsfigur folgt.

Herder hat ein zutiefst innerliches Religionsverständnis. Er will den wahren Gehalt jeder Religion von Institutionen, Dogmen und Schriften getrennt wissen. Er versteht unter Religion die »*innere Gewißenhaftigkeit*« (XXXIII, 10) des Menschen. An ihr hingen »seine moralischen Begriffe; an ihr vielleicht seine vornehmste Triebfeder, ja sein Ideal der Moralität

---

7 Damit soll jedoch nicht angedeutet werden, Herder leiste rassistischen Klassifizierungen Vorschub, wie ihm vermehrt vorgeworfen wird (z.B. Zantop 1999, 86–122 und 164–180). Über allen wertenden Urteilen steht bei Herder stets der Gedanke der Einheit des Menschengeschlechts, die Erarbeitung einer Rassentheorie lehnt er ab.

8 Die Bildung des Begriffs »Naturvolk« ist – ebenso wie die des »Naturmenschen« – auf Herder zurückzuführen. Vgl. Grimm Bd. 13, 462 und 469. Nach Adelung bezeichnet der Begriff »Naturvolk« »ein im Stande der Natur, ohne merkliche bürgerliche Verfassung lebendes Volk, dergleichen Völker und Menschen gemeiniglich Wilde genannt werden.« Adelung Bd. 40, 38240.

selbst« (XVII, 273). Religion gebe dem Menschen in seinem ganzen Dasein eine Richtung, in die zu gehen seine Bestimmung sei:

> Religion spricht das menschliche Gemüth an; sie redet zur Partheilosen Ueberzeugung. In allen Ständen und Classen der Gesellschaft darf der Mensch nur Mensch seyn, um Religion zu erkennen und zu üben. In alle Neigungen und Triebe des Menschen greift sie, um solche mit sich zu harmonisiren und sie auf die rechte Bahn zu führen. (XX, 135)

Religion berühre als innerer Leitfaden des Menschen, als das, was er für wahr, gut und gerecht erkenne, sein ganzes Sein, weswegen sie ihm nicht entrissen werden dürfe. Allerdings ist Herder überzeugt, dass Religion als innere Gewissenhaftigkeit bei allen Menschen dieselbe ist. Das wird in seiner Trennung zwischen Religion und Lehrmeinungen deutlich: »Lehrmeinungen trennen und erbittern; Religion vereinet: *denn in aller Menschen Herzen ist sie nur Eine*« (XX, 135). So, wie sich Herder in der Vernunft eine »unsichtbare Kirche« (XVII, 81) denkt, welche die Menschen über alle Zeiten und Völker hinweg verbindet, sieht er die Menschen in der Religion in einer »Gemeinschaft der Herzen« (Graf 1994, 73) vereint. Religiöse Gesellschaften in Form kirchlicher Institutionen hält Herder für überflüssig. Er entwickelt ein

> hochgradig spiritualisiertes Religionsverständnis, das nicht an Lehre oder Kult orientiert ist, sondern am Gewissen, Gemüt, Herz, dem Inneren, der Personalität. [...] Religion ist Individualitätskonstitution, und sie soll die Individuen durch spirituelles Ergriffensein von innen heraus vergemeinschaften (ebd., 72).

Es stellt sich die Frage, worin sich für Herder die Religionen inhaltlich voneinander unterscheiden, sollen sie doch in ihrem Kern übereinstimmen. Er erläutert diesen Punkt in einer Konfirmationsansprache für Prinzessin Karoline Luise von Sachsen-Weimar und Eisenach von 1802. Dort bestimmt er die Unterschiede zwischen den Religionen als die »verschiedenen Stufen menschlicher Erkenntnisse von Gott und unserer Pflicht, oder die verschiedenen Arten, wodurch man ihm gefällig zu werden glaubte« (XXXI, 605). Aufgrund dieser unterschiedlichen Erkenntnisstufen der Religionen gibt es für Herder durchaus eine Rangordnung unter ihnen. Der Irrtum besteht in der Annahme, Herder vertrete den Gedanken der Gleichwertigkeit aller Religionen. Zwar hat in seinem Verständnis jede Religion als geschichtliche Erscheinung ihre Berechtigung, aber Herder macht aus ihrer unterschiedlichen Bewertung keinen Hehl. In den *Briefen* bestimmt er den »Prüfstein« einer Religion darin, inwiefern sie die Beförderung der Humanität zum Ziel habe: »Je reiner eine *Religion* war, desto mehr mußte und wollte sie die Humanität befördern«, heißt es. Da die Grundsätze des Christentums Herder zufolge die reinste Humanität darstellen, steht es auf der höchsten Erkenntnisstufe. Im 124. Brief erläutert er, worin die Universalität des Christentums als »Religion der Menschheit« (XXXI, 610) bestehe:

> *Das Christenthum gebietet die reinste Humanität auf dem reinsten Wege.* Menschlich und für jedermann faßlich; demüthig, nicht stolz-autonomisch; selbst nicht als *Gesetz* sondern als Evangelium zur Glückseligkeit Aller gebietet und giebt es verzeihende Duldung, eine das Böse mit Gutem überwindende thätige Liebe. Es gebietet solche nicht als einen Gegenstand der Spekulation, sondern giebt sie als Licht und Leben der Menschheit, durch Vorbild und liebende That, durch fortwirkende *Gemeinschaft*. Es dienet *allen* Classen und Ständen der Menschheit, bis in jeder jedes Widrige zu seiner Zeit von selbst verdorret und abfällt (XVIII, 310).

Für Herder bedeutet eine weltweite Sendung des Christentums keinen Eingriff in die historisch gewachsenen Nationalreligionen. Herders Argumentation zufolge schafft das Christentum die Nationalreligionen nicht ab, sondern erhebt sie erst »*in ihr Eigentliches*« (Graf 1994, 73). »Die Religion Jesu liegt in dem Geiste eines jeden Menschen« (XXXI, 610), behauptet Herder.⁹ Insofern revidiert er seine Auffassung von Religion als unantastbarem Grundpfeiler der Individualität nicht, wenn er sich in seinem Spätwerk für eine sanfte Verbesserung der Nationalreligionen ausspricht. Obwohl Herder für die Akzeptanz kultureller Differenz eintritt, zielt er in religiöser und ethischer Hinsicht auf die Gültigkeit universaler Maßstäbe. Er sucht in der Pluralität kultureller Erscheinungen die alles umfassende Einheit und findet sie in der christlichen Humanitätsreligion. Denn obwohl Religion als tief empfundene Wahrheit des Wahren, Guten und Schönen überall vorhanden sei, müsse sie oft erst hervorgebracht werden. Herder beschreibt diesen Prozess als Erhebung und Befreiung, wenn er feststellt, Religion sei »jedes Menschen heiligstes Eigentum. Er kann und darf es nicht veräußern, man kann und darf es ihm nicht nehmen; wohl aber dies Heiligtum in ihm aufhellen, bevestigen, läutern« (XXIII, 10). Die verbergenden »Hüllen« (XXIV, 59) der Religionen müssten abgestreift werden, alles Äußerliche verdorren und abfallen, so dass nur »die reine Frucht, das Beste« (XXIV, 36) übrig bleibe. Im Falle der Grönländer beinhaltete das die Aufklärung über die Naturphänomene und die Befreiung vom Aberglauben und Betrug ihrer Priester. Wenn die Religionen auf diese Weise zu ihrem eigentlichen Kern gelangt seien, könne jede Kultur und Religion in ihrer Eigenart belassen werden:

> Jede Nation blüht wie ein Baum auf eigner Wurzel, und das Christenthum, d.i. *echte Ueberzeugung gegen Gott und Menschen*, ist sodann nichts, als der reine Himmelsthau für *alle* Nationen, der übrigens keines Baumes Charakter und Fruchtart ändert, der kein menschliches Geschöpf exnaturalisiret. Friede wird sodann auf der Erde, Friede! (XXIV, 49)

Wie in Lessings Ringparabel zeigt sich Herder überzeugt, dass in der friedlichen Koexistenz jede Religion auf ihrem Platz danach streben werde, die »beste ihrer Art zu werden« (XXIV, 49). Das Christentum aber werde »in Wohltätigkeit und stillem Erbarmen, in brüderlicher Gemeinschaft, Verzeihung und Großmut, in Geduld endlich und Beharrlichkeit [...] immer das *Fest der Feste* bleiben« (XXIV, 59).

III.

Auf Herders Überzeugung der Notwendigkeit interkultureller Einflüsse, seiner Klimatheorie und der Auffassung vom Christentum als reinster Humanitätsreligion beruht seine vorsichtige Missionsbefürwortung in der *Adrastea*. Sie lässt sich zweifelsohne mit seiner früheren scharfen Missionskritik vereinbaren. Denn es ist nicht die Missionstätigkeit an sich, die Herder kritisiert, sondern die Verknüpfung von ökonomischen Interessen, Herrschaftsansprüchen und kulturellem Hochmut, die mit religiösen Überlegenheitsgefühlen einhergehen. Dieser Aspekt wird am Beispiel der Jesuitenmission in China deutlich. Während Herder ihr missionarisches Selbstverständnis als vorbildhaft gilt, verurteilt er die machtpolitischen Einmischungen der katholischen Kirche. Die Schwerpunktverlagerung in der Missionsbewertung, die sich in der *Adrastea* beobachten lässt, ist auch der unterschiedlichen Ausrichtung der drei Werke geschuldet. Weil in den *Ideen* und den *Briefen* das Entsetzen über die

---

9 Dazu vgl. auch den Aufsatz *Die Adrastea des Christentums* in der *Adrastea*.

grausamen Auswüchse des Kulturzusammenstoßes überwiegt, räumt Herder den fruchtbaren Auswirkungen des Kulturkontaktes kaum Chancen ein. In der *Adrastea* tritt dieser Aspekt aufgrund seines Blickes in die Zukunft hinter der Würdigung missionarischer Leistungen zurück. Allerdings ist es nicht so sehr die lehrende Verbreitung der Bibel, die Herder befürwortet. Sein Ideal der Missionstätigkeit ist von dem Gedanken der Völkerverständigung getragen, die bei hoch entwickelten Kulturen wie China im wissenschaftlichen Austausch, bei den »Naturvölkern« in einer erzieherischen, aufklärenden Tätigkeit bestünde. Aufgrund dieses sehr weit gefassten Missionsbegriffes urteilt R.F. Merkel abschlägig, Herder habe »für die tieferen religiösen Beweggründe zur Heidenmission kein Verständnis« (Merkel 1921, 321) gehabt.

Die neue Qualität der *Adrastea* ist darin zu sehen, dass in den *Ideen* und *Briefen* Herders Überzeugung vom Christentum als reinster Humanitätsreligion weitgehend folgenlos neben seiner Lehre von der Eigenständigkeit der Kulturen steht. Erst in der *Adrastea* findet sie in der Befürwortung der Humanisierung der Nationalreligionen ihre weitreichende Konsequenz. Bemerkenswert ist die Bestimmtheit, mit der Herder für die Missionen am Nordpol eintritt, da er in der Regel Aktivitäten unter dem Banner kultureller Entwicklungshilfe weit skeptischer beurteilt. Michael Maurers Vorschlag, Herders Geschichtsdenken »als *im Grunde* einheitlich, seinen Ausdruck allerdings als starkem Wandel unterworfen zu begreifen« (Maurer 1990, 58), ist auch im Hinblick auf Herders Missionsbeurteilungen hilfreich. Herder akzentuiert angesichts der geschichtlichen oder politischen Situation bestimmte Aspekte stärker, verändert sie aber nicht vollkommen.

Literaturverzeichnis

Adelung, Johann Christoph: Grammatisch-kritisches Wörterbuch der Hochdeutschen Mundart. Elektronische Volltext- und Faksimile-Edition nach der Ausgabe letzter Hand Leipzig 1793-1801. Digitale Bibliothek. Berlin 2001.

Fink, Gonthier-Louis: Von Winckelmann bis Herder. Die deutsche Klimatheorie in europäischer Perspektive. In: Gerhard Sauder (Hg.): Johann Gottfried Herder. 1744-1803 (= Studien zum achtzehnten Jahrhundert 9). Hamburg 1987, S. 156-176.

Graf, Friedrich Wilhelm: Das Recht auf Eigensinn. Die Schwierigkeiten der Intellektuellen mit der Prägekraft der Religionen. In: Sichtweisen. Die Vielheit in der Einheit. Stiftung Weimarer Klassik und DG Bank (Hg.). Frankfurt a.M. 1994, S. 67-82.

Grimm, Jacob und Wilhelm: Deutsches Wörterbuch. 32 Bde. Leipzig 1854-1954.

Knoll, Samson B.: Herder's Concept of *Humanität*. In: Wulf Koepke und Samson B. Knoll (Hg.): Johann Gottfried Herder. Innovator through the ages. Bonn 1982, S. 9-19.

Marschall, Wolfgang (Hg.): Klassiker der Kulturanthropologie. Von Montaigne bis Margaret Mead. München 1990.

Maurer, Michael: Nemesis-Adrastea oder Was ist und wozu dient Geschichte? In: Kurt Mueller-Vollmer (Hg.): Herder today: contributions from the International Herder Conference, Nov. 5-8, 1987, Stanford, California. Berlin, New York 1990, S. 46-63.

Merkel, R.F.: Herder und die Mission. In: Zeitschrift für Missionskunde und Religionswissenschaft. Organ des allgemeinen evangelisch-protestantischen Missionsvereins (36), 1921, S. 299-322.

Otto, Regine: »Bekehrung der Indier durch unsre Europäische Christen.« Herder über Religion und Kolonialismus. In: R. Otto (Hg.): Nationen und Kulturen. Zum 250. Geburtstag Johann Gottfried Herders. Würzburg 1996, S. 449-457.

Suphan, Bernhard: Herders Sämmtliche Werke. 33 Bde. Berlin 1877-1913 (Reprografischer Nachdruck: Hildesheim 1967-1968).

Weber, Edmund: Herder und die Kultur der Brahmanen. In: Wilhelm-Ludwig Federlin (Hg.): Sein ist im Werden. Essays zur Wirklichkeitskultur bei Johann Gottfried Herder anlässlich seines 250. Geburtstages. Frankfurt a.M. 1995, S. 210-223.

Welsch, Wolfgang: Transkulturalität – die veränderte Verfassung heutiger Kulturen. In: Sichtweisen. Die Vielheit in der Einheit. Stiftung Weimarer Klassik und DG Bank (Hg.). Frankfurt a.M. 1994, S. 84-122.

Zantop, Susanne: Kolonialphantasien im vorkolonialen Deutschland (1770-1870) (= Philologische Studien und Quellen 158). Berlin 1999 (Englische Erstausgabe 1997).

Sonia Sikka

Did Herder Have a Racial Theory?

This paper examines Herder's relation to the concept of race over the course of his writings, asking whether his position undergoes significant substantive changes on this issue. A case can certainly be made that it does. In some of his early works, Herder seems to grant credence to the same hierarchical racial theories which he later appears explicitly to oppose. For instance, in »Is Beauty of the Body a Sign of Beauty of the Soul?« (1766), he states: »Where nature cannot produce beautiful bodies, there beautiful souls are also unknown. Among Negroes, people are the brothers of apes not only in their lips, but also in their whole bodies; and they are even more so in spirit« (Werke 1/140).[1] In the first of his *Critical Forests on Aesthetics*, moreover, written a year or so later, Herder informs his readers that he has come to believe, on the basis of travel descriptions, that the beauty of nations is due to »not merely climate, but above all the form and structure of the race [*Geschlecht*]« (Werke 2/48). As a consequence, he claims, »nothing is so strongly detrimental to the genealogy and national character of the beauty or uniqueness of a people as migration or foreign admixture; this is precisely what robbed the Nordic nations, who, according to the testimony of some ancients themselves, were beautiful, of their form« (Werke 2/48).

In the *Ideas*, however, as is well known, Herder rejects the concept of race, undoubtedly in opposition to his former teacher Kant, whose »Von den verschiedenen Racen der Menschen,« appearing in 1775, had divided the human species into four fixed and sharply distinct racial types. Against this theory, Herder insists, speaking to his fellow Europeans, that »every people is a people: it has its own national formation, as well as language,« and that, unlike the higher apes, »the American and the Negro« are your brothers (Werke 6/255). On the other hand, it has been claimed that these remarks appear to be inconsistent with elements in Herder's account of Africans elsewhere in the *Ideas*, and that those elements are in turn inconsistent with the strongly anti-racist portrait of American »Negroes« in the *Letters for the Advancement of Humanity*.[2] A similar point can be made with respect to Herder's varying accounts of »Mongols« and »Americans.«

In truth, there are passages in the *Ideas* which genuinely cast doubt on F.M. Barnard's statement, for instance, that within Herder's thought, the human species is »biologically undifferentiated« (Barnard 1965, 71). For one thing, Herder continues to draw some sharp distinctions between the physical appearances of various peoples, and his judgements about these appearances are still highly Eurocentric, in spite of his proscription against taking the European ideal as »the model of all health and beauty« (Werke 6/277). At the same time,

---

1 Translation from German sources into English by the author unless noted.
2 See Uta Sadji: »the difference between the depiction of Negroes in these two of Herder's major works – the *Ideas for a Philosophy of the History of Mankind* and the *Letters for the Advancement of Humanity* – is so striking that one must ask oneself how and why the author changed his view of the inhabitants of black Africa, and, indeed, whether it is even possible for someone to arrive at such a fundamentally new position.« (Sadji 1979, 201)

these physiological differences are correlated with differences in character and natural abilities, which Herder assesses by definite standards.

Herder's account of African peoples in the *Ideas* crystallizes the various elements of his position. It also illustrates his view that »the region of the most well-constituted peoples is the middle region of the earth, which, like beauty itself, lies between two extremes« (Werke 6/226). Herder accordingly judges the features of the typical so-called »*Negergestalt*« – nose, lips, hair – as ugly (Werke 6/230). The dark colour of Africans he attributes to the great heat of their climate (Werke 6/233). His hypothesis is that this heat »cooks« an oil contained in a membrane which everyone has under their skin (this is why white people also get darker under the sun), and that when people have lived in a very hot climate for thousands of years, so that they have »incorporated« (*einverleibet*) themselves to it, it is to be expected that, over the course of time, they will end up being coloured (Werke 6/233f.). The precise mechanism by which this happens is unknown to Herder, but the basic theory is clear enough: the colour of coloured peoples, or at least of very dark ones, is the product of historical adaptation to a hot climate, the results of which slowly become innate, typical, and hereditary.

On Herder's account, mental and personality traits are included within this process of adaptation. In Africa, the result is a general type, the »Negro,« placed rather low on the developmental scale. Adaptation to climate has in this case produced a face bearing a certain resemblance to that of apes, Herder claims, and a body designed for sensual animal pleasure (Werke 6/235). This is supposed to be the compensation nature gave to this type for her withholding of higher gifts:

> The more refined intelligence, which had to be denied to the creature under this burning sun, in this breast boiling with passions, was compensated through a nervous constitution that did not permit him to think of those senses [...] He spends his life free of care, in a land that provides him his food with overflowing generosity. His agile body splashes in the water, as if were made for the water; he climbs and runs, as if each of these were his delight: and he is as healthy and strong as he is cheerful and easy, bearing through his different constitution all the accidents and illnesses of his *Klima*, to which so many Europeans succumb. Of what use to him the painful sense of higher joys, for which he was not made? The material (*Stoff*) for them was in him; but nature turned her hand, and made from that material what he more greatly needed for his land and for the happiness of his life. (Werke 6/236)

This passage suggests that, for Herder, the human species was once biologically undifferentiated, and so it can be said that the »stuff« for higher development was there in Africans, too, but that since then processes of adaptation, affecting both mental and physical characteristics, have taken place in various regions. The species is no longer uniform; it is divided into unified psycho-physical types, whose characters reveal the shaping power of evolution, understood in a pre-Darwinian sense.

Indeed, at times in the *Ideas*, Herder explicitly, if somewhat tentatively, proposes evolutionary theses with radical implications. When talking about the life and habits of Mongolian tribes, he asks: »would it not be probable that, thousands of years ago, perhaps a few of these causes operated still more strongly, and that the form of these people developed from them and passed over into an inherited nature?« (Werke 6/217f.). The »causes« of which he is speaking include riding horses, not bathing frequently and drinking a good deal of tea; they include everything involving a person's body. When Herder affirms the likelihood that some of these are »incorporated [*eingepfropft*] and inherited into the bodily structure of a people« (Werke 6/218), he is claiming that acquired characteristics may, over the course of time, become hereditary. The relationship among body, soul, and *Klima* in Herder's thought means that the consequences of such a claim are profound. »We are a malleable clay in the hands of *Klima*« (Werke 6/265), where *Klima* covers not only temperature and the character of the air, but also:

> The elevation or depression of a region, its constitution and products, the food and drink a person consumes, the manner of life he follows, the work he performs, clothing, even customary positions, pleasures and arts, along with a host of other circumstances, which operate powerfully in connection with one's life; all these belong to the portrait of this greatly changing *Klima* (Werke 6/266).

Herder is not suggesting that all of these elements can become hereditary, but he does think some of them produce effects on the body that can be transmitted across generations.

Yet the ultimate creator of any living form, including a people, is not, for Herder, the external influence of *Klima*, but an »internal« power. In the *Ideas*, the chapter following the one on *Klima*, from which I have just been citing, is called: »The genetic force is the mother of all forms on the earth, which *Klima* only works with in friendly or hostile manner« (Werke 6/270). As Nisbet notes, the concept of »genetic force« in the *Ideas* is »ill-defined«[3] (Nisbet, 1970, 228) but Herder does describe it as innate and organic (Werke 6/273). It is an active, shape-producing power, revealing itself in the forms to which it gives rise. Again, the term »genetic« must not be read anachronistically, but it frequently *is* associated, in the *Ideas*, with the hereditary characteristics that distinguish different types of organisms. Distinct animal species are said to be »genetically separated« (Werke 6/278). The lowly overall *Gestalt* of the »Negro«[4] can now only be changed »genetically,« for the functioning of this inner power explains why the character of the geographical region in which a people dwells only changes their form gradually, while the typical features of that people disappear in a few generations through »mixing with foreign nations« (Werke 6/276). While »organic forces« are in general highly plastic for Herder, he uses the term »genetic force« here to indicate a subspecies of these forces: namely, the powers that produce hereditary features which resist being reshaped through the influence of *Klima*.[5] He draws a contrast between customary deformities people inflict on their bodies, such as nose-piercing and foot-binding, which have no permanent effect no matter how long the practice continues in a nation, and those deformities which are *genetisch* and therefore »inherited« (Werke 6/275).[6] Hereditary properties can also change, but only slowly and over generations, so that the character of a race, and therefore of individuals belonging to that race, *is* determined by heredity, although it is not fixed for all eternity. Moreover, taking into account Herder's claim that »mental thought is also depen-

---

3   Nisbet adds, though, that Herder's »›genetische Kraft‹ is potentially reducible to an exact quantity« (Nisbet 1970, 228).

4   Herder's position on the constitution of »Negroes« is indebted to Samuel Thomas Soemmerring's *Über die körperliche Verschiedenheit des Negers vom Europäer* (1784), to which Herder refers (Werke 6/275). A revised edition of this work was published in 1785. In it, Soemmerring now refers to Herder's account, agreeing with it that »Negroes« are closer to apes than other human beings are, although they are still definitely human beings, and not apes (Soemmerring 1998, 161-62).

5   Cf. Nisbet 1970: »As [Herder] sees it, the deterministic influence of environment is never total, but is always modified by other factors. With the exception of a few rare cases [...] his theory of determinism is usually tempered by a vitalistic ›genetische Kraft‹ which resists and modifies climatic and environmental influences« (228).

6   As Nisbet notes, this »›genetische Kraft‹ [...] denotes some internal characteristic of the organism which, if altered, can produce inherited changes, while other, more superficial changes are not passed on« (Nisbet 1970, 228).

dent upon the organisation and health of the body« (Werke 6/273), the »genetic« power must, to some extent, affect the former in as much as it shapes the latter.

In fact, a little later in the *Ideas*, Herder proposes a hypothesis according to which heredity would have a very significant and definite effect upon thought. The hypothesis is presented in a chapter dealing with the faculty of imagination (*Einbildungskraft*). This faculty is, for Herder, the mediator between body and mind. »Fantasy« is connected with »the whole structure of the body, especially with the brain and nerves« (Werke 6/302), so that the images and ideas it produces are embedded in the body, and are made out of the stuff of bodily experience. For instance, imagination produces the mythology of a people, which is constructed out of their experience of the physical nature surrounding them (Werke 6/301). Mythology is then a result of *Klima*. It is passed on mainly by tradition. However, in raising the question of whether there are innate ideas, Herder answers that there are not, given the usual understanding of this expression, but adds:

> [I]f one understands it as the immediate predisposition towards receiving, connecting, and expanding certain ideas and images: then nothing speaks against it and everything for it. If a son can inherit six fingers, if the family of the porcupine-man in England can inherit his monstrous deformity, if the external form of the body and face are often visibly transmitted, would it not be surprising if the brain were not transmitted as well, and inherited perhaps in its most refined organic folds? (Werke 6/303)

Herder believes it to be highly likely, then, that images and ideas, together with ways of connecting them, which are originally acquired by a people within a certain *Klima*, may be passed on to descendants in the form of predispositions.

Thus, in spite of Herder's denial of the concept of race, and in spite of his opposition to Kant on this issue in the *Ideas*, it turns out that, in some important respects, Herder's understanding of human types and of the process through which they developed agrees with the racial theory Kant presented in his 1775 essay, »Von den verschiedenen Racen der Menschen.« Kant had argued in this work that the human species originally contained within itself all the potentialities, all the »seeds« (*Keime*) and »natural aptitudes« (*Anlagen*), that would enable it to adapt to the many different geographical and climatic conditions in which it had been destined to live. Under these different conditions, varying potentialities were developed or held back, resulting in distinct races, each suited to the character of the region in which it had taken shape, and each having typical characteristics that are now hereditary (Akademie-Ausgabe, 2/435-431).[7] The position Herder presents in the *Ideas* is, on these points, similar. He is at pains to stress that there are some basic capacities universal to the species, insisting that no people is wholly lacking in »humanity, reason and language« (Werke 6/377), but these capacities are not realized in the same way, and to the same degree, by all the peoples on earth. Jürgen Jacobs says Herder presupposes »that human souls are identical in their ›fundamental substance‹ [*Grundstoff*], that the difference between them, therefore, is first produced through the self-realization of this substance in a determinate place« (Jacobs 1994, 83). This is true, in a sense, but in *that* sense it is true of Kant's view as well. The question is whether the differentiation of this fundamental substance only takes place now, after birth, in the case of every individual, or whether some part of it took place historically to yield what are now significantly distinct human types. Kant believes the latter; so does Herder.

---

7   For a detailed discussion of Kant's position over the course of his several essays on race, see Bernasconi 2001.

Kant addresses Herder's criticisms of the concept of race himself, in his review of the second part of the *Ideas,* published in November of 1785. He states that Herder does not favour the division of the human species into races, particularly when it is grounded on inherited colour, »presumably because for him the concept of a race is not as yet clearly determined« (Akademie-Ausgabe 8/62). Immediately after making this comment, Kant takes up the issue of *Keime,* or »seeds.« Herder had criticized the notion of »seeds« in the first part of the *Ideas,* claiming that no one has ever seen such entities, and that in any case the postulation of them explains nothing, since »the seed is already a constructed thing [*Gebilde*] and where there is such a thing, there must be an organic force that constructs it« (Werke 6/89). In making these points, Herder places himself on one side of a contemporary debate within the life-sciences, favouring epigenesis, which John Zammito broadly defines as »the idea of emergent order as an inherent potentiality in nature itself« (Zammito 2002, 232). For Herder, that is, the natures of living beings, including human beings, are ultimately constructed by the form-producing action of *Kräfte.* Kant, on the other hand, favours a modified preformationism, with *Keime* being, in Phillip Sloan's words »pre-existent ›germs‹ lying within the human stock that underlie the display of distinct physical properties of an organism when brought to their unfolding by external causes« (Sloan 2002, 239).

In his review of the first part of the *Ideas* (February, 1785), Kant had responded to Herder's complaint about the obscurity of the notion of *Keime* by pointing out, not unreasonably, that the notion of invisible organizing forces is not very helpful, either, as it purports to explain something that one does not understand by appeal to something that one understands even less (Akademie-Ausgabe 8/53–54). In fact, Herder grants the obscurity of the notion of *Kraft* (Werke 6/271),[8] as Kant does of the notion of *Keim.*[9] Kant then notes, in his review of the second part of the *Ideas,* that Herder attributes the »climatic difference between people« to the working of an inner *genetische Kraft* rather than to seeds. But he suggests that if this inner force gives rise to a limited number of forms, which subsequently do not change into other types even under altered circumstances, one might call the potential to develop into these forms *Keime oder ursprüngliche Anlagen.* These would just be names for the limits of the inner organizing power, limits that cannot be clarified any further (Akademie-Ausgabe 8/62). Sloan argues that »in this claim, Kant can be seen to be loosening a strong preformationist sense of *Keime* and *Anlagen,* while not abandoning his commitment to these theoretical entities,« which »have assumed the role of limiting structures on the *Lebensprincip,* rather than that of self-enclosed essential characters that unfold on the occasion of experience« (Sloan 2002, 244). At the same time, Kant rightly assumes here that Herder, too, accepts that there is a measure of fixity in the human types produced by the »genetic« force, a character that remains constant in the face of climatic variation. One might then wonder at this juncture: whether the inner principle is described as a dynamic life force or as self-unfolding seeds, if, at the end of the day, it results in biologically distinct human types fitted to various climes, does one not have something like races? If yes, then why did Herder reject the concept in such strong terms?

Nisbet offers the following answer:

---

8   While this is already a reaction to Kant's critical review, Herder had made the same point much earlier, in *Vom Erkennen und Empfinden der menschlichen Seele* (1775), where he says, with respect to his own use of the idea of *Kraft*: »I do not here claim to *explain* anything; I have not yet encountered any philosophy that explains what *Kraft* is [...]« (Werke 4/337).

9   In his review of the *Ideen,* Part II; Akademie-Ausgabe 8/62f.

> [Herder's] belief in the unitary origin of all people convinced him, like the majority of his contemporaries, that the present races had first developed their differentiating characteristics in the course of time, so that these were not to be regarded as inextinguishable differences. Nonetheless, many ethnologists of the 18th century – like, for example, Linné, Blumenbach and Kant – sought to work out an exact typology of the different races. Herder, however, rightly held that the knowledge then available was inadequate and he went so far as to reject the expression ›race‹ as a falsification of the complex genetic reality [...]. (Nisbet 1992, 11)

There is actually no necessary link between the belief that racial characteristics developed over the course of time and the belief that they are not fixed. Herder and Kant both defended monogenesis; they both maintained a single origin for the human species, with type-specific differences developing later. Kant held in »Von den verschiedenen Racen der Menschen,« however, that the present races could not now change into others, because »only the base form (*Stammbildung*) can develop into a race« (Akademie-Ausgabe 2/442), while Herder maintained that development is ongoing. This difference was implicated in the *Keim/Kraft* dispute between them, and it remains constant. In his 1785 essay, »Bestimmung des Begriffs einer Menschenrasse,« Kant reaffirms that »the races which now exist could no longer be extinguished, if all mixing of them among one another were prevented« (Akademie-Ausgabe 8/105). Even if, in Kant's thought, the notions of *Keime* and *Anlagen* have by 1785 become, as Sloan says, »›limitations on a self-structuring capacity‹ rather than [...] a preformation of specific properties« (Sloan 2002, 245), the difference with Herder, as it affects the idea of race, remains significant. Kant's thesis is that the original human race contained all human seeds and dispositions, but that, over the course of time, a process of environmental adaptation occurred in which some of these were suppressed while others developed. This process produced the present distinct human races. The suppressed seeds cannot now be reactivated by any change of circumstance, the result being that the character of the current races is ineradicable. For Herder, on the other hand, the genetic forces which produce the present human types are quite capable, through interaction with *Klima*, of being altered over generations. But Herder nonetheless believes that individual members of these present types are psycho-physically distinct from those belonging to other types, and that these distinctions are based on hereditary characteristics.

He does not, however, believe that these distinctions are exact. The passage in the *Ideas* where Herder argues against the application of the term »race« concludes:

> In short, neither four or five races, nor exclusive varieties exist on earth. Colours run into one another: forms serve genetic character; and, considered as a whole, everything becomes, in the end, only a shading of one and the same great picture, spread through all the places and ages of the earth. This picture does not belong, therefore, to systematic natural history, but to the physico-geographical history of mankind. (Werke 6/256)

The varieties of man, that is, are not natural kinds. They are much too fluid, and their borders are much too fuzzy, for them to be designated by terms that would constitute them as objects of scientific investigation, rather than of a historical hermeneutic, albeit one in which a certain study of bodies is involved.[10] At this point in time, the term »race,« in Herder's view, threatens precisely to name human varieties in such a way as to turn them into natural kinds. There are in nature, he wants to insist, no such human kinds.

---

10 Cf. Bernasconi 2001, 29.

Thus, unlike Kant, Herder did not think human beings were sharply divided into distinct and permanent racial types. Yet he does have a racial theory, of the »dynamic« sort espoused, in different ways, by, for instance, Buffon and, later, Lamarck. The physical differences between human varieties are as determinate within Herder's account as they are in that of Buffon, to whom Herder frequently refers. For example, in the 1766 essay, »De la dégénération des animaux,« Buffon attributes the differences between human varieties largely to the influence of climate and diet in the history of their development. He claims that these influences have led, over centuries, to the production of the »constant and general characters by which one recognizes the races and even the different nations which compose the human genus« (Buffon 1854, 4/112-13).[11] These varieties are not at all permanent, according to Buffon's theory. They are capable of further »degeneration,« as Herder also believes. But while, for both, human types are capable of an indefinite quantity and quality of change over numerous generations, individuals born into the presently existing types do have distinct and innate racial characters, which will remain fixed during their lifetimes.

Herder's theory that acquired characteristics can eventually become hereditary also anticipates Lamarck, whose »Second Law« in *Philosophie Zoologique* (1809) states:

> Whatever nature causes individuals to acquire or lose through the influence of the circumstances to which their race has long been exposed, and, consequently, through the influence of predominant use of a certain organ, or through the constant disuse of a given part; nature preserves through generation for the new individuals that issue from them, provided that the acquired changes are common to both sexes, or to those that produced these new individuals.
> (Lamarck 1960, 235)[12]

For Herder, the temporal fluidity among human types is combined with synchronic vagueness, as he thinks all the varieties run into one another and no clear borders exist between them. The criteria for distinguishing these types are then multiple and shifting, and nowhere near as clear as those for distinguishing species, but this is still a racial theory of a significant sort, given Herder's view that the differences between the types extend beyond physical features to cognitive and characterological traits.

It needs to be understood, though, that such a position does not entail supporting forms of violence and oppression based on racial distinctions. Herder still believes that all human beings are *human*, and this is sufficient for the ethical demand that they be treated like, well, human beings, in which case colonialism and slavery are immoral. According to Herder, nature has ensured that no people is wholly lacking in the faculties that define humanity, though these are granted differently to different peoples. »Near to the ape she placed the Negro,« he says, for instance, in the *Ideas*; »she offered for solution the grand problem of humanity to all peoples of all times, from the reason of the Negro to the brain of the most refined human form« (Werke 6/633). Everyone has reason (*Vernunft*) and a sense of justice (*Billigkeit*), and, »endowed with these gifts and using them faithfully, the Negro can establish his society as well as the Greek, the Troglodyte as well as the Chinese« (Werke 6/

---

11 See also the earlier account in »Histoire naturelle de l'homme« (1749), Buffon 1854, 4/137-221 (»Variétés dans l'espèce humaine«).

12 By »race,« Lamarck means not only a human race, but also, and primarily, a breed or subspecies of animal. Cf. Nisbet, who also points out that Herder »frequently suggests, after the manner of Lamarck, that the organism can be physically changed by environmental influences, and that such changes are inherited« (Nisbet 1970, 224).

654), which does not mean that all of these groups of people - Negro, Greek, Troglodyte,[13] and Chinese - are naturally endowed with an equal measure and proportion of these aptitudes. It only means that »the kingdom of these aptitudes and their realization is the genuine city of God on the earth, in which all people are citizens, only according to very different classes and stages« (Werke 6/379).

By the time Herder composes his *Letters on the Advancement of Humanity* (1793-1797), he seems less inclined to make any evaluative judgements about the natural capacities of human types. He has not, however, abandoned a belief in such types. He says, at one point: »The Negro, the American, the Mongol have gifts, abilities, preformed aptitudes, that the European does not have. Perhaps the sum is even the same; only in different relations and with different compensations« (Werke 7/699). These are the same groups which, in the *Ideas*, had been described in a manner consistent with racial, rather than merely cultural, types. In the section of the *Letters* called »Neger-Idyllen,« moreover, which forcefully criticizes the appalling treatment of enslaved blacks at the hands of their white oppressors, Herder does not depict the former as capable of the same intellectual achievements as Europeans (although he does not deny this, either). He focusses only on their misery in the conditions to which they are subject, their longing for freedom and for return to their native lands, and their vastly greater virtue in comparison with those who abuse them in such a vile manner (Werke 7/674-85). None of this is incompatible with a belief that human beings, while belonging to the same species and having the same basic capacities - reason and a sense for justice - are nonetheless naturally varied in their possession of more specific aptitudes, especially since Herder does not see intellectual agility as continuous with virtue.

Because of Herder's stated rejection of the concept of race and his insistence on the fraternity of all human beings, as well as the unique value of every *Volk*, many recent scholars of his thought have argued, or simply assumed, that there is *no* sense in which he could be said to support any idea of race, and that he attributes the differences between human types entirely to what we now term »culture.« This line of argument has also been motivated by an understandable attempt to distance Herder's writings from Nazi misuses of them, and from Nazi racial ideology in general. I have sought to demonstrate, on the other hand, that Herder always accepted a view about the identity of peoples which contained a »racial« component, although of a loose and dynamic sort. This did not, however, commit him to support forms of violence and oppression based on racial distinctions, which he always opposed. One ought not to suppose, anachronistically, that ideas which we now see as inextricably linked must always have been so. It is possible to believe, as Herder (wrongly) did, that there are biologically distinct human types about which some limited judgements of higher and lower can be made, and, at the same time, that the individuals belonging to these types are all fully *human*, and deserving of the moral consideration due to every member of this species.[14]

---

13 In the first volume of the tenth edition of his *Systema Naturae* (1758), Linnaeus included »Troglodytes,« of whom he had heard reports, among his classes of the species »Homo Sapiens« (Linnaeus 1956, 24). For a history of the changes in Linnaeus' theory and classification of human varieties, see Broberg 1983.
14 I examine in greater detail the precise relation between Herder's universalistic judgements about peoples, on the one hand, and his commitment to pluralism, on the other, in my »Enlightened Relativism: The Case of Herder,« in *Philosophy and Social Criticism*, 31 (2005), 309-41.

References

Barnard, F.M.: Herder's Social and Political Thought: From Enlightenment to Nationalism, Oxford, 1965.

Bernasconi, Robert: Who Invented the Concept of Race? Kant's Role in the Enlightenment Construction of Race, in: Race, ed. Robert Bernasconi, Malden, Massachusetts, 2001, 11-36.

Broberg, Gunnar: Homo sapiens: Linnaeus' Classification of Man, in: Linnaeus: the Man and His Work, ed. Tore Frängsmyr, Berkeley, 1983, 156-94.

Buffon, Comte Georges-Louis Leclerc de: Œuvres Complètes, Paris, 1854.

Herder, Johann Gottfried: Werke in zehn Bänden, Frankfurt a.M., 1985 ff.

Jacobs, Jürgen: Universalgeschichte der Bildung der Welt. Die Problematik des Historismus beim frühen Herder, in: Johann Gottfried Herder, ed. Martin Bollacher, Würzburg, 1994, 61-74.

Kant, Immanuel: Gesammelte Schriften, Akademie-Ausgabe, Berlin, 1910 ff.

Linnaeus: Systema Naturae, Photographic Facsimile of the First Volume of the Tenth Edition (1758), London, 1956.

Lamarck, J.-B.P.A.: Philosophie Zoologique (1809), Weinheim, 1960.

Nisbet, H.B.: Herders anthropologische Anschauungen in den ›Ideen zur Philosophie der Geschichte der Menschheit‹, in: Anthropologie und Literatur um 1800, ed. Jürgen Barkhoff and Eda Sagarra, München, 1992, 1-23.

— Herder and the Philosophy and History of Science, Cambridge, 1970.

Sadji, Uta: Der Negermythos am Ende des 18. Jahrhunderts in Deutschland. Eine Analyse der Rezeption von Reiseliteratur über Schwarzafrika, Frankfurt a.M., 1979.

Sloan, Phillip: Pre-forming the Categories: Eighteenth-Century Generation Theory and the Biological Roots of Kant's A Priori, Journal of the History of Philosophy, 40 (2002), 229-53.

Soemmerring, Samuel Thomas: Über die körperliche Verschiedenheit des Negers vom Europäer (1784), Werke, vol. 15, Stuttgart, 1998.

Zammito, John: Kant, Herder, and the Birth of Anthropology, Chicago, 2002.

CHENXI TANG

Herder und die Entstehung der modernen Geographie

In der Wissenschaftsgeschichte gilt Herder als der bedeutendste Vorfahr der sogenannten klassischen Geographie in Deutschland, nämlich jenes Paradigmas der geographischen Wissenschaft, das um 1800 entstanden ist und bis etwa 1970 seine Gültigkeit behielt.[1] Seine Schriften der 1780er Jahre, insbesondere die posthum unter dem Titel »Von der Annehmlichkeit, Nützlichkeit und Notwendigkeit der Geographie« veröffentlichte Schulrede von 1784 sowie sein Hauptwerk *Ideen zur Philosophie der Geschichte der Menschheit*, haben entscheidende Einflüsse auf die beiden Gründer der geographischen Wissenschaft, Alexander von Humboldt und Carl Ritter, ausgeübt.[2] Eigentlich nehmen die wesentlichen Aspekte des modernen geographischen Diskurses bei Herder schon feste Umrisse an. Zum einen wird bei ihm eine Problemstellung thematisiert, die den zentralen Gegenstandsbereich der Geographie ausmacht, nämlich die Wechselbeziehung zwischen dem Menschen und der irdischen Natur. Zum anderen hat er in diversen Schriften die grundlegende Denkfigur der klassischen deutschen Geographie zum Ausdruck gebracht, dass die menschliche Kultur an räumliche Verhältnisse gebunden und deshalb in verschiedenen Ländern unterschiedlich ausgeprägt sei, und dementsprechend die Geschichte eine geographische Grundlage habe.

Zugegebenermaßen hat sich die Menschheit seit jeher mit der Problematik des Mensch-Natur-Bezuges auseinandergesetzt.[3] In der seit der Antike gängigen und bis zur Mitte des 18. Jahrhunderts weit verbreiteten Klimatheorie werden etwa klimatische Verhältnisse direkt mit Sitten, Staatsverfassungen, Künsten und Wissenschaften sowie sonstigen kulturellen Gegebenheiten in Verbindung gebracht. In der Regel geht die Argumentation der Klimatheorie in zwei Schritten vor: zuerst wird eine Kausalbeziehung zwischen den natürlichen Beschaffenheiten in den verschiedenen Klimazonen und den Zuständen des Humoralleibes hergestellt, wobei gewöhnlich die Temperamentenlehre als Erklärungsmodell herangezogen wird; anschließend wird die vermeintliche Verschiedenheit des leiblichen Zustandes in die Verschiedenheit der psychologischen, politischen und kulturellen Verfassung übersetzt, zumal der Temperamentenlehre zufolge »eine Vermischung des Geblüts und der übrigen flüssigen Theile in dem menschlichen Cörper [...] nicht allein verschiedene natürliche Würkungen in unserem Leibe; sondern auch moralische in der Seele« hervorbringe (Zedler 1732-1754, Bd. 42, 764). In den Jahren um 1800 wurde die Klimatheorie durch den neu konfigurierten geographischen Diskurs abgelöst. Herder war eine Schlüsselfigur, ja *die* Schlüsselfigur in dieser Transformation. Seine Leistung, so meine Hauptthese, besteht darin, dass er die von

---

1   Zu Herders Rolle bei der Entstehung der geographischen Wissenschaft in Deutschland, vgl. Josef Birkenhauers Forschungsübersicht: Birkenhauer 2001, 11 f.
2   Herders Einfluss auf Humboldt lässt sich schon daran ablesen, dass der Titel des allerersten Bandes seines amerikanischen Reisewerks, *Ideen zu einer Geographie der Pflanzen*, von Herders Werk *Ideen zu einer Philosophie der Geschichte der Menschheit* abgeleitet ist. Die Gedankenwelt Ritters steht Herder noch näher als diejenige Humboldts. Er hat die *Ideen* genauestens gekannt und ist davon auf vielfache Weise angeregt worden. Vgl. Hoheisel 1980; Schach 1996, 52 f.
3   Siehe Glacken 1967.

der Klimatheorie angenommene punktuelle Korrelation zwischen Natur- und Menschensphäre verwirft und die Beziehung zwischen Menschen und Natur neu konzipiert, und zwar als die Wechselwirkung zwischen einem selbstorganisierenden System und seiner Umwelt.[4] Ich möchte diese These in drei Schritten erläutern:

1) In wissenschaftshistorischer Hinsicht zieht Herder die Konsequenz aus dem um die Mitte des 18. Jahrhunderts stattgefundenen Paradigmawechsel in der Physiologie, indem er sich von der der Klimatheorie zugrundeliegenden Physiologie des humoralen Gefäßleibes abwendet and sich an die neu entstandene Physiologie der organischen Kräfte anschließt.

2) In philosophischer Hinsicht setzt sich der junge Herder mit den zu seiner Zeit vorherrschenden metaphysischen Systemen, insbesondere auch mit dem Leibnizschen, auseinander, was zur Folge hat, dass er den Dualismus von Körper und Seele überwindet und einen anthropologischen Diskurs etabliert, der den Menschen als ein Körper und Seele in sich vereinigendes Ganzes in Bezug auf seine Umwelt untersucht.

3) Aus seiner Beschäftigung mit Spinoza seit der Mitte der 1770er Jahren geht eine Organisationstheorie hervor, die ihm erlaubt, die Beziehung zwischen der Erde und dem Menschen als eine dynamische, sich in Raum- und Zeitverhältnissen organisierende Wechselwirkung zu begreifen. Damit wird ein Gegenstandsbereich konfiguriert, den zu erforschen sich die Geographie fortan zur Aufgabe macht.

Zur Umorientierung der Physiologie

Die Klimatheorie beruht auf einer physiologischen Theorie, deren Grundzüge schon aus der Hippokrates zugeschriebenen *Abhandlung über den Einfluß der Luft, des Gewässers und der Ortslage auf den Menschen* zu ersehen sind. Darin stellt der Verfasser die Einwirkung des Wassers, des Bodens, der Luft sowie des Wechsels der Jahreszeiten auf die Leibesbeschaffenheit sowie Lebensgewohnheiten der Einwohner fest. Diese durch viele empirische Beobachtungen und praktische Erfahrungssätze belegte Feststellung leitet sich von der hippokratischen Auffassung des Menschen als Mikrokosmos im Makrokosmos ab. Wie der Makrokosmos bestehe die Materie des menschlichen Leibes aus den Elementen Feuer, Wasser, Luft und Erde, denen sich jeweils die vier Kardinalsäfte des Körpers gelbe Galle, Schleim, Blut und schwarze Galle zuordnen ließen.[5] Im kosmischen Durchzug der Elemente stehend, erscheint der Körper demnach als ein »die natürliche Welt höchst empfindlich konzentrierend[er] Organismus« (Böhme/Böhme 1996, 171). In den klimatheoretischen Schriften des 18. Jahrhunderts ist dieses physiologische Postulat eines notwendigen Zusammenhangs zwischen der

---

4 Gonthier-Louis Fink versucht, Herder noch in der Tradition der Klimatheorie anzusiedeln, ohne einzusehen, dass die zahlreichen an die Klimatheorie erinnernden Argumente bei Herder in einem tiefgreifend gewandelten wissenschaftlichen und philosophischen Rahmen vorgebracht werden. Fink selber muss schon zugestehen, dass Herder »je nach dem Kontext [...] diesen oder jenen Aspekt der Klimatheorie betonte, so daß sich auch manche Widersprüche in seinen diesbezüglichen Betrachtungen finden« (Fink 1987, 174).

5 In Hippokrates' Abhandlung ist verschiedentlich von Blut, Schleim oder Galle die Rede, obwohl er noch nicht explizit die Elemente und die entsprechenden Qualitäten – das Warme, das Kalte, das Trockne und das Feuchte – zu den Säften des Körpers in Beziehung setzt. Dies hat erst Polybos, sein Schwiegersohn, in der Schrift »Über die Natur des Menschen« getan.

natürlichen Mitwelt und dem humoralen Gefäßleib immer noch wirksam. Im zweiten Band seiner *Reflexions critiques sur la poésie et sur la peinture* (1719) schreibt Abbé Dubos etwa: »Die Luft, welche wir athmen, theilt dem Blute, in der Lunge, diejenige Beschaffenheit mit, welche sie selbst hat« (Dubos 1760, 225). Und »so lange der Mensch lebt [...], richten sich unsre Neigungen und der Charakter unseres Geistes sehr nach der Beschaffenheit des Blutes, welches den Werkzeugen der Seele ihre Nahrung giebt.« »Daher sind Völker, die in verschiedenen Erdstrichen wohnen, durch ihren Geist sowohl, als durch ihre Neigungen so sehr von einander verschieden« (Dubos 1760, 223). Unterschiedliche Mischungsverhältnisse der Elemente sowie ihrer Qualitäten in den verschiedenen Klimata führen zu unterschiedlichen humoralen Beschaffenheiten innerhalb des Körpers, welche wiederum unterschiedliche geistige Erscheinungen verursachen. In *Esprit des Lois* (1746) folgt Montesquieus Argumentation für die Klimaabhängigkeit politischer Verfassungen genau dem gleichen Muster.[6] Doch als Montesquieu seine berühmte These ausarbeitete, stand die ihr zugrundeliegende Humoralphysiologie schon unter Beschuss. Um die Mitte des 18. Jahrhunderts wurde zur Erklärung der Funktionsweise des Körpers das Theorem der Körpersäfte vom demjenigen der organischen Kräfte abgelöst, wovon besonders Albrecht von Hallers Schrift »Von den empfindlichen und reizbaren Teilen des menschlichen Körpers« (1752) Zeugnis ablegt.[7] Darin schreibt Haller:

> Denjenigen Theil des menschlichen Körpers, welcher durch ein Berühren von aussen kürzer wird, nenne ich reizbar. [...] Empfindlich nenne ich einen solchen Theil des Körpers, dessen Berührung sich die Seele vorstellet; und bey den Thieren, von deren Seele wir nicht so viel erkennen können, nenne ich diejenige Theile empfindlich, bey welchen, wenn sie gereizet werden, ein Thier offenbare Zeichen eines Schmerzes oder einer Unruhe zu erkennen giebt (Haller 1772, 7).

Demnach kommt die Reizbarkeit allen Organen mit Muskelfasern zu, während die Empfindlichkeit alle Organe mit Nervenfasern kennzeichnet. Beide sind spezifisch vitale Eigenarten, da sie nur bei lebendigen Geweben vorkommen. Mit Hallers epochemachender Entdeckung der Reizbarkeit und Empfindlichkeit des lebendigen Körpers wird die humoralphysiologische Auffassung des Leibs als ein mit in bestimmten Mischungsverhältnissen befindlichen Flüssigkeiten angefülltes Gefäß, das grundsätzlich als eine Durchgangsstation der Elemente anzusehen ist, aufgekündigt. An die Stelle des Körpers, dessen Materie mit derjenigen der natürlichen Außenwelt prinzipiell gleichartig ist und dessen Zustand deshalb durch die Einwirkung der Außenwelt determiniert wird, tritt ein Körper, der als ein reizbarer und empfindlicher Apparat die Einwirkungen von außen auf seine eigene Weise bearbeitet und dann darauf reagiert. Hallers Lehre, die die meisten Zeitgenossen überzeugen konnte, wurde auch von Herder übernommen. In der dritten Fassung seines Aufsatzes *Vom Erkennen und Empfinden der menschlichen Seele* (1778) fasst er den menschlichen Körper zugleich als ein reizbares Gewebe von Muskelfasern und als ein empfindliches Nervengebäude auf, das Reize von außen aufnimmt und sie dann zu Empfindungen von verschiedenen Klarheitsgraden verarbeitet. Diese Eigenschaft des Körpers schreibt Herder einer lebendigen »Kraft« zu. Ungeachtet wie und ob man die Kraft philosophisch erklären kann,[8] ist es offensichtlich,

---

6 Siehe Montesquieu 1951, Bd. 1, 310 f.
7 Vgl. hierzu Rothschuh 1953, 75 f.; Rothschuh 1969; Koschorke 1999, 112 f.
8 Herder gibt zu, dass sich die »Kraft« nur schwer erklären lässt: »Ich sage nicht, daß ich hiermit was erkläre; ich habe noch keine Philosophie gekannt, die, was Kraft sei, erkläre, es rege sich Kraft in Einem oder zween Wesen« (Herder 1985 f., Bd. 4, 337 f.).

dass sie einen vom Durchzug der Elemente grundverschiedenen Bezug des Körpers zur Naturumgebung bewirkt. Wenn es sich bei jenem um die Zirkulation und Transformation gleichartiger physischer Substanzen und Qualitäten handelt, handelt es sich bei diesem um die Funktion eines aus Muskel- und Nervenfasern organisch gebildeten Apparates, die darin besteht, die physische Welt in Sinnesdaten zu verwandeln.

Herders physiologisch fundierte Psychologie

Das Ziel von Herders Aufsatz *Vom Erkennen und Empfinden der menschlichen Seele* ist es allerdings nicht, Hallers Physiologie bloß wiederzukäuen. Vielmehr unternimmt er in dem Aufsatz den Versuch, »Hallers physiologisches Werk zur Psychologie« zu erheben (Herder 1985f., Bd. 4, 340). Damit komme ich zum zweiten Punkt, nämlich zu Herders physiologisch fundierter Psychologie, die eine einzigartige anthropologische Stellungnahme zum Bezug des Menschen zu seiner natürlichen Umwelt impliziert.

In der Klimatheorie wird eine direkte Korrespondenz zwischen Mischungsverhältnissen der Körpersäfte und seelischen Erscheinungen behauptet. Im Vergleich dazu gestaltet sich die philosophische Theoriebildung im 18. Jahrhundert zum Verhältnis von Körper und Seele auf eine viel nuanciertere Weise. In der *psychologia empirica*, einer Teildisziplin der Philosophie, werden eine Reihe von Modellen des sogenannten *commercium mentis et corporis* entworfen.[9] In Herders physiologisch fundierter Psychologie aber kann die *commercium*-Frage, also die Frage nach dem »sogenannten Einfluß der Seele auf den Körper und des Körpers auf die Seele« gar nicht gestellt werden, da einerseits »unser ganzer Körper in seinen mancherlei Teilen so mannigfaltig beseelt, nur *Ein Reich unsichtbarer, inniger, aber minder heller und dunkler Kräfte* zu sein scheinet, das im genauesten Bande ist mit der Monarchin, die in uns denkt und will«, und andererseits diese Monarchin »nur durch dies Reich, in diesem Zusammenhange [...] *menschliche Seele* ward und ist« (Herder 1985f., Bd. 4, 352f.). Herder setzt also die Empfindungsfähigkeit des Körpers mit der Beseelung gleich, und sieht gleichzeitig das Denken und Wollen der Seele als verkörpert an. Mit anderen Worten, das Denken der Seele »wird nur aus Empfindung« des Körpers (Herder 1985f., Bd. 4, 353). Dem Leibnizschen Theorem der »kleinen Perzeptionen« folgend,[10] fasst er die Empfindungen als ein Kontinuum von verschiedenen Deutlichkeitsgraden auf, das von dem Körper zuströmenden verworrenen Reizen und Gefühlen bis zu mehr oder minder klaren Sinneswahrnehmungen reicht. Dabei meint er aber, dass sich Leibniz' Hypothese der prästabilierten Harmonie zwischen Seele und Körper eigentlich erübrige. Bei Leibniz stellt die Seele eine »Monade« genannte einfache Substanz dar, der kleine Perzeptionen innewohnen. Sie werde von »einer aus unendlich vielen anderen Monaden zusammengesetzten Masse umgeben, die [ihren] eigenen Körper [...] bilden und nach dessen Affektionen sie, wie in einer Art Zentrum, die Dinge vorstellt, die außerhalb von ihr sind« (Leibniz 2002, 155).[11] Zwischen den Perzeptio-

---

9 Vgl. hierzu Heinz 1996, 55–75.
10 Zu Herders Leibniz-Rezeption vgl. Dreike 1973.
11 Schon in seinen Rigaer Jahren hat sich Herder mit Leibnizens metaphysischem Aufsatz »Auf Vernunft gegründete Prinzipien der Natur und der Gnade«, aus dem dieses Zitat stammt, sowie mit anderen Texten Leibniz' beschäftigt. Siehe Herder: »Über Leibnizens Grundsätze von der Natur und Gnade«, in: Herder 1877f., Bd. 32, 225–227.

nen der Monade und den Bewegungen der Körper gebe es eine vollkommene, prästabilierte Harmonie. Da nun der Körper aus unzähligen Monaden, eben Seelen, zusammengesetzt ist, kann er als beseelt gelten. Da andererseits die Monade die Außenwelt durch die Affektionen des Körpers vorstellt, muss man sagen, dass sie verkörpert ist. Aus der Leibnizschen Argumentation schließt Herder folgerichtig die Einheit der Seele mit dem Körper, ohne die ohnehin schwer einsichtig zu machende prästabilierte Harmonie postulieren zu müssen.

Mit der Idee der Einheit von Körper und Seele wird das Augenmerk der sich im 18. Jahrhundert am *commercium*-Problem abarbeitenden Wissenschaft des Menschen auf die Wechselbeziehung zwischen dem Menschen als einem Ganzen und seiner physischen Umwelt umgelenkt. Dabei spielt ein anderes Konzept der Leibnizschen Metaphysik, nämlich das Konzept der Apperzeption, eine entscheidende Rolle. Wenn das Kontinuum der kleinen Perzeptionen den inneren Zustand der die äußeren Dinge vorstellenden Monade darstellt, ist die Apperzeption »das *Bewußtsein* oder die reflexive Erkenntnis dieses inneren Zustandes [...]« (Leibniz 2002, 157). Dieses Bewusstsein ist übrigens nur dem besonnenen Menschen, also weder dem Tier noch dem Menschen im Schlafzustand gegeben. In Übereinstimmung mit Leibniz sagt Herder: »Alle Empfindungen, die zu einer gewissen Helle steigen, [...] werden *Apperzeption*, Gedanke; die Seele *erkennet*, daß sie *empfindet*« (Herder 1985f., Bd. 4, 354). Damit wird der Kernsatz der Herderschen Anthropologie ausgesprochen. Der Mensch zeichnet sich überhaupt durch diese reflexive Erkenntnis, dass er empfindet, aus, während das Tier zwar immer empfindet, aber ohne jemals erkennen zu können, dass es empfindet.[12] Diese reflexive Fähigkeit des Menschen impliziert, dass er im Gegensatz zum Tier in der Lage ist, über seine Beziehung zu der von ihm empfundenen Umwelt zu verfügen. Er kann nämlich aufgrund der Empfindungen, derer er sich durch das Bewusstsein vergewissert, in die ihn umgebende Natursphäre eingreifen, anstatt sich ihr bloß auszuliefern. Dadurch entsteht eine Wechselbeziehung zwischen der natürlichen Umwelt, die den menschlichen Körper reizt und dadurch Empfindungen in ihm hervorruft, und dem Menschen, der sich, auf die bewusst gewordenen Empfindungen reagierend, die Umwelt als Reizquelle umzugestalten bemüht. Diese Wechselbeziehung bildet den Kern dessen, was die im frühen 19. Jahrhundert entstandene geographische Wissenschaft in Deutschland als ihren Forschungsgegenstand ansieht. Da Herder im Geist der Leibnizschen Monadenlehre dem empfindenden und denkenden Menschen radikale Individualität zuspricht, wird die Wechselbeziehung zwischen dem Menschen und der Umwelt folgerichtig als individuell ausgeprägt angesehen. Der Ursprung der klassischen deutschen Geographie liegt also in der Herderschen Anthropologie, und zwar sowohl im Hinblick auf ihren Gegenstand als auch auf ihre idiographische Ausrichtung.[13]

---

12 Diese Einsicht hat Herder eigentlich schon in seinem frühesten philosophischen Aufsatz, »Versuch über das Sein«, also vor seinem Leibniz-Studium entwickelt: »Tiere denken also, Menschen sind sich auch des Denkens bewußt! Gut. So kann der äußere (Sinn) ohne innern statt finden: Tiere sehen im Sinne Bilder, Menschen *ihre* Bilder, Philosophen in den Augen ihre Bilder, Portraits ihrer selbst« (Herder 1985f., Bd. 1, 10).

13 Zu den leibnizianisch-herderschen Wurzeln der idiographischen Ausrichtung der Geographie, vgl. Pohl 1986, 87f.

Herders Spinoza-Rezeption und die Entstehung der modernen Geographie

Mit der dritten Fassung des Aufsatzes *Vom Erkennen und Empfinden der menschlichen Seele*, die Herder Anfang 1778 fertiggestellte, werden einige Aspekte des klassischen Paradigmas der Geographie schon in Ansätzen erkennbar. Zur Grundlegung der Geographie muss der vielseitige Wirkungszusammenhang zwischen den physischen Gegebenheiten der Erdoberfläche als Wohnstätte des Menschen und dem Menschen als Kulturwesen noch spezifiziert werden. Herders Umdeutung der spinozistischen Metaphysik zu einer Organisationstheorie erfüllt eine wichtige Vermittlungsfunktion in der Entwicklung von der Anthropologie zur Geographie.

Zeitlich fing Herder nach der Abfassung des Aufsatzes *Vom Erkennen und Empfinden der menschlichen Seele* an, sich intensiv mit der Philosophie des Spinoza zu befassen.[14] Seine Spinoza-Rezeption, die sich deutlich in den *Ideen* niederschlägt und mit der 1787 parallel zum dritten Band der *Ideen* erschienenen Schrift *Gott* ihren Höhepunkt erreicht, zeichnet sich dadurch aus, dass er die spinozistische Metaphysik durch die Begriffe der Kraft und Organisation zu erfassen sucht. Er fasst Spinozas »Substanz« als ein absolutes, »unzerteilbar(es)« Dasein auf (Herder 1985f., Bd. 4, 770), das sich »in unendlichen Kräften auf unendliche Weise offenbart« (Herder 1985f., Bd. 4, 709). Demnach erscheint das innerweltlich Seiende immer als ein »System (der) Kräfte« (Herder 1985f., Bd. 4, 776), das sich als ein funktionierendes, wohlgeordnetes Ganzes organisiert, und zwar nach drei einfachen Gesetzen: »1. *Beharrung* d.i. innerer Bestand jeglichen Wesens. 2. *Vereinigung* mit Gleichartigem und vom Entgegengesetzten Scheidung. 3. *Verähnlichung* mit sich und Abdruck seines Wesens in einem andern.« (Herder 1985f., Bd. 4, 779). D.h. bei jedem selbstorganisierenden System geht es erstens um die Erhaltung des bestehenden Zusammenhangs der Elemente, zweitens um die Bezugnahme auf die Umwelt, wobei es sich manche fremde Elemente aneignet und gleichzeitig von den anderen absetzt, und schließlich um die Restabilisierung des Systems infolge der Bezugnahme auf die Umwelt. Mithin läuft Herders Spinoza-Deutung auf das hinaus, was Ulrich Gaier als »eine Anwendung kybernetischer Modelle auf den Spinozismus« apostrophiert (Gaier 1998, 14). Die hierdurch entstandene Systemtheorie ermöglicht ein geographisches Denken, aus dem sich das klassische Paradigma der Geographie herauskristallisiert.

Im Rahmen der Naturgeschichte bildet sich die physische Geographie in der zweiten Hälfte des 18. Jahrhunderts heraus. Der erste Systementwurf stammt von dem Linné-Schüler Torbern Bergman, auf den sich Herder immer wieder beruft. In seinem Werk *Physicalische Beschreibung der Erdkugel*, das 1766 erschien und 1769 ins Deutsche übersetzt wurde, beschreibt Bergmann zuerst systematisch-klassifikatorisch die in drei Sphären eingeteilte Erde, nämlich das feste Land, das Wasser und den Luftkreis, untersucht dann die Veränderungen der Erde im Lauf der Zeit, und schließt mit einer kurzen Übersicht über die organischen Körper auf der Erde. Von seiner Systemtheorie ausgehend begreift Herder die von Bergmann schematisch beschriebenen anorganischen Sphären sowie organischen Körper als miteinander verbundene und aufeinander wirkende Kräfte, die sich als ein dynamisches System

---

14 In der 1787 geschriebenen Vorrede zu seiner Spinoza-Schrift *Gott. Einige Gespräche* schreibt Herder: »Zehn oder zwölf Jahre sinds, seit ich eine kleine Schrift mit mir umhertrug, die den Namen: *Spinoza, Schaftesburi, Leibniz,* führen sollte« (Herder 1985f., Bd. 4, 681). Das heißt, dass der Anfang seiner intensiven Beschäftigung mit Spinoza gewissermaßen mit der seit September 1777 einsetzenden Überarbeitung des Aufsatzes *Vom Erkennen und Empfinden der menschlichen Seele* zusammenfiel.

organisieren.15 Stellt die Erde ein lebendiges System dar, so ist der menschliche Körper als der komplizierteste Organismus phylogenetisch und ontogenetisch aus diesem System erwachsen. Die Vernunftfähigkeit des Menschen wurzelt wiederum in der Organisation seines Körpers, während allerlei kulturelle Errungenschaften wie etwa die von der Klimatheorie thematisierten Künste und Wissenschaften sowie Staatsverfassungen durch die Vernunftfähigkeit in Gang gesetzt und nach bestimmten Gesetzen organisiert werden. Die Systemtheorie macht es also möglich, die menschliche Kultur auf die terrestrische Natur zurückzubeziehen und einen vielfältigen und dynamischen Wirkungszusammenhang zwischen ihnen aufzudecken. In der eingangs erwähnten Schulrede sowie in den *Ideen* wird diese Grundvorstellung der modernen Geographie ansatzweise formuliert. Zur vollen Entfaltung kommt sie erst nach Herders Tod, und zwar in Carl Ritters monumentalem Werk *Die Erdkunde im Verhältniß zur Natur und zur Geschichte des Menschen*, dessen erster Band 1817 erschien.

Dass sich Wissenschaftsgeschichte selten auf einzelne Denker reduzieren lässt, wird man nur schwer bestreiten können. Gleichwohl kann Herders Werk, in dem so viele wissenschaftliche und philosophische Diskurse zusammentreffen, geradezu als ein wissenschaftsgeschichtliches Laboratorium fungieren, in dem sich die Entstehung einer neuen Wissenschaft wie der Geographie beobachten lässt.

Literaturverzeichnis

Bergman, Torbern: Physicalische Beschreibung der Erdkugel auf Veranlassung der cosmographischen Gesellschaft, Greifswald 1769.
Birkenhauer, Josef: Traditionslinien und Denkfiguren. Zur Ideengeschichte der sogenannten klassischen Geographie in Deutschland, Stuttgart 2001.
Böhme, Gernot/Böhme, Hartmut: Feuer, Wasser, Erde, Luft. Eine Kulturgeschichte der Elemente, München 1996.
Dreike, Beate Monika: Herders Naturauffassung in ihrer Beeinflussung durch Leibniz' Philosophie, Wiesbaden 1973.
Dubos, Jean-Baptiste: Kritische Betrachtungen über die Poesie und Mahlerey, Bd. 2, Kopenhagen 1760.
Fink, Gonthier-Louis: Von Winckelmann bis Herder. Die deutsche Klimatheorie in europäischer Perspektive, in: Sauder, Gerhard (Hg.): Johann Gottfried Herder 1744-1803, Hamburg 1987, 156-176.
Gaier, Ulrich: Herders Systemtheorie, in: Allgemeine Zeitschrift für Philosophie 23 (1998), 3-17.
Glacken, Clarence: Traces on the Rhodian Shore: Nature and Culture in Western Thought from Ancient Times to the End of the Eighteenth Century, Berkeley 1967.
Haller, Albrecht von: Von den empfindlichen und reitzbaren Theilen des menschlichen Körpers, in: Sammlung kleiner Hallerischer Schriften, Bd. 2, Bern 1772.
Heinz, Jutta: Wissen vom Menschen und Erzählen vom Einzelfall, Berlin/New York 1996.
Herder, Johann Gottfried: Werke in zehn Bänden, Frankfurt a. M. 1985 f.
— Sämtliche Werke, Suphan-Ausgabe, Berlin 1877 f.

---

15 In Hinblick auf die Wechselwirkung von den drei Sphären der Erde und organischen Körpern beruft sich Herder auf die neu entstandene Pflanzen- und Tiergeographie seiner Zeit, insbesondere auf Eberhard August Wilhelm Zimmermanns *Geographische Geschichte des Menschen und der allgemein verbreiteten vierfüßigen Thiere* (Leipzig 1778-1783) und Jean-Louis Giraud Soulavies *Géographie de la nature, ou distribution naturelle des trois règnes sur la surface de la terre* (Paris 1780). Vgl. dazu Pross 2002, passim.

Hippokrates: Abhandlung über den Einfluß der Luft, des Gewässers und der Ortslage auf den Menschen, aus dem Griechischen verdeutscht von Aug. Ferd. Lindau, Breslau 1815.

Hoheisel, Karl: Kant – Herder – Ritter, in: Büttner, Manfred (Hg.): Carl Ritter. Zur europäisch-amerikanischen Geographie an der Wende vom 18. zum 19. Jahrhundert, Paderborn 1980, 65-81.

Koschorke, Albrecht: Körperströme und Schriftverkehr, München 1999.

Leibniz, Gottfried Wilhelm: Monadologie und andere metaphysische Schriften, Hamburg 2002.

Montesquieu, Charles-Louis de Secondat: Vom Geist der Gesetze, Tübingen 1951.

Pohl, Jürgen: Geographie als hermeneutische Wissenschaft, Kallmünz/Regensburg 1986.

Pross, Wolfgang, Kommentar zu *Ideen zur Philosophie der Geschichte der Menschheit* (= Herder, Johann Gottfried: Werke, hg. von Wolfgang Pross, Bd. III/2), München 2002.

Rothschuh, Karl: Geschichte der Physiologie, Berlin 1953.

— Vom Spiritus animales zum Nervenaktionsstrom, in: Physiologie im Wandel, Stuttgart 1969, 111-138.

Schach, Andreas: Carl Ritter (1779-1859). Naturphilosophie und Geographie, Münster 1996.

Soulavie, Jean-Louis Giraud: Géographie de la nature: ou distribution naturelle des trois règnes sur la surface de la terre: ouvrage qui se sert de préliminaire à l'Histoire naturelle de la France méridionale etc. et à l'histoire ancienne et physique du globe terrestre, Paris 1780.

Zedler, Johann Heinrich: Grosses vollständiges Universal-Lexicon aller Wissenschaften und Künste, Leipzig/Halle, 1732-1754.

Zimmermann, August Wilhelm: Geographische Geschichte des Menschen und der allgemein verbreiteten vierfüßigen Thiere, Leipzig 1778-1783.

Martin Momekam

Entwicklungspolitische Impulse in Herders Geschichtsphilosophie

Herder wird in der Regel als einer der wichtigsten Anreger des »deutschen Historismus«[1] bezeichnet und gilt insofern auch als ein Vordenker des modernen Geschichtsbewusstseins. Diese Rolle beruht in der Tat auf einer bemerkenswerten und bis heute folgenreichen Reflexion zur Geschichte der Menschheit. Besonders die zukunftsweisende, d.h. über die eigene Zeit hinausblickende Betrachtungsperspektive des Autors der »Humanität« weist der Geschichtsphilosophie Herders bis zu unserer Zeit eine beachtliche Bedeutung für die Frage der Entwicklung zu. Herders Originalität diesbezüglich liegt nicht so sehr darin, dass er als Erster Neuland betrat, sondern in der grenzüberschreitenden Methode seines Denkens.

Die zu Beginn des 18. Jahrhunderts erfolgende Wiederanknüpfung an die von Charles Perrault ausgelöste Diskussion über die »Querelle des Anciens et les Modernes en ce qui concerne les sciences et les beaux arts« bildet die Grundlage einer vehementen Auseinandersetzung mit der Tradition bis in die Jahrhundertwende hinein, wobei die Ausgangspunkte zu einer Beschäftigung mit der Weltgeschichte unterschiedlich ausfallen. Neben kunsthistorischen, geschichts- und religionsphilosophischen Ansätzen findet man kultur- und zivilisationskritische Reflexionen.

Als das Charakteristische am Geschichtsbewusstsein der Aufklärung insgesamt darf die zu starke Orientierung an quantitativen wie qualitativen Urteilskriterien angesehen werden, mit denen die Zeitgenossen mit Geschichte ins Gericht gehen. Die von manchen Aufklärern initiierte idealistische Vorgehensweise zur Geschichte erweist sich im hohen Maße als einseitig und der ganzen Entwicklung der Menschheitszivilisation in ihrer eigenen Zeit als rückständig. Außerdem war die sogenannte »Klimatheorie« nicht ausreichend, um die Völker zu einem vernünftigen Entwicklungsweg zu erziehen. Diese Einschränkungen zu überwinden hat sich Herder als Aufgabe gesetzt, indem er für sich kein einziges Mal den Blick auf die gesamte Bewegung der Weltentwicklung aufgab, zu der er die Völker aller Räume rechnete. Er konnte weder in die Falle der Kulturpessimisten hineinfallen noch denen ausschließlich Recht geben, die da glaubten, dass die Zukunft nur einigen wenigen Gesellschaften vorbehalten sei. In diesem Sinne hat Herder versucht, sein Geschichtsbild als Stütze für ein völkerrechtliches Zusammengehen der Kulturen bzw. der Nationen anzusehen. Er hat damit dem Geschichtsdenken seiner Zeit über die traditionellen Disziplinen (wie Literatur, Philosophie und Theologie) hinaus einen breiten Wirkungsraum verliehen, der in vieler Hinsicht heute auf die Kultur- und vergleichenden Verhaltenswissenschaften übergreift. Hierdurch ist es auch mit bedingt, dass Herders Konzeption der Weltgeschichte für entwicklungspolitische Ideen wichtige Anregungen enthält, die ich in diesem Beitrag mit Blick auf die von Herder in diesem Zusammenhang entwickelten ethisch-politischen Denkmodelle aufgreifen und analysieren möchte.

---

1 Über die Entstehung des Begriffs »deutscher Historismus« und Gadamers Polemik gegen Friedrich Meinecke vgl. H.-G. Gadamer, Herder und die geschichtliche Welt, in: Gesammelte Werke, Bd. 4, S. 318f.

Die heutigen Entwicklungen machen deutlich, dass wir immer noch nicht der Gefahr entkommen sind, in die Denkfehler vergangener Jahrhunderte zurückzufallen, entweder weil wir »Entwicklung« nicht vieldeutig genug auffassen, oder aber weil wir sie einseitig, im Sinne einer Einbahnstraße, verstehen. Ferner ist es immer noch üblich, das Scheitern vieler wohl gemeinter Entwicklungsprojekte in vielen Ländern der Dritten Welt auf das vom Kolonialismus und durch dessen neue Formen vererbte Verwaltungssystem zurückzuführen – nach dem Motto, im Grunde seien nur die Akteure ausgewechselt worden, das System selbst kaum. Solche erstarrten Meinungsbildungen mögen in gewissen Fällen nicht falsch sein, können sich aber auf die Dauer noch gefährlicher auswirken, wenn man nicht mehr wagt, nach dem Sinn der Geschichte zu fragen.

Überdies herrscht in unseren Tagen eine angespannte Atmosphäre, die eher an einen Kreuzzug der Kulturen gegeneinander erinnern könnte. Dieser Umstand gefährdet nicht nur den Weltfrieden. Der heutzutage sich vollziehende Globalisierungsprozess könnte wiederum in egoistische und nationalistische Denktendenzen umschlagen oder diese noch stärker schüren. Es sind Vorzeichen, die davor warnen sollten, dass trotz großer Fortschritte Rückschläge in der Geschichte möglich sind. Und die Wahrscheinlichkeit, dass es dazu kommt, ist umso größer, je intoleranter die Menschen und Kulturen zueinander werden. Die Folgen enttäuschter großer Hoffnungen können niemals im Voraus berechnet werden.

Die viel gelobten und noch mehr gefürchteten Globalisierungstendenzen in unseren Tagen, die überall über nationale Zielvorstellungen hinausgehen und vielmehr eine weltweite Interessengemeinschaft verfolgen, welche nationale wie internationale Verpflichtungen zur Grundlage kooperativer Beziehungen zwischen den Staaten erhebt, wollen die Welt sicherer und friedlicher machen.

All dies macht die Entwicklungsproblematik zu einer Herausforderung, der bis jetzt nur wenige Nationen gewachsen sind. Vielen Ländern im Süden dagegen fällt es immer noch schwerer, internationale Interessen mit ihren eigenen nationalen Unzulänglichkeiten zu verbinden. Hier bedarf es sowohl lokalen wie globalen Denkens und Handelns zum Erfolg.

Zur Tatsache, dass ein richtiges Verständnis von Entwicklung notwendigerweise große Bedeutung für ein friedliches Miteinander der Kulturen und insgesamt für das Überleben der ganzen Menschheit hat, verweise ich an dieser Stelle auf eine Bemerkung von Hans-Georg Gadamer, die Entwicklungstendenzen in unserer Zeit offen legt und kritisch beleuchtet. Gadamer schreibt folgendes:

> Was hier zu planetarischer Herrschaft drängt, scheint ebensoviel zu zerstören wie zu entwickeln, und das gilt nicht nur für die sogenannten Entwicklungsländer, sondern gerade auch für das wahre Mutterland dieser Weltzivilisation, für Europa, sofern auch dort das geschichtlich Gewordene mehr und mehr verdrängt wird und ein technisch-pragmatisches Bewusstsein heraufsteigt, das sich von jeglichem geschichtlichem Erbe lossagt.[2]

Insgesamt wird man annehmen, dass die moderne Welt, in der wir leben, uns eine Idee von »Entwicklung« vermittelt und beigebracht hat, welche eher durch die technisch-wissenschaftliche Weltbeherrschung gekennzeichnet ist, in dem Sinne, dass Entwicklung unabdingbar mit Transfer von Wissen und Technik, also mit der Produktionsgesellschaft eng verbunden sei. Dies hat zur Folge gehabt, dass nicht nur Konkurrenzdenken und Herrschaftsansprüche die zwischenmenschlichen Beziehungen bisher bestimmt und verschlechtert haben, sondern

---

2   Ebd., S. 318.

auch dass uns eine andere flexiblere Idee von Entwicklung in einem noch in der Aufklärungszeit geltenden ursprünglichen Sinne, der mit der gesamten Bewegung der Weltgeschichte verbunden war, verloren gegangen ist. Dieser wird uns erst bei der Lektüre von Herders Schriften wieder aufgeschlossen.

Mit der Behandlung dieser Thematik folge ich natürlich auch der neuen Richtung der Herder-Diskussion, die sich seit Mitte der neunzigen Jahre des letzten Jahrhunderts intensiv mit Herders kulturpolitischem Denken auseinandersetzt. Diese »kulturpolitische« Diskussion wird in bezug auf viele Themenbereiche der Literatur, aktuelle gesellschaftspolitische Entwicklungen nach der Wende im Osten, aber auch in Bezug auf die multikulturellen Gesellschaften des Westens und das Eigenrecht der Minoritäten in vielen Ländern Europas und Amerikas geführt.[3]

Insbesondere das Problem der nationalen Orientierung und des Internationalismus im Denken Herders wirft viele bisher ungelöste Fragen auf. Ich glaube, wenn man überhaupt Herders kosmopolitischem Denken gerecht werden will, wird man über seine nationalen Kategorien hinaus denken müssen, um seine ganze Vision der Menschheitsgeschichte einigermaßen verständlich zu machen. Eine solche Vision, die gleichermaßen Vergangenheit, Gegenwart und Zukunft und das Problem des Nationalismus und Internationalismus reflektiert, ist hier von höchster Bedeutung. Und zur Frage der »Entwicklung« scheint mir einer der besten Wege der zu sein, Herders Kulturuniversalismus hermeneutisch fruchtbar für den Dialog der Kulturen zu machen.

Der Verfasser ist sich indessen der Besonderheit seiner Fragestellungen bewusst und will deshalb vorab einige Klarheiten schaffen.

Entwicklungspolitik im strengeren Sinne des Wortes gibt es zu Herders Zeit noch nicht. Sie ist eine Erfindung des 20. Jahrhunderts, die darauf abzielte, die Verhältnisse zwischen den Industrienationen und den Entwicklungsländern auf einer für alle humanitären Grundlage in einen Entwicklungsausgleich auszubauen. Heute hat diese Idee eine neue Dynamik erhalten, die daher rührt, dass die Tendenz zur Liberalisierung der Idee von Entwicklung die Oberhand gewinnt – wobei öffentliche und private, Regierungs- und Nichtregierungsorganisationen gleichermaßen in den Entwicklungsprozess einbezogen und in Anspruch genommen werden – und damit deren Loslösung von staatlichen Bindungen und Alleinkontrolle erzwingt.

Entwicklungspolitische Probleme betreffen zum größten Teil Fragen der Modernisierung, d.h. die Umstellung uneffektiv gewordener und vom Traditionsdenken her bestimmter Organisationsformen auf neue Lebenserwartungen. In Wahrheit handelt es sich um die Suche nach dem richtigen Umgang mit Geschichte in der Begegnung mit anderen Kulturen.

In der Entwicklungspolitik gibt es daher sehr wohl einen Zug, für den Herders Thesen zur »Entwicklung« als sehr anregend erscheinen können. Es geht darum, herauszufinden, wie Herders pädagogische Erziehungsmaximen zur »Vollkommenheit« und »Glückseligkeit« heuristisch heute verstanden werden können und wie sie zum Dialog der Kulturen beitragen können.

Für Herder ist die ganze Menschheit nicht einmal der Vollkommenheit fähig ohne das Zusammenwirken der Kulturen. Der handle blindlings, der noch glaube, man könne von außen erfolgreich den Völkern ihre Entwicklung aufzwingen. Herder bemerkt etwa:

---

3   Der von Regine Otto herausgegebene Band zu Herders 250. Geburtstagsjubiläum bietet eine Reihe von Reflexionen über die politische Kultur bei Herder: Nationen und Kulturen, Würzburg 1996.

> Wir sahen, dass der Zweck unsres jetzigen Daseins auf Bildung der Humanität gerichtet sei, der alle niedrige Bedürfnisse der Erde nur dienen und selbst zu ihr führen sollen. Unsre Vernunftfähigkeit soll zur Vernunft, unsre feinern Sinne zur Kunst, unsre Triebe zur echten Freiheit und Schöne, unsre Bewegungskräfte zur Menschenliebe gebildet werden [...] Auch der Menschenähnliche wird Mensch sein: auch die durch Kälte und Sonnenbrand erstarrte und verdorrte Knospe der Humanität wird aufblühen zu ihrer wahren Gestalt, zu ihrer eigentlichen und ganzen Schönheit.
>
> Und so können wir auch leicht ahnen, was aus unsrer Menschheit allein in jene Welt übergehen kann; es ist eben diese Gottähnliche Humanität, die verschlossene Knospe der wahren Gestalt der Menschheit.[4]

Hier entwickelt Herder eine Reihe optimistischer Gedanken in Bezug auf die Entwicklung der ganzen Menschheit. Man könne die Menschheit nur in die Zukunft hineindenken. Dies hat keineswegs nur mit einer utopischen Weltkonstruktion zu tun. Herders Botschaft ist die, der einzelne Mensch sei wie die ganze Menschheit selbst verbesserungsbedürftig. Solange es noch notleidende Gegenden in der Welt, hie und dort Mängel gibt, darf es keinen Stolz auf die Menschheit geben, bis alles zur »Vollkommenheit« und »Schönheit« gebildet sei. Herder entwirft eine »Kulturästhetik«, an der er die Entwicklung der ganzen Menschheit misst.

Dieser Denkhorizont ist von Ulrich Gaier in einem theoretischen Handlungszusammenhang der Nationen in ihrer Interaktion untereinander interpretiert worden, wobei er den »universalen Aufgang der Bildung zur Humanität« bei Herder deutlich als Überwindung jeweiliger nationaler Verschränkungen deutet:

> Wenn das Leben vollkommen sein soll, müssen alle freien Handlungen sowohl untereinander als auch mit den natürlichen übereinstimmen, so dass sie alle durch dieselben Endzwecke, folglich durch die Vervollkommnung seiner selbst und der anderen bestimmt werden. Daraus folgt, dass im vollkommenen Leben der universale Zusammenhang aller freien wie natürlichen Handlungen gegeben ist, soweit nämlich die Organe des menschlichen Körpers alle ihre Funktionen richtig ausführen, d.h. der Körper gesund ist, und der Gebrauch keiner seelischen Fähigkeit behindert wird.[5]

Dieser Blick auf die ganze Entwicklung der Menschheit als »handelnden Organismus« ist das, was Herder von seinen Vorgängern ganz klar unterscheidet und seine Position von der des Aufklärungsoptimismus trennt, welcher sich eher auf bestimmte, bereits realisierte Entwicklungsmodelle bezog.

Erst Herder gibt der Idee von Entwicklung eine in Wahrheit internationale Richtung, welche produktiven Austausch und Kommunikation mit anderen Völkern bedeutet.

Ich glaube, es lohnt sich immer noch, diese von Herder vermittelte Entwicklungsidee der Geschichte der Menschheit in bezug auf die heutigen entwicklungspolitischen Verhältnisse der Nationen zu reflektieren.

Herder denkt meines Erachtens den Werdeprozess der Menschheit nicht nur durch Kulturentwicklung im Sinne von Vermittlung gewisser Fertigkeiten an die Nachwelt, sondern auch durch »Bildung« als Aneignungsprozess. Zwischen Vermittlung und Aneignung, Lernen und Anwenden, Selbsttätigkeit und Aufgeschlossenheit, also in der Gegenseitigkeit

---

[4] Ideen zur Philosophie der Geschichte der Menschheit, in: Johann Gottfried Herder, Werke, Bd. 6. Hg. von Martin Bollacher, Jürgen Brummack, Ulrich Gaier u.a., Frankfurt a.M. 1989, S. 187ff.
[5] Ulrich Gaier, Von nationaler Klassik zur Humanität. Konzepte der Vollendung bei Herder, in: Nationen und Kulturen, hg. von Regine Otto, Würzburg 1996 S. 57.

der aktiven Teilhabe am Weltgeschehen sieht Herder das Eigenrecht jeder Kultur und deren Beitrag zur Bildung des Ganzen begründet. Dies hat Herder bei vielen Anlässen zur Grundlage eigener Geschichtsreflexionen gemacht.

Als Ausgangspunkte meiner eigenen Reflexionen werde ich versuchen, Stellen aus dem »Journal« von 1769, aus der philosophischen Schrift der Bückeburger Zeit sowie aus den bereits zitierten »Ideen« der Weimarer Zeit zu kommentieren. Aber bevor ich im Einzelnen die von Herder hauptsächlich in den oben genannten Schriften entwickelten Grundpositionen zur Weltgeschichte im Hinblick auf ihre entwicklungspolitische Relevanz analysiere, möchte ich zuerst folgende für mich fundamentale Ausgangsfrage in Bezug auf diese Thematik stellen:

Wie verhalten sich diese Ideen zu der Welt heute im Hinblick auf den Dialog der Kulturen?

I. Natur, Geschichte und das Prinzip der Individualität bei Herder

Herders Geschichtsdenken beginnt sich nicht erst in seinen späteren philosophischen Werken zu formen, sondern schon in den sechziger Jahren des 18. Jahrhunderts, als er sich zum Zustand der Gegenwartsliteratur äußert und empfiehlt, man solle dem Entstehungsvorgang poetischer Schöpfungen nicht allgemeine überindividuelle Gesetze unterstellen, sondern ihn vielmehr dem Genius einer jeden Zeit und Kultur zuordnen. Poeten seien schließlich Kinder und Stimmen ihres eigenen Zeitalters. Die blinde Nachahmung des »Klassizismusmodells« lehnte Herder ebenso entschieden ab wie alle Denkvorstellungen, die versuchten, vergangene Lebensmodelle und Welterfahrungen in der Gegenwart zu idealisieren. Somit erhob Herder die Gegenwart zum Maßstab der Kritik über die Entwicklung von Literatur. Im gleichen Zug lenkte diese Haltung seine Aufmerksamkeit auf die Entwicklung einer »Universalgeschichte der Mythologie«, welche alle Literaturtraditionen der Welt und deren Überlieferungsformen repräsentieren solle.[6]

Charakteristisch für Herders Denken ist, dass er versucht, ebenso globale Entwicklungszusammenhänge zu durchschauen wie seinen Blick für das »Partikuläre«, für einzelne Phänomene und Erfahrungen der Weltgeschichte zu schärfen, überall »Leben« statt »abstrakte Schattenbilder« der Realität zu erblicken; es sind genau die Grundideen, die Herders Geschichtskonzeption interessant für entwicklungspolitische Fragen machen.

Entwicklung sei allen Völkern der Welt etwas Gemeinsames, aber jede Kultur unterliege inneren Gesetzen, die unverwechselbar ihre Eigentümlichkeiten ausmachen. Es seien Gesetze der »Kraft« und der »Fortentwicklung«.

Herders folgenreiche Einsichten in die Geschichte erfüllten sich allerdings erst zu Beginn der siebziger Jahre des Jahrhunderts, als Herder dazu überging, seine Gedanken zur Geschichte zu systematisieren und ihnen eine pädagogische Richtung zu geben. Herder erkennt der Geschichte fortan eine Eigendynamik zu, welche jederzeit das Gesicht der Welt aufs Neue prägt und die Relationen zwischen den Völkern mitbestimmt. Diese Erkenntnis markiert einen Wendepunkt in der bisherigen schriftstellerischen Tätigkeit Herders. In dieser

---

6 Näheres darüber habe ich in meiner Dissertation »Mythologie und Literatur bei Herder«, Universität Basel 2000, entwickelt.

Periode tritt das rein wissenschaftliche Interesse an der Geschichte allmählich zugunsten der Pädagogik zurück, die Neugier zugunsten einer reiferen erzieherischen Haltung. In den Schriften der Bückeburger Schaffensperiode »Auch eine Philosophie der Geschichte zur Bildung der Menschheit« (1774) und später aus den »Ideen« der Weimarer Zeit dürfen wir den Gipfel eines geistigen Entwicklungsprozesses erblicken, der bereits im »Journal« von 1769 einsetzt. Insofern kann man von einer gewissen Kontinuität im Herders Geschichtsdenken ausgehen, auch wenn der Umgang mit dem Thema an vielen Orten stattfindet.

Vor allem im »Journal«, dieser Schrift der Jugendperiode, wo Herder auf der Suche nach einem umfassenden Wissenschaftsbegriff, vor allem der Natur, ist, vermischen sich seine Naturentdeckungen und seine Geschichtsansichten: die im »Journal« gewonnene Erkenntnis, dass alle Dinge in der Natur miteinander verzahnt seien. Herder spricht ausdrücklich von den »Ketten der Wesen, die in der Natur herrschen«. So steuert er auf den Entwurf einer allgemein fächerübergreifenden Hermeneutik zu, welche die Auslegung der Welt zum Thema hat. Im Namen der »Naturphilosophie« versucht Herder einen Vorgriff auf das Verständnis globaler Entwicklungszusammenhänge in der Welt. Die Naturphilosophie im strengen Sinne stellt seiner Ansicht nach in der moderneren Zeit eine Mischung zwischen »Physik« und »Geographie« dar. Herder dehnt seine Reflexionen bis zur Meteorologie hin aus. Diese globale Vorstellung von den Naturelementen beruht auf der einfachen beobachtenden und anschaulichen Geisteskraft und der Aufmerksamkeit des Autors des »Journals«, der ausdrücklich bekennt, »ohne Bücher und Instrumente aus der Natur zu philosophieren«. Ohne ein Physiker, ein Botaniker, ein Biologe zu sein, demonstriert Herder, wie man zu einer Zeit, in der die exakten Naturwissenschaften immer mehr an Einfluss gewinnen, mit einfachen Mitteln des Denkens und aus bloßen Naturbetrachtungen Erkenntnisse ableiten kann. Der »instrumentellen Vernunft«[7] der neuzeitlichen Naturforschungen versucht Herder mit der spekulativen Neugier des Philosophen gegenüber zu treten.

Für Herder gilt, wie Gadamer bemerkt hat,[8] höchste Anerkennung der Newtonschen Astrophysik, die im Anschluss an die Leibnizsche »Kräftemetaphysik« bis zur Unkenntlichkeit idealisiert wird. Alles in allem ist Natur für Herder eine ständig sich bewegende Kraft, die alles wiederum bewegt. Dies lässt sich durch

> den Funken der Elektrizität vom Stoss der Welle bis ins Gewitter führen, und den Druck des Wassers bis zum Druck der Luft und der Winde erheben, und die Bewegung des Schiffes, um welches sich das Wasser umschliesst, bis zur Gestalt und Bewegung der Gestirne verfolgen [...].[9]

Der Natur eigen ist, dass jede Bewegung bzw. eingetretene Veränderung atmosphärisch fortwirkt, d.h. eine »Kettenreaktion« der Elemente auslöst bis zum Unberechenbaren. Dieses Gesetz der Natur ist gleichzeitig das Gesetz der Veränderungen, die sich in der Welt vollziehen. In der Kraft der Beharrlichkeit erblickt Herder dagegen die einzige Grundlage für das Bestehen eines jeden Dings in dieser Weltordnung. Damit hat er gleichzeitig die Gesetze der

---

7   Den Begriff »instrumentelle Vernunft« verwendet Wolf Lepenies in Bezug auf Alexander von Humboldt in einem Artikel in der »Welt« vom 28. August 2004: »Es lebe die instrumentelle Vernunft! Eine Lobrede auf den großen Naturforscher und Fortschrittsgeist Alexander von Humboldt«.
8   Gadamer schreibt: »Wir machen uns heute nicht so leicht einen Begriff von dem Enthusiasmus, mit dem Newtons Werk nach dem Zusammensturz des aristotelisch-scholastischen Geozentrismus als der Aufbau eines neuen Kosmos gefeiert wurde, und welche Resonanzen es weckte. In Herders Beschreibung klingt es nach.« Herder und die geschichtliche Welt, S. 322.
9   Ebd. S. 323.

Veränderungen in der Welt, im Kosmischen wie an den elementaren Bedingungen unserer Weltwirklichkeit, anschaulich durch »fortwirkende Kräfte« zum Ausdruck gebracht.

Diese Erkenntnis lässt sich nicht lediglich auf die sinnlich-materielle Welt beziehen, sondern ist Bedingung eines Vorverständnisses, das Herder auch bei der der Analyse der geschichtlichen Welt vollkommen begleitet.

Wie er als Philosoph durch seine Naturbetrachtungen abstrakt anwendbare Erkenntnis gewinnt, so versucht Herder auch geschichtlich die Entwicklung der Kultur der Menschheit zu verstehen, vor allem deren Ursprung und weitere Entwicklung in der Geschichte zu ergründen: »Ist Norden oder Süden, Morgen, oder Abend die Vagina Hominum gewesen? Welches der Ursprung des Menschengeschlechts, der Erfindungen und Künste und Religionen?«[10]

Herder versteht, Geschichtsverständnis soll dem Menschen als Orientierungsstütze dienen in einer Welt, in der er sich verloren vorkommt. Es gibt ihm Rückhalt, an die bisherige Entwicklung anzuknüpfen und Zukunftsperspektiven zu erahnen.

Selbstverständlich werden bei der Rückkehr zum Ursprung der Menschheitsgeschichte »Natur« und »Geschichte« gleichermaßen reflektiert. Es ist nicht nur die Idee der »Entwicklung«, die Herder aus dieser Reflexion einleuchtet, sondern auch die Tatsache, dass die Natur alles auf »Individualität« angelegt habe.

Während in der Natur die Idee der »Fortwirkung« dominiert, ist im geschichtlichen Prozess dagegen die »Idee der Transformation, der Einverleibung« leitend. Es geht hier auch um zwei grundsätzlich verschiedene Entwicklungsideen. Den »Entelechien« der Naturkräfte stehen »Umbildungskräfte« in der Geschichte an der Seite. Keine geschichtlich gewordene Formation gleicht der anderen oder geschieht unter denselben Bedingungen wie vorher. Der Orient, der Norden, der Süden bringen ganz unterschiedliche Formationen hervor:

> Ists, dass jenes von Morgen nach Norden gestürzt, sich da in den Gebürgen der Kälte, wie die Fischungeheuer unter Eisschollen erhalten, in seiner Riesenstärke fortgepflanzt, die Religion der Grausamkeit, seinem Clima nach, erfunden, und sich mit seinem Schwert und seinem Recht und seinen Sitten über Europa fortgestürzt hat?[11]

Die Kulturen unterscheiden sich nach Herder prinzipiell voneinander, wären sie auch so miteinander verwandt, wie er am Beispiel von Orient und Okzident zeigt. Auch in der Fortwirkung behält keine Kraft jemals ihre ursprüngliche Gestalt. Veränderung und Anpassung sind daher Sinn der Geschichte.

Für den jungen Herder sind kennzeichnend für die Geschichte die rasant sich vollziehenden Veränderungen und Umwälzungen, die rasch sich überstürzenden Ereignisse der Weltgeschichte. Für den Außenstehenden entfaltet Geschichte eine Wirkungskraft, die er aber als schrecklich empfindet. Nach seinen Formulierungen ist Geschichte »Schauplatz der Weltszenen«, ein Ort der Tragik der Kulturen, des »Entstehens« und des »Vergehens«. Aus dieser rein kontemplativen Haltung heraus erkennt Herder auch an, welche Rolle die Geschichte für das Schicksal der Völker haben kann und sieht die Notwendigkeit zur Erziehung. Diese Erkenntnis aus dem »Journal« leitet zu seinen späteren Erziehungsmaßnahmen.

Die Analogie, die Herder ebenfalls zwischen »Naturgeschichte« und »Weltgeschichte« herstellt, woraus er das Verständnis der Individualität der Völker und ihrer unverwechselba-

---

10 »Journal meiner Reise im Jahr 1769«, in: Johann Gottfried Herder, Werke, Bd. 9/2, hg. von Günter Arnold, Martin Bollacher u.a., Frankfurt a.M., 1997, S. 17.
11 Ebd.

ren »Entwicklungsneigungen« deutet, wird zum Maßstab seiner entwicklungsgeschichtlichen Interpretationen. Es leuchtet Herder ein, dass, wie die Tiere sich ihrer Lebenswelt anpassen, sich die Völker überall »aklimatisiert« haben. Hier liegt Herders höchstes Verständnis für die sich »individualisierende Natur«. Als oberster Begriff charakterisiert die Natur ebenso die physische Natur, die Geographie wie die Witterungsverhältnisse. Herder stützt sich vollkommen auf die »Klimatheorie«.

Zwar übernimmt er ein zu seiner Zeit wichtiges Erklärungsinstrumentarium, mit dem man im 18. Jahrhundert die Lebensweisen und die Entwicklungszustände der Völker zu ergründen suchte, aber die Anwendung, die Herder davon macht, gewinnt eher eine psychologische Bedeutung, die seiner kulturuniversalistischen Idee entspricht.

Die Klimatheorie diente allgemein dazu, wie ihre weitere Rezeption in Deutschland zeigt, eine gewisse Rechtfertigung für die Verschiedenheit der Menschengemeinschaften und Kulturen, für ihre verschiedenen Entwicklungsformen zu finden. Ihr lag die Idee des Kulturuniversalismus zugrunde, worauf Forster in der Schrift »Über lokale und allgemeine Bildung« verweist:

> Was der Mensch werden konnte, das ist er überall nach Massgabe der Lokalverhältnisse geworden. Klima, Lage der Örter, Höhe der Gebirge, Richtung der Flüsse, Beschaffenheit des Erdreichs, Eigentümlichkeit und Mannigfaltigkeit der Pflanzen und Tiere haben ihn bald von einer Seite begünstigt, bald von der anderen Seite eingeschränkt und auf seinen Körperbau wie auf sein sittliches Verhalten zurückgewirkt [...]. Wenn wir, auf unserer jetzigen Stufe der Kultur, den weiten Umfang aller in den Menschen gelegten Kräfte überschauen und es uns dann scheint, wir hätten mehr an unser ganzes Geschlecht zu fordern, als es wirklich geleistet hat, so täuschen wir uns selbst durch die Verwechselung unserer individuellen Erkenntnis mit jener andern, welche sich unter minder vorteilhaften Verhältnissen entwickelte.[12]

Diese Denkvorstellung entspricht sowohl für Forster als auch für Herder der Idee der Menschheitsgeschichte, wo alles Erfassbare, d.h. die Welt in ihrer Erscheinungsvielfalt begriffen wird. Derjenige, der dieses Ganze zu durchschauen vermag, sei nach der Sprache der Zeit der »Philosoph der Menschheit«, im Grunde der Weltweise.

Dass Geschichte und zumal Kultur ihre Deutung aus dem Wirkungszusammenhang zwischen »Mensch« und »Natur«, zwischen »Volk« und »Umwelt«, zwischen »Klima« und »Sittlichkeit« erhalten, und dass die Umgebung fast deterministischen Einfluss auf die Gesittung bzw. auf die geistige, physische und seelische Entwicklung der Menschen hat, ist die herrschende Weltanschauung im 18. Jahrhundert. Besonders bei Herder tritt diese Erkenntnis der Abhängigkeit des Menschen von der ihn umgebenden Welt in Bezug auf die Verhaltenspsychologie der Kulturen zueinander hervor. Daraus können sich Hemmungen wie Entwicklungschancen ergeben.

Trotz der Tatsache, dass sie indirekt den Kulturuniversalismus begünstigte, war die Klimatheorie dennoch dadurch eingeschränkt, dass sie fast alles ausschließlich aus dem einzigen Grund der klimatischen Bedingungen zu erklären suchte. Ihr in manchen Fällen zu stark betontes eurozentrisches Denken ließ ihre Entwicklungsidee zu einseitig werden. Herder, der anfangs noch ihre Thesen vertrat, sah für die Entwicklung Europas nicht nur das Klima verantwortlich, sondern der Entwicklungsgrad Europas und sein technologisch-wissenschaftlicher Vorsprung seien auch Folgen der Weltaufgeschlossenheit und der schöpferischen Vernunft:

---

12 Georg Forster, Werke Bd. II, S. 65.

Welcher Art diese neue Kultur Europa's sein konnte, ist aus dem Vorhergehenden auch sichtbar. Nur eine Kultur der Menschen, wie sie waren und sein wollten; eine Kultur durch Betriebsamkeit, Wissenschaften und Künste. Wer dieser nicht bedörfte, wer sie verachtete oder missbrauchte, blieb wer er war [...] Indessen geht die Vernunft und die verstärkte gemeinschaftliche Tätigkeit der Menschen ihren unaufhaltsamen Weg fort, und siehets eben als ein gutes Zeichen an, wenn auch das Beste nicht zu früh reifet.[13]

Nicht nur bei Herder, sondern bei einigen Vordenkern gibt es bereits Anzeichen für die Überwindung der erstarrten Meinungen der Klimatheorie. So kritisierte nach Fink in Frankreich Helvétius die Klimatheorie.[14]

In dem Maße, wie sie das Ungleichgewicht der Entwicklung zwischen den Völkern durch das Klima allein erklärte, z.B. dass die menschenfeindlichen »kältesten« und »heissesten« Regionen der Erde am wenigsten entwickelt seien, und diesen Regionen automatisch dadurch eine Entwicklungstendenz zur »Unkultur« unterstellte, so implizierte die Klimatheorie die Gefahr eines Dogmatismus, der ebenso gründlich die Zukunftschancen der technologischen Errungenschaften wie die Verbesserungsfähigkeit der Menschheit verkannte. Es klingt im Gegensatz dazu optimistisch bei Herder so:

[A]uch die durch Kälte und Sonnenbrand erstarrte und verdorrte Knospe der Humanität wird aufblühen zu ihrer wahren Gestalt, zu ihrer eigentlichen und ganzen Schönheit.[15]

Wir wissen heute, dass es dem Menschen technologisch gelungen ist, auch menschenfeindliche Regionen der Erde zu bewohnbaren Siedlungsstätten zu machen.

Außerdem ist die Rassendiskussion, die sie dann in der Folge provozierte, eine Paradoxie, die als Beispiel dafür dient, wie die Klimatheorie unterschwellig Vorurteile verbreitete und fortan einseitiger wurde, ohne erzieherisch auf die Völker wirken zu können. Wie es schließlich zum Debakel kam, darauf hat Fink hingewiesen, indem er bemerkte:

Trotz mehrfacher Versuche, sei es durch strengen Kausalismus, sei es durch die Verknüpfung mit der Naturwissenschaft, mit der politischen Theorie oder der Geschichte, die Wissenschaftlichkeit der Klimatheorie zu erweisen, scheiterte diese nicht zuletzt daran, dass sie fast noch mehr auf einer alten Tradition als auf Erfahrung fusste und so alte Stereotype tradierte und legitimierte, anstatt die verschiedenen Nationalcharaktere aus der Beschaffenheit des Landes herzuleiten.[16]

Wenn man die Fülle der Anwendungsvariationen in Betracht zieht, die Herder ihr gibt, dann stellt die Klimatheorie aus der Sicht Herders nur ein Hilfsmittel dar, das aber bereits im »Journal« und nicht etwa erst in den »Ideen« relativiert wird, indem Herder die Dimension bzw. die Tragweite der Geschichte für die Entwicklung der Völker erkannte. Dies ist der Grund, Herders Konzept der Weltgeschichte an dieser Stelle daraufhin zu analysieren.

---

13 Ebd., S. 897.
14 Vgl. Gonthier-Louis Fink, Von Winckelmann bis Herder. Die deutsche Klimatheorie in europäischer Perspektive, in: Gerhard Sauder (Hg.), Johann Gottfried Herder 1744-1803, Hamburg 1987, S. 163.
15 Ideen, a.a.O., S. 187ff.
16 Ebd., S. 164.

II. Die Weltgeschichte und der Entwicklungsprozess der Kulturen

Herders Gang durch die Geschichte der Menschheit ermöglicht ihm, Prognosen im Hinblick auf zukünftige Entwicklungen aufzustellen. Diese kommende Welt wird im »Journal« in Bezug auf die Stellung und Lage Europas reflektiert, wobei alle Weltteile, zumal Afrika und Amerika, die damals noch am Rande des Weltgeschehens standen, mit einbezogen werden:

> Ist Norden oder Süden, Morgen, oder Abend die Vagina hominum? Welches der Ursprung des Menschengeschlechts, der Erfindungen und Künste und Religionen? Ists, dass sich jenes von Morgen nach Norden gestürzt, sich da in den Gebürgen der Kälte, wie die Fischungeheuer unter Eischollen erhalten, in seiner Riesenstärke fortgepflanzt, die Religion der Grausamkeit, seinem Clima nach, erfunden, und sich mit seinem Schwert und seinem Recht und seinen Sitten über Europa fortgestürzt hat?

> Ist dies, so sehe ich zwei Ströme, von denen der Eine aus Orient, über Griechenland und Italien sich ins südliche Europa sanft senkt, und auch eine sanfte, südliche Religion, eine Poesie der Einbildungskraft, eine Musik, eine Kunst, Sittsamkeit, Wissenschaft des östlichen Südens erfunden hat. Der zweite Strom geht über Norden von Asien nach Europa; von da überströmt er jenen. Deutschland gehörte zu ihm, und sollte recht in seinem Vaterlande sein, diese Geschichte Nordens zu studieren: denn es ist Gottlob! Nur in Wissenschaft ein Trupp südlicher Kolonien geworden. Ist dies, wird der dritte aus Amerika hinüberrauschen, und der letzte vielleicht vom Vorgebürge der Hoffnung her, und von der Welt, die hinter ihm liegt.[17]

Hier versucht Herder die zukünftige Bewegung der Weltgeschichte zu erfassen. Die Weltgeschichte ist zunächst eine Geschichte der Weltteile, die sich in Form von Kulturströmen ausbreiten. Sie entwickeln sich zu einem Zentrum hin oder breiten sich von einem Zentrum durch die Welt aus. In Herders Weltgeschichte werden somit Zentrum und Peripherie zu einer kreisförmigen Bewegung, den Wellen- und Wasserbewegungen gleich erfasst, um zu zeigen, wie sich die Kulturen durchdringen und ineinander übergehen. Die Idee des polygenetischen Ursprungs der Menschheitszivilisation kommt hier zum Vorschein. Die Weltentwicklung erscheint daher aus der Sicht Herders als eine Entwicklung »wirkender Kräfte«, eine Überzeugung, die Herder immer wieder auch in den späteren philosophischen Werken mit aller Nachdrücklichkeit betont.

Mit der Idee der »Weltkultur« aus dem »Journal«, der sogenannten kontinentalen Kulturen der »vier Himmelsrichtungen«, will Herder gleichzeitig auf nationale wie internationale Aspekte geschichtlicher Entwicklung aufmerksam machen. Jede Kultur sei Mittelpunkt ihrer eigenen Sphäre, aber global relativiert sich diese Stellung, indem sie nur zu einem Punkt im Weltganzen wird.

Die sogenannte Einseitigkeit, d.h. das »vaterländische Kulturverhalten« fängt dort an, wo man sich auf den einen »Kulturstrom«, den eigenen Geschichtsursprung konzentriert, ohne die restlichen Entwicklungen zu beachten. Die nationale Geschichte ist angesichts des hier von Herder vertretenen universalistischen Bildungskonzepts nur ein Teil des Kultivierungsprozesses des Menschen. Für die »Kräftekonzentration« nach innen ist nach Herder eine solche Bildung unerlässlich. Aber die vollkommene Bildung wäre allerdings nicht diejenige,

---

17 Ebd., S. 17f.

die sich lediglich so einseitig verhält, sondern diejenige, die die Wechselbeziehung von innen und außen regelt.

Eine einseitige Bildung ist deshalb ebenso »unvollkommen« wie diejenige, die eher Zerstreuung der Kräfte bedeutet. Die vollkommene Entwicklung setzt Aufgeschlossenheit nach außen und die Steigerung der vorhandenen inneren Kräfte voraus, eine Idee, die gleichwohl das Verhältnis von nationaler Orientierung und Internationalismus zu einem Ausgleich bringt. Zwar ist jede Perfektion »national, säkular, individuell«, wie Herder seit Bückeburg schreibt, er denkt aber dabei an die Möglichkeit der Bildung, durch die allein der Mensch seine Kräfte »erhöhen« kann, indem er aus den vorgegebenen Möglichkeiten der Weltentwicklung schöpft. Dies kann nur gelingen, wenn er eine Haltung einnimmt, die den Austausch und die Kommunikation mit anderen Kulturen zulässt.

Wenn man diesen Gedanken aus den »Ideen« durchreflektiert, so zeigt sich dann doch, dass Herder »Entwicklung« immer in der Form eines Lernprozesses begreift, wobei sich aktive Anteilnahme und Anpassungsfähigkeit eines Volkes in der Geschichte die Waage halten. Er fragt z.B., was für die Entwicklung Europas notwendig war, bevor es dort zur Entwicklung einer Weltzivilisation kam:

> Wie kam also Europa zu seiner Kultur, und zu dem Range, der ihm vor andern Völkern gebührt? [...] Wäre Europa reich wie Indien, undurchschritten wie die Tartarei; heiss wie Afrika, abgetrennt wie Amerika gewesen; es wäre, was in in ihm geworden, nicht entstanden.[18]

Europas günstige Weltlage, das dort herrschende angemessene Klima, seine Verbindung mit der Außenwelt werden als wichtige entwicklungsfördernde Faktoren angesehen. Gegenüber anderen Kontinenten hat Europa einzig die Vorteile einer richtigen historischen Stellung besessen, und diese einmalige Chance der Entwicklung, die ihm zugleich den Vorsprung gesichert hat, will Herder aber nicht kategorisch den anderen Kulturen vorenthalten.

Er betont, dass Europa insbesondere drei Dingen seine Entwicklung verdankt habe: der christlichen Weltreligion, dem römischen Kolonialismus und der intellektuellen Welt der Wissenschaft und der Erfindungen, bzw. der schöpferischen Vernunft:

> Das Klima in Europa, die Reste der alten Griechen- und Römerwelt kamen dem Allem zu Hülfe; mithin ist auf Tätigkeit und Erfahrung, auf Wissenschaften und ein gemeinschaftliches, wetteifern-des Bestreben die Herrlichkeit Europas gegründet.
>
> Der Druck der Römischen Hierarchie war vielleicht ein notwendiges Joch, eine unentbehrliche Fessel für die rohen Völker des Mittelalters; ohne sie wäre Europa wahrscheinlich ein Raub der Despoten, ein Schauplatz ewiger Zwietracht, oder gar eine Mongolische Wüste worden [...]. Dies ist der Stand der Wissenschaft, der nützlichen Tätigkeit, des wetteiferndsden Kunstfleisses; durch ihn ging dem Ritter- und Pfaffentum die Epoche ihrer Unentbehrlichkeit notwendig, aber nur allmählich zu Ende.[19]

Ohne hier in die eigentliche Theodizee-Frage von Herders Geschichtsdeutung einzudringen, wollen wir nur einige Elemente betonen, auf die Herder die Entwicklung Europas bezieht.

Europa habe den Vorteil eines milden Klimas und milder Natur, einer durch römischen ›Imperialismus‹ aufgeschlossenen Welt und zudem eines regen wissenschaftlichen und erfinderischen Geistes gehabt. Diesen geschichtlichen Vorteil Zentraleuropas hebt Herder eindeutig gegenüber anderen europäischen Völkern hervor, die vergleichsweise in ihrer Entwick-

---

18 Ebd., S. 897.
19 Ebd., S. 896 f.

lung ganz verspätet und zurückgeblieben seien, etwa gegenüber den östlichen Völkern Europas:

> weil sie entfernter von den Römern lebten [...] Trotz ihrer Taten hie und da, waren sie nie ein unternehmendes Kriegs- und Abenteuervolk, wie die Deutschen; vielmehr rückten sie diesen stille nach, und besetzten ihre leergelassenen Plätze und Länder, bis sie endlich den ungeheuren Strich inne hatten, der von Don zur Elbe, von der Ostsee bis zum Adriatischen Meer reicht.[20]

Diese Trennung der Geschichte der Völker Europas wird im »Journal« von Herder substanziell durch die Rolle ausgemacht, die Byzanz und Rom für die Christianisierung und weitere Entwicklung der Länder Europas im Westen und im Osten nach dem Zusammenbruch des römischen Imperiums im Mittelalter spielten, wobei Herder die »Griechischen Papas« als »rechtes Ungeziefer« ein wenig beschimpft.

Hier spüren wir gleichzeitig etwas von Herders Vorstellung vom Einfluss des Volkscharakters auf dessen Entwicklung. Während er zuvor noch das Klima als entscheidend betrachtete, so ist es jetzt die geistige Einstellung eines Volkes zu seiner Zukunft, und zu seiner Vergangenheit als wichtigste Motivation zur Entwicklung. An Europa zeigt er, wie es gelang, sich von den lähmenden Kräften des Schicksals zu befreien. Wenn Herder im »Journal« danach fragt, ob Kultur bloß »defensiv« oder »offensiv« ausgerichtet werden sollte, erhält diese Frage ihre Antwort in den »Ideen«. Ohne Unternehmungsgeist, das ist die Grundüberzeugung, kann keine Entwicklung stattfinden. Nach Herder ist »Entwicklung« etwas Gewolltes, man müsse sich dafür entscheiden, etwas für die Zukunft und zwar für eine bessere Zukunft zu tun. Das ist die richtige Idee von Entwicklung, gleich von der Vergangenheit zu lernen, um in der Folgezeit effektiv zu werden. Zwar trägt auch der Zufall hier etwas dazu bei, aber die schöpferische Phantasie des Volkes sei dabei unverzichtbar.

Entwicklung in der Geschichte ist nach Herder ohnehin eine Notwendigkeit, da der Mensch für seine Entfaltung nicht immer die allergünstigsten Bedingungen vorfindet. Diese Einstellung ist zugleich eine Absage an diejenigen, die noch glauben, man könne die Menschen zwangsweise zur Entwicklung bringen.

Herder glaubt bereits im »Journal«, dass die östlichen Völker Europas nur durch die Erweckung ihres kulturellen Nationalbewusstseins Fortschritte machen würden, wenn er schreibt:

> Was für ein Blick überhaupt auf diese Gegenden von West-Norden, wenn einmal der *Geist der Kultur* sie besuchen wird! Die Ukraine wird ein neues Griechenland werden: der schöne Himmel dieses Volks, ihr lustiges Wesen, ihre Musikalische Natur, ihr fruchtbares Land u.s.w. werden einmal aufwachen: aus so vielen kleinen wilden Völkern, wie es die Griechen vormals auch waren, wird eine *gesittete Nation*: ihre Grenzen werden sich bis zum schwarzen Meer hinerstrecken und von dahinaus durch die Welt. Ungarn, diese Nationen und ein Strich von Polen und Russland werden Teilnehmerinnen dieser neuen Kultur werden; von Nordwest wird dieser Geist über Europa gehen, das im Schlaf liegt, und dasselbe *dem Geist nach* dienstbar machen.[21]

Was ist der »Geist der Kultur« anders als der Wille zur Entwicklung unter dem Zusammentreffen günstiger entwicklungsfördernder menschlicher wie materieller Bedingungen? Es ist eine einmalige Entscheidung im Leben der Völker, die für immer fortwirkt und Früchte bis in die weite Welt trägt.

---

20   Ebd., S. 696.
21   Ebd., S. 67f.

Nach Herder trägt Entwicklung zur Entfaltung von Kultur bei, und diese wiederum sei die weltgeschichtliche Form von Entwicklung. Auch das Gesicht und der Zustand unserer Welt hängen also wesentlich von dieser Entscheidung der Völker zur Entwicklung ab. Entwicklung, wie Herder sie hier versteht und beschreibt, ist Entwicklung aus dem Bewusstsein der eigenen kulturellen Identität, welche nicht Selbstsucht bedeutet, sondern eine Fortentwicklung zur Humanität, gewisse positive Leistungen zur Entwicklung der ganzen Menschheit einzubringen. Es ist zugleich der Bildungsweg des eigenen kulturellen Bewusstseins, der Selbstschätzung.

Das Bewusstsein zur Entwicklung hängt demnach gewissermaßen von einem dem Menschen innewohnenden Verantwortungsgefühl für den Ausgang der Weltgeschichte ab.

Nach Herder führt jede Entwicklung, sofern sie Humanität als Ziel hat, zur Perfektionierung des alten Zustandes der Welt. Durch Einseitigkeiten könne die Welt deshalb nie zu ihrer perfekten Gestalt gelangen. Vielfalt und Toleranz der Kulturen gehören in einer solchen Welt zusammen.

Diese Anforderungen sieht Herder als notwendigen Weg zur Aufklärung an, zu der er auch alle Völker einlädt.

III. Die pädagogische Orientierung

Für Herder ist Geschichtsschreibung keine »Legendenbildung«. Er sieht die Notwendigkeit der Geschichte im Erziehungsprozess der Völker zur Perfektion.

Vom Gesichtspunkt der Entwicklungsthematik aus erscheint die Kulturgeschichte daher sehr interessant in Bezug auf die Zukunft der Menschheit insgesamt. Sie zeigt, wie der Mensch sich die ganze Natur unterworfen hat und sich eine noch bessere Zukunft bereiten könnte. Kultur ist für Herder nicht nur eine identitätsstiftende Kraft für eine Nation, sondern eine Erscheinungsform, die auch als Ausdruck von Entwicklung wahrzunehmen ist. Erst die Kultur erhebt ein Volk zur Kulturnation. In diesem Sinne ist »Kultur« eindeutig »höhere Natur«, wie Enno Rudolph bereits im Zusammenhang mit Herders »Kulturkonzept« angedeutet hatte.[22]

Nach Herders vielen Definitionen sei Kultur »Tätigkeit«, »Bewegung«, im Ganzen »Erscheinungsbild« einer Nation, auch als Ausdruck ihrer schöpferischen Triebkräfte und Vernunft. Der Entwicklungsgrad eines Volkes ließe sich daher am besten am Erscheinungsbild seiner Kultur nach außen bestimmen.

Aus der Sicht Herders bringt die Kultur eines Volkes eine Entwicklung mit Weltgeltung zustande. Herder verwendet und versteht diesen Begriff in manchen Fällen noch im Sinne einer Entwicklung aus dem Ursprung, wo alle Kräfte noch vorhanden sind, d.h. als etwas aus der »Natur« Hervorgebrachtes. Dieser Denkvorstellung steht zur Seite die andere Idee der »heterogenen Kultur«, die Herder eindeutig in Bezug auf den geschichtlichen Fall Europas hervorhebt. Wenn man von den beiden Ideenkonstellationen ausgeht, dann ist Entwicklung in der Geschichte wirklich nur durch Zufall bedingt, und niemand könne die für ihn vorgesehene Bestimmung voraussehen.

---

22 Enno Rudolph: »Kultur als höhere Natur. Herder als Kritiker der Geschichtsphilosophie Kants«, in: Regine Otto (Hg.), Nationen und Kulturen, Würzburg 1996, S. 13-25.

Wenn es so ist, dann sind Phänomene wie »Akkulturation« oder »Kulturadaptation« keine Seltenheit mehr, sondern bedeuten allerdings Anpassungsreaktionen auf stattgefundene Veränderungen.

Im »Journal« entwirft Herder den Plan einer »Naturlehre einer neuen Welt«, der die »Kultur aller Räume, aller Völker, aller Zeiten, aller Gestalten und Mischungen« umfasst. Er drückt die Idee seines Kulturuniversalismus aus, der die Weltkultur aus der Gesamtheit vorhandener Kulturen deutet. Die Menschheitszivilisation erscheint in diesem Sinne nicht als ein Produkt bestimmter Gesellschaften oder gar als eine Summe von Kulturen, sondern vielmehr als eine Qualität ihrer Beziehungen zueinander. Herder redet deshalb von einer solchen Weltkultur als von einer »neuen Welt«. Die Relation der Völker zu dieser Weltkultur unterliegt dem Zeitwandel und muss ständig aus dem Bewusstsein der eigenen historischen Stellung im Weltkonzert der Nationen heraus definiert werden.

Es liegt Herder vor allem daran, die weltgeschichtliche Dimension zu betonen, die jeder einzelnen Kultur zugrunde liegt und die ausgebaut werden könnte. Die Kultur besitzt jedenfalls eine Eigendynamik, die über die nationalen Begrenzungen der Völker hinausgeht. In diesem Sinne kann man wirklich von der Kultur als »höherer Natur« sprechen.

Wenngleich Herder die Entstehung und Entwicklung der Kultur als die jeweils nationale Aufgabe der Völker deutet, wobei ihnen daran liege, ihre Kräfte von innen her zu perfektionieren, produktiv und effektiv zu gebrauchen, dann gibt es auf der anderen Seite die Tatsache, dass er eine solche Entwicklung als ein Zusammenwirken mit anderen im Sinne eines Austausches versteht. Nur so bekäme Entwicklung Dauerhaftigkeit und Dynamik.

Herder weiß, dass Weltgeschichte ein Zusammentreffen oft entgegengesetzter Schicksale bedeutet, und dass in der Geschichte keine Kultur für sich allein genügen könne. Während sie auf der einen Seite Entwicklung bedeutet, ist sie auf der anderen ein Verfallsprozess. So ist es für Herder besser und notwendig, den Entwicklungsprozess auf die ganze Menschheit selbst zurückzubeziehen. Er glaubt z.B., dass die Motivationsschübe für die Zukunft nicht mehr von dem kulturgesättigten Mitteleuropa (Russland einbezogen) ausgehen werden, sondern vielmehr von den von ihm kolonisierten slawischen Völkern des Ostens.

In globaler Perspektive kritisiert Herder zwar den von den damaligen Kulturnationen an anderen Völkern praktizierten Kolonialismus und die Versklavung, sieht aber ein, dass es den Triumph einer optimalen Weltentwicklung nur geben könne, wenn nicht mehr von »überlegenen« und »unterlegenen« Völkern ausgegangen werde, sondern wenn vielmehr jede Nation in ihrer Sphäre nach Kräften tätig werde und einen Beitrag leiste.[23] In diesem Sinne wird Entwicklung zu einem »Zirkulationsprozess«, für den folgende fast prophetisch klingende Aussage Herders sehr viel bedeutet:

> Grosses Thema: das Menschengeschlecht wird nicht vergehen, bis dass alles geschehe! Bis der Genius der Erleuchtung die Erde durchzogen. Universalgeschichte der Bildung der Welt.[24]

Die Kulturentwicklung wird nicht nur zur Weltentwicklung beitragen, sondern sie findet ihre Vollendung in der Aufklärung der Nationen. Die Geschichte wird in dieser Form von Herder praktisch fast zu einer Wiederholung des Gleichen in dem Sinne, dass Entwicklung

---

23 Vorbildhaft schwebt Herder das Modell Griechenlands vor, wobei er eine besondere Vorliebe für den Hellenismus zeigt, der die Welt letztlich veränderte, obgleich Athen nicht mehr als Zentrum einer solchen machtpolitischen Weltordnung fungierte.
24 Journal, a.a.O., S. 19.

nicht nur in einer Richtung, sondern auch als rückwirkend verstanden wird. Denn wie man Entwicklung vorantreibt, so wolle man auch richtig wohnen und gedeihen:

> Denn wie Menschen denken und leben: so bauen und wohnen sie; auch auswärts gesehene Muster können sie nur nach ihrer Art anwenden, da jeder Vogel nach Gestalt und Lebensweise sein Nest bauet.[25]

Dieser Spruch gilt aus der Sicht Herders nicht nur als Lebensgesetz, sondern zugleich als letzte Vernunftwahrheit. Dieser Auffassung nach ist Einheit auch in der Differenz zwischen Völkern und Kulturen der Welt möglich.

Literaturhinweise

Herder, Johann Gottfried: Journal meiner Reise im Jahr 1769, in: Johann Gottfried Herder, Werke, Bd. 9/2, hg. von Günter Arnold, Martin Bollacher u. a., Frankfurt a.M. 1997, S. 9-126.
— Auch eine Philosophie der Geschichte zur Bildung der Menschheit, in: Werke, Bd. 4, hg. von Martin Bollacher, Jürgen Brummack, Ulrich Gaier u. a., Frankfurt a.M. 1994.
— Ideen zu einer Philosophie der Geschichte der Menschheit, in: Werke, Bd. 6, hg. von Martin Bollacher, Jürgen Brummack, Ulrich Gaier u. a., Frankfurt a.M. 1989.
Entwicklungspolitik, Informationsblatt des Deutschen Auswärtigen Amtes, Stand von Juli 2003.
Fink, Gonthier-Louis: Von Winckelmann bis Herder. Die deutsche Klimatheorie in europäischer Perspektive, in: Gerhard Sauder (Hg.), Johann Gottfried Herder 1744-1803, Hamburg 1987, S. 156-176.
Forster, Georg: Werke, Bd. I, Berlin/Weimar 1979.
Gadamer, Hans-Georg: Herder und die geschichtliche Welt, in: Gesammelte Werke, Bd. 4, Tübingen 1999, S. 318-335.
Gaier, Ulrich: Von nationaler Klassik zur Humanität. Konzepte der Vollendung bei Herder, in: Nationen und Kulturen, hg. von Regine Otto, Würzburg 1996, S. 49-64.
Lepenies, Wolf: Es lebe die instrumentelle Vernunft! Eine Lobrede auf den großen Naturforscher und Fortschrittsgeist Alexander von Humboldt, in: »Die Welt« vom 28. August 2004.
Momekam-Tassie, Martin: Mythologie und Literatur bei Herder. Eine Untersuchung zum Mythologieverständnis im 18. Jahrhundert, Inaugural-Dissertation, Universität Basel 2000.
Otto, Regine (Hg.): Nationen und Kulturen, Würzburg 1996.
Rudolph, Enno: Kultur als höhere Natur. Herder als Kritiker der Geschichtsphilosophie Kants, in: Regine Otto (Hg.), Nationen und Kulturen, Würzburg 1996, S. 13-25.

---

25 Ideen, a.a.O., S. 893f.

GONTHIER-LOUIS FINK

Herders ambivalentes Verhältnis zu Frankreich im *Journal meiner Reise im Jahr 1769*

Für Hans-Dietrich Irmscher

Combien il est difficile de prendre assez de précautions contre les préjugés.
J.-J. Rousseau, Lettre sur la musique françoise

Als Herder Ende Mai 1769 aus Riga abreiste, wollte er eine europäische Kavalierstour antreten, Deutschland, England, die Niederlande, Frankreich und Italien besuchen. In Weiterführung von Gedanken der Fragmente *Über die neuere deutsche Literatur* zog ihn zunächst der Norden an, wo er Klopstock und Gerstenberg aufsuchen wollte, aber wohl auch die Möglichkeit sah, durch nähere Kenntnis der nordischen Kultur mit der germanischen Mentalität vertrauter zu werden. Anstatt aber in Helsingfors auszusteigen, um von dort nach Kopenhagen zu fahren, überredete ihn sein Reisegenosse Gustav Berens, die Reise mit Frankreich zu beginnen. Die Gründe für eine Horizontveränderung - die fehlenden geistigen Anregungen in Riga, »der Mangel einer großen Bibliothek« (M.C. v. Herder, 96), der Neid der Kollegen - sind bekannt.[1] Wie aus seinen Briefen von Mai/Juni an Hamann und vom 30. Nov. an Nicolai zu ersehen ist, hoffte der äußerst empfindliche, um seinen Ruf besorgte Rigaer Adjunkt dank einer geographischen und zeitlichen Distanz das unliebsame Echo des literarischen Streits mit Klotz und Riedel und den ihn beschämenden Nachweis von lateinischen Übersetzungsfehlern vergessen lassen zu können (Br, 146 u. 175). Dieser Wunsch war so stark, dass Herder sich über alle Hindernisse hinwegsetzte und sich ziemlich unbemittelt auf die Reise machte.

Das *Journal meiner Reise im Jahr 1769* ist ein einzigartiges Dokument, das mit seinen steten Abschweifungen, überraschenden Assoziationen, Wiederholungen und Widersprüchen uns Herders psychische Verfassung, seine Reaktionen (A. Vogel, 92), seine Pläne im Jahr 1769 zu kennen erlaubt, obgleich oder gerade weil es unausgegoren und zuweilen widersprüchlich ist. Seine derzeitige Korrespondenz ergänzt es zwar, aber dabei gilt es im Auge zu behalten, - was oft vergessen wird -, dass seine Briefe adressatbezogen sind und folglich nicht immer wörtlich genommen werden dürfen. Unerlässliche Hilfe für die Interpretation von Herders Auseinandersetzung mit Frankreich bieten einerseits H.-D. Irmschers Katalog seines handschriftlichen Nachlasses und G. Arnolds Register der Briefe, anderseits die verschiedenen Werk-Ausgaben, besonders die neuesten von Hanser und dem Deutschen Klassiker-Verlag, indem sie zahlreiche Anspielungen auf die französische Literatur aufschlüsseln. Zwangsläufig geben ihre reichen Kommentare aber nur eine punktuelle Sicht von Herders damaligen Beziehungen zu Frankreich.

Das *Journal meiner Reise* ist schon mehrfach untersucht worden, doch schien es der deutschen Kritik oft schwer zu fallen, Herders Aussagen unvoreingenommen zu deuten (B. Becker, 70ff.). Wie der Kommentar Suphans steht auch Rudolf Hayms Interpretation von

---

1 Br, 128, an Nicolai, 27.12.69; Br, 144, an den Rat von Riga 16.3.69, u. R. Wiesbert IX, 2, 861 ff.

seiner Frankreichreise noch im Schatten des durch den deutsch-französischen Krieg von 1870/71 erstarkten, gegen Frankreich und die Aufklärung gerichteten Patriotismus. Er geht zwar gut informiert auf viele Aspekte der Herderschen Probleme in Riga und in Frankreich ein, betont zu Recht, dass hier »der deutsche Patriot« zu uns spricht, dem das französische Wesen »nicht sympathisch« war. Nichtsdestoweniger glaubt er, dass Herder es »einigermaßen in der Weise« gezeichnet habe, »wie ein Franzose (es) charakterisieren würde«. Er erkennt zwar die Ambivalenz des Frankreichbildes, aber anstatt es zu deuten, begnügt er sich damit festzustellen, dass Herder »wie Klopstock und Lessing« urteile, »ein offenes Auge auch für die glänzenden Seiten des französischen Geistes« bewahre und »ein höheres Maß von Gerechtigkeit« gezeigt habe als Lessing. So findet Haym »Alles, was [im *Journal*] zur Charakteristik der Franzosen und der französischen Literatur gesagt wird«, »ganz vortrefflich« (I, 363ff.). Damit gibt er gleichsam das Motto für die späteren Interpreten des *Journals*. In der Folge wird Herders patriotische Optik zwar übernommen, aber, als wäre nach dem Ersten Weltkrieg manchem Literaturhistoriker seine eigene patriotische Sicht nicht bewusst, wird geflissentlich übersehen, dass Herders Frankreichbild aus Reaktion auf die französische kulturelle Hegemonie viel dem damaligen deutschen »defensiven Patriotismus« verdankt, wie hingegen der holländische Germanist Th.C. van Stockum (16, 14) erklärt, der Herders »französenfeindliche Äußerungen« und seine »prinzipielle Ablehnung der französischen Kultur« betont. Während Wilhelm Koeppen, Adolf Vogel und Ruth Frank Herders psychische Verfassung zwischen 1766 und 1769 gut deuten und interessante Blicke auf den geistesgeschichtlichen Kontext des *Journals* werfen, betrachten sie seine Aussagen über Sprache, Literatur und Charakter der Franzosen ohne Distanz, meist als unanfechtbar, obwohl sie um seine Subjektivität, ja seine »Launenhaftigkeit« (R. Frank, 36) wissen. So glaubt W. Koeppen (53), der manches scharfe Urteil Herders zitiert, dieser habe »durchaus nicht voreingenommen und parteiisch, [...] die französische Geisteskultur auf sich wirken lassen«, und A. Vogel (81) meint Herders »Kritik als Toleranz [...] bezeichnen« zu können. Sie sehen mit den Augen ihres Autors und oft nicht weiter als dieser. Da Herder kaum die französische Realität wahrnahm, haben sie sie ebenfalls übersehen. Auch fehlt ihnen oft die Kenntnis der historischen, sozialen und literarischen Dimension der französischen Kultur und damit auch eine kritische Wertung von Herders Urteilen sowie der Diskrepanz zwischen der bescheidenen Ernte seines Frankreichaufenthalts und seinem hochfliegenden Plan, »von allem, was zum Jahrhundert Frankreichs gehört, lebendge Begriffe« zu bekommen (JmR, 121). Mehrfach muss man sich fragen, wie die Kritik Herders *Journal* und seine Korrespondenz so unkritisch hat lesen können. Selbst dessen Einschränkungen in Bezug auf seine Erfahrungen werden übersehen. Es ist zwar lästig, aber oft unerlässlich anzudeuten, dass der Interpret Herders und nicht seine eigenen Ideen wiedergibt, will er den Kritiken des Autors keine objektive Bedeutung geben. Selbst R. Wisbert vergisst dies mehrfach in seiner Dissertation, auch folgt 1997 seiner interessanten Einleitung und seinen Kommentaren kein abschließendes Wort, das Optik und Kritik des Autors historisch relativiere.[2] K. Mommsen (232) distanziert sich hingegen gleich zu Beginn ihres Frankreich gewidmeten Kapitels von Herders Polemik, indem sie betont, dass im Anschluss an Klopstock und Lessing nicht diese, wohl aber »die Schärfe, das Pathos« sowie »das Ausmaß von Herders Kritik« »neu« gewesen sei. Max Rouché, ein guter Kenner Herders, nennt fünf Ursachen für dessen voreilige Urteile über die Länder Europas, die er nicht kenne, und besonders über Frankreich: »son parti pris de dénigrement, – sa connaissance imparfaite du français, – son point de vue étroitement

---

2 Barbara Belhalfaoui-Koehn erwähnt in ihrer interessanten Dissertation nur kurz das Reisejournal.

littéraire, – son goût inspiré du *Sturm und Drang*, – son manque de sens historique« (18), zeigt aber zu sehr seine Irritierung. Abgesehen von wenigen kurzen Hinweisen wurden eigenartigerweise von der Forschung zwei Probleme vernachlässigt, die Herders damaliges Verhältnis zu Frankreich grundsätzlich mitbestimmten, erstens seine Kenntniss der französischen Sprache, zweitens was er während seines Frankreichaufenthaltes las und wie er es rezipierte. Als einer der wenigen Forscher vermerkt R. Häfner (17), dass »Unsicherheit besteht im Hinblick auf den Umfang der in Nantes [...] benutzten Werke«. Natürlich kann ich in dem mir gegebenen Rahmen nur Vorarbeit leisten und außer dem ersten Punkt vor allem Herders Kritik der verschiedenen Aspekte der in der Sprache sich spiegelnden französischen Denkart untersuchen, während das Ausmaß seiner französischen Lektüre und die Auseinandersetzung mit den Autoren, die beide bisher nur partiell oder pauschal betrachtet wurden, größtenteils erst in einer späteren Arbeit verfolgt werden können.

I. Herder und die französische Sprache

Im 18. Jahrhundert gehörte die Kenntnis der französischen Sprache zum Bildungsgut der deutschen Elite. Herder selbst bestätigt dies im französischen Brief von Juli 1769 an Begrow wohl nicht ohne Ironie, zumal er sich damit selbst charakterisiert: »une langue dont l'ignorance est une barbarie achevée dans notre siècle« (Br, 153). Wie aber stand es mit seiner eigenen Kenntnis derselben? Ein in Riga zwischen 1764 und 1769 geschriebenes, wohl an Hamann gerichtetes Briefkonzept (Br, 332) dürfte uns einen ersten Hinweis darüber geben. Abgesehen von der zuweilen den Sinn entstellenden Orthographie, die jedoch nicht fehlerhafter war als die mancher französischen Damen der Zeit infolge weiblicher schulischer Diskriminierung (Brunot VII, 170 ff.), scheinen Grammatikfehler, linkische Ausdrucksweise und Wortwahl anzuzeigen, dass sein aktiver Wortschatz damals weder sehr präzise noch sehr groß war. Da er früh Exzerpte auch in französischer Sprache machte, dürfte er dabei vor allem auf den Inhalt und wenig auf die sprachliche Form geachtet haben, wovon auch die Orthographie der Namen einiger Autoren zu zeugen scheint. Es heißt zwar, dass er in Riga auch französisch lehrte (Haym I, 98), aber angesichts dieses Briefkonzepts muss man sich fragen, wer mehr zu bemitleiden war, der Lehrer oder die Schüler. Für seine Beziehungen mit Literaten war seine passive Kenntnis des Französischen wohl ausreichend, erlaubte sie ihm doch französische Schriften zu lesen und darüber in deutscher Sprache zu reden und zu schreiben, aber, wie er selbst bekennt (JmR, 103), kaum die Feinheiten eines literarischen Werks zu würdigen.

Wie im *Journal* aus Andeutungen seines pädagogischen Reformprojektes für die Rigaer Domschule hervorgeht, scheint Herder wie die meisten seiner Landsleute, die sich keinen französischen Hauslehrer leisten konnten, Französisch wie eine tote Sprache mit Hilfe von Grammatik und Wörterbuch gelernt zu haben. Dies mochte genügen, nach einiger Zeit einen Text zu verstehen. Im Bewusstsein des Ungenügens einer solchen Methode betont er jetzt, »die Sprache soll nicht aus Grammatik, sondern lebendig gelernt [...], nicht fürs Auge studirt, sondern fürs Ohr und durchs Ohr gesprochen« werden (JmR, 66 f.).

Sobald Herder jedoch davon träumte, gar aktiv als pädagogischer oder als politischer Reformer zu wirken, war seine passive Kenntnis der französischen Sprache ungenügend, denn sie reichte nicht aus, um Kontakt aufzunehmen mit Repräsentanten der führenden Kreise in Riga und ihnen seine Gedanken gegebenenfalls in französischer Sprache vorzutragen. Dies mochte er zweifellos auch bei den Audienzen gespürt haben, die ihm der Rigaer Regierungsrat Johann Chr. von Campenhausen und der Gouverneur Graf George Browne bei seinem Abschied von Riga gaben, obgleich in seinen Briefen, die nur Positives davon berichten, nichts davon verlautet. Ein Echo dieser Szenen kann man jedoch in einer ironischen Anmerkung des *Journals* finden: »Welche Schande bei Landräthen und Sekretären von Wind und Geschmack kein Französisch zu sprechen« (JmR, 120). Er spürte wohl, dass er nur hoffen konnte, »das Zutrauen der Regierung, des Gouvernements und Hofes [zu] gewinnen«, wenn er die französische Konversation beherrschte. Für den jungen Aufsteiger galt es, diese Lücke baldmöglichst auszufüllen. Zugleich hoffte er sein gesellschaftliches Prestige in Riga und in Deutschland durch gute Französisch-Kenntnisse zu heben, denn, wie er im *Journal* vermerkt, »ohne Französische Sprache, Sitten, Anekdoten, und Känntnisse zurückzukommen, welche Schande!« (JmR, 122) Er möchte »nachher Einer seyn [...] können, der Frankreich, England, Italien, Deutschland genossen hat, und als solcher, erscheinen darf!« (JmR, 33).[3] Wie deutlich sein soziales Geltungsbedürfnis war, geht auch aus seinem »galante[n] und gefällige[n] Wesen«, sowie aus dem ›langen, schwarzen seidenen Mantel‹ hervor, den er trug, als Goethe ihn im September 1770 zum ersten Mal in Straßburg traf (*Dichtung und Wahrheit*, 434), eine vornehme Kleidung, wodurch er mehr einem französischen Abbé als einem deutschen Pastor ähnelte.

Schon in dem größtenteils noch auf dem Schiff redigierten pädagogischen Reformprogramm für die Rigaer Domschule zieht Herder die Konsequenz seines bisherigen sprachlichen Unvermögens, wenn er dafür plädiert, anstatt des Lateins nach der Muttersprache Französisch als erste Fremdsprache einzuführen[4] und auch sie als eine lebende Sprache zu lehren, für die Verstehen und Reden wichtiger ist als Lesen. »Die erste Sprache ist also eine Plapperstunde«. Ganz im Sinn von Rousseaus *Emile* soll der Lehrer von der Anschauung, den »bekanntesten Sachen des gemeinen Lebens« ausgehen (JmR, 67), wie überhaupt die erste Klasse dem »Leben« zu widmen sei.

Nachdem Herder in den *Fragmenten* die französische Vorherrschaft und deren Einfluss auf Deutschland gebrandmarkt hatte, auch in Bezug auf die Verbreitung der französischen Sprache, ist man überrascht zu sehen, dass er hier die traditionellen positiven Vorurteile übernimmt, die nicht nur von den französischen Klassikern und Puristen als Wahrheiten betrachtet wurden, sondern auch in weiten Kreisen Deutschlands als solche galten. Wenn sein pädagogisches Reformprojekt der galanten französischen Sprache einen Vorrang einräumt, – aber welche andere moderne Sprache hätte damals den Vorzug verdient? – dürfte diese Kehrtwendung einerseits eine von Vorurteilen ungetrübte Meinung verraten, andererseits als eine Konzession an Rigas tonangebende Kreise zu deuten sein, denn nur mit ihrer Unterstützung konnte er hoffen, eine Schulreform für Livlands adlige Jugend durchzuführen. Er benutzte dies, um die Vorzugsstellung der französischen Sprache neu zu begründen und dabei zugleich den neuen Erkenntnissen der Pädagogik Rechnung zu tragen: Erstens ist seiner Meinung nach die französische Sprache »die allgemeinste« in Europa und darum für die spätere Elite die »unentbehrlichste«. Sie ist aber auch »die gebildeteste« (JmR, 66), womit Herder auf die Regulierung des Französischen durch die Grammatiker und die französische Akademie anspielt, durch die sie im 17. und 18. Jahrhundert die regelmäßigste Sprache des

---

3   Orthographie und Interpunktion übernehme ich im jeweiligen Zitat, ohne jedesmal ›sic‹ anzugeben.
4   Dies hat Herder schon 1764 in der Schulrede ›über den Fleiß in mehreren gelehrten Sprachen‹ (FA I, 138) angedeutet, es entsprach der zeitgenössischen Tendenz zu den Realien. S. 849f. u 1007f. R. Wisberts Kommentar.

modernen Europa war. Während er dies gemeinhin als Einengung der individuellen Ausdrucksmöglichkeiten betrachtete, betont er hier im Anschluss an Diderots *Lettre sur les sourds et muets* (371 f.), »daß sie ungleich leichter als die Deutsche und Lateinische« sei. Das Resultat derselben sei der »schöne Stil« und der »Ausdruck des Geschmacks«. Er versichert, dass er sowohl die »Mängel der Sprache, wie ihre Schönheiten« kenne, anerkennt jedoch in diesem Rahmen die geistige Überlegenheit der Franzosen »in ihren Politischen, Physischen, Mechanischen Werken«. Seiner Meinung nach weist »in der Geschichte [...] die Französische Sprache die meisten feinen Unterschiede in Zeiten, Fluß in Bildern, Reihe von Gedanken« auf und hat »in der Philosophie den meisten Schwung genommen« (JmR, 68). Insofern ihre Syntax streng der natürlichen Ordnung der Gedanken folgt, wie Diderot und die klassischen Grammatiker erörterten, die Herder zum Teil schon in Riga studierte, ist sie auch »Philosophisch an sich schon, vernünftig«, d. h. der Vernunft entsprechend, und darum »die leichteste und einförmigste, um an ihr einen *Praegustus* der Philosophischen Grammatik zu nehmen: sie ist die ordentlichste zu Sachen der Erzählung, [...] und des Raisonnements«, was sie befähigt, »unmittelbar auf die Muttersprache [zu] folgen« (JmR, 66).

In der zweiten Klasse, auf der Stufe, die dem »Geschmack« gewidmet wird, sollen die Schüler mit Hilfe der Lektüre großer Dichter und Stilisten wie Bossuet, Fénelon, Voltaire, Fontenelle, Rousseau und Mme de Sevigné, Crébillon und Duclos »Geschmack für die Schönheiten und Tours der Sprache« bekommen und zum Schreiben angeleitet werden (JmR, 67). In dieser Auswahl ist es Herder wohl weniger um die Gedanken als um die Form, den Stil zu tun, so dass es nichts besagt, dass die zitierten Schriftsteller nur wenig miteinander gemein haben und oft auch einander befehdeten. Erst in der dritten Klasse »kommt die Philophische Grammatik« (JmR, 68), wofür er sich auf Antoine Arnauld,[5] François-Séraphin Régnier-Desmarais' *Traité de la grammaire françoise*, 1705, und Pierre Restauts *Principes généraux et raisonnés de la grammaire françoise*, 1730 beruft. Für »die Sprache der Französischen Critik«, die die fortgeschrittenen Schüler ebenfalls »lebendig« (JmR, 69), d. h. durch gute Beispiele lernen sollten, empfiehlt er als Modelle Voltaire sowie die Journalisten Fréron und Pierre Clément.

Nicht ohne Grund bedauerte Herder, nicht selbst einen solchen Kursus mitgemacht zu haben. Im Bewusstsein seiner ungenügenden Kenntnis der französischen Sprache fragt er am 4. Nov. 1769 Begrow, ob Katharina II. »gerne deutsch« lese »oder muß es [der Reformplan] französisch sein?« (Br, 173). Nach einem Gespräch mit Gustav Berens, seinem Reisegefährten, der ihn schon auf dem Schiff darauf aufmerksam machte, dass Schriftbild und Lautstand auch im Französischen einander nicht entsprechen, hoffte er jedoch den Schritt vom optischen Erfassen der Sprache in der Lektüre zum Akustischen im Verstehen und Sprechen in 14 Tagen in Nantes zu machen und »die Französische Sprache [...], nach ihrem Geschmack und Schönheit, und Genie« zu meistern, da er sie zu seinem »Hauptzweck« zu machen gedachte (JmR, 120).

Bei der Ankunft in Nantes musste Herder jedoch feststellen, dass er »weder Pilot, noch Wirthin, noch alte Weiber« verstand (JmR, 122). Seine Enttäuschung war groß! Überrascht bemerkt er, dass in Frankreich selbst die Lotsen französisch sprachen, gleichsam als spiele

---

5 Die im 18. Jahrhundert noch weit verbreitete *Grammaire générale et raisonnée*, die der führende Jansenist Pierre Arnauld gemeinsam mit Claude Lancelot herausgab, die sich weniger wie Vaugelas auf den Sprachgebrauch als auf die Logik, die »raison« stützt und universelle Gesetze zu bestimmen sucht; 1754 wurde sie von Charles Pinot Duclos mit Anmerkungen neu herausgegeben, der ebenfalls betonte, »Les langues, qui paraissent l'effet du hasard, sont assujetties à une logique d'autant plus inviolable qu'elle est naturelle et presque machinale«, zitiert nach G. Gusdorf III, 2, 325 ff.; s. auch Brunot VI, 2, 943. Port-Royal hat auch zuerst die französische Sprache in den Unterricht eingeführt.

diesbezüglich – im Gegensatz zu Riga – der soziale und sprachliche Unterschied keine Rolle. Infolge seines mangelnden auditiven Verstehens vermochte er natürlich die oft bedeutenden, sozial und regional bedingten Unterschiede nicht zu bemerken, denn die Feststellung des Abbé Grégoire, der aufgrund einer Umfrage des Jahres 1790 – wohl nicht ohne Übertreibung – konstatierte, dass ungefähr die Hälfte der Bevölkerung nur ihren Dialekt und kein Französisch verstünde (Brunot IX, 180f., 204ff.), traf auch für einen guten Teil der Bretagne zu. In Nantes selbst wurde zwar allgemein französisch gesprochen und von den einfachen Fischern mindestens auch verstanden. Wäre Herder auf den Markt gegangen oder hätte er sich auf den Dörfern der weiteren Umgebung umgesehen, wo vielfach noch bretonisch gesprochen wurde (Brunot VII, 257ff.), so wäre ihm wohl Frankreichs sprachliche Diversität bewusst geworden. Dies hätte aber sein Frankreich-Bild als das einer zentralistischen Monarchie mit einem einheitlichen Nationalcharakter in Frage gestellt, ein Bild, das zwar dem Anspruch der Bourbonen und der geistigen Elite des Landes, aber weder der sozialen noch der administrativen und fiskalischen Wirklichkeit entsprach (Fink, 2004, 6ff., Malettke, 86ff.), hatte Nantes doch als Teil einer »province réputée étrangère« besonders günstige Zolltarife (G. Martin, 22). Hinzu kommt, dass infolge der reichen kommerziellen Beziehungen zu Holland, den britischen Inseln und den nordischen Ländern in der Stadt auch holländisch oder irländisch zu hören war (Brunot VII, 257). Herders Erstaunen, dass selbst die Kinder französisch sprachen, ist nicht weniger überraschend, zeigt aber, dass das labile Selbstbewusstsein des geborenen Pädagogen darunter litt, diesbezüglich von Kindern übertroffen zu werden (JmR, 33, 102).

Nantes war damals dem zeitgenössischen Reiselexikon zufolge eine »ziemlich feste, grosse, volckreiche und wohlgebaute Handels-Stadt« (Schramm, 1144f.), die wie Riga über einen bedeutenden Seehafen verfügte, und nicht nur durch den Handel mit Ostindien, sondern auch durch den Sklavenhandel reich geworden war, der zur Zeit Herders noch blühte (G. Martin, 9). Anscheinend sah dieser jedoch nichts davon. Er hatte keinen Blick für die Stadt, weder für das Schloss der Herzöge von Bretagne noch für den Kontrast zwischen dem relativ reichen Nantes und der armen Bretagne, wie er sich überhaupt nicht für die soziale und materielle Realität zu interessieren schien. Umso erstaunlicher ist, dass er Morellets *Mémoire sur la situation actuelle de la Compagnie des Indes* (1769) erwähnt, das noch im gleichen Jahr die Aufhebung des Privilegs dieser Compagnie bewirkte (Morellet, 160f.). Es erklärt sich jedoch durch die Tatsache, dass diese Streitschrift und die Aufhebung des Handelsprivilegs der Compagnie für die Reeder von Nantes von großer, aktueller Bedeutung war, hatten sie doch schon Jahrzehnte dafür gekämpft (G. Martin, 14). Sicher hat ihn sein Hausherr, Pierre Babut, der Daniel Couturier zufolge ein »bedeutender Reeder« war (68, 99), auf Morellet und dieses Problem aufmerksam gemacht. Das *Journal* sagt dies jedoch nicht, es verzeichnet nur, was Herder bewegte; es war vor allem ein Spiegel seiner psychischen Verfassung und ein Skizzenbuch, um seine Pläne und Gedanken für spätere Verwendung aufzubewahren. Seine Interessen waren wesentlich intellektueller Art. Wie Sterne in *A sentimental Journey through France and Italy* (1768) distanziert er sich von Reisebeschreibungen wie Smolletts *Travels through France and Italy* (1766), denen er vorwirft, in »Painhöf«, (Paimboeuf), einer kleinen Stadt, aber dem damals sehr bedeutenden Hafen von Nantes, »Begriffe von Frankreich [zu] holen«. Als Idealist verachtete er sowohl »die Manier Teniers« wie »Tristrams Gemälde« (JmR, 122). Und obwohl er ein ähnlich irritiertes Temperament wie Smollett und einen ebenso subjektiven Blick wie Yorik und Tristram hatte, doch ohne Sternes Humor, ruft er mit dem Blick auf Smollett empört aus: »welche Schande«! Der Rigaer Pastor erwähnt nicht einmal, dass mit dem Namen der Stadt sowohl das Edikt von Nantes (1598), das den Protestanten gewisse Freiheiten zusicherte, wie 1685 dessen Aufhebung verbunden ist. Diese Blindheit wird besonders deutlich, wenn man die Beschreibung von Nantes, wie sie der Engländer Arthur Young einige Jahre später gibt,[6] mit Herders *Journal* vergleicht. Während Gustav Berens, sein Begleiter, in Nantes zuerst »vaste Regelmäßigkeit, eine grosse Schönheit« wahrnahm, war für Herder »der erste Anblick« betäubend: »ich sah überall [...] eine Verzerrung ins Groteske ohngefähr«. Und er fragte sich, ob daran »der Schnitt (s)eines Auges, und nicht auch (s)eine Denkart« schuld sei. K. Mommsen erklärt diesen ersten Eindruck durch Herders hypochondrisches Temperament (JmR, 244), ich würde hinzufügen, auch durch seine Voreingenommenheit: er sah alles wie durch ein manichäisches Perspektiv, sah all das, was als groß und prächtig gepriesen wurde, in negativem Licht. Und dieser negative erste Eindruck scheint sich auf seiner Frankreichreise nie ganz verloren zu haben. Er hatte zwar große Erwartungen und Pläne, war aber letzthin wenig aufnahmebereit.

Seinem Rigaer Freund Begrow meldet Herder, dass Monsieur Babut, der kurz zuvor schwedischer Konsul geworden war (Couturier, 68), ihn gut aufgenommen habe. Von dessen Frau war er sehr angetan, von dem Hausherrn zeichnet er jedoch ein negatives Porträt, denn zweifellos handelt es sich trotz einer leichten Verschleierung im Text um diesen: »Man [könne] sich in dem Charakter eines Menschen beim ersten Besuch irren, insonderheit wenn er sich hinter der Maske des Umgangs versteckt«. (JmR, 125f.) Hiermit spielt Herder auf das bekannte Stereotyp der unwahren Höflichkeit der Franzosen an. Und er fährt fort: Babut »schien die Munterkeit, Belebtheit selbst« zu sein, er sei aber in Wirklichkeit der Ausbund »schrecklichste[r] höllische[r] Langeweile«, weil er »immer einen Diskurs zu lange findet, frägt und keine Antwort Lust hat zu hören, [und] mitten im Diskurs ein langweiliges Gähnen hervorbringt und an nichts Geschmack findet«. Mit anderen Worten, der Geschäftsmann interessierte sich nicht für Herders Ideen, zumal dieser sie allem Anschein nach »mit [s]einer Deutschen Langsamkeit« (JmR, 120) in schlechtem Französisch vortrug. Ob er selbst bereit gewesen sei, sich für die Ideen und Geschäfte des Hausherrn zu interessieren, was ja zu seinem Programm hätte gehören können, davon ist bei dem introvertierten Autobiographen nicht die Rede. Obwohl er am 15. August Hartknoch gegenüber betont, dass er »noch zu kurz hier« sei, »um über die Französische Nation, Geschmack, Lebensart« zu urteilen (Br, 157), gibt er vorschnell dem Porträt Babuts eine allgemeine, nationale Bedeutung, womit er allzu deutlich seine Voreingenommenheit bestätigt:

> [A]n diesem Charakter war recht das Französische zu sehen, was nichts als Gleißnerei und Schwäche ist. Seine Höflichkeit war politesse und honneteté, oft auswendig gelernt und in Worten: seine Lobeserhebungen fingen damit an, ›er sprach Französisch‹ und endigten damit ›er war von einer politesse, Artigkeit, daß‹ – und der Nachsatz fehlte.

Dies fand Herder bestätigt durch einen Blick auf »gewäßerte Briefe« des Hausherrn, »die nichts enthielten als Meteorologische Verzeichnisse über Regen u.s.w.«, was jedoch für den Reeder wichtig sein mochte. Und das Porträt klingt aus mit einem vernichtenden Urteil, das zugleich den erstarrten, abgelebten Franzosen schlechthin charakterisieren sollte: »Seine Delikateße war todte Ordnung [...] Seine Ruhe Gedankenlosigkeit [...] kurz, bei allen guten Seite[n], die abgebrauchteste, entschlafenste Seele«. Seine Frau hat zwar den »entgegengesetzteste[n] Charakter« (JmR, 127), dies verleitete Herder jedoch nicht, dem französischen Nationalcharakter eine neue Note zu verleihen.

---

6 S. z.B. A. Young, 1, 243, »[à Nantes] il n'y a pas de douce transition de l'aisance au confort, du confort à la richesse; vous passez d'un coup de la profusion, de la misère des huttes de terre [...] à de splendides spectacles«.

Im lateinischen Brief an Hartknoch, den Herder noch auf dem Schiff schrieb, nahm er sich zwar vor, Blois, Tours und Orléans wegen der Reinheit der Sprache zu besuchen (Br, 153), aber der einzige Ausflug, den er verzeichnet, galt Angers (Br, 157), nur weil er hoffte, dort eine Académie bei der Arbeit sehen zu können. Seine Enttäuschung war dann groß zu hören, dass sie keine Sitzungen abhielt, in denen wissenschaftliche Probleme erörtert würden, ja, dass sie nicht einmal eine Bibliothek hätte. Nach einem Dokument, das D. Couturier (108 ff.) zitiert, war die »Académie royale des exercices« von Angers jedoch eher eine Fecht- und Reitschule als eine wissenschaftliche Institution. Bezüglich der Reise erwähnt Herder weder die Postkutschen noch die Straßen, denen gemeinhin die deutschen Reisenden auf Grund des Kontrastes mit den heimatlichen Verkehrs- und Straßenverhältnissen eine besondere Aufmerksamkeit schenkten, noch die Dörfer, die er auf dem Weg gesehen haben könnte. Wenn Caroline Herder von »Landpartien« spricht, auf denen er »auch die Bewohner des Landes näher kennen lernte«, dürfte es sich um eine retrospektivische Korrektur handeln, wie aus dem Nachsatz deutlich hervorgeht:

> Er lernte hier die schöne Seite des französischen Characters, wie er unverdorbener in den Provinzen ist, kennen und schätzen; die Franzosen in der Provinz blieben ihm in ihrer Naivität, Liberalität und geistvollen Fröhlichkeit vorzüglich achtungs- und liebenswerth; weit mehr als die polizirten Städter, besonders die Pariser (122 f.).

Die Nanteser Reeder hätten sich wohl kaum in diesem Klischee wiedererkannt; die erwähnte moralische Differenz charakterisierte eher das mittlere Bürgertum im allgemeinen, auch in Paris, dessen Moral sich deutlich von der der aristokratischen und finanziellen Elite unterschied (Ch. Morazé, 1226 ff., 1260 ff.).

Wenn der Brief an Begrow vom 18. Juli 1769, den Herder wenige Tage nach seiner Ankunft in Nantes auf französisch schrieb, ohne fremde Hilfe geschrieben wurde, zeigt er, dass der Schreiber durch seine Lektüre auf dem Schiff seit Riga beachtliche Fortschritte im Schriftlichen gemacht hat, denn er zeugt von einer ziemlich guten Kenntnis des Wortschatzes und der Grammatik. Er ist jedoch widersprüchlich, einerseits möchte Herder seinem Rigaer Freund zeigen, dass er nun gut französisch kann, denn warum sonst schriebe er ihm auf Französisch? Andererseits bekennt er in demselben seine Schwierigkeit mit der gesprochenen Sprache, seine Scheu zu sprechen, ja seine Angst, es nie richtig zu lernen (Br, 153 f.). Wenn man diesen Brief mit dem vergleicht, den er am 2. Dez. 1770 aus Straßburg ebenfalls auf Französisch an Louise Francique Merck, die aus der romanischen Schweiz stammende Frau seines Freundes, richtete (Br, 290 f.), könnte man jedoch wieder von einem Rückschritt sprechen, denn, wie Herder darin selbst bekennt, ist der Ausdruck wenig glücklich, vielleicht auch weil ihm das Komplimentieren zuwider war.

Bezeichnenderweise aktualisiert Herder vor allem in seinen französischen Briefen die nationalen Heterostereotypen der Franzosen, gleichsam als mache er sich zu ihrem Wortführer und gebe wieder, was sie – wohl unausgesprochen – von den Deutschen oder von seinem Französisch hielten. So bezeichnet er sich im ersten Brief als »bête allemande, qui ne sait que rugir la langue française d'une manière horrible« (Br, 154). Infolge des schwerfälligen Stils wirkt jedoch im zweiten Brief die gewollte Ironie des melancholischen, barbarischen Deutschen, der sich auf sein Gefühl beruft und es dem Katechismus der »sainte civilité Françoise« gegenüberstellt, eher plump.

Wie aber stand es um seine Kenntnis der mündlichen Sprache? Hartknoch, seinem Geldgeber, der wohl sehen wollte, inwiefern sein Freund sein sprachliches Programm verwirklichte, versicherte Herder zwar im Brief vom 15. August 1769, dass »gegenwärtig [sein] vornehmster Zweck« sei, die französische Sprache »des Ohrs und der lebendigen Welt« zu lernen. Die Dialektik der gegenseitigen Bedingung von Sprache, Literatur und Nationalcharakter, von der er am 16. August 1769 auch Nicolai schrieb, machte diese Aufgabe noch schwieriger, denn »man kann keinen Französischen Schriftsteller kennen, wenn man nicht die Nation kennt«. Diese Forderung wurde ihm zweifellos durch Blackwells *Enquiry* vermittelt, der zufolge Homers »Genius« nicht, wie die Philologen glaubten, allein aus den Texten erklärt werden könne; die Literatur eines Landes sei vielmehr mitbedingt durch die geographischen, klimatischen und kulturellen Faktoren des Milieus und den Nationalcharakter. Im Anschluss daran nahm Herder sich vor, zuerst »von allem was zum Jahrhundert Frankreichs gehört, lebendige Begriffe zu bekommen«, »die Französische Nation selbst, ihre Sitten, Natur, Wesen, Regierung, Zustand« zu erforschen. Dieser Wunsch führte zu der Frage: »was daraus auf ihre Kultur und Litteratur folge? was ihre Kultur eigentlich sey? die Geschichte derselben?« (JmR, 121) Er wollte also versuchen, »die Sprache aus der Nation und diese aus der Sprache verstehen zu lernen«. Dies machte jedoch die vordringliche Aufgabe, nämlich die mündliche Sprache zu erlernen, noch schwieriger. Darum gab er vor, als »langsame[n] aber um so sichere[n] Weg« dazu, »steten Umgang [...] in Lesen, Sprechen, Hören und Schreiben« zu pflegen. Aber auch dies scheint ihn überfordert zu haben. In Wirklichkeit wählte er den einfacheren Weg, den Charakter des Landes allein aus der Sprache und der Literatur erschließen zu wollen. Und selbst so musste er bekennen, dass er die Sprache nur »sehr schwer« lerne, da in Frankreich der Unterschied zwischen der oralen und der schriftlichen sehr groß sei. Gegenwärtig müsse er das, was er höre, »bei [sich] selbst reduciren«, d.h. übersetzen, ja er sei »im Zeitpunkt des Gährens zweier Sprachen«, wovon auch der mit französischen Ausdrücken vermengte Stil seines Briefes, sein »kauderwelsch«, zeugt (Br, 156, 161).

Regelmäßiger gesellschaftlicher Verkehr hätte seinem Übel zweifellos bald abhelfen können; die Ausführung ließ aber scheinbar auf sich warten. Hartknoch, den er am 28. August um einen Vorschuss von »200 Dukaten« bat, versicherte er zwar, wohl um sein Gesuch zu unterstützen: »Meine Bekanntschaften werden hier immer größer, folglich auch nutzbarer«. Auch Caroline gibt in ihren *Erinnerungen* (I, 121), denen die Kritik mehrfach blind folgte, ein ideales Bild der »Gelegenheit [dazu] durch ausgewählte Gesellschaft« im Hause Babuts. Dem *Journal* zufolge entfloh Herder jedoch gerne »der Vernichtung der B.-schen Gesellschaft« (JmR, 135). Im Brief vom 15. August 1789 an Hartknoch erwähnte Herder zwar einen Ausflug »mit einer hiesigen vortreflichen Dame auf ein Landgut«, die ihn gefragt habe, ob er über die deutsche Literatur geschrieben habe. Worauf er seinem bisherigen Vorsatz der Anonymität gemäß dies geleugnet habe: »non, Madame! [...] je n'ai pas l'honneur, d'être auteur«. Um seinen Freund zu beruhigen und ihm zu zeigen, dass das Bekanntwerden seiner Autorschaft ihm hier »einige mehrere Egards« verschaffe und ihm so helfe, sein Französisch zu vervollkommnen, gab er zur besseren Beglaubigung Frage und Antwort auf französisch wieder. Man muss sich jedoch fragen, ob es sich dabei nicht um eine doppelte Übertragung gehandelt hat, einerseits eines der Rigaer Erlebnisse auf Nantes, andererseits der Begegnung mit dem jungen schwedischen Kaufmann Samuel Nielssen Koch auf eine »vortrefliche Dame« (Br, 164). Da der junge Schwede, dessen biographische Angaben D. Couturier (113 ff.) ermittelte, während seines Aufenthalts in Hamburg durch Klotzens Angriffe in der *Deutschen Bibliothek der schönen Wissenschaften* auf den Autor der *Kritischen Wälder* aufmerksam geworden war (JmR, 133) und dank seiner Verbindung mit Monsieur Babut, seinem Konsul, von Herders Anwesenheit in Nantes erfahren hatte, suchte er diesen auf. Zweifellos hat ein ähnliches Gespräch wie das erwähnte mit diesem »Liebhaber der Deutschen Litteratur« damals stattgefunden, während die Nanteser Damen sich damals kaum für die deutsche Literatur interessiert haben dürften.

In Wirklichkeit scheint Herder in Nantes soziale Kontakte eher vermieden zu haben. Als Mitglied einer Rigaer Freimaurerloge (M.C. v. Herder, 96) hätte er in Nantes wohl manche Bekanntschaft machen können. Auch gab es, wie A. Young berichtet, in Nantes mehrere »cabinets de lecture« (I, 245), die Herder Gelegenheit zu Konversation hätten bieten können, auf die er im *Journal* wohl anspielt; aber sein schlechtes Französisch hätte die Kontakte erschwert. Dass Herder sich dessen bewusst war, zeigt die Wiedergabe der französischen Heterostereotypen des Deutschen in seinen französischen Briefen. Er gibt zwar vor, »Umgang« zu suchen, wo er könne; die Angst Fehler zu machen und korrigiert zu werden, sowie durch seine Aussprache und seine Redeweise lächerlich zu sein, scheint ihn jedoch gelähmt und so seine gesellschaftlichen Verbindungen reduziert zu haben. Goethe gibt uns ein ähnliches Beispiel. Obwohl er fließend französisch sprach, ähnelte seine Haltung in Straßburg derjenigen Herders in Nantes. Da er die aus den klassischen Tragödien erlernte Sprache mit trivialen Ausdrücken der Kulissen vermischte, die er durch den Verkehr mit dem jungen Derones gelernt hatte, wirkte sein Französisch lächerlich, was man ihm zu verstehen gab, so dass er sich fast ausschließlich in deutschsprachigen Kreisen bewegte (*Dichtung und Wahrheit*, 512f.)

Wenn man darüber hinaus die Herderschen Zeugnisse durchgeht, sieht man, wie wenig zielbewusst Herder sich in Nantes seinem Französisch-Studium widmete. Einerseits betrieb er eingehend deutsche Studien, andererseits ging der Introvertierte gerne allein mit einem Buch in der Hand oder mit Samuel N. Koch im Wald spazieren. Mit diesem sprach er jedoch deutsch. Er rühmte den »sehr sichern Geschmack« des jungen Schweden, zumal dieser »bildbar« war und ihn »als einen Genius« ansah, so dass der deutsche Mentor sich freute, ihn auf den täglichen, frühmorgendlichen Spaziergängen »erleuchten« zu können, wie er ebenfalls Hartknoch am 15. August 1769 berichtete (Br, 157). Diese Bekanntschaft war für ihn wohl die erfreulichste Begebenheit in Nantes; sie bestätigt jedoch, dass er weit lieber lehren als lernen wollte.

Hinzu kam, dass Herder in Nantes sich zunächst keineswegs in das Studium der französischen Sprache und Literatur vertiefte. Wie er Hartknoch ebenfalls im Brief vom 15. August meldete, wollte er zuerst die Lektüre von Sulzers und Mendelssohns Abhandlungen, d.h. seine deutsche Lektüre beenden, bevor er »die Französischen Schriftsteller selbst« vorzunehmen gedachte. Nicht nur weil er sein viertes *Kritisches Wäldchen* umarbeitete, wollte er von seinen deutschen Korrespondenten wissen, ob und wie seine *Fragmente* und die *Kritischen Wälder* rezensiert wurden. Während er sich vornahm, eingehend die französische Sprache und Literatur, Frankreichs »Geist der Gesetzgebung, des Kommerzes und der Polizei«, »alles im Gesichtspunkt von Politik, Staat und Finanzen« zu studieren, meldete er Hartknoch, »wie sehr [ihn] nach Deutschen Buchstaben verlangt« (Br, 161, 163). Noch im August galt sein größtes Interesse dem »Deutschen Parnaß«; in Frankreich glaubt er den »Punkt« gefunden zu haben, »den Archimedes außer der Welt verlangte, um die ganze Welt zu bewegen«, und der ihm erlauben sollte, »die Deutsche Literatur [zu] übersehen« und zu beurteilen. (Br, 156, FA I, 371) Wie aus seinen Briefen hervorgeht, blieb auch in Nantes zunächst Deutschland das Land seines Studiums und seiner Sehnsucht.

Wie Herder im Juli 1769 gar Begrow bekannte, fürchtete er gar, nie richtig französisch zu lernen, und darum »ce pays de culture et d'élégance« mit England oder Italien vertauschen zu müssen (Br, 154). Die Gründe für seine geringen Fortschritte in der oralen Sprache liegen damit auf der Hand, aber sie sind vielfältig. Wie die Verhaltenspsychologie zeigt, dürfte das größte Hindernis des Fortschritts im Mündlichen sein ambivalentes Verhältnis zu Frankreich, seine nationale Voreingenommenheit gewesen sein, denn wie kann man etwas lernen, wenn man sich innerlich dagegen sträubt und dabei psychische Hindernisse zu überwinden hat? Insofern Herder die Sprache als Spiegel des Charakters begriff, hütete er sich auch von diesem Geist infiziert zu werden, wenn er sich allzu sehr in ihn vertiefe. Nicht umsonst betont er im August gegenüber Hartknoch, dass er »Französisiren [...] noch nicht gelernt« habe (Br, 163 u. 165). womit er Hamanns Rat befolgte (Werke II, 181).

Auch nach einem Aufenthalt in Nantes von sechs Monaten hatte Herder noch große Schwierigkeiten die französische Sprache zu verstehen, was sich zweifellos dadurch erklärt, dass er zurückgezogen lebte und nur wenig mit Franzosen sprach. So klagte er in Paris, dass er im Theater einem Stück nicht folgen könne, selbst wenn er es zuvor gelesen hatte (D XXIV, 497). In Paris und Versailles diente ihm Johann Georg Wille, ein deutscher Kupferstecher und Kunsthändler, der gut eingebürgert war (*Mémoires*), als Cicerone. Michael Huber, der nach einem längeren Aufenthalt in Paris, wo er sich durch Übersetzungen aus dem Deutschen einen Namen gemacht hatte, Lektor in Leipzig geworden war, informierte Wille über »l'empire littéraire de notre Allemagne. Il [Gervinus] vous dira comment il s'y est élevé trois tyrans qui bouleversent tout, savoir Klotz de Halle, Lessing de Hambourg, Herder de Riga, et que ceux-ci ont formé d'autres petits tyrannaux, qui augmentent le désordre.« (Wille, Briefwechsel, 440). So war Herder für ihn kein ganz unbekannter, als dieser ihn in Paris aufsuchte. Mit Wille sprach Herder jedoch ebenfalls deutsch. In Ermangelung zusätzlicher Zeugnisse von dritter Seite scheint das Resultat seines Frankreichaufenthalts bezüglich der Praxis der mündlichen Kommunikation wenig erfreulich gewesen zu sein.

II. Diskrepanz zwischen dem pädagogischen Programm und der Kritik

Als Herder sich vornahm, die französische Sprache zu charakterisieren, meinte er, »ein Wörterbuch und [...] eine Grammatik über den Geschmack in der Französischen Sprache« (JmR, 111) würde ihm erlauben, »vom Geist, vom Wohlstande, von der Ehre, von der Höflichkeit der Franz[ösischen] Sprache und ihrer Cultur zu schreiben!« (JmR, 109). Dieses Projekt wurde zwar so wenig verwirklicht wie die zahlreichen anderen Pläne des *Journals*, es hinterließ jedoch zahlreiche Spuren in seinem Reisetagebuch. Für seine Reflexionen zu diesem Thema berief er sich auf den Wortschatz und die Syntax, eine anscheinend objektive Basis, doch ging er dabei nicht systematisch vor (s. auch Pénisson, 384).

Am 28. August 1769 meldete Herder Hartknoch, dass er die *Encyclopédie* »vornehmen« und namentlich die »Artikel der schönen Künste« lesen wolle; so hoffe er in Bezug auf »alles was Augenschein, Erfahrung und Grundsatz des Lebens betrifft, recht vieles zu lernen« (Br, 163). Zur gleichen Zeit schrieb er Hamann, dass er die *Encyclopédie* »mit Dichtern ablöse« und so »alles lebendig an der Nation zu lernen suche« (Br, 165). D'Alembert und Diderot, den Herausgebern, ging es jedoch nicht darum, Frankreich zu charakterisieren; mit Hilfe zahlreicher Mitarbeiter, deren vorläufige Liste sie im *Prospectus* mitteilten, wollten sie vielmehr »l'ordre et l'enchaînement des connaissances humaines« (*Discours préliminaire*, ii), eine Art Synthese des gesamten Wissens, Verhaltens und Glaubens der Menschheit in allen Disziplinen nachzeichnen, um deren Kenntnis auch der Nachwelt zu vermitteln und so den Fortschritt zu erleichtern (Art. Encyclopédie V, 635). Als Hartknoch sich wohl wunderte, dass Herder in Nantes verweile, um die *Encyclopédie* zu lesen, zeigte dieser sich verletzt und entgegnete ihm Ende Oktober ziemlich barsch, dass er bedaure, ihm »Kosten« zu machen;

man könne die *Encyclopédie* nicht lesen, höchstens ihren »Prospektus« und ihren »großen discours preliminaire« (Br, 170). Er wolle und müsse versuchen, »das Ganze der Ausführung, ihre Verschiedenheiten, u. LieblingsAutoren« zu betrachten, »um das jetzige Frankreich von mehr als von Außen zu kennen«, d. h. durch Beobachtung des äußeren Lebens, das er jedoch geflissentlich zu übersehen schien. Der Anteil Frankreichs an der Entwicklung der Wissenschaften und Künste wurde in der *Encyclopédie* zwar nicht vergessen, schon im *Discours préliminaire* verwies d'Alembert auch auf die französischen Dichter des 17. und ihre bedeutendsten Vertreter in der Literatur und Philosophie des 18. Jahrhunderts sowie auf die Rolle des Geschmacks bei der Ausbildung der französischen Sprache, aber in den verschiedenen Artikeln des Werks erscheinen Frankreichs Wissenschaften, Künste, Geisteskultur, Justiz, Regierung und Gesellschaft nur als Teil der universalen Kultur, was im Grunde Herders eigener Einstellung entsprach, so dass diese Lektüre ihn besonders hätte interessieren können, es wäre aber ein sehr langwieriges Unternehmen gewesen. Für das Erlernen der Sprache sowie die Beobachtung der Mentalität und der Sitten des Landes konnte ihm die *Encyclopédie* nur indirekt Hilfe bieten, so dass sein Bezug zu Frankreich im Brief wohl nur als eine erneute Rechtfertigung für sein Verweilen in Nantes und als Antwort auf Hartknochs Sorge zu lesen ist, er vergesse den Grund, warum er dort verweile.

Wenn Herder, der im *Journal* alles Französische kritisierte, vom »großen« *Discours préliminaire* d'Alemberts sprach, dürfte das Adjektiv verraten, dass auch er dessen Synthese bewunderte, denn nicht nur über das großangelegte Werk, sondern auch über die verschiedenen Wissenschaften und Künste bot sie einen interessanten Überblick. Zudem sprach d'Alembert dabei auch mehrere Probleme an, wie den Ursprung der Sprache, die Entwicklung der Kultur und der Philosophie sowie den Geist des 18. Jahrhunderts, die Herder besonders interessiert haben dürften. Die Perspektive der Herausgeber, die beide Lockes und Condillacs Sensualismus verpflichtet waren, war keineswegs ethnozentrisch; sie erkannten willig an, was die französische Kultur vor allem Italien und England verdankte, und wussten um die Subjektivität ihrer Auffassungen. D'Alembert wandte die Herder bestens vertraute Metapher der Lebensalter auf die Entwicklung der Kulturen an und gab ihr so eine leicht deterministische Perspektive. Wie schon Bacon erfassten die beiden Herausgeber die Ausbreitung der Wissenschaften im Bild eines Baums mit vielen Ästen und Zweigen, um so gleichsam einen organischen Zusammenhang zwischen diesen anzudeuten. Indem sie ihren »arbre encyclopédique« demjenigen ihres englischen Vorgängers gegenüberstellten, wollten sie sowohl auf ihre Abhängigkeit wie auf den Unterschied der beiden Bilder verweisen.

Es ist wohl ebenso schwer anzugeben, was Herder in der *Encyclopédie* gelesen hat. Neben den Artikeln ›Génie‹, ›Beau‹ (Gerold, 48 ff.), ›Goût‹ sowie ›Climat‹, ›Caractère des nations‹ und ›Galanterie‹ hat er zweifellos auch einige derjenigen gelesen oder überflogen, die Du Marsais und nach dessen Tod, ab 1756, Beauzée der Sprache gewidmet haben, vor allem wohl ›Gallicisme‹, ›Grammaire‹, ›Langue‹, ›Inversion‹ und ›Déclamation‹. Darin werden die Sprachprobleme im Geist der »grammaire générale« behandelt, der der mit dem Turm von Babel entstandenen Sprachenverwirrung begegnen sollte, indem die philosophischen Grammatiker die allgemeinen Gesetze aufzeigen, welche auch die partikularen Sprachen befolgen. Abgesehen von Voltaires Artikel ›François‹ boten die linguistischen Artikel der *Encyclopédie* Herder zwar keine große Hilfe für sein semantisches und kulturelles Projekt; im Verein mit Étienne Bonnot de Condillac und Diderot scheinen sie ihm jedoch Anlass zu kritischen Bemerkungen gegeben zu haben. Erstaunlich ist, dass er in Condillac, dem er schon in den *Fragmenten* manche Anregung verdankte, im *Journal* nur einen Franzosen sieht, der wie Maupertuis und König »nichts [weiß] vom Reellen der Metaphysik« (JmR, 96), weil er im

Essai sur les origines des connoissances humaines (164) den Philosophen vorwarf, Symbol und Realität miteinander zu verwechseln.[7] Ohne Condillac zu nennen, spielt Herder auch auf die »Illusion der Statue vom Geiste« (JmR, 131) an, »une statue intérieurement organisée comme nous et animée d'un esprit privé de toute espèce d'idées ...« aus dem *Traité des sensations* (I, 222), den er in der Bibliothèque publique von Nantes fand (s. E. Péhant). Aber auch Voltaire und Diderot werden nicht erwähnt, wenn der Pädagoge dieses oder jenes Argument übernimmt oder ihm in der Folge ihre Thesen bezüglich der französischen Sprache und Denkart Anlass zu kritischen Bemerkungen geben. Wie R. Krebs (76) anlässlich des Verhältnisses von Herder und Diderot vermerkt, ist es bezeichnend, dass ersterer gerade die französischen Autoren, denen er manche Anregung verdankt, wovon mehrfach auch die von Irmscher-Adler verzeichneten Exzerpte zeugen, vor allem in kritischem Licht zeigt, gleichsam als wolle er auf diese Weise seine Schulden abtragen, zu denen er sich nicht bekennen mag, um nicht seinerseits als Nachahmer Frankreichs betrachtet zu werden.

Der Tendenz der Zeit gehorchend erwähnt Herder im *Journal* mehrfach auch Namen von Grammatikern, gleichsam als wollte er sich selbst versichern, dass er die französische Sprache beherrscht. Abgesehen von der Frage des Ursprungs der Sprache, auf die er dabei stieß, dürfte es jedoch schwer sein zu sagen, was ihn in den partikularen und philosophischen Grammatiken interessiert hat. Das einzige Problem, das er aufgreift, ist die Inversion, ein von den französischen Grammatikern und Philosophen damals vielbehandeltes und, wie er im *Journal* (114) meldet, auch viel umstrittenes Problem, wie er auch aus dem Artikel ›Inversion‹ der *Encyclopédie* (VIII, 852ff.) ersehen konnte. Condillac, der ihm seit einigen Jahren vertraut war und der im *Essai sur l'origine des connaissances humaines* (1746) das ganze Kapitel 12 des 2. Teils der Inversion widmet, erwähnt er dabei nicht. Wie Beauzée im Artikel ›Langues‹ der *Encyclopédie* erklärt, erlaubt sie zwischen den »langues analytiques« mit logischer Satzfolge und den »langues transpositives«, die dank der Flexion die Wörter in willkürlicher Anordnung aufeinander folgen lassen können, zu unterscheiden (IX, 259). Herder übernahm zwar nicht die Terminologie der Philosophen, war aber daran interessiert, denn während diese Differenz den Franzosen erlaubte, ihre Sprache von der lateinischen abzuheben, sah er in ihr die Möglichkeit, die französische Sprache grundsätzlich von der deutschen zu unterscheiden.

Da Herder in den *Fragmenten* bezüglich der französischen »Kultur des Umgangs«, die »mehr zu erklären weiß, wie die Seele durch den Körper spricht, als unsere Sprache«, von einem »Verzeichnis [spricht ...,] was Girard und Mauvillon von Wörtern dieser Art gesammlet« haben (FA I, 239), hätten ihm *Les Synonymes françois* des Abbé Gabriel Girard (Brunot VI, 902) gute Dienste leisten können, als er in Nantes den französischen Wortschatz studieren wollte. In Mauvillons *Lettres françoises et germaniques* (Lettre IX, 205ff.) fand er hingegen nur Anspielungen auf die puristische Tendenz der Académie française, den Respekt, den die Syntax auch den Dichtern gebietet, sowie die Forderung der Klarheit, weil man für das Publikum spreche. In der Bibliothek von Nantes hätte er die Erläuterungen der *Synonymes* des Abbé Girard einsehen können. Da er dies anscheinend unterließ, denn im *Journal* ist von den beiden Autoren nicht mehr die Rede, war er, abgesehen von Wörterbüchern für seine Wortstudien, mehr oder weniger auf sich selbst angewiesen. Infolge seines mangelnden Verständnisses der mündlichen Sprache konnte natürlich nicht die Rede davon sein, »die

---

7   S. auch das Exzerpt des 8. Kapitels des 2. Teils des *Essai sur l'origine des connaissances humaines*, das J. Stückrath nach einer deutschen Übersetzung kommentiert, ohne aber auf die Stelle im französischen Original zu verweisen.

Sprache des Alltags« zu untersuchen, wie Ruth Frank glaubt (109), obgleich Herder überraschenderweise die »Sprache [...] der Honnethomme [...] auch im Munde des Pöbels« wiederzufinden vorgibt (JmR, 109). Aber es handelt sich dabei wohl um eine Reminiszenz von Diderots Bemerkung, dass mancher »terme noble«, den noch Amyot und Montaigne verwandten, im ›beau style‹ nicht mehr verwendet werde, »parce qu'ils avaient passé dans le peuple« (*Lettre*, 389), was ja gerade das Gegenteil war von dem, was Herder für die Erneuerung und Bereicherung der deutschen Sprache anstrebte (U. Gaier, 48). Schon in den *Fragmenten* hatte er die Bedeutung der Idiotismen bzw. Gallizismen für das nationale Genie der Sprache hervorgehoben; aber sie bei seiner Lektüre zu sammeln, hätte, wie Beauzée im Artikel ›Gallicisme‹ der *Encyclopédie* vermerkt, eine intime Kenntnis der französischen Sprache und ihrer historischen Entwicklung vorausgesetzt. Leichter wäre es gewesen, z.B. die einschlägigen Wortfelder im *Dictionnaire de l'Académie* aufzusuchen, wie Beauzée empfiehlt. Doch auch dies hätte viel Zeit und Mühe gekostet, und dazu war der Amateur-Lexikograph nicht bereit. Statt dessen begnügte er sich damit, auf einige »Lieblingsausdrücke und Bezeichnungen der Nation« hinzuweisen, in dem Bewusstsein, dass Sprache und Nationalcharakter einander gegenseitig bedingen und die Gallizismen so die »Eigenheit in der Denkart« der Franzosen offenbaren (JmR, 105). Sonst scheint Herder sich auf seine Eindrücke bei der Konversation mit seinem Gastgeber und bei seiner Lektüre verlassen zu haben. Darum beschränken sich seine Aussagen auch auf wenige Aspekte, die ihm repräsentativ für die französische Sprache und Kultur zu sein schienen. Zugleich ließ er sich jedoch von den traditionellen antifranzösischen Vorurteilen leiten, die schon in seinen *Fragmenten* obwalteten.

Nur in seiner Betrachtung über die Inversion trägt Herder der Funktion der Wörter Rechnung. Diesbezüglich fand er außer in Condillacs *Essai* einige Bemerkungen in Diderots *Lettre sur les sourds et muets* sowie in den *Encyclopédie*-Artikeln von Nicolas Beauzée. Diderot glaubte aufgrund seiner Experimente mit einem »Muet de convention«, einem Partner, der stumm zu bleiben und die Rede durch Gesten zu übersetzen versprach, »l'ordre naturel des idées« gefunden zu haben und sie in den »constructions [...] uniformes« der französischen Syntax wiederzufinden: »Nous disons les choses en français, comme l'esprit est forcé de les considérer en quelque langue qu'on écrive« (371), was von anderen Grammatikern leicht korrigiert wurde. Darauf spielte Herder schon in *Wie die Philosophie zum Besten des Volkes allgemeiner und nützlicher werden kann* an, wenn er sagt »der bloße Verstand [...] folgt bloß der Ordnung der Ideen, und hat also keine Inversion«. (FA I, 221, s. auch 119)

Bezeichnenderweise spricht er jedoch nicht von der ›natürlichen‹ Satzfolge, sondern von dem »bloße[n] Verstand«. Im *Journal* übersetzt er ›constructions uniformes‹ durch »Einförmigkeit in Konstruktionen« (110, 93). Diderot vermerkt, die französische Sprache habe »viele« Inversionen, aber für Herder sind »das [...] Tours des Wohlstandes! nicht Inversionen für die Einbildungskraft!« (JmR, 114). Wie Diderot verzeichnet Condillac »la simplicité et [...] la netteté de ses tours« als Gewinn des Fehlens der Inversion und betont »combien ces avantages ont contribué au progrès de l'esprit philosophique« (*Essai*, 250); seiner Meinung nach bieten sie guten Ersatz für den Verlust einiger Schönheiten, die die französische Sprache dabei einbüße. Beauzée schränkt zwar im Artikel ›Langue‹ der *Encyclopédie* Diderots Lob der französischen Sprache etwas ein, glaubt aber ebenfalls, dass »le françois est [...] le plus rapproché du langage originel«, und rühmt seinerseits dessen »douceur«, »facilité«, »délicatesse« und »finesse d'expression« (IX, 264).

Die apologetische Tendenz von Condillac und Diderot sowie die Vorrangstellung, die Beauzée der französischen Sprache einräumt, scheinen Herder provoziert zu haben. Für ihn ist das Fehlen der Inversion ein Makel. Diderot verschweigt zwar nicht die aus dem Fehlen der Inversion entstehenden Nachteile (*Lettre*, 371), und auch Beauzée bekennt, dass der französischen Sprache dadurch Imagination und Leidenschaft abgehen, die beiden Gaben, die auch in Marmontels *Poétique raisonnée*, auf die sich Herder im *Vierten kritischen Wäldchen* beruft, den Dichter bzw. den Künstler ausmachen (I, 19). Herder hingegen betont, dass mit der strengen Ordnung dem Französischen auch »das meiste innere Gefühl« (JmR, 115), überhaupt die Sprache des Affekts, die »Wahrheit der Empfindung und Zärtlichkeit« (JmR, 107) verloren gingen. Während in den Augen der Grammatiker der französische Schriftsteller diesen Mangel durch den Stil zu kompensieren vermag, benutzt Herder Diderots Einschränkung der »harmonie du style«, dem die Franzosen zuviel aufopferten (*Lettre*, 372), um die »Coquetterie des Französischen Stils« und der »Wortschönheit« (JmR, 107, 92) als ein Zeichen für die exklusive Ausrichtung der Sprache auf die Gesellschaft zu deuten.

Was Herder auffiel, war einerseits die große Bedeutung der »Phrases«; überall findet er die phatische Funktion der »Bindewörter«! Daraus leitet Diderot in der *Lettre sur les sourds et muets* wiederum gewisse Vorzüge für die französische Sprache ab: »la communication de la pensée étant l'objet principal du langage, notre langue est de toutes les langues la plus châtiée, la plus exacte et la plus estimable« (371, s. auch *Encyclopédie* IX, 264f.). Mit dem Superlativ und vor allem dem letzten Adjektiv triumphieren Subjektivität und Apologie; auch gibt Diderot seinem Urteil, das nur für das 17. und 18. Jahrhundert Geltung beanspruchen könnte, einen allgemeinen Wert, als gelte es für die französische Sprache schlechthin. Herder war zu sehr von Rousseau beeinflusst, um die gesellschaftliche Ausrichtung der Sprache nicht kritisch zu bewerten. In diesem Sinne werden selbst der Stil La Rochefoucaulds und Montesquieus getadelt. Letzterer sei nicht frei »vom *faux brillant*« (JmR, 98). Auch bei Rousseau glaubt Herder die verheerende Wirkung der gesellschaftlichen Tendenz der Sprache zu sehen. In diesem Sinn prangert er dessen »unausstehliche, immer unerhörte Neuigkeit und Paradoxie« an. Zugleich wirft er ihm vor, »daß [...] auch ihm nicht an Richtigkeit, Güte, Vernunft, Nutzbarkeit seiner Gedanken gelegen [sei]: sondern an Grösse, Außerordentlichem, Neuen, Frappanten. Wo er dies finden kann, ist er Sophist ...«. Peremptorisch schließt Herder daraus: »Daher haben die Franzosen auch so wenig Philosophen, Politiker und Geschichtschreiber; denn diesen drei Leuten muß es blos an Wahrheit gelegen seyn« (JmR, 107).

All das, was die klassischen Grammatiker der Zeit, die Herder anführt, als Vorzug betrachteten, Regelung und Vereinheitlichung, Ordnungsliebe, Klarheit und »Bienséance«, (was er wortwörtlich mit ›Wohlstand‹ übersetzt), all dies erscheint in seiner Optik als Nachteil. Während die Deutschen sich »dem süßen beseligenden Lachen« hingeben, das ihnen »so recht den Genuß der Natur zu fühlen gibt«, erlaube der ›Wohlstand‹ den Franzosen nur zu lächeln. Selbst »ihre Gayete ist Flüchtigkeit, nicht innerliche Freude« (JmR, 115). Wo Diderot von der ›Wahrheit‹ der französischen Sprache träumt (*Lettre* 371), sieht Herder sie als Ausdruck von Unwahrheit, denn seiner Meinung nach sagen »die Wendungen [...] nie was sie wollen« (JmR, 111) oder zu sagen scheinen, sondern das, was das Gegenüber verlangt, was sich ziemt. Dies offenbart auch der große Reichtum an Adjektiven sowie der »Überfluß« an Wohlstands-, Höflichkeits-, Umgangsausdrücken, wodurch die französische Sprache als adäquater Ausdruck der »Galanterie« erscheine. Diese »ist daher so fein ausgebildet unter diesem Volk, als nirgends sonst« (JmR, 107f.). Herder, der gern von der Semantik ausging, hat die wortschöpferische Kraft der französischen Sprache seiner Zeit auf diesem Gebiet gut gesehen; sie war es, die ihn als eine lohnende Aufgabe betrachten ließ, »ein Wörterbuch, [...] über den Geschmack in der französischen Sprache zu schreiben, wie das Comische z.E. bekannt ist: so hier das Aesthetische, das Feine, das Galante, das Artige, das Polie!« (JmR, 111).

In seinen Augen ist die französische Galanterie jedoch gekennzeichnet durch die Diskrepanz zwischen Wort und Gedanke, Sprechen und Handeln, ein Problem, das ihn ebenfalls schon in den *Fragmenten* beschäftigte. Was im Artikel ›galanterie‹ der *Encyclopédie* als deren Entgleisung erwähnt wird (VII, 428), ist für Herder ihre eigentliche Tendenz. »Immer bemüht, nicht Wahrheit der Empfindung und Zärtlichkeit zu schildern; sondern schöne Seite derselben, Art sich auszudrücken, Fähigkeit erobern zu können« (JmR, 107). Der Franzose liebe »Tiraden«, ziehe die Form dem Gehalt vor. Er verwechsle Haupt- und Nebensache miteinander, weil er dem »Umgang«, der Kommunikation mehr Bedeutung beimesse als der Aussage an sich. »Wendung, Ausdruck und überhaupt Kleid des Gedankens [seien ihm] alles« (JmR, 92), wie Herder schon in Mauvillons *Lettres françoises* (218) lesen konnte. Da der Franzose sich ganz nach dem Gesprächspartner richte, bedürfe er vieler »Phrases, Bindewörter« (JmR, 104). Herder meint, dass in den Augen eines Kenners der französischen Sprache – und dafür hält er sich wohl – dieser Stil nichts als »Etiquette des Umgangs«, »Kunst zu brilliren, [...] eine Logik der Lebensart« (JmR, 111) sei! Diese Galanterie sei »nur Adel in Gedanken, Franchise in Worten und Politesse in Manieren« (JmR, 94), was er auch an P. Babut rügte. Wohl nicht ohne Spott ruft er aus: »Das ist das Gepräge der französischen Sprache wie ihrer Sitten«! (JmR, 106) Die negative Konnotation der französischen Galanterie wird noch durch ein Adjektiv verstärkt: sie sei nichts als »frostige Galanterie«, weil infolge der »kälteren Denkart« der Nation ihr die Wärme der Empfindung fehle (JmR, 94). Darum betrachtet Herder sie als das Gegenteil des wahren »Geistes der Galanterie und des Heldenthums« (JmR, 102), von »courtesy, affability and gallantry« (Hurd, 15), den die fahrenden Ritter des Nordens auf ihren Streifzügen Europa vermittelt haben sollen, wie Herder in P. H. Mallets *Monument de la Mythologie* (152 ff.) und im dritten Brief von Richard Hurds *Letters on Chivalry and Romance* lesen konnte. Auf Hurds »Briefe über die Chevalerie« stieß er im Umkreis seiner Ossian-Lektüre und in François Arnauds *Variétés littéraires*, wie er am 15. August 1769 Hartknoch berichtet.

Da wie für Hamann, Beauzée und Voltaire auch für Herder die Sprache der Spiegel des Genius der Nation ist (*Encyclopédie* VII, 285, IX, 262), schließt er vom Wortschatz auf den Charakter der Franzosen. Die Bedeutung, die – wie Herder richtig bemerkt – die Phatik in der französischen Konversation hat, sowie die Vielzahl »an Bezeichnungen fürs Gefällige, [...] an Egards«, all dies zeugt in seinen Augen davon, dass die »Hofmine [...] die Sprache von innen und außen gebildet und ihr Politur gegeben« habe. Was aber die Enzyklopädisten positiv als Zeichen der Kultur deuten, hat für Herder eine pejorative Konnotation, wie aus den Einschränkungen hervorgeht, die im *Journal* meist auf Galanterie, Politesse, Honnêteté, Ehre, Delikatesse, Wohlstand, Philosophie, Wahrheit usw. folgen. So betont er, dass für die Franzosen »Geschmack [...] Hauptsache und tausendmal mehr als Genie« sei, das von ihnen vielmehr »verspottet« werde. »Veränderung« sei »Haupttugend: man ist der Wahrheit müde: man will was Neues«, sucht »das Gefällige, das Amüsante ist Hauptton« (JmR, 108 f.). Damit wird nicht nur die Bedeutung der Soziabilität der Franzosen betont, die im Verein mit der ›Politesse‹ allgemein, von Voltaire und Duclos bis Goethe als grundlegender Zug des französischen Charakters betrachtet wurde, sondern auch die Tendenz einer sozialen Schicht als charakteristisches Merkmal der Nation verallgemeinert und so der Vorwurf der französischen Unbeständigkeit und Oberflächlichkeit aufgewärmt. Der vielgerühmte Patriotismus der Franzosen, die ihrem König »ihr Vive le Roi« entgegenjubeln, ist Herder zufolge nur ein Lippenbekenntnis;[8] »sie empfinden« zwar, was sie sagen, aber so »wie sie alles empfinden, leicht [...], auf der Oberfläche«. Sie sagen auch, sie wären bereit, »alles pour le Roi« zu tun, »auch wenn sie aus der Schlacht laufen!« (JmR, 115). Ein Echo der Schlacht von Roßbach und von Gleims *Preußischen Kriegsliedern* (1757) muss herhalten, um die Charakterisierung mit der nötigen negativen Note abzuschließen!

Wohl um die Faszination, die die französischen Aufklärer im Verein mit den englischen auf die deutsche Elite ausübten, zu dämpfen, stellt Herder die Frage, »ob die Französische Sprache (eine) Philosophische sey?« (JmR, 110). Hatte er in seinem Reformprojekt noch betont, dass sie durch ihre Einförmigkeit an sich schon »Philosophisch« sei und »in der Philosophie [...] den meisten Schwung genommen« (JmR, 68), so ist jetzt seine Antwort ambivalent und – spitzfindig. Einerseits spricht er von der »Philosophie der Franzosen, die in der Sprache liegt« (JmR, 109), wovon schon ihr »Reichtum an abstrakten Begriffen und Fähigkeit, neue abstrakte Begriffe zu bezeichnen«, zu zeugen scheinen (JmR, 93); auch sei sie reich »an feinen und delikaten Abstraktionen zu *Substantiven*, [...] eine Einförmigkeit in Construktionen, die Zweideutigkeiten vermeidet, eine mehrere Kürze von *Verbis* als die Deutsche«. Daraus schließt er: »sie ist zur lebendigen Philosophie die beste«. Was Herder jedoch unter ›lebendiger Philosophie‹ versteht, wird erst deutlich, wenn man sie in Verbindung setzt mit der kurz zuvor erwähnten Variante des Ausdrucks: »in Sachen lebendigen Umgangs«. Da die französische Sprache infolge der ihr inhärenten Philosophie im Dienst des geselligen Umgangs steht, vermittle sie nur »etwas Teinture der Philosophie«. So klingt es fast ironisch, wenn er hinzufügt, dafür sei »keine beßer als die Französische« (JmR, 110).

Natürlich erwähnt er die von Diderot, Condillac, Voltaire und Beauzée bezeichneten Vorzüge der französischen Sprache, die deren philosophische Eignung legitimieren sollen, mit keinem Wort. Voltaire zufolge habe die Philosophie in Frankreich nur in den zweihundert Jahren, in denen »die Regierung [...] jede Aufklärung im Keim erstickte«, nicht gedeihen können, während es nun in Paris mehr Philosophen gebe als in irgend einer Stadt der Welt, ja, als abgesehen von London in allen Städten zusammen genommen. Und *pro domo* sprechend versichert er: »Le génie français égale peut-être aujourd'hui celui des Anglois en philosophie, peut-être [est-il] supérieur à tous les autres peuples depuis quatre-vingts ans, dans la littérature« (*Encyclopédie* VII, 287). Herder kann natürlich diesem Lob nicht zustimmen. Die im *Journal* angeführten Qualifikationen des Französischen – ›fein, delikat‹ sowie ›Kürze‹ – scheinen zwar positiv, erhalten aber im Kontext der Diatribe von Rousseau und Herder gegen den Geschmack der Gesellschaft eine negative Konnotation. Diderot betont, die Franzosen vermöchten besser als irgendein anderes Volk »faire parler l'esprit«, und dies dank ihrer Sprache, der der »bon sens« inne wohne; in der Gesellschaft und in den Schulen der Philosophie spreche man französisch, denn »notre langue sera celle de la vérité, si jamais elle revient sur la terre« (*Lettre*, 371). Herder hingegen entgegnet, dass der »gesunde Menschenverstand« der französischen Sprache fremd sei (JmR, 93). Anderseits begründet er deren Nachteil in Bezug auf die Philosophie durch den Hinweis, dass die Abstraktion ihrem Genie nicht natürlich sei: »ihr Reichtum an Abstraktionen, ist [vielmehr] *gelernt*; also nur dunkel bestimmt, also über und unter angewandt, also keine Philosophie mehr« (JmR, 109). Das soll wohl heißen, die Abstraktheit sei ihr eingeimpft worden. Historisch gesehen ist dies nicht ganz unrichtig, denn die klassische Sprache ist vor allem das Ergebnis drastischer Sprachreformen des 17. Jahrhunderts (*Encyclopédie* VII, 285, Brunot IV-VI), aber der Schluss, den Herder daraus zieht, ist vor allem bezeichnend für seine sophistische Vorgehensweise,

---

8 Zu einem ähnlich kritischen Ergebnis kam in der *Dissertation [...] sur le vieux mot de Patrie*, 9 u. 24 ff., auch Abbé Coyer, der den römischen Patriotismus der französischen Indifferenz gegenüberstellt und klagt, dass heutzutage Edelmann und Abbé, Städter und Landmann jeden Gemeinsinn verloren hätten. Er lässt durchblicken, dass daran der Absolutismus schuld sei. S. G.-L. Fink, Patriotisme.

bei der die Argumentation von Vorurteilen geführt wird. So schreibt er: »die Philosophie der Französichen Sprache hindert also die Philosophie der Gedanken« (JmR, 109). Mit anderen Worten, da die Sprache von der ›Politesse‹ und ›Galanterie‹ geprägt ist, ist die Aussage im Französischen zwangsweise verfälscht. Nicht weniger paradox heißt es dann, die französische Sprache kann philosophisch sein, »nur Franzosen müsten sie nicht schreiben! nicht sie für Franzosen schreiben!«. D.h. vorausgesetzt, dass Haupt- und Nebensache wieder in die richtige Ordnung kommen, dass die Aussage und nicht ihre Form signifikant ist. Alle sozialen Errungenschaften, die Voltaire als Vorzüge der französischen Sprache und Gesellschaft verbucht, werden so Zielscheibe von Herders Kritik.

Zugleich ging es darum zu wissen, welche besonderen Talente und poetischen Gattungen den jeweiligen Klimazonen und Nationalcharakteren entsprechen. Voltaire meinte, dass nicht alle Sprachen sich gleichermaßen und zu allen Zeiten für alle Gattungen eigneten (*Encyclopédie* VII, 286). Condillac, der mit dem Blick auf die französische Klassik und seine eigene Zeit sich fragte, »warum die großen Männer in allen Gattungen fast Zeitgenossen sind«, verwies als Antwort auf die entscheidende Rolle, die dabei die Ausbildung der Sprache spiele, wobei letztere und die Literatur sich gegenseitig bedingten (*Essai*, 261). Mit anderen Worten, Frankreich verdanke seine Blütezeit wesentlich Richelieu und der Académie française (*Essai*, 261). Beauzée und Diderot geben zu, dass in Ermangelung des Enthusiasmus die französische Sprache weniger geeignet sei für die Poesie als die italienische oder die englische, und eben so wenig für das Epische (*Encyclopédie* IX, 267, *Lettre*, 371). Wohl mit dem Blick auf den französischen Roman findet Herder hingegen, dass sie besonders gut sei für Beschreibungen (JmR, 108); in seiner Optik war dies jedoch nicht positiv zu werten, da nicht die Mitteilung, sondern die Art sie darzustellen für den Franzosen von Bedeutung sei, zumal der Ausdruck als Zeichen der Kultiviertheit, der Bildung des Sprechers verstanden werde. Ergänzend dazu las er in J.J. Rousseaus *Lettre sur la musique françoise*, auf die er mehrfach verweist, dass die französische Sprache wenig vorteilhaft sei für die Musik; schuld daran seien die »didaktische Anordnung« ihrer Syntax und die Tatsache, dass sie nur wenig klangvolle Wörter habe, auch kenne die französische Musik »weder Takt noch Melodie«, so dass der französische Gesang einem »aboyement continuel« ähnle (V, 287, 328). Herder nahm aber nicht teil an dem Streit über die italienische oder französische Musik und ging auch nicht auf das seit Bouhours mehrfach angeführte Argument des Vorteils der vokal- und klangreichen Sprachen ein. Diderot gab Herder jedoch nicht nur eine Waffe gegen die französische Klassik in die Hand, als er von »la pompeuse déclamation de Racine« sprach (*Lettre*, 384), er lieferte ihm auch Argumente für den Streit über Vor- und Nachteile der französischen Sprache. Seiner Meinung nach ist sie wie geschaffen für die Philosophie und die Naturwissenschaften, da sie überzeugen wolle; auf der Kanzel und im Theater (*Lettre*, 371, 391), ja für die Literatur allgemein müsse Frankreich hingegen den benachbarten, fantasievolleren, leidenschaftlicheren Nationen den Vortritt überlassen (*Lettre*, 384). Damit sprach er Herder aus der Seele.

Hatte Diderot erklärt, »La tragédie me semble plus du génie républicain; et la comédie, gaie surtout, plus du caractère monarchique« (*De la Poésie dramatique*, 259), so verallgemeinerte Herder die Aussage. Da er in allen Stücken, die er auf Pariser Bühnen gesehen hat, »keinen inarticulinten Schrei der Natur und Leidenschaft gefunden, der natürlich wäre«, rief er aus: »Tragödie ist nicht für Frankreich. Alles ist fremde Nation, [...] fremde Leidenschaft, fremde Welt. Tragödie ist selbst nicht für Monarchien wie Frankreich. [...] Tragödie ist am Wenigsten für französische Sprache, [... denn] der wahre Ausdruck der Leidenschaft ist Simplicität«, während in Paris »Das ganze Theater [...] zu sehr Theater«, zu sehr »Pracht« für das Auge und nicht für »das Herz«, für den »Geist« sei (D XXIV, 499f.). Voltaire hingegen betonte – schon als Advokat in eigner Sache – dass gerade durch die sklavischen Einschränkungen, die die französische Sprache dem Dichter auferlege, Frankreichs Tragödie und Komödie besser seien als die aller anderen europäischen Völker (*Encyclopédie* VII, 286), wogegen Herder schon in den *Fragmenten* protestierte (FA I, 233).

In früheren Schriften hatte Herder mehrfach auf Diderots Dramen und *Entretiens du Fils naturel* angespielt, die er in der Übersetzung Lessings kennen gelernt hatte.[9] Diderot, der dem Drama eine moralische Absicht zugrunde legte und für die größtmögliche Illusionierung des Zuschauers plädierte, verwarf mit der ›bienséance‹ und der Ständeklausel die Unwahrscheinlichkeit der Deklamation, das geschraubte Gebaren der klassizistischen Schauspieler und die klassizistische Poetik überhaupt, womit Herder wohl einverstanden war, wie auch mit der moralischen Tendenz des *Père de famille* (1758). Zugleich gedachte Diderot vor allem mit der neuen Gattung der ernsten Komödie, die »nur menschlich« sein wollte, dem französischen Theater einen neuen Weg zu weisen. 1768 nannte Herder ihn bewundernd den »Terenz unsers Jahrhunderts«, den »vortrefflichen Reformator« der französischen Bühne. Zugleich distanzierte er sich jedoch von dem »Erfinder neuer Gattungen«, weil er »mehr Philosoph als Dichter, mehr ein Mann von Scharfsinn und Verstand als Genie, mehr ein fühlbares Menschenherz als ein poetisch flammender Geist« sei (D XXIV, 246f.). In Paris schien Herder diese Befehdung der französischen Klassik nur noch als eine innerfranzösische Angelegenheit zu betrachten, so dass von Diderots poetologischen Erneuerungsbestrebungen nicht mehr die Rede war. Der Grund dafür lag jedoch tiefer. Sie passten nicht in Herders derzeitiges Konzept. Er wollte ja nicht nur die klassizistische Poetik anprangern, die u.a. durch Diderots Optik obsolet zu werden schien, sondern die französische Literatur und Mentalität schlechthin in kritischer Perspektive betrachten. Wenn aber neben der Klassik eine neue Richtung sich abzeichnete, konnte er seine These des allgemeinen Verfalls der französischen Literatur und Kultur nicht aufrechthalten. Diderots dramatische Poetik hätte sie in Frage gestellt. Darum verwies er wohl im *Journal* mehrfach auf Diderots *Lettre sur les sourds et muets* und deren linguistische Betrachtungen, nicht aber auf seine dramatischen Prinzipien.

Herder, der, wie er Hartknoch Mitte Dezember aus Paris schrieb (Br, 183), auf seiner Reise Material sammeln wollte über Frankreichs »Sprache, Geschichte, Geschmack, Sitten, Künste, Wissenschaften, in Zustand u. Ursprung derselben«, musste sich natürlich auch fragen, »woher [...] dieser Geist des Wohlstandes bei den Franzosen entstanden [ist]?« (JmR, 114, FA IX, 2, 220). Bei dieser genetischen Sicht stellte sich ihm die gleiche, grundlegende Frage, die Voltaire im Artikel ›Le François‹ der *Encyclopédie* zu beantworten suchte. Gemäß der im 18. Jahrhundert fast allgemein angenommenen Klimatheorie (Fink, 1987, 168ff.) betrachteten Dubos, Montesquieu, Voltaire, Beauzée und Herder Boden und Klima als die determinierenden Faktoren des Nationalcharakters, der in der gemäßigten mittleren Zone – wozu sich Frankreich rechnete – lebhafter und in der nördlichen, – der Deutschland zugerechnet wurde, – phlegmatischer sei, was sich natürlich auf Sprache und Kultur des jeweiligen Landes auswirke. Condillac vermerkte zwar, dass »tausend Umstände« den klimatischen Einfluss einschränken können, glaubte aber im Anschluss an Montesquieu wie die meisten Schriftsteller, dass auch ›moralische‹ Faktoren wie Regierung und Verfassung, Religion, Sitten und Gebräuche sowie die Art der Ernährung bei der Entwicklung des Geisteslebens und das heißt schließlich in der Geschichte eine nicht unbedeutende Rolle spielten.

---

9   Gerold S. 137, glaubt, Herder habe Diderots Dramen und dramatische Arbeiten erst 1768 erwähnt, was ihn zu Fehlurteilen führt. S. hingegen FA I, S. 67, 95, 134 u. 23.3.

In dem Glauben, dass das Klima sich nicht verändert habe, beriefen sich Voltaire und Herder wie schon Jean-Baptiste Dubos in seinen auch von Herder mehrfach erwähnten *Réflexions critiques sur la poésie et sur la peinture* (1719) auf Julius Cäsars Bild der Gallier, um zu sehen, inwiefern der Franzose sich gleich geblieben sei. Die Züge, die der eine und der andere *De bello gallico* entnahmen, sind verschieden. Wo Voltaire einen entschlossenen, kampflustigen, wilden Krieger sah, der schnell entmutigt sei, sich aber unter allen barbarischen Völkern durch seine Höflichkeit auszeichne, waren Herders Gallier, die Saint-Foix zufolge »als Barden das schöne Geschlecht ehrten«, »schon zu Julius Cäsars Zeiten leichtsinnig und Tänzer« (JmR, 114). Gleichviel ob das Bild in positiver oder kritischer Optik gesehen wird, können beide Autoren eine gewisse Kontinuität in dem Porträt des höflichen bzw. des leichtsinnigen Franzosen konstatieren. Wenn man damit jedoch Cäsars Text vergleicht, wird jedes Mal deutlich, wie viel die beiden Bilder einer persönlichen, mit einer gewissen Rückprojektion verbundenen Auswahl verdanken.[10] Jeder behielt nur die Züge zurück, die seiner Ideologie entsprachen, so dass ersterer stolz ausrief: »il est encore [...] le modèle de la politesse de ses voisins« (*Encyclopédie* VII, 285). Er vergaß umso weniger auch den martialischen Zug des Galliers, als er damit den seit Rossbach geschädigten militärischen Ruf seines Landes aufzubessern hoffte. Für Herder hingegen sollte Cäsar einfach sein im *Journal* skizziertes Porträt des Franzosen bestätigen.

Welche Rolle spielte dann aber die Geschichte? Der Charakter sei zwar der gleiche geblieben, die Mentalität habe sich jedoch gewandelt. Um diese Differenz zu erklären, musste Voltaire auf den demographischen Zustrom und auf die Rolle verweisen, die einerseits Reichtum und Müßiggang, andererseits einige Könige und ihr Hof gespielt haben. Indem sie Vergnügen und Künste begünstigten, hätten sie schließlich dem ganzen Volk eine neue Ausrichtung gegeben. So sei auch aus den »stolzen, ernsten« Parisern, von denen Kaiser Julian in *Misopogon* (362–363 n. Chr.) sprach, das derzeitige Paris, dieses Zentrum der Vergnügen, entstanden. Hinzu kam als wichtiges historisches Moment der Austausch zwischen den Provinzen, was auch den Nationalcharakter bereichert habe. Erst mit Franz I. habe sich durch den Hof eine gewisse Gleichheit in Sitten und Gebräuchen in der Monarchie durchgesetzt, so dass dieses »génie national« so typisch sei, dass man auf den ersten Blick einen Franzosen von einem Italiener unterscheide. Er verlieh diesem jedoch eine Art Janusgesicht: einerseits sei die Wildheit im Kriege einer der Grundzüge des französischen Charakters geblieben, – den Herder bezeichnenderweise übergeht, – andererseits zeichne er sich durch Galanterie und Politesse aus. Den Leichtsinn, den man – wie z. B. Herder – den Franzosen nachsage, führte Voltaire auf den Neid fremder Nationen zurück.

Herder legte in der historischen Skizze, die er der Voltaireschen gegenüberstellt, den Akzent auf andere Faktoren, indem er für die Entwicklung des französischen Charakters nach Cäsars Zeiten vier weitere Momente als bildend bezeichnete. Zuerst verweist er im *Journal* auf den »Feudalgeist der alten Franken«, auf den Montesquieu zufolge »die Gesetze der Ehre und der Monarchie« und ihre Spiegelung »in der Sprache« zurückgingen. Dass er sich dabei auf *L'Esprit des lois* (1748) beruft, deutet an, wie wichtig der Wandel war, der nach 1750 in Frankreich die Aufwertung der historischen Bedeutung der nordischen Völker bewirkte, und

---

10 Weder das von Voltaire noch das von Herder skizzierte Porträt entspricht wirklich Cäsars *Commentarii de bello gallico*. Da Cäsar jedoch die einzelnen Stämme der Gallier in Charakter, Mentalität und Reaktion voneinander unterscheidet, ist es möglich, z. B. einen Charakterzug der Helvetier, die nicht nur tapfer, sondern auch arglistig waren, und einen der Arverner, der Häduer oder der Treverer zusammenzustellen und so das Bild je nach Wunsch zu gestalten.

welche Rolle Montesquieu dabei spielte (Fink, 2004, 81 ff.). Dieser Wandel geht zurück auf das Aufbegehren des französischen Hochadels, der sich als Nachfahre der fränkischen Eroberer betrachtete und daraus ein politisches Mitspracherecht ableiten wollte. Voltaire trägt ebenfalls diesem Wandel Rechnung, wenn er seinerseits darauf hinwies, dass Frankreich zuerst das Regierungssystem von den nordischen Völkern übernommen habe, das sich auf allgemeine Versammlungen gestützt habe.

Für Herder kündigte sich mit dem »Spanisch-Italienischen Geschmack« der Königinnen aus dem Hause der Medici eine dritte Phase an, was in seiner Sicht umso bedeutender war, als er damit erneut andeuten konnte, dass auch in Frankreich nicht alles auf eigenem Grund und Boden gewachsen sei. Dies bewies seiner Meinung nach auch Voltaire in seinem kritischen *Commentaire du Théâtre de Corneille*, in dem er die Fehler der Sprache und des Geschmacks des Klassikers rügte, andererseits die Abhängigkeit mancher seiner Tragödien von spanischen Quellen aufzeigte, so dass Voltaires großer Vorgänger manches von seinem Ruhm einbüßte. So wenig wie Lessing, der Voltaires Argument in der *Hamburgischen Dramaturgie* übernahm, ließ sich Herder eine von einer solchen französischen Autorität vorgebrachte Kritik entgehen; er verallgemeinerte jedoch die These, indem er behauptete, »der ganze französische Parnaß ist aus Spanien und Italien gestohlen« (JmR, 132), die französischen Dichter hätten »nur das Ding zugesetzt, was wir Geschmack nennen« (JmR, 93). Daraus schließt Herder: »Nationalstärke, Eigenheit, die an ihrem Boden klebt, Originalität [habe Frankreich] nicht so viel« (JmR, 106). Und mit dem Blick auf die französische Geisteswelt insgesamt ruft er aus: »Wo ist Genie? Wahrheit? Stärke? Tugend?« (JmR, 109) Im Grunde hätte Shakespeare, der gerne als das schöpferische Genie schlechthin betrachtet wurde, der gleiche Vorwurf gemacht werden können, aber dies unterließen sowohl Lessing wie Herder, weil es nicht in ihr patriotisches Konzept gepasst hätte. Als Autoren des 18. Jahrhunderts missachteten dabei sowohl Voltaire wie die deutschen Kritiker das Stilprinzip der klassischen Tragödie des 17. Jahrhunderts, dem zufolge nicht die Erfindung des Stoffes, sondern dessen Gestaltung und poetischer Ausdruck den Wert eines Werkes ausmachten.

Nach den spanisch-italienischen Anleihen spielte in Herders historischer Skizze der »Hofgeschmack Ludwichs« eine Rolle. Der König habe »die Teniers aus seiner Stube hinweg[gerochen]« (JmR, 114), womit Herder andeutete, dass der niederländische Naturalismus einem idealistischen Klassizismus habe weichen müssen. Der Kontrast nobler und trivialer Wörter, ›Hofgeschmack‹ einerseits, für das Schloss von Versailles ›Stube‹ und ›hinwegriechen‹ andererseits, besagt schon, wie sehr er diese Entwicklung beklagte. Der »einmalige Ton [der Höflichkeit], in den sich die Nation gesetzt«, und den zu Herders großen Leidwesen »andre Nationen« nachzuahmen suchten, geht also zurück auf Versailles.

Im Anschluss an d'Alemberts *Discours préliminaire (Encyclopédie* I, xxxiii) vermerkt Herder dann, dass die französische Sprache vom »Geist der Zeit« geprägt werde. Gemäß seiner republikanischen Gesinnung klagt er, dass der »Geist der Monarchischen Sitten [...] auch in ihrer Sprache« herrsche und in Anlehnung an Montesquieu schließt er daraus, dass letztere »Tugend, innere Stärke [...] so wenig [habe] wie die Nation« (JmR, 106). Der Vorwurf spielt jedoch mit der doppelten Bedeutung des Wortes: einerseits bedeutet ›Tugend‹ – den Prinzipien des *Esprit des Lois* (1748) zufolge, auf die Herder durch Nennung von Montesquieu anspielt, – republikanische Gesinnung, Gemeingeist, andererseits erhält das Wort hier zugleich eine allgemeine Bedeutung und entspricht so Herders moralischen Vorbehalten gegenüber dem französischen Charakter, zumal *Angola* von La Morlière und *Le Sopha* von Crébillon d. J., diese sogenannten »contes moraux«, auf die er anspielt, und »die Galanterie der französischen Romane« (JmR, 107) diese Ablehnung zu rechtfertigen schienen.

Die neuere Entwicklung der französischen Sprache, auf die Voltaire und die Enzyklopädisten so stolz waren, erscheint in Herders Sicht auf Grund der Übertragung der biologischen Metapher der Lebensalter nicht etwa auf die Epoche oder das Jahrhundert, sondern auf Frankreichs Nation und Sprache als Zeichen der Vergreisung und Erstarrung (A. Demandt, 37 ff., H.-D. Irmscher, Analogie, 72 f.). Auf das ›Siècle de Louis XIV‹, das im Anschluss an Voltaire als Frankreichs unvergleichlicher kultureller Höhepunkt gepriesen wurde, folgte zwangsweise Verfall, wovon Herder zufolge auch die strenge Ordnung und Einförmigkeit der französischen Syntax zeugten. Doch auch in Frankreich gab es mehrere Stimmen, die vor dem ›déclin‹ oder der ›décadence‹ des Landes warnten. Selbst d'Alembert, der an den Fortschritt glaubte und durch die *Encyclopédie* diesen zu befördern trachtete, fand, dass die geistige Produktion seiner Zeit den Werken des vergangenen Jahrhunderts unterlegen sei. Mit dem Blick auf den Verlust einiger Kolonien und auf die französische Revolution haben einige Kritiker wie K. Mommsen Herders »Geschichtsspekulationen« »ein gewisses Antizipationsvermögen« zugeschrieben (223 f.). Angst vor einer Dekadenz oder einer Revolution war jedoch nicht nur im Lager der konservativen Kräfte Frankreichs verbreitet, so dass Herder bei seinen Lektüren sicher mehrfach darauf gestoßen war und dieses Argument für seine Kritik an Frankreich aufgriff.[11]

Man wird der Analyse der französischen Sprache und Kultur in Herders *Journal* sowie in Diderots *Lettre sur les sourds et muets*, in Condillacs *Essai* sowie in den Artikeln in der *Encyclopédie* von Beauzée und Voltaire nur gerecht, wenn man sie als Teil des im 17. und 18. Jahrhundert viel gepflegten Wettstreits um den Vorrang der jeweiligen nationalen Sprache und Kultur sieht, ein Streit, an dem Herder sich schon in den *Fragmenten* beteiligte und der schließlich die ›Querelle des Anciens et des Modernes‹ ablöste. Solange die europäischen Nationen in einer Porträtgalerie zusammengestellt wurden (F. Stanzel, 45 ff.), dienten mehr oder weniger treffende, zuweilen auch abwertende stereotype Qualifikationen dazu, die Völker voneinander abzuheben. Sobald jedoch die Konfrontation sich auf zwei Nachbarnationen beschränkte, zog die Apologie des Eigenen unabweislich die Diskrimination des Fremden nach sich und vertiefte die Kluft zwischen den Nationen. Wie einige Jahre später Lessings Falk in den *Freimaurergesprächen* (1778-80) träumte paradoxerweise auch der Patriot Herder davon, von der Nationalität abstrahieren zu können und nichts als der »aufgeklärte, unterrichtete, feine, vernünftige, gebildete, tugendhafte, genießende Mensch« zu sein, »den Gott auf der Stufe unsrer Kultur fordert« (JmR, 31). Herder hatte wohl, wie R. Wisbert versichert (IX, 2, 843), »im *Reisejournal* [...] die kosmopolitische Vision eines Zusammenwirkens authentischer Nationalkulturen«, aber der Patriot des gekränkten Vaterlandes übertönte in ihm den Kosmopoliten, sobald das Urteil Frankreich betraf. Dennoch betonte er mehrfach, dass man sich vor Vorurteilen hüten solle, die das »Urteil« über eine »andere Nation« verfälschten (FA IX, 2, 209). Zu Recht prangerte er den französischen Ethnozentrismus an. So monierte er in Paris, dass der vorgebliche Universalismus der Klassik oft dem Narzissmus

---

11 Bei seinen Lektüren dürfte Herder auf die eine oder andere Stimme, die besonders seit Rossbach Frankreichs Dekadenz anzeigte, anspielen. S. z.B. J. Dagen, 593, der auf Marmontels *Eléments de littérature*, in: *Œuvres complètes*, Bd. XII, 61, verweist. Am 6. Juni 1758 schrieb Kardinal Bernis: »Nous touchons au dernier période de la décadence«, zitiert nach Ch. Aubertin, 350. Ungefähr seit 1760 durchziehen im Verein mit der Ankündigung der Dekadenz Angst und Warnung vor einer Revolution das ganze Europa. S.z.B. d'Alembert, xxxi u. xxxiii: »Gardons-nous de souhaiter une révolution si redoutable; la barbarie dure des siècles«, womit er Goethes Warnung in *Literarischer Sansculotismus* vorwegnahm (17). A. Goudar, Lettre 68, 245: »On attend chaque jour une révolution subite ...«; ähnlich J.J. Rousseaus *Emile*, 3ᵉ livre, u. Voltaire, Brief vom 2.4.1764 an Chauvelin sowie Raynal etc.

gleiche: »Ich habe in den Theaterstücken Welt, Jahrhundert, [die dargestellte] Nation gesucht und immer französische Nation gefunden« (D 499). Oder er ironisierte in seinen Briefen die Heterostereotypen, womit die Franzosen den Deutschen diffamierten. Doch wie Mauvillon, der wie manche andere betonte, jede Nation habe ihre besonderen Vorzüge und Fehler (73), aber bald wieder diese Toleranz vergaß und unter dem Einfluss nationaler Vorurteile mehrfach manichäische Bilder von Deutschen und Franzosen entwarf, folgte auch Herder immer wieder seiner kritischen Ader. Sein anfängliches universalhistorisches, ethnographisches Programm hat sich im *Journal* ziemlich rasch bedeutend verengt. Was Herder Montesquieu vorwarf, er habe die »lebendigen Bilder [der Völker ...] zu wenig studirt zu wenig gekannt« (FA IX, 2, 205f.), gilt auch für ihn selbst. Wenn ihn J.G. Wille nicht in Paris und Versailles herumgeführt und ihm die Sehenswürdigkeiten gezeigt hätte, hätte der Bücherwurm die französische Realität wohl kaum wahrgenommen und wäre wohl nur wenig über ein Buchwissen Frankreich betreffend hinausgekommen. Schließlich wird bei der Lektüre des *Journals* immer deutlicher, dass es ihm während seines Frankreichaufenthalts nicht mehr wirklich darum ging, den Charakter der Franzosen, ihre Kultur und ihr Wesen zu ergründen, sondern, wie er in Briefen an Nicolai und Hartknoch andeutet, darum, kritisches Material zu sammeln, um seine Fragmente *Über die neuere deutsche Literatur*, durch »Fragmente über die Franzosen« zu ergänzen (Br, 161, 163). R. Wisbert greift zu kurz, wenn er »Herders zuweilen recht scharfe Attacken auf die zeitgenössische französische Literatur [...] vor dem Hintergrund [seiner] neuen Literaturidee« zu erklären vermeint (FA IX, 2, 878).

Kein Wunder, dass Herder die Frage, »ob die Französische Nation [...] verdiene, ein Vorbild Europens zu seyn« (JmR, 121), verneinte. Angesichts des Unterschieds der beiden Völker (JmR, 92) hätte es eigentlich unmöglich sein sollen, dass das Französische »der Deutschen Sprache so sehr Vorbild geworden« war (JmR, 111). In der Faszination, die Versailles und Paris auf Deutschlands Elite ausübten, sah Herder eine Gefahr und »ein grosses Kennzeichen von der Armuth, von der demüthigen Herabkunft [sein]es Landes« (JmR, 92f.), für dessen Emanzipation er auch während seines Frankreichaufenthalts sich engagierte, sei es auch nur um Material zu sammeln für seine Kritik am französischen Modell, um dessen Nimbus zu zerstören und seinen verblendeten Landsleuten den Star zu stechen.

Zuerst galt es, den grundlegenden Unterschied der Denkart und der Sprachen der beiden Völker aufzuzeigen. Herders Kritik war um so unerbittlicher, als seine Kriterien und, abgesehen von Diderot, die der Franzosen der jeweiligen nationalen Mentalität zu entsprechen schienen und folglich antagonistisch waren. Hier wurden, wie wir sahen, Politesse, Galanterie, Klarheit, Respekt der ›bienséance‹ und der Konventionen bzw. der Regeln gefordert, da Simplizität, Spontaneität, Ehrlichkeit, Wahrheit, Freiheit und Natur. Während die französischen Schriftsteller Wert legten auf die Ordnung einer geregelten Syntax und eines genau definierten Wortschatzes, auf die Nuancen der galanten, adressatbezogenen Rede und auf den ›guten Geschmack‹, war Herder stolz auf die Freiheit der deutschen Rede und verwarf »Witz«, »Zwang« und »Esprit« (D XXIV, 497).

Ähnlich wie Diderot und Voltaire, die zuweilen in ethnozentrischer Perspektive die ausländischen Dichter nach ihren klassischen bzw. rationalen Kriterien beurteilten und sie so abwerteten, verfuhr auch Herder. Seine kritische Methode bestand darin, dass er auf die französische Sprache und Mentalität seine deutschen Kriterien anwandte. Gemessen an der Natur, der Spontaneität und der ›Simplicität‹, offenbaren diese für Frankreich die tiefe Kluft zwischen Natur und Gesellschaft bzw. Zivilisation. In dieser Sicht schienen deren vielgerühmte Vorzüge illusorisch zu sein! Peremptorisch zog Herder daraus den Schluss, Frankreich sei »ganz Convention und Blendwerk« (JmR, 34). Ähnlich deutete er im Anschluss an

Bacon und Hamann die Abstraktionen als Zeichen des Erstarrten, einer »todten Ordnung« (JmR, 126). Darum rief er den französischen Apologisten den Wehruf seines dreifachen »Vorbei [entgegen]: man wohnt auf den Ruinen« (JmR, 92 f.).

Zur Beglaubigung seiner These machte er sich zum Echo des in Frankreich geführten Streits über die Bedeutung der *Encyclopédie* (xxxiv). Der »Geschmack an Encyklopädien, an Wörterbüchern« war seiner Meinung nach »das erste Zeichen zu ihrem Verfall«. Ja, er bedauerte gar, dass »ein d'Alembert und [ein] Diderot« sich dazu hergäben (s. Pénisson, 387). Eigenartigerweise blies Herder so in das gleiche Horn wie die reaktionären Kräfte der Sorbonne und der katholischen Orthodoxie, denen es mehrfach gelang, das Erscheinen der *Encyclopédie* untersagen zu lassen, während aufgeschlossene Zeitgenossen sowohl das bei aller Autozensur und Zurückhaltung mutige Werk der Herausgeber, ihre Aufgeschlossenheit gegenüber den europäischen Kulturen begrüßten. Von dem literarischen Kosmopolitismus zeugten nach einer längeren narzisstischen Phase bei aller Überheblichkeit ebenfalls *Le Journal étranger* und *L'Année littéraire*. Herder sah jedoch in der *Encyclopédie* und in den Zeitschriften die Absicht, Ersatz zu suchen für den »Mangel an [eigenen] Originalen«. Der beste Beweis dafür war seiner Meinung nach die Tatsache, dass die »so verachteten Deutschen doch gelesen werden« (JmR, 91 f.). Wie sehr hier das Vorurteil am Werke war, braucht kaum unterstrichen zu werden.

Im *Journal* ist das Bild der Deutschen zwar ebenfalls ambivalent. Einerseits sind sie »grob«, und »langsam«, »grübeln«, sind »zu sehr Unterthanen« wie in Preußen, andererseits sind sie ehrlich, »gründlich«, »murren« oder lachen aus vollem Herzen. Sobald sie »ihre Reichtümer und Eigenheiten des Geistes, des Charakters und des Landes« kultivieren, repräsentieren sie in Herders Sicht die positiven Gegenpole, scheinen sie doch gerade das zu besitzen, was der Sprache und der Denkungsart der Franzosen fehle, zumal beide Nationen durch den Kontrast charakterisiert wurden. Während Frankreich der Vergangenheit zugekehrt war, gehörte der Metapher der Lebensalter zufolge die Zukunft »Deutschland [, das] jetzt seine Periode anfängt« (JmR, 34 u. FA I, 305), weil es auf keine große literarische Blütezeit zurückzuschauen schien. Mit der Übertragung dieser Metapher auf die beiden Länder korrigierte Herder die Klimatheorie, indem er die Frankreich zugesprochenen positiven Folgen und die negativen, die aus der Klimazone für Deutschland abgeleitet wurden, in ihr Gegenteil umkehrte. Zu recht schrieb er am 30. Nov. 1769 Nicolai aus Paris: »der Patriotismus für Deutschland verstärkt sich in mir nach dem Verhältnis der Örter und Zeiten, statt daß er sich [wie] bei andern Expatriierten schwächt« (Br, 175 f.).

* * *

Nicht ohne Grund besteht in Herders *Journal* ein bedeutender Unterschied im Ausdruck zwischen den kritischen Betrachtungen und dem pädagogischen Reformplan, ein Unterschied, der im Grunde auch sein ambivalentes Verhältnis gegenüber Frankreich widerspiegelt. Während der Pädagoge die Prinzipien sachlich erläutert, eine positive Haltung Frankreich gegenüber einnimmt und den Vorsprung der französischen Kultur anerkennt, finden wir in der Folge lose kritische, zuweilen launische Einfälle, Wiederholungen, widersprüchliche Reaktionen und Gedankenassoziationen des Monologisten, die zuweilen einige Anspielungen auf französische Autoren bestätigen sollen. Der Stil der antifranzösischen Reflexionen offenbart zugleich, wie sehr Herder dabei engagiert war. So hat man bei der Lektüre des Reisejournals den Eindruck, der Kontakt mit Frankreich habe alle nationalen Vorurteile aus der Rigaer Zeit wachgerufen.

Wenn man die Bedeutung, die Herder der französischen Sprache in seinem pädagogischen Reform-Programm gibt, mit den kritischen Bemerkungen im *Journal* vergleicht, erscheinen letztere nicht nur als eine Zurückweisung von Voltaires, Beauzées und Diderots z.T. apologetischen Darstellungen und ihrer Idee des Vorrangs der französischen Sprache, sondern auch wie eine Palinodie seiner eigenen Auffassungen als Pädagoge. Hatte er 1764 nach der Lektüre von Voltaires *Siècle de Louis XIV* (1751-68) noch den französischen König bewundert, der »durch [s]einen Kolbert das güldene Jahrhundert der Wissenschaften« geschaffen habe, in das er sich vertiefen wollte (FA I, 873), so fasste er im Dezember 1769 in Paris, dem »Mittelpunkt« all dessen, »was gout und Pracht ist in Künsten und Anstalten«, den Eindruck seines Frankreichaufenthalts in einem Brief an Hartknoch zusammen:

> [S]o wie aber der Geschmack nur der leichteste Begrif der Schönheit, und Pracht nichts als ein Schein und oft eine Ersetzung des Mangels derselben ist, so kann Frankreich nie völlig sättigen und ich bin seiner auch herzlich müde. Indessen wollte ich um vieles nicht, es nicht gesehen zu haben (Br, 183).

Dennoch plädierte Herder nicht für eine kulturelle Autarkie: »Eine Nation [...] bleibt unvollkommen, wenn sie gar nicht nachahmt« (D 496, JmR, 146). Nur darf sie nicht »blindlings eine andre Nation zum Muster« nehmen wie seine Landsleute und nachahmen, was ihren »Eigenheiten« widerspricht. Sie muss vielmehr dabei »behutsam« auswählen, das Fremde ihrem Geist anverwandeln und so die eigene Kultur bereichern, ohne die Nation ihrer eigenen Denkart zu entfremden (FA IX, 2, 220).

Literaturverzeichnis

a) Schriften Herders

Herder, *Werke,* Deutscher Klassiker Verlag, Frankfurt a.M. 1985-1997. [Zitiert FA]
— Bd. I, hg. von Ulrich Gaier.
— Bd. IX, 2, hg. von Rainer Wisbert unter Mitarbeit von Klaus Pradel.
Herder's Werke, hg. von Heinrich Düntzer, Berlin (1879) [zitiert D], Bd. XXIV, 242-254: Über das Schuldrama; XXIV, 497-502: Schöne Künste (Theater) In Paris geschrieben den 2. Dezember.
Herder, *Briefe*, hg. von W. Dobbek, G. Arnold, Weimar 1977, Bd. I. [Zitiert Br]
J.G. Herder, Briefe, Bd. X, Register, bearbeitet von Günter Arnold unter Mitwirkung von Günter Effler u. Claudia Tanzus, Weimar 1966.
Journal meiner Reise im Jahr 1769, hg. von Katharina Mommsen, hist.-krit. Ausgabe, Stuttgart 1976. [Zitiert JmR]
Journal de Mon voyage en l'An 1769, hg. von Max Rouché, Paris 1942.
Herder, Maria Carolina von, *Erinnerungen aus dem Leben J.G. v. Herder*, hg. von Johann G. Müller. 1. Th., Tübingen 1820.

b) Weitere Quellen

Arnaud, Abbé François, *Variétés littéraires ou Recueil de pièces, tant originales que traduites concernant la Philosophie, la Littérature et les Arts*, Paris 1768-1769, 4 Bde.
Blackwell, Thomas, *An Enquiry into the Life and Writings of Homer* [1732], Hildesheim, New York 1976.

César, *Guerre des Gaules*, hg. und übers. von L.A. Constans (Collection Budé), Paris 1941, 2 Bde.

Condillac, Étienne Bonnot de, *Traité des sensations*, Londres, Paris 1754, 2 Bde.

— *Essai sur l'origine des connaissances humaines* [1746], précédé de *l'Archéologie du frivole* par Jacques Derrida, Paris 1973.

Coyer, Abbé Gabriel-François, *Dissertations pour être lues, la première sur le vieux mot de Patrie, la seconde sur la nature du Peuple*, La Haye 1755.

Diderot, Denis, *Lettre sur les sourds et muets à l'usage de ceux qui entendent et qui parlent*, in: *Œuvres complètes*, hg. von J. Assézat, Bd. I, Paris 1875, 349-92.

— *Œuvres esthétiques*, hg. von Paul Vernière (Classiques Garnier), Paris 1959, 77-175: *Entretiens sur le Fils naturel;* 183-287: *De la Poésie dramatique.*

Diderot et d'Alembert, *Encyclopédie ou Dictionnaire raisonné des sciences, des arts et des métiers*, Paris 1751-1772, Bd. I Discours préliminaire, (i-xxxiii); Art. Encyclopédie Bd. V, 635-648; Bd. VII, 428, Galanterie; die Artikel von Nicolas Beauzée: Gallicisme, VII, 451; Grammaire, VII, 841-847; Idiotisme, VIII, 497-500; Inversion, VIII, 852-860; Langue, IX, 247-267. Voltaire, Le François ou Français, VII, 284-87.

Duclos, Charles Pinot, *Considérations sur les mœurs de ce siècle* [1751], Paris ^{6}1772.

Girard, Gabriel, *La Justesse de la Langue françoise* [1718], umgearbeitet unter dem Titel: *Les Synonymes françois*, Paris ^{3}1740.

Goethe, *Sämtliche Werke nach Epochen seines Schaffens*. Münchner Ausgabe, hg. von Karl Richter et al., München 1985, Bd. IV, 2, Literarischer Sansculottismus, 15-20.

— Bd. XVI: *Dichtung und Wahrheit*, hg. von Peter Sprengel.

Goudar, Ange, *L'Espion chinois ou L'Envoyé secret de la Cour de Pékin, pour examiner l'Etat présent de l'Europe*, traduit du chinois [1766], Köln 1783, 6 Bde.

Hamann, J.G., *Werke*, hg. von Josef Nadler, Wien 1950, Bd. II, *Sokratische Denkwürdigkeiten* [1759], 57-82; *Kreuzzüge des Philologen* [1758-1763], 113-246.

Hurd, Richard, *Letters on Chivalry and Romance*, London ^{2}1762.

Lessing, G.E., *Das Theater des Herrn Diderot*, aus dem Französischen übersetzt von G.E. Lessing [1760], hg. von Klaus Detlev Müller, Stuttgart 1986.

— *Die Hamburgische Dramaturgie*, in: Gesammelte Werke, hg. von Paul Rilla, Berlin 1958, Bd. 6.

Mallet, Paul Henri, *Monuments de la mythologie et de la poésie Celtes, et particulièrement des anciens Scandinaves...*, Kopenhagen 1756.

Marmontel, Jean-François, *Poétique françoise*, Paris 1763, 2 Bde.

— *Eléments de littérature*, in: *Œuvres complètes*, Bd. XII.

Mauvillon, Eléazar, *Lettres françoises et germaniques*, London 1740.

Morellet, abbé André, *Mémoires de l'Abbé sur le XVIIIe siècle et sur la Révolution*, hg. von Jean-Pierre Guicciardi, Paris 1957.

Prémontval, André-Pierre le Guay, dit, *Préservatif contre la corruption de la Langue Françoise, en France et dans les Pays où elle est le plus en usage, tels que l'Allemagne, la Suisse et la Hollande*, Berlin 1759-1764, 2 Bde.

Rousseau, Jean-Jacques, *Œuvres complètes*, hg. von Bernard Gagnebin u. Marcel Raymon, Paris 1995, Bd. IV, *Emile*, Bd. V, *Ecrits sur la musique*.

Schramm, Carl Chr., *Neues Europäisches Historisches Reise-Lexicon ... mit Einer Vorrede von Martin Hassens, Von der klugheit zu reisen*, Leipzig 1744.

Voltaire, *Œuvres complètes*, Paris 1864, Bd. V, 199-248: *Essai sur la poésie épique.*

— *Œuvres complètes de Voltaire*, hg. von David Williams, Oxfordshire 1975, Bd. LIII-LV: *Commentaires du Théâtre de Corneille* (1761).

Wille, J.G., *Mémoires et journal*, hg. von G. Duplessis, Paris 1867, 2 Bde.

— *Briefwechsel*, hg. von Elisabeth Decultot, Michel Espagne u. Michael Werner, Tübingen 1999.

Young, Arthur, *Voyages en France en 1787, 1788 et 1789*, première traduction complète et critique par Henri See, Paris 1931, 2 Bde.

c) Forschungsliteratur

Aubertin, Charles, *L'Esprit public au XVIIIe siècle. Etude sur les Mémoires et les correspondances politiques des contemporains, 1715-1789*, Paris 1873.

Becker, Bernhard, *Herder-Rezeption in Deutschland. Eine ideologiekritische Untersuchung*, St. Ingbert 1987.

Belhalfaoui-Koehn, Barbara, *Les controverses de Herder avec le théâtre classique français*, Sorbonne 1970, Typoskript.

Bruneau, Charles, Artikel ›Grammaire‹, in: Georges Grente, Hg.: *Dictionnaire des Lettres Françaises, Le Dix-Septième Siècle*, Paris 1954, 473-76.

— Artikel ›Grammaire‹, in: Georges Grente, Hg.: *Dictionnaire des Lettres Françaises, Le Dix-Huitième Siècle*, Paris 1960, 515-517.

Brunot, Ferdinand, *Histoire de la langue française*, Paris.

— Bd. IV, *La Langue classique (1660-1715)*, Paris 1939.

— Bd. V, *Le français en France et hors de France au XVIIe siècle*, Paris 1917.

— Bd. VI, *La Langue postclassique*, éd. par A. François, Paris 1966.

— Bd. VI, 2, *Le XVIIIe siècle, la langue postclassique*, Paris 1932.

— Bd. VII, *La propagation du français en France jusqu'à la fin de l'Ancien Régime*, Paris 1926.

Couturier, Daniel, *Herder à Nantes et à Angers en 1769*. Le Vieux Logis ²2004.

Dagen, Jean, *L'Histoire de l'Esprit humain dans la pensée française de Fontenelle à Condorcet*, Paris 1977.

Demandt, Alexander, *Metaphern für Geschichte*, München 1978.

Dictionnaire européen des Lumières, hg. von Michel Delon, Paris 1997, Pierre Swiggers, Grammaire, 514-518; G.L. Fink, Patriotisme, 828-830.

Fink, Gonthier-Louis, *Die Problematik der französischen nationalen Identität in der Zeit des Umbruchs zwischen Ancien Régime und Thermidor* (1750-1794), in: G.L. Fink u. Andreas Klinger, Hg., *Identitäten. Erfahrungen und Fiktionen um 1800*, Frankfurt a.M. u.a. 2004, 3-32.

— *Von Winckelmann bis Herder. Die deutsche Klimatheorie in europäischer Perspektive*, in: G. Sauder 1987, 156-176.

— *Diskriminierung und Rehabilitierung des Nordens im Spiegel der Klimatheorie*, in: Astrid Arndt et al., Hg., Imagologie des Nordens. Kulturelle Konstruktionen von Nördlichkeit in interdisziplinärer Perspektive, Frankfurt a.M. u.a. 2004, 45-107.

Frank, Ruth, *Herders Frankreich-Erlebnis. Historisches und Grundsätzliches zur Frankreichkunde*, Hamburg 1933.

Gaier, Ulrich, *Herders Sprachphilosophie und Erkenntniskritik*, Stuttgart-Bad Cannstatt 1988.

Gerold, Karl Gustav, *Herder und Diderot. Ihr Einblick in die Kunst*, Frankfurt a.M. 1941.

Gusdorf, Georges, *L'avènement des sciences humaines au siècle des lumières*, Paris 1973.

Haym, Rudolf, *Herder*, Berlin 1958, 2 Bde.

Häfner, Ralph, *J. G. Herders Kulturentstehungslehre. Studien zu den Quellen und zur Methode seines Geschichtsdenkens* (Studien zum 18. Jahrhundert, Bd. 19), Hamburg 1995.

Honkes, Ulrich, *Philosophie und Grammatik in der französischen Aufklärung. Untersuchungen zur Geschichte. Sprachtheorie und französische Grammatikographie im 18. Jahrhundert in Frankreich*, Münster 1991.

Irmscher, Hans-Dietrich, Emil Adler, *Der handschriftliche Nachlass J.G. Herders* (Staatsbibliothek Preußischer Kulturbesitz, 2. Reihe, Nachlässe, Bd. I), Wiesbaden 1979.

— *Aus Herders Nachlaß*, in: Euphorion 54 (1960), 281-294.

— *Beobachtungen zur Funktion der Analogie im Denken Herders*, in: DVjs 55 (1981), 64-97.

— *Zur Ästhetik des jungen Herder*, in: G. Sauder 1987, 43-76.

— *Herders Dityrambische Rhapsodie*, in: Text & Kontext 1994, 144-157.

— *Nationalität und Humanität im Denken Herders*, in: Orbis Litterarum 49 (1994), 189-215.

— *Herders Seereisen in den Jahren 1769 und 1770. Variationen einer Daseinsmetapher*, in: Joseph Kohnen, Hg., Königsberg-Studien, Frankfurt a.M. u.a. 1998, 163-178.

Koeppen, Wilhelm, *Herders Reisetagebuch vom Jahre 1769*, Greifswald 1926.

Krebs, Roland, *Le dialogue critique de Herder avec Diderot et Helvétius*, in: *Herder et les Lumières. L'Europe de la pluralité culturelle et linguistique*, in: Revue Germanique Internationale 20 (2003), 75-87.

Malettke, Klaus, *Pays d'Election et pays d'Etats en France à l'époque moderne*, in: Rainer Babel u. Jean-Marie Moeglin, Hg., *Identité régionale et conscience nationale en France et en Allemagne du Moyen Age à l'époque moderne*, Sigmaringen 1997, 73-88.

Martin, Gaston, *Nantes au XVIIIe siècle. L'ère des négriers (1714-1774)*, Paris 1931.

Morazé, Charles, *La France bourgeoise, XVIIIe-XXe siècles*, Paris 1947.

Péhant, Emile, *Catalogue méthodique de la Bibliothèque Publique de Nantes*, Nantes 1859, 6 Bde.

Pénisson, Pierre, *Les rapports culturels de l'Allemagne à la France encyclopédique chez Herder*, in: Michel Espagne, Michael Werner, Hg., *Transferts. Les relations interculturelles dans l'espace franco-allemand (XVIIIe-XIXe siècle)*, Paris 1988, 383-392.

Sauder, Gerhard, Hg., *J.G. Herder. 1744-1803*, Hamburg 1987.

Stanzel, Franz K., Hg., unter Mitwirkung von Ingomar Weiler u. Waldemar Zaharasiewicz, *Europäischer Völkerspiegel. Imagologisch-ethnographische Studien zu den Völkertafeln des frühen 18. Jahrhunderts*, Heidelberg 1999.

Stückrath, Jörn, *Der junge Herder als Sprach- und Literaturtheoretiker - ein Erbe des französischen Aufklärers Condillac*, in: Walter Hinck, Hg., *Sturm und Drang. Ein literaturwissenschaftliches Studienbuch*, Kronberg 1978, 175-191.

van Stockum, Th.C., *Herders ›Journal meiner Reise im Jahre 1769‹*, in: Mededelingen der koninklijke Nederlandse Akademie von Wetenschappen, AFD. Letterkunde, Amsterdam 1960, 361-382.

Vogel, Adolf, *Herders Journal meiner Reise von 1769. Ideengehalt und Bedeutung für die geistige Entwicklung des Verfassers*, Diss. Hamburg, Leipzig 1928.

Wisbert, Rainer, *Das Bildungsdenken des jungen Herder. Interpretation der Schrift ›Journal meiner Reise im Jahr 1769‹*, Frankfurt a.M. u.a. 1987.

Vladimir A. Avetisjan

Herders Konzeption der Geschichte Russlands: Wandlungen und Aktualität

Herders Auffassungen vom russischen Reich sind mehrmals analysiert worden und zwar unter verschiedenen Aspekten.[1] Am ausführlichsten ist seine Konzeption der russischen Geschichte durchleuchtet, viel bescheidener sind die Aussagen über die russische Kultur - im weiten Sinne des Wortes - erforscht, sie finden sich fast ausschließlich im »Journal meiner Reise«. Was die Produktivität und Modernität des Herderschen Russlandbildes betrifft, so ist hier unseres Wissens am wenigsten getan worden.[2]

Das Problem hat eine weitere Dimension. Aktuell für das heutige Russland, in dem der Humanismus einen Tiefstand erreicht hat, erweist sich vor allem Herders Erbe als das des großen Humanisten. Es gilt, seine »Briefe zu Beförderung der Humanität« möglichst schnell vollständig ins Russische zu übersetzen.[3] Dies wäre ganz im Geiste Herders, denn auch er, als es darauf ankam, den um sich greifenden Antihumanismus zu bekämpfen, übersetzte im genannten Werk die großen Humanisten der Vergangenheit. Es wäre natürlich naiv, mit solcher Initiative große Hoffnungen zu verbinden, aber jeder Schritt in dieser Richtung wird von Nutzen sein.

Wir erkennen die Spezifik von Herders Überlegungen zu Russland tiefer, wenn wir uns an manche Etappen der Russlandrezeption in Deutschland erinnern. Leibniz war es, der als erster die historisch produktive Konzeption des russischen Reiches entwickelte, hier tritt er als unmittelbarer Vorläufer Herders auf.[4] Dieses Universalgenie und Verehrer Peters des Großen, mit dem er Briefe wechselte und auch zusammentraf, erhoffte die rasche Europäisierung des Landes von oben. Von ausschlaggebender Bedeutung war seine Auffassung von Russland als Bindeglied zwischen Westen und Osten, genauer gesagt zwischen Europa und China als den zwei wichtigsten Zentren der Weltkultur; damit entwarf Leibniz das Konzept einer west-östlichen, in Russland zu verwirklichenden Kultursynthese, welches in der Folge sowohl in Russland als auch in Deutschland aufgegriffen wurde. Er hielt es für nötig, dass verschiedene in Russland lebende Nationen in den Staatsorganen des Reiches vertreten seien und dachte in dieser Hinsicht seiner Zeit weit voraus.

Im Unterschied zu Leibniz zeigten die deutschen Philosophen vom 18. bis zum beginnenden 19. Jahrhundert wenig Interesse für Russland.

> In den geschichtsphilosophischen Schriften Kants und Fichtes, Hegels und Schellings kommt Rußland als historische und staatspolitische Größe nur am Rande vor, die Russen werden als Volk ohne Geschichte angesehen - und beiseite gelassen. (Keller 1992, 790)

---

1 Um nur einige Arbeiten zu nennen: Suphan 1873, Bittner 1953, Keller 1987, Arnold 1997.
2 Der Aufsatz von Mechthild Keller stellt eine der wenigen Untersuchungen dar, in denen auf diese Frage eingegangen wird.
3 Vorerst sind nur sechs Briefe übertragen worden; in einer von Viktor M. Žirmunskij herausgegebenen Auswahl von Werken Herders (Moskau, Leningrad 1959). Fügen wir hinzu, dass Herders Gedanken über Russland im Lande praktisch unbekannt sind.
4 Ausführlicher Keller 1985.

Die beiden zuletzt Genannten waren Zeugen der Ereignisse, welche den Gang der Weltgeschichte prägten: die Niederlage Napoleons in Russland und die Befreiung Deutschlands sowie anderer Länder Europas durch russische Armeen vom französischen Joch. Die beiden ersteren sollten diese Ereignisse nicht erleben.

Herders Freund (und Opponent) Goethe[5] operierte im Hinblick auf die russische Kultur mit den Kategorien »Westen« und »Osten«, was uns an die Sichtweise des Dichters als Schöpfer des »West-östlichen Divans« erinnert; dabei wurde von ihm das West-östliche als das Weltliterarische wahrgenommen.[6]

Der Hauptgrund von Herders anhaltendem Interesse an Russland ist bekannt: Er sah in den Russen und überhaupt in den Slawen eine junge Nation, welche die Kultur des vergreisenden Europas übernehmen und weiterentwickeln würde. Wir können konstatieren, dass Herder von Anfang an Russland als ein für soziale Experimente geeignetes Land auffasste, was geschichtlich von den Reformen Peters des Großen vorgegeben wurde. Betrachtet Herder in den Jahren seines Aufenthaltes in Riga Katharina II. als würdige Fortsetzerin des von Peter I. Begonnenen, so tritt er selbst im »Journal meiner Reise« als Gesetzgeber und Erzieher des russischen Reiches in den Vordergrund. Auch in Deutschland wollte Herder manches reformiert sehen; davon zeugen nicht nur das Reisejournal, sondern auch andere seiner Jugendschriften.

In Herders Ansichten über die geschichtliche und ästhetische Entwicklung Russlands und Deutschlands lässt sich eine merkwürdige typologische Konstante feststellen. Indem Russland sich bemüht, in den Kreis der gebildeten europäischen Nationen einzutreten, schloss sich Deutschland diesem Kreise als dessen letztes Mitglied an. Allerdings birgt die Situation in sich eine gute Chance für die Spätgekommenen: Sie werden ernten können, was die Früherschienenen gesät haben; bezüglich der Deutschen wiederholt sich ein solcher Gedanke bei Herder mehrmals; was die Russen anbelangt, so ist in diesem Zusammenhang die Stelle im »Journal meiner Reise« hervorzuheben, wo er mit Nachdruck von der großen, bei den anderen Völkern nicht anzutreffenden Fähigkeit der Russen zum Nachahmen (im Sinne der produktiven Aneignung des Fremden) schreibt, was von ihm als eine wichtige Voraussetzung für die Bildung der Nation angesehen wird.[7]

Es ist bemerkenswert, dass die russischen »Weisheitsfreunde« (so nannten sich die Teilnehmer eines Zirkels, der sich Mitte der 20er Jahre des 19. Jahrhunderts in Moskau bildete; sie waren engagierte Germanophile und propagierten neben Goethe, Schiller, den deutschen Romantikern und Philosophen auch Herder[8]), von der Parallelität der kulturellen Evolution Russlands und Deutschlands ausgehend, eine Theorie entwickelten, dass die Erfahrungen der

---

5   Vgl. Irmscher 1989.
6   Über die Herausbildung von Goethes Konzeption der Weltliteratur vgl. Strich 1957. Goethe nimmt auch Herder selbst im Lichte dieser Konzeption auf. Das geht aus dem lakonischen Artikel »Idées sur la philosophie de l'histoire de l'humanité par Herder« hervor, welcher Goethes Rezension von Edgar Quinets französischer Übersetzung der »Ideen« darstellt und welcher in Goethes Zeitschrift »Kunst und Altertum«, diesem wahren Organ der Weltliteratur, veröffentlicht wurde. Über die Auseinandersetzung Goethes als Schöpfer der Weltliteraturkonzeption mit der russischen Kultur und Literatur vgl. Avetisjan 2001.
7   Vgl.: »Leichter nachzuahmen, zu appiriren ist keine Nation als sie [...] Ich sehe in dieser Nachahmungsbegierde, in dieser kindischen Neuerungssucht nichts als gute Anlage einer Nation, die sich bildet und auf dem rechten Wege bildet: die überall lernt, nachahmt, sammlet [...]« (Suphan 1878, 355).
8   Hier empfiehlt sich Dmitriewa 1996. Vgl. auch Udolph 1986.

Deutschen im Bereich des Geistes für die Russen besonders wichtig seien; es gilt, diese Erfahrungen kennenzulernen und sich anzueignen.

Der reformerische Elan des jungen Herder kommt zum Ausdruck in seinem enthusiastischen Gedicht »Gesang an den Cyros«, welches den Untertitel führt: »An den großen König Cyros, den Enkel des Astyages. Von einem gefangenen Israeliten«. Das Gedicht stellt die erste poetische Hinwendung Herders zu Russland dar. Aus dem Alten Testament wissen wir, dass jener persische König die babylonische Gefangenschaft der Hebräer beendet und sie nach Jerusalem hatte ziehen lassen.[9] Im Gedicht tritt er als Personifikation des jungen russischen Monarchen Peters III. auf, der hymnisch gefeiert wird:

> Du bist! Gesalbter, den uns Gott versprach!
> Es glänzt dein neues Reich
> Den Himmel auf. Die Völker feiern nach
> Und knien. Der Mond erhebt sich bleich [...]
>
> Der gürtet Königen das Blutschwert ab
> Und regnet Ruh und Glück
> Auf seine Herden. Fremde gibt sein Stab
> Dem ersten Hirten gern zurück.
> (Suphan 1889, 3 f.)

Peter III., Enkel Peters I. - die genealogische Beziehung wird im Untertitel durch die Bezeichnung des Cyros als Enkel des Astyages hervorgehoben -, als er Anfang 1762 den russischen Thron bestieg, befahl die Räumung der von den russischen Truppen besetzten Gebiete Preußens. Jenen Monarchen glorifiziert der Verfasser nicht nur als einen Befreier (was eigentlich von Herder, der sich im Gedicht als »einen gefangenen Israeliten« bezeichnet, zu erwarten gewesen wäre), er verherrlicht ihn auch als weisen und humanen Lenker eines »neuen Reiches« und lässt damit den Leser an den Reformzaren Peter I., den großen Amtsvorgänger Peters III, erinnern. »Gesang an den Cyros« kann als Prolog zur späteren, auf die Reformierung Russlands hinauslaufende Auseinandersetzung Herders mit der Geschichte und Kultur dieses Landes betrachtet werden.

Im Gedicht gibt sich Herder den politischen Träumen und Illusionen hin. In Wirklichkeit war Peter III. ein schwacher Herrscher, der Russland schlecht kannte und nur wenige Monate regierte. Für die Reformen, falls er sie überhaupt im Auge hatte, ließen ihm das Schicksal und seine Ehefrau Katharina, die künftige Kaiserin Katharina II., keine Zeit. Bald wurde er gestürzt und ermordet.

Das Reform- und Ostfieber des jungen Herder manifestiert sich am stärksten im »Journal meiner Reise im Jahr 1769«. Das Werk sucht in der Weltliteratur seinesgleichen. Es ist weder Tagebuch noch Reisebeschreibung, noch Konfession im Sinne Rousseaus, noch etwas, was sich literarisch eindeutig definieren ließe; inhaltlich stellt es ein Amalgam von Ideen dar, welche sich - da die Hauptgedanken Herders auf verschiedenen Etappen des Lebens ihre Gültigkeit behalten - in seinen späteren kultur- und geschichtsphilosophischen Schriften herauskristallisieren werden.

Immer wieder tauchen im »Journal« solche Begriffe wie »Nation«, »Individualität«, »Nationalcharakter«, »Nationalgefühl« auf. Was soll ein Volk tun, um sich zu kultivieren? Drei Prinzipien postuliert Herder. Erstens: Die Bildung einer Nation durch sich selbst. Zweitens:

---

9   2. Chronik 36, 22-23 und Esra 1.

Die Bildung einer Nation durch Anstalten, die keine Gesetze sind (Theater, wissenschaftliche Zentren usw.). Drittens: Die Bildung einer Nation nach anderen.[10] Dieses Schema ist vor allem auf Russland gemünzt.

Herder vergisst nicht, dass es ein Vielvölkerstaat ist, ja er stellt in diesem Zusammenhang eine Aufgabe, die bis heute ungelöst bleibt. »Welch ein Wunderwerk«, schreibt er, »für alle diese Nationen ein Gesetzbuch zu geben, jedem in seiner Denkart und in seinem Gefühl« (Bollacher 1997, 214). Herders Gedanken kreisen hier um ein Problem, das für die Existenz eines multinationalen Staates lebenswichtig ist. Gemeint ist die nationale Frage. Eben an ihr scheiterten letzten Endes sowohl das Zarenreich als auch die Sowjetunion. Auch in der Russischen Föderation gewinnt dieses Problem immer mehr an Bedeutung.

»Wie behutsam Peter der große [sic] gegangen?« - fragt Herder und äußert damit Zweifel an den Methoden, denen Peter bei der gewaltsamen Europäisierung seines Reiches folgte (Bollacher 1997, 212). Zwar meint er hier die Kirchenreform des Zaren, aber die Behutsamkeit ist bei jeder Einführung des Fremden geboten. Denn: »Der Körper einer Nation immer zu ehren! Die Fremde, die Beispiele und Vorbilder werden, müssen sich gleichsam nationalisieren [...]« (Bollacher 1997, 213). (Um wieviel schwieriger soll aber dieser Prozess in einem Vielvölkerstaat vor sich gehen!) Die im »Journal« »behutsam« gestellte Frage wird in den »Adrastea«-Aufsätzen über Russland beantwortet.

Gleichzeitig kann man diese Frage als Mahnung an Katharina II. deuten, die, wie Herder damals glaubte, die petrinischen Reformen weiterzuführen beabsichtigte. In den 60er Jahren war sie für ihn

> Monarchin, Mutter, Kaiserin,
> Europeans Schiedesrichterin,
> Die Göttin Rußlands und der Glanz in Norden.
> (Suphan 1889, 26)

All das hinderte Herder freilich nicht, an ihrer Gesetzgebung (die Instruktion für die Mitglieder der im Jahre 1767 nach Moskau einberufenen, und schon im folgenden Jahr wieder aufgelösten, Komission zur Ausarbeitung des neuen Gesetzbuches) zu kritisieren.

Inwiefern Russland damals Herders Interesse fesselte und inwieweit er entschlossen war, seine Reformpläne der Zarin zukommen zu lassen, ist aus dem Brief vom 4. November 1769 an den Rigaer Zollinspektor Begrow ersichtlich. Im Begriff, eine Studie »Über die wahre Kultur eines Volks und insonderheit Rußlands« zu verfassen, bittet er ihn um die Übersendung der Standardwerke der Russlandliteratur, neben anderen der »Russischen Geschichte« von Lomonossow. »Sollte es wohl angehn«, so fragt Herder den Freund, »daß ich als unbekannter Reisender ein Exemplar im Manuskript an die Kaiserin sendete? Wäre Orloff, der Favorit, nicht dazu der erste Mann ... Lieset sie gerne deutsch oder muß es französisch sein?« (Bittner 1953, 51).

Herder will, dass Katharina sein Projekt, welches allerdings noch nicht geschrieben, bestenfalls entworfen ist, unbedingt kennenlernt. Indes konnte Herder nicht umhin zu wissen, was damals alle wussten: Dass die Kaiserin, der er so huldigte, am Mord ihres Amtsvorgängers und Ehegatten Peters III., jenes »großen Königs Cyros«, den er vor wenigen Jahren in seinem Gedicht besang, schuldig war.

---

10 So rekapituliert Herder seine Reformpläne in dem 1769 in Paris geschriebenen Fragment »Sammlung von Gedanken und Beispielen fremder Schriftsteller über die Bildung der Völker« (Bollacher 1997, 209), das zum »Journal meiner Reise« gehört.

Im Brief erwähnt Herder den Namen des Favoriten der Zarin, Grafen Orloff. Gemeint ist Grigorij Orloff; er und zwei seiner Brüder spielten die Schlüsselrollen in der von den Gardeoffizieren organisierten Verschwörung gegen Peter III., von der Katharina wusste. Nicht unbegabt, aber eigenwillig und despotisch, war er einer der Vertreter des russischen Hochadels, auf die Herders Darstellung des russischen Charakters, wie sie im Reisejournal dargeboten wird, sich durchaus beziehen lässt.

Herder streift hier das für das monarchistische Europa wichtige Problem des Favoritismus; gerade Russland war jenes Land, in dem die Favoriten über große Macht verfügten. Man denke nur an Grigorij Rasputin, den vertrauten Berater des Zarenpaars in den Jahren vor der kommunistischen Revolution. Berühmt wurde der allmächtige Favorit Katharinas II. Fürst Grigorij Potemkin (man weiß ja, was im Deutschen der Ausdruck »Potemkinsche Dörfer« bedeutet), der mehrere Jahre der Statthalter der Ukraine war, über die Herder und zwar im »Journal meiner Reise« prophezeite:

> Die Ukraine wird ein neues Griechenland werden. Der schöne Himmel dieses Volks, ihr lustiges Wesen, ihre musikalische Natur, ihr fruchtbares Land usw. werden einmal aufwachen; aus so vielen kleinen wilden Völkern, wie es die Griechen vormals auch waren, wird eine gesittete Nation werden; ihre Grenzen werden sich bis zum schwarzen Meer hin erstrecken und von da hinaus durch die Welt. (Suphan 1878, 402)

In dieser Utopie ist schon der Keim von Herders späterem »Seetraum« enthalten: Das eigentliche Zentrum Russlands läge an der Schwarzmeerküste.

Zwar vergisst Herder nicht, dass Russland ein Vielvölkerstaat ist, aber er spricht immer nur von einem Volk, nämlich den Russen, noch genauer - von dem russischen Adel, der damals eine dünne Schicht des russischen Ethnos stellte, indem die Bauern, von denen bei Herder nichts zu finden ist, die aber die Identität der russischen Nation entscheidend geprägt haben, mehr als 2/3 der Gesamtbevölkerung ausmachten. Präzisieren wir das Problem.

Herders Charakteristiken der Russen sind stets die des um diese Zeit noch halbzivilisierten russischen Adels. Als solche treffen sie zu, ja sie korrelieren mit den Charakteristiken der Adligen, die sich in der russischen Literatur um die Wende des 18. zum 19. Jahrhundert finden (z.B. bei Alexander Radischtschew, der die Herderschen Schriften kannte), die aber das Gesamtbild der russischen herrschenden Klasse nur partiell widerspiegeln.

Es ist lehrreich, Herders Überlegungen zu Russland in die Gegenwart zu projizieren. Eine solche Herangehensweise rechtfertigt sich dadurch, dass alle drei gewaltigen Perestroikas, welche Russland in den letzten 300 Jahren seiner Geschichte durchgemacht hatte - die Peters des Großen (über deren Folgen Herder lebenslang reflektierte), die der Kommunisten und die noch währende zeitgenössische - manche gemeinsamen typologischen Züge haben. Dies gilt beispielsweise dafür, auf welche Weise die Großen des Reiches jeweils in ihre Ämter, die ihnen hohe Profite sichern, hineingelangt waren. Welches soziale Benehmen und welche Sitten sind für sie kennzeichnend? »Ihr Palais, Güter, Luxus, Bedürfnisse [...], die sie durch Geschenke gewonnen, das ist ihr Reich, dem sie dienen, für das sie alles tun werden [...]« (Suphan 1878, 421). Mit diesen Worten charakterisiert Herder den Hof Katharinas II., bei dem ihre Günstlinge den Ton angaben. Der Staat, dessen Regierung in ihrem Handeln durch den Eigennutz geleitet wird, ist vom Zerfall bedroht. So Herder.

Vor mehr als 50 Jahren hat Konrad Bittner seine Vorschau trefflich kommentiert: »Fürwahr, ein düsteres Bild, das Herder hier umreißt, um so düsterer deswegen, da Herder mit seherischem Auge geradezu den furchtbaren Absturz, die ›große Umwälzung‹ mit zwingender Notwendigkeit heranrollen sieht« (Bittner 1953, 47).

An das Problem der »großen Umwälzung« kann man von einer anderen Seite herantreten. Wir wissen, dass Herder manche Ereignisse der Weltgeschichte durch das Walten der Nemesis zu erklären geneigt war. So wie er die Nemesis-Idee auf den französischen König Ludwig XIV. als »Gründer der französischen Freiheit« bezog, können wir diese Idee in Herders Sinne auf Peter I. als Erwecker der radikalen Bewegungen in Russland beziehen. Denn infolge seiner auf die Modernisierung und Militarisierung das Landes hinauslaufenden Politik akkumulierte allmählich in ihm der soziale Zündstoff, der - jahrzehntelang glimmend, manchmal aufflammend - zu Beginn des 20. Jahrhunderts explodierte und den Untergang des von Peter geschaffenen Kaiserreiches verursachte.

Was Herder von den russischen Hofleuten sagte, ist heute von den russischen Oligarchen zu sagen, die - wenn auch nicht unbedingt und nicht immer von oben favorisiert - als Drahtzieher vieler in der Politik und Ökonomik ablaufender Prozesse anzusehen sind. Ihr Wirken ist auf persönliche Bereicherung gerichtet; hier ist die Affinität zwischen ihnen und den »Despoten«, wie Herder Katharinas Hofleute nennt, besonders frappant.

Noch ein Beispiel dafür, wie weit Herders Prognosen reichen. Er geht im »Reisejournal« auf die Kulturprobleme ein, welche vor der russischen Nation stehen, und wirft in diesem Zusammenhang die Frage auf, was ihr das Theater »nützte« und zwar im Hinblick auf die Tragödie - etwa »Tell« in Russland - und die Komödie; hier wird »Tartuffe« genannt. Herder schreibt nämlich: »Ein Tartuffe in Rußland müßte den Staat zu zerstören suchen [...], großes Sujet fürs Land« (Bollacher 1997, 214). Herder modelliert - da, wie er betont, »jeder Charakter der Komödie sich nach Nationen verändre« (Bollacher 1997, 217) - die Wandlungen des Haupthelden in jedem anderen Land; der deutsch-protestantische Tartuffe soll sich von dem französischen unterscheiden, und von dem russischen haben wir soeben gehört. Gerade den russischen Tartuffe stellt Herder als Träger des für den Staat gefährlichen Lasters hin.

Hier muss man wissen, dass Herder die Heuchler zu den »schwärzesten Leuten« zählte;[11] andererseits soll an dieser Stelle daran erinnert werden, dass er ein solches Laster wie die Schmeichelei, die mit der Heuchelei substanziell verbunden ist, besonders in den despotischen Ländern - d.h. unter den europäischen Staaten vorzüglich in Russland - an Boden gewinnen sah, weil in ihnen die Furcht die »Triebfeder« war; hier steht Herder in der Nachfolge Montesquieus, mit dessen Buch »De l'esprit des lois« er sich gründlich beschäftigte. Wahrlich erwies sich Molières Stück als »großes«, wenn auch fatales »Sujet« für das kommunistische Russland: Das in ihm angeprangerte Laster, welches in der UdSSR zur Lebensnorm und Lebensform wurde, zehrte langsam, aber ununterbrochen an der moralischen Gesundheit der Nation und beschleunigte den Zusammenbruch des Reiches.

Neben dem Theater kommt Herder im »Journal« auf den Stand der Wissenschaften in Russland und in diesem Zusammenhang auf die von Peter dem Großen 1724 gegründete Akademie der Wissenschaften zu sprechen, der er einen Mangel an »Nationalgeist« vorwirft (Bollacher 1997, 215). Freilich war ein solcher Vorwurf leicht zu machen: Jeder Interessent wusste damals, dass beinahe alle Mitglieder der Akademie Ausländer, vor allem Deutsche waren; zu den ersten russischen Mitgliedern zählten der Historiker Wasilij Tatischtschew und der schon erwähnte Michail Lomonossow, ein vielseitiger Gelehrter und Begründer der Moskauer Universität. Hier ist eine historische Vergegenwärtigung am Platze: Holte Peter I. ausländische Gelehrten nach Russland, so verlassen heute - vorzüglich wegen der miserablen Entlohnung - die russischen Wissenschaftler ihre Heimat.

---

11 S. seinen Brief an Karoline Flachsland vom 22. September 1770 (Schauer 1, 55).

Herder erwähnt auch – soweit wir urteilen können, das erste und letzte Mal – die russische Sprache, deren Pflege er der Akademie empfiehlt (Bollacher 1997, 215). Er selbst beherrschte sie bekanntlich nicht; gerade das Gegenteil wäre eigentlich von dem zu erwarten gewesen, der zum Reformator und Erzieher Russlands werden wollte. Aber eben im Hinblick auf diese Intention ist seine Sorge um die russische Sprache als Sprache der sich profilierenden Nation berechtigt.

Das Berühmteste, was Herder über die Slawen schrieb, das in der Forschung so oft zitierte Slawenkapitel im 16. Buch der »Ideen zur Philosophie der Geschichte der Menschheit«, ist im Hinblick auf unser Thema, wie es scheint, von geringem Interesse.[12] Denn abgesehen von manchen längst vor Herder bekannten geschichtlichen und geographischen Fakten lässt sich nur Weniges von dem, was er im diesem Kapitel über die Slawen mitteilt, auf die Russen und ihre Ahnen beziehen. Keinesfalls waren sie ein friedliches Volk, wie Herder die Slawen konsequent darzustellen bemüht ist; schon die Byzantiner schilderten sie als erfahrene Krieger. In demselben Buch, von welchem Herders Vision der Ukraine als einem neuen Griechenland ihren Ursprung nimmt, sollte er gelesen haben, »daß die schon vor uralten Zeiten als streitbare Völker bekannten Slawen und Russen weniger mit musikalischen als mit Kriegsinstrumenten bekannt gewesen« waren (Stählin 1770, 48).

Während das Slawenkapitel von den Tschechen, Slowaken und Polen mit Begeisterung aufgenommen wurde, erregte es in Russland, dem einzigen unabhängigen slawischen Land, kein Aufsehen, sondern eher Interesse. Das Kapitel sollte in den russischen Lesern manche unbequemen Fragen provozieren (z.B.: Die Lage der Polen oder Ukrainer im Reich und deren künftige »Erweckung«); nicht alle in Russland waren damals bereit, sich mit solchen Fragen auseinanderzusetzen.

Die bedeutendsten und schlüssigsten Äußerungen Herders über Russland finden sich im 1802 erschienenen dritten Band der »Adrastea«; es handelt sich um zwei zusammenhängende Aufsätze,[13] die durch Klopstocks Ode auf Kaiser Alexander den Ersten ergänzt sind.[14] Dass Herder eben auf solche Weise sein »Russenkapitel« in der »Adrastea« schließt, ist bemerkenswert. Er selbst, der er einst mit den Großeltern des jungen Zaren – Peter III. und Katharina II., und zwar auch zu Beginn ihrer Regierungszeit – große Hoffnungen verband, ja ihnen huldigte, (über dessen Vater Paul I. er aber vernichtend urteilte), enthält sich hier jeder Charakteristik des Monarchen. Kaum konnte Herder die in der Ode, welche er auch unkommentiert lässt und welche in mancherlei Hinsicht mit seinen eigenen »Zarenoden« zu vergleichen ist, von Klopstock geäußerte Meinung, »Russiens Alexander« werde durch die Menschenliebe Alexander den Großen als Eroberer übertreffen, teilen. Der optimistische Ausblick, wenn auch von einem anderen geboten, durfte jedoch nicht fehlen.

Der Inhalt des ersten Aufsatzes ist schon im Titel angedeutet: »Peter der Große«. »Geister, wie Peter, sind aus ihren Lebensjahren nicht zu berechnen; für Jahrtausende geschaffen, müssen sie Jahrtausende fortwirken, ehe man reine Erfolge ihres Bestrebens siehet«, – schreibt Herder und formuliert eines der Prinzipien, denen er bei der Charakteristik der großen Persönlichkeiten der Weltgeschichte und der Weltkultur sowohl in der »Adrastea« als auch in den »Briefen zu Beförderung der Humanität« folgte: »Billig beurteilt man sie also

---

12 Über die Fehlinterpretation des Kapitels als »slawische Prophetie« vgl. Irmscher 1994, 190f.
13 Bollacher 2000, 408-413, 413-426; s. hier den interessanten Stellenkommentar des Herausgebers 1189-1201.
14 Den Text der Ode, welcher in diesem Band weggelassen sein sollte, s. in Klopstocks Werken, Bd. 7. Leipzig 1804, 50f.

nach ihrem Bestreben und nach dessen Maximen« (Bollacher 2000, 412). Dass ein solches Prinzip in die Zukunft weist, ist nicht zu verkennen.

Zu betonen wäre auch, dass in Herders Darstellung Peter nicht nur als »Schöpfer, Vater, Künstler und leidenschaftlicher Liebhaber seines unvollendeten Reiches« (Bollacher 2000, 413), sondern auch als Mensch, dem nichts Menschliches fremd ist, erscheint. Zwar bedauert Herder, dass Peter nach der Eroberung Asows die Hauptstadt nicht im Süden, sondern im Norden des Imperiums gründete. Diese Bemerkung aber ist in den Kontext der positiven Beurteilungen eingereiht, wennschon es auffällt, dass in ihnen die Pathetik seiner früheren Aussagen über den Zaren ausbleibt.

Anders ist der zweite Aufsatz konzipiert und ausgeführt; er stellt einen Dialog dar, was ihm die polemische Form und dialektische Pointierung der Gedanken der Gesprächspartner verleiht. Zum letzten Mal wendet sich Herder der Gestalt Peters des Großen, dieses, wie er ihn nennt, »erhabenen Wilden« zu, um ein endgültiges Urteil über ihn zu fällen. Als eine widersprüchliche historische Figur erscheint ihm jetzt der Zar.

Schon der Titel ist merkwürdig: »Über die schnelle Kunstbildung der Völker«. Eine für Herder unnatürliche, um nicht zu sagen widernatürliche Wortverbindung. Denn der Begriff der Bildung, wie er in seinen Schriften oft anzutreffen ist, bedeutete für Herder stets ein organisches Wachstum, einen Prozess, der weder verlangsamt noch beschleunigt, geschweige denn künstlich vorangetrieben werden darf.

Es wird lohnend sein, wenn wir hier einen anderen, im fünften Band der »Adrastea« veröffentlichten Aufsatz Herders in Betracht ziehen: »Ist dem Volke so viel Kunstsinn als Sinn für Wahrheit und Ehrbarkeit nötig?«. »Ein Volk mit Kenntnissen überschnellen und übereilen, die ihm nicht gehören«, unterstreicht Herder, »ist eben so vernunftlos und unbarmherzig, als ihm die Augen ausstechen [zu] wollen und das ihm nötige Licht [zu] versagen« (Bollacher 2000, 806). Er zieht hier vor allem gegen die deutschen Romantiker zu Felde, wobei die Polemik im Bereich des Ästhetischen ausgetragen wird, es kann aber kein Zweifel daran bestehen, dass eine solche Formel für ihn eine universale Bedeutung hatte. Beinhaltet der Titel dieser Abhandlung eine Herausforderung, so ist im Titel des Aufsatzes »Über die schnelle Kunstbildung der Völker« der kritische Ansatz nicht zu überhören.

Im Aufsatz gibt Herder die Antwort auf jene Frage, die er 33 Jahre zuvor im »Journal meiner Reise« gestellt hatte: »Wie behutsam Peter der große [sic] gegangen?« Es ist eine negative Antwort. Nicht seine Reformen, sondern ihr Tempo, ihre Maßstäbe, Ausrichtung und Wirksamkeit werden angezweifelt. Peter, wie groß er auch war, vermochte es nicht, das russische Volk durch Aufpfropfen des ausschließlich aus dem Westen importierten und vorerst nicht »nationalisierten« Fremden von innen zu kultivieren. Herder greift, indem er die prowestliche Orientierung des Reformzaren kritisiert, auf seinen Lieblingsgedanken von der Zentrierung Russlands an der Schwarzmeerküste zurück: »In seiner prächtigen Mitte zwischen Europa und Asien geböte es der Welt friedlich«[15] (Bollacher 2000, 421f.). Die genetisch mit der Herderschen Auffassung von Russland als Vielvölkerstaat verbundene Konzeption des russischen Reiches als west-östlicher Macht deutet sich an.[16] Gerade in dieser Funktion wäre es dem russischen Reich gelungen – für Herder ist dies der entscheidende Punkt – »alle seine Völker, jedes nach seinem Maß, in seinen Sitten« zu kultivieren (Bollacher 2000, 420). An sich stellt eine solche Aufgabe die unabdingbare

---

15 »Friedlich« wäre hier als »auf humane Weise« zu verstehen.
16 Die Rolle Russlands als Vermittler zwischen Westen und Osten beschäftigte in den 20er-30er Jahren des 19. Jahrhunderts die russischen Literaten und Historiker. Ausführlicher in Avetisjan 2001, 236f.

Voraussetzung für eine produktive Entwicklung jedes multinationalen Staates dar. In vollem Umfang ist diese Aufgabe in Russland bis heute nicht bewältigt worden. Ja, es fehlt dazu eine solide theoretische Basis. Die von Herder im »Journal meiner Reise« geäußerte Hoffnung auf ein universales »Gesetzbuch« für den Vielvölkerstaat Russland bleibt unerfüllt.

Die Vermutung liegt nahe, dass in Herders ästhetisch-philosophischem Denken sich das Konzept Russlands als west-östliches Reich mit der Überzeugung von der Kulturwanderung überschnitt: Die neue universale Kultur der Menschheit wird im reformierten Russland und zwar im Süden des Landes entstehen, wo der Westen und der Osten sich treffen und ihre geistigen Reichtümer austauschen.

Die Aussagen über Russland in Herders Briefen sind spärlich; hier sei nur eine angeführt. Am 18. Mai 1797 schreibt er an Karl August Böttiger: »Die fürchterliche Ukase [Herder nimmt hier Bezug auf den Erlass Pauls I. über das Verbot der Büchereinfuhr nach Russland – V.A.] kommt mit Dank zurück. Sie wird viel Unheil stiften und ihr Ziel doch nicht erreichen« (Dobbek 1982, 315). Eine ernste Warnung für alle Knebler des freien Wortes und zugleich eine prophetische Vorhersage.

Abschließend sei hervorgehoben, dass unter den erlauchtesten Geistern Deutschlands Herder derjenige war, der unseren Überlegungen zum Schicksal Russlands die stärksten Impulse geben kann.

Literaturverzeichnis

Arnold, Günter: Riga, Livland und Rußland im Schaffen Herders, in: Claus Altmayer u. Armands Gutmanis (Hg.): Johann Gottfried Herder und die deutschsprachige Literatur seiner Zeit in der baltischen Region, Riga 1997, 20-36.

Avetisjan, Vladimir A.: Goethes und Puškins Konzeption der Weltliteratur, in: Gerhard Ressel (Hg.): A.S. Puškin und die kulturelle Identität Rußlands. Heidelberger Publikationen zur Slavistik. Linguistische Reihe. Bd. 13., Frankfurt a.M. 2001, 225-247.

Bittner, Konrad: Die Beurteilung der russischen Politik im 18. Jahrhundert durch Johann Gottfried Herder, in: Im Geiste Herders, Marburger Ostforschungen, Bd. I, Kitzingen a.M. 1953, 30-72.

Bollacher, Martin u.a. (Hg.): Johann Gottfried Herder. Werke in 10. Bde., Frankfurt a.M. 1985-2000. Rainer Wisbert (Hg.): Bd. 9.2 (1997).

— u.a. (Hg.): Johann Gottfried Herder. Werke in 10 Bde., Frankfurt a.M. 1985-2000. Günter Arnold (Hg.): Bd. 10 (2000).

Dmitriewa, Katia: Herder im Streit zwischen Okzidentalisten und Slawophilen um das russische Nationalbewußtsein, in: Regine Otto (Hg.): Nationen und Kulturen. Zum 250. Geburtstag Johann Gottfried Herders, Würzburg 1996, 325-332.

Dobbek, Wilhelm u. Günter Arnold (Hg.): Herders Briefe. Gesamtausgabe 1763-1803. Weimar 1977-1996. Bd. 7 (1982).

Irmscher, Hans-Dietrich: Goethe und Herder im Wechselspiel von Attraktion und Repulsion, in: Goethe-Jahrbuch 106 (1989), 22-52.

— Nationalität und Humanität im Denken Herders, in: Orbis Litterarum 49 (1994), 189-215.

Keller, Mechthild: Wegbereiter der Aufklärung: Gottfried Wilhelm Leibniz' Wirken für Peter den Großen und sein Reich, in: Mechthild Keller (Hg.): Bd. 1. Russen und Rußland aus deutscher Sicht. 9.-17. Jahrhundert. Lew Kopelew (Hg.): West-östliche Spiegelungen, München 1985, 150-180.

— »Politische Seeträume«: Herder und Rußland, in: Mechthild Keller (Hg.): Bd. 2. Russen und Rußland aus deutscher Sicht. 18. Jahrhundert: Aufklärung. Lew Kopelew (Hg.): West-östliche Spiegelungen, München 1987, 357-395.

— Geschichte in Geschichten: Rußland in der literarischen Historienmalerei, in: Mechthild Keller (Hg.): Bd. 3. Russen und Rußland aus deutscher Sicht. 19. Jahrhundert: Von der Jahrhundertwende bis zur Reichsgründung (1800-1871). Lew Kopelew (Hg.): West-östliche Spiegelungen, München 1992, 789-848.

Schauer, Hans (Hg.): Herders Briefwechsel mit Caroline Flachsland. 2 Bde., Weimar 1926-1928.

Stählin, Jakob: Nachrichten von der Musik in Rußland, in: M. Johann Joseph Haigolds Beilagen zum Neuveränderten Rußland. 2. Teil, Riga u. Leipzig 1770 (Fotomechan. Nachdruck Leipzig 1982).

Strich, Fritz: Goethe und die Weltliteratur. 2. Auflage, Bern 1957.

Suphan, Bernhard: Peter der Große, Herders Fürstenideal, in: Altpreußische Monatsschrift, Bd. 10, 1873, 97-111.

— (Hg.): Herders sämtliche Werke. 33 Bde., Berlin 1877-1913. Bd. 4 (1878).

— (Hg.): Herders sämtliche Werke. 33 Bde., Berlin 1877-1913. Bd. 29 (1889).

Udolph, Ludger: Stepan Petrovič Ševyrev. 1820-1836. Ein Beitrag zur Entstehung der Romantik in Rußland, Köln u. Wien 1986.

III. Theologie, Judentum, Philosophie

DANIEL WEIDNER

Lesen, Schreiben, Denken – Herders *Leben Jesu*

In Albert Schweitzers klassischer *Geschichte der Leben-Jesu-Forschung* hat Herder nur einen marginalen und zugleich eigenartigen Platz: Herder wird dem älteren Rationalismus zugeordnet, im selben Atemzug aber erklärt, dass er die Schwächen dieser Strömung erkannt habe; seine zukunftsweisenden Einsichten werden betont, zugleich aber dass er keine klare Lösung gefunden habe. Wie so oft erscheinen Herders Schriften als zu dichterisch, Schweitzer spricht von einer »Reaktion der Kunst gegen die Theologie« (Schweitzer 1984, 77).[1]

Schon dieses Urteil, um nicht zu sagen Vorurteil, legt nahe, einen genaueren Blick auf Herders diesbezügliche Schriften zu werfen, besonders auf *Vom Erlöser der Menschen nach unseren ersten drei Evangelien* und *Von Gottes Sohn, der Welt Heiland. Nach Johannes Evangelium*, die Herder 1796 und 1797 als zweite und dritte Sammlung der *Christlichen Schriften* veröffentlicht. Herders *Christliche Schriften* haben bisher in der Forschung wenig Aufmerksamkeit gefunden. Dabei stehen sie theologie- und religionsgeschichtlich am wichtigen Übergang vom Alt- zum Neuprotestantismus bzw. von der aufklärerischen zur romantischen Theologie. Auch werkgeschichtlich sind die *Christlichen Schriften* höchst interessant als letztes Wort einer lebenslangen Beschäftigung mit den Evangelien und zugleich eine Probe auf die Kontinuität von Früh- und Spätwerk: Was ist für den Weimarer Konsistorialrat aus der Religion geworden, die ihn ursprünglich zu seinen umfassenden geschichtsphilosophischen und anthropologischen Projekten anregte? Die *Christlichen Schriften* stellen so gleichsam die Gegenprobe für eine Interpretation dar, die in Herders Denken eine ›Säkularisierung‹ ursprünglich theologischer Motive zu solchen der Ästhetik und Poetik sieht, denn in ihnen zeichnet sich ab, dass eine solche Bewegung keineswegs die restlose Aufzehrung der Theologie bedeutet, sondern dass Herder weiterhin als Theologe schreibt.

Im folgenden wird aber ein anderer Aspekt im Zentrum stehen: Herders Verfahren. Seine Evangelien-Schriften werden als Fallstudien für eine Verbindung verschiedener Operationen gelesen: eben von Lesen, Schreiben, Denken. Die enge Verknüpfung dieser Verfahren ist für Herders Texte insgesamt charakteristisch und stellt wohl eines ihrer wesentlichsten Rezeptionshindernisse dar. Seine Texte lassen sich weder als Dichtung, noch als Philosophie, noch als Literaturkritik, noch auch als Theologie rubrizieren. Was Herders *Christliche Schriften* angeht, so liegt eine solche Komplexität zum Teil bereits in der Gattung der *Leben-Jesu*-Literatur, steht ihr Autor doch immer vor einer mehrfachen Aufgabe: Er muss als Exeget die Evangelien auslegen und mit ihren Widersprüchen, Ambiguitäten und Leerstellen umgehen – also lesen –, er muss als Theologe ein Verhältnis zwischen Text und dogmatischen oder paränetischen Begriffen herstellen – also denken –, schließlich muss er als Schriftsteller das Leben Jesu noch

---

1   Die marginale Rolle Herders bei Schweitzer liegt wohl zum einen an seiner Position zwischen Reimarus und Strauß, zum anderen an seinem Desinteresse für Eschatologie. So interpretiert Schweitzer das Johannesevangelium eben dezidiert als gnostisch, nicht als antignostisch wie Herder. Vor allem nimmt Herder eine vermittelnde Position ein, die nach Schweitzer die Problematik nicht vorangetrieben habe, vgl. Schweitzer 1984, 48 f.

einmal neu erzählen (oder wenigstens paraphrasieren) – also schreiben. Jede dieser Tätigkeiten hat ihre ganz spezifischen Probleme, jeder Entwurf eines Lebens Jesu kann als bestimmte Kombination dieser Tätigkeiten und der ihr inhärenten Probleme betrachtet werden.

Dieser Abstraktionsschritt in Hinsicht auf die Verfahren erscheint notwendig. Denn wie sich zeigen wird, können auf diese Weise verschiedene Arten, mit dem *Leben-Jesu*-Problem umzugehen, strukturell verglichen werden, ohne die – leider in der Geschichte der Exegese immer noch verbreiteten – normative Frage zu stellen, ob ein Autor dieses oder jenes Problem der heutigen Forschung ›schon‹ gesehen habe.[2] Anstatt eine solche eindimensionale und teleologische Geschichte fortzuschreiben, die vergangene Texte und Auseinandersetzung nur als Vorstufe der eigenen Position begreifen kann, ermöglicht die Frage nach den Verfahren eine Untersuchung der auf dem Gebiet der Exegese verhandelten epistemologischen Probleme – wie wird gelesen, wie werden Lektüre und Darstellung miteinander verbunden etc.? Dazu ist es zunächst notwendig, das zeitgenössische Feld der Problematik des Leben-Jesu zu umreißen (I), um dann zunächst Struktur und Tendenz von Herders Schrift über die Synoptiker, *Vom Erlöser der Menschen* herauszuarbeiten (II). Davon ausgehend wird Herders zentrales traditionsgeschichtliches Argument vertieft (III) und sein hermeneutisches Resultat entwickelt (IV). Schließlich wird Herders selbständige, aber zum selben Themenkomplex gehörige Schrift über das Johannesevangelium zu untersuchen sein (V).

I

In Deutschland beginnt die Debatte über das Leben Jesu mit Hermann Samuel Reimarus' seit 1774 erschienenen *Fragmenten*. Ideen der englischen Deisten aufgreifend, unterzieht Reimarus die evangelischen Überlieferungen einer kritischen Lektüre. Er geht dabei vom Widerspruch der Evangelien aus, die insbesondere die Auferstehungsgeschichte nicht nur unterschiedlich, sondern auch in sich inkonsistent berichten: Hätte Jesus wirklich vorher so deutlich seinen Tod und seine Auferstehung verkündigt, wie es die Evangelien berichten, so sei die Überraschung der Jünger angesichts des Auferstandenen unverständlich. Daraus schließt Reimarus, dass diese Auferstehungsverkündigungen ein nachträglicher Eintrag seien: In Wirklichkeit hätten die Jünger Jesus zunächst für einen weltlichen Messias gehalten, erst die Enttäuschung seiner Kreuzigung habe sie dazu gebracht, ihre Erwartungen zugunsten einer spirituellen Erlösung zu korrigieren. Weil die Jünger ihr müßiges Leben fortführen wollen – und Reimarus ist hier wirklich nicht sparsam an moralischer Schelte mit deutlich antijudaischen Untertönen –, entwenden sie Jesu Leichnam aus dem Grab, verabreden in den vierzig Tagen nach der Kreuzigung Jesu die Theorie des leidenden Messias und schreiben die Lebensgeschichte Jesu um; insbesondere legen sie Jesu die Leidensverkündigung in den Mund, die in der ersten Lektüre so befremdend gewirkt hatte. Reimarus beschreibt das oft mit dem Bild der Übermalung und spricht vom »falschen Anstrich aus dem Noth-System der Apostel [...], welcher die Wahrheit verdunkelt. Lasst uns diese neue Übertünchung rein wegwischen, so wird der rechte eigentliche Caracter Jesu augenscheinlich wieder ans Licht kommen.« (Reimarus 1972 II, 153f.)

---

2 Die spärliche Forschung zu Herders Aufsätzen zum neuen Testament geht großteils von solchen aktuellen Fragestellungen aus: Frei 1974 legt einen normativen Begriff realistischen Erzählens zugrunde; Bunge 1994 deutet Herder aus der Perspektive einer applizierenden, aktualisierenden Hermeneutik.

Reimarus' Fragmente kombinieren also Lesen und (Um)Schreiben, die grundsätzlichen theologischen und hermeneutischen Konsequenzen kommen dagegen erst in der von Lessing provozierten Debatte zur Sprache. Dessen Verteidigungsschriften schienen auf eine weitgehende Unterscheidung von historischen und Vernunftwahrheiten zu drängen, zwischen denen Lessing jenen sprichwörtlichen ›garstigen Graben‹ ausschachtete. In seiner Polemik gegen Goeze betont Lessing schließlich, dass nicht der Glaube auf dem Evangelium, sondern das Evangelium auf dem Glauben beruhe, so wie auch historisch das Glaubensbekenntnis den Evangelien vorausgegangen sei. Man muss dabei freilich die polemische Situation dieser Äußerungen berücksichtigen, bei denen oft nicht leicht festzustellen ist, was Lessing eigentlich meint – aber gerade ihre Vieldeutigkeit machte sie zusammen mit Lessings kryptischen Äußerungen zum Pantheismus und zum johanneischen Zeitalter so anregend für das *Denken*. Zugleich trägt Lessing aber auch zum *Lesen* der Evangelien etwas bei, indem er zwei kanongeschichtliche Hypothesen aufstellt, die auch insofern bedeutsam sind, als ihre Veröffentlichung aus dem Nachlass wohl der unmittelbare Anlass für Herders *Vom Erlöser* und *Von Gottes Sohn* sind. In der *Nötigen Antwort auf eine sehr unnötige Frage* hatte Lessing betont, dass das Glaubensbekenntnis den Evangelien vorausgegangen sei und diese auf dem Glaubensbekenntnis, nicht aber umgekehrt beruhen. In seiner *Neuen Hypothese über die Evangelisten als bloß menschliche Geschichtsschreiber betrachtet* nimmt er ein auf hebräisch verfasstes Urevangelium an, von dem im Verlauf des Christentums verschiedene Auszüge gemacht werden, welche unsere synoptischen Evangelien darstellen. Weil sie jeder für sich auswählen, können sowohl Ähnlichkeiten wie Verschiedenheiten unter den synoptischen Evangelien erklärt werden. Grundsätzlich von ihnen unterscheide sich das Johannesevangelium:

> Nur sein Evangelium gab der christlichen Religion ihre wahre Consistenz: nur seinem Evangelio haben wir es zu danken, wenn die christliche Religion in dieser Consistenz, allen Anfällen ungeachtet, noch fortdauert, und vermutlich so lange fordauern wird, als es Menschen gibt, die eines Mittlers zwischen ihnen und der Gottheit zu bedürfen glauben: das ist, *ewig.* (Lessing 1777, 635)

Gerade in diesem Fall wird die Verbindung von (kanonkritischem) Lesen und (johanneischem) *Denken* besonders deutlich. Allerdings *schreibt* Lessing kein Leben-Jesu und überhaupt keine zusammenfassende Darstellung, sondern nur Fragmente, Streitschriften und thematische Abhandlungen.

Ganz entgegengesetzt werden, ebenfalls im Anschluss an Reimarus, Darstellungen des Leben Jesu veröffentlicht, die sich weder durch kritische Untersuchungen noch durch philosophische Überlegungen auszeichnen, sondern durch die detaillierte Darstellung der Ereignisse. Exemplarisch dafür können Karl Friedrich Bahrdts *Briefe über die Bibel im Volkston* von 1784, in elf Bänden fortgesetzt als *Ausführung des Plans und Zwecks Jesu* (1784–1792) angesehen werden, die episodenhaft die Geschichte Jesu nacherzählen, dabei aber auch immer wieder durch allgemeine moralische Erörterungen und Appelle unterbrochen werden. Wie Reimarus sucht auch Bahrdt nach einem verborgenen Zusammenhang, wie Reimarus geht er von einem Betrug aus, aber einem wohltätigen: Die Essener als eine Art aufklärerische Geheimgesellschaft inszenieren die evangelische Geschichte, um das verstockte jüdische Volk zur Vernunftreligion zu bringen. Sie wählen Jesus aus, unterrichten ihn, statten ihn mit scheinbar wunderbaren Heilmitteln aus, schließlich holen sie ihn aus dem Grab und beleben ihn wieder. Anders als bei Reimarus richtet sich das Hauptinteresse dabei weniger auf die Kritik der Überlieferung als auf die Ausmalung der Geschichte mit literarischen Mitteln, etwa mit einer Fülle von Dialogen, auch zwischen erfundenen Personen.

Gerade die Phantastik solcher Darstellungen zeigt ein Grundproblem des Schreibens eines Leben Jesu: Die evangelischen Quellen sind nicht nur äußerst lückenhaft, sondern lassen auch die Kohärenz und Motivation der Ereignisse oft im Dunkeln. Entweder muss diese Kohärenz durch einen zusätzlichen Kontext sichergestellt werden - etwa durch die Betrugstheorien -, oder sie muss symbolisch in den Text hineingelegt werden wie in der altkirchlichen Christologie oder auch, mit freilich entgegengesetzten Vorzeichen, bei Kant, dessen *Die Religion innerhalb der Grenzen der bloßen Vernunft* (1793) in einer bewusst und explizit allegorischen Interpretation den philosophischen Gehalt der christlichen Religion zu formulieren sucht, ohne sich dabei mit einzelnen Stellen auseinanderzusetzen, also ohne zu lesen.

Einen wenn auch prekären Ausgleich von Lesen, Schreiben und Denken wird später Schleiermacher versuchen, dessen *Leben Jesu* Vorlesung von 1819/20 wie Lessing und Kant auf die spekulative Christologie zurückgreift, sie aber mit detaillierter Exegese und zusammenfassender Darstellung verbindet. Bezeichnenderweise orientiert er sich nicht nur an dem historischen Bericht des Johannesevangeliums, sondern auch an dessen Metaphysik der (göttlichen) Personalität, weil gerade diese es ihm erlaubt, Jesu Biographie als innere Entwicklung seines Bewusstseins zu konstruieren. Es scheint mir von kaum zu überschätzender Bedeutung, dass der Begründer der modernen Hermeneutik - die ja selbst, wie in der Forschung viel zu selten berücksichtigt wird, als Hermeneutik des Neuen Testaments entwickelt wird - seine Theorie der Individualität und der inneren Entwicklung an theologischen Kategorien orientiert. Hier wäre zu fragen, ob die Einheit des hermeneutischen Sinns bei Schleiermacher nicht zutiefst der Vorstellung der Einheit der Person und diese wiederum in nicht geringem Ausmaß der Personenlehre der Christologie verpflichtet ist. Dieses Beispiel zeigt jedenfalls sehr deutlich, dass die Theologie im Verlauf der Ausbildung der Gattung des *Leben Jesu* keineswegs verschwunden ist, sondern in verschiedenen, in sich je spannungsreichen Konstellationen eine Verbindung mit dem Lesen, Denken und Schreiben der Zeitgenossen eingeht.

II

Herder geht in der Frage des Leben Jesu, wie so oft, einen Mittelweg: Er fragt nicht primär nach der historischen Wahrheit hinter den Evangelien wie Reimarus, lässt diese Frage aber auch nicht ganz fallen wie Lessing oder gar wie Kant. Mit Reimarus hatte sich Herder bereits in seinen *Briefen, das Studium der Theologie betreffend* auseinandergesetzt. Auch wenn er begrüßt, dass Reimarus Jesus menschlicher gemacht habe, kritisiert Herder dessen Methode, auf der Basis der evangelischen Überlieferung ein neues und abweichendes Bild der evangelischen Geschichte zu entwerfen:

> Entweder wissen wir nichts von Christus, falls wir diesen seinen Zeugen nicht glauben dörfen; wohl, so wissen wir nichts von ihm, weder böses noch gutes, und so mag die Sache ruhen. Oder wir wissen etwas *durch sie* und dörfen sie lesen [...] wohlan, so müssen wir sie lesen, *wie sie sind* [...]. Ist ihnen zu glauben: so glaube man ihnen ganz, denn offenbar ist von Anfange bis zum Ende ihrer Erzählung ein Ganzes. Ist ihnen nicht zu glauben, so verwerfe man sie ganz, sage, daß man durch solche Leute gar nichts von Christo wissen könne oder wolle, und lasse sie mit sich selbst unverworfen. (Herder 1780/81, 276)

Das ist nicht nur ein apologetisches Instrument, sondern bringt auch etwas Neues ins Spiel: die Ganzheit der Erzählungen, die eine kritische Methode wie die des Reimarus unmöglich mache und, wie sich noch zeigen wird, auch die Reflexionen Lessings in einem neuen Licht erscheinen lässt. Aber was heißt es, die Evangelien zu lesen ›wie sie sind‹? In gewisser Weise kann man Herders spätere Schriften über die Evangelien als Versuche verstehen, diese Frage zu beantworten und damit eine neue, treue und weniger polemische Lektüre der Evangelien allererst zu ermöglichen. Weil es Herder dabei primär weder um den Lehrgehalt, noch um die historischen Tatsachen hinter den Erzählungen geht, sondern besonders um die literarische *Form* der Evangelien als Erzählungen, unterscheidet er von vornherein - und ohne nähere Begründung - die synoptischen Evangelien vom Johannesevangelium. In der ersten Schrift, *Vom Erlöser der Menschen nach unseren ersten drei Evangelien*, versucht er in ständiger Auseinandersetzung mit Lessing und (implizit) mit Reimarus sich in vier Fragen der gesuchten Lektüre der Evangelien ›wie sie sind‹ anzunähern: »*Was sind die Evangelien? Was ist das Christentum? Was sollten und wollten sie in ihrer Genesis sein? Was sind sie Uns?*« (Herder 1796, 611) Das Ineinander dieser Fragen führt zu einer komplizierten Argumentation, die es im folgenden zu untersuchen gilt.

Herder umreißt zunächst das Problem - die Fremdheit und scheinbare Widersprüchlichkeit der Evangelien, aber auch ihre verdächtigen Übereinstimmungen. Weil jede Schrift im Geist ihrer Zeit und Nation gelesen werden muss, entfaltet er im zweiten Kapitel den Kontext der Evangelien und erzählt weit ausholend vom Volkscharakter Israels, von Moses und den Propheten, vom Königtum, Exil und von Niedergang und Erstarrung des nachexilischen Judentums. Dieser enge Bezug von Altem und Neuem Testament ist charakteristisch für Herders Umgang mit den Evangelien und unterscheidet ihn auffällig von den deistischen Leben Jesu, die gerade auf der Unterscheidung von jüdischem Aberglauben und evangelischer Moral beruhen. Darauf wird zurückzukommen sein.

Unmittelbar anschließend stellt das dritte Kapitel eine *Paraphrase* der evangelischen Geschichte dar. Beginnend mit dem Auftreten des Täufers geht Herder die einzelnen Episoden des Wirkens Jesu durch, wobei er immer wieder die Wahrscheinlichkeit und Zeitgemäßheit der Überlieferung betont. Strukturiert würden die evangelischen Erzählungen durch drei Wunder - »die *drei lichten Punkte* einer himmlischen Beurkundung dieses Gottgeweihten in ihrer Geschichte« (Herder 1796, 653) -: die Himmlische Stimme bei der Taufe, die Verklärung und die Auferstehung. Herder hebt hervor, dass es sich hier um wirkliche Ereignisse handele und nicht um Betrug, allerdings bemüht er sich kaum, zu erklären, *wie* sie konkret verlaufen sind. Statt dessen erklärt er sie aus dem *Kontext*: zur Stimme der Taufe gibt er eine lange Fußnote über die Bedeutung der göttlichen Stimme insbesondere im Alten Testament; die Verklärung kommentiert er durch einen Rekurs auf die Verklärung Moses im Alten Testament und durch die Entscheidungssituation, in der der junge Jesus steht. »Wie sie [die Verklärung] bewirkt sei, kann und werde ich nicht erklären; ich erläutere sie als Begebenheit dieser Geschichte, was sie den Umstehenden war und in der Erzählung bedeuten sollte.« (Ebd., 654) Der Auferstehung hatte Herder schon vorher eine umfängliche Schrift *Von der Auferstehung, als Glaube, Geschichte und Lehre* gewidmet, deren Absicht es ist, »die Geschichte [der Auferstehung] als *ein Ereigniß im Zusammenhange der Begebenheiten*, und die darauf gegründete Lehre als *historischen Glauben im Zusammenhange und Wirkungen*, ganz ohne Rücksicht auf ein geglaubtes System, ins Licht zu setzen« (Herder 1793, 60 f.). Auch hier entwickelt Herder zunächst breit den religionshistorischen Kontext, die Geschichte des Glaubens an ein Leben nach dem Tode, dann die Rolle der Auferstehung in den Evangelien. Er gibt Reimarus gegenüber zu, dass die Evangelisten die Weissagung der Auferstehung in die Darstellung von

Jesu irdischem Wirken eingetragen haben, aber das sei keine Schwäche: »Die Evangelien nehmen also, wie es jeder guten Schrift zusteht, vom Anfange an sogleich auf das Ende Rücksicht und unterlassen sogar nicht, vom Anfange an die dunkleren oder lauteren Winke zu melden, die Christus über seinen Hingang geäußert hatte.« (Ebd., 90) Herder äußert sich also nicht zum Wunder als solchem, sondern rekurriert auf den narrativen Zusammenhang.[3]
In *Vom Erlöser* führt das zur eigenartigen Formulierung, dass Jesus auferstanden sei, weil er an seine Auferstehung geglaubt habe: »Die Vorsehung hielt es wert, den großen und edlen Glauben, den Christus in Überzeugung, daß sein Werk gut, göttlich und ewig sei, über seinen Tod so oft ausdrückte, durch eine unerwartete wirkliche Erfüllung zu belohnen.« (Herder 1796, 661)

Für Schweitzer sind diese Stellen ein Zeichen für Herders Unklarheit in der Wunderfrage, für Haym sind Taufe, Verklärung und Auferstehung »die drei engen Pförtchen, durch welche Herders gesunder Verstand noch einen verschämten Verkehr mit dem Wunder unterhält« (Haym 1958, Bd. II, 584). So schön das auch klingt, so beschränkt ist diese Sichtweise; tatsächlich steht hinter Herders Argumentation wohl eher eine andere Hermeneutik: Für ihn ist *Lesen* eben nicht die Konstruktion der historischen Ereignisse ›hinter‹ den Berichten, sondern die Konstitution von deren Bedeutung aus dem Kontext. Weil ›Kontext‹ aber äquivok ist und Herder auch unterschiedslos auf sehr verschiedene Kontexte zurückgreift – auf den religionsgeschichtlichen, den literarischen, auch den imaginierten psychologischen Kontext – ist sein Vorgehen verwirrend und entbehrt eines einheitlichen Darstellungsprinzips, wie es der *Zweck* von Jesus bzw. der Jünger für Reimarus war. Herder führt eben kein kohärentes re-writing durch, sondern re-kontextualisiert eher einzelne Stellen.

III

Immerhin ein wenig systematischer wird die Frage nach dem Kontext im zentralen vierten Kapitel von *Vom Erlöser* entfaltet, das direkt auf die von Lessing aufgeworfenen Frage nach der Geschichte der Evangelien bzw. eines Urevangeliums aufgreift. Während Lessing zwar nach der Geschichte der Evangelien fragte, aber deren Natur als historische Quellen oder ›Sammlung von Nachrichten‹ voraussetzte, fragt Herder explizit nach der *Gattung* und damit nach dem literarischen Kontext. Er betont, dass die Evangelien eben keine Geschichtsschreibung oder Biographie nach griechischem oder römischem Muster seien, sondern eine Form sui generis. Sie seien eben ›frohe Botschaft‹, nämlich, dass die alten Verheißungen eingetroffen seien. Innerhalb der apostolischen Predigt bildet sich ein allgemeiner Umriss des Lebens Jesu gemäß den drei zentralen Wundern und eine Sammlung von Sagen über Leben und Lehre Jesu, die im Zuge der Ausbreitung des Christentums verschriftlicht werden; alle drei Evangelien sind also das »schriftliche Echo der ältesten christlichen Gemeindesage« (Herder 1797, 388). Geht Herder zunächst einfach von einer Gleichursprünglichkeit der drei synoptischen Evangelien aus, so entwickelt er 1797, in der im Anhang zu *Von Gottes Sohn, der Welt Heiland* veröffentlichten *Regel der Zusammenstimmung unserer Evangelien aus ihrer Entstehung*

---

3 Das zeigt sich auch darin, dass die Auferstehung für Herder nicht auf Betrug beruhen dürfe, aber auch nicht im strengen Sinne ein Wunder gewesen sein müsse, sondern etwa auch ein Scheintod gewesen sein könne: »ist das Faktum der Geschichte gerettet, so mache Jeder daraus, was er will« (Herder 1793, 128).

und Ordnung eine Abfolge: Als ältestes Evangelium sieht Herder – in Übereinstimmung mit der modernen Forschung – das Markusevangelium an, das für die zeitgenössische Kritik ein bloßer Auszug der anderen beiden Evangelien ist: »Ist nicht das Kürzere, das Schmucklose, gewöhnlich das Frühere, dem sodann andre Veranlassungen nachher Erläuterung, Fülle, Rundheit hinzufügen?« (Ebd., 391) In einem stufenweisen Prozess der Erweiterung, Kommentierung und Entfernung von der Mündlichkeit entstehen die anderen Evangelien: Matthäus habe eine aramäische Version des Markus gekannt und weitere Einzelheiten des jüdischen Messiasbildes ergänzt; Lukas fügt Übergänge ein und komponiert die einzelnen Episoden bewusster. Habe man diese genetische Entfaltung der evangelischen Verkündigung richtig aufgefasst, so werde ihre Übereinstimmung offensichtlich:

> Nach diesen Grundsätzen halte ich eine *Symphonie der Evangelien*, [...] an der viele bisher verzweifelten, nicht nur möglich, sondern selbst bis auf die kleinsten Umstände der Divergenz *genetisch gegeben*; eine Symphonie, in der jeder Stimme ihr Ton, ihr Character bliebe, in der man nichts vertuschen, nichts hinüberzwingen dörfte; in der sich alles an Stelle und Ort belehrend erkläret. *Ihr Kanon ist einzig und allein die Entstehung der Evangelien selbst nach Ort und Zeit.* (Ebd., 423)

Die Unterschiede der Evangelien lassen sich so durch ihre verschiedenen Perspektiven und Absichten erklären, ihre Gemeinsamkeiten erklären sich nicht durch ein gemeinsames Urevangelium oder durch die gegenseitige Benutzung, sondern durch die gemeinsame Grundlage in der apostolischen Verkündigung.[4] »*Eh' also Eins unser Evangelien geschrieben war, war das Evangelium da*, in Ankündigungen Christi und der Apostel« (Herder 1796, 669).

Herders Betonung der Mündlichkeit des Urevangeliums entspricht nicht nur seiner Vorliebe für Volksliteratur und der bekannten paulinischen Antithese von Buchstabe und Geist – bei Herder: »Ein Gesetz wird geschrieben; eine fröhliche Botschaft wird *verkündiget*.« (Ebd., 684) –, sondern hebt gleichzeitig auch die Zusammengehörigkeit von ›Gesetz‹ und ›Evangelium‹ hervor. Denn für Herder ist die ursprüngliche Verkündigung nichts anderes als die Auslegung der hebräischen Bibel auf Jesus, die »Anwendung des Gelesenen auf die gegenwärtige Zeit« (Herder 1797, 381). Die apostolische Predigt kann und muss mündlich sein, weil sie eben in der Auslegung der Schrift des Alten Testament auf Christus hin besteht.

Die Frage des Urevangeliums betrifft damit ganz direkt die heikle Frage der Weissagungen, die neben den Wundern zu den Hauptproblemen der neutestamentlichen Theologie des 18. Jahrhunderts gehörte.[5] Wenn die typologische Exegese, also die Deutung des Alten Testament als Weissagung des Neuen, im 18. Jahrhundert zunehmend als fragwürdig empfunden wurde, so musste um so problematischer erscheinen, dass Jesus und seine Apostel sich ihrer so offensichtlich wie selbstverständlich bedienten. Herder hatte schon in den *Briefen, das Studium der Theologie betreffend* eingeräumt, dass die Weissagungen im Alten Testament einen anderen Sinn haben als den, in dem sie im Neuen verstanden werden und insbesondere gegen die Anwendung einzelner Stellen auf Christus polemisiert: »Gegen solche Herausreißungen einzelner Verse bin ich ganz; denn der Prophet, oder Geschichtsschreiber, oder gar Gott selbst sprach *im Zusammenhange*, wie jeder vernünftige Mensch spricht«

---

4 Lessings Hypothese vom Urevangelium ist für Herder sinnlos, da sie etwas Unerkennbares als Erklärung postuliert, vgl. Herder 1796, 676 ff.; generell zu Herder im Kontext der Urevangeliums- und Benutzungshypothesen Schmithals 1985, 75 ff.
5 Vgl. dazu allgemein Frei 1974.

(Herder 1780/81, 308). Im Gegenentwurf dazu sieht Herder die Weissagungen im Zusammenhang, und das heißt als eine geschichtliche Reihe aufeinander aufbauender Deutungen:

> Auf diesen *Faden der Entwicklung und Aufhellung des Zwecks Gottes bei seinen Gesetzen, Verheißungen, Gebräuchen und Begebenheiten* - auf ihn zu merken macht die wahre *Kette der Weissagungen und Bilder*. Immer nemlich erklärte sich der Zweck Gottes mehr: er veranlaßte, daß gewisse Dinge *auffielen*, daß andere Dichter und Propheten sie *ausmalten*, und darauf *weiter bauten*; bis aus allen vollständig, ein ziemliches Licht zusammentraf. (Ebd., 313)

Die Weissagungen sind also keine vereinzelten Hinweise, geschweige denn Beweise des Christentums, sondern sie sind nur Niederschläge der geschichtlichen Entwicklung, welche den religionsgeschichtlichen Kontext des Christentums bilde: »Worauf Jesus, worauf die Apostel ihr Geschäft bezogen, war *Summe, ganze Aussicht, Resultat* der Propheten.« (Herder 1796, 703) Damit ist das Alte Testament aber nicht nur historische, sondern auch *hermeneutische* Voraussetzung für das Neue, insofern die Verkündigung der Apostel, die eben dem Neuen Testament zugrunde gelegen habe, nur vor dem Hintergrund der prophetischen Verkündigung des Alten Testaments verstanden werden konnte und verstanden wurde:

> Natürlich war's, daß die Evangelisten auf dergleichen Ideen, nicht etwa nur, wie man sich ausdrückt, Rücksicht nahmen, wenn sie für ihre Zeit und Nation schreiben wollten; sondern ihnen selbst lagen diese Ideen dergestalt zum Grunde, daß ohne diesen gegebenen *Kanon des Messias* kein Evangelium statt fand. Allenthalben berufen sich die Apostel auf dies *feste prophetische Wort*; ohne dasselbe und ohne einen aus ihm gezogenen, den Evangelien zum Grunde gelegten Kanon können wir uns die Komposition derselben hie und da gar nicht erklären; mit ihm wird Alles klar. (Ebd., 672 f.)

Wie Lessing geht Herder von einem Evangelium vor dem Evangelium aus. Während dieser jedoch sein Glaubensbekenntnis rückwärts aus der Kirchengeschichte in die Periode der urchristlichen Literatur verlängerte, geht Herder umgekehrt von der prophetischen und apostolischen Verkündigung vorwärts zu den Evangelien. Damit verändert sich aber die Zielrichtung der Argumentation: Lessing hatte - in polemischem Kontext - eine Umkehrung des Bedingungsverhältnisses von Glaubensbekenntnis und Evangelien vorgeschlagen. Herder gibt Lessing zwar recht, schränkt die Bedeutung von dessen Thesen aber ein:

> Die meisten derselben sind unwidersprechlich; nur die Spitze, worauf *Lessing* sie der Lage seines Streites nach stellte, ist nicht so scharf als er meinte. Wenn Evangelien z.B. nach der Regeln des Glaubens *geprüft* werden mußten, so waren sie auch schon nach der Regel des Glaubens *geschrieben* und auf sie *gegründet*. Und diese Regel des Glaubens war aus *andern heiligen Schriften*, den Propheten hergenommen: denn ohne einen Kanon der Kennzeichen des Messias gab es keinen Messias, kein Christentum, keine Regel des Glaubens und keine neue heilige Schriften. Noch ein Blatt also zu *Lessings* Bogen vollendete den Zirkel. (Ebd., 675 Anm.)

Bekenntnis und historische Quelle lassen sich also weder in die eine noch in die andere Richtung auseinander ableiten, sondern bilden einen Zirkel, weil die Evangelien am Glauben und der Glauben an den Evangelien hängt. Historische Wahrheiten und Vernunftwahrheiten lassen sich daher nicht scharf trennen, zwischen die Operation des Lesens und jene des Denkens schiebt sich die Reflexion auf die Gattung. Aus dem Gattungsbegriff der Evangelien folgt ein Geschichtsbegriff, der ein langsames Wachstum der Überlieferung annimmt; damit lässt sich aber die Religion Jesu nicht mehr scharf von ihren Vorgängern und Nachfolgern unterscheiden, und die Spannung, die den deistischen *Leben-Jesu*-Diskurs antrieb, löst sich auf.

IV

Erst nach diesen Vorbereitungen stellt Herder im letzten Kapitel von *Vom Erlöser* die vierte seiner Fragen: was die Evangelien für uns seien. Wieder beginnt Herder mit der Abwehr falscher Auffassungen: Mit Lessing betont er, dass Wunder und Weissagungen keine Beweise für das Christentum sein können, dass sie aber - jetzt gegen Lessing - auch keine bloße Einkleidung seien, sondern zur historischen Erscheinung des Christentums gehören.

> Diese Ereignisse gehören also in den Gang der Geschichte; ihre Wirkung Teils durch den Eindruck, den sie auf die Gemüter machten, Teils durch das, was als Tatsache aus ihnen folgte, liegt in der gestifteten Religion als Faktum aller Welt vor Augen. [...] Dies ist *Geschichte*, deren Folgen wir genießen; über welche, als über eine verlebte Reihe von Tatsachen wir uns keine Prüfung anmaßen können noch dürfen. (Herder 1796, 710)

Wieder soll der Kontinuität und Zusammenhang betonende Geschichtsbegriff verhindern, dass Faktum und Glaube auseinanderfallen.[6] Auch wenn die vergangenen Fakten für uns keine Beweiskraft mehr haben, bleiben wir doch in einer historischen Kontinuität mit ihnen, weil aus ihnen die Geschichte folgte, an deren Ende wir stehen.

Erst auf den allerletzten Seiten seiner Schrift widmet sich Herder direkt der Frage nach der Bedeutung der Evangelien für uns, die er in der Lehre von der Gotteskindschaft und der allgemeinen Brüderlichkeit, in Jesu erziehendem Vorbild und in dem von Jesu begründeten Werk der Gerechtigkeit und Wahrheitsliebe sieht. Zwar möge ein Teil der Evangelien rein historisch sein, ein Teil nur vom Kirchenglauben zeugen:

> Ganz anders aber steht es mit *dem* Teil der Evangelien, der *Evangelium* ist, er stehet als *ein ausgeführtes und auszuführendes Werk der Vorsehung da*, spricht zu aller Menschen Herzen, und sagt: ›das ist unser Geschlechts *Bedürfnis*, das sein *Zustand*, diese die *einzige Art*, wie ihm geholfen werden kann [...].‹ So wenig *dies* Evangelium eines äußern Beweises bedarf, indem es sich selbst der strengste Beweis ist, so wenig kann es durch kirchliche oder andre Zweifel über den Haufen geworfen werden. Möge jene Geschichte gewesen sein, wie sie wolle, der Plan Gottes über das Menschengeschlecht geht unaufhaltbar fort, und der Ruf dazu ist unauslöschlich in aller Menschen Herz geschrieben. (Ebd., 720f.)

Das Evangelium *als* Evangelium zu lesen bedeutet also nicht, nach kirchlichen Glaubensartikeln oder historischen Fakten zu suchen, sondern nach jenem ›Plan‹ und ›Ruf‹ der göttlichen Vorsehung, der über und in den Menschen unaufhaltsam wirkt. Herder ist aber sogleich wieder ambivalent, wie sich dieses Evangelium im Evangelium zu den vorliegenden Evangelien, wie sich in Herders Worten die Frucht zur Hülse, verhält. Einerseits entwirft er eine Zukunft des reinen Evangeliums: »Die sogenannte *Religion an Jesum* muß sich also mit dem Fortgange der Zeit notwendig in eine *Religion Jesu*, und zwar unvermerkt und unaufhaltbar verändern.« (Ebd., 722) Wie Lessing scheint er hier eine fortschreitende Auflösung des positiven Christentums in eine Religion der Vernunft anzunehmen. Andererseits betont er aber auch, dass die Evangelien nicht durch eine neue Lehre oder ein neues Zeitalter überholt werden: »Das Problem ist aufgelöset; die Perle ist längst gefunden; aber nur durch Aufopferung unser selbst, durch Einkauf dieser zu *unserer Perle*; nur durch Ausübung, nicht durch das

---

[6] Herder bindet sich hier sogar an die Kirche: »Und ich trage auch als Protestant keine Bedenken mit dem S. Augustin, dem Vater unseres Protestantismus zu sagen: ich würde ihm nicht glauben, wenn ihn mir nicht die Kirche übergeben hätte« (Herder 1796, 718f.).

Sagen wird ein moralischer Grundsatz *unser*.« (Ebd., 723) Auch die reine Religion Jesu bleibt evangelisch, die Zukunft ist eigentlich schon da oder doch in langsamem, organischem Wachstum begriffen. Das innere und das äußere Evangelium, ja selbst der Kirchenglaube stellen für Herder dabei keinen radikalen Gegensatz dar und entwickeln sich auch nicht auseinander. Anders als Lessing erwartet Herder kein zukünftiges johanneisches Christentum, das sich von der Gegenwart radikal unterscheidet – ja für ihn spielt selbst das Johannesevangelium eine ganz andere Rolle.

V

Herders Schrift über das Johannesevangelium *Von Gottes Sohn, der Welt Heiland* ist ein wichtiges Komplement zu *Vom Erlöser*. Im Prinzip geht Herder hier ähnlich vor wie bei den Synoptikern – er charakterisiert zunächst die Schrift und ihren historischen Kontext, paraphrasiert sie dann lange und fragt schließlich nach der Bedeutung für uns –, allerdings geht er in der Darstellung einen wichtigen Schritt über die ältere Schrift hinaus.

Historisch ist das Johannesevangelium für Herder spät, aber authentisch apostolisch, vom »letzte[n] Augenzeuge[n] der Christusgeschichte« (Herder 1797, 260) verfasst. Einzelne Unterschiede zu den Synoptikern erklärt Herder damit, dass Johannes vieles schon Bekannte auslasse – so die Taufe, die Verklärung, das Vaterunser und das Abendmahl –, dass er anderes schildere, was vorher nicht ohne Gefährdung von noch Lebenden hätte berichtet werden können – etwa die Aufweckung des Lazarus. Der entscheidende Unterschied gegenüber den Synoptikern liegt für Herder jedoch in der neuen religionsgeschichtlichen Situation nach der Ausbreitung des Christentums unter Nicht-Juden. Herder beschreibt nun diese Ausbreitung nicht einfach als Aufhebung der jüdischen ›Vorurteile‹ zugunsten eines ›höheren‹ Religionsbegriffes – so etwa Lessing –, sondern zunächst als *Mangel*, nämlich als Fehlen des alttestamentlichen Horizonts der synoptischen Evangelien, insbesondere des Messiasbildes:

> Heiden, die Christen wurden, Asiaten, Afrikanern, Griechen, Römern war dies Ideal des palästinensischen Messias ganz fremde; daher trug Jeder in die Glaubensformel: *daß Jesus Sohn Gottes, der Christ sei*, seine eigenen, und wie die Geschichte zeigt, oft wilden Gedanken. Das weiße Tuch der einfachen Christenlehre ward nach Jedes Sinn und Meinung mit Bildern bemalt. (Ebd., 264)

Wieder wird also die Besonderheit der Schrift aus dem Kontext erklärt, und es ist wohl auch gerade diese religionsgeschichtliche Kontextualisierung, die es Herder ermöglicht, als einer der ersten den deutlichen Unterschied des Johannes-Evangeliums von den anderen zu sehen. Herder entwickelt an dieser Stelle eine interessante Theorie des Synkretismus im Hellenismus und im Römischen Reich: Das Ende der griechischen Stadtstaaten habe die Philosophie funktionslos gemacht und in Spekulation verwandelt; die Unterwerfung der Völker habe zu einer Mischung der Nationalkulturen geführt; beides zusammen habe die Gnosis hervorgebracht, eine auf einem mythologischen Dualismus basierenden Erlösungsreligion.[7] Dass es eine Affinität zwischen der gnostischen Terminologie und dem Johannesevangelium gibt,

---

7 Vgl. Herder 1797, 288 ff. Herders Erklärung nimmt nicht nur allgemein Hans Jonas' Erklärung der Gnosis als Reaktion auf Entfremdung (Jonas 1964) vorweg, sondern betont auch wie Max Weber (1972, 305 ff.) und neuere Positionen wie Kippenberg (1991, 369 ff.) die Rolle entpolitisierter Intellektuellenschichten und der Kulturmischung des Hellenismus.

insbesondere im Johanneischen Prolog, hatte Herder bereits 1775 in den *Erläuterungen zum Neuen Testament* betont. Während er aber dort eher affirmativ eine prisca theologia unter Rückgriff vor allem auf die zoroastrische Religion entwickeln wollte, betont er jetzt gerade die *Differenz* des Christentums zur Gnosis. Auch Johannes habe sich zwar der zeitgenössischen gnostischen Sprache bedient, ja bedienen müssen, weil ein Schriftsteller eben in der Sprache seiner Zeit sprechen müsse. Er habe damit aber keinen systematischen Entwurf errichten wollen, sondern die umlaufenden Gedanken *unschädlich* zu machen versucht: »Zur Gnüge siehet man, welche Ideen, Phantasieen, Spekulationen und Worte vor und nach Johannes im Schwange gegangen sind, mithin daß unser Evangelist keines dieser Worte als ein neues Dogma *erfunden* habe. Wegbringen wollte er diese Idole« (Ebd., 294).

Herder erläutert das am Prolog des Johannesevangeliums, in dem zwar die gnostische Äonen-Terminologie benutzt wird, sie aber streng auf den Monotheismus bezogen wird und insbesondere betont wird, dass Gott wie im Alten Testament nur durch das Wort wirke. So versucht Johannes, das Verständnis der Gottessohnschaft Christi vor falschen Deutungen zu bewahren; sein Prolog stellt »die älteste ursprünglichste Auslegung dieses *Glaubensbekenntnisses der Kirche*« dar (Ebd., 350).

Auch Johannes' Darstellung der Evangelischen Geschichte wird ganz von dem Interesse an dem rechten Verständnis Christi beherrscht. Die Tatsachen sind nur »*Vordergrund*« (Herder 1797, 305) oder »*lehrende Symbole*« (Ebd., 307) von Christi Werk, die einzelnen Wunder werden nicht um ihrer selbst willen erzählt, sondern als »*Sinnbilder eines fortgehenden permanenten Wunders*« (Ebd., 267), und die charakteristischen Lehrreden des Johannesevangeliums sind notwendig, »weil nur durch Reden erklärt werden konnte, *in welchem Verstande* Christus Gottes Sohn und Heiland der Welt sei« (Ebd., 329). Daher geht es Herder auch noch weniger als bei den synoptischen Evangelien darum, die Ereignisse hinter den Texten zu rekonstruieren, sondern er legt einzelne Stellen theologisch aus. Freilich müsse man dabei keine dogmatische Lehrsätze suchen, sondern den christlichen Geist, der sich gegen ein ihm fremdes Denken wehrt; Johannes' Grundcharakter ist nicht Spekulation sondern Einfalt: »Einfalt in tiefer Bedeutung ist die höchste Schönheit menschlicher Charaktere und Schriften.« (Ebd., 255) Während Herder dies ausführt und wieder und wieder die Einfalt der evangelischen Geschichte und des johanneischen Berichtes betont, wird sein Text immer emphatischer und appellativer, bis er schließlich in fiktionale Rede übergeht: Mehrfach erhebt Johannes selbst Einspruch gegen Fehlinterpretationen seines Evangeliums als Dogmatik: »Lasset es dabei, disputierende Väter, und werdet keine neue Theogonen; die Zeiten der Mythologie sind vorüber.« (Ebd., 302) Johannes wird selbst zum Sprecher einer kommenden Theologie, die Herder – mit einem Seitenhieb auf Kant – der metaphysischen Spekulation entgegenstellt:

> Erschiene Johannes zu unsrer Zeit und legte uns sein Evangelium freundlich vor, was würde er sagen? Vergönne es mir, seliger Jünger der Liebe, daß ich deine Gesinnung in Worte meiner Zeit schwach einkleide. ›Sterbliche, meine Brüder! ihr fragt nach Gott und wiederholet meine Worte *niemand hat Gott gesehen*, um den Schluß daraus ziehen zu können: sein Daseyn sei *unerweislich*; das wollte ich nicht‹. (Ebd., 369f.)[8]

---

8 Vgl. auch: »Ihr habt mir die Ehre erweisen, mir den Namen des *Theologen* zu geben, und mir zuzuschreiben, daß ich den Sohn Gottes *theologirt* habe; Ihr wäret näher an der Wahrheit, wenn ihr saget, daß ich die für uns erkennbare Gottheit *anthropologirt*, ihren *Rath* und ihre *Liebe* Menschen zum Anschauen, zum Genuß, und ihr *Werk auf Erden* zum Geschäft ihrer Mitwirkung dargestellt habe.« (Herder 1797, 304)

Die Tatsache, dass Herder hier mit Johannes' eigener Stimme spricht, macht besonders deutlich, dass er in ihm gewissermaßen eine Präfiguration seiner selbst sieht. Johannes ist sein Vorbild in der Anthropologisierung der Theologie: Gegen eine abstrakte metaphysische Spekulation stellt Herder eine spezifisch johanneische Theologie des Geistes. Johannes ist aber auch sein hermeneutisches Vorbild: Wie dieser die Einfalt des Christentums wiederherstellt, so will Herder die Einfalt der Evangelien restaurieren. Wieder geht es dabei nicht um eine unmittelbare ›Einfühlung‹ in Johannes und dessen Evangelium, sondern um eine komplexe Rekonstruktion der Bedeutung über den Umweg seines religionsgeschichtlichen Kontextes. Das zeigt noch einmal, dass sich bei Herder die Frage nach dem historischen Kontext der Evangelien nicht von der nach ihrer Bedeutung für uns trennen lässt.

VI

Reimarus' Kritik, so Herder in seinen *Briefen, das Studium der Theologie betreffend*, habe die Diskussion außerordentlich belebt, die allerdings leider allzuoft polemisch geblieben sei:

> Ich wollte, daß statt alles Geschreies dagegen jemand in der Stille ein besseres: *vom wahren Zweck Jesu und seiner Jünger* geschrieben hätte, von dem als von einem *Evangelium* für unsre Zeit, ohne ein Wort Widerlegung, das Erste wie die Nacht vom Tage verdrungen wäre. Sie sagen vielleicht; warum schrieben Sies nicht? meine Antwort ist unverholen, weil ich mirs nicht zutraue [...].
> (Herder 1780/81, 475)

Wie sich gezeigt hat, hat Herder so ein wahres Leben-Jesu nicht geschrieben, sondern sich im wesentlichen mit den vorbereitenden methodischen und hermeneutischen Fragen beschäftigt, wie man die Evangelien als Evangelien lesen solle. Diese Überlegungen bleiben bei Herder offen und finden keine feste Form: Er schreibt weder einen Kommentar oder eine Einleitung ins Neue Testament, noch eine Nacherzählung der evangelischen Geschichte. Wenn er über die Problemerörterung, Kritik und Metakritik hinaus die Evangelien zum Sprechen bringt, bedient er sich – wie etwa in seinen Johannes-Paraphrasen – weniger in narrativer als in appellativ-predigender Form. Insofern ist es zumindest problematisch, wenn man Herders Beitrag zur Leben-Jesu-Forschung als ›dichterisch‹ bezeichnet, jedenfalls wenn man darunter eine Fiktionalisierung, Dramatisierung oder Lyrisierung der Evangelien versteht.

Herder scheint es primär weder darum zu gehen, die historische und moralische Wahrheit der Evangelien darzulegen, noch sich in ihre Autoren einzufühlen; sein Hauptinteresse besteht eher darin, falsche Vorurteile und Fehllektüren abzubauen und somit die Möglichkeit zur Lektüre der Evangelien als Evangelien erst zu eröffnen. Deren Sinn ist für Herder schon da und ist auch deutlich – wenn man nur den richtigen Blickwinkel und den angemessenen Kontext hat.

Das bedeutet zugleich, dass für Herder die Frage nach der Genese und nach der Bedeutung – also die Frage nach der Geschichte der Evangelien und die nach ihrer Bedeutung für uns – nicht getrennt werden kann. Die in der Geschichte der Bibelexegese so wichtige Alternative von Historismus und Hermeneutik verfehlt Herder eher, und zwar auch deshalb, weil bei ihm Lesen und Denken eng verflochten sind, wie man insbesondere in seinen gattungstheoretischen und formgeschichtlichen Reflexionen sehen konnte.

Die Evangelien ›menschlich‹ zu lesen, bedeutet für Herder, sie mit allen kritischen, historischen und literaturtheoretischen Mitteln zu lesen, ohne dabei ihren kerygmatischen

Zweck und ihren speziellen, sei es wunderbaren, sei es geistigen Charakter zu leugnen. Wenn man darin, wie Schweitzer oder Haym, nur eine persönlich bedingte Halbheit Herders sieht, versperrt man sich nicht nur die Einsicht in die spezifische Position Herders, sondern macht auch den historischen Übergang, an dem die Leben-Jesu Literatur steht – jene viel berufene Bewegung der Säkularisierung – klarer als sie wirklich ist.

Literaturverzeichnis

Bunge, Marcia: Herder's View of the Gospels and the Quest of the Historical Jesus, in: Bollacher, Martin (Hg.): Johann Gottfried Herder. Geschichte und Kultur, Würzburg 1994.

Frei, Hans W.: The Eclipse of Biblical Narrative. A study in Eighteenth and Nineteenth Century Hermeneutics, New Haven – London 1974.

Haym, Rudolf: Herder. Nach seinem Leben und seinen Werken dargestellt, 2. Aufl., Berlin 1958.

Herder, Johann Gottfried: Erläuterungen zum Neuen Testament aus einer neueröffneten morgenländischen Quelle (1775), jetzt in: Sämtliche Werke (hg. von B. Suphan), Berlin 1877ff., Bd. 7.

— Briefe, das Studium der Theologie betreffend (1780/1781), jetzt in: Werke (hg. von G. Arnold u.a.), Frankfurt a.M. 1985ff., Bd. 9/1.

— Von der Auferstehung, als Glaube, Geschichte und Lehre (1793), jetzt in: Sämtliche Werke (hg. von B. Suphan), Berlin 1877ff., Bd. 19.

— Vom Erlöser der Menschen. Nach unsern drei ersten Evangelien (1796), jetzt in: Werke (hg. von G. Arnold u.a.), Frankfurt a.M. 1985ff., Bd. 9/1.

— Von Gottes Sohn, der Welt Heiland. Nach Johannes Evangelium (1797), jetzt in: Sämtliche Werke (hg. von B. Suphan), Berlin 1877ff., Bd. 19.

Jonas, Hans: Gnosis und spätantiker Geist, 3. Aufl., Göttingen 1964.

Kippenberg, Hans G.: Die Vorderasiatischen Erlösungsreligionen in ihrem Zusammenhang mit der antiken Stadtherrschaft, Frankfurt a.M. 1991.

Lessing, Gotthold Ephraim: Neue Hypothese über die Evangelisten als bloß menschliche Geschichtsschreiber betrachtet (1777), jetzt in: Werke (hg. von H.G. Göpfert u.a.), München 1976, Bd. 7.

— Der nötigen Antwort auf eine sehr unnötige Frage des Herrn Hauptpastor Goeze in Hamburg (1778), jetzt in: Werke (hg. von H.G. Göpfert u.a.), München 1976, Bd. 8.

Reimarus, Hermann Samuel: Apologie oder Schutzschrift für die vernünftigen Verehrer Gottes (hg. von W. Alexander), Frankfurt a.M. 1972.

Schmithals, Walter: Einleitung in die drei ersten Evangelien, Berlin – New York 1985.

Schweitzer, Albert: Geschichte der Leben-Jesu-Forschung, 7. Aufl., Tübingen 1984.

Weber, Max: Wirtschaft und Gesellschaft, 5. Aufl., Tübingen 1972.

MARKUS BUNTFUSS

›Eine höhere Gestalt als die unsre kennen wir nicht‹
Herders anthropologische Religionsästhetik

Herder, der Theologe unter den Klassikern, ist vor allem als Lehrer und Prediger der als Humanität verstandenen Gottebenbildlichkeit des Menschen in das kulturelle Gedächtnis eingegangen. Inwiefern sich Herder dabei einem ästhetischen Religionsverständnis verpflichtet sah, dessen Ursprünge in den Frühschriften liegen und dessen Konsequenzen sich bis in die Humanitätsbriefe und die Kalligone verfolgen lassen, wird im folgenden nachgezeichnet. Spezifisch für Herders religiös-anthropologische Ästhetik ist vor allem die plastische Darstellung der menschlichen Gestalt und die poetische Darstellung der Schöpfung. Griechische Plastik und hebräische Poesie – so die These – fungieren bei Herder als maßgebliche Paradigmen der geschichtlichen wie individuellen Bildung zur Humanität und lassen ein ästhetisches Religionsverständnis erkennen, demzufolge die Religion im allgemeinen und das Christentum im besonderen als »ideeller Hintergrund der Humanitätsidee« (Namowicz 1987, 33) begriffen werden. Besonders eindrücklich hat Herder dieses Konzept einer ästhetischen Religionstheorie als sinnliche Kulturtheorie der menschlichen Ursprungs- und Sinngeschichte in einer vielzitierten Passage der *Ideen zur Philosophie der Geschichte der Menschheit* (1784-1791) formuliert:

> Nein, gütige Gottheit, dem mörderischen Ungefähr überließest du dein Geschöpf nicht. Den Tieren gabst du Instinkt, dem Menschen grubest du dein Bild, Religion und Humanität, in die Seele: der Umriß der Bildsäule liegt im dunkeln tiefen Marmor da; nur, er kann sich nicht selbst aushauen, ausbilden. Tradition und Lehre, Vernunft und Erfahrung sollten dieses tun, und du ließest es ihm an Mitteln dazu nicht fehlen. (FA VI, 378)

In der Näherbestimmung dessen, was hier summarisch als »Tradition und Lehre, Vernunft und Erfahrung« bezeichnet wird, besteht Herders Lebenswerk. Die methodischen Grundorientierungen zu diesem Projekt erarbeitet er sich – wie Ulrich Gaier im Rahmen seiner Edition der Frühschriften auf überzeugende Weise zeigen konnte – auf dem Weg der Auseinandersetzung mit seinen beiden Lehrern Kant und Hamann. Dabei bringt er gegenüber dem vorkritischen Rationalismus Kants die elementare Sinnlichkeit und Sinnhaftigkeit der menschlichen Wirklichkeitserschließung zur Geltung, während er gegenüber Hamanns enthusiastischer Offenbarungspoetik das historische Bewusstsein und die Geschichtlichkeit menschlicher Daseinsverhältnisse betont.[1] Herder erweitert die mathematische Verstandeslogik Kants um eine ästhetische Logik der Empfindung und die offenbarungstheologische Ursprungslogik Hamanns um eine hermeneutische Geschichtsphilosophie. *Sinnliches Empfinden* und *geschichtliches Verstehen* bilden somit die Grundlage für Herders Denken. Im Zentrum der folgenden Überlegungen zu Herders Religionsverständnis stehen deshalb die grundlegende

---

1   Diese Perspektive neu eröffnet zu haben ist vor allem das Verdienst der vorzüglichen Edition und Kommentierung der frühen Schriften Herders durch Ulrich Gaier in der auch sonst sehr zuverlässigen und hilfreichen Frankfurter Ausgabe (FA, vgl. Literaturverzeichnis).

Bedeutung der leibkörperlichen Wahrnehmung sowie der sprachlichen Darstellung und der geschichtlichen Überlieferung für den religiösen Selbst- und Weltbezug des Menschen.

1. Sinnliches Empfinden

In dem für Herders Frühwerk zentralen *Versuch über das Sein* (1763),[2] einem nicht für die Öffentlichkeit bestimmten, sondern persönlich an Kant gerichteten Text, der 1936 zum ersten Mal veröffentlicht und jetzt zuverlässig ediert wurde (FA I, 844ff.), bestimmt Herder den Begriff des Seins als Realsein und unvordenkliche Voraussetzung allen Denkens und Lebens. Sein - nicht Dasein, wie bei Kant - sei kein logischer Begriff für eine notwendige Voraussetzung, sondern ein sinnlicher Begriff für eine reale Gegebenheit. Der Begriff des Seins wird als »ein völliger Erfahrungsbegriff« (ebd., 15) und als »der erste, sinnliche Begriff, dessen Gewissheit allem zum Grunde liegt« (ebd., 19) konzipiert.

Auf der Basis dieser frühen Epistemologie der Sinnlichkeit entwickelt Herder in der Folge eine Physiologie der Sinne, die er schließlich zu einer umfassenden »Philosophie des Gefühls« (FA II, 294) ausarbeitet, wobei das Gefühl als Grund und Inbegriff für das Ganze der sinnlichen Erkenntnis fungiert und als umfassendes »Organ der Seinserfahrung und der in ihr sich bildenden Selbsterfahrung gedacht« (Brummack, FA IV, 986) wird. So bezeichnet Herder in der Skizze *Zum Sinn des Gefühls* (~1769) die Welt eines Blindgeborenen aber dafür Fühlenden als »eine Welt der *unmittelbaren Gegenwart*« (FA IV, 235). Die aus dem Gefühlssinn entspringende Existenzgewissheit gründe sich nicht auf das dem eidetischen Gesichtssinn entlehnte ›cogito‹, sondern auf das taktile »*Ich fühle mich! Ich bin!*« (ebd., 236)

Anthropologisch entspricht das Gefühl als erste sinnliche Form der Selbst- und Weltwahrnehmung dem ontologischen Begriff des Seins. Sowohl sinnesphysiologisch als auch genetisch wird das Gefühl als der ursprünglichste Sinn gedeutet. Herder geht sogar soweit, dass er die ontogenetische Entwicklung des einzelnen Individuums auf die Phylogenese der Sinne einerseits und die Kunstgeschichte andererseits überträgt: »Die Natur geht noch immer mit jedem einzelnen Menschen, wie sie mit dem ganzen Geschlecht ging, vom Fühlen zum Sehen, von der Plastik zur Piktur.« (ebd., 302)

Diesen sinnesphysiologischen Ansatz hat Herder in der *Plastik. Einige Wahrnehmungen über Form und Gestalt aus Pygmalions bildendem Traume* (1769/1770 und 1778) kunstphilosophisch fruchtbar gemacht. Ich möchte vor allem auf zwei zentrale Gedanken dieser Schrift hinweisen: die Konzeption eines auf reale Präsentation abzielenden Darstellungsbegriffs, sowie die Fokussierung der Ästhetik auf die menschliche Gestalt. In Aufnahme von Winckelmanns Statuenbeschreibungen[3] sowie seine eigene Entdeckung der Hieroglyphe als dem zentralen Denkmodell in der *Älteste[n] Urkunde des Menschengeschlechts* (1774/76) findet die *Plastik* in der programmatischen Formel »leibhafte Wahrheit« (ebd., 324) ihren argumentativen Fluchtpunkt.[4] Wie der Begriff des Seins als sinnlichster Begriff, das Gefühl als ursprüng-

---

2 Zu den philosophiegeschichtlichen Zusammenhängen vgl. Heinz 1994, 1-25.
3 In den *Gedanken über die Nachahmung der griechischen Werke in der Malerei und Bildhauerkunst* (1755), sowie der *Geschichte der Kunst des Altertums* (1764).
4 Ralph Häfner hat in seiner überaus materialreichen Studie darauf hingewiesen, dass Herder sich dabei auch von der bei Morelly in seiner *Physique de la Beauté ou pouvoir naturel de ses charmes* (Amsterdam, Brüssel 1748. Reprint Genf 1971) durchgeführten »Description allégorique du corps humain« (Häfner 1995, 55-60) inspirieren ließ.

lichster Sinn, so wird in der *Plastik* die Wahrnehmung des menschlichen Körpers als die ästhetische Ursprungserfahrung ausgezeichnet: »Wir treten an eine Bildsäule, wie in ein heiliges Dunkel, als ob wir jetzt erst den *simpelsten Begriff* und *Bedeutung der Form*, eines *Menschlichen Körpers*, uns ertasten müßten.« (ebd., 282) Herder hebt dabei den besonderen Präsenzcharakter sowohl des Gefühls wie der Skulptur hervor und betont den darstellungstheoretischen Zusammenhang zwischen Körperlichkeit und Anwesenheit in Bezug auf die »heilige Kraftvolle Form« (ebd., 282) der plastisch modellierten menschlichen Gestalt. Nicht nur in der *Aelteste[n] Urkunde*, sondern auch in der *Plastik* vergisst Herder nicht, »die Symmetrie zu preisen, die sich [...] am Menschlichen Körper leicht und herrlich offenbaret« (ebd., 308) und verweist »mit den Sieben Buchstaben, die unser heiliges Antlitz bilden« (ebd.) und den ganzen Körper strukturieren auf die sachliche Entsprechung zwischen *Plastik* und *Aelteste[r] Urkunde*, deren organisierendes Zentrum in der Hieroglyphe als zentralem Denkbild der alttestamentlichen Schöpfungsgeschichte besteht.

2. Darstellung des Göttlichen in menschlicher Gestalt

Sowohl die sinnestheoretische Auszeichnung des Gefühls als auch die kunsttheoretische Auszeichnung der Skulptur erfahren ihre religionstheoretische Einlösung in Herders Theorem der Darstellung des Göttlichen in menschlicher Gestalt in der griechischen Plastik. Dabei wird der anthropologische und ästhetische Fokus auf den menschlichen Körper mit dem zeichentheoretischen Darstellungsbegriff und der religionstheoretischen These von der Darstellbarkeit des Göttlichen im Menschlichen verbunden. Weil die menschliche Wirklichkeitserschließung im Horizont des leibgebundenen Gefühls steht, »kann die Schönheit des menschlichen Körpers, wie die griechische Plastik sie dargestellt hat, als Symbol der dem Menschen möglichen Wahrheit verstanden werden.« (Brummack, FA IV, 1000) Nicht nur die Kunst- und Kulturgeschichte, sondern auch die Religionsgeschichte kommt damit in Herders Geschichtsphilosophie – von den frühesten Skizzen bis hin zu den späten Humanitätsbriefen – zu einem vorläufigen Ziel.

Bereits die »kleine Aussicht auf die Mythologie der Völker« (ebd., 238) in dem frühen Text *Zum Sinn des Gefühls*, die vom Gott Israels über den Sonnengott Ägyptens führt, mündet in dem emphatischen Ausruf: »alsdenn Erde, endlich Mensch [...] endlich die Griechische Kunst, alles als Mensch« (ebd.). Bis in seine späte ästhetische Programmschrift *Kalligone* hält Herder an diesem klassischen *homo mensura* Motiv[5] fest, wenn er dort schreibt: »und so trat das schöne *Menschengebilde* ans Licht, das in sich selbst ganz Maß und Gestalt ist. Alles mißt und ordnet sich an unserem Körper« (VIII, 805). Auch in den *Ideen zur Philosophie der Geschichte der Menschheit* (1784–1791) dient die Darstellung der menschlichen Gestalt in den Werken der griechischen Plastik als Leitfaden für die morphologische Analyse der Menschheitsgeschichte (FA VII, 820). Und im 63. der *Briefe zu Beförderung der Humanität* (Sechste Sammlung, 1795) mit dem Titel »Wie die Griechische Kunst eine Schule der Humanität sei«, zeigt Herder, inwiefern der Mensch als das »höchst-*ästhetische* Geschöpf der Erde« zugleich ein »nachahmendes, ordnendes, darstellendes, ein *poetisches* und *politisches* Geschöpf« (FA VII, 363) ist.

---

5   Das von Protagoras formulierte Prinzip war vor allem seit der italienischen Frührenaissance wieder präsent, etwa bei Autoren wie Leon Battista Alberti und Giovanni Pico della Mirandola (vgl. Häfner 1995, 65).

> Denn da seine Natur selbst gleichsam die höchste Kunst der großen Natur ist, die in ihm nach der höchsten Wirkung strebt, so mußte diese sich in der Menschheit offenbaren. Der Bildner unsrer Gedanken, unsrer Sitten, unsrer Verfassung ist ein *Künstler*; sollte also, da Kunst der Inbegriff und Zweck unsrer Natur ist, *die Kunst, die sich mit dem Gebilde des Menschen und allen ihm einwohnenden Kräften* darstellend beschäftigt, für die Menschheit von keinem Wert sein? (ebd., 363f.)

Mit einem alten Topos, der die Natur bzw. Gott – Herder kann getreu dem spinozistischen *deus sive natura* beide Begriffe synonym gebrauchen[6] – als Künstler versteht und seiner Übertragung auf den Menschen erzeugt Herder eine schließkräftige Figur. Denn, wie die Natur resp. Gott als Künstler und der Mensch als Kunstwerk bezeichnet werden, so entspricht der Mensch als Künstler seinem Schöpfer und erblickt im Spiegel der künstlerischen Darstellung des Menschen nicht nur sich selbst, sondern auch den Ursprung seiner Kunst, nämlich die schöpferische Natur bzw. den Schöpfergott.

In diesem Sinne entspricht der Mensch als Kunstgeschöpf sowohl der schöpferischen Natur, als auch dem göttlichen Künstler. Ästhetische Naturnachahmung und religiöser Schöpfungsglaube schließen sich für Herder keineswegs aus, sondern konvergieren in einer doppelten Ursprungsgeschichte der menschlichen Bildung zur Humanität. In seinem Loblied auf die griechische Plastik stimmt Herder deshalb im gleichen Atemzug das Schöpfungslob des 139. Psalms an und spielt auf den inneren Zusammenhang zwischen dem plastischen Gestalten des Schöpfers (Eplasen o theos ton anthropon, Gen 2,7) und der bildenden Nachahmung des Künstlers an. Herder verbindet die ästhetische Erfahrung der Kunst mit der religiösen Deutung der Schöpfung und interpretiert die griechische Plastik als gestaltgewordene »Wahrheit des ältesten Orakels über unseren Ursprung« (FA IV, 296) im zweiten Schöpfungsbericht. Die Bestimmung des Menschen als Kunstwerk der Natur, sowie sein Schöpfungsauftrag als Geschöpf Gottes besteht darin, Künstler im natürlichsten Sinne zu werden. Da er selbst der höchsten Kunst entspringt, darf auch seine Kunst als Kunst des Höchsten gelten.

Kunsttheorie und Religionstheorie verschränken sich im Schnittpunkt des Menschen, bzw. der menschlichen Gestalt. Religion – und zwar sowohl im griechisch-antiken, als auch im hebräisch-alttestamentlichen Sinne – kann deshalb von Herder als Ansichtigwerden des Menschen im Hinblick auf seine Bestimmung interpretiert werden. Und diese Bestimmung ist Menschlichkeit im höchsten Sinne, emphatisch verstandene Humanität. Herder erkennt der griechischen Kunst damit eine paradigmatische Bedeutung im Prozess der kulturellen Selbstverständigung des Menschen über sich selbst zu. Die griechische Plastik habe den Menschen nicht nur real abgebildet, sondern auch ideal *dargestellt* und ihm einen bleibenden Maßstab zur Orientierung gegeben. An der plastischen Bildung der Menschengestalt vollzieht sich die Bildung des Menschen zu vollendeter Humanität:[7]

> Wahre Religion also ist ein kindlicher Gottesdienst eine Nachahmung des Höchsten und Schönsten im menschlichen Bilde, mithin die innigste Zufriedenheit, die wirksamste Güte und Menschenliebe. Und so siehet man auch, warum in allen Religionen der Erde mehr oder minder

---

6 In der Vorrede zu den *Ideen* erklärt sich Herder über seinen diesbezüglichen Begriffsgebrauch: »Niemand irre sich daher auch daran, daß ich zuweilen den Namen der Natur personifiziert gebrauche. Die Natur ist kein selbständiges Wesen, sondern Gott ist alles in seinen Werken; indessen wollte ich diesen hochheiligen Namen, den kein erkenntliches Geschöpf ohne die tiefste Ehrfurcht nennen sollte, durch einen öftern Gebrauch, bei dem ich ihm nicht immer Heiligkeit gnug verschaffen konnte, wenigstens nicht mißbrauchen. Wem der Name »Natur« durch manche Schriften unsres Zeitalters sinnlos und niedrig geworden ist, der denke sich statt dessen jene allmächtige Kraft, Güte und Weisheit und nenne in seiner Seele das unsichtbare Wesen, das keine Erdensprache zu nennen vermag.« (FA VI, 17).

Menschenähnlichkeit Gottes habe stattfinden müssen, entweder daß man den Menschen zu Gott erhob oder den Vater der Welt zum Menschengebilde hinabzog. Eine höhere Gestalt als die unsre kennen wir nicht, und was den Menschen rühren und menschlich machen soll, muß menschlich gedacht und empfunden sein. [...] Nichts hat unsre Gestalt und Natur so sehr veredelt als die Religion; bloß und allein, weil sie sie auf ihre reinste Bestimmung zurückführte. (FA VI, 162f.)

»Eine höhere Gestalt als die unsre kennen wir nicht« - in diesem schlichten Satz ist nicht nur das Grundaxiom von Herders Anthropologie, sondern auch seiner Kultur- und Geschichtsphilosophie, sowie seiner Religionstheorie in nuce enthalten. Herder deutet damit das religionstheoretische Problem des Anthropomorphismus in eine Tugend um und interpretiert es als Ausdruck gesteigerter Kultur und Reflexivität, wenn sich die Symbolbildung der Religion vom Ungeheuren und Monströsen zum Humanen fortbildet. Im Zuge seiner religiösen Anthropologie vom Menschen als Kunstwerk der Natur und Ebenbild Gottes bestimmt Herder die Darstellung des Göttlichen in menschlicher Gestalt deshalb nicht nur ästhesiologisch und epistemologisch als die einzig mögliche, sondern auch religionstheoretisch und humanitätsphilosophisch als die einzig adäquate Form der Darstellung des Unendlichen im Endlichen.

An den dabei implizierten Charakter der menschlichen Gestalt als Bestimmung des Menschen zur Humanität schließt sich sachlich wie werkgeschichtlich der zweite bereits mehrfach angeklungene Topos von der Gottebenbildlichkeit des Menschen an, den Herder im Zusammenhang seiner Studien zum Alten Testament zum Scharnier seiner Philosophie der Geschichte der Menschheit gemacht hat. Wie in der griechischen Plastik die menschliche Gestalt, so steht in der hebräischen Poesie das Ebenbild Gottes im Mittelpunkt des Interesses. Herders wechselnde Fokussierung seiner theoretischen Neugierde vom Okzident zum Orient, vom Kanon des Polyklet zur Ältesten Urkunde des Menschengeschlechts, erforderte deshalb von Anfang an eine - zumindest - zweifache methodische Perspektive.

3. Geschichtliches Verstehen

Insofern die Aufgabe des Kultur- und Geschichtsphilosophen nicht nur in der Beschreibung von plastischen Monumenten, sondern auch in der Deutung von sprachlichen und geschichtlichen Dokumenten besteht, war neben der Ästhetik des sinnlichen Empfindens auch eine Hermeneutik des sprachlichen und geschichtlichen Verstehens zu entwickeln. Dabei gibt Herder seine ästhesiologische Grundorientierung nicht auf. Die Sprache ersetzt die Sinne nicht, sondern ergänzt sie.[8] Gleichwohl stellt sich natürlich die Frage nach dem inneren Zusammenhang von Sinnlichkeit und Sprachlichkeit.

Hinsichtlich der über die unmittelbare Seinsgewissheit hinausgehenden und die leibkörperliche Wahrnehmung artikulierenden Formen von Ausdruck, Darstellung und Mitteilung kommt den unveröffentlichten Dispositionen und Fragmenten *Von der Ode* (~1764-65), die

---

7 Auf die weitreichenden Implikationen des plastischen Diskurses für den Bildungsbegriff und die »wortgeschichtliche Pointe einer Bildung durch Bildung« hat Dimitri Liebsch (2001, 10) hingewiesen: »Geistige oder seelische Bildung des Individuums soll in der Kunst primär an der körperlichen Bildung der Plastik gewonnen werden.« (Ebd.). Eine umfassende Rekonstruktion von Herders Bildungsphilosophie unter besonderer Berücksichtigung ihrer pädagogischen Implikationen hat jetzt Nicole Welter vorgelegt (Welter 2003).

sich Herder im Zusammenhang eines geplanten Grundrisses zur Poetik gemacht hatte, eine zentrale Bedeutung zu. Herder entwickelt dort ein dichtungstheoretisches Pendant zur sinnlichen Ontologie des Seins und zur elementaren Ästhetik des Gefühls. Im Anschluss an Hamanns viel zitierte These, wonach die »Poesie die Muttersprache des menschlichen Geschlechts« (NA II, 197) sei, die Herder selbst zitiert (FA I, 61), interpretiert er die unspezifische Gattung der Ode[9] als »die *vollkommen sinnlichste Sprache* einer un*vermischten* Empfindung« (ebd., 65). Dabei geht es ihm weniger um eine differenzierte Gattungsbestimmung, als um das Wesen der Dichtkunst schlechthin. Gemäß seiner genetischen Methode, wonach der Ursprung eines Phänomens zugleich Aufschluss über dessen Wesen gibt, fungiert die Ode nicht nur als »Ursprung der Dichtkunst« (ebd., 78) sondern auch als »Maßstab der ganzen poetischen Seele« (ebd., 77). So wie das Sein der erste und sinnlichste Begriff, das Gefühl der erste und zentralste Sinn, so ist die Ode – verstanden als ursprüngliche Dichtung – die erste und sinnlichste Form der dichterischen Rede. In ihr machen »Gegenstand und Empfindung eine Art Einheit aus« (ebd., 93), die sich jedem begrifflichen Zugriff entzieht. Die Ode ist also mit einer Abwandlung aus dem *Versuch über das Sein* die unzergliederlichste Poesie.

Mit diesem Konzept von ursprünglicher Dichtung nähert sich Herder den alttestamentlichen Schriften und entwickelt eine Poetologie des Alten Testaments. Die Vermittlung von historischer und religiöser Perspektive, von Geschichte und Offenbarung, gelingt Herder dabei im Zuge seiner sukzessiven Entdeckung der Hieroglyphe als tragender formaler Struktur sowie zentraler inhaltlicher Figur der Genesis.[10]

---

8   Unter anderem an diesem Punkt hat sich in der neueren Forschung eine Kontroverse um die methodische Einheitlichkeit von Herders Denkens entzündet. So richtig dabei der Nachweis von Irmscher (Irmscher 1994) ist, dass Herders Denk- und Schreibpraxis nicht auf *einer* Methode, oder *einem* Modell beruht, sondern multiperspektivisch (bis hin zur Widersprüchlichkeit) ist, ebenso berechtigt erscheint mir der Versuch, den Texten eine heuristische Grundorientierung (Adler 1994) bzw. eine modellhafte Grundstruktur (Gaier 1988) zu unterlegen, die die vielfältigen Ansätze konzeptuell vereinigt und als Ausdruck eines kohärenten Denkansatzes zu verstehen gibt. Am plausibelsten erscheint mir dabei die These, dass der Mensch, bzw. die menschliche Gestalt als Herders Materialprinzip und die Ästhetik als sein Formalprinzip zu verstehen ist. Ästhetische Anthropologie, das heißt eine auf die sinnliche Wahrnehmung und das Gefühl gegründete Anthropologie, bzw. eine die menschliche Selbst- und Weltwahrnehmung wissenschaftlich untersuchende Ästhetik bilden demnach den Fokus, unter dem Herder die Diskurse von Kunst- und Literaturtheorie, Sprachphilosophie und Geschichtsphilosophie zusammenführt, um eine »genetische Ästhetik der Humanität« (H.J. Schrimpf zitiert nach Adler 1990, X) zu entwickeln.

9   ›Ode‹ bedeutet zu Herders Zeit ein »lyrisches Gedicht im hohen Stil« (Vgl. Viëtor 1923; zit. nach Irmscher 2001, 147) und beinhaltet bei Herder alle Formen ursprünglicher lyrischer Dichtkunst vom Lied über Hymnus, Psalm und Chorlied bis zur Erneuerung durch Klopstocks *Oden* (1750).

10 Auch Christoph Bultmann (Bultmann 1999, 151 ff.) erkennt in dieser Vermittlungsaufgabe das zentrale Anliegen von Herders Genesisauslegung. Er sieht deren Einlösung jedoch nicht durch die Hieroglyphenthese, sondern durch »einen universalhistorischen Beweis« (ebd., 154) geleistet, wonach die Entstehung der natürlichen Religion durch die Offenbarung Gottes in der Natur und deren poetische Tradierung bedingt ist. Im Gegenzug setzt Bultmann die Bedeutung der Hieroglyphe gegen den Autor kategorisch herab: »die Hieroglyphenthese ist der Interpretation von Gen. 1 nicht aufgesetzt und hat keine zentrale Funktion für die Deutung von Schöpfung« (ebd., 147). Konsequenterweise unterlässt Bultmann deshalb eine Analyse des VI. Kapitels des ersten Teils unter der Überschrift »Hieroglyphe«.

4. Die Hieroglyphe

Bereits in den Vorfassungen zur *Älteste[n] Urkunde des Menschengeschlechts* (1774/69), insbesondere dem inzwischen erstmals zuverlässig edierten Text *Über die ersten Urkunden des Menschlichen Geschlechts. Einige Anmerkungen* (~1769; zu Entstehung und Edition vgl. FA V, 1328-1331) bestimmt Herder die biblische Schöpfungserzählung als »ein Episches Gedicht in sieben Abschnitten, oder wenn man will, Strophen« (ebd., 34), dessen Komposition »ein angenehmer, sinnlicher Rhythmus« (ebd., 34f.) zugrunde liege.

> »Jede Strophe faßte Eine Tagesbegebenheit in sich, und diese bekam wieder nach dem Geist der Orientalischen Einfalt, des Poems, und des Gedächtnisses wegen, eine vorleuchtende augenscheinliche Einheit, und ward gleichsam ein Einziges sinnliches Bild, eine Einige Heilige Hieroglyphe.« (ebd., 35)

Die Ordnung der Tagewerke folgt demnach keiner Chronologie, oder Geographie, sondern einer auf dem symmetrischen Parallelismus beruhenden Poetologie. Die spezifische Leistungsfähigkeit der hieroglyphischen Struktur erkennt Herder also zunächst in ihrer ästhetischen Wirkung, sowie ihrer mnemotechnischen Funktion. Der charakteristischen »Parallelendenkart« (ebd., 48) des Orients entspreche ein »einfacher, dichterischer Grundriß von sinnlichen Ideen« (ebd., 47), der zugleich eine »lebendige Gedächtniskunst« und »ein Meisterstück der uralten Orientalischen Mnemosyne« (ebd., 48) darstellt. Die Schöpfungserzählung wird also vor ihrem historischen und kulturellen Hintergrund als »›eine symmetrische, Rhythmisch-Mnemonisch- und Poetisch wohlgeordnete Urkunde‹« (ebd., 49) verstanden, die dem Grad der Aufmerksamkeit und eigentümlichen Bemerkungskraft der alten Morgenländer entspricht.

Mit den Vorstudien ist jedoch weder das Potential der Hieroglyphenthese noch der Genesisinterpretation ausgeschöpft. Erst in der *Älteste[n] Urkunde des Menschengeschlechts* (1774/1769) versteht Herder die Hieroglyphe als Elementarzeichen für die symbolbildende Natur des Menschen sowie als Superzeichen für sämtliche Formen von Religion, Kultur und Wissenschaft.[11] Im Anschluss an Hamanns bibeltheologisch gestützte Äußerung in der *Aesthetica in nuce* (1762), wonach der »hieroglyphische Adam« »die Historie des ganzen Geschlechts im symbolischen Rade« (NA II, 200) sei, rekonstruiert Herder die Geburt der Kultur aus dem »Denkbild« (FA V, 281) der Hieroglyphe und beabsichtigt, »sowohl die zeitliche als auch die sachliche Unüberbietbarkeit dieses Symbols zu erweisen.« (ebd., 1364) Die entscheidende Innovation gegenüber den Vorstudien besteht dabei nicht nur in dem Konzept von Offenbarung als »Unterricht unter der Morgenröte« (ebd., 246-257), die sich im Naturgeschehen täglich wiederholt,[12] sondern vor allem in der Synthese von ägyptischem Hermeszeichen[13] und hebräischer Schöpfungshieroglyphe, wodurch die einzelnen Schöpfungswerke noch einmal in der menschlichen Gestalt zusammengeführt, bzw. auf diese zurückgeführt werden.

---

11 Gaier hat die hedersche Hieroglyphe deshalb als »ein progressives, operationales Zeichen« gedeutet, mit dem sich »Erkenntnisse synthetisch generieren lassen« (Gaier 1988, 160). In diesem Sinne hatte auch schon Peter Pfaff die Hieroglyphe in der Bückeburger Geschichtsphilosophie als implizites Leitmodell für den gesamten Geschichtsverlauf identifiziert (Pfaff 1984).

12 Vgl. zu der mit diesem Aspekt verbundenen Verschränkung von Dichtungstheorie und Naturgeschehen Hofe 1986, 65-87.

13 Zu den Quellen vgl. Häfner 1995, 237-252. Er betont auch die »synkretistische Form der Herderschen Hieroglyphe«, die »sie für eine nahezu unendliche Interpretierbarkeit zu öffnen« (ebd., 247) scheint.

Nimmt man beide Fortschreibungen zusammen, so ergibt sich aus dem damit entstehenden Konzept von Gottebenbildlichkeit ein ästhetisches und religionstheoretisches Pendant zur Darstellung des Göttlichen in menschlicher Gestalt, die Herder als Charakteristikum der griechischen Plastik erwiesen hat. Diesem inneren Verweisungszusammenhang zwischen *Plastik* und *Älteste[r] Urkunde*, zwischen orientalischer und okzidentaler Menschwerdung qua ästhetischer Wahrnehmung und Darstellung verdankt die oft mit spöttischer Kritik[14] bedachte Hieroglyphenthese ihr theoretisches Profil.[15] Im Zuge von Herders anthropologischer Deutung der Genesis hebt meine Interpretation deshalb weniger auf den Zusammenhang zwischen Schöpfung und Natur ab, sondern konzentriert sich auf die nochmalige Verdichtung des naturpoetischen Offenbarungsgeschehens in der menschlichen Gestalt. Denn das Denkbild der Schöpfungshieroglyphe kommt erst im Menschen, dem »herrliche[n] Siebenklang der Schöpfung« (ebd., 298) zum Ziel, insofern dieser nicht nur der Adressat, sondern auch das ausgezeichnete Medium der Schöpfungsoffenbarung ist.[16] Im Unterschied zu den Vorstudien versteht Herder die Hieroglyphe jetzt nicht mehr poetologisch im engeren Sinn, sondern semiotisch in einem umfassenden Sinn, wonach der Körper als Zeichen, die menschliche Gestalt als sinnverdichtendes Megazeichen fungiert.

> Es ist Nichts anders, als Bild des Ganzen unter der Gestalt und Bildung des Menschen: das große Weltall in der Hieroglyphe des Kleinen! [...] Sinnbild und Inbegriff der ganzen sichtbaren und unsichtbaren Welt! (ebd., 298)

Die Weiterentwicklung der *Älteste[n] Urkunde* gegenüber den Vorarbeiten besteht also darin, dass Herder den sprachlichen Form- und Bildcharakter der Hieroglyphe mit dem körperlichen Gestaltcharakter des Menschen verbindet. Die von Herder selbst als das »größte Geheimnis und Heiligtum« (ebd., 292) seiner Genesisauslegung apostrophierte Hauptthese lautet deshalb: »›*Mensch, Bild Gottes! und selbst das sichtbare Nachbild und Hieroglyphe der Schöpfung.*‹« (ebd., 292) Diese Intention verbindet, wie gesagt, die *Älteste Urkunde* mit der *Plastik* und lässt zugleich den Schnittpunkt hervortreten, an dem sinnliches Empfinden und sprachliches Verstehen konvergieren. Denn, indem Ästhetik und Hermeneutik gleichermaßen auf Anthropologie zurückgezogen – nicht darauf beschränkt, sondern aus deren Perspektive neu begründet – werden, gewinnt Herder in der menschlichen Gestalt einen archimedischen Punkt, der es ihm erlaubt, griechische Plastik und biblischen Schöpfungsbericht synoptisch zusammenzulesen: »Der Mensch ist ein Inbegrif der ganzen Welt, der sichtbaren u. unsichtbaren, selbst Gottes.« (FA IV, 1034)

Ganz im Stile der *Plastik* und ihrer räumlich-präsentischen Auszeichnung der Skulptur (»sie ist *gegenwärtig, sie ist da*« ebd., 259) gipfelt auch der Bildungsprozess der Schöpfung in der *Älteste[n] Urkunde* dort, wo »sich das große, unsichtbare Epos ins Drama der *Gegenwart* und *Vorstellung* endet: *Bild Gottes und der Schöpfung, der Mensch!* [...] *sichtbar steht er da! erkennet sich, würkt und handelt* – der gegenwärtige Gott!« (FA V, 300). Die ›leibhafte Wahrheit‹ der okzidentalen Plastik lässt sich so als künstlerische Realisierung des ›gegenwärtigen Gottes‹

---

14 Rudolf Haym (1958 I, 644–649) zeichnet die kritische Aufnahme der *Älteste[n] Urkunde*, die sich in erster Linie an Stil und Begrifflichkeit entzündete, umfassend nach.

15 Wobei in Rechnung gestellt werden muss, dass die ägyptischen Hieroglyphen zu Lebzeiten Herders noch nicht entziffert und somit für Interpretationsmöglichkeiten offen waren. Die Entzifferung gelang Jean-François Champollion im Jahre 1822.

16 In diesem Sinne konstatiert auch Häfner die stetige Annäherung an den Menschen in der *Aeltesten Urkunde*, damit dieser »zu seinem eigene Maß, dem in unzähligen Zeichen erscheinenden *sensus humanitatis* findet.« (Häfner 1995, 142).

aus der orientalischen Genesis verstehen. Orient und Okzident entspringen und kulminieren in der *bewusst* gemachten und bewusst *gemachten* menschlichen Gestalt, die als Kriterium für wahre Humanität fungiert. Sowohl die Humanitätsbriefe fordern deshalb in Bezug auf die griechische Skulptur: »Blicke in diesen Spiegel, o Mensch; das soll und kann dein Geschlecht sein« (FA VII, 363 f.), als auch die *Älteste Urkunde*:

> Hieher also *Dichter* und *Künstler*! Hier das größte Ideal und Vorbild Eurer Kunst vom Himmel hinunter! Ein Gemälde des sanftesten und unermeßlichsten Inhalts, *Natur in Ruhe* und *Natur in Bewegung*, das sich zuletzt in der herrlichsten Bildnerkunst voll *Kraft, Bewegung, Ratschluß, Bedeutung* und *Schönheit* im *Gottesbilde, dem Menschen*, endet (FA V, 299).

In Anspielung auf den *Kanon des Polyklet* (vgl. Steuben 1973), also einmal mehr in terminologischer Übertragung der Plastik auf das Schöpfungskonzept, deutet Herder die Schöpfungshieroglyphe als Ursprung und Maßstab für die kulturelle und religiöse Selbstverständigung des Menschen.[17] Indem die Schöpfungsoffenbarung als Menschwerdung gedacht wird, konzipiert Herder – wie Gerhard vom Hofe treffend bemerkt hat – den »kühnen Gedanken einer Inkarnation Gottes bereits vor Christus in seiner ursprünglichen Schöpfung« (Hofe 1986, 83).[18] Was sich in der dogmatischen Lehrbildung auf unterschiedliche Loci verteilt, nämlich Gottebenbildlichkeit und Inkarnation, wird von Herder zu einem theologischen Zentraltopos verbunden. Herders anthropologische Religionsästhetik bindet das Schöpfungsgeschehen mit dem Christusgeschehen zusammen und versteht die Erlösung als Potentialität der Schöpfung. Das weltimmanent gedachte Heil ereignet sich dort, wo der Mensch im Umgang mit der Welt zu umfassender Humanität gebildet wird.

5. Poesie der Gottebenbildlichkeit

Ihre Fortsetzung und nochmalige Umformung findet die ästhetische Interpretation der Schöpfungsgeschichte schließlich in Herders großem Buch *Vom Geist der Ebräischen Poesie* (1782/83). Das sehr viel positiver als die *Älteste Urkunde* aufgenommene[19] Werk vollzieht nun gänzlich den methodischen Paradigmenwechsel von der Plastik zur Poetik und entfaltet eine topische Poetik des alttestamentlichen Schrifttums. Im Vordergrund steht dabei nicht die fortlaufende Auslegung eines Textcorpus,[20] sondern die umfassende Darstellung der »Poesie der Ebräer« als einer eigentümlichen »*Hirten- und Landespoesie*« (FA V, 663). Sinnlich wirksame

---

17 In den *Ideen* spricht Herder im Zusammenhang der Erschaffung des Menschen durch Gott sogar einmal dezidiert »von der Regel, die uns der oberste Künstler als ein Gesetz Polyklets *im Menschen* darstellte« (FA VI, 75). Dass Herder damit den Kanon der griechischen Plastik gegen die hebräische Gottebenbildlichkeit ausspiele, wie Dimitri Liebsch (2001, 104) suggeriert, verfehlt gerade die Pointe der synoptischen Zusammenschau von orientalischer und okzidentaler Anthropogonie.

18 Vom Hofe weist dabei auch zu Recht auf den Unterschied zur orthodoxen Position Hamanns hin.

19 Noch im 19. Jh. äußerst sich der liberale Pentateuchkritiker und Psalmenkommentator Hermann Hupfeld wie folgt: »Meiner Meinung nach hat dieses Buch dem Christenthum einen größeren Dienst geleistet, als alle Dogmatiken zusammen genommen.« (Riehm 1867, 23 f.; zit. nach FA V, 1432 f.).

20 Der erste Band lässt sich die behandelten Grundbegriffe zwar durch den Aufriss von Gen 1-11 vorgeben, greift aber in dem herangezogenen Erläuterungsmaterial und in der Verwendung des Buches Hiob als Parallel-Kommentar zu Gen 1-3 darüber hinaus. Der zweite Band behandelt die Prophetie, wobei Moses und David im Mittelpunkt stehen. Den dritten Band von die Propheten über die Apokryphen bis zur Apokalypse konnte Herder nicht vollenden (vgl. FA V, 1426-1430).

Präsenz, nicht historische Repräsentation zeichne die hebräische Sprache und Vorstellungsart aus. Neben den poetischen Texten im engeren Sinn charakterisiert Herder deshalb auch die prophetischen und geschichtlichen Schriften als »Meisterstücke *historisch-poetischer Erzählung*« (FA IX/1, 215), die durch lebendige Darstellung anstatt durch getreue Aufzeichnung bestimmt seien. In Entsprechung zu den frühen Studien *Von der Ode*, versteht Herder die hebräische Literatur als sinnlichen Ausdruck einer sinnlichen Empfindung und stellt seine Poetik in den Kontext seiner ästhetischen Ontologie des Seins sowie seiner Philosophie des Gefühls. Als poetisch-poetologisches Hauptmerkmal der alttestamentlichen Literatur bestimmt Herder jedoch jetzt, Lowth folgend, den Parallelismus der Glieder. Wie in der *Älteste[n] Urkunde* die Schöpfung durch das Denkbild der Hieroglyphe, so wird nun die hebräische Poesie formal wie inhaltlich durch den Parallelismus erschlossen. Formal als Stilmittel, das Rhythmus und Gleichmaß bewirkt, inhaltlich, insofern es die polare »Grundform der Vorstellungsart« (FA V, 709) der Hebräer zur Darstellung bringt. Herder entdeckt dabei in der hebräischen Poesie die Kontrarietät als Prinzip des Lebens wieder und bestimmt sie als »Poesie Himmels und der Erde« (ebd., 706). In dieser Beziehung entspreche sie nicht nur naturphilosophisch dem »Pulsschlag der Natur« und »Otemholen der Empfindung« (ebd., 686), sondern spiegele auch ästhesiologisch die »früheste Logik der Sinne« (ebd., 691) wieder und dürfe archäologisch als »älteste Naturpoesie der Schöpfung« (ebd., 697) gelten. Dabei steht – wie in der *Älteste[n] Urkunde* – die Schöpfungsthematik qua Naturpoesie im Mittelpunkt des Interesses. Sie überwölbt nach Herders Verständnis des Alten Testaments das hebräische Denken und Schrifttum. Indem der schöpfungstheologische Parallelismus Himmelshöhe und Erdentiefe gegeneinander hält und miteinander verbindet, konstituiert er den »Begriff der Unendlichkeit einer sinnlichen Welt« (ebd., 707), der es erlaubt, »das Unendliche und Endliche zu vergleichen, das Unermeßliche und das Nichts zu paaren.« (ebd., 708)

In Aufnahme der ästhetischen Grundunterscheidung des 18. Jahrhunderts interpretiert Herder das hebräische Weltbild deshalb auch als Spannungsverhältnis zwischen dem Schönen und dem Erhabenen: »Die Morgenländer paaren also auch Himmel und Erde. [...] Alles Erhabne will etwas Unendliches und Unermeßliches, kurz Himmelshöhe, so wie alles Schöne und Wahre bestimmte Schranken will, das ist Erde.« (ebd., 708f.) Schließlich korrespondiert der sinnlichen Kosmologie der Hebräer auch eine parallel entworfene Anthropologie, denn »im Bau des Menschen vereinen sich Himmel und Erde; aus dieser ist sein Leib, von jenem weht sein lebendiger Atem.« (ebd., 708). In dem Maße wie Herder den Monozentrismus der Schöpfungshieroglyphe durch das duale Modell des Parallelismus ersetzt, verliert seine Auslegung zwar an spekulativer Kraft, dafür gewinnt seine Anthropologie an Tiefenschärfe, weil sie im Unterschied zur *anthropologia gloriae* der *Älteste[n] Urkunde* auch die Integration der menschlichen Endlichkeit und Fehlbarkeit erlaubt. In der *Ebräischen Poesie* zeichnet Herder dem aufrechten Gang das krumme Holz ein und bringt die Dialektik des Menschen in dialogischer Form zum Ausdruck, wenn er Alciphrons »Elegie über des Menschen Schwachheit« (ebd., 823) mit einem Psalm Eutyphrons, »der den Menschen wie einen Gott der Erde« (ebd.) feiert, beantwortet. Wie die griechische Plastik die leibliche Doppelnatur des Menschen zwischen Ruhe und Bewegung im Kontrapost zusammenspannt und im ›Kanon des Polyklet‹ vollendet zur Darstellung bringt, so vermittelt die hebräische Poesie die moralische Doppelnatur des Menschen im »Parallelismus Himmels und der Erde« (ebd., 706):

> Eine Poesie, die die Schwachheit des Menschen nicht vergißt, um ihm etwa Selbstgenügsamkeit der Götter anzulügen, die sich aber auch von seiner Schwachheit nicht besiegen läßt, um etwa seinen Adel, seine große Bestimmung zu verkennen. (Ebd., 825)

Wie Herder die Schönheit der Skulptur nicht nur als ästhetische Formgebung, sondern auch als gestalteten Ausdruck einer Bedeutung, nämlich als Bestimmung des Menschen zu vollendeter Humanität versteht, so deutet er auch die hebräische Poesie als ästhetische Darstellung des Göttlichen in der Ebenbildlichkeit des Menschen.[21] Es ist also nur konsequent, wenn Herder das Motiv vom »Bilde Gottes in der Menschengestalt« (ebd., 825) als gemeinsamen Bedeutungskern der biblischen Literatur und als Inbegriff der Bildung zur Humanität bestimmt: »das Menschengeschlecht zu dieser Idee in aller Würde und Schönheit emporzubilden; mich dünkt, es gebe keinen reinern und höhern Begriff des Zwecks der Menschheit in Poesie und Prose der gesamten Welt.« (ebd.)

Literaturverzeichnis

FA   Herder, Johann Gottfried: Werke in zehn Bänden, hg. von Günter Arnold, Martin Bollacher u.a., Frankfurt a.M. 1985-2000.

NA   Hamann, Johann Georg: Sämtliche Werke. Historisch-kritische Ausgabe von Josef Nadler, 6 Bde., Wien 1949-1957, Nachdruck Tübingen/Wuppertal 1999.

Adler, Hans: Die Prägnanz des Dunklen. Gnoseologie - Ästhetik - Geschichtsphilosophie bei Johann Gottfried Herder (Studien zum achtzehnten Jahrhundert, Bd. 13), Hamburg 1990.

— Herders Ästhetik als Rationalitätstyp, in: Martin Bollacher (Hg.): Johann Gottfried Herder. Geschichte und Kultur, Würzburg 1994, 131-139.

Bultmann, Christoph: Die biblische Urgeschichte in der Aufklärung. Johann Gottfried Herders Interpretation der Genesis als Antwort auf die Religionskritik David Humes, Tübingen 1999.

Gaier, Ulrich: Herders Sprachphilosophie und Erkenntniskritik, Stuttgart 1988.

Häfner, Ralph: Johann Gottfried Herders Kulturentstehungslehre. Studien zu den Quellen und zur Methode seines Geschichtsdenkens (Studien zum achtzehnten Jahrhundert, Bd. 19), Hamburg 1995.

Haym, Rudolf: Herder nach seinem Leben und seinen Werken, 2 Bde., Ndr. d. Ausg. Berlin 1877-1885, Berlin 1958.

Heinz, Marion: Sensualistischer Idealismus. Untersuchungen zur Erkenntnistheorie und Metaphysik des jungen Herder (1763-1778), Hamburg 1994.

Hofe, Gerhard vom: Schöpfung als Dichtung, in: Gerhard vom Hofe, Peter Pfaff, Hermann Timm (Hg.): Was aber (bleibet) stiften die Dichter? Zur Dichter-Theologie der Goethezeit, München 1986, 65-87.

Irmscher, Hans-Dietrich: Johann Gottfried Herder, Stuttgart 2001.

— Methodische Aspekte in Herders Schriften, in: Martin Bollacher (Hg.): Johann Gottfried Herder. Geschichte und Kultur, Würzburg 1994, 19-38.

Liebsch, Dimitri: Die Geburt der ästhetischen Bildung aus dem Körper der antiken Plastik. Zur Bildungssemantik im ästhetischen Diskurs zwischen 1750 und 1800 (Archiv für Begriffsgeschichte Sonderheft Jahrgang 2001), Hamburg 2001.

Namowicz, Tadeusz: Der Aufklärer Herder, seine Predigten und Schulreden, in: Gerhard Sauder (Hg.): Johann Gottfried Herder. 1744-1803 (Studien zum achtzehnten Jahrhundert; Bd. 9), Hamburg 1987, 23-34.

---

21   Diese Doppellektüre von griechischer Antike und jüdisch-christlicher Glaubensüberlieferung hat auch Häfner herausgearbeitet: »Herders Ideal des ›Seelenmenschen‹ kommt daher in ›Jesus vor seinem Leiden‹ ebenso zum Ausdruck wie in dem schönen Menschen der griechischen Antike«; seine etwas flapsige Bemerkung »Jesus also ein Grieche!« lässt die Tragweite der Herderschen Pointe freilich nur unzureichend erkennen (Häfner 1995, 147).

Pfaff, Peter: Hieroglyphische Historie. Zu Herders »Auch eine Philosophie der Geschichte zur Bildung der Menschheit«, in: Gotthardt Frühsorge u. a. (Hg.): Disgressionen. Wege der Aufklärung. Festschrift für Peter Michelsen, Heidelberg 1984, 407-418.

Riehm, Eduard: Hermann Hupfeld. Lebens- und Charakterbild eines deutschen Professors, Halle 1867.

Steuben, Hans von: Der Kanon des Polyklet. Doryphoros und Amazone, Tübingen 1973.

Viëtor, Karl: Geschichte der deutschen Ode, München 1923.

Welter, Nicole: Herders Bildungsphilosophie, Sankt Augustin 2003.

WULF KOEPKE

Die höhere Nemesis des Christentums

1. Vorsehung und Sündenfall

Die *Briefe, das Studium der Theologie betreffend*, enthalten im Zusammenhang der Betrachtung des Konzepts der Vorsehung folgende Feststellung, an Studenten der Theologie, zukünftige Seelsorger gerichtet, über einen Punkt, »der insonderheit Aufmerksamkeit verdient: er betrifft nämlich die *sonderbare geheime Wiedervergeltung*, die ich in *Gutem und Bösem*, für den *knecht- und kindlichen* Sinn, so *allgemein* und bei manchem *einzelnen* Menschen so auszeichnend bemerkt habe.« (W IX,1, 433–434)[1] Herder fährt dann fort:

> Mich wundert, daß diese Lehre von Christen so wenig getrieben wird, da sie doch auch schon Heiden so bündig eingesehen, und Christus sie als das *herrschende Gesetz Gottes in dieser und jener Welt* wiederholt einschärfet. In Orient gilt sie in den meisten Religionen noch davor, unsere Väter haben auch auf sie ein schärferes Auge gehabt, als wir, denen der Geist eigner Klugheit und Wirksamkeit in Dingen des allgemeinen Welt- und Lebenslaufs die Augen nur zu oft verblendet. (434)

Herder bezeichnet diese »moralische Regierung Gottes in der Welt als eine große unsichtbare *Waage* der *Tat* und der *Folgen*: Du kannst nichts, weder Gutes noch Böses, in eine Schale legen, ohne daß sich die andre mit gleichem, aber progressivem Maß der Schwere in guten und bösen Folgen rege.« (434) Das bezieht sich auf Kleines und Großes; auf das individuelle Menschenleben, auf Gruppen, Nationen und die ganze Menschheit: »So binden sich *Zeit- und Lebensalter*, so binden sich *Stände und Menschen*. Jeder Mangel lohnt mit Mangel, Laster mit Strafen, Versäumnis mit Bedürfnis.« (435)

In dieser Ermahnung des Generalsuperintendenten nach einigen Jahren ernüchternder Erfahrung mit den Kandidaten für die Pastorate, zumal den Studenten aus Jena, scheint mir außer der Betonung des Moralischen besonders bemerkenswert, dass Herder in der Lehre der Wiedervergeltung eine völlige Übereinstimmung der Antike und der gegenwärtigen orientalischen Religionen (Islam, Hinduismus, Buddhismus) mit den Lehren von Christus statuiert und darüber hinaus diese Lehre auch bei den »Vätern« findet, womit sowohl die vorchristlichen Germanen und Kelten gemeint sein können als auch das christliche Mittelalter. Erst der überhebliche Geist des neuzeitlichen Europas glaubt allmächtig zu sein und die Welt aus eigener Machtvollkommenheit bilden und lenken zu können. Bei Christus ist insbesondere an die Sprüche der Bergpredigt zu denken und an das Prinzip: »Richtet nicht, damit ihr nicht gerichtet werdet.«

Die Vorstellung der Wiedervergeltung, auf die Herder dann im Buch 15 der *Ideen zur Philosophie der Geschichte der Menschheit* gründlicher einging, die er zur gleichen Zeit im »lehrenden Sinnbild« Nemesis verbildlichte, wobei der »Nemesis«-Essay ausschließlich die Vorstellung der griechischen Antike darstellen sollte, aus der Herder für die Gegenwart Lehren zu ziehen hoffte, die Vorstellung der Wiedervergeltung, die dann im letzten Lebensabschnitt

---

[1] Herders Texte werden zitiert entweder nach *Werke in zehn Bänden*, Deutscher Klassiker Verlag (zit. »W«) oder nach *Sämtliche Werke*, hg. von Bernhard Suphan et al. (zit. »SWS«), mit Band- und Seitenangabe.

Herders eine so dominierende Bedeutung bekam, ist mit ihren jüdisch-orientalisch-christlichen und griechisch-antiken Wurzeln nicht so einfach zusammenzubringen und zu harmonisieren, wie es nach den vorstehenden Passagen scheinen möchte. Das zeigt sich besonders am Mythos des Sündenfalls. Der für Herder älteste, ursprüngliche Mythos der Menschwerdung, die Schöpfungsgeschichte der Bibel, bringt mit dem Sündenfall ein Paradox, das Herder einiges zu schaffen machte. In *Die Aelteste Urkunde des Menschengeschlechts* lautet die Überschrift des betreffenden Kapitels: »Abfall des Menschengeschlechts. Eine Gartenerzählung.« (W V, 548-621) Es beginnt mit der drastischen Rhetorik eines Strafgerichts:

> Jene Fähigkeiten, Kräfte und Arten des Genusses, an sich so schön, so glänzend in der Ferne: die Früchte lachen, süß und begehrlich, sie verheißen dir neuen Genuß, Weisheit und Göttergleiche; zum Unglück aber bist du Mensch, die Götterhöhe ist dir nicht bestimmt, du schnappst nach Äther und verlierst, oder vielmehr du findest den harten Boden deiner Muttererde erstickt und erschlagen ... In wilder Verwirrung streben sie nun da alle Kräfte, hundert Hungerschlangen, wenn Eine wütend kützelt und frißt: tausend offne breite Jammerpforten in dem unermeßlichen Labyrinthe, und kleiner enger Pfad der Menschenglückseligkeit, wo bist du? (553)

»Lüsterner Vorwitz und reuiger Nachwitz!« (553) Wäre der Mensch doch der Mahnung gefolgt: »Der Mensch ist gut, wenn er Mensch *bleibt*« (553) – sonst verirrt er sich und wird böse. Schon hier erinnert Herder an das Maß der Menschlichkeit; der Mensch als Mensch ist gut; doch die ständigen Wünsche treiben ihn von sich selbst weg, über sich selbst hinaus. Auch hier die griechische Vorstellung der Göttergleiche – Tantalus, der sich überhebt und in den Abgrund gestoßen wird.

Wie sollen wir es aber auffassen, wenn Herder dann sagt: »Nur der aufrechte Gang schuf dem Menschen *Moden* und *Kleider* und *Lüste*.« (563) Ist nicht der aufrechte Gang eine Voraussetzung der menschlichen Existenz? Offenbar gehörte auch der Sündenfall zum Menschwerden; die Lüste und die Scham sind Elemente der condition humaine. Wir haben vom Baum der Erkenntnis gegessen, »den wir jetzt alle in uns tragen.« (581) Wir sind mit der Frucht vom Baum der Erkenntnis aus der Sicherheit und Umfriedung des Gartens herausgestoßen worden und müssen das steinige offene Feld beackern. »In allen Kindern lebt diese Geschichte: die Natur *Adams* unsre *Natur*, seine *Geschichte* der *Inhalt der Welt*, unsres Geschlechts ganzer *Knote*, wie Jesus die ganze *Auflösung*.« (618) Der Abfall von Gott, die Trennung, ist unsere Natur geworden, von der uns Gott durch seinen Sohn erlösen, und damit uns wieder mit sich vereinigen will.

Wenn also die menschliche Natur durch den Sündenfall bestimmt ist, so klingt es gerecht, aber immer noch überraschend, wenn es heißt: »Die Strafe Eva's war nicht mehr Fluch, sondern Vergeltung, genau für die Sünde.« (589) Auch hier mischt Herder die zwei Vorstellungen der Vergeltung und der Strafe. Noch überraschender wirkt es dann, wenn er im christlichen Sinne ausführt, dass die Züchtigung Wohltat war; denn sie führte das Menschengeschlecht auf den ihr bestimmten Weg: »[U]nd sieh, was der entwickelnde Vater auf Jahrtausende und Ewigkeiten aus dem *Fehltritt* hervorgebracht hat!« (605) Der Mensch »sollte das Paradies verlassen.« (606) »Zu einem höhern Leben waren wir bestimmt; aber nicht in *Adam*, aus freier Gnade Gottes, in *seinem Sohn*.« (609) Gott gab nicht nur Fülle der Gnade, sondern auch der »Gabe«. (616) Gott hat das Menschengeschlecht dazu bestimmt, sich selbst durch Mühe zu bilden: »So ist das Buch Gottes geschrieben. Was auf dieser Seite Strafe heißt, kehre das Blatt um, ist auf jener Wohltat« (590). Gott ist zugleich »der gerechteste und gütigste Richter« (597). Damit haben wir die drei Elemente: Gott ist Richter; er ist gerecht, aber er ist auch gütig, er ist gnädig. Nur so kann die scheinbar ewige Strafe für die

Sünde getilgt werden; nur so ist Hoffnung erlaubt; Prometheus wird am Ende einmal entfesselt. Der Sündenfall hat zwei Seiten: er bringt Strafe, die Ausstoßung aus dem Gartenparadies, und er bringt die Chance, ja er ist die Bedingung für die Bildung des Menschengeschlechts, für die Entstehung und Entwicklung der menschlichen Kultur.

Damit ist die paradoxe Existenz des Menschen bezeichnet. Gott hat den Menschen zu Arbeit und Mühe verdammt, doch er »öffnete die Pforte zu allen Erfindungen, die ihn durch Überlegung, Prüfung, Ratschlag künftig gegen die Übel des Lebens wappnen müßten: das schwerste Vorbild war gegeben.« (596) Das Vorbild ist das Ziel, zu dem man strebt, das Bild, das man in sich verwirklichen will, zu dem man sich verwandeln will. Also ist der Mensch zu ständiger Vervollkommnung bestimmt; doch er ist ebenso ständig in Gefahr, die ihm gesetzten Grenzen zu überschreiten, er, der den Baum der Erkenntnis in sich trägt.

Das heißt: einerseits ist der Weg vorwärts (oder zurück) ins Paradies vorprogrammiert und andererseits der ständige Drang zur Überhebung, zur Hybris der vermeinten Göttergleiche. Die Geschichte der Könige und Helden ist eine Kette von Beispielen für die Überhebung, die zur Vergeltung führt. In Herders Kommentar zum Hohen Lied Salomonis von 1778 hat Ulrich Gaier die erste Formulierung der Wiedervergeltung mit dem Bild der Waage gefunden. »Gerechter Richter! wie tief geht dein Pfeil! wie furchtbar gleich und aufwegend hängt deine Waage!«[2] Und noch deutlicher: »Richter, so rächest du: die ganze Welt ist Waage der Wiedervergeltung in jedes Menschen Leben.«[3] Die Waage in der Hand des gerechten Richters wird die Waage der Wiedervergeltung. Der rächende Gott der Juden stellt das Gleichgewicht des Glücks wieder her, indem er den Übermut ins Unglück stürzt. Doch das bedeutet meist nicht das Ende der Kette des Übermuts. Salomo, der »zuletzt aberweise König wird durch seinen unweisen Sohn gestraft.« (103)

In der Kantate *Brutus*, erste Fassung 1772, beklagt Brutus die Feindseligkeit des römischen Volkes gegen die Verschwörer nach Caesars Ermordung und ruft aus: »Wer o Cassius / Versteht der Götterwaage Sinken!« (SWS XXVIII, 22) In der Fassung von 1774 heißt es: »Wer versteht / Der Götter hohe Waage!« (63) Also die Vorstellung der Erhaltung des Gleichgewichts und der Gegenreaktion auf ein Extrem, Johann Heinrich Lamberts »Maximum« und Herders spätere Erkenntnis, dass ein Gleichgewicht auf dem Ausgleich gegeneinander wirkender Kräfte beruht, sind hier bereits enthalten.

Gerechtigkeit und Strafe ist vor allem mit dem Gott des Alten Testaments verbunden; die Wohltat und Güte der Vorsehung zusammen mit Gerechtigkeit mit dem Gott, der seinen Sohn als Erlöser auf die Erde sandte; das notwendige Schicksal und die Waage der Nemesis, Glück und Gerechtigkeit in einem, mit der Ordnung der antiken Weltanschauung. Es war die griechische Forderung nach dem rechten Maß in allen Dingen und Taten, die für Herder immer mehr in den Vordergrund trat, je mehr er zum Kritiker seines Zeitalters wurde. Daraus erwuchs sein Prinzip der Adrastea, das am Ende seines Lebens mehrere Formulierungen fand.

---

2 Ulrich Gaier, »Nemesis und natürliche Ethik«, (S. 25-35) in *Vom Selbstdenken. Aufklärung und Aufklärungskritik in Herders »Ideen zur Philosophie der Geschichte der Menschheit«*, hg. von Regine Otto und John H. Zammito, Heidelberg: Synchron Wissenschaftsverlag, 2001, 33; Gaier bezieht sich auf *Lieder der Liebe, herausgegeben von Johann Gottfried Herder, 1778*; vgl. die Edition von Regine Otto, Zürich: Manesse Verlag, 1992, 102. Hugh Barr Nisbet, *Herder and the Philosophy and History of Science*, Cambridge: Modern Humanities Research Association, 1970, 96 and 122 hat wichtige Belegstellen zur Wiedervergeltung gesammelt.

3 *Lieder der Liebe*, 103.

2. Das Fortgebäude

In dem Entwurf *Auch eine Philosophie der Geschichte der Menschheit* von 1774 nimmt Herder die kritiklose Selbstgerechtigkeit und Hybris des eigenen Zeitalters aufs Korn. Der »philosophische Geist unsers Jahrhunderts« (W IV, 11) bedeutet eigentlich »das Maulwurfsauge dieses lichtesten Jahrhunderts« (12), ein Jahrhundert des »Verfalls«, für das »ein mißhelliges Verhältnis zwischen Kraft und Besonnenheit, Fähigkeit und Klugheit, Anlage und gutes Herz« (12) kennzeichnend ist. Noch stärker als die bekannte Analogie oder Allegorie der Lebensalter benutzt Herder in *Auch eine Philosophie...* als Leitfaden für den Fortgang der Geschichte die Vorstellung des Plans, der Vorsehung, einer »mütterlichen Vorsehung« (11). Bei dem Übergang der ersten orientalischen Kulturen zur Kultur und Verfassung Ägyptens ist die Vorsehung am Werk: »Die Vorsehung leitete den Faden der Entwicklung weiter.« (19) Die ägyptischen und phönizischen Kulturen waren »Werkzeuge der Fortleitung in den Händen des Schicksals« (26). In den Römern erfüllte sich die »*Reife des Schicksals der alten Welt*« (31). »Die Menschheit bleibt immer nur Menschheit«; aber Geschichte ist etwas anderes als bloße Wiederkehr des Gleichen, ein Prinzip der Abfolge ist erkennbar: »und doch wird ein *Plan des Fortstrebens* sichtbar – mein großes Thema!« (40) Herder polemisiert heftig gegen den herrschenden Begriff des »Fortschritts«; doch er fragt: »Sollte es nicht offenbaren *Fortgang* und *Entwicklung* aber in einem höhern Sinne geben, als mans gewähnet hat?« (41) Jedes Zeitalter hat den Mittelpunkt seiner Glückseligkeit in sich selbst (41), »Indes ists doch ein ewiges Streben!« (41) Wohin geht dieses Streben? Es führt zu Gott: »so spricht die *Analogie in der Natur*, das redende *Vorbild Gottes in allen Werken!*« (41-42) Die Geschichte strebt zu auf die Verwirklichung der Gottnatur im Menschen, auf das Bild, das Vorbild Gottes, das der Mensch in sich verwirklichen soll. Damit haben wir die Geschichte als »*Schauplatz einer leitenden Absicht auf Erden!*« (42) Dem Historiker fällt die Aufgabe zu, die Ordnung dieses Fortgangs zu erkennen und darzustellen, wobei jedes Zeitalter seinen Sinn und Wert haben muss. Bei Betrachtung der »dunklen« Jahrhunderte des Mittelalters ruft Herder aus: »Aber kein Ding im ganzen Reiche Gottes, kann ich mich doch überreden! ist *allein* Mittel – alles *Mittel und Zweck zugleich*, und so gewiß auch diese Jahrhunderte.« (54) So sind die Revolutionen der Geschichte der »*Gang Gottes über die Nationen!*« (88) Herder wünscht sich eine Darstellung vom »Geist der Gesetze, Zeiten, Sitten, und Künste« (88) in ihrer Abfolge: »hätten wir doch einen solchen Spiegel des Menschengeschlechts in aller Treue, Fülle und *Gefühl der Offenbarung Gottes.*« (88)

3. Die Göttin des Maßes und Einhalts

Nemesis und Wiedervergeltung gehören zusammen. Das Hauptaugenmerk auf die menschliche Freiheit und damit die menschliche Hybris brachte die Vorstellung des rechten Maßes, und damit die der Vernunft und Billigkeit, immer mehr in den Vordergrund. Die kleineren Schriften der achtziger Jahre entwickeln diese Gedankengänge. »Liebe und Selbstheit«, kritischer Kommentar zu François Hemsterhuis' *Lettre sur les désirs*, zuerst 1782 in *Der Teutsche Merkur*, dann 1785 als letztes Stück der ersten Sammlung *Zerstreute Blätter* gedruckt, beschreibt die verschiedenen Formen und Stufen der physischen und geistigen Liebe und Freundschaft auf der Basis der Naturgesetze, besonders dem der Anziehung und Abstoßung. Hemsterhuis' und Herders Bezugspunkt ist Platons *Symposion*, von dem gesagt wird, »denn freilich auch über die Liebe, sagten die Griechen, herrscht das *Schicksal*; und *Notwendigkeit*, die älteste der Gottheiten, ist mächtiger als die Liebe.« (W IV, 408) Ananke, die Notwendigkeit, ist ebenso ein Begriff, oder jedenfalls ein Denkbild, wie eine Göttin. »Gottheit« gehört in die griechische Mythologie und Philosophie, während »Gott« dem Bereich der Bibel, jüdisch oder christlich, vorbehalten bleibt. Die Notwendigkeit und das Schicksal setzen dem Streben des Selbst Grenzen:

> Die Natur hat schmale Grenzen um jedes Einzelne gezogen: und es ist der gefährlichste Traum, sich unumschränkt zu denken wenn man eingeschränkt ist, sich Despot des Weltalls glauben, wenn man von nichts als einzelnen Almosen lebt. (421)

Jedoch, im Bewusstsein der Selbstheit und ihrer Beschränkung steckt das Bewusstsein der Existenz, einer Existenz zu Gott: »Das höchste Gut, was Gott allen Geschöpfen geben konnte, war und bleibt eigenes Dasein, eben in welchem Er ihnen ist und von Stufe zu Stufe mehr sein wird *Alles in Allem*.« (423-24) Der menschliche Weg der Bildung ist nicht mystisches Sichverlieren in Gott, sondern Einklang mit der Natur, mit der Schöpfung und den Menschen: »*Konsone* Töne müssen es sein, die die Melodie des Lebens und des Genusses geben, nicht *unisone*; sonst verliert sich die Freundschaft bald in bloße Gesellschaft.« (421) »Liebe und Selbstheit« zeigt Herders Zusammendenken der christlich-jüdischen, griechisch-antiken und neuzeitlichen Vorstellungen vom Göttlichen: Natur und Gott bilden ein Ganzes, aus dessen Anschaung Erkenntnis und Anleitung zum Handeln entspringen soll.

In aus der griechischen Mythologie abgeleiteten Formen wird der Prozess der Gesetze der Natur und der Selbsterkenntnis der Menschen in der Paramythie »Der Sphinx. Eine Erd- und Menschengeschichte« dargestellt, ebenfalls enthalten in der ersten Sammlung *Zerstreute Blätter*. (SWS XXVIII, 147-156)[4]

In »Der Sphinx« werden die Menschen durch die olympischen Götter erschaffen, die sich ihrer Schöpfung erfreuen, bis das Schicksal ihnen mitteilt, dass die mächtigen Götter der Unterwelt nicht befragt worden waren, »die alten Parzen, die wütenden Erynnien zürnen: Nemesis hat euch beym Schicksal verklagt« (148). Die Entscheidung der »unerbittlichen Mutter« lässt an den Sündenfall denken: »Ein kurzes Leben sey den Lebendigen auf ihrer neuen Erde bestimmt; und da sie aus dem Felsen hervorgebracht ist, so sey der Sterblichen Leben ein hartes Leben.« (148) Nemesis, die Botin des Schicksals, ist hier beschrieben als

> die Dienerin des Schicksals, die ehrwürdige Nemesis [...], sie, die immer die Erde durchwandert, zu vergelten das Gute, zu strafen das Böse. Ungesehen geht sie umher und zeichnet die Thaten an und wie sie ihr Buch der Unerbittlichen vorlegt: so wägt das Schicksal. (148)

Die »glücklich-unglückliche Menschenheerde« (150) wird ein Spielball der überirdischen und unterirdischen Götter. Die Erkenntnis der Lösung kommt durch Pallas Athene, die Göttin der Gerechtigkeit: »Das Gute quoll nicht aus ihrem Herzen, es ward nicht in ihrer

---

4   Die sechs Sammlungen *Zerstreute Blätter*, zwischen 1785 und 1797 erschienen, eine der beliebtesten Veröffentlichungen Herders, sind bei Suphan nach dem Prinzip der Trennung von prosaischen und poetischen Schriften, und dann wieder von eigenen poetischen Werken und Übersetzungen, völlig auseinandergerissen worden, so dass ihre innere Einheit und wechselseitige »Erhellung« nicht mehr nachvollziehbar ist. Die Ausgabe der *Werke* des Deutschen Klassiker Verlags hat sich auf die Auswahl einzelner Stücke beschränkt und vernachlässigt den Zusammenhang vollkommen. Vgl. dazu meinen Beitrag »Herders *Zerstreute Blätter* und die Struktur der Sammlung«, *Herder Yearbook - Herder Jahrbuch* I (1992), 98-117. Ein ähnliches Editionsproblem, nicht ganz so gravierend, bietet die *Adrastea*. Die Paramythie »Der Sphinx« ist Teil einer von Herder vorgenommenen Auswahl von Paramythien.

eigenen Seele gebohren ...« Ihnen fehlt »die Freude der Selbstempfängniß« (152). Die Lösung ist, »das Menschengeschlecht durchs Menschengeschlecht zu erheben suchen« (152). Pallas Athene muss die Menschen das Menschenmaß und damit Gerechtigkeit lehren; sie sendet Platon, Scipio, Brutus, Epiktet und Marcus Aurelius. »Nicht Sieger der Feinde, sondern Wohlthäter der Menschen krönte sie mit ihrem friedlichen Laube; am liebsten aber den, der sich selbst überwand, und mit sich in Friede lebet.« (155) Doch bis jetzt ist ihre Weisheit für die Menschen nur ein Sphinx, das »Bild einer verborgenen Weisheit« (156). Möge ihr Reich, jetzt noch im Dunkeln, »bald ein allgemeines lichtes Reich werden!« (156)

Der entscheidende Schritt auf dem Wege zum Reich der Gerechtigkeit ist die Verinnerlichung der Lebensgesetze, und das bedeutet des Maßes und der lohnenden und strafenden Nemesis. Die Konsequenz wird in der späteren Abhandlung »Vom Wissen und Nichtwissen der Zukunft«, enthalten in der 4. Sammlung *Zerstreute Blätter* von 1792 (SWS XVI, 368-381), lapidar ausgesprochen:

> Wir tragen die Nemesis in uns. Jeder weiß, was er aus seinem vorigen Leben für Schuld und Vernachlässigung auf sich geladen, was er zu büßen, zu vergüten, einzuholen, zu tilgen, oft nur mit seinem Untergange zu tilgen habe. Die Last der Zukunft liegt unabwendbar auf ihm. (374-375)

Wenn auch Herder hier von der griechischen Tragödie spricht, so meint er es doch allgemein. Als er vom »Übergang« in ein zukünftiges Leben spricht, fragt er sich: »Aber, wie wir hinübergehen? die *Nemesis* in unserem Herzen, die mit uns geht, sie stellet die Frage.« (377) Zwar lehnt Herder alle »Büßungshypothesen« bei der Reinkarnation scharf ab, doch Nemesis und Wiedervergeltung bestimmen auch eine zukünftige Existenz. So wie der Mensch den Sündenfall Adams in sich trägt, so gehört die richtende Stimme der Nemesis zum Selbstbewusstsein des Menschen.

Demgegenüber betont der Essay »Nemesis. Ein lehrendes Sinnbild« in der zweiten Sammlung *Zerstreute Blätter* von 1786 (W IV, 551-578) die freundlicheren Aspekte. Dieser Essay hat eine erhebliche Wirkung gehabt und die Vorstellung der Nemesis in der deutschen Kulturtradition wesentlich mitbestimmt.[5] Herders Vorstellung der wohltuenden Nemesis ist im Einklang mit seinem Bild des alten Griechenlands. Das »Denkbild« Nemesis wird dabei eindeutig auf die jeweilige Kulturstufe bezogen. Nemesis ist »eine so vielgewandte Idee, daß sie im Deutschen schwerlich durch ein Wort ausgedrückt werden könnte.« (551) Herder zitiert Aristoteles und bespricht die verschiedenen Darstellungen in Statuen und Dichtungen, was ihn zum Schluss bringt: »Nemesis ist keine Rache- und Plagegöttin« (563); nur den Völkern, die das Schicksal als Zufall, also etwas Äußerliches empfanden, kam sie so vor. Wenn dem Menschen die Entscheidung in die Hand gelegt wird, wie er das ihm zugefallene Schicksal gestaltet, wird Nemesis zur »*Göttin des Maßes und Einhalts*« (564). Sie ist der Dike, der Gerechtigkeit, verwandt, und nicht der Glücksgöttin, trotz des Rades als Attribut; bei aller Strenge, die der Gerechtigkeit eignet, steht die Freundlichkeit und Schönheit des Maßes und der Mäßigung im Vordergrund. Auch diese Nemesis warnt vor der Hybris, dem Übermut. Sie ist sie »*Entscheiderin*, die Zunge auf der Lebenswaage des Menschen [...], keine Rach- und Plagegöttin, sondern eine hohe Rechtverteilerin« (570) Gerechtigkeit ist das Gesetz der Menschengeschichte, und Nemesis ist ihr ausführendes Organ. »Ehret also die Nemesis, ihr Sterblichen, und in allen Dingen sei euch das Maß heilig.« (578)[6]

---

5 Vgl. den Artikel »Nemesis« in Pauly-Wissowa, *Realencyklopädie der klassischen Altertumswissenschaft*, Neubearbeitung Bd. XVI, 2. Teil (31. Bd.), Stuttgart: Metzler, 1933, 2338-2339; Adrastea wird auch hier weit eindeutiger als die strafende und missbilligende Göttin gesehen.

4. Die Richterin Adrastea

Ein Unterschied in Herders Gebrauch der Wörter und der Vorstellungen von »Nemesis« und »Adrastea« ist nicht genau festzumachen. Herder gebraucht die Wörter öfter gleichbedeutend und kann von »Nemesis-Adrastea« sprechen. Während »Nemesis« jedoch eine komplexe Vielfalt von Bedeutungen enthält, ist »Adrastea« vor allem die strenge, richtende und strafende Göttin. In der Paramythie »Der Sphinx« wird dieser Charakter allerdings der Nemesis zugeschrieben. Es spricht vieles dafür, dass der Verlauf der Französischen Revolution mit ihren vielen Gewalttaten und Kriegen Herder wieder kritischer gegen die Arroganz und Überhebung der Europäer seines Zeitalters stimmte, und er die Verfehlung des richtigen Maßes wieder strenger verurteilte.[7] Aus der Diskussion über Fortschritte und Rückschritte bei der Beförderung der Humanität entwickelte sich folgerichtig das Richteramt über die weltpolitische Aufgabe und Rolle Europas. Die *Briefe zu Beförderung der Humanität* enden mit der Kritik der Kolonialismus, der die einheimischen Kulturen zerstört und ihnen mit Gewalt das Christentum aufdrängen will. Die Europäer müssten sich »des *Verbrechens beleidigter Menschheit*« (W VII, 672) schämen, und Herder wirft ihnen vor: »Allerdings eine gefährliche Gabe, *Macht ohne Güte, Erfindungsreiche Schlauigkeit ohne Verstand*.« (686) Für Herder ist Europa »Nicht der weise, sondern der *anmaßende, zudringliche, übervorteilende* Teil der Erde« (672); die »anmaßenden« Europäer nehmen sich selbst als Maß, was Herder grundsätzlich in Frage stellt: »Was soll überhaupt eine Messung aller Völker nach uns Europäern?« (688)

Gegenüber solcher Selbstgerechtigkeit ergibt sich die eigentliche Aufgabe der Geschichtsschreibung: »eine *Naturgeschichte der Menschheit* in rein-menschlichem Sinne geschrieben,« (698) »unparteiisch wie der Genius der Menschheit selbst« (698), eine Geschichte, die jede Nation auf ihrer Stelle und in ihrer Zeit betrachtet. Auf keinen Fall »kann also unsere

---

6   Zum *Nemesis*-Essay vgl. auch Wolfgang Düsing, »Der Nemesisbegriff bei Herder und Schiller«, in *Herder und die Philosophie des deutschen Idealismus*, hg. von Marion Heinz, *Fichte Studien. Supplementa*, 8 (1997), 235-255. Düsing grenzt Herders Vorstellung der Störung und Wiederherstellung des Gleichgewichts von der Geschichtsdialektik Hegelscher Art ab (bes. 240); dazu auch mein Beitrag »Nemesis und Geschichtsdialektik?« *Herder Today*, hg. von Kurt Mueller-Vollmer, Berlin/New York: de Gruyter, 1990, 85-96. Düsing sieht in Herders Nemesis-Vorstellung vor allem den »Ausdruck einer universalen Gesetzmäßigkeit, eine Personifikation des Ausgleichs aller Extreme,« »etwas wie eine Weltformel.« (253) Schiller hingegen geht von Schuld und Sühne und einer tragischen Geschichtsauffassung aus: »Die tragische Nemesis erregt Furcht und rächt jeden Fehler, jedes Versehen des Menschen.« (254) Dabei bleibt Schillers Nemesis, im Gegensatz zu Herder, »rätselhaft und unberechenbar.« (255) Auf die Antike bezogen resümiert Düsing: »Bei allem Kantianismus aktualisiert Schillers Nemesisvorstellung archaische und mythische Bestände, die Herder gerade zu überwinden suchte.« (255) Herder, so meine ich, verstand sehr wohl das archaische Bild, er sah jedoch die »humanisierte« Nemesis als geschichtlichen Fortschritt an und plädierte dafür, sich an dieser Nemesis-Vorstellung für die Gegenwart zu orientieren. Später tritt Adrastea bei ihm allerdings wieder vor allem als Richterin und Rächerin auf.

7   Jean Pauls Nachruf am Ende der *Vorschule der Ästhetik*, der besonders anschaulich die Eindrücke von ihrem vertrauten Umgang in Herders späten Lebensjahren wiedergibt, betont Herders »griechische« Natur und seinen Sinn für Maß und Mäßigung. »Sein griechischer Widerwille gegen jedes Überschlagen der Waage auf die eine oder die andere Seite; manche Sturz- und Folter-Gedichte konnten Seine geistige Marter bis zur körperlichen treiben«. Jean Paul, *Werke*, Bd. V, München: Hanser Verlag, 1963, 452. Jean Paul wehrt sich bereits gegen die Auffassung von der Veränderung in Herders späten Werken als »Hinabänderung« (451), wie sie hier vom Gesprächspartner Albano aus *Titan*, der ausschließlich die frühen Werke schätzt, vertreten wird. Man denkt an die *Briefe zu Beförderung der Humanität* und die *Adrastea*, wenn Jean Paul Herder mit diesem Argument verteidigt: »Ein Vater und Schöpfer der Zeit wird sehr bald deren Zuchtmeister und Feind; indes ihr bloßer Sohn nur ihr Schüler und Schmeichler wird.« (451)

Europäische Kultur das Maß allgemeiner Menschengüte und Menschenwertes sein; sie ist kein oder ein falscher Maßstab.« (700)

Die »Nemesis der Geschichte« wird in der *Adrastea* gründlich durch die Darstellung der Naturgesetze, speziell der Erkenntnisse von Kepler, Galilei und Newton, vorbereitet (Dritter Band, zweites Stück), wobei das Gesetz der Anziehung und Abstoßung besonders geeignet ist, den Übergang zur Ordnung der menschlichen Gesellschaft und Geschichte zu bilden. Das Fragment »Nemesis der Geschichte« im Nachlassband (X, 931-937) stützt sich wiederum auf Herodot, der in der Überwindung der mächtigen Barbaren durch die »beschränkten« Griechen das Walten des Nemesis-Prinzips sah: »so ward mit oder ohne Namen eine ›*Nemesis-Adrastea*‹ die Schutzgöttin der griechischen und ists *aller Menschen-Geschichte*, ihr wesentlich, von ihr unabtrennlich.« (932) Von »rohen« Völkern wurde die Nemesis auch roh, das heißt als schadenfroh angesehen; inzwischen hat sich die Vorstellung verfeinert, und dieser Vorstellung weiht sich der Geschichtsforscher. »*Nemesis-Adrastea, die Tochter Jupiters*, die scharfe Bemerkerin, die strenge Vergelterin, die Höchstbillige, die Hochverehrte« (932) ist die einzige Alternative zur Vorstellung von der Geschichte als einer Reihe »äußerer Zufälle« (932).

Alles ist ihrem Maß unterworfen, und daraus ergibt sich eine »*Philosophie der Weltgeschichte*« (933), deren erste Erkenntnis sein sollte, dass Gerechtigkeit und Klugheit im Grunde gleicher Natur sind: »Denn *Eine Nemesis* ists, des *Rechts* und der dem Menschengeschlecht ziemenden *Klugheit*.« (933) Recht und Klugheit, die Nemesis in doppelter Gestalt, sind »Schwestern«. Der höchste Entwurf des »*fortgehenden Epos der Menschengeschichte*« wäre »der Entwurf der Nemesis selbst, in allen Staatsverhüllungen die reine *Menschengeschichte*.« (936)

5. Die Nemesis des Christentums

Dieses Wirken der Nemesis, in uns selbst, um uns, in jedem Zeitalter und in der Menschheitsgeschichte steht unter einem höheren Gesetz, dem der göttlichen Schöpfung. Herders A und O, sein Anfang und Ende, ist immer die Religion. Die Religion, über die die Menschen nicht streiten sollen und können, ist, so sagt die »Aurora« am Ende der *Adrastea*, »*innere Gewissenhaftigkeit*; Gewissen, in alle dem, was man für recht, wahr und gut erkennet.« (955) Diese »*Gewissenhaftigkeit*, die einzig wahre Religion, sie ist, wo sie ist, in allen Herzen dieselbe.« Und sie ist, darauf besteht Herder, die eigentliche und wahre christliche Religion. Die Schilderungen der Vergeblichkeit christlicher Missionen in China, Paraguay und Grönland, der Dialog über die Gewaltherrschaft der Europäer in Indien, alles das zeigt die Europäer auf einem falschen Wege, unter Missachtung jedes Maßes und jeder Mäßigung. Prophetie und Zukunftsorientierung ist dem Christentum wesentlich, doch:

> Maßen sich aber Christen an, der Vorsehung Maß und Ziel zu setzen, sie gegen die Vernunft zu zwingen, damit sie ihre Wege *beschleunige*: so zeigt das Mißlingen ihrer Wünsche selbst, daß der Berg, der ihnen so nahe schien, weiter, als sie dachten, entfernt liege. Glänzend stehet er dort in den Wolken - hin zu ihm! doch unübereilet. (466)

Auf diesen Satz lässt Herder das Epigramm »Nemesis und die Hoffnung« folgen: »*Hoffnung und Nemesis*, Euch verehr' ich auf *Einem* Altar; ›Hoffe!‹ winket mir Die; Diese: ›doch nimmer zu Viel!‹« (466) So bringt er nicht nur Klugheit und Gerechtigkeit, sondern auch die Hoffnung zusammen; zugleich mit einer scharfen Warnung an die Europäer, die im Dialog der »Asiat« so formuliert:

> Einmal hat den Europäern die Vorsehung *Waage und Maß* in die Hand gegeben; sie *sollen* messen, sie *sollen* wägen. Messen sie aber mit falschem Maß allein zu ihrem Vorteil, was wird in ihrer Hand die entscheidende *Schicksalswaage*, die zu Beförderung des Glückes der Völker ihnen anvertrauet ward? (474)

Europa hat die Macht, das Werkzeug der Vorsehung zu sein, doch »wo Macht sich nicht mit Weisheit und Güte gesellet,« (474) wie Herder unablässig einschärft, wird die Macht aggressiv, »zudringlich«. Und die Strafe der Nemesis ist gewiss. Der Asiat ruft dem Europäer zu: »Christen, ihr habt viel zu vergüten, viel zu versöhnen. Daß Ihr es tut, daß Ihr eure Schuld erstattet, dafür bürgt das *Schicksal*.« (475) Wodurch jemand sündigt, dadurch wird er bestraft. »Der *prüfende Blick des Weltalls*« liegt auf uns. (623)

Es ist allein der Geist der wahren Religion und Humanität, der durch »*eine große Palingenesie der Gesinnungen*«,[8] die den Menschen zur Erkenntnis der Wahrheit befähigt, aus diesem Kreislauf hinausführen kann. »Dietrich« antwortet »Winnfried« auf die Frage, »was meine *Religion aller Religionen* sei,« (624)

> Eine *Adrastea* ists, aber in einer weit höheren Gleichung, als ihr die Griechen je gaben. Diesen war sie zuerst eine neidige, dann eine warnende oder strafende Göttin; ihr höchster Sinnspruch war: ›nicht über das Maß.‹ Die Nemesis des Christentums setzt in der moralischen wie in der physischen Welt *Gleichgewicht* und *Vergeltung* in allem, dem Geringsten und Größten, als Naturgesetz zum Grunde; die Bestimmung des Menschen aber hebt sie zur *Überwindung des Bösen durchs Gute, zur beharrlichen Großmut* wohltätig empor. *Menschlichkeit* endlich macht sie zur Zunge der Waage, und, als Kompensation der Vorsehung, gleichsam zur entscheidenden Stimme des Weltrichters; des Richters, der immer kommt und da ist, der Alles empfängt und Alles vergütet. (624-25)

Diese Adrastea ist also »Kompensation der Vorsehung«, sie ist die Stimme des Weltrichters, der Gottheit, die das Gesetz der Wahrheit und Gerechtigkeit vollstreckt. Das Gesetz des Gleichgewichts und der Vergeltung liegt als Naturgesetz dieser christlichen Weltordnung zugrunde; die Bestimmung des Menschen in diesem Universum ist die Überwindung des Bösen durch das Gute, der zerstörenden durch die aufbauenden Kräfte, des Chaos durch die Ordnung. Jeder einzelne Mensch hat die Freiheit und die Pflicht, zu einer solchen Humanisierung beizutragen. Menschlichkeit macht diese Adrastea zur Stimme des Weltrichters; sie ist streng, genau, gerecht, aber sie enthält die Güte und Weisheit des Schöpfers. Damit ist, so wie das jüdische Gesetz, auch die griechische Nemesis-Adrastea in die christliche Weltordnung aufgehoben, und diese wiederum als universelle Religion der wachsenden Humanität bestimmt.[9]

Es ist richtig, was bereits Rudolf Haym moniert hat, dass der Herder der *Adrastea* moralisiert und vom Kampf des Guten gegen das Böse und von »sündigen« spricht. Diesen Kampf sieht Herder immer noch im Rahmen der Naturgesetze, zu denen zuallererst das Gesetz der Nemesis gehört. Wie bereits in den *Ideen* wird die Naturwissenschaft, hier Kepler und die Newtonische Physik, zum Beweis dieses Gesetzes herangezogen. Wenn Herder

---

8   *Palingenesie. Vom Wiederkommen menschlicher Seele*, Sechste Sammlung *Zerstreute Blätter*, 1797, (SWS XVI, 341-367); der vollständige Satz lautet: »Es muß also *eine große Palingenesie der Gesinnungen* unsres Geschlechts* vorgehen, daß unser Reich der Macht und Klugheit auch ein Reich der Vernunft, Billigkeit und Güte werde.« (356) Herders Begriff der »Klugheit« ist doppeldeutig; während er meistens positiv im Unterschied zu »Schlauigkeit« benutzt wird, ist er hier offenbar negativ gemeint, als politisches Kalkül. Auch dieser Satz beruht auf einer »Außenperspektive«, dieses Mal auf dem Blick eines antiken Griechen auf das moderne Europa.

einerseits das Streben des Menschen als notwendig erklärt, als ein Streben zum Vorbild der Gottheit, des Göttlichen, des Vatergottes, so sieht er die menschliche Natur andererseits griechisch als durch das Maß, die Begrenzung, die Mäßigung und die angemessenen Proportionen bestimmt, und jede Übertretung der Grenzen bestraft sich selbst. Doch das dem Menschen eigene Streben führt notwendigerweise zu Überschreitungen, zu Revolutionen und zu Gewalt; alle großen Menschen gehen über die Grenze und scheitern daher oft an ihrer eigenen Größe, wie Alexander der Große, Caesar und - nach Herder - Napoleon. In dieser Spannung, im Streben der Waage nach dem Gleichgewicht einerseits und der Bewegung auf ein Ziel der Menschheit andererseits, wie es die Vorsehung bestimmt hat, stecken die Wurzeln von Herders Anschauung: die Schöpfungsgeschichte von Moses, die Nemesis der Griechen als lehrendes Sinnbild, die wachsende Humanisierung des Menschen, seine progressive Humanität, und die Erlösung von der Strafe Adams durch den zur Erde gesandten Sohn Gottes.

---

9   Der so kontroverse und von der Antisemitismus-Forschung gegen Herder ausgespielte Abschnitt »Bekehrung der Juden« (628-642) wird erst in diesem Zusammenhang der falschen Missionierungen und des falschen Christentums im Gegensatz zum ursprünglichen und wahren Christentum als vereinigende Religion der Wahrheit und Humanität verständlich; was immer Herder an Vorurteilen gehabt haben mag, er bleibt in seinen Ideen zur Reform der jüdischen Minderheit in einem europäischen Land nahe an Dohm und Moses Mendelssohn, und vor allem sieht er die Überwindung der Vorurteile und der elenden Lage und Verfassung der Juden als Problem der christlichen Gesellschaft: »Wo also Juden sind, muß die Verbesserung bei Ehrlosen Christen angefangen werden.« (637) Zum Gesamtproblem vgl. z.B. Liliane Weissberg, »Juden oder Hebräer? Religiöse und politische Bekehrung bei Herder«, *Johann Gottfried Herder. Geschichte und Kultur*, hg. von Martin Bollacher, Würzburg: Königshausen & Neumann, 1994, 191-211, und Ernest A. Menze, »Herder's ›German Kind of Humanity‹ and the Jewish Question: Historical Context and Contemporary Criticism«, ebd., 213-228.

JOST SCHNEIDER

Herder und die Säkularisierung

> Von dem Augenblick an wo eine Religion bey der Philosophie Hülfe begehrt, ist ihr Untergang unabwendlich. Sie sucht sich zu vertheidigen und schwatzt sich immer tiefer ins Verderben hinein. Die Religion, wie jeder Absolutismus, darf sich nicht justifiziren. (DA 8,1, 67)

Mit diesen Worten beschreibt Heinrich Heine 1834 ein Grundproblem der christlichen Vernunftreligion des 18. Jahrhunderts, die das schwankende Schifflein der Offenbarungswahrheiten über den Ozean der Aufklärung zu steuern versuchte. Unter der Rubrik ›Säkularisierung‹ forscht die Geisteswissenschaft seit Dilthey, Troeltsch und Max Weber nach dem Verbleib dieses Schiffleins, das offenbar bis heute kein rettendes Ufer erreicht hat.

Nicht erst seit Blumenberg, auf den noch zurückzukommen sein wird, ist der Begriff ›Säkularisierung‹ umstritten. In einer ersten Annäherung soll hier dem vergleichsweise pragmatischen Konzept Richard van Dülmens gefolgt werden, der am Ende seiner dreibändigen Studie über *Kultur und Alltag in der Frühen Neuzeit* zu folgender Definition gelangt:

> Unter Säkularisierung ist der Prozess der zunehmenden Verweltlichung der Welt zu verstehen, der an sich eine Weiterexistenz von Kirche und Christentum, auch von religiösem Bewusstsein, nicht ausschließt, aber weltliches Handeln und Denken unabhängig von religiöser Legitimierung macht. In einer ›säkularisierten‹ Welt haben Kirche, Christentum und Religion keine universale, welterklärende oder welterhaltende Funktion mehr. Die Säkularisierung der Welt impliziert eine zunehmende Trennung von sakralem und profanem Bereich, von wissenschaftlichem und religiösem Weltbild, von Gesellschaft und Kirche, von Staat und Religion. [...]
>
> Mit der Säkularisierung verschwindet weder der kirchliche Einfluß noch die christliche Botschaft, aber ihr magisch-sakramentaler Wert wird aufgelöst. Dieser Prozeß begann zweifellos mit der Reformation, erreichte aber erst mit der Aufklärung einen Höhepunkt.
> (van Dülmen 1994, 268 u. 270)

Die soziale Reichweite, die räumliche Erstreckung und die Verbreitungsgeschwindigkeit der Säkularisierung unterlagen Schwankungen. Der Streit um die Reformation hatte religiöse Fragen in das Zentrum der öffentlichen Diskussion gerückt, doch dieser Effekt war binnen weniger Jahrzehnte verpufft. Die Visitationsakten der Kirchenaufsicht belegen, dass die konfessionelle Spaltung der Gemeinden besonders für den Protestantismus ein eklatantes Problem darstellte (vgl. ebd., 61–71). Die Konzentration der Protestanten auf die Bibellektüre und auf die gemeinsame Gottesdienstfeier zog eine Entsinnlichung der Religion nach sich und konfligierte mit den bildungs- und institutionsgeschichtlichen Gegebenheiten. Die breite Masse konnte und wollte einer detaillierten Erörterung der Heiligen Schrift nicht folgen. Die Sonntagsheiligung war unter den Bedingungen einer ertragsunsicheren Agrarproduktion kaum durchzusetzen. Der Kirchgang wurde nicht selten für die Befriedigung nicht-religiöser Bedürfnisse genutzt. Und vor allem waren abergläubische und naturreligiöse Vorstellungen nach wie vor weit verbreitet. Ab dem späten 17. Jahrhundert war nicht mehr zu übersehen, dass nur bestimmte Fraktionen der Bildungselite und des seinem Bevölkerungsanteil nach noch sehr kleinen Mittelstands durchgreifend und nachhaltig christianisiert worden waren.

Einen nachhaltigen Autoritätsverlust hatte das Christentum zudem dadurch erlitten, dass die Reformation nicht zu einer Erneuerung, sondern zu einer dauerhaften Spaltung und Ausdifferenzierung der Kirche geführt hatte. Die Säkularisierung, so lässt sich resümieren, setzte bereits ein, als die Christianisierung noch keineswegs abgeschlossen war (vgl. ebd., 135-137).

Herder scheint sich dieser Tatsache erst nach und nach bewusst geworden zu sein. Schon in seiner Rigaer Abschiedspredigt von 1769 beklagt er zwar, in einem »Zeitalter der Entartung« (SWS 31, 127) zu leben, doch er zweifelt nicht daran, dass der Prediger »*menschliche Seelen glücklich machen kann*« (ebd.), indem er seiner Gemeinde den einzig richtigen Weg aus der Entartung aufzeigt. Nicht ohne Optimismus ruft er demnach aus: »Menschen, gebt der Religion Gehör, von der all euer Glück abhängt!« (ebd. 140)

Die Bückeburger Abschiedspredigt von 1776 schlägt demgegenüber bedeutend skeptischere Töne an. Nicht nur stellt Herder fest, dass »nach der jetzigen Mode=Philosophie auch in dieser Stadt nichts so entbehrlich ist als Prediger« (SWS 31, 423). Vielmehr muss er eingestehen, in seiner Amtszeit fast nichts ausgerichtet zu haben, ja geradezu »in einen Abgrund von unwürksamer Nichtigkeit und Unkräftigkeit« (ebd. 428) geraten zu sein. Ein Antidotum gegen diese niederschmetternde Ohnmachtserfahrung findet Herder nur noch in jener geschichtsmetaphysischen Nemesis-Konzeption, die in der Bückeburger Geschichtsschrift in Ansätzen entwickelt und dann später in den *Ideen* vollständig entfaltet wird. Im dritten Abschnitt seiner Bückeburger Schrift resümiert Herder bereits:

> *Religion*, *Vernunft* und *Tugend* müßen durch die tollsten Angriffe ihrer Gegner unfehlbar einmal gewinnen! (SWS 5, 578)

Und die Überschrift zum zweiten Abschnitt des 15. Buches der *Ideen* lautet dann bekanntlich:

> Alle zerstörenden Kräfte in der Natur müssen den erhaltenden Kräften mit der Zeitenfolge nicht nur unterliegen, sondern auch selbst zuletzt zur Ausbildung des Ganzen dienen. (SWS 14, 213)

Da nach Herders Überzeugung die Religion selbst »die höchste Humanität des Menschen« (ebd. 13, 161) ist, kann er den Säkularisierungsprozess insgesamt nur zu den zerstörenden, à la longue dem Untergang geweihten Entwicklungsfaktoren der Geschichte zählen. Tragischerweise scheint er jedoch einige der von ihm selbst abgelehnten Säkularisierungstendenzen unwillentlich mit befördert zu haben, und außerdem scheinen einige dieser Tendenzen seiner Aufmerksamkeit weitgehend entgangen zu sein. Es ist angeraten, bei einer differenzierten Betrachtung zwischen elf verschiedenen Facetten des Begriffs ›Säkularisierung‹ zu unterscheiden, die sich in vier Gruppen von Säkularisierungstendenzen einteilen lassen und die ich der Reihe nach kurz durchgehen will:

Säkularisierungstendenzen	von Herder nicht befördert	von Herder (ungewollt) befördert
von Herder erkannt	1. Autoritätsverlust der Institution Kirche 2. Privatisierung des Glaubens 3. Reduktion der Religion auf Ethik 4. Kult der Autonomie des Subjekts 5. Lauterwerden der Religions- und Kirchenkritik 6. Autonomisierung der ›theoretischen Neugierde‹	8. Entzauberung der Welt 9. Verwissenschaftlichung der Theologie 10. Annihilation des Gottesgnadentums
von Herder nicht erkannt	7. Entstehung neuer Formen des Aberglaubens	11. Schaffung profaner Ersatzreligionen

I. Säkularisierungstendenzen, die Herder erkannt, aber nicht befördert hat

1. Autoritätsverlust der Institution Kirche

Herders diesbezügliche Position ist im zweiten Teil der Preisschrift *Vom Einfluß der Regierung auf die Wissenschaften und der Wissenschaften auf die Regierung* von 1779 am deutlichsten ausformuliert (SWS 9, 380ff. u. 395ff.). Er bekennt sich zum Prinzip des Laizismus, attestiert jedoch der Kirche eine wichtige Kultivierungs-, Zivilisierungs- und Pazifierungsleistung sowie natürlich seelsorgerische Funktionen. Sein Engagement gilt einer nach humanen Gesichtspunkten erneuerten Kirche, die durch innere Reformen neue gesellschaftliche Autorität gewinnt.

2. Privatisierung des Glaubens

Herders Schriften zur Homiletik und seine *Briefe, das Studium der Theologie betreffend* unterstreichen die hohe Bedeutung, die er dem Gottesdienst und dem Predigeramt zumaß (vgl. Schmidt 1956, v.a. 13–100). Mit den privateren Frömmigkeitsformen des Pietismus war er zweifellos schon aufgrund des Einflusses seiner Mutter eng vertraut. Doch trotz aller Missstände in der Amtskirche hat er den Gottesdienst stets, auch in seinen Briefen, als die primäre, zentrale Form der Religionsausübung dargestellt und somit den Kultus niemals als eine bloße Privatangelegenheit von Laienzirkeln oder gar von Mystikern aufgefasst.

3. Reduktion der Religion auf Ethik

Seine Verärgerung über Fichte dürfte das wichtigste Indiz dafür sein, dass Herder die Tendenz zur Entspiritualisierung der Religion und zur Reduktion des Christentums auf seine ethisch-karitativen Dimensionen ablehnte (vgl. etwa Karoline Herders Brief an Karl Ludwig von Knebel vom 27.03.1802, B 8, 289; vgl. Bunge 1992, 177). Herders Gott war und blieb ein transzendenter, kreierender und sich den Menschen offenbarender Gott, zu dem gebetet werden konnte und sollte. Aufklärung und Metaphysik waren für Herder keine sich ausschließenden Gegensätze, – ein Gedanke, auf den spätere Entspiritualisierungsdiagnostiker wie Franz Overbeck (*Ueber die Christlichkeit unserer heutigen Theologie*; 1873) oder Eduard von Hartmann (*Die Selbstzersetzung des Christentums und die Religion der Zukunft*; 1874) zurückkommen sollten.

4. Kult der Autonomie des Subjekts

Herders Kritik an Goethe kulminiert in der Ablehnung jenes prometheischen Gestus, den er nicht nur in dessen Werken, sondern auch und vor allem in dessen Sozialverhalten als Übel diagnostizierte; in Abgrenzung von der Hybris eines sich selbst vergöttlichenden ›second maker‹ vertritt Herder eine defensivere Genie-Konzeption, mit der er sich von Goethe, aber auch von Lavater und von Moritz abgrenzt (vgl. Schneider 1994). Der Mensch bleibt für ihn zwar die Krone der Schöpfung, aber zugleich auch ein Mängelwesen der Natur, das auf göttliche Vorsorge und Fürsorge angewiesen ist und das dieses Umstandes in Demut eingedenk bleiben sollte.

5. Lauterwerden der Religions- und Kirchenkritik

Herders wiederholte Kritik an Bayle und Voltaire beweist zur Genüge, dass er sich mit den wirksamsten und radikalsten Positionen der aufklärerischen Religions- und Kirchenkritik vertraut gemacht hatte. In seiner schon zitierten Preisschrift *Vom Einfluß der Regierung* plädiert Herder zwar einerseits für »Gedankenfreiheit« (Schmidt 1956, 288), andererseits aber auch dafür, dass »gotteslästerliche, üppige, schändliche Schriften« (ebd., 331) vom Staat verboten werden, weil sie »das schwache Weib« (ebd.) oder andere ungefestigte Leser moralisch verderben könnten. Bekanntlich hat sogar Schlegels *Lucinde* in dieser Hinsicht seine Toleranzgrenze überschritten. Gibt ein Schriftsteller, so schreibt Herder, »dem Fieber seiner Phantasie oder dem Ausbruch seiner Unvernunft Raum, so muß es immer dem Staat freistehen, ihn als einen Kranken und Irren zu behandeln.« (ebd., 332) Radikale Kritik war für ihn nur legitim, wenn sie den Zwecken der Humanität diente.

6. Autonomisierung der ›theoretischen Neugierde‹

Hans Blumenberg geht davon aus, dass es zwei konkurrierende Theorien gibt, die den Übergang vom christlichen Mittelalter zur entzauberten Neuzeit erklären. Erstens ist dies die klassische Säkularisierungstheorie (v.a. Troeltsch, M. Weber, Löwith), derzufolge die Entchristianisierung eine bloße Schein-Entchristianisierung war, weil die Denk- und Sprechweisen des Christentums in profanierter Form weiterlebten. Zweitens handelt es sich um die Reantikisierungstheorie, derzufolge die Neuzeit das vorchristliche Denken der Griechen und Römer aufgreift und weiterführt. Blumenberg lehnt beide Theorien ab und setzt ihnen eine eigene dritte entgegen, wonach in der Frühen Neuzeit ein ganz neues, von der Antike wie auch vom Christentum unabhängiges ›Daseinsprogramm‹ entwickelt worden sei (Kues, Bacon) (s. Blumenberg 1966). Charakteristisch hierfür sei ein sich über alle Schranken hinwegsetzendes Denken, wie es besonders im neuzeitlichen Fortschrittsoptimismus und in der unbegrenzten ›theoretischen Neugierde‹ zum Ausdruck komme. Herder hat diesen Trend zur radikalen Emanzipation des (wissenschaftlichen) Denkens von kirchlicher oder staatlicher Bevormundung erkannt, aber bewusst nicht nachvollzogen. Von der Bückeburger Schrift (SWS 5, 584ff.) bis zu den *Ideen* (SWS 13, 12f. u. 161-165) gehört es zu den Prämissen seiner Erkenntnistheorie, dass der Mensch nicht weniger, aber auch nicht mehr wissen könne und solle, als Gott ihm nach den Plänen seiner Vorsehung je und je zugestehe: »Was wir wissen, wissen wir nur aus Analogie, von der Kreatur zu uns und von uns zum Schöpfer.« (SWS 8, 170) Für Herder gibt es einen Restbestand an letzten Wahrheiten, die vom Schöpfer dereinst vielleicht offenbart werden, die aber seiner Schöpfung selbst mit den spitzesten Waffen der menschlichen Vernunft nicht vorzeitig abgetrotzt und abgelistet werden können. Kant und Fichte sind aus seiner Sicht fehlgeleitete Genies, deren Erkenntniskraft über- und deren Empfindungsvermögen unterentwickelt ist, weshalb sie wenig lebendige Wahrheit und viel totes Begriffsgeklingel erzeugen.

II. Säkularisierungstendenzen, die Herder nicht erkannt und nicht befördert hat

7. Entstehung neuer Formen des Aberglaubens

Zu den erst neuerdings stärker beachteten Begleiterscheinungen der Säkularisierung gehört die Verdrängung des Christentums durch neu entstehende Formen des Aberglaubens. Dazu zählen beispielsweise die populären Versionen des Magnetismus, der Buchmagie, der Wahrsagerei, des Wetterzaubers, des Schatzgrabens, des Vampirismus und ähnlicher Phänomene, die sich bis in den Okkultismus der Jahrhundertwende, ja letztlich bis in die Esoterik der Gegenwart hinein nachverfolgen lassen. Die Hochkonjunkturphase der deutschen Gespensterliteratur beginnt erst im späten 18. Jahrhundert (vgl. von Wilpert 1994). Das Vernünftigwerden der christlichen Religion im Zeitalter der Aufklärung hinterließ das Bedürfnis, sich auf andere Weise der Komplizenschaft geheimer Natur- und Schicksalsmächte zu versichern. Herder war bewusst, dass es im Kampf des Christentums gegen den alten Aberglauben zu Rückschlägen kommen könnte. Doch er rechnete nicht damit, dass dem vernünftig gewordenen Christentum gerade *wegen* seiner Humanität, d.h. Vernünftigkeit und Billigkeit, neue Gegnerschaft und Konkurrenz erwachsen würde.

III. Säkularisierungstendenzen, die Herder erkannt und (ungewollt) befördert hat

8. Entzauberung der Welt

Die aus dem siebten Paragraphen von Webers *Religionssoziologie* stammende Formel von der ›Entzauberung der Welt‹ bezeichnet den Übergang von einer magisch-naiven zu einer rational-wissenschaftlichen, in ihrer säkularistischen Extremform naiv-materialistischen (vgl. Jones 1928) Weltdeutung. Die Zeiten, in denen Herder als Gegner einer rationalen Weltdeutung aufgefasst wurde, sind längst vorbei. Wenn er in seiner Schrift *Vom Erkennen und Empfinden* das Analogieprinzip dem Pochen auf reine Begriffe entgegenstellt (SWS 8, 170 u. 233f.), predigt er keinen Irrationalismus. Und seine im vierten und neunten Buch der *Ideen* durchgeführte Historisierung der Vernunft (SWS 13, 144f. u. 343ff.) erklärt und postuliert das allmähliche Vernünftigerwerden der Menschheit. Da für ihn das Christliche das Humane und das Humane das Vernünftige und Billige war, sah er anders als später Feuerbach oder Marx keinen Widerspruch zwischen Religiosität und ›menschlicher‹ Rationalität. Man darf deshalb resümieren, dass Herder *diesen* Säkularisierungstrend, sofern er nicht in materialistischen Säkularismus ausartete, gewollt beförderte, dabei anfangs die Kompatibilität von Christentum und Aufklärung aber optimistischer beurteilte als in seinen letzten Jahren, in denen ihm die Verbreitungsgeschwindigkeit der Lehren Kants und Fichtes zum Ärgernis wurde.

9. Verwissenschaftlichung der Theologie

Neben Schleiermacher ist zweifellos Herder der geistesgeschichtlich bedeutsamste Vertreter der deutschen aufklärerischen Bibelkritik. Als historisches Dokument und poetisches Artefakt konnte die Bibel zum Gegenstand historiographischer, philologischer, stilanalytischer und weiterer wissenschaftlicher Untersuchungen werden, ohne dass dies nach Herder ihrer Eigenschaft als Trägerin von Offenbarungswahrheiten Abbruch getan hätte. Denn auch die Bibel wird von Herder als zeit*bedingtes* Medium zeit*loser* Offenbarungswahrheiten historisch relativiert. Die hier offenkundig werdende Verwissenschaftlichung und Historisierung der Theologie kann demnach zu den von Herder für glaubensverträglich gehaltenen und deshalb willentlich beförderten Säkularisierungstendenzen gerechnet werden.

10. Annihilation des Gottesgnadentums

Bei der Behandlung dieses Aspektes muss zwischen dem Personennamen ›Herder‹ und dem Autornamen ›Herder‹ unterschieden werden. Es ist hinlänglich bekannt, dass Herder als Person dem Prinzip der erblichen Monarchie äußerst kritisch gegenüberstand (vgl. Otto 1994, v.a. 279f.). In seinen publizierten Werken äußerte sich der Autor Herder jedoch erheblich defensiver, wenn er auch – explizit im neunten Buch der *Ideen* – auf listige Weise Erbherrschaft und Gottesgnadentum von einander zu unterscheiden versucht:

> Alle christlichen Regenten nennen sich also *von Gottes Gnaden* und bekennen damit, daß sie nicht durch ihr Verdienst, das vor der Geburt auch gar nicht stattfindet, sondern durch das Gutbefinden der Vorsehung, die sie auf dieser Stelle geboren werden ließ, zur Krone gelangten. Das Verdienst dazu müssen sie sich erst durch eigne Mühe erwerben, mit der sie gleichsam die Providenz zu rechtfertigen haben, daß sie sie ihres hohen Amts würdig erkannte: denn das Amt des Fürsten ist kein geringeres, als Gott zu seyn unter den Menschen, ein höherer Genius in einer sterblichen Bildung. (SWS 13, 386)

Herders strategische Umdeutung eines Vorrechtes zu einer Verpflichtung kann nicht darüber hinwegtäuschen, dass er die Disfunktionalität und Illegitimität der Erbherrschaft klar erkannte und ihre Abschaffung mehr oder minder direkt postulierte, soweit die Zensur es zuließ. Einen Widerspruch zur christlichen Lehre sah er darin deshalb nicht, weil er die Ereignisse in Amerika, England und Frankreich als höhere Winke verstand. Die Providenz hatte sich aus seiner Sicht nur vorübergehend des Gottesgnadentums bedient; jetzt stand die politische Emanzipation auf ihrer Agenda. Die Abschaffung des Gottesgnadentums war also aus seiner Sicht kein Akt der Säkularisierung, sondern ganz im Gegenteil eine Anpassung an den Willen der Vorsehung.

IV. Säkularisierungstendenzen, die Herder nicht erkannt und ungewollt befördert hat

11. Schaffung profaner Ersatzreligionen

Das Bedürfnis nach Transzendenzerfahrungen wurde durch die Aufklärung keineswegs zum Erlöschen gebracht. Da die Religion aber infolge der Säkularisierung dieses Bedürfnis nicht mehr in vollem Umfang befriedigen konnte, kam es zur religiösen Überhöhung irdischer Phänomene, denen jetzt ganz eigene Unendlichkeits- und Transzendenzerfahrungen abzugewinnen sein sollten. Zu diesen Phänomenen zählten die Natur (z.B. bei Goethe), die Kunst (z.B. bei Wackenroder/Tieck), die Liebe (z.B. bei F. Schlegel) oder auch der moderne Staat, in dem sich bekanntlich für Hegel die christliche Idee der Freiheit verwirklicht (vgl. Zabel 1984, 813). Herder hat diesen vier ›Kompensationsstrategien‹ eine eigene vierte hinzugefügt, nämlich die Sakrierung der Geschichte. Dabei resultiert die differentia specifica gegenüber ähnlichen älteren Natur- und Geschichtsauffassungen daraus, dass – prägnant formuliert – Herders Gott ein Gott mit nur wenigen Geheimnissen ist. Zwar kann der Mensch »in den Werken der Natur eigentlich keine Ursache im Innersten« (SWS 13, 161) erkennen, doch Herder bezeichnet es als »Geschäft des Verstandes, den Zusammenhang zwischen Ursache und Wirkung aufzuspähen und denselben, wo er ihn nicht gewahr wird, zu ahnen.« (ebd.) In der Überzeugung, »daß, was der Mensch wissen muß, er auch wissen könne und dürfe« (SWS 14, 207), erweitert Herder damit die traditionelle Zweck-Mittel-Relation: Nicht nur dient die Betrachtung der Schöpfung (Natur und Geschichte) der Gotteserkenntnis, sondern umgekehrt dient auch die Gotteserkenntnis, der Nachvollzug des Vorsehungsplanes, dem besseren Verständnis der Schöpfung. Nicht mehr die Hoffnung auf göttliche Gnade, sondern die Zuversicht, Einblick in den Plan der Vorsehung gewinnen zu können, ist deshalb Herders charakteristische Attitüde.

Fazit: Aus der Sicht der kirchlichen Orthodoxie impliziert Herders Übergang von der Hoffnung zur Zuversicht ein Defizit an christlicher Demut und Glaubenstiefe. Denn Herder gewinnt mehr Sicherheit und Selbstbewusstsein, als es einem sterblichen Sünder gebührt. Herder zeigt zwar keine ›theoretische Neugierde‹ im strikten Sinne Blumenbergs, aber doch *mehr* Neugierde, als mit orthodox-kirchlicher Ethik und Metaphysik vereinbar war. Seine Stellung zur Säkularisierung illustriert jene Paradoxie, die den Säkularisierungsprozess insgesamt prägt. Der Versuch, den Glauben durch kontrollierte, begrenzte Konzessionen an den wissenschaftlichen Rationalismus zu bewahren, war à la longue zum Scheitern verurteilt. Der Modernisierungsprozess entglitt mehr und mehr der kirchlichen Kontrolle, weil die Säkularisierung größtenteils nicht bloß von geistigen, sondern von letztlich stärkeren, gesellschaftsgeschichtlichen Triebfedern in Gang gesetzt und vorangetrieben wurde. Der im Sinne Heines ›justifizierte‹, d.h. philosophisch verteidigte Protestantismus Herders blieb im Wettbewerb mit der kirchlichen Orthodoxie, mit den neuen Ersatzreligionen und mit den neuen Formen des Aberglaubens unterlegen.

Literaturverzeichnis

Siglen

B   Herder, Johann Gottfried: Briefe. Gesamtausgabe. Bearb. von Wilhelm Dobbek u. Günter Arnold. Weimar 1977 ff.
DA   Heinrich Heine. Historisch-kritische Gesamtausgabe der Werke. Hg. von Manfred Windfuhr. Hamburg 1975 ff.
SWS   Herders Sämmtliche Werke. Hg. von Bernhard Suphan. Berlin 1877 ff.

Blumenberg, Hans: Die Legitimität der Neuzeit, Frankfurt a.M. 1966.
Bunge, Marcia: Herder and the Origins of a Historical View of Religion: An Informative Perspective for Historical Theology Today. In: Revisioning the Past: Prospects in Historical Theology. Hg. von Potter Engel, Mary u. Wyman, Walter E., Minneapolis 1992, S. 171–190.

Dülmen, Richard van: Kultur und Alltag in der Frühen Neuzeit. Bd. 3: Religion, Magie, Aufklärung. 15.-18. Jahrhundert, München 1994, S. 268 u. 270.

Heine, Heinrich: Zur Geschichte der Religion und Philosophie in Deutschland [franz. 1834; dt. 1835]. In: DA 8,1, S. 9-120.

Herder, Johann Gottfried: Abschiedspredigt [Riga, 28.5.1769]. In: SWS, Bd. 31, S. 122-143.

— Abschiedspredigt [Bückeburg, 15.9.1776]. In: SWS Bd. 31, S. 422-432.

— Auch eine Philosophie der Geschichte zur Bildung der Menschheit [1773]. In: SWS Bd. 5, S. 475-586.

— Ideen zur Philosophie der Geschichte der Menschheit [1784-91]. In: SWS Bd. 13/14.

— Vom Einfluß der Regierung auf die Wissenschaften und der Wissenschaften auf die Regierung [1779]. In: SWS, Bd. 9, S. 307-408.

— Vom Erkennen und Empfinden der menschlichen Seele. Bemerkungen und Träume. In: SWS 8, S. 165-235.

Jones, Rufus M.: Secular Civilization and the Christian Task, Oxford 1928.

Otto, Regine: Konflikte - Kompromisse - Korrekturen. Der Geschichtsphilosoph in Weimar. In: Bollacher, Martin (Hg.): Johann Gottfried Herder. Geschichte und Kultur, Würzburg 1994, S. 275-288.

Schmidt, Eva (Hg.): Herder im Geistlichen Amt. Untersuchungen (Quellen). Dokumente, Leipzig 1956.

Schneider, Jost: Geniekritik und Glaubenszweifel. Das Problem der Aufrichtigkeit bei Herder. In: Herder Jahrbuch 1994, S. 17-28.

Wilpert, Gero von: Die deutsche Gespenstergeschichte. Motiv - Form - Entwicklung. Stuttgart 1994.

Zabel, Hermann: Art. Säkularisation, Säkularisierung. In: Geschichtliche Grundbegriffe. Lexikon zur politisch-sozialen Sprache in Deutschland. Hg. von Otto Brunner, Werner Conze, Reinhart Koselleck. Bd. 5, Pro-Soz. Stuttgart 1984, S. 789-829.

KARL MENGES

Hebräische Poesie, Rabbinisches Judentum, Haskala: Perspektiven jüdischer Identität bei Herder

1.

Herders Stellung zum jüdischen Volk und dessen hebräischer Vergangenheit hat zwei Brennpunkte ungleicher aber verwandter Intensität. Da ist einmal die biblische Frühgeschichte, die in ihrer prophetischen und theokratischen Tradition als »das *goldne Zeitalter der kindlichen Menschheit*« (4, 15)[1] und damit als Modell poetischer Ursprünglichkeit und nationaler Beispielhaftigkeit erscheint. In vielfachen Ansätzen entwickelt Herder früh und kontinuierlich die Theorie einer die »*Heldenzeit des Patriarchenalters*« (4, 12) grundierenden »*Poetisch-Jüdische[n] Urkunde*«,[2] die als »höchstes und simpelstes *Ideal der Dichtkunst*« (5, 299) die »*aufgehende Morgenröte*« (5, 248) der Menschheit im Übergang aus mythischer Vorzeit in den Raum der Geschichte verkündet. Damit ist ein sprachlich poetischer aber auch ein politisch innovativer Prozess angesprochen. In seinem handlungsbetonten Verbalstil[3] erscheint das Hebräische als exemplarisches Idiom sowohl der Poesie als auch der politischen Aktion, was in der zweifachen Leistung Moses', nämlich der »Nationalerzählung« (6, 421) des Schöpfungsberichts sowie der politischen Gründung des jüdischen Nationalstaates als dem »Urbild aller bürgerlichen Ordnung und Einrichtung« (4, 12), seinen vorbildlichen Ausdruck findet.

Dieser Nobilitierung der hebräischen Frühzeit entspricht als zweites thematisches Zentrum Herders Bekenntnis zur jüdischen Aufklärung und deren Bemühen um rechtliche Gleichstellung der jüdischen Minorität. Zu Ende des 18. Jahrhunderts führt dieses Engagement zu beachtlichen emanzipativen Erfolgen in weiten Teilen Westeuropas: in Österreich 1781 mit dem Toleranzedikt Josephs II, dem in kurzer Folge ähnliche Patente in Mähren (1782), Ungarn (1783) und Galizien (1789) folgen; in Frankreich 1791 mit dem Emanzipationsbeschluss der französischen Nationalversammlung, der bis zur Vichy-Regierung 1940 Bestand haben sollte; in Preußen 1812 mit dem Erlass, die »bürgerlichen Verhältnisse der Juden« betreffend; und schließlich 1871 mit der Reichsgründung, die der jüdischen Bevölkerung Deutschlands zumindest nominell die rechtliche Gleichstellung bringt. Dass letztere Entwicklung noch im gleichen Jahrzehnt mit dem Aufkommen des sogenannten rassischen Antisemitismus zurückgenommen wird, mindert nicht das Engagement einer von christlicher und jüdischer Seite gleichermaßen getragenen Emanzipationsbewegung, deren Anfänge Herder bewusst miterlebt und der er seine ungeteilte, wenn auch differenzierte Zustimmung und Unterstützung zuteil werden lässt.

---

1 Herder wird unter Angabe von Band- und Seitenzahl im fortlaufenden Text nach der Frankfurter Ausgabe zitiert: Herder, Johann Gottfried: Werke in zehn Bänden, Frankfurt a.M. 1985 ff. Zitate aus der Suphan-Ausgabe werden mit dem Kürzel SWS mit Band- und Seitenzahl ausgewiesen.
2 Herder: Briefe Bd. 1, 1984, 98.
3 Vgl. Herder 5, 675 f.: »Nun ist bei den Ebräern beinahe alles Verbum: d.i. alles lebt und handelt. Die Nomina sind von Verbis hergeleitet und gleichsam noch Verba: sie sind wie lebendige Wesen, in der Wirkung ihres Wurzelursprungs selbst aufgenommen und geformt.«

Zwischen diesen beiden Polen, also dem *Geist der Ebräischen Poesie* und dem Geist der Berliner Haskala,[4] liegen indessen rund 1800 Jahre jüdischer Geschichte, zu der sich Herder, wenn überhaupt, fast nur abwertend äußert. Damit wird die rabbinische Tradition und deren fundamentale Bedeutung als religiöse und politische Zentralinstanz der Diaspora nahezu völlig ausgeblendet. Sie ist zumeist nur negativ, etwa in Aufnahme der antiken Lebensalter-Analogie als Zerfalls- und Dogmengeschichte präsent. Moses, Gesetzgeber von einmaliger politischer und literarischer Statur, markiert dabei Höhepunkt und Wende zugleich. Mit seinem Tod setzt der Niedergang der Hebräer ein, der sein Ende findet mit der Zerstörung des zweiten Tempels und dem sich anschließenden Exil. Herder spricht vom Verfall der Wissenschaften (6, 486); von der Verwandlung von Religiosität in Pharisäertum und der Gelehrsamkeit in »grübelnde[n] Sylbenwitz«; auch vom Verlust des frühen Nationalgeistes und einer neuen »knechtische[n] Anhänglichkeit ans mißverstandne alte Gesetz«, womit die Juden allen benachbarten Nationen nur »verächtlich oder lächerlich« geworden seien (6, 487). Schlimmer noch, von jüdischem Geld und hebräischem Wucher ist die Rede (6, 490, 856), auch von »ehrlosem Gewinn und Betrug«, deren »Quellen« den Juden zu »verstopfen« seien (10, 636), schließlich gar von jüdischem Parasitentum (6, 492), was nicht nur in der Vergangenheit zum Verdikt des Antisemitismus bei Herder geführt hat, sondern bis heute bekanntlich als Topos nachwirkt.[5]

2.

Herders Interesse gilt beiden Brennpunkten, wenn auch in ungleich größerem Ausmaß der *Ebräischen Poesie*, die er früh schon als ästhetisch-politisches Phänomen hervorhebt wie zuvor allenfalls Robert Lowth.[6] Verhaltener, wenn auch in der Substanz nicht minder affirmativ, fällt dagegen das spätere Bekenntnis zur bürgerlichen Integration der Juden aus. Inspiriert vom Geist der Haskala unterstützt Herder deren Bestreben als Reaktion auf die bekannte jahrhundertelange Ausgrenzung und Unterdrückung der jüdischen Minorität. Sein Lösungsvorschlag verfolgt indessen die Forderung nach rechtlicher Gleichstellung nicht als emanzipativen Prozess unter Wahrung der jüdischen kulturellen und religiösen Alterität, sondern als Forderung nach Akkulturation und Assimilation an die - im heutigen Jargon - herrschende Leitkultur der Zeit. Nicht aus Zufall trägt der wichtigste Text, der hier vornehmlich zur Diskussion steht, den Titel *Bekehrung der Juden* (1801) aus dem *7. Stück* der *Adrastea* (10, 628-542).

Bei der Beurteilung dieser späten Schrift ist zunächst zu beachten, dass der Konversionsgedanke im ausgehenden 18. Jahrhundert nicht länger eine einseitige Forderung der dominanten Kultur darstellte, sondern auch von den Maskilim, also den säkularen jüdischen Intellektuellen mitgetragen wurde. Dies führte zwangsläufig zu ernsthaften Konflikten mit der rabbinischen Orthodoxie. Mit der Haskala kommt nämlich innerjüdisch ein säkularer Diskurs in Gang, der sich sowohl gegen die traditionellen christlichen Diskriminierungen wendet wie gegen die Stellung der bislang unangefochtenen rabbinischen Autorität.[7] Kritik,

---

4   Hebraischer Begriff für die jüdische Aufklärung um Moses Mendelssohn und die Arbeit der jüdischen Aufklärer (Maskilim). Vgl. dazu neuerdings Schulte 2002, 17 ff.: »Europäische Aufklärung und Haskala«.
5   Vgl. u.a. Rose 1993; zur Kritik vgl. Menges 1995. Vgl. neuerdings auch die kompakte Diskussion bei Bollacher 2003, 26 ff.
6   Zur Lowth-Rezeption durch Herder vgl. Smend 1991, 53 ff.

genauer Religionskritik, ist dabei das treibende Motiv. Es ist daher nur konsequent, dass die sich am europäischen Aufklärungsdiskurs orientierenden Maskilim die implizite Zielvorgabe Kants, den notwendigen Ausgang aus »selbst verschuldeter Unmündigkeit« (1784), auf die gesamtgesellschaftliche, also auch die innerjüdische Situation bezogen und damit der bislang unbestrittenen Autorität der Rabbiner den Kampf ansagten. Ziel war die Etablierung einer bürgerlichen Identität, was nur durch die konsequente Applikation der Aufklärungskritik auf alle Lebensbereiche gelingen konnte. Dass es dabei gleichwohl nicht um die Abschaffung, sondern allenfalls um eine Modifikation religiöser Praktiken gehen konnte, ist deutlich, auch wenn dies von den Rabbinern in ihrem Bemühen um Beibehaltung des status quo nicht so gesehen wurde.[8]

Herder begleitet diese Entwicklung mit den wichtigsten Emanzipations-Argumenten der Zeit, wie sie beispielhaft Christian Wilhelm Dohm in seinem Essay *Über die bürgerliche Verbesserung der Juden* (1781) vorgelegt hat und womit eine der intensivsten Debatten der Spätaufklärung ausgelöst wurde. Dass es dabei letztlich um eine christlich-jüdische Interessenkonvergenz geht, tritt gerade bei Dohm beispielhaft zu Tage. Die Zusammenhänge sind bekannt: Der preußische Kriegsrat steht in engem Kontakt mit Moses Mendelssohn, der von den aschkenasischen Juden des Elsass 1780 gebeten wird, eine emanzipatorische Denkschrift redaktionell zu bearbeiten. Mendelssohn, der in eigener Sache nicht Partei beziehen möchte, gibt das *Mémoire* an Dohm weiter, der es als Anhang zum *Ersten Teil* seiner eigenen Schrift 1781 abdruckt.[9] In beiden Fällen geht es um nichts weniger als um die völlige rechtliche Gleichstellung der Juden. Damit aber wird erstmals von christlicher Seite etwas zur Sprache gebracht, was als nicht länger tolerabel empfunden wurde, nämlich die ganz elementare Frage jüdischer Existenz.

Die Juden, denen bis zum Ende des 18. Jahrhunders jedes bürgerliche Erwerbsleben untersagt war, lebten in der überwiegenden Mehrzahl rechtlich und wirtschaftlich in den schlimmsten Verhältnissen. Zusammengefasst im politisch-religiösen Verband von Landjudenschaften, unterstanden sie besonderen Gesetzen, hafteten im Kollektiv und wurden von ihren Landesherren in der Regel durch Abgaben und Sonderzölle aller Art ausgebeutet. Zwar gab es keine Verfolgungen mehr wie noch im 15. und 16. Jahrhundert, doch blieben sie rechtlose und nur auf Widerruf geduldete Außenseiter. Gegen diese Verhältnisse begannen sich gegen Ende des Jahrhunderts Kräfte zu formieren, in denen generell die Ideen der Aufklärung, sodann aber der allmähliche Übergang vom ständisch gebundenen Feudalstaat zu einer säkularisierten, bürgerlichen Klassengesellschaft eine entscheidende Rolle spielten. Maßgeblich wurden dazu ganz pragmatische Überlegungen, die auf eine bessere Nutzung der gesellschaftlichen Produktivkräfte gerichtet waren und deshalb alle weiteren Diskriminierungen als kontraproduktiv ansahen. Keineswegs aus primär philosemitischen Gründen also, gegen die sich Dohm denn auch verwahrt, sondern vornehmlich aus praktisch-utilitaristischen Erwägungen vollzog sich ein Wandel im Einklang mit ökonomisch-aufgeklärter Theoriebildung. Merkantilistische und physiokratische Theorien stießen auf wachsendes Interesse; es kam zur Gründung von Manufakturen, zur Verbesserung landwirtschaftlicher Techniken, zu Rechts- und Verwaltungsreformen im Zusammenhang mit einem allgemeinen Konjunkturaufschwung; all dies aber war getragen vom Geist der Aufklärung, der sich in Erziehungsprojekten, in der Formierung einer aufgeklärten öffentlichen Meinung, nicht

---
7   Vgl. Schulte 2002, 23 ff.
8   Schulte 2002, 43.
9   *Mémoire sur l'état des Juifs en Alsace*, in: Dohm 1973, *Anhang* 155–200.

zuletzt aber im allgemeinen Vertrauen auf die Möglichkeiten des Staates als dem Lenker sozialen Wandels niederschlug.

Ausgangspunkt dieser Veränderung war Berlin. Durch geschäftliche Beziehungen mit dem Hof kam die dort lebende jüdische Gemeinde früh mit den Idealen der bürgerlichen Aufklärung in Berührung, was eine eher zwanglose soziale Interaktion zwischen aufgeklärten Christen und an der Aufklärung interessierten Juden ermöglichte.[10] Dieser gesellschaftliche Wandel markierte aber nicht nur eine entscheidende Wende im Prozess der Emanzipation; er stand zugleich am Beginn der Säkularisierung des modernen Judentums.[11] Wandte die Haskala sich nämlich einerseits mit naturrechtlichen und pragmatischen Argumenten gegen jede weitere Ausgrenzung, so bezogen die Maskilim andererseits auch kritisch Stellung zur rabbinischen Tradition, mit dem Ziel, die religiöse Orthodoxie in eine profane Kultur zu überführen.

3.

Wie fügt sich nun Herder in diese Konstellation? Geht man davon aus, dass Dohm im Wesentlichen die Position der Haskala, wenn auch nicht unbedingt diejenige Mendelssohns vertritt (hierzu gleich mehr), dann lässt sich die Filiation zu Herder leicht verlängern. Herder hat Dohm persönlich gekannt und geschätzt.[12] Dass er darüber hinaus ganz in dessen Sinn argumentiert, ist offenkundig, insbesondere mit Blick auf den zentralen Vorwurf jüdischer »Verderbtheit« aus dem Begriffsarsenal des religiösen Antisemitismus. Dagegen setzt Dohm nun die These, »daß diese einmal vorausgesetzte größere Verdorbenheit der Juden eine nothwendige und natürliche Folge der drückenden Verfassung ist, in der sie sich seit so vielen Jahrhunderten befinden.«[13] Woraus Herder folgert: »Wo also Juden sind, muß die Verbesserung bei Ehrlosen Christen angefangen werden, die den Ebräer mißbrauchen« (10, 637). Dieses entscheidende Umkehrargument führt nun direkt in ein erziehungspolitisches Programm, an dessen Ende die Vision vollständiger Integration und, wie sich zeigen wird, gar die Idee eines Zionismus *avant la lettre* zu erkennen ist. Voraussetzung dazu ist allerdings der ideologiekritische Abbau von tief verwurzelten Vorurteilen, deren diskriminierende Kodifizierung Herder aus moralischer wie psychologischer Perspektive scharf ins Visier nimmt.[14] Ist die damit verbundene Aufklärungsarbeit aber erst einmal geleistet, dann ist die jüdische Existenz durch Grundgesetze staatlich zu sichern, wobei Herder so weit geht, den Zivilisationsgrad einer Gesellschaft an deren Antwort auf die sogenannte Judenfrage zu bemessen.

Die Vorstellung davon, wie diese staatliche Absicherung zu bewerkstelligen sei, gewinnt dabei Kontur aus der Rezeption Luthers, dessen eigenes Konversionskonzept Herders Schrift über die *Bekehrung der Juden* grundiert. Zwar distanziert sich Herder von den bekannten spä-

---

10 Vgl. Löwenbrück 1994, 70.
11 Schulte 2002, 20.
12 Vgl. Menges 1996, 403 ff.
13 Dohm 1973, I, 34.
14 Vgl. Herder 10, 638: »Alle Gesetze, die den Juden ärger als Vieh achten, ihm nicht über den Weg trauen und damit ihn vor den Augen Aller täglich, stündlich Ehrlos schelten, sie zeigen die fortwährende Barbarei des Staats, der aus barbarischen Zeiten solche Gesetze duldet. Um so mehr müssen diese Gesetze Rache, Haß oder mindestens verbissenen Groll erzeugen, da in manchem Betracht der Jude ein *schärferer Ehrenrichter* ist, als der gemeine Christ es sein kann« (10, 638).

teren Ausfällen des Reformators den Juden gegenüber, nimmt ihn aber im Hinblick auf dessen frühe Missionshoffnungen in Schutz, die auf die Forderung hinauslaufen, die Juden »aus der heiligen Schrift [...] säuberlich zu unterweisen« und nicht wie »Hunde« zu behandeln.[15]

Offenkundig spielt Herder damit auf Luthers eigene Missionsabsichten an, die dieser mit seinem protestantisch-reformierten Christentum verband. Dass diese Hoffnungen sich jedoch nicht oder nur zum Teil erfüllten, markiert den entscheidenden Bruch im Denken des Reformators, in dem eine missionarische Frühphase, wie sie beispielhaft in der Schrift *Daß Jesus Christus ein geborner Jude sei* (1523) vorliegt, von den anti-jüdischen Spätschriften, insbesondere dem Traktat *Von den Juden und ihren Lügen* (1543) zu unterscheiden ist.[16] In der ersten Schrift verteidigt Luther sich gegen den Vorwurf, die Gottessohnschaft Christi geleugnet und eine neue Ketzerei in die Welt gesetzt zu haben mit der angeblichen Behauptung, Jesus sei der Nachkomme Abrahams und nicht der Sohn der Jungfrau Maria. Luther wehrt sich dagegen, verfolgt aber dazu die Idee (vorgeblich um seine Leser nicht zu langweilen und etwas Nützliches zu erreichen) »ob ich vielleicht auch der Juden etliche möchte zum Christenglauben reizen.«[17] Es handelt sich bei der Schrift also sowohl »um eine Verteidigungsschrift nach innen *und* um eine Schrift mit missionarischer Absicht nach außen [...]«[18] mit dem Ziel, die Juden zu christianisieren, genauer, sie der neu reformierten Kirche zuzuführen.

Insbesondere will Luther den Juden die Augen dafür öffnen, dass die Patriarchen und Propheten in ihrer Messiaserwartung durchaus den rechten Glauben bereits besaßen, dass sie mithin in der Verfolgung Christi als des wahren Messias ihre eigene Glaubenstradition verrieten. Luther reklamiert also gerade das Alte Testament für den christlichen Glauben, worin er sich nicht zuletzt durch die Aussage von getauften Juden bestärkt fühlt, die in der Reformationszeit nicht nur äußerlich sondern »mit dem Herzen« Christen geworden seien. Um dies aber zu erreichen, sei es nötig, alle Verteufelungen der Juden zu verwerfen, wie die etwa, sie opferten Christenkinder, tränken Christenblut, schändeten die Hostien, und anderes »Narrenwerk mehr«. Vielmehr, so Luthers Folgerung: »Will man ihnen helfen, so muß man [...] christlicher Liebe Gesetz an ihnen üben und sie freundlich annehmen [ihnen also erlauben], unter uns zu arbeiten, [zu] hantieren und andere menschliche Gemeinschaft zu haben.«[19]

Bedeutsam ist, dass Luther hier bereits für eine soziale und wirtschaftliche Eingliederung der Juden eintritt. Eben dieses pragmatische Assimilationsargument wird nun von Herder in seiner Bekehrungsschrift explizit aufgenommen mit der Bemerkung, Luthers »Aussprüche« seien zwar ihrer Zeit gemäß »oft zu hart« gewesen, hätten sich mittlerweile aber bestätigt, was daran zu erkennen sei, dass sich eine Vielzahl von Juden freiwillig dem »neugebildeten, aufgeklärten Christentum« angeschlossen hätten. Dem folgt die etwas kryptische Überlegung: »Woher diese veränderte Ansicht der Dinge, verglichen mit dem Eifer voriger Zeiten?

---

15 Luther 1900 (WA 11) 315, 336. Luthers Missionshoffnungen gehen zurück auf die Kirchenpostille aus der Wartburg-Zeit (1521/22), in der er die Verheißung in *Römer* 11, 26: »Es wird kommen aus Zion, der da erlöse, und abwende das gottlose Wesen von Jakob« mit den Worten kommentiert haben soll »Gott gebe, daß die Zeit nahe sei, wie wir hoffen.« Zit. nach Wallmann 2004, 146.
16 Die Kehrtwende in den Spätschriften ist mit der angeblichen Gotteslästerung Christi im jüdischen Gebetsritual erklärt worden, wovon Luther ursprünglich nichts gewusst haben will. Nun wendet er sich an die Landesfürsten mit dem Aufruf, die Juden im Fall ihrer Bekehrung brüderlich aufzunehmen, sie andernfalls aber in den christlichen Ländern nicht länger zu dulden. Vgl. Wallmann 2004, 157.
17 Luther 1900 (WA 11), 314.
18 Osten-Sacken 2002, 90f.
19 Luther 1900 (WA 11), 336.

Sie entspringt der Natur der Sache selbst, beglaubigt durch eine lange Erfahrung« (10, 629). Will sagen: Luthers frühe Missionsarbeit verlor für Herder offenkundig ihren religiösen Impetus zugunsten einer aufgeklärt pragmatischen Assimilationspolitik, deren Anfänge bis in die Frühgeschichte der protestantischen Orthodoxie zurückzuverfolgen sind. Entgegen allem theologischen »Eifer« plädiert Luther, nach Herder, mithin gerade gegen eine religiöse Konversion und zugunsten einer säkularen Eingliederung der Juden, wie sie erst gut 250 Jahre später mit dem Beginn der Haskala zur Diskussion stehen wird.[20]

Auf der Basis dieser lutherischen Position entwickelt Herder nun sein eigenes Bekehrungsprogramm, wobei die Vorstellung, wie *nicht* vorzugehen sei, im Zentrum steht. Dazu bezieht er sich zunächst kritisch auf die Missionsarbeit des Pietismus, spezifisch auf die Tätigkeit des *Institutum Judaicum,* das auf Anregung August Hermann Franckes 1728 in Halle gegründet worden war. Das Institut stand unter der Leitung Heinrich von Callenbergs. Als Mitarbeiter gehörte ihm u.a. Christian Benedikt Michaelis an, der Vater des späteren Göttinger Orientalisten Johann David Michaelis. Ziel des Instituts war, neben dem Studium des Hebräischen und Rabbinischen (also des mittelalterlich Hebräischen), junge Geistliche für die Judenmission zu schulen. Damit stand es ganz in der Tradition der pietistischen Erneuerungsbewegung Philipp Jakob Speners, der in seiner Programmschrift *Pia Desideria* (1675) dezidiert für die prophezeite »Allgemeine bekehrung der Juden« eingetreten war.[21] Für Spener, wie später für Gottfried Arnold und den Grafen Zinzendorf,[22] stand im göttlichen Heilsplan den Juden nach wie vor die Primogenitur vor den Christen zu, was ihn bewog, für deren humanitäre Behandlung einzutreten. Mit gleicher Maßgabe und Zielsetzung wurden von Callenberg pietistische Reiseprediger in die jüdischen Gemeinden des Ostens, vor allem Polens, entsandt; indessen nahm sich der Missionserfolg so bescheiden aus, dass das Institut seine Arbeit noch vor Ende des 18. Jahrhunderts einstellen musste.[23]

4.

Es ist dienlich, diese Zusammenhänge im Blick zu haben, um Herders Stellung zur pietistischen Missionsinitiative recht einschätzen zu können. Vordergründig berichtet er kurz von »Callenbergs Institut zu Bekehrung der Juden«, das er als fromme Bemühung nicht »verunglimpfen« möchte (10, 628). Indessen signalisiert die Formulierung bereits Distanz. Im Hintergrund steht nämlich ein länger schwelender Konflikt zwischen Pietismus und lutherischer Orthodoxie, mit der Herder eindeutig sympathisiert.[24] Dies erklärt auch, warum er die

---

20 Vgl. Osten-Sacken 2002, 94.
21 Spener 1979, 510. Vgl. ebd. mit Bezug auf *Römer* 11, 25f.: »Moses hat davon geweissagt / Deut. 4 / 13. welches nicht wol anders kan verstanden / dann daß vor dem Jüngsten tage das Jüdische volck mit grossen hauffen sich zu Christo bekehren werde.« Vgl. auch 519 mit Hinweis darauf, dass »[...] gantz Israel / der grössere hauff der Juden / bekehrt und selig werden / weil sie ja endlich sehen und greiffen werden / daß die weissagungen der Propheten von Mariä Sohn erfüllet / sie vergebens so lang auf einen andern Messiam warten.«
22 Vgl. Wallmann 2004, 150ff.
23 Für ihre Tätigkeit waren die Missionare mit Traktaten ausgestattet, die in einer eigens dafür eingerichteten hebräischen Druckerei in Halle produziert wurden. Sogar ein Neues Testament in hebräischer Sprache erschien, womit den Juden das Christentum vermittelt werden sollte. Vgl. Wallmann 2004, 159ff.; auch Löwenbrück 1994, 81ff. Vgl. neuerdings grundlegend Rymatzki 2004.

Missionsziele der »frommen Anstalt« im folgenden leicht maliziös meint infrage stellen zu können. Dass nämlich »[...] durchs Disputieren in Herbergen und Wirtshäusern schwerlich eine große Judenbekehrung bewerkstelligt werden möchte, ist [ihm] eben so klar, als es gewiß ist, daß durch solche Disputen der Christen mit den Juden Jene sich Diesen oft zum Spott gemacht haben« (10, 628).

Nicht nur erscheint also die Arbeit des Instituts als vergebliche Liebesmüh; sie erweist sich, angesichts des messianischen Glaubenseifers der Juden, in ihrer Zielsetzung bereits als schwärmerisches und unrealistisches Unterfangen. Herder ist hierin ganz Lutheraner, in der Überzeugung nämlich, dass mit Jesus der verheißene Messias bereits erschienen ist und das Christentum damit die Nachfolge und Erfüllung jüdischer Prophezeiungen angetreten hat. Nun ist aber der jüdische Messiasgedanke so emotional besetzt, dass sich jede Diskussion darüber erübrigt, was die rhetorische Frage aufwirft: »Was wollen die Christen, wenn sie mit Juden über alte Prophezeiungen disputieren?« Abgesehen von der »Jüdischen Grammatik« und der masoretischen Hermeneutik, »die von der christlichen so sehr verschieden« sind, dass sie zu sophistischen Disputationen und »Ausflüchten« geradezu einladen, haben diese Prophezeiungen im »vermehrte[n] Licht fortgehender Zeiten,« d.h. aus der kritischen Perspektive der Haskala auf die rabbinische Tradition und die talmudische Verschriftlichung der Tora, ihre Bedeutung verloren. Sie existieren nurmehr in einer spiritualisierten Weise »symbolisch *ausgesprochener Hoffnungen*« sowie im Bewusstsein und »National-Stolz« der Juden, das auserwählte Volk zu sein (10, 629).[25] – Mit anderen Worten: in ihrem Beharren auf einer idiosynkratischen Grammatik und antiquierten Zeremonialgesetzen ist die Alterität und die damit zusammenhängende Ausgrenzung der Juden diesen letztlich selbst zuzuschreiben. Denn »da Israel sich in seinen Gebeten als ein *von allen Völkern unterschiednes eignes Volk* achtet«, fragt sich: »[W]ie könnte es von andern Nationen anders geachtet werden?« (10, 630). Dieser Schluss aber zieht für Herder eine Neudefinition des ganzen Konversions-Gedankens nach sich, wozu als argumentativer Drehpunkt der oft zitierte (und monierte) Satz erscheint: »Das Volk [Israel] ist und bleibt also auch in Europa ein unserm Welttheil *fremdes Asiatisches* Volk, an jenes alte, unter einem entfernten Himmelsstrich ihm gegebne und nach eignem Geständnis von ihm unauflösbare Gesetz *gebunden*« (10, 630).

Wenn dem aber so ist, d.h. wenn die jüdische Differenz als selbst gewolltes Faktum zu akzeptieren ist (was denn auch allen missionarischen Ambitionen den Boden entzieht), dann kann es nicht weiter um ein »Religionsdisputat« (10, 630) gehen. Vielmehr ist einzig die ganz pragmatische Frage der Integration bzw. Assimilation dieses »fremden asiatischen Volkes« von Interesse.

---

24 Herder argumentiert hier in der orthodox protestantischen Tradition, die sich sowohl von den pietistischen Missionsbemühungen als auch der rationalistischen Bibelwissenschaft abhebt, wie sie von Johann David Michaelis vertreten wurde. Instruktiv sind hierzu seine *Gedanken über den Werth der Gefühle im Christenthume* SWS 7, 272: »Der grosse *Luther* hat dem kränkelnden Empfindungshorchen so gegengearbeitet, als den hellen deutlichen Kanons [...] aber an Kopf und Herzen sah auch Er sieche Zeiten voraus, [...] und eine Seuche hat die andere abgelöset: Behorcher des Kopfs [d.h. die Aufklärung] die Behorcher des Busens [d.h. den Pietismus]!« Vgl. dazu näher Embach 1987, 191f.

25 Es ergibt daher keinen Sinn für Herder, weiter über Prophezeiungen und messianische Erwartungen zu diskutieren. Da sowohl Christen wie Juden »ein zukünftiges Reich« erwarten, liegt es vielmehr nahe, »[...] es dem zukünftigen Richter [anheimzustellen], wie er die Ehre oder die Verachtung, die man seiner ersten Ankunft erzeigt hat, ansehen wolle. Niemand greife ihm vor« (10, 629).

5.

Es ist deutlich: Die Juden sind auf ihren Glauben als »unveräußerliches Erbteil« (10, 629) so sehr fixiert, dass eine theologische Lösung ausscheidet und sich nur eine politische anbietet, die die Frage zu beantworten hat: »Wie Viele nämlich von diesem *fremden* Volk, das unter solchem *fremden* Nationalgesetz, in solcher Denk- und Lebensweise solche und keine andre Geschäfte treibet, diesem und keinem andern Staat entbehrlich, nützlich, oder schädlich [seien]« (10, 630). »Dies«, so Herder, »ist das Problem« (10, 630). Damit steht er ganz in der protestantischen Diskurstradition, die gegen pharisäischen »Sylbenwitz« und rabbinische Orakel nicht nur das Alte Testament für das Christentum reklamiert,[26] sondern darüber hinaus das Problem jüdischer Emanzipation zur »Staats-Frage« (10, 630) erklärt und damit säkularisiert.

Dieser christliche, externe Diskurs hat nun ein Pendant in einem jüdischen »Binnendiskurs«[27] welcher, in Aufnahme basaler Positionen der Aufklärung, die rabbinische Tradition in Frage stellt und damit die jüdische Emanzipation quasi als Ausgang aus »selbst verschuldeter Unmündigkeit« begreift. Mit der gesellschaftlichen Modernisierung und Liberalisierung von Ausbildungs- und Berufsmöglichkeiten kommt nämlich innerjüdisch eine Bewegung in Gang, die sich im gleichen Maß vom rabbinischen Einfluss freizumachen versucht, in dem sie den Anschluss sucht an die westeuropäische Aufklärung. Dem korrespondiert ein Loyalitätsbekenntnis der staatlichen Autorität gegenüber, von der sich die isolierten, korporativ verfassten jüdischen Gemeinden bislang gerade keine Entfaltungsmöglichkeiten hatten erhoffen können. Dies ändert sich jedoch entscheidend mit der Entfaltung des nationalstaatlichen Merkantilismus, in dessen Gefolge sich eine jüdische Finanzelite herauszubilden beginnt, deren säkulare Interessen sich mit den religionskritischen Ansätzen der Haskala verbanden. Mit Ausnahme der religiösen Gesetze verschob sich so die traditionelle Rechtsautorität des Rabbinats zugunsten einer offenen Identifikation mit dem aufgeklärten Absolutismus, dessen friederizianisches *laissez faire* in Religionsfragen sich nicht nur in Preußen mit der Proklamation pragmatisch-emanzipativer Bestrebungen überschnitt.[28] Mit dieser Neudeutung jüdischer Identität bei gleichzeitiger Reform der verkrusteten rabbinischen Tradition aber markiert die Haskala den Beginn der »religiösen Pluralisierung des modernen Judentums.«[29] Beeinflusst vom deutschen Idealismus, dem englischen Deismus und der Religionskritik der französischen Aufklärung, ist sie getragen von einem Vernunftmodell, in dem die Emanzipation der Juden mit dem kantischen Programm der Selbstbefreiung des Menschen konvergiert. Damit repräsentiert sie ein ideologiekritisches Säkularisationsphänomen, in dem »erstmals seit der Antike nicht mehr Rabbiner, sondern [...] jüdische Intellektuelle Geschichte« machen.[30]

---

26 Vgl. dazu näher Herders *18. Brief, das Studium der Theologie betreffend,* 9.1, 316f.: »Gerade in der Abenddämmerung des Jüdischen Tempels und Gottesdiensts entstanden, hat es [das Christentum] den Saft jener Lehren und Schriften sich zu eigen gemacht, eine neue Epoche angefangen, ohne Ceremonien, aber im Sinn und Geist und in der Kraft der Propheten *fortzuzeugen* [...].«
27 Schulte, 2002, 30f.
28 Zur politischen Ideologie der Haskala und ihrem Loyalitätstransfer von der rabbinischen Orthodoxie zum modernen Absolutismus vgl. Biale 1986, 111f.: »Throughout the Middle Ages, the Jews had accepted a dependent [...] status in exchange for communal autonomy.« The »new political theory [...] envisioned a transfer of power from the community or corporation [...] to the invidual Jew so he could reinvest it in the secular state.«
29 Schulte 2002, 20.
30 Schulte 2002, 24.

6.

Dass dies nicht reibungslos abgehen konnte, ist offensichtlich und zumal beim bedeutendsten Vertreter der Haskala, bei Moses Mendelssohn, zu erkennen. Für ihn wird die Frage der Vermittlung von Halacha und Haskala, also von rabbinischer Schrifttradition und säkularem Neubeginn zum zentralen Anliegen. In seinem rechtsphilosophischen Hauptwerk *Jerusalem oder über religiöse Macht und Judentum* (1783) geht es entscheidend darum, jedes »Zwangsrecht in Religionssachen« abzuwehren, gleich von welcher staatlichen oder konfessionellen Institution. Religiöse Überzeugung muss Angelegenheit freier Entscheidung sein und jeder Zwang ist ein Angriff auf diese Freizügigkeit. Mit diesem Toleranzpostulat wendet Mendelssohn sich sowohl gegen die Verteufelung und Exkommunikation von Dissidenten als auch gegen jegliche intern oder extern erzwungene Reform der Religionsgesetze der Halacha als der moralisch wie juristisch verbindlichen Instanz rabbinischer Orthodoxie. Dies ist Mendelssohns Credo in der »Jerusalem«-Schrift.[31]

Damit weicht er freilich entscheidend von der *communis opinio* der Haskala ab, indem er alle pragmatisch-utilitaristischen Erwägungen, den »bisherigen Glauben zu reformieren«, wie Dohm etwa vorschlägt,[32] verwirft. Als hinderlich nennt dieser beispielsweise neben der messianischen Erlösungsidee die Sabbat- und Speisegesetze, die den Kontakt zur christlichen Bevölkerung unnötig erschweren und deshalb abgeschafft werden sollten. Dies wiederum entspricht Herders Ansichten, der dafür plädiert, »die alten stolzen Nationalvorurteile« jüdischerseits aufzugeben, und damit »die Sitten, die für unsre Zeit und Verfassung, selbst für unser Klima nicht gehören« (10, 641). Dies aber soll durch ein staatliches Erziehungsprogramm bewirkt werden, das darauf gerichtet sein muss, den Juden die »*Quellen Ehrlosen Gewinnes und Betruges [zu] verstopfen*, die wir ihnen selbst öffneten und in schlechtorganisierten Staaten noch öffnen« (10, 636). Mit der kausalen »Verderbtheit« der Christen ist also der Anfang zu machen, und die »Verbesserung« muss »bei Ehrlosen Christen angefangen werden, die den Ebräer mißbrauchen« (10, 637). Schutz und Chancengleichheit sind damit unverzichtbare Garantien staatlicher Gewalt, was aber nur durch die Gegenleistung bereitwilliger Assimilation praktikabel sein kann, wozu wiederum eine liberale Aufklärung das operative Begriffsarsenal bereitstellt. Gerade hierin hebt sich Herder entscheidend von Mendelssohn und dessen rabbinischer Loyalität ab, was nicht zuletzt die unterschwelligen Animositäten erklären mag, die trotz aller öffentlichen Sympathiebezeugungen doch unüberhörbar in der Privatkorrespondenz anklingen.[33]

Der Gedanke politischer Integration läuft so auf die Trennung weltlicher und geistlicher Belange hinaus, was wiederum die politische Entmachtung des Rabbinats bedeutet, das seit dem Mittelalter alle geistlichen und säkularen Bereiche in den jüdischen Gemeinden bestimmte. Diese Kontrolle bestand relativ problemlos, solange die christliche und die jüdische Welt kaum Berührungspunkte aufwiesen. Sobald im Prozess der Modernisierung jedoch wirtschaftliche Gesichtspunkte die traditionellen, religiös motivierten Ressentiments zu verdrängen begannen, erwies sich die Reduktion des orthodox rabbinischen Einflusses und damit das Projekt einer *Bekehrung der Juden* als unumgänglich. In diesem säkularen Kontext ist die Gedankenführung von Herders Konversionsschrift trotz ihres missverständli-

---

31 Vgl. Schulte 2003, 93.
32 Dohm 1973, II, 179.
33 In der Korrespondenz mit Hamann schreibt Herder z.B. am 2. Januar 1786, Mendelssohn sei »ein zu pfiffiger Ebräer, als daß ein ehrlicher Christ mit ihm auskäme.« Herder, Briefe 1984ff., Bd. 5, 163.

chen Titels letztlich anzusiedeln. Dass er sich dazu aber nicht nur auf christliche sondern auch auf jüdische Quellen berufen konnte, sei mit einem abschließenden Hinweis auf zwei rabbinische Stimmen kurz angedeutet.

7.

Der erste Bezug gilt einem apologetischen Traktat *Discorso circa il stato de gl'hebrei et in particolar dimoranti nell'inclita citta di Venetia*[34] in dem der wirtschaftliche Status der venezianischen Juden zur Diskussion steht. Simone Luzzatto, Mathematiker und Theologe und bekannt als der »erste Rabbiner Venedigs«, veröffentlichte 1638 die Schrift angesichts der drohenden Ausweisung der Juden aus der Stadt. Luzzatto bietet darin als erster eine systematische Analyse der jüdischen Bedeutung für den internationalen Handel und liefert damit das pragmatische Argument für die Tolerierung der Juden seitens des venezianischen Patriziats. Die ökonomisch überzeugende und erst in zweiter Linie humanitäre Argumentation trug nicht nur entscheidend zum Fortbestand des jüdischen Ghettos bis zum Ende der Republik 1797 bei, sondern nahm in zentralen Punkten die utilitaristische Argumention der Haskala vorweg.

Der *Discorso* ist in zwei Teile gegliedert, wobei besonders der erste Teil (*considerazioni 1-10*) von Herder in seiner Bedeutung für die Tolerierung der Juden in der prä-emanzipativen Diaspora referiert wird. Entscheidende Punkte sind dabei der wirtschaftliche Nutzen sowohl für den Seehandel als auch das Kreditwesen der Stadt, wobei den Juden aus Mangel an alternativen Erwerbsquellen – Grundbesitz oder andere Berufsmöglichkeiten sind ihnen nicht zugänglich – besondere Bedeutung zukommt. Im zweiten Teil vertieft Luzzatto dieses Argument mit Hinweisen auf die gleichfalls ökonomisch motivierte Loyalität der Juden. Da sie im Gegensatz zur christlichen Konkurrenz ihr Geld nicht in ländlichen Besitzungen anlegen können, bleibt ihr Kapital in der Republik und dem Kreditwesen weiterhin zugänglich. Insofern sind die Juden, wie Herder, Luzzatto zitierend, lobend hervorhebt, »als *nutzbare Knechte* des Staats zu betrachten« (10, 632), was in Anbetracht einer Gesamtzahl von 6000 Menschen selbst für die damalige Weltmacht Venedig eine erhebliche wirtschaftliche Macht darstellt. Für Herder ist Luzzattos Pragmatismus jedenfalls Anlass zu höchstem Lob: »So bescheiden, fein und klug schrieb der Italiänische Rabbi nach Ort und Zeitverhältnissen im Jahr 1638; nicht stolz auf die Kultur seines Volks, nicht trotzend auf allgemeine Rechte der Menschheit, die zur Bestimmung dieser Frage nur als Eingang gehören« (10, 632). Will sagen: nicht moralisierendes Anspruchsdenken sondern common sense und Sinn für die politischen Realitäten sind die Kriterien einer modernen emanzipativen Politik.

Der gleiche Sinn für Realpolitik kennzeichnet Herders zweite Quelle, die Apologie von Menasseh ben Israel (c. 1604-1657). Von Luzzatto beeinflusst, war dieser bereits in jungen Jahren zum ersten Rabbiner Amsterdams aufgestiegen und als Lehrer Spinozas bekannt geworden.[35] Herder stellt ihn folgendermaßen vor: »*Menasse Ben-Israel* in seinem Gesuch um Aufnahme der Juden in England war eben so bescheiden« wie Luzzatto, setzt aber dann hinzu: »wie es denn auch Fremdlingen, die nach einem eignen Gesetz in einem fremden

---

34 Vgl. Ravid 2001, 24: »Discourse on the State of the Jews, Particularly Those Dwelling in the Ilustrious City of Venice«, 1638. Der italienische Titel wird von Herder unvollständig zitiert (10, 631, Anm. 42).
35 Vgl. Ravid 2003, 303.

Staat, dazu in einem oft unübersehbaren Zusammenhange leben wollen, gebühret« (10, 632f.). Die Rede ist von Menassehs *Vindiciae Judaeorum*, die dieser 1655 an die Adresse Oliver Cromwells und des englischen Palaments gerichtet hatte, mit Bitte um Wiederaufnahme der seit 1290 aus England verbannten Juden.

Menasseh argumentiert, wie Luzzatto, zunächst pragmatisch; sein einleitendes Kapitel trägt nicht aus Zufall den Titel »How Profitable The Nation of the Iewes are«. Dazu tritt aber noch ein religiöses Element, nämlich die Hoffnung auf Erfüllung der biblischen Prophetie. Damit überschneiden sich utilitaristische und theologische Motive, wobei letztere Priorität beanspruchen:

> *First and Formost*, my Intention is to try, if by Gods good hand over me, I may obtain here for my Nation the Liberty of a free and publick Synagogue, wherein we may daily call upon the Lord our God, that once he may be pleased to remember his Mercies and Promises done to our Forefathers, forgiving our tresspasses, & restoring us once again into our fathers Inheritance.[36]

Ziel ist also die für beide Seiten vorteilhafte religiöse Tolerierung der Juden bis zum messianischen Zeitpunkt ihrer Rückführung ins Land der Väter und damit der Erlösung der Menschheit schlechthin. Diesen Zeitpunkt sieht Menasseh unter Berufung auf das Buch Daniel aber erst dann gekommen, »when the dispersion of the Holy people shall be compleated in all places [...].« Voraussetzung des messianischen Moments ist mithin die Vollendung jüdischer Geschichte in einer zu Ende gelebten Diaspora. Erst dann ist Erlösung möglich, wie immer nahe und unzweifelhaft die Rückführung nach Palästina auch bereits scheinen mag, »because the opinion of many Christians and mine doe concurre herein, that we both believe that the restoring time of our Nation into their Native Countrey, is very near at hand.«[37]

Es ist diese messianische Erwartung, an der sich in Deutschland die Geister scheiden. In der Vorrede zu seiner *Jerusalem*-Schrift hatte Mendelssohn den von Marcus Herz 1783 ins Deutsche übersetzten Traktat kurz vorgestellt und dabei die strukturell gleichen Argumente betont, die er an Dohms Schrift rühmt, nämlich die Tatsache, dass es Menasseh nicht nur um eine Apologie der Juden gehe, sondern um die »Sache der Menschheit« schlechthin. »Ein Glück für uns«, so Mendelssohn, »wenn diese Sache auch zugleich die unserige wird, wenn man auf die Rechte der Menschheit nicht dringen kann, ohne zugleich die Unserige zu reklamieren.«[38] Dass Herder diese Sicht der Dinge teilt, ist unbestreitbar. Doch steht bei ihm das aktiv politische Engagement vor der messianisch-passiven Erwartung. Dies mag ein letzter Hinweis in der Bekehrungsschrift bestätigen, in dem Herder unter Berufung auf den englischen Arzt und Philosophen David Hartley die Möglichkeit einer frühen zionistischen Lösung ins Auge fasst.[39] Hartley erwägt die Wahrscheinlichkeit einer Rückwanderung der Juden nach Palästina aus religiösen sowie politischen Gründen (Diskriminierung seitens der Gastnationen, kein Landbesitz, daher größere Mobilität, Hebräisch als verbindendes Idiom, etc.) und bringt damit die Möglichkeit einer säkularen Lösung mit der Behauptung zur Sprache: »*It is probable, that the* Jews *will be restored to* Palaestine.«[40] Herder kommentiert dies zustimmend mit einem »Glück zu nach Palästina!« (10, 633), jedoch nicht nur im wörtlichen

---

36 Menasseh ben Israel, 1655, A4.
37 Ebd.
38 Mendelssohn 2001, 10.
39 Vgl. ähnlich, mit Bezug auf den politischen Zionismus Theodor Herzls, Barnard 2002, 25f.
40 Hartley 1749, 373.

Sinne, sondern mit der Implikation von Palästina als ubiquitärer Sozialutopie.[41] Das Land der Väter wird damit zur Metapher, denn »ihr [der Juden] Palästina« liegt letztlich »da wo sie leben und edel wirken, allenthalben« (10, 641).

Mit dieser Säkularisierung der messianischen Idee tritt hier erstmals das weltliche Erlösungskonzept des späteren Zionismus zutage, dessen Ziel, verkürzt gesagt, darin bestand, das »erwählte Volk« in ein »normales Volk« zu überführen.[42] Nicht überraschend traf diese Zielsetzung von Anbeginn auf den heftigen Widerstand der rabbinischen Orthodoxie und deren engagierte Überzeugung, die passiv-adaptive Erfahrung des Exils sei grundsätzlich unvereinbar mit weltlicher Aktivität und politischer Initiative. Auch dies hat seine Vorgeschichte im Umkreis der Haskala, etwa wenn Mendelssohn davon spricht, die erhoffte Rückkehr nach Palästina sei möglich nur im Kontext von Synagoge und Gebet. Diese Verinnerlichung der Erlösungsidee als quasi jüdischen Sonderweg bleibt Herder indessen fremd. Da der Messias für ihn bereits erschienen ist, setzt er dagegen die Utopie einer dem Dienst der Humanität verpflichteten Akkulturation, ohne dabei doch unempfindlich die bis heute in Israel nachwirkenden Spannungen zwischen messianischem Chiliasmus und säkularer Demokratie aus dem Blick zu verlieren. Gerade diese Offenheit verleiht seiner Bekehrungsschrift nicht zuletzt ihre eigentümliche Diktion, die nicht zufällig mit der versöhnlichen Hypothese ausklingt:

> Welche Aussicht wäre es, die Juden, ein so scharfsinniges Volk, der *Kultur der Wissenschaften*, dem *Wohl des Staats*, der sie schützt, und andern *der Menschheit allgemein-nützlichen Zwecken* treuergeben, in ihren Beschäftigungen und in ihrer Denkart selbst *rein-humanisiert* zu sehen! (10, 641).

Quellen und Literaturhinweise

Arnold, Günter: »Eitelkeit der Eitelkeiten!« Aufklärungskritik im Briefwechsel zwischen Herder und Hamann, in: Gajek, Bernhard u. Meier, Albert (Hg.): Johann Georg Hamann und die Krise der Aufklärung, Frankfurt a.M. 1990, 189-214.

Barnard, Frederick M.: The Hebraic Roots of Herder's Nationalism, in: Herder on Nationality, Humanity, and History, Montreal 2002.

Biale, David: Power and Powerlessness in Jewish History, New York 1986.

Bollacher, Martin: »Feines, scharfsinniges Volk, Wunder der Zeiten!« – Herders Verhältnis zum Judentum und zur jüdischen Welt, in: Schulte, Christoph (Hg.): Hebräische Poesie und jüdischer Volksgeist. Die Wirkungsgeschichte von Johann Gottfried Herder im Judentum Mittel- und Osteuropas, Hildesheim, Zürich, New York 2003, 17-34.

Dohm, Christian Wilhelm: Über die bürgerliche Verbesserung der Juden, Berlin, Stettin 1781, Repr. Hildesheim, New York 1973.

Embach, Michael: Das Lutherbild Johann Gottfried Herders, Frankfurt a.M. 1987.

Hartley, David: Observations on Man, his Frame, his Duty, and his Expectations, London 1749.

Herder, Johann Gottfried: Briefe. Gesamtausgabe 1763-1803, Dobbek, Wilhelm u. Arnold, Günter (Hg.): 10 Bde., Weimar 1977-96.

— Werke in zehn Bänden, Frankfurt a.M. 1985 ff.

Herders Sämtliche Werke [SWS]: Suphan, Bernhard (Hg.): 33 Bde., Berlin 1877-1913.

---

41 Vgl. dagegen Bollacher 2003, 27, der die Idee einer zionistischen »Neugründung des jüdischen Staates« nicht als Teil der »Herderschen Vorstellungswelt« sieht.
42 Ravitzky 1996, 10.

Lehmann, Hartmut (Hg.): Geschichte des Pietismus Bd. 4, Glaubenswelten und Lebenswelten, Göttingen 2004.

Levy, Ze'ev: Hamanns Kontroverse mit Moses Mendelssohn, in: Gajek, Bernhard u. Meier, Albert (Hg.): Johann Georg Hamann und die Krise der Aufklärung, Frankfurt a.M. 1990, 327-344.

Löwenbrück, Anna-Ruth: Judenfeindschaft im Zeitalter der Aufklärung. Eine Studie zur Vorgeschichte des modernen Antisemitismus am Beispiel des Göttinger Theologen und Orientalisten Johann David Michaelis (1717-1791), Frankfurt a.M. 1994.

Luther, Martin: Daß Jesus Christus ein geborner Jude sei (1523), Weimarer Ausgabe (WA) 11, 1900, 307-336.

Luzzatto, Simone: Discorso circa il stato de gl'hebrei et in particolar dimortanti nell'inclita citta di Venetia, Venetia 1638.

Menasseh ben Israel: To His Highnesse the Lord Protector of the Commonwealth of England, Scotland, and Ireland: The humble addresses of Menasseh Ben Israel, a Divine, and Doctor of Physick, in behalfe of the Jewish Nation, London 1655.

Mendelssohn, Moses: Jerusalem oder über religiöse Macht und Judentum, Bielefeld 2001.

Menges, Karl: Another Concept in the »Sonderweg«-Debate? P.L. Rose's »Revolutionary Antisemitism« and the Prehistory of the Holocaust, in: German Studies Review 18, 2, 1995, 291-314.

— Integration oder Assimilation: Herders Äußerungen über die Juden im Kontext der klassischen Emanzipationsdebatte, in: Euphorion 90, 4, 1996, 394-415.

Osten-Sacken, Peter von der: Martin Luther und die Juden: Neu untersucht anhand von Anton Margarithas »Der gantz Jüdisch glaub« (1530/31), Stuttgart 2002.

Ravid, Benjamin: The Venetian Government and the Jews, in: Davis, Robert C. u. Ravid, Benjamin (Hg.): The Jews of Early Modern Venice, Baltimore 2001.

— Studies on the Jews of Venice 1382-1797, Aldershot/Burlington 2003.

Ravitzky, Aviezer: Messianism, Zionism, and Jewish Religious Radicalism, Chicago 1996.

Rose, Paul Lawrence: German Question Jewish Question. Revolutionary Antisemitism from Kant to Wagner, Princeton 1993.

Rymatzki, Christoph: Hallischer Pietismus und Judenmission. Johann Heinrich Callenbergs Justitutum Judaicum und dessen Freundeskreis (1728-1736), Tübingen 2004.

Schulte, Christoph: Die jüdische Aufklärung. Philosophie, Religion, Geschichte, München 2002.

— Mendelssohns Verteidigung der Halacha gegen protestantische Bibelverständnisse seiner Zeit, in: Schulte, Christoph (Hg.): Hebräische Poesie und jüdischer Volksgeist. Die Wirkungsgeschichte von Johann Gottfried Herder im Judentum Mittel- und Osteuropas, Hildesheim, Zürich, New York 2003, 93-106.

Smend, Rudolf: Lowth in Deutschland, in: Epochen der Bibelkritik. Gesammelte Studien Band 3, München 1991, 43-62.

Spener, Philipp Jakob: Pia Desideria (1675, 1680), in: Beyreuther, Erich (Hg.): Schriften Bd. 1, Hildesheim, New York 1979.

Wallmann, Johannes: Der alte und der neue Bund. Zur Haltung des Pietismus gegenüber den Juden, in: Lehmann, Hartmut (Hg.): Geschichte des Pietismus Bd. 4, Glaubenswelten und Lebenswelten, Göttingen 2004, 143-165.

David L. Simmons

Spinoza and the *Urkunden*
Herder's Exegesis of Genesis in the Context of His Early Studies of Spinoza ca. 1769-1774[1]

What influence, if any, did Herder's early studies of Spinoza have on his exegesis of Genesis? Not too long ago Herder scholars generally assumed, following Rudolf Haym's argument and without any real documentary evidence to the contrary, that Herder's first serious engagement with Spinoza's philosophy belonged to his Bückeburg period. If, as Haym did, we take Herder's letter to J.W.L. Gleim of 15 February, 1775 to extrapolate the end of 1774 as the earliest indication of Herder's study of Spinoza's texts, Spinoza does not seem a likely influence on any of Herder's interpretations of Genesis prior to the first volume of the *Älteste Urkunde des Menschengeschlechts*, completed and ready for publication by the end of 1773. Nevertheless, there is evidence in Herder's writings between 1769 and 1773 indicating a textual familiarity with Spinoza, and I believe that certain aspects of Spinoza's philosophy help illuminate Herder's notoriously esoteric interpretation of the *Urkunden* of Genesis (1 Mos.) 1-2, 3.

Over the past two decades, a significant body of secondary literature on Herder's study of Spinoza suggests a growing consensus that Herder was at least familiar with interpretations of Spinoza during his Riga period. For example, Frederick Beiser cited Emil Adler's *Der Junge Herder* for a 1767 date of Herder's study of Spinoza, finding evidence for such a claim in the fragment *Grundsätze der Philosophie* (Beiser 1987, 351 n. 97). Wolfgang Proß made a similar argument when he included the essay *Zum Sinn des Gefühls* in the second volume of his edition of Herder's works, emphasizing the »new interpretation of Spinoza« already coming to expression in it (*Werke* II: 884[2]). More recently, John Zammito cited an earlier study by Herbert Lindner, *Das Problem des Spinozismus im Schaffen Goethes und Herders*, which confirms the conclusion of a 1911 dissertation by Willi Vollrath that Herder's knowledge of Spinoza must be dated to 1769 (Lindner 1960, 68). Zammito himself argues that in his earliest extant

---

[1] This essay has been substantially revised since its initial delivery at Schloss Klingenthal for the 2004 International Herder Conference. The original impulse of the paper was to explore the possibility that Herder's reading of Spinoza had influenced the earliest draft of his interpretation of Genesis 1-11, thereby establishing continuity in Herder's reception of Spinoza from Riga to Weimar, between the »early Herder« and the »late Herder«. The paper as I presented it made two main points, one confirming Günter Arnold's establishment of 1770 as the most likely date for Herder's first encounter with Spinoza's *Tractatus Theologico-Politicus*, and the other making a rather tenuous connection between what might be called the »rhetoric of embodiment« in the Riga manuscript and Spinoza's arguments about the relationship between mind and body in Part Two of the *Ethics*. The former claim, while less compelling, was more forcefully argued, so I have left it largely intact. In revising the latter claim, I have focused not on the Riga manuscript but on the first volume of the *Älteste Urkunde des Menschengeschlechts*, in the hope that a more convincing argument can be made for Spinoza's influence on that work.

[2] Johann Gottfried Herder, *Werke*, ed. Wolfgang Proß, 2 vols. (München: Carl Hanser Verlag, 1987). Quoted as *Werke* plus vol. and page numbers in the text. Vol. 2 *Herder und die Anthropologie der Aufklärung*.

essay, *Versuch über das Sein*, Herder demonstrated an understanding of »the Wolffian reformulation of Spinozist monism, expressed most accessibly in Moses Mendelssohn's *Philosophical Conversations* of 1755« (Zammito 2002, 151 and 411 n. 97). While reiterating Manfred Baum's claim that in this essay Herder presents a Spinozism »avant la lettre«, independent of Spinoza's actual writings (Baum 1990, 129), Zammito explicitly connects Herder's study of Spinoza to his study of Leibniz »in his last year in Riga« (Zammito 2003, 363).[3] It has been argued, then, that Herder had encountered varieties of Spinozism during his Riga period, and perhaps as early as his student days in Königsberg.

Since the manuscript draft of Herder's *Älteste Urkunde des Menschengeschlechts*, completed before Herder left Riga in May, 1769 and bearing the title *Über die ersten Urkunden des menschlichen Geschlechts. Einige Anmerkungen*, came to light in 1980, the link between Herder's study of Spinoza and his writings on Genesis has been made apparent. In 1993, Günter Arnold elaborated on the importance of his discovery, whose main value, he felt, lay in the barely legible marginal observations Herder had scrawled on his manuscript. Among these notes, Arnold found references to Spinoza's critique of the Bible, the *Tractatus Theologico-Politicus* (1670; hereafter *TTP*). Arnold concluded that these notations were made when Herder was working in the library of the University of Strasbourg in autumn 1770, making them »the earliest documentary proof of Herder's study of Spinoza« (Arnold 1996, 99-100).

The likelihood that Herder had not read the *TTP* prior to his arrival in Strasbourg is borne out by the text of the manuscript itself, although Rudolf Smend cites Spinoza as the *locus classicus* of two ideas that Herder seems to dismiss (FHA V: 1339 and 1352[4]): that Ezra is the true author of the Pentateuch (*TTP* ch. VIII), and that the ancient Hebrews believed the sun to move around a stationary Earth (*TTP* ch. VI). I am not convinced that Spinoza is either Herder's source or the object of his criticism, however.

In the case of the latter instance, the reference to Joshua 10,12-14, in which God makes the sun and moon stand still for a day, comes in the midst of a discussion of God's commandments to Noah before the flood (Genesis 6,13-7,4), where Herder insists that God's speech is *not* to be understood as »a geographical or physical report« (FHA V:143). Herder is here rejecting all attempts to make sense of scripture according to natural or physical laws, arguing that it would be as absurd to derive the Ptolemaic view of the cosmos from the Joshua story as it would be to expect God's words to Noah to reveal details about the population of the planet, the location of the continents, or the curvature of the Earth. Herder's true target, which he elaborates in the sixth main category of the »999 false paths to the truth«, seems to be »Cartesians« and English Deists, whose commentaries on the creation story are crammed with lessons in physics (FHA V:42). Spinoza, it must be said, would wholeheartedly agree with Herder about the absurdity of deriving natural laws from the Bible, and Spinoza's point about the solar incident in Joshua is that it demonstrates that the sun is not a deity, but in fact a created entity entirely controlled by God (Spinoza 1925, III:92 ll. 14-23).

---

3 Although the discussion of Herder's study of Spinoza is extensive in this essay, Zammito is not at all explicit about which of Spinoza's works Herder was reading at this time, leaving unresolved the highly contested question of when exactly Herder had direct access to Spinoza's texts. Even if we accept 1769 as the year of Herder's »Spinozistic Turn,« it remains unclear whether this turn is at all dependent on Herder's first-hand knowledge of anything in Spinoza's corpus.

4 Johann Gottfried Herder, *Werke in zehn Bänden*, ed. Günter Arnold, et al., 10 vols. (Frankfurt a.M.: Deutscher Klassiker Verlag, 1985 ff.). Quoted as FHA plus vol. and page numbers in the text. Vol. 5 *Schriften zum Alten Testament*, ed. Rudolf Smend.

In the case of the former instance, Herder is concerned to demonstrate that the *Urkunden* of Genesis 1-11 are both ancient and profoundly »Oriental«. There is no reason to infer that Herder has Spinoza specifically in mind, however, when he rejects the idea that the *Urgeschichte* could have been written after the Babylonian captivity (FHA V:25); discussions of the date and authorship of the Pentateuch, including arguments for and against Ezra, had been a staple of Old Testament scholarship for a century. A much more likely source for these arguments is Johann David Michaelis, who was still fervently admired by Herder at the time. The first volume of Michaelis's translation of and commentary on the Old Testament, which appeared in 1769, rehearsed these arguments in some detail, although I have not been able to confirm whether Herder had access to it while still in Riga.

If Herder was aware of Spinoza's arguments concerning the authorship of the Pentateuch when he wrote the manuscript, he does not take them up in his discussion of whether Moses was the author. In fact, Herder and Spinoza agree in rejecting Moses as the author of the *Urgeschichte*, but for conflicting reasons. Spinoza believes that a single historian brought unity to a collection of divergent sources from the standpoint of someone who had experienced the most recent event in the history of Judah, the release from prison of King Jehoiachin 37 years after the fall of Jerusalem to Babylon (Spinoza 1925, III:126 ll. 31-35). This is not an argument Herder would even consider, since his purpose is to demonstrate the unparalleled antiquity of the *Urkunden*: as the oldest extant documents of history, they must originate in the Orient, and in every characteristic betray their Oriental *Denkart* or mentality. The force of Herder's argument is that the *Urkunden* are free from the influence of any other civilization, no matter how ancient - even the Egyptian, much less the Babylonian or Hellenistic (FHA V:25-26). Further, the absence of Egyptian influence in particular becomes the best argument against the authorship of Moses, who could not have written a history of creation in anything *but* an Egyptian style. Even the Mosaic commandment to »remember« the sabbath is supposed to remind the Hebrews of an ancient and original custom of honoring God that had long been forgotten by the time of the Pharaohs (FHA V:37-38). Thus, Herder's arguments against the authorship of Moses are founded on the notion that the *Urgeschichte* is much more ancient than the *Denkart* of Moses, whereas Spinoza argues in the other direction, that the history of Israel from creation to captivity in Babylon could not have been written until many, many generations after Moses. If Herder had known the particulars of Spinoza's rejection of the authorship of Moses, he had occasion here to refute them.

Erring on the side of caution, it is probably best to affirm Zammito's suggestion that Herder's Spinozism during the Riga period reflects his elective affinity with the French encyclopedists who were revitalizing Spinoza's philosophy of substance with the concept of force, rather than insist that Herder was actually reading Spinoza at the time. It seems all but certain that the *Tractatus Theologico-Politicus* was among the works that Herder was unable to access in Riga, but eager to consult as he visited the libraries of Europe. We know this to be true in the case of Jean Astruc's *Conjectures on Moses* ... (the origin of the so-called »documentary hypothesis«), the title of which Herder gathered from a footnote in the Michaelis edition (2 vols., 1758/61) of Robert Lowth's *Lectures on the Sacred Poetry of the Hebrews*, but which he was not able to read until he found the work in Nantes in 1769 (see commentary by Smend, FHA V: 1329 and 1338). That Herder knew of the *TTP* is already evident in the »Third Observation« of the 1768 fragment *Über Christian Wolfs Schriften*, in which the interpretation of the Bible is momentarily considered. But even here, any evidence of a familiarity with the text is limited to its subtitle (see the comment by Wolfgang Proß in *Werke* II:854-

55). I think we can accept Arnold's date of autumn 1770 as the earliest that Herder could have read the *TTP*. Yet this leaves unresolved the issue of when and whether Herder could have read the *Ethics* prior to 1774.

Herder's references to Spinoza prior to the Weimar period are scant, but the more significant for their scarcity, and each must be taken seriously as possible evidence of Herder's study of Spinoza's texts. The possibility that by the end of 1773 Herder had already read the *Ethics* is supported by the *Älteste Urkunde* itself, whose sole reference to Spinoza occurs at the conclusion of a discussion about the immortality of the soul in the Book of Job. In affirming this doctrine, Herder aligns himself with »Moses, Job, Pythagoras, Plato, and even God«, and declares he would rather be known as a »Spinoza ante Spinozam« and declared an atheist or pantheist than fall in with »Warburton, Gundling – the most orthodox metaphysicians of the century!« (FHA V:423). In this passage, Herder both acknowledges the danger of declaring one's Spinozism openly and displays some textual familiarity with the *Ethics*, whose concluding part ends with a philosophical proof of the eternity of the mind.

The reference to Spinoza in this section of the *Älteste Urkunde* makes it all the more intriguing that during his final weeks in Riga, Herder was arguing with Mendelssohn about the finer points of his position on the immortality of the soul, and lends credence to those scholars who have suggested that Herder was reading Spinoza as early as 1769. Indeed, one possible argument that Herder had read at least part of the *Ethics* even earlier than the *TTP* could proceed on the basis of Proß's discussion of Herder's correspondence with Moses Mendelssohn at that time. Proß describes two letters Herder wrote to Mendelssohn in 1769 regarding his *Phaedon oder Über die Unsterblichkeit der Seele* (1767), the first sent before Herder's departure from Riga, the second from Paris (after his encounter with Diderot) in December (*Werke* II:884-95). In the second letter, Herder seems to make reference to the Appendix of Part One of the *Ethics* (entitled »On God«). Proß's examination of these Spinozistic elements in Herder's philosophical quarrel with Mendelssohn concerning the status of the soul after death is most illuminating when read alongside Zammito's discussions (cited above) of the vitalism emerging in Herder's philosophy of nature at the time. Although it is beyond the scope of the present essay, a further examination of Herder's concept of the soul in the context of his Spinoza studies would surely be rewarding. While Proß's commentary is hardly conclusive about Herder's access to Spinoza's works, the allusion to the text of the *Ethics* at least indicates a growing familiarity with Spinoza's thought.

In any case, Herder's invocation of Spinoza's proofs for the immortality of the mind, however subtle, is evidence that he might have finished reading the *Ethics* by September, 1773, when he sent the completed manuscript of the *Älteste Urkunde* to Breitkopf for publication. This date is also supported by Herder's reference to Spinoza in the final version of his essay on Shakespeare that appeared in *Von deutscher Art und Kunst* in August, 1773. Whereas Goethe in *Zum Shakespeares-Tag* (1771) had praised Shakespeare's ability to create true-to-life characters by comparing him to Prometheus (who, according to Ovid's *Metamorphoses*, had created humankind in his own image), Herder compares not Shakespeare to Prometheus, but the world that Shakespeare creates to Spinoza's God: »Pan! Universum!« (FHA II:515[5]). What makes Shakespeare the brother of Sophocles is his naturalism, and Gunter Grimm (FHA II:1174 and 1188) attributes the concept of nature that is here being carried over to the history of dramatic art to Spinoza, specifically citing the philosophy of

---

5   FHA vol. 2 *Schriften zur Ästhetik und Literatur 1767-1781*, ed. Gunter E. Grimm.

substance (*Substanzlehre*) articulated in the first part of the *Ethics*. More specifically, Herder appears to be alluding to the further elaboration of the *Substanzlehre* in Part Two, in which Spinoza describes the two main attributes of substance, thought and extension. Herder writes:

> Da alle Täuschung durch dies Urkündliche, Wahre, Schöpferische der Geschichte erreicht wird, und ohne sie nicht bloß nicht erreicht würde, sondern kein Element mehr [...] von *Shakespears* Drama und dramatischem Geist bliebe: so sieht man, die ganze Welt ist zu diesem großen Geiste allein Körper: alle Auftritte der Natur an diesem Körper Glieder, wie alle Charaktere und Denkart zu diesem Geiste Züge - und das Ganze mag jener Riesengott des Spinosa: ›Pan! Universum!‹ heißen.[6] (FHA II:515)

Even without the direct reference to Spinoza in this passage, Herder's language echoes that of Spinoza in the *Ethics*, for example in the final Scholium of Proposition 13 in Part Two (Spinoza 1925, II:101-02): »[W]e shall easily conceive the whole of Nature to be one individual, whose parts - that is, all bodies - vary in infinite ways without change of the whole individual« (Spinoza 2000, 130). In other words, Herder is comparing the relationship between Shakespeare and the world he creates in his dramas to the relationship between God and Nature in all its infinite parts, *as described by Spinoza*.

The Shakespeare essay underwent its final revision in the beginning of 1773, and I think it is reasonable to assume that Herder had read at least part of the *Ethics* by then. We also find here a specific connection linking Spinoza and the *Urkunde*, via the creative powers of Shakespeare's dramatic poetry. The imaginative worlds Shakespeare creates have the same »originary« power (»dies Urkündliche, Wahre, Schöpferische der Geschichte«) as those of Sophocles, and the dynamic between the poet and his poetry is described in specifically Spinozistic terms. The implication is that the tragedies of Sophocles and the dramas of Shakespeare are themselves *Urkunden*, a word Herder had used since the 1760s to describe the oldest songs or poems that memorialized the historic origins of a given *Volk* (as might be expected, *Urkunde* was most often the designation for ancient Hebraic myths and legends, such as those found in the Psalms, Job, or Genesis). *Urkunden* are productive; they generate the culture specific to the *Volk*, so when describing Shakespeare's poetry as »urkündlich«, Herder is crediting Shakespeare with similar creative force. With Spinoza's *Ethics* in the background, we are able to see that the creative powers of the poetic genius on the microcosmic scale are analogous to those of God on the macrocosmic scale.

This analogy can be seen even more clearly in an early draft of the Shakespeare essay, which Herder wrote sometime during the summer of 1771. Here Shakespeare is lauded as the »son of Nature, intimate [*Vertrauter*] of the Godhead«, whose fragmenting of the classical unities imitates nature, insofar as »die Auftritte in der Natur wechselnd vor- und abrücken, und in einander würken, so entfernt und unähnlich sie sich scheinen«,[7] but according to the »intention of the creator [*Schöpfer*], in the head of the poet« create »a totality [*ein Ganzes*]«, or in the case of Shakespeare's works, »a living illusion« (FHA II:527).

---

6   I have left this passage untranslated in order to bring out the semantic relationship between »das Urkündliche« in Shakespeare's poetry and the »Urkunden« of Genesis, which English cannot capture.
7   As above, I have retained the original German to show that the phrase »Auftritte der Natur« is retained in the final version of the essay, suggesting that both the 1771 and 1773 passages are to be read in the context of the *Ethics*.

This language corresponds closely to Spinoza's treatment of the human mind in Part Two of the *Ethics*, in which human beings are defined as finite modes of the attributes of God. One of Spinoza's driving concerns in this section is to solve a problem he inherited from Descartes: how can the mind and body be independent of one another and yet coexist? Spinoza's answer is that thought and extension are attributes of a single substance, God, which can be apprehended either under the attribute of thought as a mind, or under the attribute of extension as a body. Spinoza demonstrates in Proposition 13 that in fact a mind extended in space is actually a human body. In order to prove this, Spinoza goes into a lengthy discussion of how the human individual is composed of many smaller and radically diverse bodies, which act upon each other and are acted upon from without. Spinoza uses language here which I believe Herder borrows when he discusses nature in the Shakespeare essay. Returning to the final Scholium of Proposition 13, we find this summary:

> From this, therefore, we see how a composite individual can be affected in many ways, though its nature is none the less preserved. Now, so far we have conceived an individual which is [...] composed of most simple bodies. But if we now conceive another individual, which is composed of several individuals of a diverse nature, we shall find that it can be affected in several other ways, though its nature is none the less preserved. (Spinoza 2000, 129-30)

That Herder is applying these principles to Shakespeare is suggested by the first Scholium of Proposition 13 (Spinoza 1925, II:96-97), in which Spinoza explains that »to the extent some body is more capable than others of doing several things at the same time, or of being acted upon at the same time, to that extent its mind is more capable than others of perceiving several things at the same time. [...] From this we can get to know the superiority of one mind over others ...« (Spinoza 2000, 125). I think it is clear from the context that Herder is explaining Shakespeare's genius, which manifests itself in its ability to imitate the infinite complexities of Nature in a way that modern readers find resonant with their experience, as the »superiority of one mind over others«.

If we accept this as concrete evidence of Herder actually reading Spinoza, the window of time in which he first encountered the text of the *Ethics* has narrowed - to sometime between the middle of 1769 and early 1771. There is at least a strong suggestion that Herder had read the *Ethics* before his arrival in Bückeburg. If this is true, then the matter of what influence the *Ethics* might have had on the *Älteste Urkunde* takes on greater urgency. For the remainder of this essay, I would like to explore the possibility that the application of Spinoza's *Substanzlehre* to the problem of origins that had preoccupied Herder since Königsberg solves a problem that first came to the fore in the Riga manuscript.

In the Spinoza scholar Edwin Curley's interpretation, Part Two of the *Ethics* leads to the astounding conclusion that the only way a mind can know anything is through its own body:

> its knowledge of bodies other than its own in sense perception (P16), its memory of the past (P18), its knowledge of itself (PP20-23), its knowledge of the common properties of all material objects (PP37-39), even its knowledge of the essence of God (PP45-47) [...] It is hard to see how any philosopher could give a greater priority to knowledge of the body than Spinoza has. (Curley 1988, 77)

In the earlier version of the present essay, I had advanced the theory that Spinoza's explication of the embodied mind in Part Two of the *Ethics* could be the source of Herder's »naturalist« interpretation of scripture, or of »sinnlicher Verstand«, the sensual or sensible understanding that is both the source of the poetry of the *Urkunden* and the hermeneutic key to its interpretation. In light of Ulrich Gaier's recent article on core cognition in Herder's epistemology, which explicitly attributes the »kabbalistic« elements of Herder's Genesis interpretation to Hamann's *Aesthetica in nuce* (Gaier 2003, 306), I am compelled to modify this thesis. The pressing problem is not whether Herder's Riga manuscript reflects his reading of the *Ethics*, but how his interpretation of Part Two of the *Ethics* contributes to our understanding of the hieroglyph and its role in the »Unterricht unter der Morgenröte« in the *Älteste Urkunde*.

Earlier generations of Herder scholars from Rudolf Haym to Robert T. Clark were convinced that Herder's Bückeburg period was characterized primarily by *Sturm und Drang* sensibilities: anti-intellectualism, a flirtation with Pietist emotionalism, the resurgence of the early influence of Hamann, and a disastrous friendship with the Swiss »enthusiast« and physiognomist Johann Caspar Lavater. The *Älteste Urkunde* was therefore read as a radical break with the Enlightenment-inflected thought of the Riga period. Clark in particular was distressed that in the *Älteste Urkunde* Herder had recanted the decisive rejection of a divine origin for human speech in the *Abhandlung über den Ursprung der Sprache* (Clark 1955, 169-70). The Riga manuscript betrays Herder's profound ambivalence about the divine origin of the Hebrew ode, however.

The inseparability of the origins of both religion and poetry was already hinted at in Herder's earliest fragments on the ode and lyric poetry. Robert Lowth's argument was precisely that the origin of the ode and the origin of monotheistic worship were »coeval«, but Herder's criticism of this position in *Versuch einer Geschichte der lyrischen Dichtkunst* makes it clear that the origin of poetry should be kept distinct from the origin of religious concepts of divinity (*Werke* II:17). In insisting on the natural and human origin of poetry, however, Herder had created a theological »aporia«, as Christoph Bultmann describes it. By keeping the critique of religion separate from all poetological concerns in his own hermeneutic perspective on the origin of lyric poetry, Herder begs the question of what to do with the special case of Hebrew scripture:

> While Herder in his discussion of the Greek origin of poetry defends the sense of its religious content [i.e., in the orphic hymns] against the criticism of Deists, he also leaves open the possibility of divine revelation in the primal history of humanity in his discussion of the Hebraic origin of poetry. [...] Herder's early investigations of the origin of poetry show him to be in a state of tension between the traditional theological view, promulgated by Lowth but rejected by Michaelis, and the religion-critical view of Hume, although in no sense without reservation in the case of the latter. (Bultmann 1999, 24)

In the Riga manuscript, we find Herder insisting on the primordiality of the biblical *Urkunde* while also denying any supernatural origin for Hebrew poetry: »Everything in the Bible is thoroughly human. Thought, and word, and sequence and manner of presentation all human« (FHA V:29).

By the time Herder left Riga, then, he found himself caught in an unrelieved paradox: as a Christian theologian, he surely desired to maintain the special status of the *Urkunden* of Genesis 1-11 as revelation; on the other hand, he was so convinced of the natural origin of poetic utterance, indeed of speech itself, that it was impossible for him to affirm the human capacity for singing and speaking as a gift from God. It is precisely here that Spinoza's solution to the mind/body problem in Part Two of the *Ethics* provides some assistance. Before his engagement with the *Ethics*, Herder felt that postulating the natural origin of speech entailed the rejection of Hamann's mystical affirmation of the divine Logos in his

Aesthetica in Nuce, which Herder had already begun to criticize in *Dithyrambische Rhapsodie über die Rhapsodie kabbalisticher Prose*, an unpublished essay from 1764. Under the banner of »deus sive natura«, however, Herder now had recourse to a philosophical foundation for rehabilitating precisely those »kabbalistic« elements of his erstwhile mentor's theories about the origin of language. If the substance that is God could be comprehended under the attributes of thought and extension, corresponding to the divine mind and the totality of nature on the cosmic level, and the mind and body on the human level, then the sharp distinction Herder had made between the divine and natural origins of language no longer seems necessary or even philosophically defensible.

At the first official International Herder Conference held in Stanford, California in 1987, Helmut Mueller-Sievers made the insightful observation that »Herder is indeed the pivotal figure in the transition from Hamann's ›*Gott als Schriftsteller*‹ to the ›*Schriftsteller als Gott*‹ who emerges from the Genie-movement« (Mueller-Sievers 1990, 329). The truth of this claim is manifest in Herder's Shakespeare essay, in which Shakespeare's creative powers are described as nearly godlike. As I have attempted to show, the logic of ›*Schriftsteller als Gott*‹ rests on Herder's understanding of Spinoza's solution to the mind/body problem in Part Two of the *Ethics*. Ironically, or perhaps inevitably, the force of this logic leads Herder to embrace the truth of the complementary idea of ›*Gott als Schriftsteller*‹, an idea which he rejected forcefully in the *Abhandlung über den Ursprung der Sprache* but wound up embracing again (although in a way that Hamann could not accept) in the *Älteste Urkunde*.

The extent to which Herder's reception of Spinoza's philosophy of mind is commensurate with his reception of Hamann's philosophy of the »mystical body« remains to be worked out fully. Fortunately, I am not alone in assuming Spinoza's influence on the *Älteste Urkunde*. At the Saarbrücken Herder conference in 1984, Gerhard vom Hofe insisted that Herder's interpretation of Genesis, »with its presentation of God self-embodied in Nature, a deification of humankind [...] and a self-development of God in nature and history appears possible only with recourse to theorems of Spinozistic philosophy« (vom Hofe 1987, 379). It is important to note that vom Hofe brought up the Spinozism of the *Älteste Urkunde* in the context of Herder's philosophy of history: for Herder, the God who is immanent in history must also be the God who is immanent in nature, as Wulf Koepke pointed out recently (Koepke 2003, 280). Other scholars, such as Eva Knodt and Tino Markworth, have also recognized the various drafts of the Shakespeare essay as essential to understanding the development of Herder's historicism (Knodt 1990, Markworth 1994). It appears that the Shakespeare essay was a transitional text in a number of ways: from the »aporia« Bultmann described in the Riga manuscript to its apparent solution in the *Älteste Urkunde*, and from an insistence on the »naturalism« of the capacity for speech to a recapitulation of Hamann's »language mysticism« in terms of the divine hieroglyph. If the argument I have advanced here is convincing, then the essay also reflects Herder's sustained engagement with Spinoza's *Ethics* between 1769 and 1773, despite the scarcity of documentary evidence that attests to that fact.[8]

---

8   Note: Translations from German sources into English by the author unless noted.

References

Arnold, Günter. »Herder's Interdisciplinary Conjectures on the Origin of Human History.« In *Johann Gottfried Herder: Academic Disciplines and the Pursuit of Knowledge*, edited by Wulf Koepke. Columbia, South Carolina: Camden House, 1996, 98-105.

Baum, Manfred. »Herder's Essay on Being.« In *Herder Today: Contributions from the International Herder Conference*, edited by Kurt Mueller-Vollmer. Berlin and New York: Walter de Gruyter, 1990, 126-37.

Beiser, Frederick C. *The Fate of Reason: German Philosophy from Kant to Fichte*. Cambridge: Harvard University Press, 1987.

Bultmann, Christoph. *Die biblische Urgeschichte in der Aufklärung: Johann Gottfried Herders Interpretation der Genesis als Antwort auf die Religionskritik David Humes*. Edited by Johannes Wallmann. Beiträge zur historischen Theologie, vol. 110. Tübingen: Mohr Siebeck, 1999.

Clark, Robert T. *Herder: His Life and Thought*. Berkeley and Los Angeles: University of California Press, 1955.

Curley, Edwin. *Behind the Geometrical Method: A Reading of Spinoza's* Ethics. Princeton, New Jersey: Princeton University Press, 1988.

Gaier, Ulrich. »The Problem of Core Cognition in Herder.« *Monatshefte für deutschsprachige Literatur und Kultur* 95 (2003), no. 2, 294-309.

Herder, Johann Gottfried. *Werke*. Edited by Wolfgang Proß. 2 vols. München: Carl Hanser Verlag, 1987.

— *Werke in zehn Bänden*. Edited by Günter Arnold, et al. 10 vols. Frankfurt a.M.: Deutscher Klassiker Verlag, 1985 ff.

Hofe, Gerhard vom. »›Weitstrahlsinnige‹ Ur-Kunde: Zur Eigenart und Begründung des Historismus beim jungen Herder.« In *Johann Gottfried Herder 1744-1803*, edited by Gerhard Sauder. Hamburg: Felix Meiner Verlag, 1987, 364-82.

Knodt, Eva. »Dramatic Illusion in the Making of the Past: Shakespeare's Impact on Herder's Philosophy of History.« In *Johann Gottfried Herder: Language, History, and the Enlightenment*, edited by Wulf Koepke. Columbia, South Carolina: Camden House, 1990, 209-23.

Koepke, Wulf. »Klarheit und Wahrheit: Herders ›Wende‹ nach 1787.« *Monatshefte für deutschsprachige Literatur und Kultur* 95 (2003), no. 2, 273-93.

Lindner, Herbert. *Das Problem des Spinozismus im Schaffen Goethes und Herders*. Edited by Helmut Holtzhauer and Karl-Heinz Klingenberg. Beiträge zur deutschen Klassik. Weimar: Arion Verlag, 1960.

Markworth, Tino. »Unterwegs zum Historismus: Der Wandel des geschichtsphilosophischen Denkens Herders von 1771 bis 1773.« In *Johann Gottfried Herder: Geschichte und Kultur*, edited by Martin Bollacher. Würzburg: Königshausen und Neumann, 1994, 51-60.

Mueller-Sievers, Helmut. »›Gott als Schriftsteller‹: Herder and the Hermeneutic Tradition.« In *Herder Today: Contributions from the International Herder Conference*, edited by Kurt Mueller-Vollmer. Berlin and New York: Walter de Gruyter, 1990, 319-30.

Spinoza, Benedictus de. *Ethics*. Translated by G.H.R. Parkinson. Edited by John Cottingham, Oxford Philosophical Texts. Oxford: Oxford University Press, 2000.

— *Opera*. Edited by Carl Gebhardt. 4 vols. Heidelberg: Carl Winters Universitätsbuchhandlung, 1925.

Zammito, John H. *Kant, Herder, and the Birth of Anthropology*. Chicago: University of Chicago Press, 2002.

— »›The Most Hidden Conditions of Men of the First Rank‹: The Pantheist Current in Eighteenth-Century Germany ›Uncovered‹ by the Spinoza Controversy.« In *Eighteenth-Century Thought, Volume 1*, edited by James G. Buickerood. New York: AMS Press, 2003, 335-68.

HORST LANGE

»Ich bin (k)ein Spinozist«
Warum sich Herders Berufung auf Spinoza gewandelt hat

I

Mit Bestimmtheit wissen wir nichts über den Zeitpunkt von Herders erster ernsthaften Auseinandersetzung mit Spinozas *Ethik*. Zwar findet sich bereits 1765 die erste Erwähnung Spinozas in Herders Schriften, und 1769 - wenn auch nur aus dem *Tractatus* - das erste genuine Spinoza-Zitat,[1] doch wahrscheinlich liegt solchen Stellen keine tatsächliche Textkenntnis zugrunde. Die Erwähnungen und Zitate geschehen jeweils *en passant*, und - wie wir! - wird auch Herder kaum jedes Buch gründlich studiert haben, auf das er sich gelegentlich bezieht. Man möchte annehmen, dass Herders Auseinandersetzung mit der zeitgenössischen Bibelkritik während der Arbeit an der *Ältesten Urkunde* ohne eine genauere Bekanntschaft mit dem *Tractatus theologico-politicus* nicht möglich war, doch beweisen lässt sich dies nicht.[2] Aber kannte Herder Spinozas *Ethik* schon während der Arbeit an der *Abhandlung über den Ursprung der Sprache* oder der Schrift *Auch eine Philosophie der Geschichte zur Bildung der Menschheit*, also vor 1774? Erst in einem Brief an Gleim vom 15.2.1775 finden sich Aussagen zu Spinoza, die auf eine wirkliche Arbeit am Text der *Ethik* schließen lassen, und so hat denn Rudolf Haym mit gutem Grund die erste Lektüre der *Ethik* ins Jahr 1774 verlegt.[3] In der Abwesenheit von konkreten Hinweisen sollten wir diese These zwar nicht als gesichert, aber doch als plausibel ansehen. Man mag frühere, an Spinoza gemahnende Stellen anführen wollen, unklar bleibt, ob hier wirklich ein Einfluss Spinozas vorliegt.[4]

Als gesichert aber darf gelten, dass Spinoza schnell zu einer, um nicht zu sagen: *der* zentralen Bezugsfigur in Herders Denken herangewachsen ist. So etwa finden wir am Ende des *Ersten Versuchs* der dritten Fassung von *Vom Erkennen und Empfinden der menschlichen Seele* (1778) die Behauptung, Spinoza sei »noch göttlicher« als der Evangelist Johannes (363); sicherlich eine nicht unbeträchtliche Provokation zu einem Zeitpunkt, als der Name Spino-

---

1   Die besten chronologischen Zusammenstellungen des relevanten Materials bieten Otto 1978 und Bell 1984. Herder wird unter Seitenangabe zitiert nach dem von Jürgen Brummack und Martin Bollacher herausgegebenen vierten Band der Frankfurter Herder-Ausgabe (Herder 1985ff.). Die Briefe werden, unter Datums- und Empfängerangabe, zitiert nach der von Wilhelm Dobbek und Günter Arnold betreuten Gesamtausgabe der Briefe (Herder 1977ff.)
2   Dies scheint mir auch aus einem weiteren Grunde plausibel. Zu Beginn seiner Straßburger Studienzeit scheint Goethe Spinoza gegenüber noch negativ disponiert gewesen zu sein. Nahegelegt, wenn auch keinesfalls bewiesen wird dies durch eine Passage in den gewöhnlich *Ephemerides* genannten Aufzeichnungen (Goethe 1985ff., Bd. 1.2, 527f.). In seiner (abgelehnten) Dissertation hatte Goethe aber eine Auffassung der Beziehung von Kirche und Staat vertreten, die praktisch identisch mit der in Spinozas *Tractatus* vertretenen ist. Das legt nicht nur eine gründliche Bekanntschaft mit Spinozas *Tractatus*, sondern auch einen Sinneswandel von Seiten Goethes nahe, und man darf vermuten, dass Herder als der entscheidende Anreger fungiert hatte.
3   Haym 1954, Bd. 2, 669f. Die im Herder-Nachlass befindlichen *Ethik*-Exzerpte sind nicht datiert. Einen Auszug druckt Wolfgang Proß in seiner Herder Ausgabe ab (Herder 1987, 1039f.).

zas oft noch als Synonym für ›Atheist‹ galt. Und weniger als ein Jahrzehnt später, in den Dialogen *Gott. Einige Gespräche* (1787), wird nicht nur eine »Ehrenrettung« des ganzen Spinoza geleistet (681), sondern es werden auch viele der wichtigsten Philosopheme Herders, wie sie etwa den *Ideen* zugrundeliegen, in explizitem Rekurs auf Spinoza begründet. Diese Tendenz wird dann noch in der zweiten Fassung von *Gott* (1800) verstärkt.

Es liegt also nahe, einen Wandel in Herders Verhältnis zu Spinoza von 1774 bis 1800 zu konstatieren. Vielleicht hatte Herder um1774 noch ein ganz anderes Spinoza-Verständnis als dasjenige, das er später während und im Gefolge des mit Jacobi 1784 begonnenen Briefwechsels explizierte. Wegen der Spärlichkeit konkreter Aussagen zu den ersten, also die eigentliche Metaphysik Spinozas enthaltenden Büchern der *Ethik* vor 1784 aber wissen wir wohl nicht genug über Herders Spinoza-Bild von 1774/78, um hier tragfähige Thesen entwickeln zu können.

Sicher aber scheint mir, dass ein Wandel wenn auch nicht im Spinoza-Bild selbst, so doch in der Art von Herders Berufung auf Spinoza stattgefunden hat. In den siebziger Jahren erscheint Spinoza lediglich als ein intellektueller Vorläufer unter anderen. Wenn auch viele Formulierungen in *Vom Erkennen und Empfinden der menschlichen Seele*, auch schon in der ersten Fassung von 1774, auf eine Affirmation wichtiger Gedanken der ersten Bücher der *Ethik* hindeuten, ist der Text doch zu einem großen Teil eine Auseinandersetzung mit Leibniz. Und die gerade zitierte enthusiastische Berufung auf den »noch göttlicheren« Spinoza findet streng genommen nur statt in Bezug auf Spinozas Liebesbegriff, also auf Teile der letzen beiden, vergleichsweise unmetaphysischen Bücher.[5] In den achtziger Jahren aber wächst Spinoza eine immer größere Exklusivität zu, die schließlich dazu führt, dass von der Trias Leibniz – Shaftesbury – Spinoza, der ursprünglich eine gemeinsame, die Fundamente seines Denkens erhellende Studie gewidmet werden sollte,[6] mit der Publikation von *Gott* (1787) nur noch Spinoza übrigbleibt. In *Gott* ist der Bezug auf die *Ethik* universell, und gerade ihre ersten beiden Bücher bilden den Fokus der Auslegung. Zwar lässt sich sagen, dass etwa der Kraftbegriff in *Gott* deutlich auf Leibniz zurückverweist, aber er wird Spinozas System gewissermaßen einverleibt, und die leibnizische Philosophie scheint so in ihrer Eigenheit gar nicht mehr auf. Wie Eva Schürmann gezeigt hat, drängt dann die zweite Fassung (1800) den Bezug auf Leibniz sogar einen Schritt weiter zurück und macht die Berufung auf Spinoza noch prominenter.[7]

---

4   Der Versuch von Otto 1978, gegen Haym in Formulierungen etwa aus dem *Journal meiner Reise* oder dem Essay *Zum Sinn des Gefühls* Hinweise auf eine frühere Bekanntschaft mit der *Ethik* zu sehen, ist nicht überzeugend. Die an ihr angeführten Stellen weisen zwar deutliche Affinitäten mit dem Denken Spinozas auf, drücken aber keineswegs dieselben philosophischen Überzeugungen aus, ein Sachverhalt, den man sich auf zweierlei Weise zurechtlegen kann. Einmal ließe sich sagen, Herder habe Spinoza zwar gelesen, aber nicht verstanden; andererseits aber ließe sich auch argumentieren, dass Herder, von dem frühen *Versuch über das Sein* angefangen, ganz selbständig eine Denkweise entwickelt hat, die der Spinozas nicht fern stand, weshalb er dann auch, als er später tatsächlich Spinoza im Originaltext kennenlernte, diesen aufgrund dieser Affinitäten gleich als Gesinnungsgenossen ansehen konnte. Entscheiden können wir zwischen diesen Möglichkeiten bei der mageren Quellenlage nicht, und Hayms Datierung verbleibt die bestmögliche.

5   Es muss aber gesagt werden, dass in dem obengenannten Brief an Gleim vom 15.2.1775 Spinozas Liebesbegriff bereits mit den genuin metaphysischen Thesen der ersten Bücher der *Ethik* in Verbindung gebracht wird.

6   Das alle drei Denker zusammen vorstellende, nie realisierte Buchprojekt erwähnt Herder sowohl in dem Brief an Jacobi vom 6.2.1784 (Herder 1977 ff., Bd. 5, 28) als auch in der Vorrede zu *Gott* (681).

7   Schürmann 2002, 367.

Die nachstehenden Überlegungen sollen versuchen, diesen Wandel, diese sprunghaft zunehmende Exklusivität in Herders Berufung auf Spinoza zu erklären.

II

Um diese Aufgabe angehen zu können, ist aber eine keineswegs unbedeutende Präliminarie zu erledigen. Es muss gefragt werden, inwiefern Herder mit seinen Gedanken sich wirklich auf Spinoza berufen darf. Während beide Denker in dem wesentlichsten Punkt übereinstimmen, dem einer Ablehnung eines personalen, transmundanen Gottes, sollen im folgenden vier zentrale Unterschiede namhaft gemacht werden, die recht eigentlich einen unüberbrückbaren Graben zwischen Herder und Spinoza aufreißen. Gleichzeitig soll dabei aber auch gezeigt werden, dass Herder, so erstaunlich das sein mag, immer wieder ein Bewusstsein dieser Unterschiede verrät.

Der erste Unterschied betrifft den Begriff der Geschichte. Sicherlich ist Herder neben Vico derjenige, der in der westlichen Geistesgeschichte am nachhaltigsten die für das achtzehnte Jahrhundert revolutionäre Auffassung einer unhintergehbaren Geschichtlichkeit menschlicher Aktivitäten und Institutionen vorangetrieben hat. Aber er ist zudem – wohl angeregt durch Kants *Allgemeine Naturgeschichte und Theorie des Himmels* (1755), diesen Ansatz aber radikal verallgemeinernd – der erste, der die gesamte uns begegnende Natur, in ihren physikalischen, chemischen und biologischen Manifestationen, als Endresultat eines gesamtweltlichen Entwicklungsprozesses zu fassen gesucht hat, der also, wenn man so sagen darf, den modernen Begriff der Geschichte recht eigentlich in den aristotelischen Terminus der *historia naturalis* einschleuste.

Welch ein Kontrast zu Spinoza! Wie Samuel Alexander schon vor über hundert Jahren sagte (und viele moderne Interpreten sind ihm mit diesem Verdikt gefolgt): »Spinoza failed to take time seriously«.[8] Der letztliche Grund dafür dürfte darin liegen, dass Spinoza, obwohl er Gott eine unendliche Anzahl von sogenannten Attributen (die aber keineswegs mit den Attributen der aristotelischen Substanzenlehre zu verwechseln sind[9]) zuschreibt, dem Menschen nur die Kenntnis zweier göttlicher Attribute erlaubt, *extensio* und *cogitatio*. Da aber jeder Prozess, der in seinem Wesen irreversibel ist, mit anderen Worten, jede Geschichtlichkeit, jede Entwicklung, Zeitlichkeit voraussetzt, kann Spinoza Geschichte und Entwicklung nicht als einen Ausdruck des göttlichen Wesens verstehen, da er die Zeitlichkeit eben nicht unter die Attribute Gottes eingereiht hat.

Dieser Sachverhalt ist keineswegs das Resultat eines korrigierbaren Übersehens, sondern vielmehr eines Systemzwangs. Man kann das aus einer Betrachtung von Spinozas Begriff der Ewigkeit (*aeternitas*) ableiten. Diese wird nämlich als gänzlich nicht-temporal gefasst und somit einer in der Zeit sich erstreckender Dauer (*duratio*) entgegengesetzt, »selbst wenn diese als anfang- und endlos begriffen würde« (I, Def. 8, Explicatio).[10] Eine solche anfang- und

---
8   Zitiert nach Hampshire 1962, 196.
9   In diesem Zusammenhang zeigt sich wohl ein wesentlicher Punkt, in dem Herder Spinoza missverstanden zu haben scheint. Er übersetzt den Terminus *attributum* mit »Eigenschaft« (707), obwohl es in Spinozas System vielleicht am besten mit »Form, in der Gott sich ausdrückt« paraphrasiert wird.
10 Spinozas *Ethik* wird, wie üblich, zitiert unter Angabe des Buches (in römischer Ziffer), und der von Spinoza selbst gegebenen Zählung von Definitionen, Lehrsätzen, Anmerkungen etc. Zugrundegelegt wurde die Ausgabe Spinoza o.J. Die Übersetzung ist meine.

endlose Dauer kommt für Spinoza etwa seinen sogenannten *corpora simplicissima* zu, aus denen seiner Meinung nach die vergänglichen Dinge unserer Lebenswelt zusammengesetzt sind. Entstehen und Vergehen, Begriffe, die ohne Zeitlichkeit nicht denkbar sind, können in diesem Quasi-Atomismus somit nur als Permutationen von Kombinationen der *corpora simplicissima* begriffen werden, also letztlich als Ereignisse, denen Irreversibilität nicht zukommen kann. Was einmal so zusammengesetzt war, muss auch wieder so zusammengesetzt werden können. Die Folge ist, dass Spinoza einen genuinen Begriff von Geschichtlichkeit aus prinzipiellen Gründen nicht entwickeln kann.[11] Herder, der ja die Weltgeschichte als einen fortschreitenden Prozess der Offenbarung von Gottes Macht, Güte und Wahrheit fasst, sollte sich auf Spinoza nicht berufen dürfen. Und zwar nicht, weil die Welt keine Offenbarung von Gottes Macht, Güte und Wahrheit ist, denn als solche kann sie auch bei Spinoza begriffen werden, sondern weil es bei Spinoza keinen fortschreitenden Prozess geben kann.

Es ist von Interesse, dass Herder selbst diese Differenz zu Spinoza nicht entgangen ist. In einem Brief an Jacobi vom 6.6.1785 schreibt er: »Spinoza hat keinen Begrif vom *Werden*, vom *Nichtgewordenseyn, Entstehen* und *nicht entstanden seyn*. Sein ganzes System ist gebauet, damit man dieser dunkeln Worte entbehren kann« (Herder 1977ff., Bd. 5, 127, Hervorhebungen von Herder). Das ist deutlich genug gesagt, und man muss das der einfachen Wahrheit entgegenhalten, dass im Gegensatz dazu Herder selbst dieser Worte eben gerade *nicht* entbehren kann. Das ist dann wohl auch der Grund, aus dem heraus er an Spinoza moniert, dass die Anerkennung des Raumes als Attribut Gottes bei gleichzeitiger Verweigerung dieses Ehrentitels für die Zeit eine ernsthafte und zu korrigierende Inkonsequenz sei (707).[12] So wird, implizit zumindest, zugestanden, dass nur eine tiefgreifende Abweichung von Spinozas System das für Herder so zentrale Geschichts- und Fortschrittsdenken retten kann.

Ich komme zu meinem zweiten Punkt. Spinoza hat bekanntlich den Substanzbegriff zum Angelpunkt seines Systems gemacht, aber diesen gegenüber der aristotelischen Tradition so umdefiniert, dass überhaupt nur eine einzige Substanz existieren kann, die dann sowohl mit Gott als auch der Natur identifiziert wird. Alles andere, was wir kennen, sei entweder ein Attribut der Substanz oder eine bloße Modifikation dieser Attribute. Das hat unter anderem die Folge, dass der Begriff der Selbständigkeit auf nichts anderes als auf Gott angewendet werden darf, und wir arme Menschenkinder, die wir in Spinozas Terminologie nur endliche und vergängliche Modifikationen der Attribute Gottes sind, haben ebensowenig Selbständigkeit, wie die Farbe einer Rose Selbständigkeit hat und unabhängig von der Rose existieren kann. Wenn wir uns unabhängig glauben, etwa wenn wir uns mit einem freien Willen begabt

---

[11] Dass dies keineswegs nur eine abstrakte Folge seiner Metaphysik ist, zeigt seine Analyse politischer Systeme. Keineswegs werden verschiedene historische Verfassungen als Resultat einer Entwicklung, etwa von einer Verfassung zur anderen, begriffen, sondern sie werden nur als Permutationen der Möglichkeiten der Verteilung politischer Macht in einem Gemeinwesen behandelt.

[12] In diesem Zusammenhang muss man m.E. auf ein wichtiges Missverständnis von Seiten Herders hinweisen. Er spricht davon, Spinoza habe Gott als *extensum* bezeichnet (707), wo Spinozas Wortgebrauch ihn nur als *extensio* begreift. Die Ausdehnung ist aber ebensowenig ausgedehnt, wie die Farbe farbig ist. Nur die Farbe habenden Dinge sind farbig, und nur die Ausdehnung habenden Dinge sind ausgedehnt. Ausdehnung und Farbe gehören für Spinoza zur *natura naturans*, ausgedehnte und farbige Dinge zur *natura naturata*. Es hat den Anschein, dass Herder diese fundamentale Unterscheidung Spinozas nicht verstanden hat.

denken, dann nur, sagt Spinoza, weil wir ungenügendes Wissen über unsere Abhängigkeit haben.

Bei Herder ist das ganz anders. Weil er glaubte, dass Spinoza immer noch in einem cartesianischen Dualismus verhaftet sei (707 f.), - ein Gedanke, der auf einem Missverständnis beruht und den ich weiter unten noch etwas näher erörtern möchte -, hat er den spinozanischen[13] Substanzbegriff verabschiedet und durch den der »substantiellen Kraft« ersetzt. Dass das nicht einfach eine semantische Substitution ist, zeigt sich daran, dass nun plötzlich der Plural wieder auftaucht. Während die Vorstellung von zwei oder mehreren Substanzen für Spinoza schlicht selbstwidersprüchlich ist, spricht Herder wie selbstverständlich von substantiellen Kräften und teilt Gott nur noch die Rolle einer alle anderen Kräfte organisierenden Urkraft zu. Im Verhältnis zu dieser Urkraft sind wir nur eine Teilkraft, oder vielleicht besser gesagt, eine subsidiäre Kraft, was dann aber immerhin auch bedeutet, dass wir wie Gott Kraft sind und uns also auch derselben ontologischen Würde rühmen dürfen. Mit anderen Worten: wir befinden uns zu Gott zwar in einem Verhältnis der Abhängigkeit, aber definitiv nicht in dem einer Abhängigkeit des ontologisch Differenten, wie sie etwa zwischen Farbe und Rose besteht. Das hat dann unter anderem zur Folge, dass wir auch eine uns eigene Selbständigkeit haben, so wie etwa ein Untertan vom König abhängig, aber gleichzeitig auch selbständig ist.

Auf diese Weise hat Herder einen zentralen Zug von Spinozas System, die Unterscheidung von Substanz, ihren Attributen und deren Modifikationen, verabschiedet und es ist ihm möglich geworden, ganz unspinozanische Dinge zu sagen. Theophron etwa beschreibt Gottes Denken als so wirksam, dass es unmittelbar in einer Schöpfung resultierte: »*Er dachte und es ward: er wollte und es stand da*« (757, von Herder hervorgehoben). Bei Spinoza aber hat Gott weder Gedanken[14] noch »wird« etwas in einem eigentlichen Sinne. Ebensowenig gibt es ein quasi-kausales Verhältnis zwischen Gedanke und Gedachtem, vielmehr sind beide nur zwei Erscheinungsformen derselben Sache. Doch davon gleich mehr.

Die Situation ist nicht ohne eine eigentümliche Ironie. Herder warf Spinoza - fälschlicherweise - einen Dualismus vor, und glaubt ihn durch einen Monismus zu ersetzen: alles wird nun auf Kraft reduziert, auch wir. Damit aber wird sehr viel in der Welt, z.B. unsere Persönlichkeit, zur *natura naturans* geschlagen, denn eine Kraft kann ja wohl schlecht *naturata* sein. Für Spinoza dagegen sind wir vergängliche und endliche Modifikationen der Attribute der einen Substanz und gehören deswegen zur *natura naturata*. Das Kardinalfolge dieser Erhebung eines Teils der spinozanischen *natura naturata* zur *natura naturans* ist, dass die spinozanische Identitätsformel *deus sive natura (naturans)*[15] nicht mehr gilt: denn als substantielle Kräfte sind wir Teil der *natura naturans*, aber doch sicherlich nicht ein Teil des Wesens Gottes selbst. So schleicht sich durch die Hintertür ein Dualismus in Herders Denken ein, der eben zwischen Gott als Urkraft und den subsidiären Kräften eine strikte Trennung einführen muss. Und das führt dann wiederum zur Verwendung von Metaphern, die infolge

---

13 Es hat sich in Teilen der neueren Spinoza-Forschung die nützliche Differenzierung eingebürgert, terminologisch zwischen »spinozanischen«, also genuin zu dem Gedankengut Spinozas gehörigen, und »spinozistischen« Philosophemen zu unterscheiden, also solchen, die ihm von seinen Anhängern - möglicherweise fälschlich - zugeschrieben wurden. (Vgl. beispielsweise Clairmont 2002.)

14 In der *Ethik* hat Gott zwar das Attribut Denken, er hat aber keine Gedanken, denn diese sind nur Modifikationen des Attributs (I, Prop. 31). Der Fehler ist genau parallel zu dem in der vorigen Fußnote beschriebenen, der Gott als *extensum* beschreibt, wo er doch *extensio* ist.

15 So muss die Formulierung präzisiert werden, sobald die Unterscheidung von *natura naturans* und *naturata* eingeführt ist, da sonst Gott identisch mit den Dingen der Welt wäre.

der ihnen inhärenten Logik die spinozanische Identitätsformel implizit verneinen. Man denke etwa an das in *Gott* sehr prominent plazierte Bild, demgemäß Gott die Wurzel, die Welt aber der Baum sei (767–771). Denn Wurzel und Baum bilden zwar zusammen *einen* Organismus, aber sie sind dennoch deutlich unterschieden. Man kann spinozanisch, wie Goethe, das Wort ›Gottnatur‹ bilden und eine in sich ungeschiedene Einheit meinen, aber nicht in einer analogen Bedeutung das Wort ›Wurzelbaum‹. Herder wollte Spinozas angeblichen Dualismus überwinden, kreierte aber selber einen, auch wenn es ein versteckter war.

Auch bezüglich dieses Punktes ist Herder der Unterschied seiner Auffassung zu der Spinozas nicht entgangen. In einer zentralen Passage in *Gott* lobt Herder Spinozas konsequenten, in seiner kompromisslosen Methode begründeten Gebrauch des Substanzbegriffs, meint aber, dass er »keinen allgemeinen Gebrauch [hat] erhalten können, weil wir uns bei aller unsrer Abhängigkeit dennoch für selbstständig halten und auf gewisse Weise auch halten können, wie wir bald sehen werden« (703). Sicher, dass wir uns im allgemeinen für selbständig *halten*, hat Spinoza nie bestritten, aber er hat kategorisch abgeleugnet, dass wir es in irgendeinem Sinne auch tatsächlich seien. Herders Behauptung, dass diese Prätension auf Selbständigkeit auch ihre Berechtigung habe, wird durch die verräterische Formulierung »wie wir bald sehen werden« als unspinozanisch ausgewiesen. Denn Herder kann sich an dieser Stelle nur auf seine Einführung des Begriffs der substantiellen Kraft beziehen. Er war sich also durchaus dessen bewusst, dass seine Umdeutung Spinozas auch dessen Begriff der Unselbständigkeit fundamental umdeutete.

Wie Herder insgeheim Spinozas Monismus durch einen Dualismus ersetzt, zeigt sich auch anlässlich meines dritten Punkts, der Herders und Spinozas jeweiligen Begriff der Seele betrifft. Vielleicht nirgendwo sonst ist die Radikalität von Spinozas Monismus schlagender. Dieser wurde ja in schroffer Opposition zur cartesischen Lehre konzipiert, dergemäß die *res extensa* und die *res cogitans* ganz unvermittelbar seien, woraus sich dann eine besonders vertrackte Version des Leib-Seele-Problems ergab. Wie das Denken den Körper kontrolliert, oder wie der Körper das Denken affiziert, all dies wurde mit Descartes rätselhaft, und so kluge Köpfe wie Malebranche und Leibniz, die das cartesianische Schema nie hinterfragten, glaubten, Gott deswegen mit der Synchronisierung von Leib-Seele-Ereignissen beauftragen zu müssen.

Für Spinoza jedoch müssen Leib und Seele weder vermittelt werden noch sind sie vermittelbar, aus dem schlichten Grund heraus, dass sie identisch sind. Etwas als Leib, oder etwas als Seele zu betrachten sind für Spinoza nur zwei verschiedene Weisen, sich auf dieselbe Sache zu beziehen. Man kann sich das vielleicht mit dem Modell einer Musikaufführung einsichtig machen, die als mentales Hörerlebnis oder als Muster eines die Schallwellen genau aufzeichnenden Oszillographen »abgebildet« werden kann. Wenn sich Leib und Seele nun so zueinander verhalten wie Hörerlebnis und Oszillographenaufzeichnung, dann ist es offenbar für Spinoza ebenso absurd, von einem Einfluss des Leibes auf die Seele oder der Seele auf den Leib zu reden, so wie es absurd wäre, von einem Einfluss unseres mentalen Hörens auf den Oszillographen oder des Oszillographen auf unser Hören zu reden.

Diese Lösung des Leib-Seele-Problems mag drastisch wirken, sie hat vielleicht auch etwas Taschenspielertrickartiges an sich, aber sie wurde von Spinoza in ihrer Radikalität klar genug ausgedrückt[16] und ist ja auch essentiell für die Behauptung von Spinozas berühmtem Determinismus. Wenn, sagen wir einmal, der Leib dem Oszillographen entspricht, und der Leib

---

16 Die wichtigste einschlägige Passage zu dieser Identitätsthese ist II, Prop. 7 nebst Anmerkung.

vollkommen in die Kausalketten der körperlichen Welt eingebettet ist, dann macht es keinen Sinn zu sagen, unsere Seele, oder, um im Bilde zu bleiben, das, was wir hören, sei frei und unabhängig von dem, was der Oszillograph zeigt. Wenn der Körper determiniert ist, dann ist auch die Seele determiniert, nicht weil irgendwie der Körper die Seele kontrolliert, sondern weil Seele und Körper effektiv identisch sind.

Auch hier weicht Herder deutlich von Spinoza ab. Sicherlich denkt Herder Leib und Seele ganz anders zusammen als die meisten seiner Zeitgenossen. Mit großer intellektueller Energie versucht er die Vorstellung zu desavouieren, dass die Seele, besonders die sogenannten »höheren« Seelenvermögen, gänzlich abgekoppelt von leiblichen Vorgängen sei. Vielmehr versucht er, vor allem in *Vom Erkennen und Empfinden der menschlichen Seele*, zu zeigen, wie alle, auch die intellektuellsten Seelenregungen, durch den Leib mitkonstituiert sind. Wenn er dabei aber den Leib als Organ, also ganz wörtlich: als Werkzeug der Seele versteht, dann ist deutlich, dass er weit von einer spinozanischen Identitätslehre entfernt ist.

In diesem Punkt scheint sich Herder der tiefen Differenz zu Spinoza nicht bewusst gewesen zu sein. Indem er das Leib-Seele-Verhältnis als eines durch Harmonie charakterisiertes begreift, beschreibt er Spinoza tatsächlich als Vorläufer:

> Denn ob er [sc. Spinoza] beide [sc. Leib und Seele] gleich, dem Cartesischen System zufolge, ganz unabhängig von einander, wie den Gedanken und die Ausdehnung betrachten mußte: so konnte es doch nicht fehlen, daß ein scharfsinniger Geist wie Er über die Harmonie beider seine Betrachtungen anstellte. (776 f.)

Das Zitat enthüllt eine beträchtliche Ironie: gerade als Herder sich Spinoza am nächsten glaubt, ist er erstaunlich weit von ihm entfernt. Denn wenn in Herders Spinoza-Verständnis Leib und Seele voneinander unabhängig sind,[17] dann können sie ja nicht identisch sein, und harmonische Verhältnisse kann es ja grundsätzlich zwischen Identischem nicht geben. Es führt auch hier kein Weg vorbei an der Schlussfolgerung, dass Herders Ansichten sich von denen Spinozas in einem ganz wesentlichen Punkt unterscheiden.

Mein vierter und letzter Punkt betrifft die Einschätzung der spinozanischen Methode. Diese ist ja nicht nur wegen ihrer Nachahmung der mathematischen Axiomatik bekannt, sondern, damit verbunden, auch durch den Gebrauch eines besonders trockenen und pedantischen Lateins, in dem sich nur mit äußerster Seltenheit so etwas wie ein Bild oder eine Metapher findet. Letzteres ist kein Zufall, denn in seiner Epistemologie erweist sich Spinoza als großer Gegner von Metaphern und Bildern: er sieht sie als Produkte der Einbildungskraft, die für ihn der Ursprung allen Irrtums und allen Aberglaubens sind, die Art und Weise, mit welcher »der große Haufen« von der wahren Erkenntnis Gottes und des rechten Lebens abgehalten wird.[18] Wenn die Ergebnisse seiner Philosophie, etwa die Leugnung eines freien Willens oder der Insubstantialität der Dinge der Welt, auf Unverständnis bei der Menge stoßen, dann liegt das eben daran, dass diese sich noch nicht vom figürlichen Gebrauch der Sprache hat lösen können und Worte ganz verwirrt ohne Einsicht in die wirklichen Sachverhalte gebraucht. Dass seine eigene Terminologie regelmäßig mit dem gesunden Menschenverstand in Konflikt kommt, sieht Spinoza so als notwendig, wenn nicht gar als Tugend an und verteidigt dies im Argumentationsverlauf der *Ethik* immer wieder *en passant*. Im Grunde

---

17 Da letztlich Herders Unverständnis aus der Auffassung resultiert, Spinoza habe Ausdehnung und Denken opponiert, ist es durchaus von Interesse zu wissen, dass schon die Zeitgenossen Herder auf seinen Fehler hingewiesen haben. Vgl. dazu besonders Clairmont 2002, 347 f.
18 Die ausführlichsten Anmerkungen dazu finden sich im Anhang zum ersten Buch der *Ethik*.

ist diese Haltung auch leicht nachvollziehbar: Wer, wie Spinoza, von der Position des Absoluten aus denkt, wird auch die Sprache des Absoluten sprechen müssen, und diese Sprache wird sich nicht mit den Unschärfen und Vorurteilen der Normalsprache vereinbaren lassen.

Herders Denken steht mehrfach quer zu einer solchen Auffassung. Einmal ist er ja berühmt dafür, auf der fundamentalen Bildlichkeit und Metaphorizität der Sprache zu bestehen und gegen Philosophen wie z.B. Kant zu polemisieren, die seiner Ansicht nach diese wichtige Wahrheit verdrängt oder vergessen haben. Wie er sich also mit einem Philosophen identifizieren konnte, der zwar vielleicht auch die Poesie als die Muttersprache des menschlichen Geschlechts ansieht, dies aber zutiefst bedauert, ist unklar.

Die häufige Polemik Herders gegen die Schulphilosophie trifft diese deswegen eigentlich weniger als Spinoza. Wenn er sich etwa gegen eine mittels Syllogismen vorgehende Philosophie aus lauter »Worterklärungen und Beweisen« ausspricht, da diese doch nur »ein Brettspiel« sei, »das auf angenommenen Regeln und Hypothesen ruht«,[19] dann ist das vor allem einmal eine ganz ausgezeichnete Beschreibung von Spinozas *Ethik*, wo Begriffe wie Spielfiguren durch Definitionen eingeführt, dann in ihrer Bedeutung und ihren Implikationen in Grundsätzen erläutert werden, worauf sie solange in Lehrsätzen im Verhältnis zueinander verschoben und miteinander in Verbindung gebracht werden, bis die gewünschte Wahrheit wie eine unbesiegbare Schachstellung aufgebaut wurde.

Auch hier müssen wir wieder sagen, dass sich Herder der Differenz seines Denkens zu dem Spinozas durchaus bewusst ist. »In seiner ganzen Ethik finden Sie kein Bild, und seine wenigen Gleichnisse sind ihm fast mißraten« (758), sagt er einmal, im Kontext übrigens durchaus mit Anerkennung, und immer wieder beklagt er sich über Spinozas »harte« Begriffe. Da er aber auch sehr gut weiß, dass die Radikalität der Thesen Spinozas, etwa der unserer Unselbständigkeit, von diesen »harten« Begriffen abhangt, reißt er ganz bewusst, indem er diese durch eingängigere und konsensfähigere ersetzt, statt ›Substanz‹ etwa ›substantielle Kraft‹ sagt, und statt der ›Identität‹ von Seele und Körper von einem ›Harmonieverhältnis‹ spricht, einen tiefen Graben zwischen sich und Spinoza auf.

III

»Ich bin ein Spinosist«, schrieb Herder am 17. Februar 1786 an Gleim (Herder 1977ff., Bd. 5, 172), also im Jahr der Verfertigung von *Gott,* und man sollte es nach dem gerade Gesagten kaum für möglich halten. »Ich bin kein Spinozist«, sagt dagegen Theophron, Herders *alter ego* in dem wenig später erschienenen *Gott,* »und werde nie einer werden« (687).

Wir müssen einen fundamentalen Zwiespalt in Herders Verhältnis zu Spinoza konstatieren, einen Zwiespalt, der, wie ich zu zeigen versucht habe, den ganzen Text von *Gott* strukturiert. Auf der einen Seite ist sich Herder der fundamentalen Unterschiede zu Spinoza bewusst, auf der anderen Seite scheint er die Notwendigkeit zu verspüren, sich mit Spinoza, mehr als mit jedem anderen Vorläuferdenker, zu identifizieren. Wie aber lässt sich dieser Identifikationswunsch erklären?

---

19 So in der dritten Fassung von *Vom Erkennen und Empfinden der menschlichen Seele* (330).

Man kann nicht einfach sagen, Herder habe Spinoza schlicht missverstanden und schrieb nun selig in der Illusion einer Geistesbrüderschaft. Sicherlich, er scheint ihn, wie oben angedeutet, in wichtigen Punkten auch fehlinterpretiert zu haben; der Umstand aber, dass er immer wieder ein Bewusstsein seiner Differenz zu Spinoza verrät, zeigt ein wesentliches Grundverständnis an. Auch können wir nur unter der Annahme der Gleichzeitigkeit von Differenzbewusstsein und Identifikationswunsch erklären, warum Herder am Ende des ersten Gesprächs in *Gott* seine Überlegungen zu Spinoza als das ausgibt, was man heutzutage als rationale Rekonstruktion bezeichnen würde. Theophron formuliert hier drei Regeln zur richtigen Spinoza-Lektüre. Gemäß der ersten beiden (697f.) habe man ihn im Kontext der cartesischen Terminologie und Methode zu lesen, was doch wohl bedeutet, dass man Spinozas Grundeinsichten von der zeitbedingten Einkleidung, die ihnen Spinoza geben musste, zu trennen habe. In der dritten Regel aber (698f.) wird der Leser Spinozas aufgefordert, diese Grundeinsichten unter Zuhilfenahme der »neuere[n] Philosophie [...] leichter, besser, unanstößiger, glücklicher« auszudrücken, was Herder dann ja wohl auch, etwa durch die Einschleusung des Begriffs der substantiellen Kraft, getan zu haben glaubte. Aber auch unter diesem Gesichtspunkt stellt sich die Frage, warum dann Herder auf Kosten von Leibniz oder Shaftesbury nur eine rationale Rekonstruktion Spinozas versuchte. Was, anders gesagt, könnte ihn dazu veranlasst haben, Spinoza allen anderen vorzuziehen und ihm einen immer exklusiveren Rang zuzuweisen?

Meine Antwort geht davon aus, dass Herder in den Jahren vor dem Verfassen von *Gott* verzehrt wurde von der Arbeit an den *Ideen*. Dieses monumental angelegte Werk sollte ernten, was Herder in früheren Schriften, die sich um die Bückeburger Zeit herum plazieren, gesät hatte. Dort – zu nennen sind vor allem *Auch eine Philosophie der Geschichte zur Bildung der Menschheit, Plastik, Vom Erkennen und Empfinden der menschlichen Seele,* und natürlich die *Älteste Urkunde des Menschengeschlechts* – hatte Herder wie mit Pfosten das Areal abgesteckt, in dem sich sein künftiges Denken vertiefend, aber auch wiederholend bewegen sollte. Meines Erachtens konstituieren diese Schriften genau das, was Herder in dem Brief an Jacobi vom 6. Februar 1784 »mein System« nannte (Herder 1977ff., Bd. 5, 27).[20] So verschiedene Gegenstände diese Texte auch zu behandeln scheinen, sie verweisen, wie vor allem die neuere Herder-Forschung gezeigt hat, in ihren wesentlichen Grundeinsichten immer wieder aufeinander. Wenn dabei, nach Herderschem Zeugnis,[21] der Plan zu der Abhandlung über Leibniz, Spinoza und Shaftesbury in die Zeit der Entstehung dieser Schriften fällt, darf man vermuten, dass sie in gewissem Sinne als eine kompaktere Darstellung des ›Bückeburger Systems‹ gedacht war.

Aber dieser in den achtziger Jahren stattfindende Versuch einer Konkretisierung dieses Systems mittels der großen Synopsis der *Ideen*, dieser Versuch, die Tiefe der früheren Schriften durch die Breite eines wirklichkeitsgesättigten Panoramas zu ergänzen, erlebte zwei Krisen. Einmal wurde Herders Denken durch Jacobis Attacke auf Spinoza verunsichert.

---

20 Bereits in der Diskussion zum ersten Vortrag unserer Konferenz, dem Ulrich Gaiers, wurde die Frage akut, ob man von einem System Herders reden dürfe. Ich würde diese Frage bejahen, und nicht nur wegen dieser unmissverständlichen Formulierung Herders. Gewiss war Herder nicht ein systematischer Denker in der Nachfolge Christian Wolffs, oder anders gesagt, die Disposition seiner Schriften weist nicht die Züge äußerer Ordnung und Hierarchisierung auf, die man gern mit systematischer Philosophie assoziiert. Aber es darf doch gesagt werden, wie Günter Arnold in seinem Vortrag formulierte, dass bei Herder auch das Heterogenste letztendlich untergründig zusammenhängt. Wenn dies der Fall ist, sollte man auch berechtigt sein, von einem System, d.h. einem universellen Zusammenhang der Gedanken, zu sprechen.

21 Siehe dazu Fußnote 6.

Jacobis leidenschaftlich vorgetragene Argumente waren Herder dabei nicht nur durch die den eigentlichen Pantheismusstreit auslösende Publikation von *Über die Lehre des Spinoza: in Briefen an Moses Mendelssohn* (Breslau 1785) bekannt geworden, sondern haben ihn auch bereits im Vorfeld dieser Publikation – im Briefwechsel mit Jacobi, durch die Lektüre einiger seiner Manuskripte und schließlich während einer Serie von Gesprächen in Weimar im Oktober 1784, an denen auch Goethe und Matthias Claudius teilnahmen – zu einer detaillierten Auseinandersetzung gezwungen. Als zweites kam hinzu, dass Kant im Januar 1785 seine Rezension des ersten Teils der *Ideen* publiziert hatte, die durch eine Reihe von sowohl *ad rem* als auch oft genug *ad hominem* gerichteten Spitzen[22] das ganze Projekt der *Ideen*, zumindest in den Augen der Öffentlichkeit, zu desavouieren drohte. Auf diese doppelte Herausforderung hat Herder, so möchte ich argumentieren, mit der Schrift *Gott* reagiert, und der neuartige Status, der nun Spinoza zukommt, kann aus der Natur dieser Herausforderungen erklärt werden.

Die Verunsicherung, die von Jacobi ausging, betrifft den Begriff der Vorsehung. Einer der wichtigsten Punkte, den Jacobi bereits in seiner Diskussion von Lessings angeblichem Spinoza-Bekenntnis machte, besagt, dass die Notwendigkeit, gemäß der das spinozanische Weltganze zusammenhängt und die Ereignisse ihren Lauf nehmen, infolge der Impersonalität der spinozanischen »Gottnatur« immer im eigentlichen Sinne des Wortes »blind« ist. Wenn die Welt wie bei Spinoza ein unerbittlich ohne Alternativen sich abspulender, uhrwerksgleicher Mechanismus ist, wobei Gott nicht der Uhrmacher ist, sondern die Uhr selbst, und wenn Gott, wie Spinoza – siehe oben – klipp und klar sagt, keine Gedanken hat, dann können weder Komposition noch Verlauf des Weltganzen als Resultat einer gütig planenden Vorsehung gesehen werden.[23]

Dieses Argument traf die Konzeption der *Ideen* ins Herz. Denn dort sollte mittels der Aufzählung und Interpretation unzähliger empirischer Fakten – darunter, um nur einige Aspekte zu nennen, die astronomische, geographische, anatomische Besonderheit der menschlichen Natur, aber auch den Verlauf der Natur- und Menschengeschichte – plausibel gemacht werden, dass eine allgütige, allweise Vorsehung den Weltbau und seine historische Entwicklung so eingerichtet hat, dass der Mensch sich letztlich seiner Bestimmung, der zur Vollkommenheit gebrachten »Humanität«, annähern kann. Erschwerend kommt hinzu, dass dank der oben besprochenen Zeitvergessenheit von Spinozas Denken ein spinozanischer Gott gar nicht als geschichtsmächtige Kraft in Gestalt einer Vorsehung begriffen werden kann.

Jacobi mag mit seiner Kritik recht haben oder auch nicht, das sei hier dahingestellt. In meinem Zusammenhang ist nur wichtig zu verstehen, warum Herder glaubte, sich zur Verteidigung seiner Ansichten ausgerechnet auf den von Jacobi attackierten Spinoza berufen zu dürfen. Aus Gründen, deren Erläuterung jenseits dieses Aufsatzes liegt und deren volle Erhellung wohl noch ein Desiderat der Herder-Forschung ist, bestand Herder auf einer impersonalen, intramundanen Gottheit. Für den Generalsuperintendenten und Hofprediger der Weimarer Landeskirche war diese vom christlichen Stankpunkt aus häretische Auffassung ohne Zweifel wohldurchdacht. Dem zuerst freundlichen, später aber auch oft schneidenden Spott über die Gegenposition, so etwa, wenn er Jacobi als »lieber bester extramundaner Personalist« bezeichnet (Brief vom 6.2.1784, Herder 1977ff., Bd. 5, 28), ist zu entnehmen, wie sehr ihm

---

22 Vgl. dazu Adler 1994.
23 Wie tief dieser Stachel des Vorwurfs einer »blinden Notwendigkeit« saß, lässt sich schon an der frappanten Häufigkeit ablesen, mit dem sich Herder in *Gott* immer wieder von ihm distanziert.

diese Position als die einzig vertretbare, ja selbst als die einzig moralische erschien. Die Folge war, dass Herder die Allgüte des Weltbaus nicht mittels eines leibnizianischen Gottes retten konnte, der unter allen möglichen Welten die beste auswählt, denn ein solcher Gott ist, daran führt kein Weg vorbei, extramundan und personal. Nicht-spinozanische Pantheismen wie der Shaftesburys dagegen konnten ihm zwar die Intramundanität Gottes retten, hatten aber ein Begründungsdefizit in Bezug auf diese Allgüte des Weltbaus. In Spinozas Philosophie aber fand Herder einen Weg, diesem Dilemma zu entkommen. Denn einerseits fasste Spinoza Gott als vollkommen in jeglicher Hinsicht auf, also auch als allweise und allgütig. Andererseits aber ist die Welt und alles in ihr mit vollkommener Notwendigkeit aus Gott hervorgegangen (I, Prop. 33). So konnte Herder argumentieren, dass alles in der Welt, *a fortiori* auch der Verlauf der Geschichte, selbst wenn Spinoza dies so nicht sagt, notwendigerweise allweise und allgütig sein müsse. Da er zudem glaubte, Spinozas Gott habe Gedanken,[24] fühlt er sich auch berechtigt, ganz gegen Jacobi in fast hymnischer Weise von der nicht blinden, sondern »wohltätige[n], schöne[n]« (724), »Lichtvollen, denkenden« (729) Notwendigkeit zu reden.[25] Herders neuartige Berufung auf Spinoza in *Gott* war, was die Beziehung zu Jacobi betrifft, also keineswegs eine Parteiergreifung im Pantheismusstreit – eine solche leugnet Herder auch rundweg ab (681) –, es handelte sich vielmehr um den Versuch, die *Ideen* davor zu bewahren, im Mahlstrom dieses Streites mitverschlungen zu werden.

Die zweite, ohne Zweifel schwerwiegendere Infragestellung des Projekts der *Ideen* erfolgte durch Kants Rezension.[26] Man kann den Gedankengang Kants, wie er seinen etwas ungeordnet vorgetragenen Kritikpunkten zugrundeliegt, systematisch wie folgt darstellen. Unter »Vermeidung aller metaphysischen Untersuchungen« (Kant 1910 ff., Bd. 8, 52) – wie wichtig diese Bemerkung ist, wird sich gleich zeigen –, versuche Herder durch Aufweis einer Unzahl von Ähnlichkeiten und Analogien zwischen verschiedenen Elementen der Welt, besonders zwischen tierischem und menschlichem Körperbau, die Bestimmung des Menschen und das Walten der Vorsehung zu erkennen. Für Kant ist das ein zu subjektives Verfahren: wenn er Herder »eine in Auffindung von Analogien fertige Sagacität, im Gebrauche derselben aber kühne Einbildungskraft« attestiert (a.a.O., 45), dann ist das, wie seine konkrete Diskussion verschiedener von Herder behaupteter Analogien klar macht, weniger eine Attacke auf Herders Intellekt als auf seine Methode. Mit genügend Erfindungskraft kann man, so legt Kant nahe, eine Unmenge von Analogien finden und sich dann diejenigen, die den eigenen Zwecken dienen, für das eigene Argument aussuchen. Nicht die Tatsachen bestimmen die Theorie, sondern die Theorie wählt die zur Begründung passenden Tatsachen aus.

Herder steht diesem Vorwurf nicht ohne Verteidigung gegenüber. Denn indem er ein geordnetes Reich substantieller Kräfte annimmt, kann er die Existenz dieser Analogien in der objektiven Ordnung solcher Kräfte, und nicht in der subjektiven Einbildungskraft des For-

---

24 Siehe Fußnote 14. Ein zynischer Interpret Herders könnte sagen, dass er Spinoza in diesem wichtigen Punkt derart krass missversteht, weil er, läse er ihn korrekt, seinen umfassenden Weltoptimismus verabschieden müsste.

25 Es versteht sich von selbst, dass dem für Herder im Spätwerk immer zentraler werdenden Begriff der Adrastea (der auch schon in *Gott* [681, 724] erwähnt wird) in dieser Eigentümlichkeit der Herderschen Spinozainterpretation eine wichtige Verständnisdimension zuwächst.

26 Für meine Zwecke wichtig ist nur die ursprüngliche Rezension des ersten Teils der *Ideen* in der *Allgemeinen Literatur-Zeitung* vom Januar 1785, nicht die spätere Verteidigung Kants gegen eine anonym erschienene, aber von Reinhold verfasste Inschutznahme Herders noch die Rezension des zweiten Teils. Kants Text wird zitiert nach Bd. 8 der Akademie-Ausgabe. Ein anderer Versuch, die Niederschrift von *Gott* als durch die Kantsche Rezension verursacht zu sehen, findet sich in Clairmont 2002, 334 ff.

schers, verankern. Dieselbe Kraft, so darf man annehmen, wird unter verschiedenen Umständen Analoges hervorbringen. Kant wiederum ist sich dieser möglichen Verteidigung bewusst; er redet z. B. von Herders Theorie der »Einheit der organischen Kraft«, die für die zugleich bestehende Mannigfaltigkeit und Ähnlichkeit der tierischen Organisation verantwortlich sein soll (a. a. O., 54). Deswegen vertieft er sein Argument und behauptet, eine solche Erklärung aus Kräften sei nur eine Scheinerklärung: auf diese Weise werde »das, *was man nicht begreift*, aus demjenigen erklär[t] [...], *was man noch weniger begreift*« (a. a. O., 54, Hervorhebungen von Kant). Von diesen Kräften sei uns »alle Erfahrung benommen«, die von Herder postulierte »Einheit der organischen Kraft« liege »ganz außer dem Felde der beobachtenden Naturlehre« (a. a. O., 54), und so betreibe Herder, trotz seiner Protestationen, »Metaphysik, ja sogar sehr dogmatische« (a. a. O., 54).

Gegen das berühmte Sinnkriterium des Wiener Kreises, dass alle sinnvollen Sätze empirisch verifizierbar sein müssen, wird gern eingewandt, dass diese Behauptung selber doch kaum empirisch verifizierbar sei. Der Grundgedanke dieser Kritik ist, dass die Theorie stillschweigend Voraussetzungen in Anspruch nehme, für deren Ableugnung sie sich stark mache. Genau dieses Argumentationsmotiv wendet Kant an. Obwohl Herder vorgebe, von ausschließlich empirischen Analogien her zu schließen, und alle nicht in der Empirie gegründete Metaphysik ablehne, – in *Gott* nimmt er das griechische Wort ernst und erklärt alle brauchbare Metaphysik zur »Nachphysik« (717) – mache er apriorische Annahmen, die seine Theorie selbst für unerlaubt erkläre.

Kants Argument war stark, Herder saß in der Bredouille. Sein Ausweg war die Verfertigung von *Gott*. Leibniz und Shaftesbury, die anderen möglichen Gewährsmänner, trieben eine Metaphysik, die vor Kants furchterregender Kritik der reinen Vernunft nicht bestehen konnte. Spinoza aber, mit seinem rein begrifflichen Deduktionssystem, durfte für seine Metaphysik den Anspruch erheben, gegen Kants alleszermalmende Methode gewappnet zu sein. So hoffte Herder, mit Spinozas Hilfe den Begriff der substantiellen Kraft plausibel machen zu können: diese Kraft werde nicht einfach willkürlich den empirischen Erscheinungen untergeschoben, sondern habe ihre eigene, von der Empirie unabhängige, also metaphysische Begründung aus dem Wesen Gottes heraus. So sei sie alles andere als eine tautologisch leere Pseudo-Erklärung, vielmehr sei sie, die uns die Empirie erklärbar macht, selbst wiederum erklärbar.

Stimmen meine Überlegungen, dann zwang Kants Rezension Herder zu einer Flucht in die Metaphysik. Die Einsicht in die Notwendigkeit dieser Flucht, der Stachel, der durch Jacobis Vorwurf einer »blinden Notwendigkeit« bei Spinoza in Herders Fleisch saß, beides ließ Herder die möglichen Mängel seines *Ideen*-Projekts erkennen. Eine aggressive Verteidigung war gefragt, *Gott* sollte sie liefern, und Spinoza, so dachte es sich Herder, hatte die nötigen Argumente. Nur auf diese Weise ist, so scheint mir, die im Gefolge der Publikation der *Ideen* auftauchende, in Herders intellektueller Entwicklung neuartige Emphase und Exklusivität der Berufung auf Spinoza zu erklären.

Literaturverzeichnis

Adler, Hans: Ästhetische und anästhetische Wissenschaft: Kants Herder-Kritik als Dokument moderner Paradigmenkonkurrenz, in: Deutsche Vierteljahrsschrift für Literaturwissenschaft und Geistesgeschichte 68 (1994), 66–76.

Bell, David: Spinoza in Germany from 1670 to the Age of Goethe, London 1984.

Clairmont, Heinrich: ›Die Leute wollen keinen Gott, als in ihrer Uniform, ein menschliches Fabelthier‹: Herders anthropologisch fundierte Gnoseologie und seine Spinoza-Deutung in *Gott*, in: Schürmann/Waszek/Weinreich 2002, 329–355.

Goethe, Johann Wolfgang, Sämtliche Werke nach Epochen seines Schaffens (Münchner Ausgabe), hg. von Karl Richter, München 1985 ff.

Hampshire, Stuart: Spinoza, Baltimore 1962.

Haym, Rudolf: Herder, Berlin 1954.

Herder, Johann Gottfried, Werke in zehn Bänden, hg. von Martin Bollacher, Jürgen Brummack, Ulrich Gaier, Gunter E. Grimm, Hans-Dietrich Irmscher, Rudolf Smend und Johannes Wallmann, Deutscher Klassiker Verlag, Frankfurt a.M. 1985 ff.

— Werke, hg. von Wolfgang Proß, Bd. 2: Herder und die Anthropologie der Aufklärung, München 1987.

— Briefe: Gesamtausgabe, unter Leitung von Karl-Heinz Hahn herausgegeben von den nationalen Forschungs- und Gedenkstätten der klassischen deutschen Literatur in Weimar, bearbeitet von Wilhelm Dobbek und Günter Arnold, Weimar 1977 ff.

Kant, Immanuel, Gesammelte Schriften, hg. von der Königlich Preußischen Akademie der Wissenschaften, Berlin 1910 ff.

Otto, Regine: Herder auf dem Weg zu Spinoza, in: Weimarer Beiträge 24 (1978), no. 10, 165–177.

Schürmann, Eva, Waszek, Norbert u. Weinreich, Frank (Hg.): Spinoza im Deutschland des achtzehnten Jahrhunderts, Stuttgart-Bad Cannstatt 2002.

Schürmann, Eva: ›Ein System der Freiheit und der Freude‹ – Herder auf den Spuren von Spinoza: Die beiden Auflagen der Schrift *Gott* in ihrem Verhältnis zur *Ethica*, in: Schürmann/Waszek/Weinreich 2002, 357–376.

Spinoza, Baruch de: Opera, im Auftrag der Heidelberger Akademie der Wissenschaften herausgegeben von Carl Gebhardt, Heidelberg, o.J.

IV. Poetik, Ästhetik, Genre

Andre Rudolph

Kontinuum der Rhapsodie:
Herder – Hamann – Shaftesbury

Im Flickenteppich der Rhapsodie sind Kontinuum und Bruch miteinander versöhnt: bilden Brüche das Kontinuum. Die disparaten Stoffteile behalten mit ihren Farben, Formen und Texturen ihre jeweilige Eigenheit und bilden zu den benachbarten Stücken mehr oder weniger starke Kontraste. Gleichwohl sind sie einander angemessen, an ihren Rändern vernäht, in ein Kontinuum gefasst.

Dieses konsolatorische Bild ist dann gestört, wenn statt eines Zusammenhangs nurmehr lose verbundene Fetzen zu erkennen sind. In seiner 1764/65 entstandenen *Dithyrambischen Rhapsodie über die Rhapsodie in kabbalistischer Prose* teilt Herder mit, dass es ihm mit einem berühmten Text seines Königsberger Freundes Hamann, der *Aesthetica in nuce*, so gegangen sei: »*Der Rhapsodist hat gelesen*, selbst wo es niemand weiß [...] und beinahe stehts vor die Nachwelt, Noten ohne Text; denn wer ists, der mit ihm zugleich lese!« (FA I, 38).

Herder spielt auf Hamanns Verfahren an, die eigenen Schriften durch Rekomposition von Fremdtexten zusammenzustückeln. Dieses Verfahren ist variantenreich (Hoffmann 1972), neben in philologischer Manier ausgewiesenen Zitaten und Verweisen stehen Schlagwörter, Namen oder Anspielungen, häufig fehlen Hinweise auf mögliche Referenztexte ganz. Hamanns Cento-Technik verlangt vom Leser das beinahe Unmögliche, sich dem kontingenten Lektürestand des Autors anzupassen. Im Bild der Noten ohne Text beklagt Herder das fortgesetzte Ausbleiben des Verstehens, das zum Kalkül der Hamannschen Collagen gehört. Dessen Texte widerstehen Herders Versuch der kritischen *und* sympathetischen Annäherung im Medium der Parodie, wie er sie in der *Dithyrambischen Rhapsodie* praktiziert.

Die Wirkung von Hamanns Text auf Herder bleibt indes trotz solcher Rezeptionsschwierigkeiten bestehen. Noch 1792, dreißig Jahre nach Erscheinen der *Aesthetica*, zitiert Herder in der Abhandlung *Spruch und Bild. Insonderheit bey den Morgenländern. Einige rhapsodische Gedanken* (FA VIII, 29-47) einige Absätze aus dieser Schrift Hamanns. Anhaltende Aufmerksamkeit gilt dabei dem Thema, das bereits im Hintergrund von Hamanns *Rhapsodie in Kabbalistischer Prose* gestanden hatte: der Auseinandersetzung um J.D. Michaelis' Ausgabe von R. Lowths Vorlesungen *De sacra poesi hebraeorum*, und damit den rhetorischen und poetischen Qualitäten des Alten Testaments.

Das im folgenden näher zu zeichnende Kontinuum diskreter Beziehungen betrifft in diesen Zusammenhängen (von der bis zu Hamanns Tod 1788 ungebrochenen Freundschaft hier abgesehen) sowohl die Rhapsodie als auch das (quasi)hebraistische Motiv *Spruch und Bild* (vgl. Weidner 2003, bes. 195f.). Für Hamann und Herder, so wird sich zeigen, ist zum einen die konzeptuelle Verschränkung zeitgenössischer ›morgenländischer‹ und ›griechischer‹ Diskurse charakteristisch, zum anderen deren mimetische Verwendung für eigene poetische und textstrategische Konzepte.

Die Semantik des Begriffs Rhapsodie erweist sich mit Blick auf Herder als mehrschichtig:

1) Als improvisierter und extemporierter, an mythischen Vorlagen orientierter öffentlicher Gesang eines Rhapsoden stellt sie die spezifisch griechische Ausprägung jener

›Poesie der Alten‹ dar, die Herder in seinen kulturgeschichtlichen Entwürfen bzw. metahistorischen Ursprungsszenarien profiliert und konstruiert. Sie steht als ein solcher Gesang im Zeichen Homers, bzw. einer durch die zeitgenössische Altphilologie (Wagner 1960, Schwinge 1999), nicht zuletzt aber auch durch Platon geprägten Homervermittlung.

2) Die Wiederkehr der Rhapsodie im Titel von philosophischen Abhandlungen im 18. Jahrhundert, so bei John Dennis, Shaftesbury, Mendelssohn und Hamann, deutet auf einen gattungsverdächtigen Sammeltitel. Rhapsodie steht hier für philosophische Kompendien, für die lockere Gedankenfolge des Essays; näherhin für die gelehrte und elegante, philosophische und poetische, virtuose Prosa Anthony Ashley-Coopers, des Earl of Shaftesbury, an der sich Herder und andere Autoren im 18. Jahrhundert orientierten.

3) Schließlich ist die Rhapsodie als Charakteristikum von Herders Schriften zu nehmen, die in mehrfacher Hinsicht als rhapsodisch bezeichnet und von Hamanns Rhapsodien nach Form und Absicht unterschieden werden können. Die Kennzeichnung des philosophischen Essayismus als ›rhapsodisch‹ ist für eine Reihe von Texten Herders ebenso naheliegend und plausibel (Van der Laan 1990, 110), wie ihre Reichweite, jedenfalls unter diesem Begriff, bisher unerprobt geblieben ist. Dies wird im folgenden unternommen.

I. Rhapsodie von Platon zu Shaftesbury

In Platons gleichnamigem Dialog wird dem Rhapsoden *Ion*, der von einem Wettstreit »dem Gotte zu Ehren« siegreich zurückkehrt, durch Sokrates größte Bewunderung entgegengebracht. Sokrates beneidet Ions Kunst, die sowohl darin bestehe, sich am Leib geschmückt als Sänger zu präsentieren, als auch im Bemühen, das Gesungene verstehend auszulegen: »Denn es kann doch keiner ein Rhapsode sein, wenn er nicht versteht, was der Dichter meint, da ja der Rhapsode den Zuhörern den Sinn des Dichters überbringen soll.« (Platon ²1990, I, 5; Ion 530 c 3-6) Der Rhapsode, wenn er seine (im *Ion* vorzugsweise Homerischen) Verse improvisierend vorträgt, deutet zugleich seinen Stoff und schließt ihn für seine Zuhörer auf.

Sokrates' Frage gilt allerdings nicht dem epischen Stoff der Rhapsodie, sondern er fragt, auf welche Weise der Rhapsode das Gesungene auch *verstehe*. Dabei stellt sich heraus: Der Gesang des Rhapsoden zeichnet sich nicht wegen eines etwa privilegierten Wissens über das Gesungene aus (der Wagenlenker weiß besser, wie man einen Wagen lenkt, als derjenige, der ihn besingt), sondern:

> [A]lle guten Epiker sprechen nicht durch Kunst, sondern als Enthusiasten und Besessene alle diese schönen Gedichte und ebenso die rechten Liederdichter, sowenig die, welche vom tanzenden Wahnsinn befallen sind [...] Denn ein leichtes Wesen ist ein Dichter und geflügelt und heilig, und nicht eher vermögend zu dichten, bis er begeistert worden ist und die Vernunft nicht mehr in ihm ist. (Platon ²1990, I, 17; Ion 533 e 3-534 b 6)

Nicht technisches Wissen, sondern göttliche Kraft, so ergibt die sokratische Prüfung der Sache, verhilft dem Rhapsoden zur Adäquatheit seiner Wirklichkeitsdeutung trotz deren offenbarer Besinnungslosigkeit. Sein hermeneutisches Tun verdankt sich einer Teilhabe am Göttlichen, welches den Gesang des Rhapsoden inspiriert und ihn zu einem wahren Gesang im Zeichen eines Schönen macht. Hatten die frühen griechischen Epiker dabei an eine Inspiration durch die Musen gedacht, so finden wir in Platons *Ion* diesen Gedanken umgedeutet zu einer enthusiastischen *Ekstase*: der Dichter, und ihm nach der Rhapsode als sein Ausleger, verlieren in ihrem Gesang die Selbstkontrolle und geraten außer sich.[1]

Platon ist die richtige Adresse auch für das Verständnis eines Texts, auf dessen Titel Hamann und Herder mehrfach bezug genommen haben: Shaftesburys *The Moralists, a Philosophical Rhapsody, Being a Recital of Certain Conversations on Natural and Moral Subjects* (1709). Inwiefern ist hier die Philosophie rhapsodisch bzw. die Rhapsodie philosophisch? Und dachte wohl Kant an Shaftesbury, wenn er in der *KrV* diktierte: »Unter der Regierung der Vernunft dürfen unsere Erkenntnisse überhaupt keine Rhapsodie, sondern sie müssen ein System ausmachen, in welchem sie allein die wesentlichen Zwecke derselben unterstützen und befördern können« (Kant 1983, II, 695f.)?

Rhapsodie in diesem Sinne einer unvollständigen Argumentation bzw. nicht streng systematisch aufgebauten Abhandlung zu verstehen, ist mit Blick auf Shaftesbury sicher angezeigt (Rogers 1972); seine ›philosophische Rhapsodie‹ gilt hierin als ein Gründungsdokument. Allerdings steckt mehr dahinter: Bei Shaftesbury ist eine Verbindung zwischen der gefälligen, gesprächsweisen Präsentation eines philosophischen Diskurses und dessen Gegenständen zu beobachten, die komplex und planvoll inszeniert ist – und nicht auf das Moment einer lockeren Darstellungsform reduziert werden kann.[2] Dies indiziert bereits der Titel: Mit *rhapsody* und *recital* setzt Shaftesbury zwei starke poetische bzw. musikalische Akzente. Im Text dann erschließt sich der metaphorische Gattungstitel der Rhapsodie anhand der narrativen Elemente, mit denen Shaftesbury sein Thema nach platonischem Vorbild rahmt und reflexiv begleitet. Die dichterischen Formelemente dieses philosophischen Texts korrespondieren dabei eng mit seinem Thema.

Einige Andeutungen müssen an dieser Stelle genügen. Vor allem durch seinen Protagonisten Theokles will Shaftesbury in den *Moralists* den Weg zum Guten über die Liebe und das Schöne bahnen. Auf den Spuren von Platons *Symposion* entwickelt er eine erkenntnistheoretisch orientierte Erosphilosophie und postuliert eine Einheit des Schönen und des Guten, die sich auf Problemstellungen der *Ethik* bezieht, für Theokles aber zugleich in der teilnehmenden *ästhetischen* Schau einer eklektisch nach neuplatonischen Vorlagen als »uni-

---

[1] Die hier angedeutete ›schöne‹ Lösung für das Problem der spezifischen Wahrheitsleistung des Dichters steht im *Ion* so nicht bereit, sondern ist mit Blick auf Shaftesbury formuliert. Wie H. Gundert erörtert, verbleibt in Platons Frühdialog das Tun des Dichters und Rhapsoden in der Aporie, einerseits zwar als ›göttlich‹ attribuiert zu werden (damit verteidigt Sokrates den Dichter gegen sophistische Kritik), andererseits jedoch als entindividualisiertes, ekstatisches Tun nicht mehr am Logos zu partizipieren, wie es doch dem Selbstverständnis etwa Homers und Pindars entsprochen habe. »Die Sprache, mit der Platon diese göttliche Eingebung beschreibt, ist darum nicht mehr die homerische der Erhöhung und Erleuchtung durch den Gott, sondern die der dionysischen Ekstase und der ekstatischen Mantik.« (Gundert 1969, 181; vgl. jedoch ebd. zu weiterführenden Enthusiasmuskonzepten Platons bes. im *Staat* und im *Phaidros*).

[2] Eine solche reduzierte These vertritt bei aller Differenziertheit seines Arguments letztlich Pat Rogers, der auf der Grundlage einer Wortfeldanalyse die gängige Forschungsthese als unhistorisch relativiert hat, der ›Naturhymnus‹ im 3. Teil der *Moralists* habe als das eigentlich ›rhapsodische‹ Element von Shaftesburys Text zu gelten: »*The Moralists* is rhapsodic, in the only approbatory sense available to Shaftesbury, by reason of its loose-knit manner of proceeding and by its far from rigorous layout« (Rogers 1972, 251). Gleichwohl erschöpft sich darin das Rhapsodische der Rhapsodie keineswegs und gibt der hier Platons *Ion* entnommene (von Rogers nicht berücksichtigte) Konnex von Rhapsodie und Enthusiasmus m.E. sehr wohl Anlass, bereits in Shaftesburys Untertitel das Moment jenes *Gesangs* mitzuhören, der schließlich im 3. Teil philosophisch-poetischer Weise realisiert wird.

versal union of things« (Shaftesbury 2003, 305) konstruierten vollkommenen Natur gipfelt.³ Bekanntlich wurde Herder durch die im zweiten Abschnitt des III. Teils schließlich vorgeführte Betrachtung der schrecklich-erhabenen *und* schönen Natur (vgl. Zelle 1987) zu einer Nachdichtung inspiriert (SW XXVII, 397–406).

Shaftesbury zieht (oder mindestens: er inszeniert) dabei ästhetische Konsequenzen, die für einen philosophischen Text durchaus gewagt sind und daher im Gespräch durch mehrere Ankündigungen sorgfältig vorbereitet und gleichsam erprobt, durch das Postulat eines *vernünftigen* Enthusiasmus abgesichert und schließlich als einmalige Darbietung gegen Ende des Dialogs relativ zusammenhängend vorgetragen werden. Die enthusiastische Rede des Philosophen, die mit derjenigen des religiösen Schwärmers nicht zu verwechseln ist, bleibt ein Ausnahmefall erotischer Affiziertheit des Redners durch einen schönen und erhabenen Gegenstand. Von diesem Gegenstand in den Strom des Enthusiasmus hineingezogen (»I was drawn into the [...] vein of philosophical enthusiasm«; Shaftesbury 2003, 243) spricht auch der Philosoph plötzlich eben »like an enthusiast« (Shaftesbury 2003, 277). In der feierlichen Manier eines solchen Enthusiasten (vgl. zur Tradition: Schings 1977), der ausnahmsweise zum Rhapsoden wird, trägt Theokles seine Erwägungen zum Liebesgenuss der anschauenden Seele vor, der sich im Erkennen der kosmischen Ordnung erfüllt und schließlich, so scheint es, selbst den philosophischen Skeptiker Philokles zu überzeugen vermag.

Auch den philosophischen Umgang mit heiklen Seelenzuständen dieser Art konnte Shaftesbury an Platons Sokrates studieren, der im Gespräch mit *Phaidros*, von einem Göttlichen ergriffen, gleichfalls im »ungewöhnlichen Fluß« seiner Rede bald »nicht mehr gar fern von Dithyramben« zu sein vorgibt (Platon 1990, V, 237 f.; Phaidros 238 c–e). Im schwankenden Licht einer Feier des philosophischen Eros, ironischer Verstellung und rhetorischer Inszenierung, das bereits die einschlägigen Passagen in Platons Dialogen kennzeichnet, verstattet auch Shaftesbury der Rhapsodie in seiner philosophischen Erzählung poetischen Raum.

II. Jüdisch-christliche Spruchweisheit und philosophische Rhapsodie: Hamanns *Aesthetica in nuce*

Dass der selbsterklärte Lutheraner Johann Georg Hamann sich affirmativ auf den Deisten und Religionsspötter Shaftesbury bezogen haben könnte, erschien der Forschung trotz Hamanns früher Übersetzungen⁴ sowie einer Reihe von Nennungen in seinen publizierten Texten offenbar als so abwegig, dass die Shaftesbury-Allusion im Untertitel der *Aesthetica.In.Nuce. Eine Rhapsodie in Kabbalistischer Prose* bislang nie zur Deutung dieser Schrift herangezogen wurde.⁵ Die Platon-Shaftesbury-Linie, die mit dem göttlich inspirierten Gesang des Rhapsoden bzw. seiner philosophisch-poetischen Imitation signalisiert ist, stellt jedoch die –

---

3 Siehe insbesondere zur Abhängigkeit Shaftesburys von den Cambridge Platonists: Cassirer 1932, darüber hinaus zu Shaftesbury zwei neuere deutschsprachige Dissertationen: Baum 1997, Großklaus 2000 (mit Korrekturen an Cassirers These); vgl. zum Thema des Shaftesburyschen Naturhymnus die präzise Darstellung Angelica Baums (1997, 309 ff.).
4 Vgl. den Abdruck in der Hamannausgabe: N IV, S. 133–191; Hamann fertigte Übersetzungen von Shaftesburys *A Letter concerning Enthusiasm* und *Sensus communis* an.
5 Vgl. zu Hamann und Shaftesbury den Beitrag von Christoph Deupmann (1999), wo jedoch die *Aesthetica* ebenfalls übergangen wird.

bislang für selbstverständlich genommene – Grundlage jener jüdisch-christlichen Inspirationstopoi dar, mit deren Hilfe dann die Umdeutung platonischer Motive erfolgt.[6]

Im genannten Text, dem Kernstück seiner *Kreuzzüge des Philologen* (1762), verteidigt Hamann den Offenbarungscharakter der biblischen Zeugnisse gegen den nach seiner Auffassung bei allen Verdiensten hermeneutisch inadäquaten poetisch-rhetorischen und philologischen Diskurs Lowth-Michaelis. Hamann seinerseits exponiert auf der Grundlage einer Deutung der paulinischen Unterscheidung von Geist und Buchstabe[7] eine pneumatische Hermeneutik, die sich auf die Heilige Schrift ebenso wie auf das Buch der Natur erstreckt und in einer apologetischen Engführung beider besteht. Gegen philosophische und philologische Bibellektüren seiner Zeit (vgl. Reventlow 1980), besteht Hamann bei der Deutung der Bücher der Natur und der Schrift auf deren göttlichem Zeugnis- und Mitteilungscharakter. Der Weg zu diesen Zeugnissen führt über die unverstellte synästhetische Wahrnehmung des Schöpfers in seinen Geschöpfen sowie die demütige Ausübung des adamitischen Herrschaftsrechts. Am Leitfaden des Genesismythos geht es dabei in der *Aesthetica* zunächst um den Text der Natur, der (mit Ps 19, 1-5) als Signatur der göttlichen Offenbarung zu lesen ist: »Rede, daß ich Dich sehe! – – Dieser Wunsch wurde durch die Schöpfung erfüllt, die eine Rede an die Kreatur durch die Kreatur ist; denn ein Tag sagts dem andern, und eine Nacht thuts kund der andern« (N II, 198: 28-30). Diese prägnanten Sätze (vgl. Ringleben 1988) sprechen u.a. dafür, dass das Schöpfungswerk Gottes hier als adressierte Handlung verstanden wird, die in erster Linie den Menschen als den (nach seinem Autor) zweiten Leser des göttlichen Textes meint.

Der Mensch ist es schließlich auch, der mit Adams Benennung der Tiere in den Genuss einer schöpferähnlichen Handlung kommt:

> Denn wie der Mensch sie nennen würde, so sollten sie heißen. // Diese Analogie des Menschen zum Schöpfer ertheilt allen Kreaturen ihr Gehalt und ihr Gepräge, von dem Treue und Glauben in der ganzen Natur abhängt. Je lebhafter diese Idee, das Ebenbild des unsichtbaren Gottes in unserm Gemüth ist; desto fähiger sind wir Seine Leutseeligkeit in den Geschöpfen zu schmecken, zu beschauen und mit Händen zu greifen. (N II, 206: 25-207: 5)

Mit Händen zu greifen, wenn auch nicht leicht scharfzustellen, sind in Hamanns Szenario Versatzstücke eines platonischen Christentums, das in vielem durchaus an Shaftesburys plotinische *Schau* der (lebendigen) Natur sowie später in dieser Tradition aufkommende newtonianisch-physikotheologische Topoi erinnert. Dies gilt zum einen für die auch bei Shaftesbury als göttliche Kommunikationshandlung verstandene und kontemplative Andacht provozierende Schöpfung selbst:

> All nature's wonders serve to excite and perfect this idea of their author. It is here he suffers us to see and even converse with him in a manner suitable to our frailty. How glorious it is to contemplate him in his noblest of his works apparent to us, the system of the bigger world (Shaftesbury 2003, 308).

---

6 Mit dem Formprinzip der Rhapsodie haben sich H.-M. Lumpp und W. Schmidt-Biggemann befasst. Beide heben zurecht die performative Dimension des Rhapsodischen heraus: »seine rhapsodische Ästhetik ist also eine hermeneutische Schrift, ein Stück Verkündigung, wo die (christliche) Verkündigung weiterverkündigt wird« (Lumpp 1970, 31); »Eine solche [antirationalistische, A.R.] Streitschrift muß ihren Sinn selbst in ihrer Form vollziehen, sie muß performativ wirken – wie der Vollzug eines Sakraments« (Schmidt-Biggemann 1999, 490).

7 Vgl. die Anspielung auf 2 Kor 3, 4-6 an einer entscheidenden Stelle der Argumentation; N II, 203: 5-9: »Falls man aber die ganze verdienstliche Gerechtigkeit eines Schriftgelehrten auf den Leichnam des Buchstabens erhöht; was sagt der Geist dazu ...«.

Die Übereinstimmung erstreckt sich darüber hinaus auch auf den Imago-Dei-Gedanken, der das Zitat bei Hamann bestimmt und sich durch die Rede von einer *Analogie des Menschen zum Schöpfer* und das Postulat einer Art Deus-in-nobis-Vorstellung mit erkenntnistheoretischer Pointe ebenfalls als neuplatonisch inspirierte Variante der Deutung von Gen 1, 27 ausweist. Zwei Absätze vorher bezieht sich Hamann mit einem Manilius-Zitat explizit auf die Mikrokosmos-Makrokosmos-Analogie: »Exemplumque DEI quisque est in imagine parua.« (N II, 198: 10).

Zu Shaftesburys (und Herders) Vorstellung des Dichters als eines ›second maker‹ (Müller 2004, 23–31) ist es von dieser theo-anthropologischen Konstellation aus nicht mehr weit. Vergleichbares wie in Hamanns *Aesthetica* geschieht in Shaftesburys *Moralists*, wo Theokles in einer Art philosophischen Gebets folgendes ausführt: »the assurance we have of [...] thee, the great exemplar of thy works, comes from thee, the all true and perfect, who hast thus communicated thyself more immediately to us, so as in some manner to inhabit within our souls, thou who art original soul« (Shaftesbury 2003, 308).

Der kursorische Vergleich beider Autoren soll hier davon überzeugen, dass es sehr wohl thematische Verbindungen zwischen ihren Rhapsodien gibt. Hamanns *Aesthetica* partizipiert – trotz zahlreicher von Shaftesbury gravierend abweichender Interessen![8] – an Figuren christlich-neuplatonischer Kosmologie und Erkenntnistheorie, für die am Anfang des 18. Jahrhunderts Shaftesbury noch einmal wirkungsmächtige, bis hin zu Herder und darüber hinausreichende Signale setzt.

Lassen sich an Hamanns Rhapsodie somit erstens punktuelle thematische Affinitäten zu Shaftesburys *Moralists* feststellen, so fallen zweitens formale Gesichtspunkte ins Auge.

Schon die Zusammenstellung der Motti, mit denen die *Rhapsodie in Kabbalistischer Prose* beginnt, verdeutlicht, dass bei Hamann wie bei Shaftesbury *Rhapsodie* ein reflexives und performatives poetisches Formprinzip und zugleich ein (im weitesten Sinne) philosophisch-theologisches Deutungsinstrument bezeichnet.

Das erste Motto auf dem Titelblatt des Texts stammt aus dem Deborah-Lied im Buch der Richter (5, 30) und lautet: »Beute an Tüchern, buntgewirkt, ein, zwei bunte Tücher als Beute für meinen Hals.« Im Kontext dieser Verse geht es um Beutegeschenke, die sich Frauen von ihren aus dem Krieg zurückkehrenden Männern erhoffen. – Aus solchen bunten Tüchern besteht die Rhapsodie. Mit der alttestamentlichen Szene im Blick ist hier auf die eingangs erwähnte ›räuberische‹ Methode der Textherstellung bei Hamann gedeutet: fremde

---

8   Mehrere Unterschiede sind namhaft zu machen. (1) Shaftesburys naturphilosophische, spekulativ-metaphyische Interessen (›*system* of a bigger world‹) gehen Hamann völlig ab, der sich seit seinen *Biblischen Betrachtungen* als Kritiker jeglicher philosophischer Naturdeutung geriert. (2) Nicht die vollkommene Harmonie des Schönen und Guten, sondern »Turbatverse und *disiecti membra poetae*« (N II, 198: 35) sind das zweifelhafte Ergebnis der Naturandacht bei Hamann; seine christliche Sündenlehre schlägt auf die Gnoseologie durch und begrenzt seine ›neuplatonische Ästhetik‹ auf fundamentale Weise. (3) Hamann ruft mit seinem Verweis auf das Machtgefälle zwischen Schöpfung und Mensch letzteren zum verantwortlichen Gebrauch der ihm verliehenen Machtvollkommenheit auf, ein wichtiger Akzent seiner Imago-Dei-Vorstellung, der allerdings *mit* dem o.g. bestehen kann. (4) Mit einer gleichsam naturalisierten und universalisierten Fassung des im Psalmzitat (Ps 34, 9) evozierten Abendmahlsgeschehens hat das Szenario bei Hamann zudem einen christlich vertieften sensualischen Charakter, für den die philosophische *theoria* Shaftesburys nicht offensteht. – Diese ›Unterschiede‹ (wie sollte es bei solchen territorialen und zeitlichen Differenzen auch anders sein!) sind erheblich; dennoch soll entgegen bisherigen Lektüren und zur Schärfung des zeitgenössischen Profils der *Aesthetica* hier einmal Hamanns Affinität zum Platonismus Shaftesburys akzentuiert sein.

Sätze zu stehlen, um sie in neuer, notfalls gewaltsamer Fügung zu einer eigenen Flicken-Textur zusammenzuziehen.

Dass dieser Vorgang nicht allein spielerisch, sondern durchaus kriegerisch gemeint ist (*Kreuzzüge des Philologen*!) und der Rhapsode dabei ein dringliches inneres Anliegen kommuniziert, das nur keine andere Form erlaubt als die von ihm gewählte, zeigt das zweite Motto aus einer der Elihu-Reden bei Hiob: »Siehe, mein Inneres ist wie der Most, der zugestopft ist, der die neuen Schläuche zerreißt. Ich muß reden, daß ich mir Luft mache, ich muß meine Lippen auftun und antworten ...« (Hi 32, 19–21; vgl. N II, 196). Der Wortstau des Predigers entlädt sich eruptiv. Der gärende Most zerfetzt die Schläuche. Der Prophet vernäht die Fetzen zu einer Rhapsodie. Auf diese Weise bietet Hamann am Beginn der *Aesthetica* eine Reihe von aufeinander bezogenen (sexuellen) Metaphern an, die seine textuellen Inszenierungen und sein apologetisches Anliegen ankündigen und beschreiben.

Im dritten Motto wechselt Hamann von der alttestamentlich inspirierten Prophetie zu einem horazischen Inspirationsvers: ›Lieder nie zuvor gehört, singe ich, Priester der Musen den Jünglingen und Jungfrauen‹, um dann bereits in der zweiten Anmerkung zum Text auf Platons *Kratylos* zu verweisen, wo Hermogenes an Sokrates einen ungewöhnlichen Hang zum Enthusiasmus wahrzunehmen meint – und dieser sich ironisch dazu bekennt.[9]

Der begeisterte Sprecher, so ergibt diese Zusammenschau von Titel, Motti und Anmerkungen des Hamannschen Texts, reiht verschiedene Inspirationstopoi aneinander, ist alttestamentlicher Prophet, homerisch-platonischer Rhapsode und pindarisch-horazischer Lobsänger zugleich (vgl. zu Hamann und Pindar: Hamilton 2000). Dass die philosophische Prosa dieses Dichters auch tatsächlich poetisch sei, macht die lyrische Rhythmik der Eingangssätze wie auch weiterer Passagen der *Aesthetica* glaubhaft, wo das dichterische und musikalische Formelement der Rhapsodie mit Hilfe von feierlich-hymnischen Prosaperioden nachgeahmt wird:

> Nicht Leyer! – noch Pinsel! – eine Wurfschaufel für meine Muse, die Tenne heiliger Litteratur zu fegen! – – Heil dem Erzengel über die Reliquien der Sprache Kanaans! – auf schönen Eselinnen siegt er im Wettlauf; – aber der weise Idiot Griechenlands borgt Euthyphrons stolze Hengste zum philologischen Wortwechsel. (N II, 197: 10–14)

Hamann verbindet den platonischen Enthusiasmus und die Rhapsodie der Griechen mit der Poesie der Bibel, den Spruchweisheiten alttestamentlicher Prophetie. Wenngleich er dabei dem Kanon der Heiligen Poesie nachdrücklich den Vorzug gibt,[10] so gliedert er die griechische und lateinische Antike diesem Kanon doch umstandslos ein. Auf einer *historisch-eschatologischen* Ebene ist es die Totalperspektive seiner Typologese, mit deren Hilfe Hamann den Bogen *einer* einzigen Offenbarungsgeschichte von der Heiligen Poesie der Hebräer über die heidnische Antike bis hin zum Neuen Testament und schließlich in seine eigene Zeit zu spannen, und dabei auch die Unterschiede zwischen dem Volk Gottes und den gelehrten Heiden zu überbrücken vermag. Auf einer ästhetischen Ebene stehen ihm für die Verschränkung von Athen und Jerusalem andere Modelle zur Verfügung, so etwa dasjenige Robert Lowths. Dieser erklärt in seinen Vorlesungen *Von der Heiligen Poesie der Hebräer* den Spruch,

---

9 Vgl. das Horazzitat (Horaz, Carmina III, 1) in N II, 197: 2–5 ([...] carmina non prius / Audita, Musarum sacerdos, / Virginibus puerisque canto), sowie N II, 197: 29–38 die von Nadler mit »2« numerierte Anmerkung (vgl. *Kratylos* 396 d 2ff. mit Kontext).

10 N II, 209: 18–20: »Warum bleibt man aber bey den durchlöcherten Brunnen der Griechen stehen, und verläst die lebendigsten Qvellen des Alterthums?«

hebr.: *maschal*, zum Hauptkennzeichen der alttestamentlichen Poesie und führt aus: »The word *mashal*, in its most common acceptation, denotes resemblance, and is therefore directly expressive of the figurative style« (Lowth 1995, I, 104).

Der *Spruch*, dessen rhetorisches Kennzeichen die erhabene Kürze darstellt, fungiert denn auch bei Hamann und Herder als Hauptform, Ursprung und Nukleus der hebräischen Poesie. Lowth unterscheidet didaktische von wahrhaft poetischen Sprüchen und lässt aus letzteren die sentenziösen, figurativen und erhabenen Genera als die stilistischen Charakteristika dieser Poesie hervorgehen (Lowth 1995, I, 78). Das *Bild*, genauer: Bild und Empfindung kennzeichnen für Herder die hebräische Sprache in den Wurzeln ihrer Wörter (vgl. Weidner 2003, 194-198).

Was schließlich *Lowth* im einzelnen über die Kürze und Dunkelheit der Spruchweisheiten im Alten Testament ausführt, liest sich zugleich als treffende Charakteristik von Hamanns Stil, der sich auf dieser Grundlage als Nachahmung alttestamentlicher Prophetie im Zeichen rhetorischer *brevitas* und *obscuritas* erweist. Denn die wahren poetischen Sprüche der Hebräer sind nach Lowth

> adorned with all the more splendid colouring of language, magnificently sublime in the sentiments, animated by the most pathetic expression, and diversified and embellished by figurative diction and poetical imagery [...] Brevity or conciseness was a characteristic of each of these forms of composition, and a degree of obscurity was not unfrequently attendant upon this studied brevity. (Lowth 1995, I, 98)

Sprüche und Bilder dieser Art fügen sich in Hamanns christologischer Ästhetik aneinander, die unter Verwertung stilistischer Vorgaben Shaftesburys als philosophische Rhapsodie erscheint und zugleich in mimischer Anverwandlung von Lowths poetisch-rhetorischer Interpretation des Alten Testaments als freirhythmisch-lyrisch inszenierte, kurze, dunkle Prosa vorgetragen wird.

III. *Dithyrambische Rhapsodie über die Rhapsodie kabbalistischer Prose* [11]

Herders Text scheint bereits im Titel anzudrohen, die von Hamann angezettelte babylonische Sprachverwirrung noch weiter treiben zu wollen. Als wäre die Transtextualität und das System von Sprüchen, Rätseln und Anspielungen in der Vorlage noch nicht genug, imitiert und parodiert die Rhapsodie über die Rhapsodie den philosophischen Gesang der *Aesthetica* und gibt so weiter, was in Platons *Ion* als Eigenschaft des Rhapsoden festgehalten und bereits von Hamann zitiert wurde: Indem er die Verse der Dichter interpretiert, ist der Rhapsode ein *hermēnéōn hermēnēs* (Ion 535 a 9), ein Ausleger der Ausleger.

Der Modus dieser Auslegung, so will es Herders Titel, ist der Dithyrambus (vgl. Henkel 1981, Brummack 1997). »Dithyramben waren Gesänge auf den Bacchus, die eine Art von

---

11 Vgl. zu dieser Schrift Beiträge von Schöne (1960) und Irmscher (1994); der Kommentar Gaiers im ersten Band der Frankfurter Ausgabe zeichnet den Argumentationsgang von Herders Text bis in Einzelheiten nach, wobei freilich über Pointen wie die folgende anhand des oben Ausgeführten gestritten werden kann: »Hamann redet von Poesie trauernd in Prosa, Herder singt von Prosa poetisch begeistert.« (FA I, 880)

trunkener Wut ausdrückten, wild in Metaphern, höchst kühn in Ausdrücken, und im Silbenmaße frei waren. Sie erreichen den höchsten Grad der Begeisterung.« (FA I, 60) So definiert Herder selbst in seinen Materialien zur Ode. Mit dem Überbietungsgestus der »Dithyrambischen Rhapsodie« verdoppelt sich der göttliche Lobgesang, wobei die Mehrdeutigkeit des Titels einiges über das Verhältnis Herders zu Hamann um 1765 erkennen lässt.

Abgekürzt ist dazu zu sagen: Mit seinem theatralisch aufgeführten Kultgesang über Hamanns *Rhapsodie* gibt Herder ohne Zweifel seiner Begeisterung über diesen Text Ausdruck. Wie die *Aesthetica*, von der er sich durch zahllose Bezüge abhängig macht, ist auch sein eigener Text der Form nach eine Rhapsodie, also eine fragmentarische philosophische Improvisation über das Hamannsche Thema, weder vollständig noch systematisch. Herder imitiert Hamanns Spiel mit der poetischen Form und steigert es noch, indem er z. B. Zwischenüberschriften wie Erster und Zweiter Gesang formuliert (vgl. FA I, 33; 35).

Zugleich mit einem dithyrambischen Lobgesang handelt es sich bei Herders Rhapsodie um eine eigenständige Interpretation der Vorgabe. Diese Auslegung erweist sich über viele Passagen hinweg allerdings als überaus kritische Stellungnahme insbesondere zu Hamanns Stil und Textverständnis. Herder signalisiert, dass er der rhapsodischen Form misstraut und äußert sich verärgert darüber, dass der Leser keine Chance habe, die dunklen prophetischen Rätselsprüche des Orakelphilologen zu verstehen.

Was Herder an Hamanns Text schließlich kritisiert, ist die Tatsache, dass der in der *Aesthetica in nuce* für den kommenden Äon beschworene heilige Gesang von seinem Künder, also Hamann, nicht selbst eingelöst wird, während er, Herder, sich um solchen Gesang wenigstens immer wieder bemüht habe. Dieser Vorwurf ist ein Hauptschauplatz der Forschung. Herder schreibt:

> Lieber warum bist du nicht ein Virtuose, um den Gott im Menschen zu singen, und unsre Natur zu verewigen. Jauchzen Miltons und Klopstocks, samt allen Engeln im Himmel jenseit [!] der Alpen lauter Theologien: wo wohnt denn er, der sich an sich selbst zum Gotte schafft, wie Alexander am Achill, und dies weite Thema, groß wie eine Welt, umfasset. Ob ich gleich immer zu sehr profanum vulgus bin, um deinen hieroglyphischen Adam zu entziffern, oder deine Dechiffrierkunst über ihn zu verstehen: so habe ich doch oft meine Stimme, wie eine Posaune erheben wollen, um die Welt der menschlichen Seele herzujauchzen, wo hier Tiefen der Gottheit, im Enthusiasmus der Leidenschaften, dort Tiefen der Gottheit, in der heiligen Trunkenheit und in den Rasereien der Träume brausen; herzusingen – aber nicht in Lehrgedichten, die durch den Doppelstrich der Antithesen, den lebendsten Körper zum Gerippe knuten; sondern in einem mitternächtlichen Bardengesange (FA I, 34: 14-24; mit Anspielung auf N II, 200: 20 f.).

H.-D. Irmscher und H.-G. Kemper haben anhand dieser Passage einen entscheidenden Unterschied zwischen Hamann und Herder darin gesehen, dass dieser mit Hilfe der Ovid-Formel ›Est Deus in nobis ...‹ (Fasti 6,5) eine Selbstvergottung des Menschen propagiere, während jener an der »theologisch heils-ästhetische[n] Botschaft ›Gott als Mensch‹« (Kemper 2002, 161) festgehalten habe. – Ist es indes wirklich sinnvoll zu sagen, dass Herder »von einer Identität zwischen Gott und Mensch, mindestens von einer durchlässigen Grenze zwischen beiden« (Irmscher 1994, 149) ausgegangen sei? Hier werden m. E. Aussagen vorschnell als theologische verstanden, die poetologischen Kontexten entstammen und von Herder als auratische Selbstdeutungen in solchen Kontexten eingesetzt werden. Auf ihrer Grundlage das Gottesbild Herders mit demjenigen Hamanns zu vergleichen ist heikel, zumal wie gehört umgekehrt Hamann von einer Analogie zwischen Gott und Mensch spricht. Kann Herder tatsächlich Identität meinen anstelle der Analogie?

Den Enthusiasmus der Leidenschaften und jene heilige Trunkenheit, die den Hamannschen Rhapsoden befeuerte, will Herder in seiner Lyrik dieser Zeit, in der er sich als Nachahmer des Pindar bezeichnet, mit Hamann teilen. Wenn Herder dabei Hamanns *Aesthetica* als Forderung nach einer Restitution des enthusiastischen Gesangs versteht, wie er für poetischere Weltalter charakteristisch gewesen ist, so macht er doch deutlich, dass der Text, in dem diese Restitution gefordert wird, selbst keine poetische Rhapsodie sei. Vielmehr stellt er sich Herder als Teil jenes dekadenten prosaischen Treibens der Verstümmelung der Natur dar, die Hamann doch kritisiere: Er *wird nicht* die heilige Trunkenheit, die er in feierlicher Manier beschwört, sondern bleibt Theorie in einem theorielastigen ursprungsfernen Zeitalter, noch dazu die schlechte Theorie von Sprüchen: »Seine [Hamanns, A. R.] Wissenschaft ist ein Tintflecken auf Löschpapier, wohin unzählige *Lettern* zusammengeflossen sind: seine Gedanken sind Aussichten, seine Aussichten Schlußsätze, zu denen uns das Gerüst der Prämissen fehlt, und seine Worte also Sprüche des Weisen, zu erhaben vor jeder Ein- und Anwendung.« (FA I, 38)

Mangelnde Diskursivität und philosophisch-praktische Nutzanwendung kennzeichnen in Herders Augen Hamanns unzeitgemäße Prophetie, so sehr er sich für diese Sprüche zugleich auch begeistert. Imitierend durchdringt Herder Hamanns philosophische Rhapsodie, partizipiert an ihrem ästhetischem Kalkül einer vitalistischen Polemik und leidenschaftlichen Prophetie im Gewande des absichtsvollen Obskurantismus – und lässt dieses Kalkül schließlich zurück. Hamanns sublimer rhapsodischer Gestus wird in Herders Essayismus stattdessen zu einem mittleren Stil schöner Prosa gemildert und bekanntlich in die Trias von Philosoph, Dichter und Historiker überführt.

Rhapsodisch ist also auch Herders Essayistik, jedoch auf eine gegenüber Hamanns Rhapsodie und Glossolalie zugänglichere und variantenreichere Art – und zudem mit jenem historischen Interesse, dessen Detailreichtum den polyhistorischen Hamann zwar ebenfalls interessiert, sich jedoch in seinen Texten nur bruchstückhaft, rhapsodisch: in Sprüchen findet. Herder hingegen versucht genetisch zu entwickeln und so finden wir bei ihm mehrfach Ausführungen über jenen auch für ihn wichtigsten Rhapsoden Homer, die hier zumindest nicht ganz ausgeblendet werden sollen.

IV. Überlagerungen von Homerischer Rhapsodie und Poesie der Hebräer

In den Fragmenten *Über die Neuere deutsche Litteratur* schließt Herder im Kontext der Übersetzungsproblematik unmittelbar an die oben geschilderte platonische Variante der Homerischen Rhapsodie an: »Wenn ich den Homer lese, so stehe ich im Geist in Griechenland auf einem versammleten Markte, und stelle mir vor, wie der Sänger Io, im Plato die Rhapsodien seines göttlichen Dichters mir vorsinget.« Ausdrücklich empfiehlt Herder für das Studium Homers, wenn es dessen Originalschönheiten wenigstens annähernd erfassen wolle, ihn wie der Rhapsode Ion: zu singen.

Mit seiner Variante eines um Historizität bemühten zeitgenössischen Homer-Bilds[12] hält Herder die Überlieferung Homers für eine nachträgliche Konstruktions- und Syntheseleis-

---

12 Vgl. näheres bei Schwinge 1999, bes. 32 ff.: Herder argumentiert in den späten 1760er Jahren u. a. mit Blackwell gegen C. A. Klotz; gewinnt aber, so Schwinge, etwa in den Humanitätsbriefen einen ›ahistorischen‹ Homer zurück; siehe dazu Schwinge 1999, 42 ff.

tung: »Homer sang und wurde spät gesammelt.« (FA I, 202). Homer selbst sei Rhapsode gewesen, die Schönheit seiner Sprache beruhe auf dem öffentlichen Vortrag (vgl. FA I, 202-204). Als solchermaßen singenden Zeugen für den poetischen Ursprung der Menschheit schätzt Herder Homer wie keinen Autor der Antike: Homer ist *singende Natur*, wie es mehrfach heißt, und nimmt in Herders Poetik als Kronzeuge des ursprünglichen Gesangs eine hervorragende Position ein.[13]

In welcher Relation steht diese Naturpoesie der Sänger und Rhapsoden bei Herder zu den von ihm auf andere Weise ebenfalls als Ursprungsdichtung bemühten Orientalia? Schon dass diese Frage so gestellt werden kann, deutet darauf hin, dass es sich bei Herders Poetik nicht allein um eine Stoffsammlung aus antiquarischem Interesse handelt, sondern dass er die jeweiligen Nationalpoesien zu einer poetischen Historie und Menschheitsgeschichte konzeptualisiert, der ein Ursprungsszenario und eine Verfallsgeschichte eingeschrieben sind. Griechenland- und Morgenlanddiskurs überlagern einander, indem sie gleichermaßen für die poetische Ursprungstheorie funktionalisiert werden.[14]

Das rhetorisch-poetische Inventar zur Charakterisierung der jeweiligen ›Volksdichtungen‹ ist dabei begrenzt: Über die Sinnlichkeit und Kühnheit der Bilder verbreitet sich Herder nicht nur angesichts Homers sondern analog der hebräischen Poesie, ob in seiner *Abhandlung über den Ursprung der Sprache* oder den späteren Schriften zum Alten Testament. Es sind eben beide, hebräische und griechische Dichtung, die lebendigen Ausdrucksformen *alter Völker*, die bei aller Verschiedenheit ihre unwiederbringliche Lebendigkeit und Poetizität gemein haben und daher bei Herder gleichermaßen für das poetische Potential menschlicher Sprachlichkeit stehen können.

Nicht nur im Hinblick auf Hamann fügen sich für Herder Dithyrambus und Rhapsodie also ganz problemlos ineinander: die Homerischen Rhapsodien wie der ältere Dionysos-Kult und andere teilweise verschüttete poetische Zeugnisse des Altertums waren ursprünglich natürliche Poesie und für den Gesang gemacht. Herder kann mit einer solchen Reihung soweit gehen, dass er den Satz aus Hamanns *Aesthetica*: »Poesie ist die Muttersprache des menschlichen Geschlechts« in seinen Fragmenten zur Ode wie folgt ergänzt: »Die Poesie ist die Muttersprache etc. die Muttersprache der Poesie: *das Lied* etc. Hebräer, Griechen, Celten, Druiden.« (FA I, 61) Es ist der schlechthin poetische Liedcharakter, der die poetische Kindheit des Menschengeschlechts ausmacht und der es Herder erlaubt, die verschiedenen Erscheinungsformen und Stufen der Poesie im Altertum ahistorisch zu überwölben und so ein Kontinuum rhapsodischer Weltdeutung zu konstruieren: Die Psalmen Davids, die Rhapsodie Homers, die dithyrambischen Oden des Dionysos-Kults, die Siegeslieder Pindars gehören diesem Kontinuum trotz aller ihrer Unterschiede zu.

Hamann und Herder setzen den Gedanken von der Poesie als Muttersprache des menschlichen Geschlechts auf verschiedene Weise ein. Hamann macht einen ebenso aktualisierenden wie apokalyptisch-eschatologischen Gebrauch vom Gedanken enthusiastischer Poesie und nimmt diese für seine Apologie der Bibeloffenbarung in Dienst, für die er Maske

---

13 Im zweiten Fragment heißt es z.B.: »Und dieses jugendliche Sprachalter, war bloß das *poetische*: man sang im gemeinen Leben [...] die Sprache war sinnlich, und reich an kühnen Bildern: sie war noch ein Ausdruck der Leidenschaft, sie war noch in den Verbindungen ungefesselt [...] Seht! Das ist die poetische Sprache, die poetische Periode. Die beste Blüte der Jugend in der Sprache war die Zeit der *Dichter*: jetzt sangen die *aiodoí* [!] und *rhapsodoí*: da es noch keine Schriftsteller gab, verewigten sie die merkwürdigsten Taten durch Lieder ...« (FA I, 183: 3-13).
14 Dies ist allerdings gut bekannt und braucht hier nicht wiederholt zu werden; vgl. zu einer ähnlichen diskursiven Konstellation: Simon 1998, 74.

und Stigma des begeisterten Rhapsoden und des weisen wie dunklen Spruchdichters gebraucht, der das Zeitalter der Vernunft züchtigen will. Herder setzt die verschiedenen Stränge der Überlieferung der Alten zu einem historischen Gebilde zusammen, wobei er erhebliche Anstrengungen unternimmt, die Differenzen zwischen den einzelnen Volkspoesien der Alten sichtbar werden zu lassen. Heißt es dabei einerseits: »Kurz der Dithyrambe war keine ebräische Hymne« (FA I, 81), so rücken andererseits die kurze gottbegeisterte Spruchdichtung des AT und Homers Rhapsodien in der Kindheit und Jugend der Menschheit zusammen.

V. Herders Rhapsodien über die Poesie der Hebräer

Seine historisch-poetische Synthesisleistung unterscheidet Herder von Hamann ebenso wie die zumal gegenüber Hamanns Texten anmutige Prosa. Philosophische Fragmentaristen bleiben indes beide, und auch thematisch hält sich Herder (mit größeren Abständen) immer wieder in der Nähe dessen auf, was auch Hamann interessiert: das Alte Testament und dessen Poetizität – die Herder im übrigen höher veranschlagt als Hamann, bei dem ›noch‹ die apologetische Stoßrichtung der *rhetorica sacra* dominiert, wie sie durch Hieronymus geprägt wurde (vgl. zu deren Tradition: Dyck 1977).

Mit einem Blick auf zwei einschlägige Texte Herders aus den Jahren 1774 bzw. 1781/82: die *Älteste Urkunde* sowie *Vom Geist der Ebräischen Poesie* soll abschließend der Bogen zurück zum morgenländischen Thema und zu *Spruch und Bild* geschlagen werden.

Auch hier interessieren zunächst formale Gesichtspunkte: An beiden Texten nämlich, der *Ältesten Urkunde* und der *Ebräischen Poesie*, wird deutlich, welche eigenen Wege Herder mit der Shaftesbury-Hamannschen Form der philosophischen Rhapsodie geht. Beide Texte können als verschiedene Varianten der Rhapsodie verstanden werden.

Die *Älteste Urkunde* partizipiert am Modell der Rhapsodie als begeisterter poetischer Prosa durch ihre auf die Affekte des Lesers abzielende, gewissermaßen homiletische Rhetorik: Die Begeisterung über die Erhabenheit der göttlichen Lehre soll sich durch den exklamatorischen Schwung des über sie predigenden Exegeten mitteilen, der mit seinen kurzen Sentenzen die göttliche spruchhafte Lehrart selbst nachahmen will. Ein Beispiel über die Schöpfung am dritten Tag:

> Aufgehende Morgenröte! Siehe da, die ganze Schöpfung im Anbruche! In der lieblichsten, mildesten schonendsten Sukzession! Jedes Gemälde nur Einen Augenblick, aber welch Gemälde und welchem andern machts Platz! [...] Aufgehende Morgenröte! Nun bin ich vom Schlaf erwacht! neu erschaffen! neu geboren! Alle meine Kräfte durch den Schlaf gestärkt, zur Lehre tüchtig – wer ist, der lehre? Siehe da den ersten Morgenstrahl! – erschrickst? dein Auge folgt dem lieblichen Bilde – Folge! (FA V, 248)

Der Ausleger misst sich hier der bilderreichen Poesie des Ursprungs in feierlicher Manier an, indem er seine Interpretation auf zahlreiche, kurze Ausrufe beschränkt. Dieser Deutungsmodus, mit dem sich Herder von fachwissenschaftlichen Standards entfernte, ist wie Hamanns *Aesthetica* und auch die *Dihyrambische Rhapsodie* am hier zur Rede stehenden Konzept leidenschaftlicher poetisch-philosophischer Prosa beteiligt, die sich ihrem göttlichen Gegenstand mimisch verähnlicht und so hofft, den Sinn des Textes wiedergeben, verstehen und schließlich auch vermitteln zu können. »Ich schreibe im Tone eines Morgenländers; denn ich interpretiere ein morgenländisches Stück aus den ältesten Zeiten« (FA V, 102 f.) heißt es im Umkreis der *Ältesten Urkunde*.

Auf völlig andere Weise ist eine Partizipation am rhapsodischen Text für die nüchterne Prosa *Vom Geist der Ebräischen Poesie* zu konstatieren. Auch wenn Herder in der Vorrede vorsichtshalber erklärt, er habe um die Grazien der Gesprächskunst von Platon, Shaftesbury, Diderot und Lessing nicht buhlen wollen, so weiß er sich doch auf dem Weg dahin, auch wenn er die Gesprächsform im zweiten Teil dann aufgibt. Im ersten Teil erfolgt jedenfalls keine Nachahmung der Poesie durch lyrische und rhythmisierte Prosa, sondern beschränkt sich das Rhapsodische auf jenen schönen philosophischen Diskursstil Shaftesburys, der Herder zum Vorbild dient.

Auch thematisch lassen sich in *Vom Geist der Ebräischen Poesie* noch Verbindungen zu Hamanns *Aesthetica* ziehen; nahezu als Paraphrase liest sich folgende Passage bei Herder:

> Mit je reinerm Blick wir indes die Gegenstände der Schöpfung sehen und ordnen, je unverdorbner und voller unser Gefühl ist, Alles mit dem reinsten Maß der Menschheit, unsrer Analogie mit Gott zu bezeichnen: desto schöner, vollkommener und auch [...] desto kräftiger wird unsere Dichtkunst. (FA V, 964)

Bei Hamann ist, wie oben zitiert, vom »Ebenbild des unsichtbaren Gottes in unserem Gemüth« und der »Analogie des Menschen zum Schöpfer« die Rede. An Formulierungen wie »mit dem reinsten Maß der Menschheit« wird indes deutlich, dass Herder die *licentia poetica* des Menschen schließlich doch höher veranschlagt und wohl auch mit größerem gnoseologischen Optimismus ausübt als Hamann, der die Auflösung des dunklen Rätsels im Spiegel erst für das Ende der Tage erwartet und vorläufig selbst dunkle rätselhafte Sprüche macht.

Die Hamann-Zitate aus *Spruch und Bild* schließlich, die hier zu Beginn als Beleg für ein Kontinuum der Rhapsodie standen, muten angesichts der Differenzierungen, um die sich Herder hinsichtlich der hebräischen Poesie *auch* bemüht, wie generalisierende und alle Differenzen verwischende Klauseln an. Dass Herder sie in *Spruch und Bild* erneut zitiert, zeigt die konzeptuelle Seite, die es neben der ›historischen‹ an zahlreichen Stellen eben auch gibt:

> ›Poesie‹, sagt ein Autor, den der Geist des Altertums, insonderheit des Morgenlandes, vor vielen anderen belebte, ›Poesie ist die Muttersprache des menschlichen Geschlechts, wie der Gartenbau älter als der Acker, Malerei als Schrift, Gesang als Deklamation, Gleichnisse als Schlüsse, Tausch als Handel. Ein tieferer Schlaf war die Ruhe unserer Urahnen, und ihre Bewegung ein taumelnder Tanz. Sieben Tage im Stillschweigen des Nachsinns oder Erstaunens saßen sie; und taten ihren Mund auf zu *geflügelten Sprüchen.*‹ // ›Sinne und Leidenschaften reden und verstehen nichts als Bilder. In Bildern besteht der ganze Schatz menschlicher Erkenntnis und Glückseligkeit.‹ (FA VIII, 38)

Spruch und Bild werden hier in Herders Umdeutung zentraler Passagen von Hamanns *Aesthetica* zu Form und Ausdruck ursprünglicher Rede, Wahrnehmung und Erkenntnis: nicht im Zusammenhang einer logischen Satzfolge, sondern einer Rhapsodie, der die philosophische Abhandlung ein Stück weit nachahmend folgt. Wie diese Reminiszenz in Herders Abhandlung *Spruch und Bild* zeigt, ist der Reiz einer solchen Ursprungsvorstellung sowie einer sinnlichen und leidenschaftlichen Bild-Poetik – ein Thema, das der späte Hamann verlässt – bei Herder auch nach dreißig Jahren ungebrochen, wenn Herder jene Kernsätze der *Aesthetica*, wie es doch scheint, andächtig erinnert.

VI. Schluss

Der Spruch ist Kennzeichen der Rhapsodie, insofern in der lebendigen, erhabenen und zuweilen dunklen rätselhaften Kürze des Spruchs die rhapsodische Prosa ihre Wahrheit aufs Äußerste verdichtet kommuniziert. Diesem poetischen Faszinosum ist vor allem Hamann in den prophetischen Inszenierungen seiner Texte, aber auch mit seiner Überzeugung auf der Spur, dass die von ihm vorgetragene Wahrheit das Zwielicht von Offenbarung und Verbergung nötig habe.

Die stilistische Konsequenz des Obskurantismus bei Hamann lehnt Herder ab. Wenn er auch mit Hamann der Auffassung ist, dass uns kein harmonisches Ursprungsszenario mehr zur Nachahmung zur Verfügung stünde, sondern nur Brocken und Fetzen, so züchtigt er seinen Leser dennoch nicht wie Hamann gleichsam mit einem textuellen Abbild dieses trümmerhaften Zustandes. Herders Essayismus hat zwar am Enthusiasmus der philosophischen Rhapsodie teil, besitzt dabei aber eine weitaus mildere, vielleicht eine aufgeklärte lyrische Textur.

Aber schließlich ist es ja auch nicht ganz dasselbe, was beide mit ihren schriftstellerischen Bemühungen jeweils umzusetzen versuchen: Für Hamann ist die Signatur der Schöpfung nach dem Fall Adams eine grundsätzlich zerstörte. Seine Rhapsodie, so könnte man im Bild des Flickwerks sagen, legt Wert auf die Risse, zielt auf die jeweilige falsche Konstruiertheit harmonischer Ganzheit durch den Menschen. Sein Text versucht, die Nahtstellen der zusammengeklaubten Stoffteile sichtbar zu halten. Herders rhapsodischer Fragmentarismus ist hingegen einer, der sich nicht zuletzt aus dem Ungenügen speist, dass das erstrebte organische Ganze seines riesenhaften anthropologischen Prospekts ins Nacheinander von Aspekten, Perspektiven und Hypothesen zerfällt.

Beide Rhapsodisten singen so auf je unterschiedliche Weise zuweilen traurige Gesänge. Hamann und Herder: Kontinuität mit Korrekturen, vielleicht Kontinuität trotz Korrekturen. Hamann und Herder als Rhapsoden: ein genähtes Kontinuum von Fragmenten, Flicken, Fetzen. Sprüche, Bilder: eine Rhapsodie.

Literaturverzeichnis

Baum, Angelica: Selbstgefühl und reflektierte Neigung. Ethik und Ästhetik bei Shaftesbury, Stuttgart-Bad Canstatt 1997.
Brummack, Jürgen: Noch einmal: Zur Pindarnachahmung bei Herder und Goethe, in: Moritz Baßler u.a. (Hg.), Von der Natur zur Kunst und zurück. Neue Beiträge zur Goethe-Forschung, Tübingen 1997, 21-38.
Cassirer, Ernst: Shaftesbury und die Renaissance des Platonismus in England, Leipzig/Berlin 1932.
Deupmann, Christoph: Komik und Methode. Zu Johann Georg Hamanns Shaftesbury-Rezeption, in: B. Gajek (Hg.), Johann Georg Hamann und England: Hamann und die englischsprachige Aufklärung; Acta des Siebten Internationalen Hamann-Kolloquiums zu Marburg/Lahn 1996, Frankfurt a.M. u.a. 1999, 205-228.
Dyck, Joachim: Athen und Jerusalem: Die Tradition der argumentativen Verknüpfung von Bibel und Poesie im 17. und 18. Jahrhundert, München 1977.
Großklaus, Dirk: Natürliche Religion und aufgeklärte Gesellschaft. Shaftesburys Verhältnis zu den Cambridge Platonists, Heidelberg 2000.

Gundert, Hermann: Enthusiasmos und Logos bei Platon, in: Konrad Gaiser (Hg.), Das Platonbild. Zehn Beiträge zum Platonverständnis, Hildesheim 1969, 176-197.

Hamann, Johann Georg: Sämtliche Werke. Hg. von Josef Nadler, Wien 1949-1957 (N).

Hamilton, John T.: Poetica Obscura: Reexamining Hamann's Contribution to the Pindaric Tradition, in: Eighteen-Century-Studies, 2000, 93-115.

Henkel, Arthur: ›Der deutsche Pindar‹. Zur Nachahmungsproblematik im 18. Jahrhundert, in: Walther Killy (Hg.): Geschichte des Textverständnisses am Beispiel von Pindar und Horaz, München 1981, 173-193.

Herder, Johann Gottfried: Sämmtliche Werke. Hg. von Bernhard Suphan, Berlin 1877-1913 (SW).

— Werke in zehn Bänden. Hg. von Günter Arnold u.a., Frankfurt a.M. 1985ff. (FA).

Hoffmann, Volker: Johann Georg Hamanns Philologie. Hamanns Philologie zwischen enzyklopädischer Mikrologie und Hermeneutik, Stuttgart u.a. 1972.

Irmscher, Hans-Dietrich: Herders ›Dithyrambische Rhapsodie‹. In: Bohnen, Klaus/Ohrgaard, Per (Hg.): Aufklärung als Problem und Aufgabe (FS S.-A. Jorgensen). München, Kopenhagen 1994, 144-157.

Jørgensen, Sven-Aage: Hamanns hermeneutische Grundsätze, in: R. Toellner (Hg.), Aufklärung und Humanismus, Heidelberg 1980, S. 219-231.

Kant, Immanuel: Werke in sechs Bänden. Hg. von Wilhelm Weischedel, Darmstadt ^{5}1983.

Kemper, Hans-Georg: Deutsche Lyrik der frühen Neuzeit, Bd. VI/2, Sturm und Drang: Geniereligion, Tübingen 2002.

Lowth, Robert: Lectures on the Sacred Poetry of the Hebrews, transl. by G. Gregory, 2 Bde., [London 1787], ND London 1995.

Lumpp, Hans-Martin: Philologia crucis: Zu Johann Georg Hamanns Auffassung von der Dichtkunst. Mit einem Kommentar zur »Aesthetica in nuce« (1762), Tübingen 1970.

Modigliani, Denise: Zur moralisch-gesellschaftlichen Funktion der Dichtkunst bei Herder im Licht seiner Shaftesbury-Lektüre, in: Herder-Jahrbuch (2000), 57-77.

Müller, Ernst: Ästhetische Religiosität und Kunstreligion: in den Philosophien von der Aufklärung bis zum Ausgang des deutschen Idealismus, Berlin 2004.

Platon, Werke in acht Bänden, Darmstadt ^{2}1990.

Reventlow, Henning Graf: Bibelautorität und Geist der Moderne. Die Bedeutung des Bibelverständnisses für die geistesgeschichtliche und politische Entwicklung in England von der Reformation bis zur Aufklärung, Göttingen 1980.

Ringleben, Joachim: ›Rede, daß ich dich sehe.‹ Betrachtungen zu Hamanns theologischem Sprachdenken, in: Neue Zeitschrift für Systematische Theologie (1988), 209-224.

Rogers, Pat: Shaftesbury and the Aesthetics of Rhapsody, in: British Journal of Aesthetics (1972), 244-257.

Schings, Hans-Jürgen: Melancholie und Aufklärung. Melancholiker und ihre Kritiker in Erfahrungsseelenkunde und Literatur des 18. Jahrhunderts, Stuttgart 1977.

Schmidt-Biggemann, Wilhelm: Christologische Poesie. Bemerkungen an Hamanns ›Aesthetica in nuce‹, in: C. Brinker-von der Heyde, N. Largier (Hg.): Homo Medietas: Aufsätze zu Religiosität, Literatur und Denkformen des Menschen vom Mittelalter bis in die Neuzeit (FS a.M. Haas), Bern 1999, 487-506.

Schöne, Albrecht: Herder als Hamann-Rezensent. Kommentar zur *Dithyrambischen Rhapsodie*, in: Euphorion, N.F. 4 (1960), 195-201.

Schwinge, Ernst-Richard: »Ich bin nicht Goethe«: Johann Gottfried Herder und die Antike, Göttingen 1999.

Shaftesbury (Anthony Ashley-Cooper): Characteristics of Men, Manners, Opinions, Times. Ed. Lawrence E. Klein, Cambridge 2003.

Simon, Ralf: Das Gedächtnis der Interpretation. Gedächtnistheorie als Fundament für Hermeneutik, Ästhetik und Interpretation bei Johann Gottfried Herder, Hamburg 1998.

Van Der Laan, James M.: Herder's Essayistic Style, in: Wulf Koepke (Hg.), Language, History and the Enlightenment, Columbia 1990, 108-123.

Vom Hofe, Gerhard: Schöpfung als Dichtung. Herders Deutung der Genesis als Beitrag zur Grundlegung einer theologischen Ästhetik, in: Gerhard vom Hofe, Peter Pfaff, Hermann Timm (Hg.): Was aber bleibet stiften die Dichter? Zur Dichter-Theologie der Goethezeit, München 1986, 65-88.

Wagner, Fritz: Herders Homerbild – seine Wurzeln und Wirkungen, Phil. Diss., Köln 1960.

Weidner, Daniel: ›Menschliche, heilige Sprache‹: das Hebräische bei Michaelis und Herder, in: Monatshefte für deutschsprachige Literatur und Kultur (2003), H. 2, 171-206.

Zelle, Carsten: ›Angenehmes Grauen‹. Literarhistorische Beiträge zur Ästhetik des Schrecklichen im achtzehnten Jahrhundert, Hamburg 1987.

HARRO MÜLLER-MICHAELS

Vom Erkennen, Empfinden und Träumen – Konstanten einer Anthropologie der Jugend

Träume gehören zu den Allnachtserfahrungen wie Arbeit, Feier, Liebe oder Krankheit zum Tag. In meinem Entwurf einer ›literarischen Anthropologie in didaktischer Absicht‹ definiere ich (mit Gert Dressel) ›Elementarerfahrungen‹ als »fundamentale Tatsachen des Lebens«,[1] wie sie in der Literatur seit ihren Anfängen immer wieder thematisiert und gestaltet sind: Liebe, Glück und Freiheit, Schicksal, Arbeit, Fest, aber auch Krankheit und Tod sowie, last not least, die allnächtliche Erlebniswelt des Traums, die zweifellos zu den intensivsten und zugleich rätselhaftesten Erfahrungen des Menschen gehört. Mit ›Elementarerfahrungen‹ sind keine anthropologischen Konstanten gemeint, da es mir darauf ankommt, »den historischen Wandel und die kulturelle Vielfalt« herauszustellen; denn gerade »die Zeitlichkeit der Erfahrung [macht] das Befreiende und Bildende aus [...], insofern sie Vielfalt bekräftigt. Das eigene Leiden oder Glück wird in ein tiefes Zeit-Spektrum gestellt, das eigene Einsicht und Wahrnehmung relativieren und bereichern kann«. Mein Interesse richtet sich darüber hinaus – im Sinne der literarischen Anthropologie in *didaktischer* Absicht – auf die Bedeutung, die dem Traum für die Bildung des Menschen zukommt. Meine These ist, dass das in literarischen Traum-Erzählungen verbreitete und vermittelte anthropologische Wissen eine ganzheitliche Bildung des Lesers fördert und einer Reflexion über die Wirkungen von Literatur Material liefert.

Um die gegenwärtige Bedeutung von Alltagserfahrungen und nächtlichen Träumen zu bedenken, ist es anregend, sich mit Überlegungen der Anthropologie früherer Epochen auseinanderzusetzen. Die Lektüre von Arbeiten Herders ist für diese Absicht besonders ergiebig, weil auch in seinen Schriften das historische Interesse an der Rekonstruktion früherer und fremder Kulturen mit dem aktuellen Anliegen, Bildungsmaterial für die Jugend zu begründen, zusammenlaufen. Das Wissen um die Geschichte bietet das Fundament für aktuelle Entscheidungen und erlaubt die kritische Prüfung einer Fortgeltung historischer Einsichten.

Lichtenberg, der mit dem Gedanken spielte, ein »philosophisches Traumbuch« zu schreiben, notierte einmal in seinen *Sudelbüchern*: »Ich weiß aus unleugbarer Erfahrung, dass Träume zu Selbst-Erkenntnis führen. Alle Empfindung, die von der Vernunft nicht gedeutet wird, ist stärker.«[2] Herder formuliert noch anschaulicher und nimmt damit eine zentrale Annahme der Romantik über das Inkomplette aller Kunst vorweg: »Wir lieben immer mehr das Halbe als das Ganze, den versprechenden Morgen als den Mittag in höchster Sonnenhöhe«.[3] Fasst man nun Selbsterkenntnis als theoretisch-spekulative Komponente jener umfas-

---

1 Harro Müller-Michaels: Anthropologie in didaktischer Absicht. Begründung der Denkbilder aus Elementarerfahrungen, in: Deutschunterricht 52/1999, H. 3, 164-174, hier 166; zu Formen und Leistungen der Träume vgl. das von mir hg. und eingeleitete H. 6 Deutschunterricht 54/2001, 4-10; Gert Dressel: Historische Anthropologie. Eine Einführung, Wien 1996, 77.
2 Georg Christoph Lichtenberg: Schriften und Briefe. Hg. von Wolfgang Promies. 4 Bde. und 2 Kommentarbde. München 1968ff. Erster Band: Sudelbücher I, 554 (F 684).

senden Selbsttechnik auf, die um 1800 ›Bildung‹ genannt wird, dann kommt in Lichtenbergs Sudelbuch-Notat zugleich die Bedeutung des Träumens für die Bildung der Menschen zum Ausdruck: »Ich weiß aus unleugbarer Erfahrung, daß Träume zu Selbst-Bildung beitragen« – so könnte man Lichtenberg paraphrasieren, um meine These zuzuspitzen. Im Kern aber bleiben die Philosophen des 18. Jahrhunderts, was die Bedeutung von Schlaf und Traum angeht, skeptisch. Der Traum stellt einen »mittleren Zustand zwischen Schlafen und Wachen« dar, in dem Kräfte der Seele weiter aktiv sind. Im Traum, betont u.a. das von K.P. Moritz und C.F. Pockels zwischen 1783 und 1793 herausgegebene *Magazin für Erfahrungsseelenkunde*, existieren sehr wohl Bewusstseinszustände, die im Rahmen aufklärerischen Denkens mit erheblichen Vorbehalten beurteilt werden. Das tiefe Misstrauen, das sich in den theoretischen Texten der Philosophie, der Medizin und Physiologie, der Popularaufklärung und – gegen Ende des Jahrhunderts – der Anthropologie zeigt, ist charakteristisch für eine aufklärerische Reflexionshaltung, die im späten 18. und frühen 19. Jahrhundert innerhalb weniger Jahrzehnte schlagartig an Überzeugungskraft verliert.

Wer den Traum in der Romantik diskutieren will, kann die Reflexionen des 18. Jahrhunderts gleichwohl als Kontrastfolie und Beispiel eines ›ganz anderen‹ Denkens nutzen und in diesem Sinne seien im Folgenden kurz einige der gängigen Zitate des aufklärerischen Traumdiskurses wiederholt. Manfred Engel hat die aufklärerische Traumkonzeption als »wohldurchdachte Defizittheorie«[4] bezeichnet und damit klar markiert, was in der Nachfolge Descartes' die Denker verbindet. Der Traum, so die leitende Grundannahme, sei etwas gegenüber dem Wachzustand Defizitäres, eine »Copie des Wachens«, die gegenüber diesem Wachen gering zu schätzen sei. Der bei Descartes unternommene Versuch, Traum und Wirklichkeit zu unterscheiden, um die Wirklichkeit in ihrem ontologischen Wert zu bestätigen *und* ihre Dignität zu sichern, wird in Deutschland in den Schriften des Aufklärungsphilosophen Christian Wolff dahingehend reflektiert, dass dem Traum die Ordnung fehle. In ihm seien die zwei logischen Hauptsätze der Welt, der Satz des zureichenden Grundes und der Satz des Widerspruchs, aufgehoben. In der 1719 erstmals publizierten *Deutschen Metaphysik* heißt es:

> Wenn man nur die Wahrheit gegen den Traum hält, und dabey acht hat, worinnen sie von einander unterschieden sind; so wird man keinen andern Unterschied bestimmen können, als [...] daß in der Wahrheit alles in einander gegründet ist, im Traume nicht, und daher im ersten Falle die Veränderungen der Dinge eine Ordnung haben, im Träume hingegen lauter Unordnung ist.[5]

Der Eintrag ›Traum‹ in Zedlers Universallexikon hält bis 1745 fest, die Vorstellungen des Traumes könnten »in keiner Ordnung geschehen«, weshalb der Traum durch die »Unordnung der Vorstellung« definiert sei. Zugleich jedoch gelte:

> Der Mensch behält also im Schlafe diejenige Ordnung derer Bewegungen aller Lebens=Säffte, die er im Wachen hat. Er behält die Sinne, ob gleich die Werckzeuge derselben, wegen ihrer Entkräfftung,

---

3   Herders Werke werden zitiert nach der Ausgabe in 10 Bänden im Klassiker Verlag, hg. von Günter Arnold u.a., Frankfurt a.M. 1985ff., hier Bd. 4/1994, 367.
4   Manfred Engel: Traumtheorie und literarische Träume im 18. Jahrhundert. Eine Fallstudie zum Verhältnis von Wissen und Literatur, in: Scientia Poetica. Jahrbuch für Geschichte in der Literatur und der Wissenschaften 2/1992, 97-128: 104f.
5   § 143 der elften Auflage der als *Deutsche Metaphysik* bekannten *Vernünfftigen Gedanken von Gott, der Welt und der Seele des Menschen, auch allen Dingen überhaupt* (1751); zitiert nach Sonia Carboncini: Transzendentale Wahrheit und Traum. Christian Wolffs Antwort auf die Herausforderung durch den Cartesianischen Zweifel. Stuttgart 1991, 144.

keine solche Empfindung haben können, wie bey dem Wachen, und also der Seelen nicht alles und jedes, was ausser ihr vorgehet mittheilen können.[6]

Der Traum sei konsequent die »erregte Einbildung eines Schlaffenden«.

Der Traum verbleibt den Aufklärern nun in ebenso direkter wie suspekter »Nachbarschaft von Schwärmerei, Rausch und Wahnsinn« (Engel 1992, hier 99-105: 105). Er zeichnet sich dadurch aus, dass in ihm wichtige Kapazitäten des Menschen abwesend oder ungenutzt sind.

> Der Traum erscheint als defizitär, weil in ihm wesentliche Vermögen des wachen Menschen – die Sinne, der Verstand, das Bewusstsein, der Wille – gar nicht oder nur in abgeschwächter Form wirksam sind. Das nutzt die den Traum regierende Einbildungskraft aus. (Ebd.)

Vom tiefen Misstrauen gegen den Traum zeugt – wie angedeutet – noch das Denken der »medizinisch fundierte[n] Auseinandersetzung mit dem Traum [...] am Ende des 18. Jahrhunderts unter dem wachsenden Einfluss der empirischen Psychologie«.[7]

Dieses Misstrauen findet sich, im Ganzen gesehen, auch noch bei Herder. Allerdings ist er (vielleicht zusammen mit Rousseaus »Träumereien eines einsamen Spaziergängers«) der erste, der im Traum ein Erkenntnismittel eigener Art entdeckt und die Leistung der Träumereien für die Konstituierung des Subjekts begründet. Mit der Aufwertung des individuellen Innern gegenüber dem entfremdeten Außen der Gesellschaft ist das moderne Subjekt geschaffen, das, seiner Selbst bewusst, sich in der Welt zu behaupten versucht.

Noch vor der *Erfahrungsseelenkunde* von Karl Philipp Moritz hat Herder den Spieß der Aufklärer mit der Einsicht, dass im Traum das Bewusstsein unterdrückt sei, umgedreht, indem er nunmehr die misstrauisch beurteilte Einbildungskraft zum neuen Fundament der Vernunft macht. Wenn wir im folgenden ausgewählte Bemerkungen Herders zu Formen, Inhalten und Funktionen von Träumen kommentieren, so geht es uns darum nachzuweisen, dass Herder im letzten Drittel des 18. Jahrhunderts eine neue Einsicht in Gestalt und Leistung der Träume entwickelt, die einflussreich für die nachfolgenden Epochen, vor allem der Romantik, werden wird. Der Kern dieser Einsicht liegt darin, dass im Traum Empfindungen und Vernunft zusammenwirken, neue Erfahrungen vermitteln und die Kräfte des Menschen auf eine Weise bilden, dass vertiefte und erweiterte Erkenntnisse (»Innigkeit« und »Ausbreitung« heißt das, im Anschluss an Pascal, bei Herder) möglich werden. Träume werden zu wichtigen Medien der Menschenbildung (die Herder »Menschenempfindung« und »Menschendenkart (sensus communis)« nennt). Diese These möchte ich an Textauszügen verifizieren und differenzieren, um abschließend Herders Überlegungen zum Traum aus fast dreißig Jahren in wenigen Punkten zusammenzufassen.

Erste Explikationen zur Phänomenologie des Traumes finden sich in der zentralen Schrift des frühen Werks *Vom Erkennen und Empfinden der menschlichen Seele. Bemerkungen und Träume* (Herder 4/1992, Erster Versuch, 327-263; Zweiter Versuch, 365-393). Auch wenn in dieser Abhandlung explizit selten von Träumen die Rede ist, erweisen sie sich doch in unterschiedlichen Kontexten als ein zentrales Medium der Einbildungskraft. Bleiben die

---

6   Artikel ›Traum‹ in: Johann Heinrich Zedler: Grosses vollständiges Universal-Lexikon. Bd. 45, Trap-Tz. Leipzig und Halle 1745 (photomechanischer Nachdruck Graz 1962), Sp. 173-208, hier Sp. 176; das folgende Zitat ebd.
7   Peter-André Alt: Der Schlaf der Vernunft. Literatur und Traum in der Kulturgeschichte der Neuzeit. München 2002, 173.

Einbildungen ohne Bewusstsein und Verstand, dann sei der Dichter »nur ein rasender Träumer« (ebd., 356). Produziert die Phantasie ständig ein »Meer von Bildern« (ebd., 358), bedarf es der gestaltenden Kraft der Vernunft, um sie produktiv für das Individuum und die Mitmenschen zu machen. Je zahlreicher und vielfältiger die Empfindungen sind, umso stärker werden Verstand und Urteilskraft herausgefordert, deren Bildung damit fortschreitet. Im Bild der Ellipse (ebd., 367) wird anschaulich gemacht, wie Polarität und Zusammenwirken von Empfindung und Erkenntnis zu verstehen sind. Das Wirken der beiden Grundkräfte ist dialektisch zu sehen: Empfindungen treiben Einsichten hervor und ein verbreitertes Fundament von Gedanken gibt Empfindungen neue Anschlussstellen für ihre produktive Verwandlung in Erkenntnisse. Erstes Produkt des Zusammenfließens von Erkenntnis und Empfindung ist der Traum. Vor allem junge Menschen erfahren, was sie sind und was sie sein können, »in dunklem Traum der Jugend, der erste Pulsschlag all seines künftigen Lebens, prophetische Entzückung« (ebd., 386).

Träume sind prophetische Träume, die nicht mehr von Gott, sondern aus dem Selbst kommen und Glücksversprechen enthalten, die bis ins hohe Alter wirksam bleiben. Im Verlauf der intellektuellen Bearbeitung der wilden Träume wird alles Dunkle, Abgründige, Hässliche getilgt, so dass nur solche Bilder konzipiert und aufbewahrt werden, deren Versprechungen und Erinnerungen »Entzückungen« versprechen. Dazu gehört bei Herder immer auch die moralische Valenz ästhetischer Konstrukte: »So viel ist gewiß, jede große und starke Seele hat auch Anlage, die tugendhafteste zu werden« (ebd., 377). Mit der Tiefe der Empfindungen und der Kenntnisse wächst zugleich die moralische Kraft, die wiederum Sensor im Meer der Empfindungen wird. Zu Recht hat Peter-André Alt von der »kulturfördernden Aufgabe« gesprochen (Alt 2002, 221), die Herder den Träumen zuschreibt: Indem sowohl jeder Einzelne als auch die Gattung Träume menschlicher Ideale erfahren und austauschen, kultivieren sie sich selbst und im Gespräch die Anderen.

Wie Träume nicht nur auf den Weg der Vollkommenheit, sondern auch auf Irrwege, ja sogar in den Tod führen können, wenn man sie als aufrichtige Wünsche ernst nimmt, belegt der Traum eines liefländischen Mädchens, den Herder in den *Zerstreuten Blättern* (1797) erzählt. Der Traum macht den Wunsch, sich mit den Seelen der Verstorbenen auszutauschen, so stark, dass eine Faszination, ja: ein Appell zur Nachfolge, von ihm ausgeht. Herder zeigt durchaus Verständnis für die »Natur des herzlichen Affekts voll Einfalt und Würde«[8] Gleichwohl aber muss der Zustand der Wildheit aufgegeben werden, allerdings ohne die wahren Empfindungen zu zerstören.

Träume sind reichhaltiges Material, Wertstoff im Rohzustand, das der intellektuellen und künstlerischen Bearbeitung bedarf. Ende der siebziger Jahre bleibt Herder daher, was das Traummaterial angeht, skeptisch. In der Abhandlung *Plastik* denkt er über die Hierarchie der Künste, insbesondere von Malerei und Bildhauerkunst, nach und kommt zu dem Ergebnis, dass das Werk der Malerei einer Bildertafel gleicht, »auf der die Schöpfung des Künstlers wie Traum da steht, in der Alles [...] auf dem Nebeneinander beruhet« (Herder 4/1994, 257). Traum ist also Bilderflut, die noch nicht Gestalt geworden ist. Demgegenüber gilt: »Die Bildnerei arbeitet in einander« und muss schaffen, »was für sich da steht«, das man anfassen, bewundern und anbeten kann. »[E]ndlich die Bildhauerei ist Wahrheit, die Mahlerei Traum: jene ganze Darstellung, diese erzählender Zauber« (ebd., 259). Damit ist über den Traum ausgesagt, dass seine Bilder unverbunden sind, ästhetische Ganzheit vermissen lassen und

---

8   Herders Sämtliche Werke, hg. von Bernhard Suphan, 16. Band, Berlin 1885, Land der Seelen: 333–337, hier: 337.

Wahrheit nicht unmittelbar aussprechen; sie muss vielmehr durch gedankliche Arbeit gefunden (oder: erfunden?) werden.

Diese ästhetische Herausforderung beschäftigt Herder in seinem Spätwerk. Besonders aufschlussreich sind die Bemerkungen zu den Träumen im Dritten Stück des Zweiten Bandes der *Adrastea* (1801). Verstreute Einsichten aus früheren Werken werden wieder aufgenommen und zugespitzt. Das gilt für mindestens vier Merkmalzuschreibungen. Da ist zunächst die *bildende Kraft* der Träume zu nennen: Die Jugendlichen schaffen sich Bilder, die Projektionen ihrer Zukunft sind. Im Alter werden daraus Erinnerungen an die Utopien des Lebens und Verpflichtungen für die Gegenwart. Damit gewinnen Träume an jedem Ort des Zeitpfeils eigene Bedeutung. Die Jugendträume haben, im guten wie im schlechten Sinne, mehr bildendes Potenzial als »alle Eure trocknen Lehrsysteme« (Herder 23/1885, 287).

Noch einmal unterstrichen wird der Gedanke, dass Träume Material sind, die der *Bearbeitung* bedürfen (Traumarbeit des Bewusstseins, nicht des Unbewussten, wie später bei Freud). Von »heilender Pflege« (ebd., 288) spricht Herder, durch die Bosheiten, Verirrungen, Dämonisches umgebildet werden. Dabei brauchen die Kinder die Träume und Märchen, in denen das Böse waltet, weil sie nur in deren produktiver Überwindung jene Kräfte entwickeln können, die zu seiner Beherrschung nötig sind. Damit wird noch einmal die *moralische Wertigkeit* der Traumarbeit unterstrichen. So faszinierend auch immer das Böse im Traum sein mag (so »nachtheilig« es dem Menschen auch erscheint), es wird zum Prüfstein für die moralische Urteilskraft: »Jedes Mährchen habe also die magische, aber auch die moralische Gewalt des Traumes« (ebd., 289).

Schließlich wird noch einmal die Frage beantwortet, woher die Träume eigentlich kommen. Das geschieht in dem fiktiven Gespräch Adrasteas mit dem Traum:

A: Wohin hebst Du, o Genius, mich?
T: In Dich selbst

Und zuvor hieß es

T: Kennst Du Dein eignes Herz, kennst Du Elysium nicht? (Ebd., 291)

Träume erwachsen aus dem Fundus der Empfindungen und Gedanken des Subjekts und werden ihrerseits zu Impulsen für weitere und tiefere Bildung. Indem es sich seiner Selbst und seiner Träume bewusst wird, entwickelt sich das freie Subjekt. So entsteht gerade auch in der Arbeit an den vielfältigen Träumen das *Selbstbewußtsein* des aus den Bindungen entlassenen Menschen.

Zwei Gedanken über den Traum kommen 1801 hinzu:

In der Betrachtung des Traums *verdoppelt sich das Ich:* ohne Erzählung, Reflexion, Bearbeitung verschwindet der Traum wieder im Meer der Bilder, aus dem er aufgetaucht ist. Träume fordern die Darstellung und Reflexion heraus: zur Freude am Erzählen kommt der Ernst der Interpretation. Keine andere Kunstform macht in solcher Weise die Deutung zum notwendigen Bestandteil des Erlebens wie der Traum.

Damit ist ein letztes Merkmal der Träume schon angesprochen, das der Herderschen Gedankenwelt entspricht: Was die Kinder im Traum erleben, haben die Völker aus der Frühzeit ihrer Entwicklung aufbewahrt; Ontogenese entspricht in der Wahl ästhetischer Formen und erfahrungsgesättigter Geschichten der Phylogenese. Herder fasst den Zusammenhang von Entwicklung des Einzelnen und der Gesellschaft mit dem Begriff der *Palingenesie:* »Die Glückseligkeit des Ganzen besteht nur in der Glückseligkeit *aller Glieder,* der Fortgang der Aufklärung *im Ganzen* wird nur durch die Zunahme aufgeklärter *Einzelnen* befördert.« (Herder 8/1998, 270). Und: »Es muß also *eine große Palingenesie der Gesinnungen unseres Geschlechts* vorgehen, dass unser Reich der Macht und Klugheit auch ein Reich der Vernunft, Billigkeit und Güte werde.« (Ebd., 272). Individuelle Erfahrungen spiegeln sich in den archetypischen Erzählungen, in denen Menschen ihre universellen anthropologischen Einsichten aufbewahren. Märchen werden zum Magazin menschlicher Elementarerfahrungen und die Träume des Einzelnen wiederholen und variieren sie. Märchen sind nichts anderes als die ersten Träume der Menschen von einem humanen Leben in einer Welt zwar mit Queerstrich[en] (Herder 23/1885, 287), aber doch mit dem Versprechen auf Glück. Damit bekommen Märchen und Träume endlich die ästhetische Valenz, die im *Plastik*-Aufsatz noch eingeschränkt war, nun aber nicht mehr bestritten wird. Märchen gewinnen eine eigene Wahrheit: »Zwar nur ein Traum der Wahrheit, aber ein zauberischer Traum, aus dem wir ungern erwachen.« (Ebd., 289). Diese Überlegungen werden von den Romantikern aufgegriffen und zum geltenden Programm erhoben. In demselben Jahr wie *Adrastea* erscheint der Roman *Heinrich von Ofterdingen,* in dem die Verknüpfung von Traum und Märchen sowie die Ansicht, dass im Traum die »dem Licht der Vernunft« verborgenen inneren Kräfte des Individuums in Erscheinung treten, immer neu variiert wird: »Alle Mährchen sind nur Träume von jener heymathlichen Welt, die überall und nirgends ist«, heißt es 1798 in den Fragmenten von Novalis.[9]

Bevor ich aber auf ein neues Thema, die Bedeutung der Träume in der Romantik, komme,[10] will ich das alte über Herders Anthropologie der Träume abschließen. Ich beschränke mich dabei auf die fünf Punkte, mit denen Herder seine Überlegungen in der *Adrastea* zusammenfasst.

1) Träume wie Märchen wirken nur als Ganze. Damit wird gleich zu Anfang die *ästhetische Qualität* der Erzählungen herausgestellt; sie müssen den Gesetzmäßigkeiten folgen, die Wiedererkennen und Vergleichung ermöglichen.
2) Träume entwickeln Kräfte, die aus dem Vielen von Empfindungen und Erkenntnissen eine Gestalt formen. Die Arbeit an Träumen und mit Märchen *bildet* den jungen Menschen auf vielfältige Weise: sprachlich, empfindsam, nachdenklich, sozial, ästhetisch und moralisch. Dazu gehört auch der Umgang mit »gebrechlichen« Träumen, die einer Katharsis, der Reinigung von fatalen Leidenschaften, bedürfen.
3) Träume führen in andere Welten jenseits der banalen Alltagswirklichkeit. Die *Alterität* ist zu erhalten, um den Menschen mit dem Erhabenen, dem Zauberischen zu erfreuen und zu belehren. Mit dem Entschlummern »enträumen« wir dem Banalen, dem Bedeutungslosen und (wie es, die Psychoanalyse vorwegnehmend, heißt) dem »Alp«.
4) Die Welt der Träume steckt voller Wunder und ist auch darin dem Märchen verwandt. Gleichwohl enthalten die Geschichten *Wahrheiten,* die den Erfahrungsschatz der Leser und Zuhörer erweitern, wenn die Gesetze der Zauberwelt nicht der Willkür unterworfen, sondern plausibel sind: »Jedes Wunder muß necessitiert werden«. Damit gewinnt die Prosa der Träume die Qualität des Wahren, die zwanzig Jahre zuvor nur der Plastik zugeschrieben wurde.

---

9 Novalis: Schriften. Die Werke Friedrich von Hardenbergs. Hg. von Paul Kluckhohn und Richard Samuel. 3., nach den Handschriften ergänzte, erw. und verb. Auflage in vier Bänden und einem Begleitband. Bd. 2: Das philosophische Werk I, Stuttgart 1981, 564 (Nr. 195).
10 Dazu mein Beitrag: Von der Notwendigkeit der Träume für die Bildung des Menschen - Programme und Beispiele für eine ganzheitliche Bildung um 1800, in: Peter-André Alt (Hg.): Traum-Diskurse der Romantik, Berlin 2005, 45-76.

5) Neben die Magie der Träume tritt ihre *Moral.* Bilder, Figuren und Handlungen in Träumen werden zum Material für die Bildung moralischer Urteilskraft, indem sie von allem Unziemlichen, Übertriebenen, Verbotenen, Bösen und Hässlichen gereinigt werden: Der Traum »weckt und warnet und strafet«. Der Träumer begegnet seinen Feinden, erfährt Strafe für seine Laster und Torheiten, erlebt aber auch die geheimsten »Wünsche des Herzens« (hundert Jahre später wird Freud behaupten, dass jeder Traum das latente Bild einer Wunscherfüllung ist). Diese Herzenswünsche stellen sich als Ideale gelungenen Lebens der mangelhaften Alltagswirklichkeit entgegen und geben dem individuellen Streben ein Ziel.

Im Schlusssatz dieses 6. Abschnitts des Dritten Stückes der *Adrastea* wird noch einmal die Ambivalenz der Träume mit einem Bild unterstrichen, das an Goyas Capricho *Der Schlaf der Vernunft gebiert Ungeheuer* erinnert (die Radierung ist 1798, der Kupferstich wenig später entstanden): »Und Du, Morpheus-Apollo, vertreibe die bösen, die wie Nachteulen um uns flattern, und schaffe uns göttliche, glückliche Träumer« (Herder 23/1885, 297).

Die Nachteulen und Geistergestalten werden die Literatur und Psychologie des 19. Jahrhunderts bevölkern. Herder bleibt, was die Kräfte der Einbildung, Vernunft und Kunst angeht, zuversichtlicher Aufklärer. In dem im Schlusswort angefügten Gedicht heißt es: »Mein Traum, der Menschheit schönere Natur.«

Goya – Der Schlaf der Vernunft gebiert Ungeheuer

Michael Maurer

Die Briefe des jungen Herder –
die Briefe des alten Herder

I

Das gesamte Korpus der erhaltenen und von Günter Arnold in neun Textbänden edierten Ausgabe der Nationalen Forschungs- und Gedenkstätten der klassischen deutschen Literatur in Weimar umfasst rund zweieinhalbtausend Briefe (im folgenden: Br). Dieses Briefkorpus gehört zu den gewaltigsten, die wir aus dem deutschen 18. Jahrhundert haben, einer Epoche, die schon von Georg Steinhausen als »Jahrhundert des Briefes« bezeichnet wurde (Steinhausen 1889/91, passim; vgl. auch Golz 1997), eine Qualifizierung, die von ihrer Gültigkeit nichts eingebüßt hat. Herder steht hier neben Goethe, Schiller, Wieland, Lichtenberg, Forster, Kant und Humboldt – um nur einige der bedeutendsten edierten Briefkorpora zu nennen. Reinhard Nickisch zählt ihn immerhin unter diejenigen, bei denen der Brief »klassischen Rang« erreichte, »insofern er beherrschter Ausdruck und vollkommener Spiegel menschlich und geistig hervorragender Persönlichkeiten und ihrer Zeit« wurde (Nickisch 1991, 53). Gleichwohl war Herder keiner der ganz großen Briefschreiber vom Range Goethes oder Lichtenbergs – und es ist wohl nicht nur die schwierige Überlieferungslage und spät erst vollendete Edition, welche diese Einschätzung bestimmt. Allem Anschein nach sind es Züge der Persönlichkeit, welche sich im Briefschreiben ausprägen.

Herders eigene Einschätzungen des Mediums Brief beziehen sich überwiegend auf den Brief als literarische Form, als Essay. Eine Stelle, welche seine Hochschätzung des Privatbriefes klar zum Ausdruck bringt, findet sich im 56. Brief der Fünften Sammlung seiner *Briefe zu Beförderung der Humanität*, doch scheint auch diese ein Florilegium zu beabsichtigen, nicht die Spezifika der Briefschreibekunst.[1] Im übrigen sah Herder Privatbriefe in klassischer Tradition schlicht als Redeersatz: »Schreibe nur viel: Deine Briefe müßen jetzt Deine Gegenwart vertreten«.[2]

II

Mein Thema im engeren Sinne ist der Vergleich der Briefe des jungen Herder mit denen des alten Herder. Dabei geht als zu überprüfende Hypothese ein, dass es Charakteristika des Briefeschreibens gibt, welche in Abhängigkeit von Entwicklungsschritten gesehen werden können. Eine zweite zu überprüfende Hypothese – sie ist zugleich die Leitfrage unserer ganzen Tagung – ob wir bei Herder von einer Einheit des Werkes ausgehen können oder

---

1 »Ich wünschte eine Auswahl treffender Stellen aus den *wahren Briefen merkwürdiger und großer Männer*; dem Sammler der Selbstbekenntnisse, einem Mann von reiner, fürs wahre Wohl der Menschheit gestimmten Denkart, möchte ich sie am liebsten empfehlen.« (FA 7, 293 f.; vgl. auch Br 7, 145)
2 An seine Tochter Luise, nach Oktober 1797, Br 7, 339; vgl. Maurer 2005a.

inwieweit Diskontinuitäten oder Brüche anzusetzen sind. Vom speziellen Thema des Briefwerkes her suche ich also eine Teilantwort für unser Gesamtthema.

Die Spannweite der Korrespondenz ist bei Herder geringer als bei manchen seiner Zeitgenossen. Dies betrifft zunächst Kindheit und Jugend: Briefe aus Kinder- und Jugendtagen sind in einigen Fällen durchaus auch aus dem 18. Jahrhundert schon erhalten, nicht aber von Herder. Darin spiegelt sich wahrscheinlich die niedere Herkunft: In bürgerlichen und wohlsituierten Haushalten wurde nicht nur Briefschreiben als Kulturtechnik innerhalb des Familienkreises geübt, sondern auch mit einem besonderen wertenden, positiven Akzent versehen, so dass die Chance auf Überlieferung größer war. Herders überlieferte Korrespondenz beginnt erst kurz vor seinem Amtsantritt als Lehrer in Riga, zu einem Zeitpunkt, als er sein Studium in Königsberg bereits abgeschlossen hat. Ähnlich ist es aber auch mit dem Lebensende: Während bei bekannt gewordenen Persönlichkeiten die Altersbriefe oft überproportional vertreten sind, verstarb Herder schon mit 59 Jahren, mitten in seiner Berufstätigkeit, nicht pensioniert oder in einem Mußestand des Alters. In diesem Sinne gibt es keine eigentliche Alterskorrespondenz, kein behagliches Zurückblicken auf das Geleistete. »Briefe des alter Herder« meint also immer noch die eines in Beruf und Amt Eingeflochtenen. In diesem biographischen Sinne ist das überlieferte Briefkorpus im Falle Herders einheitlicher als in anderen Fällen.

Brüche des Lebenslaufes möchte ich nicht a priori ansetzen. Stattdessen gehe ich so vor, dass ich die nach Lebensorten abgrenzbaren biographischen Phasen als solche darstelle und die Frage nach möglichen Brüchen erst zum Schluss aufwerfe. Das sind zugleich Phasen der Berufstätigkeit, verbunden mit Änderungen des Familienstandes.

III

Zunächst charakterisiere ich das Rigaer Briefkorpus, zu dem sich die wenigen erhaltenen Schreiben der Königsberger Zeit zwanglos hinzunehmen lassen. Abgesehen von den offiziellen Gesuchen liegt eine relativ einheitliche Gruppe von Freundschaftsbriefen vor, die zugleich Gelehrtenbriefe sind (vgl. Maurer 2006). Sie sind ausnahmslos an Männer gerichtet. Die wichtigsten Adressaten sind meist älter und erfahrener: Johann Georg Hamann, Johann Gotthelf Lindner, Johann Georg Scheffner, Immanuel Kant. Weniger zahlreich sind diejenigen Stücke, mit denen sich Herder (und hier lässt sich eine klare Zäsur ausmachen: seit Beginn des Jahres 1767) neue Verbindungen zu etablierten deutschen Schriftstellern zu erschließen sucht, namentlich zu den (Berliner) Aufklärern: Friedrich Nicolai, Moses Mendelssohn, Gotthold Ephraim Lessing, Johann Wilhelm Ludwig Gleim, Johann Arnold Ebert. Diese Briefe sind insofern Gelehrtenbriefe, als sie größtenteils dem Austausch über Bücher und Autoren dienen: Bücher werden bestellt, ausgeliehen, zurückgesandt, kritisiert, exzerpiert, gelobt und verrissen. Die Fülle der Bemerkungen bezieht sich auf aktuelle Neuerscheinungen, ein Teil der Bemerkungen aber auch auf Klassiker. Insgesamt geht es um Lektüre, um geistige Fortentwicklung, um die Möglichkeit, Fuß zu fassen im literarischen Leben der Zeit und durch kritische Prüfung der Standpunkte eigene Positionen zu gewinnen. Am wichtigsten sind dabei die Briefe an Hamann, doch werden auch zu Lindner und Scheffner sogleich gelehrte Freundschaftsbeziehungen aufgebaut, die prinzipiell derjenigen zu Hamann vergleichbar sind, wenn auch, bei weniger originellen Persönlichkeiten, weniger bemerkenswert.

Zwei Elemente sind es, die immer wieder hervorgekehrt werden: die Freundschaft und die exzentrische Position im Nordosten des deutschen Sprach- und Kulturraumes. Beide hängen eng miteinander zusammen, aber auch mit dem Medium selbst sowie mit dessen Charakteristika als Gelehrtenbriefwechsel. An Hamann:

> Es ist doch ein Wort, siegelmäßig vor unsere Freundschaft, dort am Ufer des Mains, hier am Baltischen Meer, daß ich einen Brief bekomme: wo Sie mir hübsche Nachrichten sagen, mich vieles fragen, mir NB getreu das sagen, womit Sie nicht mit mir zufrieden waren, u. sind: u. worinn Sie mir den schmeichelhaften Gedanken laßen: Sie sind mein Freund!!! (Br 1, 29)

»Ich lege jezzo meinen Merkurstab nieder, um den Oelzweig des Freundes zu ergreifen, u. in Ihrer Idealgesellschaft zu schwatzen.« (Br 1, 28) Freunde vermitteln sich Freunde und kommunizieren durch ihre Vermittlung.[3] Freundesbeziehungen erscheinen als Idealbeziehungen, die man in Eheterminologie bespricht:

> Mein liebster Freund, Endlich breche ich mir einige Augenblicke ab, mich in Ihre Arme zurückzuzaubern. Wie stehts, mein guter Hypochondrist mit Ihnen; mir war im Anfange nach Ihnen so bange, als wenn ein Gatte sein liebes Weib bei Tisch und Bett mißt (Br 1, 49).[4]

Der Freundschaftscode ist beziehungsanbahnend.[5]

Immer heftiger werden die Klagen im Laufe der Rigaer Zeit, die sich auf die Entfernung von den Zentren der Literatur beziehen: »Nichts fehlt mit so sehr, als ein Litterär-Umgang« (Br 1, 55).[6] »Ich lebe hier in Sibirien, wo ich keine Briefwechsel unterhalten kann ...« (Br 1, 64), »in einer gelehrten Wüste« (Br 1, 89).[7]

Er sehnt sich nach Briefen, den »Aufmunterungen meines Lebens« (Br 1, 111), immer mehr aber »nach Deutschland«, empfindet sich als »rückgehaltne Kraft« (Br 1, 120), beklagt die »Predigerfalte« in seinem Wesen (Br 1, 126), fühlt sich »in den Jahren der Bildung«

---

3   An Hamann über Lindner: »Bester Freund, nehmen Sie ihren Freund jetzo mit beiden Händen zurück: ich habe ihn von Ihnen bekommen - ich habe ihn genoßen«. (Br 1, 40) »Herzlich geliebtester Freund, Ich wünsche Ihnen zur Umarmung Ihres Lindners Glück, u. ich würde mich freuen, wenn seine Umarmung Sie in Königsberg fesseln könnte« (Br 1, 43).

4   Ferner: »Mein Freund findet auch da nicht seine Ruhe? - Er schmachtet wieder nach Veränderung? - Er findet auch nicht mehr in den Armen seines Freundes die alte Aufmunterung? - Elendes Menschliches Leben, das man nicht genießet, wenn man es zu früh, und wenn mans zu Eklektisch durchläuft« (Br 1, 54). An Scheffner: »warum aber muss diese Gesellschaft blos geistig seyn, für mich, der bei Freunden u. Freundinnen immer noch sehr körperlich ist. In der Tat, es ist eine Art von Leere in unserer Seele, wenn wir an Freunde schreiben, die wir nie gesehen; unsere Phantasie malt sich ein Bild, und der Herzenswunsch: so wünsche ich ihn mir! führt den Pinsel.« (Br 1, 61) Ebenfalls an Scheffner: »Lassen Sie uns ohne Ceremonien und Gewissenszwang unseren Briefwechsel fortsetzen, und Freunde seyn ...« (Br 1, 84).

5   Gleim gegenüber unterzeichnet sich Herder »mit Hochachtung und einem Wunsch nach Ihrer *Freundschaft*« (Br 1, 74); er schmachte in seiner »sarmatischen Entfernung«, nach einem Freunde (Br 1, 107). Ebert bittet er »ergebendst um Gegenfreundschaft und Liebe« (Br 1, 103). An Hamann: »Ich denke an Sie mit Achtung und freundschaftlicher Sehnsucht« (Br 1, 82). Und er beschwört ihn geradezu: »Ihr Andenken bleibt mir immer, wir aus der Morgenröthe meiner Jugend, u. eben weil von meiner Seite meine Freundschaft kein Figment von späteren gesellschaftlichen Sentiments, sondern früher jugendlicher Eindruck ist: so muß sie sich selbst bei der weitesten Abwesenheit erhalten und bei der Erneuerung wieder u. recht jugendlich wieder aufleben« (Br 1, 146).

6   Vgl. auch »Unser armes Böotien« (Br 1, 28; ferner: Br 1, 31).

7   Ebenso: »in meinen Hyperborärischen Gegenden der Welt« (Br 1, 90), »mein Exilium, an einem Ort zu leben, wo ich selbst mein eigener Heerd u. Gesellschafter seyn muß« (Br 1, 92). »Ich lebe an den Wasserflüßen Babylon, wo unser Saitenspiel an den Weiden hangt« (Br 1, 96), »in meiner hiesigen sarmatischen Einsamkeit« (Br 1, 104, auch Br 1, 107).

verkümmern (Br 1, 125), »aller der bildenden Hülfsmittel beraubt, ohne die man welkt – Ton der Literatur, guter Ton im Umgange, freundschaftliches Consortium im Studiren, Bibliotheken, Kunstsäle – was soll man ohne alles dieses bei den todten Büchern?« (Br 1, 125).

> Ich schnappe nach nichts, als nach Veränderung, u. verzehre bei dieser Unzufriedenheit wahrhaftig mich selbst. Der erste Ruf vor hieraus, es sei, wohin u. wozu es auch wolle, gefällt mit schon im Voraus, u. nichts soll mich hindern, jede Gelegenheit zu ergreifen, um mehr Länder u. Menschen kennen zu lernen. (Br 1, 109)

»Kurz! Eine Reise nach Deutschland und einige andere Länder ists, die ich mir wünsche ...« (Br 1, 144). Zum guten Brief und mehr noch zur epistolographischen Meisterschaft gehört es, dass sich der Adressat im Briefe spiegelt, dass der Brief durch Sprechhaltung und Diktion schon, nicht erst durch Sachinhalte, zu erkennen gibt, an wen er gerichtet ist und wie der Angesprochene imaginiert wird. Die Spezifik der Korrespondenten wird beispielsweise in Herders Briefen an Nicolai deutlich: Das ungelehrte Humanitätsideal, das Ideal des Welt- und Menschenkenners, der nicht durch Schule und Kirche verdorben und vertrocknet ist, entspricht in besonderem Maße dem Kaufmann und Selfmademan Nicolai (Br 1, 125–129). Der einzige ausschließlich philosophische Brief der Frühzeit ist an Moses Mendelssohn gerichtet und geht offensichtlich von einem spezifischen Bild des Berliner Philosophen aus, das sich Herder aus dessen Schriften gebildet hatte (Br 1, 137–143). Am auffallendsten ist dies freilich in den Briefen an Hamann, die deutlich »hamannisieren«, d.h. sich blumig durch entlegene Metaphern- und Bildbereiche bewegen, namentlich des Alten Testamentes und der klassischen Literatur, aber auch der neuen englischen Literatur, in der Hamann ihn unterwiesen hatte. Die anspielungsreichen Maskenspiele mit Yorick und Shandy (vor allem Br 1, 59f.) wären in dieser Zeit gegenüber keinem anderen Korrespondenten denkbar.

Ein Charakteristikum der Jugendbriefe Herders könnte möglicherweise in deren ungeschliffener, sarmatischer Derbheit und Drastik gesehen werden. Es wimmelt nur so von einschlägigen Ausdrücken: »Mißgeburt« (Br 1, 27, 86), »Misthaufen« (Br 1, 27), »Pastoralschmierereien« (Br 1, 27), »Aufstoßen eines von den Rousseauschen Schriften überladnen Magens« (Br 1, 94), »fahren Sie zum Teufel« (Br 1, 54, 74, 93, 132).[8]

Die Jugendbriefe Herders sind in hohem Maße sachbezogen und nur selten autoreferentiell. Nur spärlich wird die Lebenssituation der Freunde oder auch die eigene zur Sprache gebracht, am ehesten noch als Entschuldigung für verspätet geschriebene Briefe. Erst mit dem Auftreten von Krankheiten gewinnen diese etwas Raum im Freundschaftsbriefwechsel, der wesentlich Gelehrtenbriefwechsel ist und bleibt. Die klassischen und humanistischen Muster der Epistolographie sind nie fern und um so präsenter, als sich alle diese Briefe an gleichartig gebildete Männer richten.

---

8   Br 1, 54; vgl. auch 132, 74, 93.

IV

Als deutlich zu unterscheidende Phase in Herders Korrespondenz sehe ich die Briefe im Zusammenhang der großen Seereise, schon kurz vor der Abfahrt in Riga, auf hoher See, in Nantes, Paris, Amsterdam und Hamburg geschrieben. Die überwiegend an seinen Verleger Hartknoch, daneben an den Zollkontrolleur Begrow, Nicolai, Mendelssohn und Hamann gerichteten Briefe thematisieren stark den gewollten Bruch der Biographie, das Sich-von-allem-Losreißen, den Neuanfang. Es ist aber nicht nur das *Thema*, das sie von den früheren Briefen unterscheidet, es ist auch der *Stil*. Als entscheidendes Element lässt sich das Stichwortartige, Abgebrochene, genial Elliptische herausstellen, welches auch sein Reisejournal kennzeichnet. Atemlos und dramatisch wirkt Herders Stil hier, und das soll er auch.

Herder beansprucht, mit dieser absichtlich herbeigeführten Exzentrizität einen archimedischen Punkt gefunden zu haben (Br 1, 56). Seine postulierte Lebensänderung durch Reisen lässt sich an manchen Stellen auch durchaus im Stil wiederfinden:

> Und ich darf's jetzt, da ich alles schließe, gewiß sagen, daß ich Nantes nicht so verlasse, als ich hierher gekommen bin, selbst bis auf die Bildung mancher Seite meiner Denkart. Ueberdem wissen Sie nicht, daß ich immer davon geredet, meine Reise in Gang u. Stillstand, in Handlung u. Traum einzuteilen? Ich finde nichts alberner, als das erste allein, wo man jagt, läuft, nichts sieht u. überall gaffet, u. nichts natürlicher, kurz, als daß ich so reise, wie ich angefangen. Jetzt da ich schon einmal in Frankreich, werde ichs mit desto feurigem Blicke durchlaufen, u. mich in Holland oder England zu einem neuen Traum wieder finden. (Br 1, 169)

Auch die Briefe dieser Phase entsprechen noch wesentlich dem Typus des freundschaftlichen Gelehrtenbriefwechsels. Auch die drastischen Derbheiten sind noch vorhanden.[9] Neu in der Reisephase sind fremdsprachige Briefe, ein lateinischer an Hartknoch und ein französischer an Begrow (Br 1, 153-155), die wohl als Sprachexerzitien anzusehen sind, vielleicht aber auch die Irritation eines Entwurzelten, zwischen den Sprachen Entfremdeten erahnen lassen.[10] Die Reisephase ist eine Übergangsphase; es spricht für den Briefschreiber Herder, dass es ihm gelungen ist, seinen Briefen diesen Charakter mitzugeben.

V

Die dritte Phase ist geprägt durch einen vollkommenen neuen Ton infolge der Begegnung mit Caroline Flachsland. Es sind die Liebesbriefe, die von der ersten Begegnung am 24. August 1770 bis zur Heirat am 2. Mai 1773 den Briefwechsel bestimmen, schon rein quantitativ, aber auch qualitativ. Die geschilderten Züge des freundschaftlichen Gelehrtenbriefwechsels bleiben zwar erhalten. Der wichtigste neue gelehrte Freund ist Johann Heinrich Merck, und er ist zugleich der einzige in dieser Phase, von dem man sagen kann, dass er den

---

9 Vgl. Br 1, 155: Man lasse Klotz, meint er, »auf hirnlosen Köpfen der Meusels thronen, so sitzt er auf seinem bloßen –«; Br 1, 159 »dem Rector Schlegel aber scheißen Sie was auf seinen Katzenbukkel«, Br 1, 167: »ein vom Reiten ganz verwundetes Afterantlitz«, Br 1, 168: »mir vor dem Kopf schieße«.

10 Er sei, schreibt er aus Nantes, »bei dem kleinen Geschäfte Französisch zu lernen, wie ichs nicht gekonnt habe, u. wie es wenige Deutsche können: nehmlich die Sprache aus der Nation u. diese aus der Spracheverstehen zu lernen« (Br 1, 161; vgl. auch 156). Gleichzeitig hat er »Sehnsucht nach Deutschen Briefen« (Br 1, 163).

Herderbriefen seinen eigenen Stempel aufgedrückt habe. Es ist nicht nur allgemein eine gewisse genialische Kühnheit und Schroffheit, die dem Darmstädter wohl eigen war und die sich in den Briefen Herders spiegelt; es ist auch eine Erweiterung des Wortschatzes, welche die symbolische Kommunikation dieser beiden bezeichnet. Dafür stehen Schlüsselwörter wie »Wüste«, »Fels« und »Sand«. Dazu gehören auch die erwähnten Derbheiten, die sich in dieser Phase fast ausschließlich in den Briefen an Merck finden.[11] Sie zeigen die »gräulichsten Dissonanzen«, hier pfeift einem der »Sturm um die Ohren« (Br 1, 226). Aus den Briefen an Hamann finden sich hier die Anspielungen von Yorick und Shandy wieder.

Bemerkenswert sind die Liebesbriefe. Es mag nur ein Zufall der Überlieferung sein, dass wir keine früheren Briefe Herders haben, die an eine *Frau* gerichtet sind. In gewissem Grade kann man den Liebesbriefwechsel als variierten Freundschaftsbriefwechsel lesen: nämlich insofern, als »Freundschaft« auch hier das Schlüsselwort ist und als die Haltungen unter Freunden nun auf die Mann-Frau-Situation übertragen werden. Gleichwohl ist beiden sofort klar, dass diese »Freundschaft« etwas anderes ist, und Herder ringt sich denn auch binnen kurzem zu der Klarstellung »Liebe« durch (Br 1, 230). Das Schmelzende, Zärtliche, Rührende ist eindeutig Stil der Zeit, andererseits aber auch zeitloses Liebesgeflüster und Liebeswerben. – Mir geht es hier nicht um den materiellen Inhalt der Liebesbriefe, sondern um diejenigen Stilelemente, die zeitverhaftet sind, die sprachgewordene Liebe der Vor-Werther-Zeit.

Dem heutigen Leser fällt zunächst die hochgradige Literarizität auf. Zum größten Teil handeln die Briefe von Literatur. Die eigenen Gefühle werden im Medium der Literatur gespiegelt, überprüft, ausgebaut. Die Verständigung über Liebe findet in gemeinsamer Lektüre statt, wenn diese auch, von den wenigen Situationen der direkten Begegnung abgesehen, nur über die geteilte Einsamkeit möglich wird: *Er* liest in Straßburg (später Bückeburg), *sie* liest in Darmstadt. Die zwischen beiden in dichter Folge hin und herlaufenden Briefe vermitteln die getrennt ablaufenden Prozesse.

Damit wird eine symbolische Gemeinschaft gestiftet. Es findet ein Bildungsprozess statt, der asymmetrisch strukturiert ist: *Er* schlägt vor, empfiehlt, regt an; *sie* reagiert, rezipiert, nimmt auf. Gleichzeitig werden die Gefühle in den aktuell gültigen kulturellen Formeln und Symbolen codiert. Es wird also auch eine gemeinsame Bildungswelt aufgebaut, die subjektiv angeeignet und aktualisiert wird.

Der literarische Kanon, der zwischen den beiden Verliebten aufgebaut wird, bezieht sich ganz auf die tagesaktuelle Literatur jener Jahre. Offensichtlich kann die Darmstädter Hofdame Caroline Flachsland hier mitsprechen, während die eigentlich gelehrte Dimension der orientalisch-griechisch-römischen Literatur, die ausschließlich *seine* Sphäre wäre, ausgeklammert bleibt. Heftig zieht Herder gegen »gelehrte Frauenzimmer« los: Hier wird eine Rollenzuweisung oder zumindest Rollenklärung vorgenommen, welche für ihr gemeinsames Leben konstitutiv werden sollte. Bildung für die Frau: ja; Gelehrsamkeit: nein.

Man spricht über Romane genauso wie über lyrische Gedichte und Idyllen, Komödien wie Tragödien. Von Rousseau, Richardson, und Goldsmith werden Romane behandelt, von Shakespeare Dramen. Die zeitgenössische deutsche Literatur ist weitgehend präsent, wie sie sich in der vorgoetheschen Epoche darstellte: Klopstock steht obenan, aber auch Lessing ist prominent. Im übrigen kennt und bespricht man Gerstenberg und Geßner, Wieland, Gleim und Jacobi. Die beiden spiegeln sich im Verhältnis Klopstocks zu seinen Geliebten. Sie entzweien sich ein einziges, entscheidendes Mal aus Anlass der Deutung von Lessings *Minna*

---

11 Beispiele: »dafür danke ihm der T[eufel]« (Br 1, 216), »Dr[eck]« (Br 1, 226) »Abtrittsgesicht« und »alte Vettel« (Br 1, 227).

von Barnhelm. Ein neuer Ton ist dann mit Ossian und den schottischen Barden zu vernehmen. Die hier ausgebreiteten lyrischen Stimmungen bieten intermediäre Textfolien für die Gefühlswelten zweier Liebender.

Hinzu kommt, diese lyrische Welt stützend, die Verständigung über Musik, welche die literarische Asymmetrie etwas abmildert, weil Caroline die praktisch ausübende Pianistin ist, während Herder von sich bekennen muss: »... ich bin so flüchtig und ungeduldig bei Allem, was viele lange Mechanische Uebung fodert - daß ich bei der empfindlichsten Seele die ungeschicktesten, gröbsten Hände zum Klavier habe« (Br 1, 221). Er bleibt rezeptiv, was freilich den Austausch eher bereichert.

Als Eigenart des Liebesbriefwechsels bleibt schließlich erwähnenswert das prinzipielle Festhalten am höflichen Sie, während praktisch ein merkwürdiger Wechsel von Sie zum Du und zurück vom Du zum Sie stattfindet. Man arbeitet sich daran ab, ein Verhältnis zueinander zu finden. Diese Beziehungsarbeit beinhaltet, dass man sich in literarischen Rollen erprobt und einen Ausgleich von autonomem Selbstverständnis und stark gefühlten Erwartungen der Umwelt erst noch definieren muss.

Erstmals fällt Herder aus dem Sie in seinem vierten Brief vom 9. September, und charakteristischer Weise ist es gewissermaßen ein Rollenspiel, das diese Durchbrechung erlaubt, nach welcher er sogleich wieder zum Sie zurückkehrt:

> Sie beschämen mich, mit der Frage: was mir an Ihnen mißfallen habe? Im Spaasse würde ich sagen: ›Alles u. darum habe ich Dich so lieb! O süsses Kind, bleiben Sie Ihrer Natur, Ihrer Empfindung, Ihrer Unschuld, Ihrer Munterkeit, Ihrer Bestrebsamkeit, immer vollkommner zu werden, nur immer treu - wenn u. wem könnten Sie denn je mißfallen?‹ (Br 1, 209).

Am 20. September im sechsten Brief eine ähnliche Situation, wiederum scherzhaft:

> Ich hätte Ihnen noch manche kleine Verweise zu geben, über diesen und jenen kleinen Zweifel auf meine Veränderlichkeit, Ermattung in Freundschaft - Dein Glück aber, allerliebste, böse Zweiflerin, daß mein Papier zu Ende ist. Nun hab ich nur noch Raum Ihnen für die Oden tausendmal zu danken, und Ihnen alle meine Umarmungen zuzusenden! (Br 1, 225).

Einen Monat nach der ersten Begegnung beginnt er seinen Brief: »Nein, mein allerliebstes, holdes Mädchen, ich kann nicht anders, als Dir noch einige Worte zuschreiben, die den vorigen Brief begleiten sollten.« (Br 1, 231). Von da an gibt es gewissermaßen eine Außenseite: Herr Herder und Fräulein Flachsland begegnen sich, und eine Innenseite: Seelengespräch unter Verliebten, welche die Konventionen brechen müssen. Darauf folgt der Brief mit dem erwähnten Missverständnis: Herder kämpft mit aller Kraft um seine Geliebte, aber hier kann es nur die Ebene der dritten Person geben. Im nächsten Brief spielt Herder beide Rollen explizit gegeneinander aus:

> Ihr ganzer Brief ist hart, ist verschlossen [...]. Und Sie glaubten, fühlbares Mädchen, daß ich das nicht fühlen, nicht jedes Wort, wie einen Dolch empfinden würde? Sie konnten glauben, auf Ihren Befehl ›Schreiben Sie nicht mehr!‹ würde ich nicht mehr schreiben, u, wie ein elender, herzloser Narr da sitzen, und Ihnen gehorchen - das konnten Sie glauben? Das glaubtest, das wolltest Du von mir, himmlisches Mädchen, auf deren Hilflosigkeit u. Zutrauen ich Berge und Welten gebaut hätte! O Sie haben aufs kränkendste mit mir verfahren! Sie haben meine ganze Seele, und allen meinen Charakter verkannt! (Br 1, 244).

Er ruft gewissermaßen mit dem direkten Appell an ihre Seele im Du ihr besseres Selbst auf, zugleich gegen ihre gesellschaftliche Rolle und höfische Position. Obwohl er sofort zum Sie zurückkehrt, öffnet er einen intimen Innenraum, den er evoziert, um ihr sinnfällig deutlich zu machen, welche Möglichkeiten sie sich verscherzt hätte, wenn sie sich aus Anlass eines Streites um die Ausdeutung eines literarischen Briefes von ihm zurückzöge.

Vergleichbare Schwankungen zwischen Sie und Du und Rückschwankungen vom Du ins Sie sind das Kennzeichen der Übergangsphase, bis die beiden Liebenden die Gewissheit ihrer Liebe gefunden haben und dann klare Verhältnisse herstellen können. – Das geschah erst zum Zeitpunkt ihrer Eheschließung, fast drei Jahre nach der ersten Begegnung.

Neu an der dritten Phase des Briefwechsels sind erotische Anklänge. In den früheren Briefen gibt es nur eine einzige Obszönität, die man den Derbheiten zurechnen kann (Br 1, 260), aber nichts Zweideutiges oder Erotisches. Die Begegnung mit Caroline Flachsland hat hier offenbar eine Saite in Herders Wesen zum Klingen gebracht, die vorher noch nicht angeklungen war. Indirekt vernimmt man etwas davon in seinem Brief vom 28. Oktober 1770: »Ich bin auf Ihre weise Antwort so begierig, wie jenes Mädchen, da sie sich entkleidete, damit Appelles sie die Kunst zu lieben lehrte, oder wie jene andre, da am Fest des philesischen Apollo der gelehrteste Kuß der Jünglinge auf sie wartete – –« (Br 1, 272). Wiederholte Evokationen ihrer ersten Begegnung feiern die Geliebte als »Psyche« und »Griechin«, sie sprechen von einem »Meer von Süßigkeiten [...], die uns überströmten« (Br 1, 192), von einem »Meere von Trunkenheit von Ihnen« (Br 1, 193), von einem »Vorschmack der ganzen Wohllust [...], eine Person, wie Sie so ganz zur Freundin zu haben« (Br 1, 192). Es ist bezeichnend für die Epoche Klopstocks, dass man Gratwanderungen zwischen dem Körperlichen und Seelischen unternahm, die moderne Leser schwindeln lassen. Immer wieder ist von »Kuß« und »Umarmung« die Rede, von »Knie«, »Wange« und »Lippe«, »Schooß« und »Bußen« und »Brust«.[12] Fast immer bleibt es im Andeutenden: »Man muß nur durch stille Wünsche und stumme Ahndungen fühlen« (Br 1, 279).

Offensichtlich war schon ihre erste Begegnung eine höchst erotische, wenn es auch in der Sprache der Zeit schwerfällt, das unmissverständlich auszusagen: »Noch jetzt«, schreibt Herder am 30. August,

> sitze ich da, um mit meiner Phantasie noch einmal die weiche, liebe Thräne aus Ihrem Auge zu küßen, Ihren Kuß und Umarmung, wie das feurige Ungestüm eines Engels der Zärtlichkeit zu fühlen, und Sie so ganz, so innig, so ganz meine liebe, zarte, schlanke muntre Griechin, mit Ihrem kleinen Busen, mit Ihrem unschuldigpochenden Herzen, mit Ihren umschlingenden weißen Liebesarmen, Mund an Mund und Seele an Seele, an meine redliche Brust zu drücken (Br 1, 197).

Sich über Sexualität auszutauschen, ist nicht nur deshalb so schwierig, weil es in dieser Zeit ein weitgehend tabuisiertes Feld ist (vgl. Maurer 1996, 239-246), sondern auch deshalb, weil das Spötteln und Witzeln der galanten Literatur, der Abgrund der französischen Hofsprache, so nahe liegt. Auf dem Wege über die Volksliteratur findet Herder eine Möglichkeit, über Unaussprechliches zu sprechen. Er erzählt seiner Verlobten eine »Idylle« aus dem Languedoc, die ziemlich eindeutig ist: »o dorten ist diejenige, muntre unschuldige Freiherzigkeit, welche ein Languedockisches Kleid mit Einmal entfaltet, daß Alles, was darunter ist, der Einfalt, von welcher die Poeten aus der goldnen Zeit singen, so ähnlich siehet« (Br 1, 254). Auch die »fatale[n] Schlitze« im Rock der Schäferin werden zweimal erwähnt, und nicht von ungefähr; sie bewirken, mit der Tanzmusik und der mehrfachen Evokation ihres kastanienbraunen Haares und Zopfes, eine erotisch aufgeladene Atmosphäre: »›Knüpfe mir doch diesen Zopf

---

12 Beispielsweise Br 1, 262, 60, 84, 86, 90, 149, 165, 173.

auf‹, sagte Nannette und gab ihn mir in die Hand. – Ich lernte vergeßen, daß ich ein Fremder war. – Der Zopf fiel nieder – Wir waren sieben Jahr bekannt gewesen.« (Br 1, 255).

Solche Töne sind in Herders Briefwechsel einzigartig; sie verdanken sich der Begegnung mit Caroline Flachsland.

Der Briefwechsel mit ihr leitet in die Bückeburger Zeit hinüber, er bleibt bestimmend für die ersten beiden Jahre bis zu ihrer Eheschließung. Die daneben anfallenden Amtskorrespondenzen und die Lehrschreiben an seinen früheren Zögling, den Prinzen Peter Friedrich Wilhelm von Holstein-Gottorp, bilden eigene kleine Gruppen. Die freundschaftlichen Gelehrtenbriefwechsel beziehen nun vor allem Andreas Peter von Hesse, Christian Gottlob Heyne und Johann Wolfgang Goethe ein.

Insgesamt lässt sich sagen, dass der Bückeburger Briefwechsel nur den der frühen Zeit fortsetzt, ohne dass sich eine wesentliche Veränderung erkennen lässt. Die einzige wichtige Veränderung tritt Anfang Mai 1773 mit der Heirat ein; Caroline zieht nach Bückeburg und der große Briefwechsel zweier Liebenden erlischt. Der »Idealumgang der Einsamkeit«, von dem Herder in seinem Brief vom 11. Mai 1771 gesprochen hatte (Br 2, 22), wird durch einen Realumgang ersetzt. Die früher beklagte Situation der Einsamkeit, in welcher der »Briefwechsel Alles ersetzen« musste (Br 2, 37, 88) und Briefe als »leidige Trösterinnen der Abwesenheit« galten (Br 2, 147), wurde aufgehoben.

VI

Die vierte Phase ist gekennzeichnet durch die gemeinsamen Briefe, an denen er und seine Frau jeweils einen erkennbaren Anteil haben. Sie gelten gemeinsamen Freunden wie den Heynes, Gleims, Lavaters, Hartknochs. Die Außenbeziehungen der Familie Herder werden in ihnen abwechselnd von Mann oder Frau, oft von beiden zusammen vertreten. In späteren Jahren tritt zunehmend Caroline an die Stelle ihres Mannes, um ihm Arbeit abzunehmen. Früh schon bezeichnet sie sich als seinen »Sekretair« (Br 3, 157). Solch gemeinsames Schreiben beginnt schon bald nach der Eheschließung (Br 3, 47–50). Einerseits ist *ihre* Stimme klar zu vernehmen, schon deshalb, weil seine Diktion so unverwechselbar bleibt; andererseits meint Herder selbst gelegentlich in einem Brief an Hamann, seine Frau komme als unabhängige, kontrollierende Stimme kaum in Betracht: »Wie, wenn sie mir zu nahe steht, zu sehr an meinen Ausdruck etc. leider gewöhnt ist?« (Br 3, 165). Trotzdem wird die Korrespondenz durch solche partizipierende Autorschaft gewissermaßen »entindividualisiert«; Herders treten nach außen gemeinsam auf, gelegentlich vertritt sie ihren Mann. Das bedeutet zugleich – und insofern habt sich die vierte Phase deutlich von der dritten ab –, dass die Briefe ihre Funktion verändert haben: Es geht nicht mehr um »leidige Trösterinnen der Abwesenheit«, sondern darum, persönliche Kontakte aufrechtzuerhalten, Kommissionen zu besorgen usw. Die freundschaftlich-gelehrte Korrespondenz Herders setzt sich fort, teilt sich nun aber in die eher gelehrte, welche (ebenso wie die amtlich-beruflichen Schreiben) nur von ihm selber fortgeführt werden kann, und die eher freundschaftliche, an der die Familie partizipiert; sie kann gelegentlich und partiell auch von Caroline übernommen werden.

Eine gewisse Revolution in der Korrespondenz ereignet sich durch die Kontakte mit den Schweizern und der Generation der Genies überhaupt. Der einzige, der sich Herder als Charakter so unverkennbar aufprägt, dass er in seinen Briefen dessen Sprache annimmt, ist Lavater. Die Lebens- und Stilrevolution betrifft zuerst die Anrede. Mit seinen älteren gelehrten Freunden korrespondierte Herder grundsätzlich per Sie und blieb auch dabei. Der Bann wurde 1773 gebrochen.[13] Wie es scheint, wollte Lavater zunächst einen Unterschied zwischen dem persönlichen und dem schriftlichen Umgang machen, der jedoch sogleich hinfällig wurde. An Lavater, Lenz und Goethe schrieb Herder konstant »Du«. Die sozialrevolutionäre Rhetorik des Sturmes und Dranges hatte sich in dieser Gruppe durchgesetzt und sie bewogen, die epistolographischen Traditionen des freundschaftlichen Gelehrtenbriefes zu brechen (vgl. Maurer 2005b).

VII

Soweit vermag ich keinen Bruch im Übergang Herders von Bückeburg nach Weimar zu erkennen. Ein Charakteristikum der zweiten Lebenshälfte Herders bleibt insgesamt der nicht unbeträchtliche Anteil der »Gattenbriefe«, die Caroline ganz oder teilweise im Namen beider schreibt, während die Geschäftsbriefe nun die neue Umgebung betreffen, sich aber im Stil nicht von den älteren unterscheiden, und die freundschaftlichen Gelehrtenbriefe in der Weise fortlaufen, wie es für die vorige Phase beschrieben wurde.

Wenn wir in der Weimarer Zeit etwas Neues suchen, kann ich das nirgendwo anders sehen als in den Familienbriefen, die Herder von seiner Italienreise 1788/89 nach Hause schrieb (vgl. Herder, Italienische Reise). Indem er sich an Caroline wendet, wird die Korrespondenz der Verliebten aktualisiert. Das eigentlich Auszeichnende ist jedoch das Schreiben an die Kinder, die jeweils, ihrem Alter und ihren Interessen entsprechend, gesondert mit Briefen bedacht werden. Als Herder diese Briefe an seine Kinder schrieb, war er ein bewusster Pädagoge geworden; es galt für ihn nicht nur, den Kontakt zu seinen zu Hause gebliebenen Kindern aufrechtzuerhalten, sondern zugleich, ihnen Muster zu liefern und sie zu eigenen Briefeschreiben anzuhalten.

Auch nach der Italienreise bilden die Briefe an die Kinder ein charakteristisches Element der Korrespondenz. Zum Teil kann man sie ganz einfach als Kontakthalten mit den Abwesenden verstehen, aber mehr noch kommt das Element der pädagogischen Verantwortung, der Versuch der Lenkung von Lebensplänen, die Anleitung zur »Selbstbildung« zum Tragen (vgl. Br 7, 339, 362). Dies gibt den Briefen Herders an die Kinder eine besondere Note und schließt sie an die Briefe an, welche er in seiner Jugendzeit als Hofmeister verfasste.

Ein Charakterzug Herders, der in seiner reifen Weimarer Zeit eher dazu angetan war, die Möglichkeiten des Briefes nicht weiter auszubauen, lässt sich in seinen Vorbehalten gegen jede Selbstbespiegelung fassen. Gerade im Gegensatz zu Goethe, mit dem er sich in Weimar zu messen hatte und der die Formen der Selbstfindung systematisch sondierte, nicht zuletzt im Medium des Briefes (vgl. Maurer 2003), sah Herder autobiographische Explorationen so skeptisch, dass er sogar einmal davon sprach, es gehöre »immer etwas Schwärmerei, un grain de folie dazu sein eignes Leben zu schreiben; (ich als ein weiser Mann werde es daher nie thun)« (Br 7, 145). Er verschmähte es in seinem reiferen Alter, den Brief zu einem Medium der Selbstinszenierung, damit aber auch der Ich-Reflexion zu machen.

---

13 In einem auf Mitte Oktober 1773 datierten Brief setzt er sich mit Lavater explizit darüber auseinander: »Es hat mich freilich etwas betrübt, liebster L[avater], daß Sie aus welcher Ursache es auch, das brüderliche Du zurückruffen wollen: ob ich Sie gleich nicht so nennen kann - so thue es nichts, liebst[er] Br[uder]; ich hoffe es auch Einmal u. bald.« (Br 3, 47).

VIII

Herders Entwicklung als Korrespondent folgt nicht etwa geistesgeschichtlichen Perioden, sondern der Biographie in der Veränderung seiner kommunikativen Beziehungen. Wir lernen ihn im Rahmen des gelehrten Freundschaftsbriefwechsels kennen, der aufgebrochen wird in der Lebenskrise der Reisezeit, überschritten im Briefwechsel mit der Geliebten, erweitert in den Gattenbriefen und schließlich in den Briefen an seine Kinder. In allem Wesentlichen ist der Briefschreiber Herder schon in seiner Jugend völlig ausgebildet. Eine stilistische Erweiterung bedeutet zunächst die Krise der Reise, auch im Sinne einer höhergetriebenen Selbstbewusstheit, sodann die Übernahme des empfindsamen Freundschaftsideals in der Beziehung zu einer Geliebten. Entscheidend ist die sozialpsychologische Revolution des Sturmes und Dranges, die für Herder die Möglichkeit des »brüderlichen Du« unter Gleichgesinnten bringt.

Die Amplitude der Stilschwankungen ist bei Herder weniger ausgeprägt als bei Goethe oder Lichtenberg. Die stilistische Anverwandlung fremder Originalitäten, die wir zuerst im Briefwechsel mit Hamann, in abgeschwächter Form mit Merck und Lavater beobachten konnten, spielt in den späten Briefen keine Rolle mehr: Sie sind schlichter und zurückhaltender; sie sind gleichmäßiger und mäßiger. Einzig in Briefen an Jean Paul blitzt sie noch einmal auf, jene Fähigkeit, sich auf die spezifischen sprachlichen Eigenarten eines anderen einzulassen.[14]

Das literarische Rollenspiel der Tristram-und-Shandy-Epoche wird später nicht mehr aufgenommen. Weder Ossian noch Hamlet noch eine andere Gestalt gewinnt jene Übermacht über Herder, die wir in den Jugendbriefen beobachten konnten. Für diese Beobachtung gibt es verschiedene Deutungsmöglichkeiten: Entweder spricht man dem alten Herder jene Flexibilität und Phantasiefreudigkeit ab, die man beim jungen beobachten konnte. Oder man bezieht sich auf den Fortgang der literarischen Entwicklung: Die aktuellen Literaturprodukte stellten für ihn keine Identitäts- und Rollenangebote mehr dar. Dies gilt für Wilhelm Meister, mit dem er sich zwar beschäftigt hat, von dem er sich aber in seinem Wesen abgestoßen fühlte (vgl. etwa Br 7, 152f.). Bei aller Anerkennung Goethescher und Schillerscher Leistungen: Eine solche Übermacht wie die literarischen Gestalten seiner eigenen Bildungsphase erlangte keine ihrer Figuren mehr über ihn (schon gar nicht die Kopfgeburten der Romantiker). Eine dritte Deutungsmöglichkeit müsste sein eigenes Spätwerk berücksichtigen: In den letzten Jahrzehnten seines Lebens war Herder rastlos damit beschäftigt, die ganze Weltkultur nach Haltbarem und Bleibendem zu durchmustern (nicht erst in der *Adrastea*, schon in den *Humanitätsbriefen* und anderen Publikationen); die Identifikation mit dem Großen und Fördernden nahm jedoch grundsätzlich den Weg der kritischen Würdigung, der Einbeziehung in pädagogische Kontexte. Die unermüdliche Sichtung des Weltkulturerbes enthielt den Grundaspekt der Abspiegelung nach außen, nicht den der Anverwandlung oder Identifikation.

---

14 Jean-Paul-Stil: »Sie müßen auf Ihre Art u. in Ihrer Weise fortfahren, mit dem Doppelgesicht nicht des Janus, sondern des Johannes-Paulus. Dies liegt im Plan Ihrer Werke; so wie Rom auf den Paulus cum gladio u. auf Peter mit dem Schlüßel gebauet ist. Auch die üppigen Auswüchse Ihres Frucht- u. Blüthenbaumes mögen immer stehen geblieben seyn; auch sie sind nicht ohne schöne Blüthen. Ich aber bin ein ziemlich dürrer Baum u. eine verlechzte Quelle, die man Noth- u. Hungerquellen nennet. Sela.« (Br 7, 326).

Lässt sich bei Herder so etwas wie ein Altersstil erkennen? Allenfalls im Verzicht auf die Extravaganzen der Jugendzeit, auf das unerschöpflich Sprudelnde der Bildungsphase. Allerdings gibt es auch eine bewusste Orientierung an einem Ideal der Klassik: Mäßigkeit und Spruchweisheit (oft lateinisch!) kennzeichnen die Weimarer Briefe. Herder nennt es einmal (mathematisch) die »*mittlere Größe*« (Br 8, 96).

Der Stil spiegelt auch den Lebensalltag: Unzufriedenheit, Überlastung, Übermüdung, Krankheiten, Unpässlichkeiten, Hypochondrie. Dies alles führt dazu, dass die Korrespondenz mehr und mehr Lastcharakter gewinnt und nur selten noch das Eintreffen eines Freundesbriefes als »Fest« empfunden und entsprechend mit spontanen Gegenbriefen gewürdigt wird.[15] Die Last der Korrespondenz wird zu einem beträchtlichen Teil von Caroline Herder übernommen. Dies wiederum reduziert seine eigenen Beiträge oft auf einzelne Bemerkungen, Nachträge oder Grüße. Die stilistischen Entfaltungsmöglichkeiten bleiben schon deshalb eingeschränkt.

Die Klagen über Arbeitsüberlastung und Kränklichkeit werden verstärkt durch das Leiden an der Zeit. Gewiss, Unzufriedenheit mit politischen und sozialen Zuständen gehört überhaupt zu Herder. Aber die Französische Revolution mit ihrem zunächst als »Morgenröte« empfundenen Aufbruch (vgl. Maurer 1987, 356-362) und ihrer raschen Fort- und Rückentwicklung, die Folgen für Deutschland und Europa, die Kriegswirren und vielfältigen Beunruhigungen, welche sich im Briefwechsel spiegeln, trugen zusätzlich dazu bei, die Stimmung zu drücken. »Himmel! Himmel! In welche Zeiten sind wir gefallen! Und ›was wird werden?‹« (Br 7, 394). Er fasste es einmal in bewusstem Sprachbruch unter Bezug auf Hamlet in die Formel: »the time ist aus den Angeln« (Br 7, 148).

Für die Korrespondenz des Präsidenten des Weimarischen Oberkonsistoriums hatte das auch zur Folge: die briefliche Meinungsäußerung zu mäßigen. In einem Extremfall versuchte Herder, einen an Johann Georg Müller in Schaffhausen abgeschickten Brief zurückzuholen, indem er ihm zunächst einen Bedienten zum Oberpostamt in Erfurt nachsandte - vergeblich; dann durch ein Schreiben an das Postamt in Nürnberg noch Schaden abzuwenden - ebenso vergeblich (Br 7, 372).

Herder fasste in dieser Zeit der Krankheit und des Leidens an der Zeit die Ausweglosigkeit wiederholt in paradoxe Gegensätze: Er sprach von seinem »Leben- u. Nichtleben« (Br 7, 228), von der Last des Alltagslebens, die durch die Last des Sonntagslebens noch übertroffen werde (Br 7, 206): »Ich bin von Sonne u. Mond gedrückt« (Br 7, 219). »Ich stecke hinter meiner Kirche, krank u. gesund; gesund u. krank; über u. über aber begraben« (Br 7, 158). »Wüßten Sie meine Lage, in der mir mein Leben zuweilen sehr zum Ueberdruß wird; auch jetzt selbst bin ich krank, wie ein Elender, u. schleppe mich nur so umher«, schrieb er am 24. Januar 1793 an Hartknoch (Br 7, 25). Solche Klagen finden sich auch schon 1791 und noch früher. Gicht als grundierendes Übel verbittert sein Leben; hinzu kommen wechselnde Krankheiten. Die Versuche, Linderung zu schaffen, führen mitunter zu gesteigertem Übelbefinden - etwa nach dem Gebrauch des Heilwassers aus Eger, das ihm Schlaflosigkeit einträgt (Br 7, 165). Er glaubte sich an einem speziell ungünstigen Ort: »Das verwünschte Weimarische Clima!« (Br 7, 43). »Bei mir kehrt oft die böse Göttin Hypochondrie ein« (Br 7, 156). Und wenn es einmal besser ging, störte die Politik: »der Geist der Zeit drückt mich aber gewaltig nieder« (Br 7, 91). Er neigte zur Resignation: »Ich muß hier verwesen. Die Zeit ist vorüber« (Br 7, 132).

---

15 Vgl. Br 1, 188 f.; Br 2, 213; Br 7, 332; dazu Maurer 2005c.

Herder fühlte sich vor der Zeit gealtert. Klagen über das Alter finden sich schon, als er noch keine fünfzig Jahre alt ist. An Friedrich Heinrich Jacobi, 5. April 1793:

> Ich werde meines Lebens nicht froh; das soll aber auch so seyn, u. ists durch meine Schuld. Perfer et obdura - sagte ich mir oft in der Jugend; nun muß ichs mir auch im Alter noch sagen. Denn lieber Fritz, ich bin sehr alt, u. werde es von Stunde zu Stunde. (Br 7, 33)[16]

Der Abstand zu seiner Jugend war ihm selber überdeutlich, wo er etwa einen Leser eigens darauf aufmerksam machte: »seyn Sie mäßig auch im Gebrauch *meiner* Schriften. Die Urkunde z.B. ist im Feuer meiner Jugend geschrieben; jetzt schreibe ich nicht also. Von Jahr zu Jahre sehe ich, daß man weniger sagen kann und sagen darf« (Br 7, 256). Von seinen Jugendbriefen distanzierte er sich:

> Ich weiß nicht, ob es Anderen eben so geht, aber ich kann meine Sachen, vor zwanzig Jahren geschrieben, dazu Briefe, freundschaftliche Briefe, an einen Mann wie Lessing geschrieben, nicht anders als mit Ernst und Schamröthe lesen. (Br 7, 99)

Schlimmer war jedoch das Gefühl eines Auseinanderklaffens zwischen dem, was er einst zu werden versprochen hatte, und dem, was er erreicht hatte. Den Ansprüchen, die er an sich selbst stellte, vermochte er immer weniger zu genügen. Die krasseste Formulierung dieser Entfremdung von sich selbst findet sich im Brief an Johann Georg Müller vom 12. Mai 1794: »Quam longe disto ab Ego, möchte ich sagen; o wie verändert bin ich, u. wie hat sich die Lage der Dinge um mich verändert, in der Sie mich sahen.« (Br 7, 102).

Nach wie vor tröstete er sich mit der Freundschaft, die auch in der Korrespondenz gepflegt wurde; und wo er mit seiner Frau zu vereinsamen drohte, hoffte er auf seine sieben Kinder: »Wir würden sehr allein seyn, wenn nicht unsre Kinder zu unsern Freunden heranwachsen.« (Br 7, 326).

> Es gibt einen Stab durchs Leben, ein köstlicher, goldner; so vest u. so leicht! [...] Es ist *Freundschaft*. Unter Männern u. Weibern ist er derselbe; es giebt nur Eine Freundschaft. Rein u. himmlisch ist ihre Flamme; ehe Adam u. Eva war sie; sie ist in Weibern oft männlich, in Männern oft weiblich; sie kennet keine Geschlechter. (Br 7, 175)

Trotz vieler Korrespondenzen, die durch Amt und Schriftstellertätigkeit entstanden und aufrecht erhalten wurden, ließen die kommunikativen Beziehungen mit dem Alter nach - sowohl an Zahl als auch an Intensität. Das geistige Mitwachsen mit den Jungen (abgesehen von seinen eigenen Kindern) beschränkt sich auf wenige Individuen wie Jean Paul oder Johann Georg Müller, während die geistig Führenden der Romantikergeneration unverstanden bleiben mussten. Fremd blieb Herder auch Goethes Vorstellung immer neuer Pubertäten (vgl. Maurer 1999); Goethes fortgesetztes Sich-Einstellen auf immer jüngere Frauen war Herders Sache nicht. Die Briefe der letzten Lebensjahre sind auch insofern Briefe eines »alten Herder«, als er sich weigerte, immer wieder jung werden zu müssen. Während Herder glücklich war im Festhalten bewährter Beziehungen (schon zu Caroline, aber auch zu Männern wie Gleim), sah er keine Notwendigkeit und keine Möglichkeit, sich zu verjüngen. Herders starkes Gefühl der Entfernung vom literarischen Leben - in Riga und noch in Bückeburg an den Ort gebunden - wird in den späten Weimarer Jahren verzeitlicht: Er fühlt sich einer abtretenden Generation verpflichtet, was deutlich zum Ausdruck kommt in den Briefen an

---

16 Vgl. auch Br 7, 99, 109, 123, 199, 422 u. ö.

Gleim, Eschenburg und Eichhorn (Br 8, 129 u. ö.). »Im Athenäum, Lyceum u. [so] f[ort] kommt ein ander Geschlecht auf. Wir wollen ihnen aber nicht aus dem Wege gehen, sondern uns gerade hinstellen. So lange wir leben, sind wir auch da.« (Br 8, 39). »Allmählich gehören wir unter die Alten.« (Br 8, 76). »Die neue Welt ist eine andre.« (Br 8, 51).

Quellen- und Literaturverzeichnis

Herder, Johann Gottfried: Briefe. Gesamtausgabe 1763-1803. Bearbeitet von Wilhelm Dobbek und Günter Arnold, 9 Bde. und Registerbd., Weimar 1977-2001 [Br].

Herder, Johann Gottfried: Werke in zehn Bänden [Frankfurter Ausgabe], Bd. 7: Briefe zu Beförderung der Humanität. Hg. von Hans-Dietrich Irmscher, Frankfurt a.M. 1991 [FA].

Herder, Johann Gottfried: Italienische Reise. Briefe und Tagebuchaufzeichnungen 1788-1789. Herausgegeben, kommentiert und mit einem Nachwort versehen von Albert Meier und Heide Hollmer, München 1988 [Herder, Italienische Reise].

Golz, Jochen: Brief, in: Weimar, Klaus (Hg.): Reallexikon der deutschen Literaturwissenschaft, Bd. 1, Berlin und New York 1997, S. 251-255 [Golz 1997].

Maurer, Michael: Aufklärung und Anglophilie in Deutschland, Göttingen und Zürich 1987 [Maurer 1987].

Maurer, Michael: Die Biographie des Bürgers. Lebensformen und Denkweisen in der formativen Phase des deutschen Bürgertums (1680-1815), Göttingen 1996 [Maurer 1996].

Maurer, Michael: Goethe als Prototyp. Zur sozialen Einordnung eines Bürgers von Adel, in: Voß, Jürgen (Hg.): Goethe im sozialen und kulturellen Gefüge seiner Zeit, Bonn 1999, S. 17-40 [Maurer 1999].

Maurer, Michael: Die Briefe des jungen Goethe. Selbstinszenierung, Ich-Spiegelung, Sakralisierung, in: Manger, Klaus (Hg.): Goethe und die Weltkultur, Heidelberg 2003, S. 159-172 [Maurer 2003].

Maurer, Michael: Aspekte der Briefkultur, in: Jenaer Universitätsreden, Bd. 16. Philosophische Fakultät, Antrittsvorlesungen VII, Jena 2005, S. 117-136. [Maurer 2005a].

Maurer, Michael: Über ›Du‹ und ›Sie‹ um 1800, in: Heinz, Jutta u.a. (Hg.): Die ungesellige Geselligkeit des Menschen. Festschrift für Klaus Manger zum 60. Geburtstag, Heidelberg 2005, S. 193-205 [Maurer 2005b].

Maurer, Michael: Herder und das Fest. Privat, kirchlich, politisch, in: Leppin, Volker/Keßler, Martin (Hg.): Johann Gottfried Herder. Aspekte seines Lebenswerkes, Berlin und New York 2005, S. 369-382 [Maurer 2005c].

Maurer, Michael: Brieffreundschaften - Freundschaftsbriefe, in: Manger, Klaus/Pott, Ute (Hg.): Rituale der Freundschaft, Heidelberg 2006, S. 69-81 [Maurer 2006].

Nickisch, Reinhard M.G.: Brief, Stuttgart 1991 [Nickisch 1991].

Steinhausen, Georg: Geschichte des deutschen Briefes. Zur Kulturgeschichte des deutschen Volkes, 2 Bde., Berlin 1889/91 [Steinhausen 1889/91].

RALF SIMON

Herders exegetische Autorschaft

I. Nekromantische Hermeneutik[1] und exegetische Autorschaft[2]

In einer Szene, die man als hermeneutische Urszene bezeichnen kann, sitzt Herder am Grab eines Verstorbenen. In seinem Nekrolog über Thomas Abbts Schriften *Der Torso von einem Denkmal, an seinem Grabe errichtet,*[3] spricht er über die eigene Stimme, die des nekromantischen Hermeneuten: »Nur von *Abbt* wollte ich meine Stimme, so schwach sie auch wäre, nicht unterdrücken« (Herder 1993, 566). Man lese genau: Herder würde *vor* Abbt, in seiner Gegenwart, seine Stimme sehr wohl unterdrücken, und die folgende nekromantische Beschwörung des toten Schriftstellers vollzieht genau dies. Dass Herder dennoch spricht, »schwach« allerdings, begründet sich aus einer medialen Situation. Herder will dem Publikum gegenüber »von« Abbt sprechen, nur deshalb ist seine Stimme im Spiel. Abbt und erst recht seinem Geist gegenüber will Herder stumm sein. So schleicht er sich, schleichend wie solche Hermeneuten im Inneren ihres Gegenstands unerkannt murmeln wollen, an sein Grab und will »seine Schriften, wie in seiner Gegenwart, und wie vor den Richtern der Toten lesen. Leser! Setze dich neben mich und lies mit mir, denn der Geist, der *Abbts* Körper überlebt, atmet in seinen Schriften: wisse ihre toten Worte zur Hülle zu nehmen um denselben zu erblicken, damit er in dich würke, und dich wie mit einem Hauche, belebe«.[4]

Folgt man Harold Bloom, so ist dies nicht die Art, wie starke Dichter lesen. Um selbst zu Wort zu kommen, gilt es vielmehr, diejenigen, die im exegetischen Akt eine gespenstische[5] Stimme infolge einer hermeneutischen Wiederbelebung von toten Buchstaben in lebendigen Geist[6] verliehen bekommen haben, zum Verstummen zu bringen. Wo viele reden, dies auf eine starke Weise tun und als Gespenster nicht mehr zu töten sind, *muss* eine

---

1 Das Projekt einer nekromantischen Hermeneutik habe ich in meinem Aufsatz »Nekrologie. Versuch, die Epochen der ästhetischen Moderne als Gespenster zu verstehen« (in: *Gespenster. Erscheinungen - Medien - Theorien,* hg. von Martina Wagner-Egelhaaf, Moritz Baßler u. Bettina Gruber, Würzbug 2005, 281-296) näher skizziert. Einige Formulierungen auf den ersten Seiten des vorliegenden Textes gehen auf diesen Aufsatz zurück.
2 In den letzten Jahren hat eine intensive Diskussion der Autorschaft stattgefunden, bei der seltsamerweise die literaturwissenschaftlichen Autoren vergessen haben, dass sie selbst Autoren sind, nämlich exegetische. Dies zu erinnern, ist eine der Intentionen des vorliegenden Aufsatzes. Zur Autorschaftsdebatte vgl. u.a.: Detering 2002, Jannidis 1999, Schabert/Schaff 1994, Jannidis 2000.
3 Herder 1993, 565.
4 Herder 1993, 569.
5 Ich spreche von Gespenstern in Anlehnung an Freuds Melancholietheorie und deren Weiterentwicklung bei Abraham/Torok, Derrida und Rickels. Das Gespenst ist in diesen Theorien die Figur der nicht bewältigten Trauerarbeit. Wenn der Trauernde, der für sich die Eigenschaften eines Gestorbenen vergegenwärtigt, nicht die Kraft hat, in einem kannibalischen Akt diese verlebendigte Erinnerung wiederum zu töten, dann gerät er in die Gefahr, einen Umgang mit einem gespenstischen Phantasma zu etablieren. Mein Theorem wird sein (s.o.), dass die Hermeneutik als nicht beendbare Exegese toter Buchstaben eine Form solchen gespenstischen Eingedenkens ist. Vgl. Rickels 1989 und Abraham/Torok 1979 (vgl. darin das Vorwort von Jacques Derrida). Ausgangspunkt für die Überlegungen der genannten Autoren ist eine Studie Sigmund Freuds über Trauer und Melancholie (Freud 1982, 193-121).

neue Stimme die alten *fehllesen* und *missverstehen*,[7] um den Grund und die Legitimation für eigenes Sprechen zu erlangen. Wo nach Bloom starke Dichter starke Dichter lesen, unterziehen sie sie einem Revisionismus,[8] einer Meisterschaft des nachträglichen Missverstehens und der erneuten Bewertung.

Ist Herder, am Grab eines anderen trauernd, ein starker Leser? Oder ist er nicht vielmehr ein *gerechter* Leser? Liest er also hermeneutisch in dem Sinne, dass er das Gelesene stark zu machen versucht, ihm seine Stimme leiht, aber selbst hinter dieser Stimme, die die eines anderen Autors sein soll, verstummt? Gehört zur gerechten Auslegung eines anderen, dass sich der Interpret nicht selbst als starker Autor darstellt und zu Wort meldet, sondern ganz in der Bewegung des anderen aufzugehen bestrebt ist? Aber dennoch ist ein solcher Leser, schreibt er seine Interpretation, doch auch ein Autor – vielleicht kein starker im Sinne von Harold Bloom,[9] aber doch ein exegetischer. Wie ist exegetische Autorschaft zu denken? Wie kann man Autor sein und zugleich einen anderen Autor zu Wort kommen lassen wollen?

Herder verkleinert sich, indem er als Nekromant Abbt beschwört, als Paraphrast die Shakespeareschen Dramen aus ihrem Inneren heraus aufruft[10] und als begeisterter Exeget des ursprünglichen Empfindens Ossian in mehrfachem Sinne übersetzt. Ist Herder also der hermeneutische Leser, der Lektüren protokolliert und deshalb nicht zu einem starken Dichter wurde, weil er die Kraft des Durchstreichens nicht hatte und also nur ein »passives Genie«[11] bzw. ein exegetischer Autor werden konnte?

Eine der Thesen, denen hier nachzugehen ist, lautet: Herders Lesen folgt einer komplexen und in sich gegenstrebigen Logik, indem er eine exegetische Autorschaft etabliert – was freilich den Vorteil hat, dass die Funktion Autorschaft gleichsam in *statu nasciendi* beobachtbar wird. Herders Lesen ist nämlich der Intention nach ein hermeneutisches, aber in der exegetischen Praxis dennoch eines, das dem Gegenstand gegenüber eine eigene Autorschaft behauptet. Damit ist es eines, das den Akt des Durchstreichens selber zur Darstellung bringt.

---

6   Hans-Georg Gadamer (1975, 365f.) bestimmt bekanntlich das Geschäft der Hermeneutik als Verlebendigungsakt toter Buchstaben der Schrift in lebendiges Verstehen der Sprache. Die in der Hermeneutik diskutierte Unbeendbarkeit der Auslegung stellt solche Verlebendigung auf Dauer und dispensiert jenes Ende, in dem etwas abschließend Begriffenes einverleibt werden könnte. Damit stellt die Hermeneutik den melancholischen, gespenstererzeugenden Zwischenzustand, in dem Totes verlebendigt wurde, aber nicht wieder vernichtet worden ist, methodisch auf Dauer.
7   Harold Blooms Arbeiten unternehmen den Versuch, die Systematik solchen Fehlverstehens zu entwerfen, indem eine rhetorische Terminologie als Formation psychischer Abwehrweisen interpretiert wird. Vgl. dazu Blooms Bücher (1997 und 1995).
8   Bloom 1997, 10f.
9   Ich beziehe mich mit dem Begriff des starken Autors auf Konzepte von Harold Bloom (1997 und 1995). Der Begriff des starken Dichters wird von Bloom verschiedentlich einer Definition nahe gebracht, ist aber eher aus Begriffskonstellationen zu erschließen. Er ist derjenige, der die Literaturgeschichte schreibt, indem er andere starke Dichter auf notwendige Weise missversteht (Bloom 1995, 9); er revidiert bisherige Lektüren (Bloom 1997, 10), er triumphiert über die Größten unter den Toten (Bloom 1997, 17) und kann seine zu tötenden Vorläufer nicht frei wählen (Bloom 1997, 21).
10 Vgl. die Paraphrasen der Shakespeare-Dramen, die Herder in seinem *Shakespear*-Aufsatz schreibt (s.u.).
11 Jean Paul gibt im §10 der *Vorschule der Ästhetik* die schöne Definition des passiven Genies, die man, ironisch genug, auch als eine Genese des literaturwissenschaftlichen Genres lesen kann: »Es gibt Menschen, welche – ausgestattet mit höherem Sinn als das kräftige Talent, aber mit schwächerer Kraft - in eine heiliger offne Seele den großen Weltgeist, es sei im äußern Leben oder im innern des Dichtens und Denkens, aufnehmen, welche treu an ihm, wie das zarte Weib am starken Manne, das Gemeine verschmähend, hängen und bleiben, und welche doch, wenn sie ihre Liebe aussprechen wollen, mit gebrochnen, verworrenen Sprachorganen sich quälen und etwas anderes sagen, als sie wollen« (Jean Paul 1980, 52).

Herder verharrt also als Hermeneut dort, wo er, wollte er im Sinne Blooms ein Dichter werden, verdrängend weitergehen müsste. Dies schafft auch eine Form von Autorschaft, aber eine solche, die die hermeneutische Gespensterproduktion offen legt.

Herder sitzt an einem Grab, um das *Lesen* in das *Hören* einer *Stimme* zu übersetzen und diese in das *Denken* eines *Bildes* von einem Toten,[12] der als Autor, nämlich als Gespenst erscheinen soll. So sitzt er idealtypisch, nämlich hermeneutisch, und also auch dann, wenn er von Shakespeare und Ossian redet – zwei Autoren, die als Autoren schon gar nicht feststehen. Von beiden wurde bzw. wird behauptet, dass es sie nicht gegeben hätte. Von ihnen existierten zu Herders Zeiten keine oder nur kryptische historische Nachrichten. Man kann sie mit Foucault als Diskursivitätsbegründer[13] bezeichnen.[14] Shakespeare wie Ossian sind von Beginn an von Kommentaren, Diskursen, Mutmaßungen umgeben und ihr Textkorpus war Gegenstand ständiger Verhandlung, so dass jede Bezugnahme ein weiterer Kommentar werden musste und damit den Diskurs Shakespeare oder Ossian als Diskurs weiterführte. Sich auf Ossian zu beziehen heißt, Ossian durch diesen Bezug stets wieder neu zu konstituieren bzw. sich selbst im Diskursnetz Ossian zu platzieren. Ihre Texte Personen zuzuschreiben, also die Funktion Autorschaft zu erzeugen, ist mithin keine *deixis*, wie sie bei identifizierbaren Autoren möglich scheint, sondern eine hermeneutische Operation. Beschreiben wir zunächst, wie Herder diese Gespenster-Autoren produziert.

II. Das Gespenst der Mündlichkeit

Die leitende These sei vorweggenommen: Wenn man in Herders *Ossian*-Aufsatz den Begriff der Natur bzw. der Natürlichkeit konsequent durch Mündlichkeit bzw. *oral poetry* ersetzt, dann stellt man fest, dass Herder, wenn er von der Natürlichkeit des Genies redet, eigentlich die Geistesverfassung der Mündlichkeit meint. In ihr ist jeder Rhapsode Genie; er ist durch seine patriarchale *auctoritas* ein Gesetzgeber des poetischen Wortes, indem er als Funktion einer mündlichen Gemeinschaft natürlich spricht, d.h. unter den gegebenen medialen Bedingungen lebendige Dichtung erzeugt. Im Transfer zu Shakespeare, also unter Schriftbedingungen, sind aber nur solche Subjekte Genies, die sich gegen die Schrift in die Verfassung des Genies der Oralität versetzen können. Fast sämtliche Auszeichnungen und Bestimmungen des Genies aus der aus dem *Shakespear*-Aufsatz zu erstellenden Liste (s.u.) lassen sich als Teilmomente mündlichen Dichtens reinterpretieren, wenn man den *Ossian*-Aufsatz als explizite *oral theory* liest. Man kann definieren: Ein Genie, also das Konzept der poetischen Autorschaft beim frühen Herder, ist die Funktion Mündlichkeit im Kontext Schrift, wenn sich diese Funktion personalisiert. Das ist eine überraschende, klare und einfache Funktionsbestimmung, die nahezu alle Definitionsmomente zu konstellieren vermag. – In aller Kürze seien aber zunächst die Bestimmungen der *oral poetry* in Erinnerung gerufen.[15]

---

12 »Vorübergehender Wanderer! Setze dich neben ihn [gemeint ist Mendelssohn als »unser Sokrates mit gesenktem Haupte über der Asche seines Freundes« sitzend], und werde sein *Phädon*: denn wisse, dieser Ort ist heilig! *Lies*, als hörest du noch aus dem Grabe die Stimme des philosophischen Zweiflers: und alsdenn *denke*, wie wenn du seinen unsterblichen Schatten vor dir sähest. In welch großem Verstande hast du das Andenken dieses würdigen Toten *gefeiret*, wenn du von seinem Grabe weiser und tugendhafter zurückkehrest« (Herder 1993, 568).
13 Vgl. den Terminus bei Foucault 2000, 219 ff.
14 So der Vorschlag von Schmidt 2003, Bd. 1, 53 u.ö.

Die Mündlichkeit, so lässt sich zusammenfassen,[16] folgt einer *additiven* erzählerischen Linie; sie ist nicht subordinativ. Sie benutzt *Wiederholungen*, ist also *redundant* und nicht ökonomisch. Sie ist *konservativ* und nicht innovativ; sie schematisiert die Wahrnehmungen *sinnlich-konkret als Handlungen von Akteuren*, ist also *anthropomorph* und nicht begrifflich-abstrakt. Sie *malt Situationen aus*, statt kategorial zu denken; sie gehorcht dem *narrativen Nacheinander* und nicht dem kausalen Begründungsverhältnis; sie erzeugt *Mythen*, aber nicht Geschichtlichkeit. Die Mündlichkeit bewegt sich *in einem eigenen Denken*, das grundsätzlich von dem Denken in einer schriftlichen Kultur unterschieden ist.

In diesem Sinne kann man die Mündlichkeit ein Diskursgespenst nennen. Denn die reine *Mündlichkeit ist nicht beobachtbar*. Der Ethnologe, der das Glück hat, eine von der Schriftkultur gänzlich unberührte Gesellschaft kennenzulernen, kann per definitionem, selbst wenn er die fremde Sprache lernt, die Mündlichkeit nicht von innen beobachten. Er beobachtet nämlich, d.h. er konzeptualisiert Unterscheidungen und *denkt nicht mündlich*, was ja auch, so die Behauptung, eine kategoriale Unmöglichkeit wäre, wenn wir Denken als disziplinierten Umgang mit Kategorien definieren. Was schriftgeprägte Subjekte als Welt des Mündlichen behaupten, resultiert aus Aussenbeobachtungen. Innenbeobachtungen wären stumm; sie könnten keine Begriffe mitteilen, sondern immer nur ein praktisches Tun vollziehen, das von anderen begriffen werden müsste. Die Idee der radikalen Mündlichkeit wird also in der Schrift erzeugt. Wer Volkslieder sammelt wie Goethe und Herder um 1770 im Elsass, tut das immer schon an der Medien-Grenze, wo, so das mythische Bild, das Großmütterchen noch in die Welt der Mündlichkeit hineinragt und die Kinder schon schrifterzogen sind.

Die Mündlichkeit, mit der wir ein uns Fremdes, eine wirkliche Alteritätsschwelle zu denken versuchen, ist offenkundig unser eigenes Gespenst. Es soll das ganz Andere sein und entstammt doch uns. Fremd blickt es auf uns, seinen Ursprung, zurück und hat doch teil an einer anderen Sphäre. Es irritiert unsere Selbstverständlichkeiten, aber dennoch wollen wir nicht davon ablassen, in Reim und Metrum poetische Verfahren und intendierten Kunstsinn statt mnemonisch organisierter Oralität finden zu wollen. Regelmäßig meldet sich in den Geisteswissenschaften eine Stimme, die *gespenstische Stimme der Mündlichkeit*, und hält Widerrede. Ihre je erneute Verdrängung stellt die stets wiederkehrende Heimsuchung auf Dauer.

Herders *Shakespear*-Aufsatz, der neben seinem *Ossian* 1773 in den fliegenden Blättern *Von deutscher Art und Kunst*[17] veröffentlicht wurde, wird nun also in den Rahmen einer nekromantischen Hermeneutik des Diskursgespenstes Mündlichkeit gestellt. Der Text kennt zunächst eine Negativliste, in der die Schrift ausgeschlossen wird: Es geht in der Poesie nicht um stille Größe, nicht um den Witz als einer Technik der höfischen Konversation, nicht um Kunst als einer *ars* oder einer virtuosen Artistik, nicht um Nachahmung (Herder 1999, 71) von Vorbildern, erst recht nicht um die Nachahmung (ebd.) der Franzosen. Dies alles wären Kategorien, die einer schriftlichen Episteme folgten.

Herder etabliert vielmehr einen Kanon von neuen Regeln. Der Oberbegriff ist der der Natürlichkeit, den ich in der nun folgenden Übersetzungsliste in den Begriff der Oralität transponiere. »Nun sehe man, wieviel aus der simpeln Bemerkung folge. Nichts minder als: ›das Künstliche ihrer Regeln war – keine Kunst! war Natur!‹« (Herder 1999, 68). Dieser Ausruf betrifft die Genesis der griechischen Tragödie, in die Einblick erhält, wer sich »in die

---

15 Vgl. zum Folgenden: Jakobson 1979. Parry 1971. Eric A. Havelock 1963, 1976, 1990. Lord 2000.
16 Vgl. zu dieser Zusammenfassung: Heinz Schlaffer 1986, 16.
17 Die Zitate von Herders Abhandlungen *Auszug aus einem Briefwechsel über Oßian und die Lieder alter Völker* und *Shakespear* folgen der Reclam-Ausgabe: Herder 1999.

Kindheit der damaligen Zeit zurück« versetzt (ebd.). An diesem Theorieort findet ein derart Versetzter, wenn er »Natur!« in *Mündlichkeit* übersetzt, eine ganze Reihe von Oralitätsbestimmungen vor.

III. Simplizität und Einheit

»Simplicität der Fabel« (Herder 1999, 68) und »Einheit der Fabel« (ebd.) sind nach Herders Ausführungen im *Shakespear* Eigenschaften der antiken Tragödie. – Ich übersetze: Herder entwickelt ein Theorem, das man in der aristotelischen *Poetik* in formalisierter, d.h. logifizierter Form vorfindet,[18] aus der Theorie der Mündlichkeit. In ihr folgen narrative Schemata und unidirektionale Erzählpläne der mnemonischen Organisation mündlicher Poesie. Die Erzählschablonen und narrativen Pläne, die der Rhapsode als strukturales Schema in seine erzählerische Kompetenz versenkt hat, führen zu einer Fabelbildung, die einfach (Simplizität) und unidirektional (Einheit) ist. Herder spricht im *Ossian*-Aufsatz vom »Dramatischen in den alten Liedern« (Herder 1999, 26); die Gedichte seien per se »Handlung« (ebd.) und wären als »fortgehende, handelnde, lebendige Scene« (ebd.) zu verstehen. Die Rekonstruktion der aristotelischen Lehre von der Einheit von Fabel, Ort und Zeit (Herder 1999, 68 f.) geht also für den oralitätspoetischen Blick auf die Einheit des performativen Aktes der mündlichen Poesie zurück. Da dieser Akt an den Rhapsoden gebunden ist, wird dieser in Herders genetischer Sichtweise zum Erzeuger der Einheitsregeln durch seine Praxis. Indem Herder auf diese Weise dem poetischen Akt auf den Grund der Mündlichkeit geht, kann er, indem er Shakespeares Dramen als Elaborat des Genies denkt, nun die gemeinsame Basis jener Einheitslehre des oralitätspoetisch uminterpretierten Aristoteles und des genialen Shakespeare denken: Es ist der Geniebegriff, der als gesetzgebende Instanz hinter der aristotelischen Formalisierung und in der Shakespeareschen Textorganisation gefunden wird.

IV. Ton

Ganzheit und Einheit wird im *Shakespear*-Aufsatz als innerer Zusammenhang, auch als Einheit des Tons gedacht (Herder 1999, 68, 69, 77 f. 79, 80, 82, 88). – Ich übersetze: Die stilistische Durchgängigkeit ist in der Mündlichkeit durch den Bezug auf den Rhapsoden gegeben, der zwar verschiedene Stimmen erscheinen lassen kann, sie aber in seiner einen Stimme bündelt. Im *Ossian*-Aufsatz wird diese Einheit des Tons ausdrücklich zum Charakteristikum der mündlichen Poesie erhoben:

> [...] wieviel Sylbenmaasse! wie genau jedes unmittelbar durch den fühlbaren Takt des Ohrs bestimmt! ähnliche Anfangssylben mitten in den Versen symmetrisch aufgezählt, gleichsam Losungen zum Schlage des Takts, Anschläge zum Tritt, zum Gange des Kriegsheers. Ähnliche Anfangsbuchstaben zum Anstoß, zum Schallen des Bardengesanges in die Schilde! Disticha und Verse sich entsprechend! Vokale gleich! Sylben conson – wahrhaftig eine Rhythmik des Verses [...]
> (Herder 1999, 13 f.).

---

18 Vgl. Aristoteles 1982, Kap. 7 (1450b), Kap. 8 (1451a), Kap. 10 (1452a).

In seiner Volksliedersammlung wird Herder dann das Theorem haben, dass es ein jeweiliger Ton sei – die Einheit also einer Stimme, artikuliert als Melodie –, die ein Volkslied zusammenhalte, während der Inhalt darüber relativ unwichtig wird. Wenn Herder diese Merkmale der mündlichen Gesänge im *Shakespear*-Aufsatz als Ganzheit und Einheit eines durch ein Genie garantierten poetischen Werks benennt, dann hat er diese Kategorien in seiner Reflexion der Mündlichkeit gewonnen.

V. Leidenschaft

Herder behauptet von Shakespeares Dramen eine starke Leidenschaft der Figuren und Szenen (Herder 1999, 80, 81) und das Vorhandensein großer Charaktere (Herder 1999, 77). – Ich übersetze: Auch Leidenschaft gehört in den Bereich der mündlichen Poesie. Zur Spezifik der Oralität gehört das Phänomen einer oftmals exaltierten und exzentrischen Heroik. Nicht selten entsteht dabei eine Dominanz der szenischen Ausmalung heroischer Habitus über die Detailkohärenz der Gesamterzählung. Zwischen den beiden Polen der archaischen und mündlichen Gesellschaftsorganisationen auf der einen Seite und der bürgerlichen mit ihrer vollentwickelten Subjektivität auf der anderen Seite ist ein Übergangsfeld zu postulieren, in dem sich die archaische Unmittelbarkeit des Sinnlichen mit ersten zögernden Reflexivstrukturen bürgerlichen Bewusstseins verschränkt und instabile, aggregative Formationen hervorbringt. Zwischen einem Nichtmehr des Archaischen und einem Nochnicht des Bürgerlichen bilden sich Protoformen von Subjektivität und Reflexion, die einer doppelten Bewegung unterliegen. Kaum, dass die werdende Reflexion aus der totalen Präsenz der Körper heraustritt, bedarf sie wieder einer Reinkorporierung, muss sie zur Sichtbarkeit zurückfinden. Mit dem Mediävisten Peter Czerwinski möchte ich diese Form der Reflexion *Realabstraktion* nennen.[19] Wenn also in der mündlichen Poesie eine Szene das Gebaren eines Helden beschreibt, so wird sie dessen heroisches Tun sofort von der abstrakten Idee des Heroischen in die Realität heroischer Habitus übersetzen. Sie wird dies tendenziell auf Kosten der narrativen Ökonomie tun. Man kennt die ausführlichen Beschreibungen der Helden und ihrer Taten aus der Heldenepik. Unvermittelt beschäftigt sich der Rhapsode seitenlang mit der Beschreibung eines Helden und verliert sich ganz in das Innere dieser semantischen Eigentümlichkeiten. Mündliche Poesie tendiert zu einer Übertreibung der Leidenschaften; sie hat ein Moment der Gedächtnislosigkeit hinsichtlich der narrativen Ausgewogenheit. Man kann deutlich sehen, dass Herder die Charakteristika der mündlichen Poesie nicht allein auf die griechischen Tragödien anwendet, sondern auch auf Shakespeare, der genauso wenig mündlich ist, wie Sophokles es war. Insofern aber die Leidenschaft aus der Natürlichkeit beider – Sophokles' wie Shakespeares – entspringt, ist sie eine Funktion der Mündlichkeit, denn beide sind, wie schriftlich sie auch immer seien, Genies, insofern sie von Herder prinzipiell einem Phantasma der Oralität zugedacht, also aus dem *Ossian*-Diskurs heraus

---

19 Czerwinski 1989. – Ein ähnliches Gedankenmuster kennt Herder, wenn er die Poesie historisch im Übergangsfeld zwischen den wilden Empfindungsschreien und der schon kategorial gesicherten Vernunft verortet – nämlich in der Einbildungskraft, die nach der einen Seite ins Archaische zurückreicht, nach der anderen aber Kontakt zur Vernünftigkeit hat. So stellt sie die Rationalitätsstrukturen in der Bildlichkeit dar, die einer Sphäre entstammt, welche noch nicht durch Rationalitätsdispositive reguliert ist. Vgl. dazu: Gaier 1987, 202–224.

konstruiert werden. Auch hier sei wiederum der Klartext der Herderschen *oral poetry* aus dem *Ossian* erinnert: »Das sind die Pfeile dieses wilden Apollo, womit er Herzen durchbohrt, und woran er Seelen und Gedächtniße heftet!« (Herder 1999, 13). Ein wilder Apoll ist der Musaget der mündlichen Poesie; er kennt keine »todten Lettern Verse, die fürs Papier gemacht« sind (Herder 1999, 13, frei zitiert), sondern »Nothdrange des Inhalts« und »der Empfindungen« (Herder 1999, 13), lebendige und wilde Gesänge, kurze, männliche und starke Bilder (Herder 1999, 8) – kurzum Leidenschaften als Charakteristikum der Mündlichkeit.

VI. Raum und Zeit

Raum und Zeit werden im *Shakespear*-Aufsatz Modi der Einbildungskraft (Herder 1999, 85 ff.).

> Dichter! dramatischer Gott! Als solchem schlägt dir keine Uhr auf Thurm und Tempel, sondern du hast Raum und Zeitmaasse zu schaffen, und wenn du eine Welt hervorbringen kannst, und die nicht anders, als in Raum und Zeit exsistiret, siehe, so ist da im Innern dein Maaß von Frist und Raum [...] Sollte es denn jemand in der Welt brauchen demonstrirt zu werden, daß Raum und Zeit eigentlich an sich nichts, daß sie die relativeste Sache auf Daseyn, Handlung, Leidenschaft, Gedankenfolge und Maaß der Aufmerksamkeit in oder ausserhalb der Seele sind? (Herder 1999, 86).

Das Argument wurde in der Interpretation dieses Textes bislang so noch nicht gesehen: Raum und Zeit verweigern nicht nur deswegen dem Einheitsgebot einer klassizistischen Theoriebildung den Gehorsam, weil es sich bei Shakespeare nicht um das griechische Drama und seine Aufführungssituation handelt, sondern vor allem deshalb, weil es der Einbildungskraft im anthropologischen Zustand der Mündlichkeit nicht angemessen ist, sich an diese Einheiten zu halten. Die mnemonische Struktur der Erzählung und der szenischen Phantasie folgt den gedächtniskonformen Skandierungen des Stoffes und nicht den kategorial etablierten Konstanzbedingungen von Raum und Zeit, wie sie in einer schriftlichen Reflexion festgeschrieben werden. Die genaue Belegstelle dafür, dass Herder im *Shakespear*-Aufsatz tatsächlich eine solche Logik der Oralität denkt, findet sich einmal mehr im *Ossian*. Dort stellt er die These auf, dass die mündliche Poesie der Alten »Dramatischer Dialog und Wurf der Gedanken« (Herder 1999, 26) sei. »Alle Reden und Gedichte derselben sind Handlung: Lesen Sie z. E. im Charlevoix selbst die unvorbereitete Kriegs- und Friedensrede des *Eskimaux*: es ist alles in ihr Bild, Strophe, Scene!« (ebd.). Hier wird deutlich gemacht, dass mündliche Poesie immer zur Handlung und Szene drängt; sie kennt keine Reflexion oder begriffliche Meditation, sondern übersetzt stets in Realabstraktion. Und sie tut dies diskontinuierlich; Herder spricht von Würfen, kühnen Sprüngen und Wendungen (Herder 1999, 49), vom Unvorbereiteten solcher Serien der Verkörperung, von den wilden sinnlichen Einbildungen. Es ist unschwer zu erkennen, dass diese Charakteristik der mündlichen Poesie das Modell auch für die Genie-Ästhetik des *Shakespeare*-Aufsatzes abgibt. Herders Nacherzählungen der Shakespeareschen Dramen versuchen sich in genau dieser Stilgeste, und das Theorem, dass die poetische Einbildungskraft ›objektiven‹ Raum- und Zeit-Begriffen nicht unterworfen sei, schuldet sich dieser Einsicht in die Oralität. – »Das ist in der That die Art der Einbildung«, so der *Ossian*-Aufsatz, der den Gesängen solcher wilden Völker angemessen ist (Herder 1999, 49).

VII. Übergänge und Inversionen

Im *Ossian* ist von Übergängen und Inversionen die Rede (Herder 1999, 54), also von dem, was die Theorie der *oral poetry* als parataktische eher denn als hypotaktische Form benennt. Dem entspricht im *Shakespear* das »Vielfache der Stände, Lebensarten, Gesinnungen, Völkern und Spracharten« (Herder 1999, 76) und die entsprechende Pluralität der Gattungen: »Tragedy, Comedy, History, Pastoral, Tragical-Historical, und Historical-Pastoral, und Pastoral-Comical und Comical-Historical-Pastoral« (Herder 1999, 89). Diese Serien von Redeweisen und von eingelagerten Semantiken sozialer Subsysteme werden zunächst einer rein parataktischen Organisationsform unterstellt. – Auch hier ließe sich überlegen, ob Herder in seinen fiebrigen Nacherzählungen der Shakespeareschen Dramen als einer Abfolge von prägnanten Szenen nicht genau die Logik der mündlichen Parataxis auf die Ebene der Szenen überträgt, um die geniale Autorschaft als Funktion Mündlichkeit zu verstehen. Herder fertigt Handlungsskizzen des *Lear* (Herder 1999, 78–80), *Othello* (Herder 1999, 80–81), *Macbeth* (Herder 1999, 81–82) und des *Hamlet* (Herder 1999, 83–84) an. Dabei erzeugt er eine bemerkenswerte performative Spannung. Die Handlungsskizzen wirken wie eine Konzentration von einzelnen Bildern und Situationen, von Szenen und Handlungseinheiten. Der narrative Fokus tritt in den Hintergrund, so dass die Einheitsbehauptung, dass man die »Empfindung Einer lebendigen Welt« (Herder 1999, 84) vor sich habe, selbst nur als performatives Ereignis insinuiert, nicht aber begründet werden kann: »Hätte ich doch Worte dazu, um die einzelne Hauptempfindung, die also jedes Stück beherrscht, und wie eine Weltseele durchströmt, zu bemerken« (Herder 1999, 83). Für die mündliche Poesie sind beide Charakteristika, Sprünge und Einheit, zugleich behauptbar. Shakespeares schriftliche Dichtung führt aber in Herders oralitätspoetischer Rekonstruktion in ein Paradoxon. Wenn Herder dem Vorbild genialer Mündlichkeit entsprechend die Szenenfolgen der Dramen als leidenschaftliche Sprünge interpretiert, dann gerät er mit der Einheitsbehauptung in Schwierigkeiten. Die Theorie der parataktischen Mündlichkeit konnte das Unzusammenhängende als Authentizitätsausweis werten. In der Schriftlichkeit wäre dies ein Mangel an Kohärenz. Also muss Herder die Einheit eine Ebene tiefer legen. Sie wird zur Einheit der Empfindung (Herder 1999, 84), zur Hauptempfindung, die wie eine Weltseele durchströmt (Herder 1999, 83), zur Seele der Begebenheiten (Herder 1999, 79), zur alles durchhauchenden Aufmerksamkeit (Herder 1999, 80) und zur Funktion eines höheren Gesichtspunktes (ebd.). Alle diese Formulierungen zeigen aber zugleich, dass Herder auf einer manifesten Ebene der textuellen Analyse die Worte fehlen (»Hätte ich doch Worte dazu ...«, Herder 1999, 83). In dem Moment, in dem eine für die Mündlichkeit evidente poetologische Qualifikation benutzt wird, um das in der Schriftlichkeit agierende Genie zu entwerfen, prallen die divergenten Medienlogiken notwendig aufeinander. Herders einfache Lösung für das Problem folgt einer zirkulären Argumentation: Ein Genie ist eben gerade deshalb ein Genie, weil es die Unmöglichkeit wirklich werden lässt, in kühnen Sprüngen und leidenschaftlich wie der Rhapsode zu schreiben und dennoch eine Einheit zu finden, die als innere Seele und Empfindung die vom Text geforderte Kohärenz leistet. Im Genie wird also das weiterhin bestehende Problem als gelöstes behauptet. Der Vorschlag, das Genie als die in Schrift übersetzte Funktion Mündlichkeit zu denken, offenbart an dieser Stelle seine ebenso paradoxe Grundfigur wie auch seine spezifische Stärke, die Einheit genau dieser Paradoxie zu sein. Statt das Problem zu lösen, wird es wiederholt, indem es zur Definition des Genies gemacht wird. Es ist gerade Ossian, der selbst schon die Einheit von wilder, heroischer Naturdichtung und empfindsamer Stimmung vorstellig macht. In der umfangreichen Rekonstruktion von Wolf Gerhard Schmidt[20] wird diese zunächst paradoxe Einheit als Moment von Ossians Ästhetik der Ambivalenz identifiziert. Dass Ossian im 18. Jahrhundert zum diskursiven Katalysator der Reden über Literatur, also zum Diskursivitätsbegründer (s. o.) werden konnte, hängt mit der integrierten Widersprüchlichkeit der inneren Bestimmungen des *Ossian*-Diskurses zusammen. Herder, der wilde Sprünge zum heroischen Gestus der Naturdichtung zählt, aber für den Transfer des Geniebegriffs in die Schriftlichkeit eine tiefergelegte Einheitsbehauptung auf der Ebene der Stimmung braucht, konnte diese beiden Momente schon im *Ossian*-Diskurs vorfinden. So kann er in Ossian »sanfte Empfindung« (Herder 1999, 13) und abgebrochene Bilder (Herder 1999, 8) zugleich namhaft machen, obwohl sich beides – die Kontinuität der Empfindung und die Diskontinuität des Wilden – widerspricht. Herder projiziert die Kontinuitätsthese als tiefer gelegte Einheit auf die Ebene von Shakespeares Schriftlichkeit und behält die Diskontinuität als genialen Habitus bei. So gesehen ist bei Herder die Genialität Shakespeares ein semantisches Ereignis im Inneren des Ossian-Diskurses. – Die nächste zu diskutierende oralitätspoetische Kategorie, die der Stimme, wird diese Paradoxie wiederholen.

VIII. Stimme und Empfindung

Im *Ossian* wird die Stimme zu einem zentralen Moment der Mündlichkeitspoetik. Zu begründen ist hier, dass im *Shakespear* an die Systemstelle *Stimme* der Terminus *Empfindung* tritt. – Im *Ossian* findet sich die folgende Aussage:

> […] und was denken Sie, wenn in diesem Rhythmus von 8 Reihen nicht blos 2 Disticha, sondern in jedem Distichon 3 Anfangähnliche Buchstaben, 3 consone Wörter und Schälle, und diese in ihren Regionen wieder so metrisch bestimmt sind, daß die ganze Strophe gleichsam eine prosodische Runentextur geworden ist – und alles waren Schälle, Laute eines lebenden Gesanges, Wecker des Takts und der Erinnerung, alles klopfte, und stieß und schallte zusammen! (Herder 1999, 14).

Herder denkt die Stimme des Rhapsoden Ossian zunächst als kollektive Stimme. Wer auf diese Weise klopft und schallt, ist das Volk. Wie kommt Herder von diesem Stimm-Kollektivum zum Individuum Shakespeare und zu seiner besonderen Stimme? Es fällt auf, dass der Begriff des Tons, der im *Ossian*-Aufsatz inflationär benutzt wird, im *Shakespear* nur einmal auftaucht,[21] der Begriff der Stimme gar nicht. An die Stelle der oralitätspoetischen Begriffe Ton und Stimme[22] scheint der Begriff der Empfindung gerückt zu sein. Die Empfindung aber, so zeigt die oben gegebene Synopse der Zitate, ist wiederum keine auf Individuelles abzielende Kategorie. Herder denkt Shakespeare als im eigentlichen Sinne stimm- und empfindungslos, sofern man mit Stimme und Empfindung individualisierende Qualifikationen

---

20 Schmidt 2003, Bd. 1, Kap. A2 und B.
21 »Wenn bei jenem [Shakespeare, R. S.] *Ein Ton* der Charaktere herrscht, so bei diesem [dem Griechen, R. S.] alle Charaktere, Stände und Lebensarten, so viel nur fähig und nötig sind, den Hauptklang seines Konzerts zu bilden« (Herder 1999, 77).
22 Folgt man den Untersuchungen von Zumthor, dann ist der Stimme der Mündlichkeit durchaus Individualität zu bescheinigen. Rhapsoden prägen Individualstile aus; sie wissen dies auch voneinander und treten mitunter in einen Wettstreit. Wenn Herder Stimme und Ton als Größen vor allem kollektiver Mentalitäten denkt, dann wird man konzedieren müssen – sofern diese ahistorische Bewertung erlaubt sei –, dass er hier, im Gegensatz zu seinen sonstigen oralitätspoetischen Thesen, durchaus nicht das Niveau der Mündlichkeitsforschung erreicht. Vgl. Zumthor 1983, 1987.

verbindet. Die spinozistische Basis seiner Argumentation[23] platziert Shakespeare als Gott und Schöpfer über der Vielheit der Szenen. Angesichts eines »Meeres von Begebenheiten« (Herder 1999, 78) das »Ganze Eines theatralischen Bildes« (ebd.) entwerfen zu können, kann nur der »Absicht des Schöpfers« (ebd.) zugeschrieben werden, der hoch auf einem Felsengipfel sitzend die vielen Reden, die unten ergehen, nicht hört.[24] Derart mit »Götterkraft« (Herder 1999, 76) begabt oder als Göttersohn (ebd.) agierend, mit »Göttergriff« (Herder 1999, 80) die Welt erfassend, wird Shakespeare zur poetischen Personifikation jenes »Riesengottes des Spinosa ›Pan! Universum!‹« (Herder 1999, 84). Die *amor dei intellectualis*, die bei Spinoza jene innere Kraft ist, die bei Herder als Weltseele oder Empfindung wiederkehrt, findet ihre Pointe nun gerade darin, nicht individueller oder personaler Natur zu sein, sondern streng objektiv gedacht werden zu müssen. Das Genie, das mit der Natur und aus ihr heraus spricht, kann eben deshalb als Schöpfer sprechen, weil es mit der spinozistischen *natura naturans* konform geht oder besser noch: ihr eigentliches Medium ist. An diesem Punkt wird eine weitere Transferleistung offenbar. Herder denkt die schriftlichen Äquivalente zu den oralitätspoetischen Begriffen Stimme und Ton mit den Mitteln Spinozas. Das Genie, das in der Autorkonstruktion Ossian als Natur sprach – Natur meint hier: Mündlichkeit – wird unter Schriftbedingungen in der Autorkonstruktion Shakespeare ebenfalls zu einem Sprecher der Natur, aber Natur meint nun »Spinosa«. Damit ist klar, dass beide *Autoren* nicht personal gedacht sind, sondern medial, als Akteure, die einerseits repräsentativ Mündlichkeit, andererseits repräsentativ Empfindung der Weltseele aussprechen. Es erhellt ebenfalls, dass die Empfindung, die Herder in dieser entindividualisierten Form Shakespeare zuschreibt, von der Mündlichkeit Ossians schlussendlich nicht unterschieden sein kann. Beide Kategoriensets – die der Mündlichkeit und die der Empfindung – müssen identisch sein, soll nicht die monistische Grundthese des Spinozismus in einen Dualismus auseinanderfallen. An diesen Punkt wird die philosophische Notwendigkeit für Herders Manöver offenbar, Shakespeare aus einer Transformation Ossians zu denken.

IX. Das Gespenst des Verstehens

Aus der überraschenden Abbildbarkeit der Kategorien der mündlichen Dichtung aus dem *Ossian*-Aufsatz auf die Genie-Ästhetik des *Shakespear*-Aufsatzes entspringt die These, dass das Genie insofern aus seiner Natürlichkeit neue Regeln erschafft, als diese nichts anderes sind, als die skripturale Kategorisierung der Funktion Mündlichkeit. Genie ist, wer sich in der Schrift so aufführen kann, wie es der Rhapsode in der Mündlichkeit tut.

Eine klare und einfache Definition. Sie ergänzt gängige Definitionen des Geniebegriffs. Genie wurde als Säkularisationsprodukt (Genie als *alter deus*) begriffen, als Folge einer neuen Subjektivität (Genie als Aussprache einer sich als repräsentativ erklärenden Innerlichkeit), als Artikulation eines neuen Naturbildes (Genie ist derjenige, der auf die Seite der Natur wechseln kann), als Ausdruck eines sich emanzipierenden Bürgertums (Genie ist der Stolz einer aufstrebenden Klasse), als Formierung eines neuen Begriffs vom Kunstwerk (Genie ist das Subjekt der Autonomieästhetik). Ich mache den ergänzenden Vorschlag, Genie als Figur

---

23 Vgl. dazu: Pross 1988.
24 Vgl. das Anfangsbild des *Shakespear*-Aufsatzes: Herder 1999, 65.

eines Medientransfers zu denken, nämlich als Übersetzung der Form der Mündlichkeit in die Epistemologie der Schrift.

Diese Definition führt zu komplexen Schlussfolgerungen. Bei dem Stand der jetzigen Argumentation lässt sich zwanglos eine Serie von Folgesätzen anschließen. Sie lauten, unsortiert:

Was Herder Natur nennt, ist, wie so oft, eine nicht als solche reflektierte mediale Struktur, nämlich die Funktion Mündlichkeit als Reproduktionsmodus in der Praxis der Schrift. Herders Überlegungen wären also medientheoretisch zu rekonstruieren.[25] Es läge dies auf der Linie einer Mediologie des 18. Jahrhunderts, wie sie von Koschorke in seinem Buch über *Schriftverkehr und Körperströme* formuliert wird.[26] Dort ist das leitende Theorem, dass nach der Überführung der einstmals humoralpathologisch aufgefassten Körper in ein organologisches System neue Medien der Kommunikation eingeführt werden müssen, um den Wegfall der direkten Kommunikation zu kompensieren. Dies erfolgt durch eine Fetischisierung der Schrift, in der die in sich abgeschlossenen Individuen durch mediale Kanäle eine neue Unmittelbarkeit zu erreichen versuchen. Herders Aufladung der Schrift durch die in ihr imaginierte Mündlichkeit könnte genau diese Funktion übernehmen. Die Autopoetik, die Herder im *Shakespear*-Aufsatz als Analyse eines Genies entwirft, gibt der Schrift durch die Implantation der Funktion Mündlichkeit eine Lebendigkeit und Direktheit wieder, durch die das mediale Handeln des Genies als direktes Handeln erscheint. Shakespeare lesen heißt also in ihm leben. Herder macht es vor, indem er seine Dramen einer emphatischen Nachdichtung unterzieht und als Lektüreziel die mehrfach wiederholte Aufforderung an den Leser ergehen lässt, sich hineinzuversetzen und mit der poetischen Welt zu fühlen.[27]

Herder behauptet freilich nicht abstrakt eine Funktion Mündlichkeit; er entwickelt in außerordentlicher Präzision die Kategorien jener *oral poetry*, die im 20. Jahrhundert akademisch etabliert wurde. Anstelle also eines bloßen Mediengespenstes tritt eine sachhaltige Erkenntnis. Zumindest was Ossian betrifft. Falls es Ossian gegeben hätte.[28] Wir stehen vor dem Paradox einer ›richtigen‹ Theorie,[29] die anlässlich eines literarischen Phantoms

---

25 Herders eigener Medienbegriff, den Stefan Hoffman rekonstruiert hat (Hoffmann 2002, 73-93), ist auf überraschende Weise an den hier benutzten anschließbar. Hoffmann führt aus, dass Herder, im Paradigma einer mechanistischen Physik befangen, Vermittlungssubstanzen auf der Ebene feinster Materie annahm, um die durchgängige mechanische Beziehung der Phänomene in einem durch Materie gefüllten Raum denken zu können. Solche Materien waren Luft, Äther, Schwerkraft, Elektrizität, Licht, Wärme, Fluidum, Magnetismus etc. Diese raumfüllenden Medien durchdringen über das Netz des Nervensystems auch lebende Körper und werden so zu Prinzipien des Lebens. Indem der Körper als von feineren Medien durchdrungen gedacht wird, findet eine Naturalisierung des Geistes statt, in der sich das Subjekt über seine Sinnesorgane hinaus ausdehnen kann. Das Gedankenmedium der Sprache kann so an diesen Medienbegriff angeschlossen werden, denn die Sprache transportiert als Schallwellen Reize ins Nervensystem, die über immer feinere Medien schließlich in den Geist übergehen. Genau am Punkt dieses Übergangs benutzt Herder eine aufschlussreiche Metapher: »Medium ist verschwunden und besiegt, denn es ward selbst Sinn. Zwischen Raub und Adler ist kein Zwischenstand mehr: sein Blick, sein Geruch ist da: Pfeilschnell schießt er hiernieder« (SWS VIII, 283). Hält man dieses Zitat neben das analoge aus dem *Ossian*-Aufsatz, dann zeigt sich, dass Herder wohl auch seine Theorie der Mündlichkeit im Horizont dieses Medienbegriffs denkt. Denn im *Ossian* ist über die wilde Leidenschaftlichkeit der mündlichen Dichtung zu lesen: »Das sind die Pfeile dieses wilden Apollo, womit er Herzen durchbohrt, und woran er Seelen und Gedächtniße heftet!« (Herder 1999, 13). Die Pfeile sind das Medium der treffenden Sprache, die mündlich als Adler oder wilder Apoll so schnell zwischen Schuss und Ziel vermitteln, dass die Wirkung unmittelbar scheint, aber eben doch dieses Mediums bedarf.
26 Koschorke 1999.
27 Vgl. Herder 1999, 65, 79 (»tritt näher und fühle den *Menschengeist*«), 87, 90 u.ö.

entwickelt wurde. Und diese Theorie der Mündlichkeit ist selbst, so habe ich oben zu begründen versucht, eine Art von Gespenst. Also: ein Theoriegespenst (die Oralität) wird in klarer Sachlichkeit anhand eines Autors (Ossian), der selbst ein Gespenst einer bestimmten Diskursregularität ist, entwickelt.

Von Herders eigenartiger Literaturwissenschaft zu sprechen, heißt auch, die immanente Poetik seiner Texte zu erörtern. Es handelt sich um eine Wissenspoetik eher als um eine poetische Poetik. Herder entwickelt nicht einfach Thesen, er führt sie zugleich mit auf. Schreibt er von Inversionen, dann in Inversionen; behauptet er wilde Sprünge und diskontinuierliche Szenenfolgen, dann organisiert er seinen Text nach diesen Mustern; postuliert er die Funktion Mündlichkeit, dann in einer Rede, die man am besten versteht, wenn man seinen Text selbst in Mündlichkeit versetzt und ihn laut liest. Folglich analysiert Herder nicht nur die mündliche Logik der genialen Autorschaft, er inszeniert sich selber als ein Rhapsode. Er schreibt Texte über Texte und stellt sein Texthandeln als mündliches Sprechen dar. Diese Beobachtung führt auf die anfängliche Frage nach der gerechten oder der tötenden Lektüre zurück.

Herders Lesen ist ein hermeneutisches, so habe ich oben behauptet. Es betont den Gegenstand. Es will nicht töten, um selbst zu dichten. Dieses Lesen verlebendigt vielmehr, was als Buchstabe tot ist und ruft den Namen des Gewesenen im Zeichen der Schrift zu einer gespenstischen Präsenz. Aber, so wäre nunmehr zu ergänzen: Herders Lesen von Ossian und Shakespeare hat gleichwohl die Eigenschaft, nicht nur einem anderen zu dienen, sondern sich selbst in die Szene einzubringen. Mit dieser Bestimmung gerät er in ein Paradox. Denn hinsichtlich der strikten Bloomschen Alternative von hermeneutischem versus tötendem Lesen macht Herder beides. Er lässt leben und setzt sich dennoch. Er ist in dem Zwischen dieser Alternative. Sein Lesen Ossians ist von tiefer theoretischer Sachhaltigkeit und dabei zugleich ein solches, in dem eine auktoriale Stimme sich selbst durch den Gegenstand hindurch zur Vernehmlichkeit bringt. Wenn Herder also Ossian liest, dann konstituiert sich Herder selbst als Autor, aber er konstituiert auch den Autor Ossian.

Ich behaupte, dass dieses Paradoxon das aller Literaturwissenschaft ist, die sich als Interpretation durch die in ihr wiederholte Sprache der Poesie hindurch zur Geltung bringt. Interpretation ist in einem präzisen Sinne Gespensterdiskurs: Sie erzeugt Gespenstertheoreme wie das der Mündlichkeit, weil es in ihr selbst spukt. Denn sie will beides: gerecht sein und eine eigene Stimme, durch das Andere hindurch, zur Geltung bringen. Damit muss sie den Gegenstand zugleich durchstreichen und verlebendigen. Das Interpretament lässt dem poetischen Text seine Präsenz und depotenziert ihn gleichwohl.

Herder, der in der Exegese des Genies dieses als gesetzgebendes und patriarchales Wort der Oralität denkt und damit Shakespeare als Gespenst mithilfe einer gespenstischen Kategorie konstituiert, tötet diesen Shakespeare um dieser These willen, indem er ihn, um dieser These willen, verlebendigt: der Rhythmus der Trauerarbeit als Hermeneutik. Es wird zweierlei erzeugt, erstens lauter geniale Subjektspositionen (das Volk, Shakespeare, Ossian), zweitens eine Stimme, die die der Poesie selber sein soll, aber de facto diejenige von Herders medientheoretisch paradoxer Textlektüre ist. Es gibt also zwei Subjektspositionen: die der besprochenen Autoren und die des durch sie hindurch sprechenden Exegeten. Es handelt sich um

---

28 Ich möchte keine Aussage nahe legen, die die Existenz Ossians leugnen würde. Zum Spezifischen des Ossian-Diskurses gehört, dass die Frage nach dem Autor keine Voraussetzung des Diskurses ist, sondern inhärenter Teil seines Systems. Vgl. dazu Schmidt 2003, Bd.1, 45, 50–55, 88 u.ö.
29 ›Richtig‹: bezogen auf den Referenzrahmen der Mündlichkeitstheorien des 20. Jahrhunderts.

einen in sich gespaltenen, einen doppelten Diskurs. Das eine wird gesetzt und das andere auch; tertium datur.

Kaum ein gespenstischerer Diskurs ist denkbar. Das also wäre die Einladung zur Literaturwissenschaft. Herder lässt uns einen Blick in die innere Geister-Geschichte der exegetischen Autorschaft werfen. »[...] so sitze ich mit gesenktem Haupt und lese. Ich lese, wie wenn ich Stimmen hörte aus Gräbern. Ich höre ihre Stimmen, wie wenn ich ihr Bild vor mir sähe« (Herder 1985, 678). Und eine Seite weiter wird in dem zitierten Text die ganze Ambivalenz dieser hermeneutischen Nekromantik deutlich, wenn Herder die Schätze der gestorbenen Autoren, ihre Bücher, als Reliquien bezeichnet, deren Kern zu schmecken den Geist bildet. Denn den Kern der Reliquie zu schmecken, heißt, sie zu essen wie eine Hostie und also die Schrift wortwörtlich zu heiligen durch Oralisierung. Es handelt sich um eine exegetische Mahlzeit, die Hermeneutik als melancholisch gewordene Trauerarbeit denkt, also als Heraufbeschwören des Gewesenen ohne erneute Tötung. Der Geist, der dem Mahl entsteigt, also die exegetische Autorschaft, unser aller Brot, kann nur ein Gespenst sein – das Gespenst des Verstehens.

Literaturverzeichnis

Abraham, Nicolas u. Torok, Maria: Kryptonymie. Das Verbarium des Wolfsmanns, Frankfurt a.M./Berlin 1979.
Aristoteles: Poetik, hg. von Manfred Fuhrmann, Stuttgart 1982.
Bloom, Harold: Einfluss-Angst. Eine Theorie der Dichtung, Basel/Frankfurt a.M. 1995.
— Eine Topographie des Fehllesens, Frankfurt a.M. 1997.
Czerwinski, Peter: Der Glanz der Abstraktion. Frühe Formen von Reflexivität im Mittelalter. Exempel einer Geschichte der Wahrnehmung, Frankfurt a.M./New York 1989.
Detering, Heinrich (Hg.): Autorschaft. Positionen und Revisionen, Stuttgart 2002.
Foucault, Michel: Was ist ein Autor?, in: Texte zur Theorie der Autorschaft, hg. von Fotis Jannidis u.a., Stuttgart 2000.
Freud, Sigmund: Trauer und Melancholie, in: S.F.: Studienausgabe. Band III: Psychologie des Unbewussten, Frankfurt a.M. 1982.
Gadamer, Hans-Georg: Wahrheit und Methode, Tübingen ⁴1975.
Gaier, Ulrich: Poesie als Metatheorie. Zeichenbegriffe des frühen Herder, in: Johann Gottfried Herder 1744-1803, hg. von Gerhard Sauder, Hamburg 1987, 202-224.
Havelock, Eric A.: Preface to Plato, Cambridge, Mass. 1963.
— Origins of Western Literacy, Toronto 1976.
— Schriftlichkeit. Das griechische Alphabet als kulturelle Revolution, Weinheim 1990.
Herder, Johann Gottfried: Sämmtliche Werke, hg. von Bernhard Suphan, Berlin 1877-1913, 33 Bände (Sigle: SWS).
— [3. Entwurf zu einer Denkschrift auf A.G. Baumgarten, J.D. Heilmann und Th. Abbt], in: J.G.H.: Werke in zehn Bänden, Band 1: Frühe Schriften 1764-1772, hg. von Ulrich Gaier, Frankfurt a.M. 1985.
— Über Thomas Abbts Schriften, in: J.G.H.: Werke in zehn Bänden, Band 2: Schriften zur Ästhetik und Literatur 1767-1781, hg. von Gunter E. Grimm, Frankfurt a.M. 1993.
Herder, Goethe, Frisi, Möser: Von deutscher Art und Kunst. Einige fliegende Blätter, hg. von Hans-Dietrich Irmscher, Stuttgart 1999.
Hoffmann, Stefan: Geschichte des Medienbegriffs, Hamburg 2002.

Jakobson, Roman: Die Folklore als eine besondere Form des Schaffens, in: R.J.: Poetik, Frankfurt a.M. 1979, 140-157.

Jannidis, Fotis (Hg.): Rückkehr des Autors. Zur Erneuerung eines umstrittenen Begriffs, Tübingen 1999.

— (Hg.): Texte zur Theorie der Autorschaft, Stuttgart 2000.

Jean Paul: Sämtliche Werke I/5, hg. von Norbert Miller, München ⁴1980.

Koschorke, Albrecht: Schriftverkehr und Körperströme, München 1999.

Lord, Albert B.: The Singer of Tales (1960), hg. von S. Mitchell und G. Nagy, Cambridge, Mass./London 2000.

Parry, Milman: The Making of Homeric Verse, Oxford 1971.

Pross, Wolfgang: Herders Shakespeare-Interpretation. Von der Dramaturgie zur Geschichtsphilosophie, in: Das Shakespeare-Bild in Europa zwischen Aufklärung und Romantik, hg. von Roger Bauer, Bern 1988, 162-181.

Rickels, Laurence A.: Der unbetrauerbare Tod, Wien 1989.

Schabert, Ina u. Schaff, Barbara (Hg.): Autorschaft. Genus und Genie in der Zeit um 1800, Berlin 1994.

Schlaffer, Heinz: Einleitung, in: Entstehung und Folgen der Schriftkultur, hg. von Jack Goody, Ian Watt u. Kathleen Gough, Frankfurt a.M., 1986.

Schmidt, Wolf Gerhard: ›Homer des Nordens‹ und ›Mutter der Romantik‹. James Macphersons *Ossian* und seine Rezeption in der deutschsprachigen Literatur, 3 Bde. Berlin/New York 2003.

Zumthor, Paul: Introduction à la poésie orale, Paris 1983.

— La lettre et la voix. De la littérature médiévale, Paris 1987.

LOTHAR VAN LAAK

Bildlichkeit und Bildkonzepte beim späten Herder

Dass Johann Gottfried Herders Schreib- und Argumentationsstil – ähnlich wie Johann Georg Hamann und von diesem auch darin inspiriert – über eine besondere Bildqualität verfügt, ist schon lange ein charakteristischer Zug unseres Herder-Bildes.[1] Die Forschung der letzten Jahre hat darüber hinaus auch die Konzepte der Bildlichkeit und des Bildes bei Herder herausgearbeitet und dadurch einen das ganze Werk übergreifenden Problemzusammenhang eröffnet.[2] Im Blick darauf will ich im Folgenden die These vertreten, dass sich bei Herder die Bildlichkeit und die Bildkonzepte, die sich aus ihr ableiten lassen, in zweifacher Weise entwickeln. Zum einen findet sich beim späten Herder eine entschiedene Neukonzeption von Bildlichkeit gegenüber seinen Überlegungen aus der Zeit von um 1770. Dies will ich an seiner Abhandlung *Über Bild, Dichtung und Fabel* von 1787 verdeutlichen. Zum anderen aber entwickeln sich von dieser Abhandlung aus, also innerhalb der Werkstufe des späten Herder, seine Bildkonzepte noch weiter fort. Das lässt sich an der Konzeption der Allegorie besonders gut nachvollziehen.[3] An der *Adrastea* soll daher gezeigt werden, wie Herder eine veränderte – man könnte sagen: sowohl klassizistischere als auch skeptischere und kunstreligiös spiritualisierte – Auffassung der Allegorie formuliert. Eine klassizistischere Deutung des späten Herder wäre allerdings noch in anderem Zusammenhang auszuführen und weiter zu diskutieren.[4]

1. Bildlichkeit als »Kommunikabilität unsrer mehreren Sinne gegen einander« in Herders Abhandlung *Über Bild, Dichtung und Fabel*

Herders Abhandlung *Über Bild, Dichtung und Fabel* (HW 4, 633–677) kann als eine Neukonzeption seiner Auffassung von Bildlichkeit interpretiert werden.[5] Denn gegenüber den frühe-

---

1 Den besonderen Charakter und die Problematik von Herders bildlichem Denk-Stil hat zuletzt Hans-Georg Kemper 2002 noch einmal zusammengefasst: »Gerade Einzelwissenschaften wie Theologie und Philosophie neigen dazu, Herders Sprache ihrer ›Poetizität‹ zu entkleiden und sie damit genau um jene Dimension zu verkürzen, die er als Grundlage seiner Ästhetik machen möchte: die *Sinnlichkeit* sowie die Metaphorizität und Bildhaftigkeit als Medien adäquaten Welterfassens.« (151) Siehe zu Hamann: Graubner 1998; Schumacher 2000; zum Verhältnis zwischen Herder und Hamann: Gaier 1996a; Kemper 1998.
2 Siehe dazu u. a.: Herz 1996, 19–33; Greif 1998, 256–270.
3 Siehe zu einer analytischen Grundlegung: Böning 1999; zu einer Geschichte der Allegorie: Alt 1995, zu Herder 581 ff. Alt relativiert die moderne Verfallsgeschichte der Allegorie (625–628). Siehe zu systematischen Aspekten von Herders Allegorie-Konzeption auch: van Laak 2002a.
4 Siehe zum Verhältnis Herders zur Klassik: Brummack 1987; Fasel 1988; Gaier 1996b.
5 Ausführlicher ist dies entwickelt in: van Laak 2003, 233–272. Simon 1998, 288–316, interpretiert die Abhandlung stärker von der Fabel und der Kategorie der Mimesis bzw. Handlung her, weniger vom Bild und der Bildlichkeit.

ren Konzepten, die auf die sinnlichen und als authentisch-ursprünglich ausgezeichneten Aspekte der ästhetischen Erfahrung abzielen, wie dem Rhythmus in den Überlegungen zum Volkslied[6] und dem sogenannten ›dramatischen Bild‹ in der *Shakespear*-Abhandlung (HW, Shakespear [1773], 2, 498-521, hier 501), lässt sich in der Schrift von 1787 eine Wiedereinführung des Allegorischen erkennen.

Die Allegorie bzw. den ästhetisch-rhetorischen Modus des Allegorischen will ich in diesem Zusammenhang eher offen und heuristisch mit der pragmatischen Bestimmung von Gerhard Kurz fassen. Er bestimmt die Allegorie rezeptionshermeneutisch wie folgt:

> In Wahrheit haben wir [bei der Allegorie; LvL] den Eindruck einer unabhängigen Bedeutung, weil ein interpretativer Akt schon stattgefunden hat, aber so in die Verstehenserwartung eingepaßt ist, daß er nicht als ein solcher erscheint. [...] Der Unterschied von ›wörtlicher‹ und ›allegorischer‹ Bedeutung ist also nicht einer zwischen uninterpretierter und interpretierter Bedeutung, sondern der zwischen interpretierter Bedeutung, die als solche nicht mehr, und interpretierter Bedeutung, die als interpretierte bewußt ist. (Kurz 1988, 31)

Damit rückt weniger die konkrete Wortbedeutung, die Zeichenreferenz oder die versinnbildlichte Idee, wie Goethes wirkungsmächtige Deutung in seiner Symbolkonzeption nahelegte,[7] als vielmehr die Interpretationsleistung in der deutenden Anwendung der Allegorie in den Blickpunkt.

Gerade diese Wiedereinführung des Allegorischen macht gegenüber der entstehenden autonomie-ästhetischen Symbolkonzeptionen, wie sie paradigmatisch Karl Philipp Moritz ausformulieren wird (Schneider 1998), Herders eigene Position klarer und differenzierter zugleich. Mit dieser Re-Allegorisierung wird die Konstruktion eines ›inneren Sinns‹, wie sie auch schon der Abhandlung *Vom Erkennen und Empfinden der menschlichen Seele* aus den 1770er Jahren zugrundeliegt (HW 4, 327-393), von Herder neu verdeutlicht: Sprache und Gefühl, Welt und Seele selbst verhalten sich allegorisch zueinander. Sinn und Verstehen der Welt bilden einen analogischen Verweisungszusammenhang:

> Alle Gegenstände unsrer Sinne nämlich werden nur dadurch unser, daß wir sie *gewahr werden*, d.i. sie mit dem Gepräge *unsres Bewußtseins*, mehr oder minder hell und lebhaft, bezeichnen. In dem Walde sinnlicher Gegenstände, der mich umgibt, finde ich mich nur dadurch zurecht und werde über das Chaos der auf mich zudringenden Empfindungen Herr und Meister, daß ich Gegenstände von andern trenne, daß ich ihnen Umriß, Maß und Gestalt gebe, mithin im Mannigfaltigen mir Einheit verschaffe und sie mit dem Gepräge meines *inneren Sinnes*, als ob dieser ein Stempel der Wahrheit wäre, lebhaft und zuversichtlich bezeichne. Unser ganzes Leben ist also gewissermaßen eine *Poetik*: wir sehen nicht, sondern wir erschaffen uns Bilder. (HW, Über Bild, Dichtung und Fabel, 4, 635.)

Herders performative, vom ›Gepräge‹ und ›vom inneren Sinn‹ her (also sowohl poetisch-produktiv wie synästhetisch-rezeptiv) konzipierte Bildlichkeit versteht die sprachliche bzw. kommunikative Tätigkeit des Menschen als umfassende kulturelle Symbolisierungsleistung. Sie kann Lebenswelt ordnen und dem Menschen zu eigen machen.

›Leben‹ wird zum poietischen Schaffensprozess. Poiesis, Bezeichnung und Rezeption sind für Herder als ein Prozess, als eine Tätigkeit zu sehen. In ihr wird den Gegenständen, der

---

6   HW, Briefwechsel über Ossian, 2, 447-497, hier 453. Die Volkslied-Problematik erörtert: W. Braungart 1996.
7   Siehe zu Goethes Symbolkonzeption die einschlägigen Belegstellen in der Anthologie von Sørensen 1972.

Objekt-Welt »Umriß, Maß und Gestalt«[8] verliehen, »als ob« dies mit dem Gepräge als einem »Stempel der Wahrheit« möglich wäre. Die so in kultureller Tätigkeit hervorgebrachte Lebenswelt wird Herder bewusst, und seine ›Poetik‹ nimmt dies zum Ausgangspunkt der menschlichen Verständigungs- und Gestaltungsleistung in der Welt, wie er weiter formuliert:

> Hieraus ergibt sich, *daß unsre Seele, so wie unsre Sprache, beständig allegorisiere*. Indem sie nämlich Gegenstände als Bilder sieht oder vielmehr nach Regeln, die ihr eingeprägt sind, solche in Gedankenbilder verwandelt; was tut sie anders, als übersetzen, als *metaschematisieren*? Und wenn sie diese Gedankenbilder, die bloß ihr Werk sind, jetzt durch Worte, durch Zeichen fürs Gehör sich aufzuhellen und andern auszudrücken strebt; was tut sie abermals anders, als übersetzen, als *alläosieren*? Der Gegenstand hat mit dem Bilde, das Bild mit dem Gedanken, der Gedanke mit dem Ausdruck, das Gesicht mit dem Namen so wenig gemein, daß sie gleichsam nur durch unsre Wahrnehmung, durch die Empfindung eines viel-organisierten Geschöpfs, das durch mehrere Sinne *Mehreres auf Einmal* empfindet, an einander grenzen. Bloß die *Mitteilbarkeit*, die Kommunikabilität unsrer mehreren Sinne gegen einander und die *Harmonie zwischen ihnen*, auf welcher diese Mitteilung ruhet; nur sie macht die innere Form oder die sogenannte Perfektibilität des Menschen.
> (HW, Über Bild, Dichtung und Fabel, 4, 635 f.)

Dieser sensualistisch akzentuierte Rückgriff auf Shaftesburys Konzept der ›inward form‹ als synästhetische Instanz (des inneren Sinns)[9] sichert ein Kommunikationsmodell, das – *ähnlich* wie die Allegorie – ganz entschieden von einem Bildlichkeitskonzept bzw. von Bildmodellen her gedacht ist, und zwar von einer bildhaft verfassten Wahrnehmung, die zu versprachlichende Gedankenbilder erzeugt. Das Wahrnehmungs-Bild der Sinne amplifiziert sich in diesem rationalisierten Wahrnehmungs- und Gestaltungsprozess in einen vervielfältigen Sinn, denn es lässt »Mehreres auf einmal« empfinden. Und es wird insofern – sprachlich gesehen – auch arbiträr, als nur die Empfindung eine Identität von wahrgenommenem Sinneseindruck und sprachlich-nominaler Bezeichnung – analogisch – hervorbringen kann. Die ›inward form‹ ist ein Akt glückenden Verstehens, als eines Welt-Wahrnehmens, insofern es diese Empfindung als eine Übersetzungsleistung garantieren kann. Noch nicht interpretierte Wahrnehmungsakte betten sich »harmonisch« in schon interpretierte, kommunikabel gehaltene und auch versprachlichte Akte ein. Dieser Vorgang ist darüber hinaus – wenn man es stark interpretiert – auch als grundsätzlich medialer und als medienanthropologischer Vorgang zu verstehen. Denn es ist ja »[b]loß die *Mitteilbarkeit*, die Kommunikabilität unsrer mehreren Sinne gegen einander und die *Harmonie zwischen ihnen*, auf welcher diese Mitteilung ruhet; nur sie macht die innere Form oder die sogenannte Perfektibilität des Menschen« aus.

Damit steht die Allegorie in der *Fabel*-Abhandlung noch einmal entschieden für ein aufklärerisches, auf Harmonie und »Perfektibilität« ausgerichtetes Menschenbild,[10] in dem der Mensch als kommunizierendes und medial agierendes Wesen entworfen wird – ganz im Sinn der bündigen Ausgangshypothese der *Abhandlung über den Ursprung der Sprache* (HW 1, 695-810), dass der Mensch schon als Tier Sprache habe.

---

8   Hier zitiert Herder aus dem *Buch der Weisheit* 11,21.
9   Siehe zur Synästhesie die Beiträge in Adler/Zeuch 2001 sowie die grundlegenden Arbeiten über die Sinne, die Synästhesie und den ›inneren Sinn‹ bei Herder: Adler 1990, 98-110; G. Braungart 1995; Zeuch 2000, 144-146. Siehe zu Shaftesbury: Baum 2001 und zu Herders Shaftesbury-Lektüre: Modigliani 2000.
10 Alt 1996, 316-319.

2. Bildkunst als »zartes Memento«, Dichtkunst als ›ätherisch-leichtes Schweben‹ – Herders skeptisch-klassizistische Neubestimmung der Allegorie in der *Adrastea*

In der *Adrastea* nun findet sich zum einen eine insgesamt skeptischere Sicht der menschlichen Weltdeutungs- und Weltgestaltungskompetenz, die sich an Herders Verständnis des Allegorischen ablesen lässt. Zum anderen aber bringt diese skeptischere Einschätzung eine – auch gegenüber Lessings *Laokoon* und auch Herders früherer Auseinandersetzung damit[11] – medial wesentlich ausdifferenzierte Bestimmung der Allegorie mit sich, die er nicht nur nach Bild und Sprache unterscheidet.

Die skeptischere Auffassung resultiert aus einer stärkeren Geistorientierung des oben skizzierten Wahrnehmungsprozesses. In diesem blickt Herder nun weniger stark auf den ›inneren Sinn‹ als vielmehr auf die Kategorie des ›Ausdrucks‹, die in der *Fabel*-Abhandlung zwischen ›Gedanke‹ und ›Gesicht‹ und somit als Gestalt-Moment zwischen Wahrnehmung und Sprache angesiedelt worden war, nun aber in die Schlüsselposition dieses ganzen Prozesses gerückt wird.

> Alles spreche zu uns; nichts stehe uns leer da! Auch sein es nicht etwa bloß äußere *Ähnlichkeiten*, die wir aufhaschen, (ein leeres, oft verwirrendes Spiel des Witzes;) sondern die Tiefen der Natur selbst, der in Körpern *dargestellte wirksame Geist*, eine Welt von Kräften, uns empfindbar worden durch *Ausdruck*. [...] In allen Situationen, an denen die Empfindung Teil nimmt, überstrahlt Geist den Körper. (HW, Adrastea, 10, 292.)

In einer vergleichbaren Formulierung im Dritten Teil der *Kalligone* heißt es übrigens: »Die Gestalt ging in die Seele des Künstlers und ward in ihr *Idee*; eine die Gestalt darstellende *Geistes-Echo*.« (HW, Kalligone, 8, 641-964, hier 929.)

So wird die weltschaffende Poesis in der *Adrastea* gewissermaßen platonisiert, zumindest aber sakralisiert:

> Dichtern ist diese Allegorie die *heilige* Sprache, sie drückt Gedanken des großen Weltgeistes aus, wie *Er* sie ausdrückte, ganz dastehend, wirksam-lebendig. [... selbst] hohle Nachbilder [sind] ohne jene wahren großen Urbilder der Natur *undenkbar*.

> Das höchste Altertum, das wenig schwätzte, aber tiefer empfand und dachte, hielt sich an diese Allegorien der erhabensten Art. Mit dem mindesten sagten sie dabei viel, und wie rein! wie kräftig! (HW, Adrastea, 10, 293.)

Dies mündet aber nicht nur in einer Spiritualisierung und Sakralisierung des Ästhetischen, wie wir es von den Romantikern kennen, sondern zugleich auch in einen Winckelmann'schen Klassizismus erhabenster Allegorien, die »mit dem mindesten« vieles »rein« und »kräftig« zum Ausdruck bringen.

Damit wird einerseits die Fantasie des Menschen fast romantisch aufgewertet:

> Die Gestalten, die der Geist schuf, sind *Geist*, sind *Leben*.

---

11 Mit Lessings *Laokoon* (Lessing 1985-2001, Bd. 5/2) setzt sich Herder in seinem *1. Kritischen Wäldchen* auseinander (HW 2, insbes. 191-218). Siehe Adler 104-114; sowie zur Gattungspoetik der Gattung der silvae: Adam 1988.

> Der Dichter ahmt diesem *göttlichen Bildungstriebe* nach; oder vielmehr, er wirkt unter ihm mit *Verstand und Absicht*. [... Der Dichter ist es, der] mit wenig Worten, mit wenig Bildern uns in eine neue Welt zaubert; wir sehen die Bilder, mit ihnen lebend. (HW, Adrastea, 10, 294.)

Aber gleichwohl rationalisieren »Verstand und Absicht« den Bildungsprozess andererseits; und die ökonomische Organisation »mit wenig Worten, mit wenig Bildern« mäßigt und ordnet auch eine zu wilde, Gattungs- und Formgrenzen überschreitende Fantasie:

> Der Künstler aber kann Ideen nicht anders als nach seiner Kunst gesellen: denn den großen Zusammenhang der Natur erreicht Er nicht. Mithin beschränkt sich seine Allegorie darauf, was Er vorzustellen *vermag, in jeder Art seiner Künste*. (HW, Adrastea, 10, 295.)

Dieser fantasievoll-»kräftig«[12] erweiterte Klassizismus begründet für den späten Herder eine Kunstauffassung, der »ein engerer, bestimmter Zweck« gesetzt ist, »zu welchem sich die Vorstellungen *gesellen*« (HW, Adrastea, 10, 292). So werden nach dieser allgemeinen Bestimmung im Folgenden die einzelnen visuellen Künste »Bildnerei«, »Bildung auf eine *Fläche*« mit Verzierung und Arabeske, »Allegorien *auf geschnittenen Steinen*«, Münzen und Gemälden differenziert (HW, Adrastea, 10, 296-99), um die »Allegorie der Kunst« schließlich auf »*einen engen Umfang*« festzulegen: »Indem sie mit Wenigem Viel, dazu dieses leise oder gleichsam stumm sagen will, ist sie ein zartes *Memento*. Nichts erdrücket uns mehr als kolossalische Allegorieen« (HW, Adrastea, 10, 299).

Herders zweite Bestimmung rückt die Allegorie dann näher an Goethes Symbolbegriff eines ›im geistigen Spiegel zusammengezogenen Bilds‹, das dadurch, dass es sich selbst ausspricht, als Teil für das Ganze zu stehen vermag. Bei Herder äußert sich die Vielfalt der Allegorie jedoch eher in der Vielfalt ihrer Deutungsmöglichkeiten:[13]

> Die Allegorie der Kunst *spreche sich selbst aus*; sie verachte eine Inschrift. [...] Ist die gebildete Allegorie rechter Art, eindringend, lieblich, unvergeßlich; an auslegenden, anwendenden, dankbaren, ja entzückten Epigrammen auf sie wirds ihr nicht fehlen. Je vielfacher in diesen ihre Bedeutung gewandt, und angewandt wird; ihr um so mehr zum Ruhme!
> (HW, Adrastea, 10, 299.)

Diese rezeptionshermeneutische Wendung zur Anwendung, zur Erfüllung der Allegorie in der Applikation wird in den weiteren Punkten noch verstärkt, wenn Herder den Ort der darstellenden Allegorie als »*heilige Stäte*« bestimmt, als »desto *stilleren Platz* [...], den wir uns als ein Heiligtum gleichsam selbst ersparen.« (HW, Adrastea, 10, 300.) Dass Allegorien in ihrer Bedeutung und Applikation verblassen können, reflektiert Herder in seiner letzten Forderung:

> *Kein Denkbild sei unschön, unfreundlich*. Wenn wir der Bedeutung längst gewohnten, erfreue uns immer noch seine *Form und Zusammenstellung*, der glückliche Gedanke. Er beruhige. [...] Und da kein Moment der Handlung länger und gnügender [!] wirkt, als eines *schönen Anfanges* oder *Endes*: so erfasse diesen die Allegorie der Kunst; die mittlern Turbationen lasse sie andern Künsten. Keinen

---

12 Siehe zur Diskussion der »Kraft«: Krebs 1995 und Zeuch 1999.
13 Während Herder so eher das Symbolisieren vom Allegorisieren her bestimmt, ist es bei Goethe tendenziell umgekehrt. Hierin folgt ihm Böning 1999, 169, der das Verhältnis von Allegorisieren und Symbolisieren der Sprache so bestimmt, »daß die Sprache allegorisch verfaßt ist, daß wir aber symbolisch mit ihr umgehen müssen – ein Zeichen wird ja auch ›Symbol‹ genannt –, weil wir diesen unendlichen Verweisungsbezug um des Lebensvollzuges anzuhalten haben.«

> Laokoon möchte ich zum täglichen Denkbilde vor mir, Trotz [!] seines erhabenen Seufzers; lieber, wenn gleich ohne Kopf und Arme, des Herkules Torso.
> (HW, Adrastea, 10, 300f.)

Der Klassizismus des späten Herder ist also auch in sich komplex differenziert, wenn er den Herkules-Torso gegen die Laokoon-Gruppe ausspielt, den »glücklichen Gedanken« der ›Beruhigung‹ gegen das Erhabene oder den ›fruchtbaren Augenblick‹.

Günter Arnolds Einschätzung der *Adrastea* als tendenziell antiklassizistisches und implizit gegen Kantianismus und Jenaer Romantik gerichtetes Zeitschriften-Projekt Herders[14] ist somit am Beispiel der Einschätzung der visuellen Allegorie partiell zu revidieren.[15] Für die von Herder im Anschluss diskutierten sprachlichen Allegorien, die »Allegorieen der Dichtkunst und der Rede«, finden sich ebenso Bestimmungen, die sich an eine Anmuts-Ästhetik anschließen lassen:

> *leicht müssen sie schweben: denn sie sind ätherischer Art.* Geschöpfe der Phantasie und des personifizierenden Verstandes, aus einem Hauch der Sprache genommen, in einem Hauch gebildet, müssen sie der Einbildungskraft leicht vortreten, sich lieblich anmelden und das was sie sein soll, durch sich selbst bewähren. (HW, Adrastea, 10, 302.)

Die Geistorientierung in Herders Bestimmung der sprachlichen Allegorien, als ›Denkbilder‹ mit ihrem »süßen Wahn des *geistigen Daseins* jener Verstandesgeschöpfe« (ebd.), führt unter der Perspektive der Interpretation wörtliche und allegorische Bedeutung in einem ›bequemen Verhältnis‹, leicht und sinnvoll, lieblich-heiter, ja auch selbst-verständlich, eng zusammen.

Es ist eine zarte Differenz »zwischen interpretierter Bedeutung, die als solche nicht mehr, und interpretierter Bedeutung, die als interpretierte bewußt ist.« (Kurz 1988, 31.) In diesen Formulierungen prägt sich aus, dass Herder – ähnlich wie Wieland (van Laak 2002b) – in der ästhetischen Tradition der Aufklärung verbleibt; diese zwar selbstkritisch und aufklärungsskeptisch weiter entwickelt, dabei aber Kunst und Religion voneinander geschieden weiß und weiter geschieden sehen will. Sie haben mit dem Geheimnisvollen des Symbols bei Goethe, dem Numinosen der ›ästhetischen Idee‹ Kants, die viel zu denken gibt, ohne je ausschöpfbar zu sein (Kant 1987, B 193), der Konzeption des autonomen Kunstwerks bei Moritz, dessen pure Existenz erratisch-erhabene Qualität besitzt (Moritz 1989), oder auch der ›progressiven Universalpoesie‹ der Frühromantiker zwar Tendenzen gemein, nicht aber den Gehalt des Ausdrucks, der sich stets auf die Interpretation verpflichtet weiß. Für sie ist die Allegorie eine spezifische Bedingung ihrer Möglichkeit, insofern jede Interpretation notwendig allegorisch ist.[16]

In der Auseinandersetzung mit Kants *Kritik der Urteilskraft*, der Diskussion ihrer ›ästhetischen Idee‹ in der *Kalligone*, um eines der genannten Beispiele aufzugreifen, formuliert Herder den progressiven Anspruch und perfektiblen Charakter der ästhetischen Erfahrung von Literatur zwar ebenfalls mit, so

> im Lesen Homers; die Gestalten wachsen der Phantasie, je weiter wir fortlesen. Nicht anders im Drama der Griechen. [...] Mit *Angelo's*, *Raphaels*, *da Vincis* Gestalten ists nicht anders. Vollends in

---

14 So Günter Arnold im Kommentar zu seiner *Adrastea*-Auswahl (HW 10, 972f.).
15 Siehe zum Verhältnis Herders zur idealistischen Geschichtsphilosophie die Beiträge von Irmscher und Düsing in Heinz 1997.
16 Herders Hermeneutik ist also weniger apokalyptisch als Simon 1998b dies entwickelt.

der Musik und Dichtkunst; unglücklich ist der Dichter, der nicht mehr Gedanken zu wecken weiß, als er ausdrückt, dessen Gestalten und Eindrücke unserm Gemüt nicht wachsen. Dies ist das immensum infinitumque, das *Unermessene, Überschwengliche*, wornach die Kunst strebt, und das nur der Genius bewirkt. Stets umgrenzt rückt er immer weiter und weiter hinaus die Grenze. (HW, Kalligone, 8, 932f.)

Auch wenn sich die Dynamik des menschlichen Geistes ins Unermessene bewegen kann, der entscheidende Unterschied zu den konkurrierenden ästhetischen Konzepten um 1800 ist eben der, dass Herder stets von diesseits dieser Grenze des Genius und nicht von ihrer ›anderen Seite‹ denkt und argumentiert. Das Jenseits dieser Grenze bleibt beim Theologen dem Ganz-Anderen eines Göttlichen vorbehalten. Der Geist der Kunst ist der Geist Gottes in der Welt, und die Allegorie bescheidet sich damit, den Sinn in dieser Welt wahrzunehmen und zum Ausdruck zu bringen. Sie ist ästhetischer Gottesdienst, nicht aber Gottesersatz. Interpretation ist Sinnsuche, nicht - wie beim theologischen Ästheten Schleiermacher (Schleiermacher 1993) - die Divination des Sinns selbst. Unter dieser Voraussetzung können Kunst, Literatur und ihr Verstehen, können Ästhetik und Hermeneutik für Herder nur allegorisch sein. Denn das Sinnenwesen Mensch ist, selbst wenn es sich vom Genius führen lässt und seine Sinne ihre differenzierteste harmonische »Kommunikabilität« untereinander herstellen, ein Wesen der Mit-Teilung, ein - dem Subjekt unhintergehbar - medial sich auslegendes Wesen: »Unser ganzes Leben ist also gewissermaßen eine *Poetik*: wir sehen nicht, sondern wir erschaffen uns Bilder.« (HW, Über Bild, Dichtung und Fabel, 4, 635.) Die Bilder aber differieren vom Ganz-Anderen, vom göttlichen Gegenüber, und werden ihm bestenfalls ebenbildlich.[17] Dabei vermag wohl die Allegorie am ehesten diese Form der Bildlichkeit auszudrücken. Denn sie stellt die Potentialität des Perfektiblen mit dar.

Literaturverzeichnis

Adler, Hans: Die Prägnanz des Dunklen. Gnoseologie - Ästhetik - Geschichtsphilosophie bei Johann Gottfried Herder, Hamburg 1990.
— u. Zeuch, Ulrike (Hg.): Synästhesie. Interferenz - Transfer - Synthese der Sinne, Würzburg 2001.
Alt, Peter-André: Begriffsbilder. Studien zur literarischen Allegorie zwischen Opitz und Schiller, Tübingen 1995.
— Aufklärung. Lehrbuch Germanistik, Stuttgart u. Weimar 1996.
Baum, Angelica: Selbstgefühl und reflektierte Neigung. Ästhetik und Ethik bei Shaftesbury, Stuttgart-Bad Cannstatt 2001.
Bayer, Oswald (Hg.): Johann Georg Hamann. »Der hellste Kopf seiner Zeit«, Tübingen 1998.
Böning, Thomas: Allegorisieren/Symbolisieren, in: Heinrich Bosse/Ursula Renner (Hg.): Literaturwissenschaft. Einführung in ein Sprachspiel, Freiburg i.Br. 1999, 157-175.
Braungart, Georg: Leibhafter Sinn. Der andere Diskurs der Moderne, Tübingen 1995.
Braungart, Wolfgang: »Aus denen Kehlen der ältsten Müttergens«. Über Kitsch und Trivialität, populäre Kultur und Elitekultur, Mündlichkeit und Schriftlichkeit der Volksballade, besonders bei Herder und Goethe, in: Jahrbuch für Volksliedforschung 41 (1996), 11-32.

---

17 Siehe zur systematischen Diskussion der Ebenbildlichkeit Mitchell 1990, 53-62; für den problemgeschichtlichen Zusammenhang Kemper 1981.

Brummack, Jürgen: ›Romantischer Klassizismus‹. Herder und das griechische Epigramm, in: Delbrück, Hansgerd (Hg.): Sinnlichkeit in Bild und Klang. Festschrift für Paul Hoffmann, Stuttgart 1987, 153-176.

Düsing, Wolfgang: Der Nemesisbegriff bei Herder und Schiller, in: Heinz, Marion (Hg.): Herder und die Philosophie des deutschen Idealismus, Amsterdam 1997, 235-255.

Fasel, Christoph: Herder und das klassische Weimar. Kultur und Gesellschaft 1789-1803, Frankfurt a.M. 1988.

Gaier, Ulrich: Hamanns und Herders hieroglyphische Stile, in: Gajek, Bernhard (Hg.): Johann Georg Hamann. Acta des 6. Internationalen Hamann-Kolloquiums 1992, Frankfurt a.M. 1996[a], 177-195.

— Von nationaler Klassik zur Humanität. Konzepte der Vollendung bei Herder, in: Otto, Regine (Hg.): Nationen und Kulturen. Zum 250. Geburtstag Johann Gottfried Herders, Würzburg 1996[b], 49-64.

Graubner, Hans: Erkenntnisbilder oder Bildersprache. Hamann und Hume, in: Bayer 1998, 242-262.

Greif, Stefan: Die Malerei kann ein sehr beredtes Schweigen haben. Beschreibungskunst und Bildästhetik der Dichter, München 1998.

Heinz, Marion (Hg.): Herder und die Philosophie des deutschen Idealismus, Amsterdam 1997.

Herder, Johann Gottfried: Werke in zehn Bänden. Hg. von Martin Bollacher u.a., Frankfurt a.M. 1985-2000 [zitiert als HW, ggf. mit Kurztitel, sowie Bandzahl, Seite].

Herz, Andreas: Dunkler Spiegel - helles Dasein. Natur, Geschichte, Kunst im Werk Johann Gottfried Herders, Heidelberg 1996.

Irmscher, Hans-Dietrich: Aspekte der Geschichtsphilosophie Johann Gottfried Herders, in: Heinz, Marion (Hg.): Herder und die Philosophie des deutschen Idealismus, Amsterdam 1997, 5-47.

Kant, Immanuel: Kritik der Urteilskraft. Werkausgabe. Hg. von Wilhelm Weischedel, Bd. X, Frankfurt a.M. ^{9}1987 [erstmals 1790].

Kemper, Hans-Georg: Gottebenbildlichkeit und Naturnachahmung im Säkularisierungsprozeß. Problemgeschichtliche Studien zur deutschen Literatur in Barock und Aufklärung. 2 Bde., Tübingen 1981.

— Gott als Mensch - Mensch als Gott. Hamann und Herder, in: Bayer 1998, 156-189.

— Deutsche Lyrik der frühen Neuzeit. Bd. 6/II: Sturm und Drang: Genie-Religion, Tübingen 2002.

Krebs, Roland: Herder, Goethe und die ästhetische Diskussion um 1770. Zu den Begriffen »énergie« und »Kraft« in der französischen und deutschen Poetik, in: Goethe-Jahrbuch 112 (1995), 83-96.

Kurz, Gerhard: Metapher, Allegorie, Symbol, 2. Aufl., Göttingen 1988.

van Laak, Lothar: Die Allegorie als hermeneutische Grenzsituation bei Johann Gottfried Herder, in: Dorothea Lauterbach/Uwe Spoerl/Uli Wunderlich (Hg.): Grenzsituationen. Wahrnehmung, Bedeutung und Gestaltung in der neueren Literatur, Göttingen 2002 [a], 83-105.

— Originalität als inszenierte Epigonalität. Christoph Martin Wieland zwischen Klassik, Aufklärung und Romantik, in: Wiesinger, Peter (Hg.): Akten des X. Internationalen Germanistenkongresses Wien 2000 »Zeitenwende - Die Germanistik auf dem Weg vom 20. ins 21. Jahrhundert«, Bern u.a. 2002 [b], Bd. 6, 235-241.

— Hermeneutik literarischer Sinnlichkeit. Historisch-systematische Studien zur Literatur des 17. und 18. Jahrhunderts, Tübingen 2003.

Lessing, Gotthold Ephraim: Werke und Briefe in zwölf Bänden. Hg. von Wilfried Barner u.a., Frankfurt a.M. 1985-2001.

Mitchell, W.J.T.: Was ist ein Bild?, in: Volker Bohn (Hg.): Bildlichkeit. Internationale Beiträge zur Poetik, Bd. 3, Frankfurt a.M. 1990, 17-68.

Modigliani, Denise: Zur moralisch-gesellschaftlichen Funktion der Dichtkunst bei Herder im Licht seiner Shaftesbury-Lektüre, in: Herder Yearbook 2000, 57-77.

Moritz, Karl Philipp: Über die bildende Nachahmung des Schönen (1788), in: Ders.: Beiträge zur Ästhetik. Hg. von Hans Joachim Schrimpf u. Hans Adler, Mainz 1989, 27-78.

Schleiermacher, Friedrich Daniel Ernst: Hermeneutik und Kritik. Hg. von Manfred Frank, Frankfurt a.M. ^{5}1993 [^{1}1977].

Schneider, Sabine M.: Die schwierige Sprache des Schönen. Moritz' und Schillers Semiotik der Sinnlichkeit, Würzburg 1998.

Schumacher, Eckhard: Die Ironie der Unverständlichkeit. Johann Georg Hamann, Friedrich Schlegel, Jacques Derrida, Paul de Man, Frankfurt a.M. 2000.

Simon, Ralf: Das Gedächtnis der Interpretation. Gedächtnistheorie als Fundament für Hermeneutik, Ästhetik und Interpretation bei Johann Gottfried Herder, Hamburg 1998[a].

— Apokalyptische Hermeneutik. Johann Gottfried Herder: *Maran Atha*, Geschichtsphilosophie, *Adrastea*, in: Herder Yearbook 1998[b], 27-52.

Sørensen, Bengt Algot (Hg.): Allegorie und Symbol. Texte zur Theorie des dichterischen Bildes im 18. und frühen 19. Jahrhundert, Frankfurt a.M. 1972.

Zeuch, Ulrike: ›Kraft‹ als Inbegriff menschlicher Seelentätigkeit in der Anthropologie der Spätaufklärung (Herder und Moritz), in: Jahrbuch der Deutschen Schillergesellschaft 43 (1999), 99-122.

— Umkehr der Sinneshierarchie. Herder und die Aufwertung des Tastsinns seit der Frühen Neuzeit, Tübingen 2000.

Natalie Binczek

Zur Deutung der Gewänder: *Viertes kritisches Wäldchen*, *Plastik* und *Kalligone*

I.

1769 nimmt Herder im *Vierten kritischen Wäldchen* auf die »nasse Draperie« der antiken Skulpturen Bezug. In einem in diesem Text nicht weiter verfolgten Notat hält er fest:

> Die weise Einfalt der Alten, und die selige Ruhe, und der genaue Contour und die nasse Draperie, die sie ihren Statuen gaben, erklärt sich offenbar aus diesem Gefühl, das gleichsam in der Dunkelheit tastet, um sich nicht vom Gesichte zerstreuen zu lassen, und hier sich aller Ergießung der Einbildungskraft überläßt. (Herder, Viertes kritischen Wäldchen, 317f.)

Herder knüpft mit dieser Aussage an eine von Winckelmann in dessen *Gedancken über die Nachahmung der Griechischen Wercke in der Mahlerey und Bildhauer-Kunst* angestoßene Reflexion über den ästhetischen Stellenwert der Draperie[1] an antiken Statuen an. Dabei bestätigt das obige Zitat die Einschätzung Winckelmanns, dass es den Griechen gelungen sei, die Gewänder der ›Einfalt‹, ›Ruhe‹ und dem ›Kontur‹ der bildhauerischen Werke harmonisch ebenso an- wie einzupassen. »Auch unter den Gewändern der Griechischen Figuren herrscht der meisterhafte Contour, als die Haupt-Absicht des Künstlers, der auch durch den Marmor hindurch den schönen Bau seines Cörpers wie durch ein Coisches Kleid zeiget.« (Winckelmann, Gedancken über die Nachahmung, 40)

Anders als Winckelmann nimmt Herder jedoch auch eine sensorische Zuordnung vor, indem er die haptische Dimension der Bildhauerei hervorhebt und von der Malerei als einer dem Sehsinn zugeordneten Kunstgattung abgrenzt. Es ist ausdrücklich das ›Gefühl, das gleichsam in der Dunkelheit tastet‹, in dessen Zuständigkeit die Darstellung, mehr noch: die Wahrnehmung plastischer Werke fällt und welches nicht nur dem ›zerstreuenden Gesicht‹ entgegengesetzt, sondern überdies auch in unmittelbare Beziehung zur ›Einbildungskraft‹ gebracht wird. Eine solche auf der Grundlage der Wahrnehmungssinne beruhende Unterscheidung der Malerei von der Bildhauerei findet sich bei Winckelmann nicht.

Nur ein paar Zeilen weiter greift Herder den Draperie-Bezug in dieser Schrift noch einmal auf, um eine Opposition zu bezeichnen, welche für die Weiterführung der Überlegungen in der *Plastik* maßgeblich sein wird:

> Hier ist die nasse Draperie von Würkung: sonst fühle ich nichts als Gewand, drückendes Gewand, und die schöne Form des Körpers, das Wesen der Kunst, ist verloren.
> (Herder, Viertes kritisches Wäldchen, 318)

---

[1] »Unter dem Wort Drapperie begreift man alles, was die Kunst von Bekleidung des Nackenden der Figuren und von gebrochenen Gewändern lehret. Diese Wissenschaft ist nach der schönen Natur, und nach dem edlen Contour, der dritte Vorzug der Wercke des Alterthums.« (Winckelmann, Gedancken über die Nachahmung, 42)

In der *Plastik* erst wird Herder diese Gegenüberstellung zwischen Gewändern, welche sich dem Tastempfinden und somit der ästhetischen Norm des natürlichen Körpers fügen, und solchen, welche ›drückend‹ wirken und daher eine ästhetische Störung hervorrufen, systematisch ausarbeiten. Hier nimmt er diese Überlegung gleichwohl bereits vorweg, auch wenn er eine Herleitung und Plausibilisierung der Argumente noch vermissen lässt. Nachgeholt wird dieses Manko in der späteren Schrift.

Nachdem das erste Kapitel der *Plastik* eine an Diderot und Condillac angelehnte Theorie der Sinne sowie der ihnen zugeordneten Künste allgemein rekapituliert hat, widmet sich das zweite der deskriptiven Erfassung einzelner antiker Skulpturen. Dabei beginnt dieses Kapitel mit einer als Frage formulierten Überschrift, an welcher sogleich der zentrale Stellenwert der Gewänderproblematik zum Tragen kommt: »Bildhauerkunst und Malerei, warum bekleiden sie nicht mit Einem Glücke, nicht auf Einerlei Art?« (Herder, Plastik, 259) Die Antwort folgt umgehend: »Antwort«, so der Anfang des anschließenden Abschnitts: »Weil die Bildnerei eigentlich gar nicht bekleiden kann und die Malerei immer kleidet.« (Ebd.)

Die erste Annäherung an einzelne Werke der Bildhauerkunst nimmt der Text über die Kleider vor.[2] Während die Zwischenüberschrift von der Unfähigkeit ›zu bekleiden‹ spricht und damit den Eindruck erweckt, als handle es sich dabei um ein Defizit der Bildhauerkunst, zeigt sich im nachfolgenden Text hingegen, dass diese Unfähigkeit letztlich eine Auszeichnung gegenüber der Malerei bedeutet. Nicht ›bekleiden zu können‹ bedingt nämlich im Verlauf der weiteren Ausführungen einen uneinholbaren Vorsprung innerhalb dieses Wettstreites der Künste. Die Bildhauerei »kann gar nicht bekleiden«, so Herders Argument, »denn offenbar verhüllet sie gleich unter dem Kleide, es ist nicht mehr ein menschlicher Körper, sondern ein langgekleideter Block.« (Ebd., 260) Grundsätzlich besteht das Problem deshalb darin, dass sich das Kleid an die Stelle des Körpers setzt, diesen somit verdrängt und unsichtbar macht; es deformiert ihn, anstatt sich nur über ihn zu legen. ›Körper und Formen‹ sind nämlich, wie mehrfach wiederholt, die Bezugsgegenstände der Bildhauerei, soll sie den Anforderungen ihrer ästhetischen Bestimmung gerecht werden. Ausschließlich die Darstellung des bloßen, unbekleideten und in seiner Natürlichkeit präsenten Körpers – darauf insistiert schon Winckelmann, nachdrücklicher noch Lessing im *Laokoon*[3] – ist ihr angemessen, wohingegen die Malerei als Kunst der Bekleidung, Verhüllung und damit des lediglich Sekundären, Hinzugefügten und Abgeleiteten[4] degradiert wird. Damit tritt zutage, wie die anfangs konstatierte Unfähigkeit schließlich als ästhetisches Kapital der Bildhauerei umgewertet wird.

---

2 Siehe zur »Verwandtschaft von Kleidung und Sprache« bei Herder Landfester, Der Dichtung Schleier, 1995, 50f. Siehe zur Kleidung in Philosophie und Literatur Niehues-Pröbsting, Kleiderprobleme, 2001, 133-149.

3 »Hat ein Gewand, das Werk sklavischer Hände, eben so viel Schönheit als das Werk der ewigen Weisheit, ein organisierter Körper?« (Lessing, Laokoon, 58)

4 Die Forschung betont dabei, es handle sich beim Tastsinn demgegenüber um eine Erfahrung, welche als »Authentizität« (Adler, Die Prägnanz des Dunklen, 1990, 103; Braungart, Leibhafter Sinn, 1995, 83 u. 86) zu bezeichnen ist. Diese Auffassung geht auf Salmony, Philosophie des jungen Herder, 1949 zurück. In diesem Sinn hält auch Mülder-Bach fest, dass Herder »[i]mmer wieder [...] auf der ›Eigentlichkeit‹ der Fühlbegriffe« bestehe (Mülder-Bach, Im Zeichen Pygmalions, 1998, 72). Siehe dazu auch Zeuch, Umkehr der Sinneshierarchie, 2000.

II.

Das Material, dessen sie sich bedient, eignet sich nicht zur Nachahmung von Gewändern oder Kleidern. »Es ist kein Schatte, kein Schleier, gar kein Gewand mehr: es ist ein Fels voll Erhöhung und Vertiefung, ein herabhangender Klumpe.« (Herder, Plastik, 260) Stets verweist der Stein auf seine eigene feste Konsistenz als ›herabhängender Klumpen‹. Nichts haftet ihm, wie man wohl weiterführen kann, von der Weichheit und Durchlässigkeit gewebter Stoffe, die er doch nachzuahmen hat, an. Verunmöglicht wird deshalb sogar die Illusion der Leichtigkeit und mit ihr die Illusion der für den ästhetischen Akt unabdingbaren Belebung der Plastik. So wird vielmehr die Unwahrscheinlichkeit hervorgehoben, aus Stein ›Schleier‹ oder ›Gewänder‹ nachzubilden, welche in der Vorstellung des Rezipienten Züge der Beweglichkeit annehmen sollen.

Bevor Herder jedoch die pygmalionische Belebung des plastisch umgesetzten Körpers beschreibt – sie findet sich im Wesentlichen im dritten Abschnitt –, zeigt er einen anderen illusionären Effekt auf. Dieser bezieht sich auf sensorische Wahrnehmungsoperationen und gilt mithin als Voraussetzung der Belebung im Rezeptionsakt: »Seht jenen Liebhaber«, heißt es programmatisch, »der tiefgesenkt um die Bildsäule wanket. Was tut er nicht, um sein Gefühl zum Gesicht zu machen, zu *schauen* als ob er im Dunkeln taste?« (Ebd., 254) Das ›schauen‹ ist kursiviert, womit dessen Hervorhebung typographisch erzeugt wird; ein ›schauen‹, welches zudem konjunktivistisch bestimmt wird, ›als ob‹ es sich um ein ›Tasten‹ handelte.[5] Die ästhetische Verbindung der bildhauerischen Kunstgattung mit dem haptischen Wahrnehmungssinn inszeniert der Text als eine Als-ob-Konstruktion.

Obzwar die so entwickelte haptische Ästhetik in den Bereich der Imagination verweist und keinesfalls als unmittelbarer Vollzug einer mit der Hand gesteuerten Wahrnehmung, d.h. Berührung der Artefakte verstanden werden will,[6] ist sie dennoch nicht unabhängig von der tatsächlichen haptischen Qualität des Werks zu denken. Die Ermöglichung dieser imaginären Öffnung des ›Schauens‹ auf ein ›Tasten‹ hin setzt nämlich bestimmte formale Bedingungen seitens der materiellen Konstitution des Werks voraus. Ausgehend von und begrenzt auf die visuelle Wahrnehmung, muss der Rezipient überhaupt erst in den Stand versetzt werden, die tastbare Dimension einer Plastik zu erkennen. Im Sinne eines »Grundsatz[es]« fasst Herder daher zusammen, wie nicht nur das haptische Moment der Bildhauerei freizulegen, sondern damit zugleich auch der ästhetische Wert dieser Kunstgattung zur Geltung zu bringen sei.

> [M]an kann überhaupt den Grundsatz annehmen, ›daß wo der Griechische Künstler auf Bildung und Darstellung eines schönen Körpers ausging, wo ihm nichts Religiöses und Charakteristisches im Wege stand, wo seine Figur ein freies Geschöpf der Muse, ein substanzielles Kunstbild, kein Emblem, keine historische Gruppe, sondern Bild der Schönheit sein sollte, da bekleidete er nie, da enthüllte er [...]‹ (ebd., 262).

---

5   »Das Auge fühlt wirklich, aber eben das Auge, das heißt ›der kälteste, philosophischte‹ [sic] unter den Sinnen. An keiner Stelle wird das Berührungsverbot wirklich durchbrochen. Optative Wendungen, Worteinschübe wie ›gleichsam‹, Signale von Poetizität erinnern an das auf der manifesten Textebene mit allen Mitteln der Emphase überspielte Trennungsintervall.« (Koschorke, Pygmalion als Kastrat, 1997, 309)

6   Wo der Text hingegen von tatsächlicher, unmittelbarer Berührung spricht, tut er dies im Zusammenhang mit Werken, welchen er den Kunststatus verwehrt: »Tue die Augen zu und taste, so wirst du das Unding *fühlen*.« (Herder, Plastik, 260) Hier wird zum ersten Mal in diesem Text zu einer nicht durch das Auge vermittelten, haptischen Kontaktaufnahme aufgerufen.

Dieses Zitat macht zunächst deutlich, dass Herder, im Bemühen, das zu erfassen, was er als ›substantielles Kunstbild‹ bezeichnet, zugleich auch eine Theorie autonomer Kunstgattungen impliziert, welche sodann an einzelnen Werken der Bildhauerei zur Anschauung gelangen soll. Maßgeblich ist in dem Zusammenhang zum einen, dass Plastiken nach anderen ästhetischen Gesetzen zu beurteilen sind als Werke der Malerei, zum anderen – und dies verweist auf den für die Ästhetik des späten 18. Jahrhunderts zentralen Autonomiebezug –, soll die Bildhauerei von jeder ihr von außen angetragenen Zwecksetzung und über die Darstellung des Schönen hinausweisenden Zusatzfunktion befreit werden. Sie darf ›nichts Religiösem und Charakteristischem‹ verpflichtet sein. Sie darf des Weiteren weder als ›Emblem‹ noch als ›historisches‹ Dokument dienen, sondern muss, schöne und unbekleidete Körper in Erscheinung treten lassen. Im Kontext der bildhauerischen Ästhetik dienen ausschließlich diese der Anschauung des Schönen.[7] In dieser Hinsicht zumal gründet Herders Konzept auf einem autonomen Kunstverständnis.

Bis zu dem Punkt entfaltet der Text eine komplexe Argumentation. Er setzt die Bildhauerkunst autonom, indem er sie von religiösen, dokumentarischen sowie repräsentativen Zwecken freispricht. Überdies fordert er die Kleidung – als würde sie für diese externen Zwecke einstehen – abzulegen. Als in gewisser Weise über die autonome Ästhetik gestülpte Fremdreferenz müssen Kleider von der plastischen Darstellung eines menschlichen Körpers, dem Signifikanten des Schönen, entfernt werden. Das Postulat der Enthüllung entspricht demnach dem Postulat der ästhetischen Autonomie. Indes muss Herder konzedieren, dass auch die antiken Statuen nicht immer und nicht vollends ohne Verhüllung auskommen. Ihr Status der plastisch gewordenen Anschauung des Schönen, so Herder, wird dabei dennoch nicht verletzt. Diese Ausnahmestellung der Gewänder unterzieht er fortan einer detaillierten und bemerkenswerten Betrachtung.

> Wo auch der Grieche bekleiden mußte, wo es ihm ein Gesetz auflegte, den schönen Körper, den er bilden wollte, und den die Kunst allein bilden *kann* und *soll*, hinter Lumpen zu verstecken; gabs kein Mittel, dem fremden Drucke zu entkommen, oder sich mit ihm abzufinden? Zu *bekleiden,* daß doch nicht *verhüllt* würde? (Ebd., 263)

Herder fokussiert, wie es scheint, eine Paradoxie, wenn er nach der Möglichkeit einer Bekleidung fragt, welche nicht ›verhüllt‹.[8] Ein paar Zeilen weiter führt Herder die ›nasse Draperie‹ als Beispiel für nicht verhüllende Kleider an und löst diese Paradoxie somit auf: »Kurz, es sind der Griechen *nasse Gewänder*.« (Ebd., 264) Wurde die Darstellung des schönen nackten Körpers in der Antike unterbunden oder eingeschränkt, wusste sich der ›Grieche‹ nichtsdestoweniger mit einer Technik zu helfen, welche es ihm ermöglichte, sowohl dieser Einschränkung als auch der ästhetischen Maßgabe gerecht zu werden. Denn mittels der ›nassen Gewänder‹ konnte der ›fremde Druck‹ von der Plastik entfernt werden, ohne dass dabei auf die Kleidung selbst verzichtet werden musste. Dieses Argument impliziert eine Zuspitzung, insofern die ›nassen Gewänder‹ den darzustellenden Körper nicht nur nicht verhüllen, weshalb sie die bildhauerische Ästhetik nicht stören, sondern sie gelten vielmehr selbst als

---

7   Wenn Herder für die Darstellung des nackten Körpers plädiert, dann nicht, um dessen Individualität hervorzuheben, sondern um mit deren Hilfe allgemeine Aspekte des Schönen sichtbar zu machen: »denn alles Allgemeine ist nur im Besondern, und nur aus allem Besondern wird das Allgemeine. Schönheit ist also nur immer Durchschein, *Form, sinnlicher Ausdruck der Vollkommenheit*« (ebd., 297).

8   Das widerspricht aber der Definition des Kleides, insofern dieses »in gemein alles [bedeutet, N.B.], was unseren Leib, oder einen Theil desselben zu bedecken dienet [...]. Ins besondere dasjenige, so an dem Leib, ausser dem Kopff und Füsse, geleget wird.« (Zedler, Grosses vollständiges Universal-Lexicon, 889)

wesentlicher Bestandteil ihrer Umsetzung.⁹ In gewisser Weise bringen sie nämlich den sichtbaren Körper überhaupt erst hervor, indem dessen Darstellung mit derjenigen der Gewänder ineins fällt. Schließlich ist es dieses ›nasse Gewand‹ selbst, welches die Imagination des Körpers hervorruft.

> Und siehe, eben *für die Hand* erfanden die feinen Griechen Auskunft. Ist nur der tastende Finger betrogen, daß er Gewand und zugleich Körper taste; der *fremde* Richter, das Auge, muß folgen. (Herder, Plastik, 263f.)

Die Bildhauerei ›arbeitet für die Hand und nicht fürs Auge.‹ Um dieser Prämisse zu genügen, müssen sich die Gewänder der Statuen als gleichsam eingeschmolzener Bestandteil des plastischen Körpers zu erkennen geben, sie müssen von ihm geradezu ununterscheidbar sein.¹⁰ Nur unter dieser Voraussetzung können sie an der Täuschung seiner Vitalität mitwirken. Wie zuvor ein ›Schauen‹ in Anschlag gebracht wurde, welches den Eindruck eines Tastens evoziere bzw. die Imagination der Tastempfindung ermögliche,¹¹ so soll nun mit Hilfe der Gewänder die Vortäuschung des Körpers erzeugt werden. Darin besteht die apostrophierte ›Auskunft‹. Auch die haptischen Feststellungen des ›Steinklumpens‹ oder ›Undings‹ sind als Auskünfte etwa der starren, kalten, steinernen Materialbeschaffenheit zu werten. Hier jedoch, dies macht der nächste Satz deutlich, soll dem ›tastenden Finger‹, der seinerseits bereits als eine Illusion des Schauens kenntlich gemacht wurde, eine trügerische Auskunft erteilt werden. Er soll den Eindruck gewinnen, ›daß er Gewand und zugleich Körper taste‹.

> Es war nämlich einzige Auskunft, den tastenden Finger und das Auge, das jetzt nur als Finger tastet, zu betrügen: ihm ein Kleid zu geben, das doch nur *gleichsam* ein Kleid sei, Wolke, Schleier, Nebel – doch nein, nicht Wolke und Nebel, denn das Auge hat hier nichts zu nebeln; nasses Gewand gab er ihm, das der Finger durchfühle! (Ebd., 264)

Der Finger und das Auge werden nun gleichermaßen als Adressaten dieser ›Auskunft‹ bezeichnet. Ihre Wahrnehmungen gleichen sich einander an, insofern das Auge – wie der Text ausdrückt – ›jetzt nur als Finger taste‹. Ermöglicht wird diese Angleichung mit Hilfe der Darstellung eines im ›Gleichsam‹ eingeschränkten, wenn nicht sogar zurückgenommenen ›Kleides‹. Diese Formulierung zeigt eine bemerkenswerte Uneindeutigkeit an; einen Abstand zwischen Gegenstand und Bezeichnung. Die Rede ist nämlich von einem ›Kleid‹, welches doch keines ist, wodurch der Eindruck überhaupt erst entstehen könne, dass der Finger ›durchfühle‹ – so der Wortlaut –; dass er sich sozusagen bis auf den Körper hindurchtaste. Jedoch fügt Herder sogleich auch an, »die Fülle des Körpers, die kein *Gleichsam*, die Wesen der Kunst ist, war und blieb Hauptwerk.« (Ebd.) Damit ist nicht zuletzt eine Unterscheidung

---

9   Entscheidend ist in diesem Zusammenhang, dass Herder die ›nassen Gewänder‹ als eine ausschließlich ästhetische Leistung der Griechen würdigt, während Winckelmann sie als Bestandteil der antiken Kultur verstand und mithin die Darstellung der Skulpturen in ein unmittelbares Abbildverhältnis zur sozialen Realität setzte. »Die Griechische Drapperie ist mehrentheils nach dünnen und nassen Gewändern gearbeitet, die sich folglich, wie Künstler wissen, dicht an die Haut und an den Cörper schliessen, und das Nackende desselben sehen lassen. Das gantze oberste Gewand des Griechischen Frauenzimmers war ein weiter dünner Zeug; er hieß daher PEPLON, ein Schleyer.« (Winckelmann, Gedancken über die Nachahmung, 42)
10 Siehe dazu auch Menninghaus, Ekel., 1999, 110ff.
11 Diese Auffassung entspricht Condillacs Definition des (An)Schauens als eines vom Tastsinn angeleiteten Sehens. Siehe dazu Condillac, Abhandlung über die Empfindungen, 1983, 129ff.

markiert, welche später von Kant in der *Kritik der Urteilskraft* (1790) mit den Termini Werk und Beiwerk bzw. Ergon und Parergon reformuliert wird. Der Körper ist das Hauptwerk, das Gewand nur Nebenwerk. In dieser Weise werden auch von Kant Gewänder an Statuen ausdrücklich dem ›parergonalen‹ Zierat zugerechnet und als äußerliche »Zutat« dem innerlichen »Bestandstück« entgegengesetzt.[12]

III.

Grundsätzlich gehören nach Herder Kleider und Gewänder der internen Logik des plastisch Schönen nicht an. Den ›nassen Gewändern‹ jedoch wird der Kunststatus nicht abgesprochen, verdecken sie doch den Körper – ›das Wesen der Kunst‹ – nicht, sondern bringen dessen Darstellung überhaupt erst hervor.[13] Solche Gewänder dürfen formal von den Konturen des Körpers, der durch sie hindurch fassbar werden soll, nicht abweichen. Sie dürfen kein von dem ›eigentlichen‹ Gegenstand der Skulptur unterschiedenes Eigenleben entfalten,[14] sondern müssen sich derart zurücknehmen, dass nicht sie, sondern ausschließlich der von ihnen gekleidete und somit zur Anschauung gebrachte Körper wahrnehmbar wird.

Bemerkenswert ist in diesem Zusammenhang, dass Herder in seiner späten ästhetischen Schrift *Kalligone* (1800) an exakt diese Stelle der *Kritik der Urteilskraft* anknüpft, an welcher Kant die Ergon/Parergon-Unterscheidung im Sinne einer »Erläuterung durch Beispiele« (Kant, Kritik der Urteilskraft, Überschrift, §14, 62) einführt, um mit ihnen zu konkretisieren, was als »Reiz und Rührung« vom »reine[n] Geschmacksurteil« zu differenzieren sei.[15] Während die *Plastik* die von Kant reflektierte Unterscheidung in gewisser Weise vorwegnimmt, wendet sich Herder zehn Jahre nach dem Erscheinen der *Kritik der Urteilskraft* von ihr hingegen ab. Ablehnend zeigt er sich dem Ausschluss der Kategorien des Reizes und der Rührung gegenüber, weshalb er schließlich auch die Ordnung der Werk/Beiwerk-Unterscheidung anders konzipieren muss. Sein Kommentar lautet:

> Das Feinste und Reinste des Interessanten heißt *Reiz*; das punctum saliens der wirkenden Schönheit. Hat sie keinen Reiz für mich, weh' ihr, der Leblosen! (Herder, Kalligone, 731)

---

12 »Selbst was man Zieraten (Parerga) nennt, d.i. dasjenige, was nicht in die ganze Vorstellung des Gegenstandes als Bestandstück innerlich, sondern nur äußerlich als Zutat gehört und das Wohlgefallen des Geschmacks vergrößert, tut dieses doch nur durch seine Form, wie Einfassungen der Gemälde oder Gewänder an Statuen, oder Säulengänge um Prachtgebäude.« (Kant, Kritik der Urteilskraft, §14, 43, 65)

13 Jacques Derrida kritisiert Kants Unterscheidung zwischen Werk und Bei- oder Nebenwerk, indem er nach den Grenzen des Ergons und Parergons fragt. Siehe dazu: Derrida, Die Wahrheit in der Malerei, 1992, besonders 77 ff.

14 Herder selbst spricht aber in einem anderen Zusammenhang von Nebenwerken, die er dem Hauptwerk kontrastiert, wenn er von Tieren, Schlangen, Schildkröten, spricht. »Niemand wird's in den Sinn kommen, solche Geschöpfe für das *Hauptwerk* der Kunst zu halten: der Mensch thront auf ihrem Altar, ihm ist die Bildsäule heilig. Aber nun, als Beigerät, als Nebenwerk, als Fußschemel, welcher Tor darf da verbieten und untersagen« (Herder, Plastik, 273). Dieser Nebenort kann zugleich für die Aufnahme des Hässlichen genutzt werden. Dabei sind hier auch Darstellungsmöglichkeiten erlaubt, die das eigentliche Werk nicht zulassen darf. Ein solches ›Beigerät‹ ist derart lose angebunden, dass es sich entfernen und ablösen ließe, ohne das Werk selbst zu gefährden.

15 »Ein Geschmacksurteil, auf welches Reiz und Rührung keinen Einfluß haben (ob sie sich gleich mit dem Wohlgefallen am Schönen verbinden lassen), welches also bloß die Zweckmäßigkeit der Form zu Bestimmungsgrunde hat, ist reines Geschmacksurteil.« (Kant, Kritik der Urteilskraft, 62)

Herder hält am Interesse als ›punctum saliens der wirkenden Schönheit‹ fest. Indem er dieses gegen Kant als Bestandteil des Geschmacksurteils rechtfertigt, bringt er nicht nur den ›Reiz‹ und die ›Rührung‹ in Anschlag, sondern stößt mit diesen auch auf das Problem der Parerga und mithin Gewänder. Erneut wendet er sich ihnen in *Kalligone* zu, jedoch beschreibt er sie nun in anderer Art: »Die Beispiele, welche die Kritik von Reiz und Rührung gibt, z.B. ›[...] Gewänder an Statuen [...]‹ sind unter der Kritik,« (ebd.) so Herder. Mit seinem Versuch, diese beiden von Kant aus der Ästhetik ausgesonderten Kategorien wieder aufzuwerten, sieht er sich gezwungen, auch die Gewänder aufzuwerten. Dabei diskutiert er hier nicht mehr das Konzept der nassen Draperie, d.h. einer Draperie, welche in einer Art stofflicher Auflösung begriffen ist und nur noch als ›gleichsam‹-Kleidung figuriert, insofern sie vom dem umhüllten Körper kaum zu unterscheiden ist. Vielmehr bezieht er sich auf Gewänder und Kleider, welche die andere Seite dessen markieren, was nach der in der *Plastik* entfalteten Logik für die Ästhetik der Bildhauerei proklamiert wird. Vor allem aber werden die Gewänder an Plastiken von Herder jetzt selbst als Äußerung des ästhetischen Interesses anerkannt.

Unter der Zwischenüberschrift »Dritte freie Kunst des Menschen« leitet er den Zusammenhang zwischen Kleidung als Schmuck und Verzierung sowie der Kunstproduktion kulturanthropologisch her. Aus dieser Perspektive stellt sich das Problem ästhetischer Begriffe und Distinktionen anders dar als in der *Plastik*. Wurde dort eine grundlegende Differenz zwischen dem, was zum Werk gehört, und dem, was dessen ästhetische Konstitution stört, vorgenommen, so entwirft Herder in diesem Spätwerk einen Zusammenhang, welcher sich über die Kunst/Nicht-Kunst-Grenze gewissermaßen hinwegsetzt. Mit anderen Worten: Was die *Plastik* als Opposition festlegt, wird in *Kalligone* als kulturhistorische Kontinuität skizziert.

»Außer Wohnung und Nahrung bedurfte der Mensch *Kleider*; zu welch' einer schönen Kunst ward ihm durch dies Bedürfnis die Pforte geöffnet!« (Ebd., 767) Hier erklärt Herder die Entstehung der Kunst ausdrücklich vom ›Bedürfnis‹ her und begreift sie daher als eine Folgeerscheinung jener Fähigkeiten, welche für den Bau von Wohnräumen und zur Beschaffung von ›Nahrung‹ benötigt werden.[16] Dabei sind es nach dieser Aussage gerade die ›Kleider‹, welche die Entstehung der ›schönen Kunst‹ mitbedingen. Die Prämisse der Autonomie im Sinne der Zweckfreiheit erscheint somit in Frage gestellt, wird doch ›schöne Kunst‹ in unmittelbare Beziehung zu zweckhaften, weil auf ein ›Bedürfnis‹ antwortenden Gegenständen und Fähigkeiten gebracht. Jedoch wählt Herder nicht nur eine andere Deutungsperspektive, unter deren Maßgabe er die Entstehung der Kunst vor einem übergreifenden, vor die griechische Antike zurück reichenden historischen Horizont erklären kann, sondern zieht aus dieser perspektivischen Verschiebung auch Konsequenzen für die Betrachtung einzelner Kunstwerke. Eine veränderte Rezeptionshaltung stellt sich ein:

> Sehet diese Statue an. Stein kann Gewand weder darstellen noch nachahmen; selbst seine Umrisse und Falten zeiget er hart und spröde. Und dennoch betrachtet diese Muse; Kleid und Unterkleid, Gurt und Mantel, bis zum Schwunge jeder Falte ist alles wohlangelegt und zierlich. (Ebd., 769)

Zunächst wiederholt Herder ein aus der *Plastik* vertrautes Argument, wenn er das Material der Bildhauerei, den ›Stein‹, als ungeeignet zur Nachbildung von Gewändern, also weichen Stoffen verwirft. Er sei zu ›hart und spröde‹. Und ›dennoch‹, so der signifikante Anschlusssatz, ›betrachtet‹ diese Gewänder, wie Herder die Leser apostrophiert. Diese werden gewisser-

---

16 Siehe dagegen Lessing, Laokoon, 59: »Not erfand die Kleider, und was hat die Kunst mit der Not zu tun?«

maßen dazu aufgefordert, wahrzunehmen und anzuerkennen, dass trotz der an den ›Umrissen und Falten‹ der Statuen hervorstechenden ›Härte und Sprödigkeit‹ des Steins ›alles wohlangelegt und zierlich‹ ist. Dabei soll diese Leistung gerade am ›Kleid und Unterkleid, Gurt und Mantel‹ sichtbar werden. Eine deutliche Umakzentuierung gegenüber der argumentativen Stoßrichtung der *Plastik*.

Herder problematisiert in *Kalligone* nicht mehr den parergonalen Stellenwert der Kleidung und der Gewänder. Er beschreibt diese nicht mehr als potentielle Störfaktoren der ästhetischen Darstellung und Rezeption, sondern im Gegenteil: In den Blick der ästhetischen Betrachtung sollen nun diese in der früheren Schrift dem Außen des Werks zugewiesenen Elemente ›bis zum Schwung jeder Falte‹ rücken. Der ›Schwung‹ einer einzigen ›Falte‹ noch wird im obigen Passus als Gegenstand der Kunst, des Schönen gewürdigt.[17] Auf diese Weise aber – darin besteht der hier vorgenommene Neuansatz – verselbständigt sich das Gewand ästhetisch gegenüber dem Körper, welchen es verhüllt. Nicht der Körper interessiert, sondern das, was ihn Schicht für Schicht verdeckt: das Unterkleid, das Kleid, der Mantel und Gurt. Wurde bereits im *Vierten kritischen Wäldchen*, vor allem aber in der *Plastik* für ein Gewänderkonzept plädiert, welches derart zurückgenommen wirkt, dass es vom nackten Körper kaum unterschieden werden kann und welches in der ›nassen Draperie‹ der griechischen Antike seine Umsetzung findet, so tritt im obigen Zitat eine andere, eher an mittelalterlichen oder barocken Skulpturen gewonnene ästhetische Orientierung in Erscheinung: ein Eigenleben des Faltenwurfs.

Die Implikationen dieser Umorientierung lassen sich auch als Umwertung der Werk/Beiwerk- bzw. Ergon/Parergon-Unterscheidung zusammenfassen. In *Kalligone* rückt demnach das Beiwerk in den Stand des Werks. Zwar optiert Herder in dieser Schrift an anderen Stellen ebenfalls für Kleider, welche sich den natürlichen Formen des menschlichen Körpers nicht gänzlich entziehen.[18] Aber nicht ausschließlich diesen hat er im Blick, sondern vielmehr auch den Schmuck, die Zierde der Gewandung. Mit einer solchen Umakzentuierung steuert er allerdings auf eine Ästhetik des Ornaments hin, welche er selbst auf den »Trieb [...] zur Verzierung« (ebd., 768)[19] zurückführt.

---

17 Pfotenhauer sieht darin auch eine moralische Umorientierung: »Unverkennbar freilich, daß Herders Bestimmungen des Schönen dabei zunehmend unkörperlicher, spiritueller, gesitteter werden. Die Statuen mag er nur noch als bekleidete vorstellen; Sinnliches und Körperliches entschwinden dem zum Moralenthusiasten geläuterten anthropologischen Ästhetiker.« (Pfotenhauer, Um 1800, 1991, 214)
18 So setzt er die Kleidung der Griechen einer »grotesken Verhüllung« gegenüber (ebd.).
19 Ebd., S. 768.

Literaturverzeichnis

Adler, Hans, Die Prägnanz des Dunklen. Gnoseologie, Ästhetik, Geschichtsphilosophie bei Johann Gottfried Herder, Hamburg 1990.

Braungart, Georg, Leibhafter Sinn. Der andere Diskurs der Moderne, Tübingen 1995.

Condillac, Étienne Bonnot de, Abhandlung über die Empfindungen. Auf der Grundlage der Übersetzung von Eduard Johnson, neu bearbeitet und hg. von Lothar Kreimendahl, Hamburg 1983.

Derrida, Jacques, Die Wahrheit in der Malerei, übers. von Michael Wetzel, Wien 1992.

Herder, Johann Gottfried, Kritische Wälder. Oder Betrachtungen über die Wissenschaft und Kunst des Schönen. Viertes Wäldchen: Über Riedels Theorie der schönen Künste, in: ders., Schriften zur Ästhetik und Literatur. 1767-1781, hg. von Gunter E. Grimm, Frankfurt a.M. 1993.

— Plastik, in: ders., Schriften zu Philosophie, Literatur, Kunst und Altertum. 1774-1787, hg. von Jürgen Brummack und Martin Bollacher, Frankfurt a.M. 1994.

— Kalligone. Vom Angenehmen und Schönen, in: ders., Schriften zu Literatur und Philosophie. 1792-1800, hg. von Hans-Dietrich Irmscher, Frankfurt a.M. 1998.

Kant, Immanuel, Kritik der Urteilskraft, hg. von Karl Vorländer, Hamburg 1974.

Koschorke, Albrecht, Pygmalion als Kastrat – Grenzwertlogik der Mimesis, in: Mathias Meyer/Gerhard Neumann (Hg.), Pygmalion. Die Geschichte des Mythos in der abendländischen Kultur, Freiburg i. Br. 1997, S. 299-322.

Landfester, Ulrike, Der Dichtung Schleier. Zur poetischen Funktion von Kleidung in Goethes Frühwerk, Freiburg i. Br. 1995.

Lessing, Gotthold Ephraim, Laokoon: oder über die Grenzen der Malerei und Poesie, in: ders., Werke und Briefe in zwölf Bänden, Bd. 5/2: Werke 1766-1769, hg. von Wilfried Barner, Frankfurt a.M. 1990.

Menninghaus, Winfried, Ekel. Theorie und Geschichte einer starken Empfindung, Frankfurt a.M. 1999.

Mülder-Bach, Inka, Im Zeichen Pygmalions. Das Modell der Statue und die Entdeckung der »Darstellung« im 18. Jahrhundert, München 1998.

Niehues-Pröbsting, Heinrich, Kleiderprobleme, in: Gérard Raulet und Burghart Schmidt (Hg.), Vom Parergon zum Labyrinth. Untersuchungen zur kritischen Theorie des Ornaments, Wien/Köln/Weimar 2001, S. 133-149.

Pfotenhauer, Helmut, Um 1800, Tübingen 1991.

Salmony, Hannsjörg A., Philosophie des jungen Herder, Zürich 1949.

Schneider, Klaus, Natur – Körper – Kleider – Spiel. Johann Joachim Winckelmann: Studien zu Körper und Subjekt im späten 18. Jahrhundert. Würzburg 1994.

Winckelmann, Johann Joachim, Gedanken über die Nachahmung der Griechischen Wercke in der Mahlerey und Bildhauer-Kunst, in: ders., Kleine Schriften – Vorreden – Entwürfe, hg. von Walther Rehm, Berlin 1968.

Zedler, Johann Heinrich, Grosses vollständiges Universal-Lexicon [1737], Bd. 15: K, Graz 1961.

Zeuch, Ulrike, Umkehr der Sinneshierarchie. Herder und die Aufwertung des Tastsinns seit der frühen Neuzeit, Tübingen 2000.

V. Sprache, Metaphorik, Übersetzung

Mario Marino

Die Sprache: Demokratie oder Tyrannei?
Über eine erfolgreiche Analogie bei Michaelis, Lambert, Beauzée, Herder[1]

> Alla mia ›upupa‹, ricordando un Venerdì *au Cygne*

In den sechziger Jahren des 18. Jahrhunderts nimmt die Analogie zwischen Sprachleben und Regierungsformen entscheidende Fragen der aufklärerischen Epoche auf; so das Wesen der poetischen Rede und sein Verhältnis zu Philosophie und Wissenschaft, die Geschichtlichkeit der Sprachen und die Möglichkeit einer Universalsprache für die Wissenschaften. Insofern sie einige Gedankengänge der späteren Diskussion vorwegnimmt, werde ich zunächst kurz auf die Geschichte dieser Analogie in der Antike und frühen Moderne eingehen, dann die Debatte bei Michaelis, Lambert, Beauzée und Herder verfolgen,[2] um endlich ihre Erbschaft beim späten Herder kurz aufzuzeigen.

I. Hinweise auf die Debatte in der Antike und Frühmoderne

Die Frage, ob man sich bei einer Sprache an den Sprachgebrauch oder an die abstrakten Vernunftregeln hält, unterscheidet die Schulen von Pergamon und Alexandria, bevor ihre Stellungnahmen dialektisch von Varro versöhnt wurden: »Die Analogie entsteht aus einer gewissen Gebrauchsform und ebenso aus dem Gebrauch ist die Anomalie entstanden.«[3] In

---

1 Dieser Aufsatz entstand aus einer Fußnote meiner Magister-Arbeit, die Prof. Nicola Badaloni, Prof. Remo Bodei und Dr. Tomaso Cavallo an der Universität Pisa betreut haben. Er ist Teil einer umfangreicheren Untersuchung über das Thema, dem ich nachgehe. Während eines von einem Stipendium der *Fondazione San Carlo* in Modena ermöglichten Aufenthalts an der Universität Bern wurde der Text vollendet. Dort begegneten mir außerordentliche Höflichkeit, Freundschaftlichkeit und Ruhe, deren ich mich mit Dankbarkeit erinnere. Auch deshalb sei es mir erlaubt, mich bei Prof. Wolfgang Proß für sein Entgegenkommen und seine Großzügigkeit zu bedanken. Gute Anregungen erhielt ich von Prof. Claudio Cesa. Für die Revidierung des deutschen Texts danke ich meiner Kollegin Isabel Perego.

2 Für einige Hinweise über die Fortsetzung und politische, wissenschaftliche und institutionelle Implikationen der Debatte in Deutschland bzw. Frankreich um 1800 siehe Gessinger 2004, 14–17 (der beiläufig Herder erwähnt), und Auroux 1989 (der seine Analyse auf das französische Gebiet fokussiert). Beide Aufsätze setzen sich mit dem Thema des Verhältnisses zwischen Politik, Sprachwissenschaft und Sprachpolitik in der Epoche der französischen Revolution auseinander, worüber auch bei Vecchio 1982 zu lesen ist. Die Vitalität der Analogie zwischen Sprache und Demokratie ist ferner dadurch bewiesen, dass sie kürzlich von zahlreichen Publizisten, Intellektuellen und Schriftstellern wie beispielsweise Johano Strasser, Stefan Aust und Hans Magnus Enzensberger als Argument gegen die neueste und scharf umstrittene deutsche Rechtschreibreform verwendet wurde. Die Grenzen des vorliegenden Aufsatzes erlauben mir leider nicht, auf alle spannenden Weiterentwicklungen der Fragestellung einzugehen.

diesem Zusammenhang argumentiert Varro mit einer Analogie zum politischen Leben: »So wie der Politiker [*gubernator*] der rationalen Norm gehorchen muss, so muss das Volk den von der Vernunft diktierten Normen gehorchen und wir Einzelnen dem Volke.« (Varro, 1910, 148) Eine Ausnahme dieser bei den Port-Royalisten vorkommenden Regel der Unterordnung unter die Gesellschaft bilde nicht so sehr der Redner, der sich allerdings an sein Publikum anpassen muss, sondern der Dichter, dem »gestattet ist, gewisse Grenzen straflos zu überschreiten.«[4] Ein Fragment der verlorengegangenen Abhandlung Varros *De Grammatica* stellt auch den Ausgangspunkt der kanonischen Problemstellung bei Quintilianus dar: »Der Gebrauch [*consuetudo*] ist nur deswegen akzeptiert, weil er vom Consensus der Vielen bestätigt wird;« »Die Grammatik selbst«, fährt Varro fort, »pflegt ihre Prinzipien durch die lebendige Umgangssprache aufzustellen, aus der sie eingenommen wurden.« (ebd. 230) Im Unterschied zu Varro erhebt Quintilian den Sprachgebrauch über alle anderen Maßstäbe und verwendet ihn in einem sozusagen ›aristokratischen‹ und ›intellektuellen‹ Sinne. »Die Üblichkeit der Ausdrucksmittel [*consuetudo*] [...] ist die zuverlässigste Sprachmeisterin,« (Quintilianus, 1988, 89) aber es ist notwendig, sich nach dem Gebrauch der Gebildeten und nicht der Mehrheit zu richten: »Wenn er [der Sprachgebrauch] seinen Namen nach dem hat, was die Mehrzahl tut, wird er eine höchst gefährliche Vorschrift geben, nicht nur für die Rede, sondern [...] für das Leben.« (105)

Nachdem im Mittelalter die logischen Kriterien die Diskussion beherrschten,[5] verbreitete sich das Kriterium des Sprachgebrauchs erst wieder in der Moderne. Den Port-Royalisten nach: »On doit autant que l'on peut s'accomoder à l'usage« (Arnauld & Nicole, 1970, 89), denn der gemeinsame Sprachgebrauch sei das Prinzip der Kommunikation und das Kriterium der Wahrheit und Legitimität der Erklärungen. Der Gebrauch sei in der Tat der Sinn der Wörter, und die Definitionen seien »astreintes à representer non la verité de choses, mais la verité de l'usage.« (92)

Dabei muss man sich aber vor dem subjektiven Sprachgebrauch hüten, denn: »Les pensées les moin solides, pour ne pas dire les plus fausses et les plus empies, passeront pour de grandes mystères, étant revêtues des manières de parler inintelligibles au commun des hommes.«[6] Dieses Argument taucht in Michaelis' Plädoyer gegen die künstliche Sprache der Wissenschaften wieder auf, wo es zur Verteidigung der Öffentlichkeit des Wissens und gegen die korporativen Gelehrten und die Abergläubigen angewendet wird. La »clique savans« (Michaelis, 1974, 166) würde sich einer solchen Sprache bedienen, um dem Volke die wissenschaftliche Kenntnis unzugänglich zu machen, sie durch ihre eigene »doctes impostures« (165) und ihre »faux miracles« (166) zu ersetzen, und damit »une espèce de Tyrannie sacrée« (ebd.) zu errichten.

Ein in die aufklärerische Debatte einführender Text könnte nun die *Remarques* sein, mit denen Duclos im Jahre 1754 seinen Nachdruck der *Grammaire générale* von Port-Royal

---

3   Varro 1910, 146 (Buch IX, §1, Übersetzung des Autors. Mit Ausnahme der lateinischen Texte werden alle Quellen im Original wiedergegeben). Für die Rekonstruktion der Debatte in der Antike und die Analyse von Varros Auseinandersetzung mit den griechischen Quellen, siehe den klassischen Text von Dahlmann 1964, 52-86, dann die neuere und umfangreichere Diskussion, die Cavazza 1981, 106-153, im Hinblick auf die ganze Sekundärliteratur darbietet.
4   Ebd. Vgl. auch S. 173 (IX, §65).
5   Als Ausnahme gelten Roger Bacons Lehre der Namengebung (*De signis*) und Anselms Unterscheidungen von wissenschaftlicher und gemeiner Sprache und von logischer Semantik und Gebrauchssemantik (*De Grammatico*). Siehe dazu Lia Formigari 2001, 124-125 und 144-145.
6   Arnauld & Nicole 1868, 95. Dieser Absatz wurde in der zweiten Auflage der *Logique* hinzugefügt.

versah. Der Gebrauch sei so mächtig, dass Duclos nicht zögert, ihn als absoluten Herrn aller menschlichen Techniken zu proklamieren; zugleich enthält diese Aussage eine Polemik gegen die Theoretiker:

> Les Grammairiens, s'ils veulent être de bonne foi, conviendront qu'ils se conduisent plus par l'usage que par leurs règles [...]. Peu de règles, beaucoup de réflexions, et encore plus d'usage, c'est la clef de tous les arts. (Duclos, 1993, 28)

Die Erklärung dazu beruht auf der von Locke schon geahnten praktischen, empirischen, geschichtlichen und nationalen Natur der Sprache. Sie impliziert sowohl, dass die Sprache der Antiken nicht als zeitloses Sprachvorbild gilt, was schon Quintilian und Aulus Gellius empfohlen hatten,[7] als auch und vor allem die Herrschaft des Gebrauchs über die Sprachtatsachen.

> C'est en peuple en corps qui fait une langue [...], par le concours d'une infinité de besoins, d'idées, et de causes physiques et morales, variées et combinées durant une succession de siècles [...]. Un peuple est donc le maître absolu de la langue parlée. (Duclos, 1993, 34)

II. Michaelis: Die Sprache ist eine Demokratie

Unsere Analogie erweist sich als der entscheidende Gedanke von Michaelis' *De l'influence des opinions sur le langage, et du langage sur les opinions*.[8] Michaelis sieht, dass der Gelehrte verlangt, die Sprache nach Inhalt und Form seiner Kenntnisse zu gestalten. Er behauptet dagegen, dass der Gelehrte gezwungen ist, sich dem autonomen und respektlosen Willen des Volks unterzuordnen. »On n'y respecte ni l'autorité ni les démonstrations du savant [...] on ne l'écoute pas,« denn die Sprache ist »une Démocratie, où la volonté du grand nombre décide de l'usage.« (Michaelis, 1974, 8) Aus den gleichen Gründen kann die Bewilligung der theoretischen Sprachreformen nicht durch logisch-rationale oder historisch-etymologische Grundsätze durchgesetzt werden: sie entsteht vielmehr aus dem Konsens der Vielen: »Le citoyen savant n'est point autorisé à abolir un usage reçu avant qu'il ait convaincu toute la nation que cet usage est un abus.« (148) Und kurz vorher: »Ce n'est pas à lui à donner la loi, ni à proferire les expressions qui sont en vogue: s'il le hazarde, il est siflé [...]; c'est le chatiment dû à son ambition & à l'infraction qu'il fait des droits du peuple.«[9]

Um seine These zu bestätigen, führt Michaelis zuerst mit Horaz die Autorität eines Klassikers an (»*Et Horace nous dit que dans les langues l'usage est la Loi supreme*«),[10] und danach die plastische Evidenz eines guten Beispiels:

---

7   Vgl. dazu Gellius 1992, und Quintilianus 1998, 105.
8   Die von Michaelis vermehrte und von Merian und Prémontval ins Französische übersetzte Ausgabe der von der Berliner Akademie der Wissenschaften im Jahre 1759 ausgezeichneten Schrift *Beantwortung der Frage von dem Einfluß der Meinungen eines Volcks in seine Sprache, und der Sprache in die Meinung* erschien 1762 in Bremen. Der deutsche originale Text war zwei Jahre früher in Berlin als *Dissertation qui a remporté le prix de l'Académie Royale ... Avec les Pieces qui ont concouru*, veröffentlicht worden. Ich zitiere aus der französischen Version, die allerdings mit der originalen verglichen wurde, nicht nur weil sie damals verbreiteter war und von Herder selbst in den *Fragmenten* verwendet wurde, sondern auch weil einige bedeutungsvolle Entwicklungen der Analogie zwischen Sprache und Regierungsformen erst in der französischen Ausgabe auftauchen.

> Qu'un philosophe [...] se lasse emporter par son zêle pour Copernic [...] au point de dire que *la ville de Berlin se couche à telle ou telle heure*, au lieu de se servir de l'expression usitée *qu'à cette heure le soleil se couche à Berlin*: il dit la vérité sans doute; mais il la dit en pédant. (8-9)

Auch Herder wird Horaz zitieren, aber an einer entscheidenden Stelle ändern: wo Horaz *ius* schreibt, steht bei Herder *vis*: »*hunc penes arbitrium est et vis et norma loquendi.*« (Herder, 1984, 197) Damit will er nicht das Recht der Vernunft durch das des Stärkeren ersetzen, sondern behaupten, dass die Sprache ihre eigene Kraft aus dem Gebrauch schöpft. Das Beispiel der Kopernikaner wird dagegen unter anderem von Berkeley angeführt,[11] der sich damit gegen den Vorwurf verteidigt, dass ein seinem Immaterialismus entsprechendes Idiom lächerlich wäre. »In such things we ought to think with the learned, and speak with the vulgar,« (Berkeley, 1941, §51, 285) und nach der Erwähnung des kopernikanischen Falls endet er im Anschluss an Bacon und Locke: »propriety being regulated by custom.« (ebd., §52, 286)

Angenommen, dass der Austausch zwischen dem Volk und den Gelehrten fruchtbar ist für die Kultur einer gesamten Nation, so wie es das ›Wunder‹ der klassischen griechischen Sprache schon bewiesen hat (Michaelis, 1974, 9), stellt Michaelis die Frage, wie man die Massen in die philosophische und wissenschaftliche Weisheit einbeziehen kann. Die Begriffe sollen – seiner Meinung nach – schmeichelnd, angenehm und gesellschaftlich anziehend sein, und deswegen wäre es optimal, dass sie durch rhetorisch begabte und sozial hoch anerkannte Persönlichkeiten, vor allem durch das schöne Geschlecht und noch besser durch die Dichter übertragen werden (9-10). Die Spracherfindung eines gemeinen Bürgers fügt sich »à cet amas immense de vérités & d'erreurs dont les langues des nations sont dépositaires« (ebd., 11) ganz selten zu.

Eine weitere wichtige Anwendung der Analogie befindet sich im letzten Abschnitt. Insofern die historischen Sprachen demokratisch sind, sind sie weniger willkürlich und dem Fortschritt und der Verbreitung der Wissenschaften mehr angepasst als eine eventuelle künstliche Sprache, die dem Sektierertum, der Anarchie und dem Despotismus gehört. »Dans celles-ci [les langues vivantes] tout est Démocratique [...], au lieu que chaque auteur dispose en souverain maître du langage technique qu'il veut employer.« (Michaelis, 1974, 168) Da jeder Denker einen besonderen Ausdruck für jeden seiner Begriffe erfinden würde, so würden sich Sekten (ebd.) genau so wie Höfe um den König bilden und am Ende würden Chaos und Schlägerei herrschen.

---

9   Ebd. Anhand marxistisch orientierter Ideologie-Kritik und moderner sprachwissenschaftlicher und erkenntnistheoretischer Ansätze, so z.B. Coseriu, Habermas und Rossi-Landi, hat Helga Manke (Michaelis, 1974, XXXIV und XXXVI) Michaelis' Behandlung der Analogie stark aktualisiert und negativ beurteilt: Michaelis vertrete eine bürgerliche Ideologie, insofern sie den Konflikt zwischen Individuum und Gesellschaft hervorhebt und jenem die Sprachkreativität und dieser die Sanktionskraft zuschreibt. Er habe demzufolge die soziale Natur der Sprachtatsache und die Fähigkeit der Sprache, sich selbst zu bilden, nicht theoretisieren können.
10 Michaelis, 1974, 8, Michaelis bezieht sich hier auf die Verse 71-72 von Horaz' *Ars poetica*, deren Bedeutung für die aufklärerische Debatte schon von Auroux 1989, 621 (»Le fond de la conception politique de la langue, c'est évidemment la notion d'*usage*, que les auteurs reprennent à la tradition latine, cf. Horace, *Art Poét.*, 72«) anerkannt wurde.
11 Dasselbe Beispiel hatte auch Leibniz in seinem *Discours de Metaphysique*, §27, verwendet, den Berkeley aber nicht lesen konnte, da der Text erst im 19. Jh. veröffentlicht wurde. Es muss sich demnach um einen interessanten Topos des damaligen philosophischen Denkens handeln, wobei ein direkter Einfluss von Berkeley auf Michaelis allerdings nicht auszuschließen ist.

> Il me semble voir la Tour de Babel [...] - so urteilt Michaelis - voir renaître toute cette confusion que la forme démocratique de nos langues ordinaires prévient, en n'admettant aucun terme que le peuple ne l'ait approuvé. (171)

III. Lambert: Die Sprache ist eine demokratische Tyrannei

Eine ambivalente Einschätzung der sprachlichen Demokratie als demokratische Tyrannei liegt der Semiotik von Lambert zugrunde. Aufgabe einer solchen Wissenschaft sei es den Einfluss der Zeichensysteme zu untersuchen, um Nutzen und Nachteil der Sprache für die Erkenntnis festzustellen. Einerseits führe man in der Tat den logischen Kalkül mit der Hilfe von Symbolen aus, andererseits behinderten die Zeichen der natürlichen Sprachen die Wissenschaft, insofern sie nicht nur das Wahre, sondern auch das Falsche und das Illusorische bezeichnen.

Wie schon Vico und Duclos erkennt Lambert eine Verbindung zwischen Ursprung und Struktur eines Gegenstandes, indem er auf die Unmöglichkeit einer erschöpfenden Rekonstruktion der alten und ursprünglichen Entstehung der Gegenstände hinweist.

> Was uns aber theils die Natur der Sache, theils auch die Geschichte lehret, ist, daß es damit sehr gelegentlich zugegangen, daß die Sprachen jeder wissenschaftlichen Erkenntniß Jahrhunderte vorgehen, und ihren Ursprung Unstudierten zu danken haben. (Lambert, 1965, Bd. 2, 6)

Die rohen und sinnlichen Anfänge der ersten Sprachen, zu denen das erkenntnis-theoretische Gegenstück die auch von Herder aufgestellte These des empirischen Ursprungs aller unserer Kenntnisse bildet (170 und 182), prägen die Sprachen und ordnen ihnen die nahezu unumstrittene Herrschaft des Sprachgebrauchs zu.

> In jeder Sprachlehre wird [dann] der *Gebrauch zu reden* als ein Tyrann vorgestellet, der tausend Anomalien und Abweichungen von allgemeinen Regeln eingeführt hat, und dessen Eigensinn sich Sprachlehrer und Weltweise [...] unbedingt unterwerfen müssen.[12]

Lambert klagt, dass dieses Joch sogar der künstlichen Sprache für die Wissenschaften ihre eigene Strenge entziehen würde:

> Man stellt daher die Sprache als eine Demokratie vor, wo jeder dazu beytragen kann, wo aber auch alles, gleichsam wie durch die Mehrheit der Stimmen, angenommen oder verworfen wird, ohne daß man sich immer um das Wahre oder Falsche, Richtige oder Unrichtige, Schickliche oder Ungereimte viel umsieht. (Lambert, 1965, Bd. 2, 6)

Es scheint also, dass Lambert Michaelis' Formel sozusagen in eine platonische Richtung bewegt: die Demokratie hat bei der Definition des Gemeinschaftsnutzens den klaren Vorteil der Teilnahme und des Beitrages von allen, aber auch den Nachteil der Vorherrschaft der Meinung und des Chaos der Mehrheit gegenüber der Wahrheit und Ordnung der wenigen Gelehrten. Um den Vergleich zu Plato weiterzuführen, so wie das Werden von einer Mischung zwischen Sein und Nicht-Sein charakterisiert ist, so bilden die *doxa*, die Sprache und die Demokratie eine Kombination von falsch und wahr.

---

12 Lambert, 1965, Bd. 2, 6. Siehe dazu Schiewer 1997, 169-170.

Der Ansatzpunkt von Lamberts Anwendung der Analogie ist die Feststellung eines mathematisch-orientierten Philosophen, dass die natürlichen Sprachen für die wissenschaftliche Sprache nicht geeignet sind. Selbst die in der *Semeiotik* ausgeführten Untersuchungen über die künstlichen Symbolsysteme und die historischen Sprachen dienen der Bestimmung einer Sprache für die Wissenschaften, die letztendlich algebraisch geformt wird und eine mathematisch geprägte *mathesis universalis* stützt.[13] Beim jungen Herder dagegen wird die Anregung Lamberts in Forschung über die Geschichte des menschlichen Verstandes eingeordnet. Lambert war wie Michaelis der Ansicht, dass »die Sprache immer das allgemeine Magazin unserer ganzen Erkenntnis [bleibt], und faßt wahres, irriges und scheinbares ohne Unterschied.« (Lambert, 1965, Bd. 1, *Vorrede*, nicht nummeriert, xi) Bei Herder liest sich das so:

> Jahrhunderte und Reihen von Menschenaltern legten in dies große Behältnis ihre Schätze von Ideen [...]. Und so ward nach großen Revolutionen die Sprache eine Schatzkammer [...], die Gutes und Schlechtes in sich fasst, gewonnen und verloren hat, Zuschub braucht, und Vorschub tun kann. (Herder, 1984, 75)

Anders formuliert ist die Sprache in die Geschichte eingewoben, den Leidenschaften und dem Elend und dem Glanz aller Menschen und Epochen unterworfen – es tragen dazu, sagt Herder, Genien und Fälscher, Erfinder und Räuber bei – und deswegen gilt sie als flexibles Werkzeug und treuer Spiegel ihrer eigenen Geschichte und der Geschichte des menschlichen Geschlechts.

IV. Beauzée: Die Regierung der Sprache ist legitim und gerecht

Eine indirekte Antwort auf Lambert, die reich an port-royalistischen Anklängen ist, befindet sich schon im Artikel *Langue* der *Encyclopedie*. Nach Beauzée, der wahrscheinlich Lamberts *Neues Organon* nicht las,[14] ist die Sprache kein »vocabulaire« oder, wie Herder später gesagt hätte, keine »Nomenclatur,« (Herder, 2002, 1131) sondern »la totalité des usages propres à une nation pour exprimer les pensées par la voix.«[15] Nachdem Beauzée den Vorzug des Sprachgebrauchs verallgemeinert, indem er sagt: »Tout est usage dans les langues«, fügt er hinzu, wenn man seine Herrschaft als eine »usurpation injuste« und »gouvernement pas raisonnable« (Beauzée, 1969, 249) erlebe, erfasse man nicht seine wahren Eigenschaften. Seine Regierung sei dagegen das Richtigste und Vernünftigste, denn sie ist der Natur und den Zwecken der Sprache am angemessensten: »Lui seul peut donner à la communication des pensées, qui est l'objet de la parole, l'universalité necessaire.« Ohne seinen Gesetzen zu folgen, »on ne seroit entendu, ce qui est contraire à la destination de la parole.« »L'usage« –

---

13 Vgl. Lambert 1965, Bd. 2, 16, 23; *Semeiotik*, §23, §35 und 35a. Eine vortreffliche historische und theoretische Rekonstruktion solcher Ansicht bietet Ciafardone 1975.

14 Eine wichtige Einbettung von Beauzées These in die französische Debatte des 17. und 18. Jahrhunderts bietet Sylvain Auroux, 1989, 620-623: Beauzée »fait le point des discussions qui l'ont précédé« (621).

15 Beauzée 1969, 249. Man bemerke an dieser Stelle die Ähnlichkeit zwischen Beauzées und Herders Argumenten: »Mais ne faut-il pas que des mots pour constituer une *langue*? Et pour la savoir suffit-il d'en avoir appris le vocabulaire?« (ebd.) Und Herder, aus der im Jahre 1784 gehaltenen Rede über die Annehmlichkeit und Nützlichkeit der Geographie: »Ist elende Nomenclatur eine Sprache? [...] Und würde man nicht einen Menschen für sinnlos halten, der um Latein und Griechisch zu lernen, nichts als das Lexikon studirte?« (Herder 2002, 1131)

schließt dann Beauzée - »n'est pas le Tyran des langues, il en est le législateur naturel, nécessaire & exclusif, ses décisions en font l'essence.« (ebd.)

V. Herder: Die Sprache als antityrannische Demokratie und der Kampf gegen alle Despotismen

Im Vergleich zu den bisher dargestellten Stellungnahmen ist wahrscheinlich die Herdersche am radikalsten: sie ist Lambert genau entgegengesetzt und steht Michaelis und Beauzée näher. Vorgestellt wird sie in der zweiten Auflage der *Fragmente*, und zwar in einem Paragraphen, der in zwei Teile untergliedert ist: während der erste die »Plane zur Verbesserung der Sprache« allgemein behandelt, »erwägt« der zweite die Vorschläge von Sulzers *Inbegriff der Philosophie*, ein Text, »in dem« - dachte Herder - »vielleicht kein Artikel ärmer ist, als der über die Sprache.« (Herder, 1984, Erste Sammlung, Fragment 13, 195)

Herder unterscheidet am Anfang drei Arten von Sprache, die er durch Brauchbarkeit, Schönheit und Vollkommenheit bestimmt: die »behagliche und bequeme« Sprache, die poetische und die philosophische. Wenn man sich eine Linie vorstellt, auf der die verschiedenen Arten von Sprachen nach ihren unterschiedlichen Eigenschaften angeordnet wären, könnten die Reformpläne als Wege repräsentiert werden, die von einem Punkt der Linie zum anderen führen. Während die Umgangssprache im Mittelpunkt steht, befinden sich die anderen an den äußeren Enden: beide Gegensätze werden sich niemals berühren und je mehr man sich einem Ende nähert, desto mehr entfernt man sich von dem anderen. »So wie Schönheit und Vollkommenheit nicht einerlei ist: so ist auch die schönste und vollkommenste Sprache nicht zu einer Zeit möglich.« (a.a.O., 194)

Demzufolge beruht die wirkungsvollste Reform auf der Umgangssprache als dem Schwerpunkt der Sprachtatsachen, der die Lebendigkeit und Vielfalt durch Übersetzungen und die Genauigkeit und Einheitlichkeit durch Überlegung an sich zieht: »Wir werden in der Mitte schweben, und von den sinnlichen Sprachen durch Übersetzungen und Nachbilden borgen; anderteils durch Reflexion der Weltweisheit das geborgte haushälterisch anwenden.« (a.a.O., 195)

Um diesen Gedanken zu erklären, verwertet Herder eine schon in *Über den Fleiß in mehreren gelehrten Sprachen* verwendete Analogie der Sprache mit der Politik.[16] Damals benutzte er sie, um ein moralisches Urteil über die schale Nachahmung der ausländischen Muster und die trügerische, zynische und räuberische Eitelkeit des Kolonialismus abzugeben. In beiden Fällen beklagte er die Verarmung der Sprache und der Sitten und die Abwertung der Kultur als Scheinbild der Laster eines Volkes.

In dem *Fragment* geht es dagegen um die Vermeidung des entgegengesetzten Extrems, nämlich der Autarkie, die das folgende Problem mit sich bringt: Wie verbindet man die Ablehnung der Fremdtümelei sowie des Kolonialismus mit dem Begriff der Partialität jedes

---

16 »Alsdenn dörfte vielleicht niemand das Bürgerrecht seines Vaterlandes gegen ausländische Vorzüge vertauschen: ich brauchte es nicht andern galante Sprachen, und zweideutige Höflichkeiten nachzuäffen [vielleicht eine Anspielung auf die französische Hofsprache und -kultur]. Aber was brauchen unsere jetzige glänzende Bedürfnisse nicht […]? Alle […] Pracht und […] Üppigkeit, die man mit der Maske der Bequemlichkeit verhüllet, sind ein geplünderter Raub ferner Welten […]. Und die Staatsklugheit des Handels erlernet Sprachen, um andre Nationen […] mit Worten ihrer Zunge zu hintergehen.« (Herder 1985, 24)

Volkes, jeder Sprache und Kultur, die durch den gegenseitigen Austausch eine jeweilige außerordentliche Bereichung erlauben?

Herders Lösung ist ein synergetisches Gleichgewicht zwischen Selbstkenntnis und Weltoffenheit: So wie die Muttersprache der Leitfaden bei dem Erlernen der ausländischen Sprachen ist, so sind die Aufwertung und Pflege des nationalen Vermögens der Maßstab beim Empfang des Fremden. Man nimmt folglich mit gleichgestellter Würdigkeit alle fremden Beiträge, die bei einer Untersuchung der nationalen Sprache als erstrebenswert eingeschätzt werden.

> Wir werden für neue Bürger Vorteile ausmachen; und nicht dem Spartanischen Eigensinn nachahmen, der allen fremden Ankömmlingen und Gebräuchen den Eintritt versagt; wir werden aber auch [...] die Landeskinder zählen, ordnen und gebrauchen, so daß die fremde Kolonien bloß die Mängel des Staates unterstüzen dörfen. (Herder, 1984, 195)

Nach diesen Voraussetzungen stellt Herder den Sulzerschen Plan als einen Versuch vor, die Sprache nach dem philosophischen Vorbild zu richten. Nach Herders Referat von Sulzer besteht die Vollkommenheit einer Sprache in der Ökonomie und deutlichen Bestimmung aller Redeteile. Wenn dann eine Sprache zu ihrer Vollständigkeit eine gewisse Biegsamkeit in der Syntax und eine gewisse Vielfalt in der Prosodie und Metrik fordert, müssten diese und alle ihre übrigen Bestandteile sichtbar unterschieden werden, um keine Undeutlichkeit und Ungenauigkeit bei der Bestimmung des Begriffes zu verursachen.

Ein solcher Versuch sei schlecht angesetzt, weil er sein Ziel nur erreicht, wenn er dem Dichter gar nichts gewährt. Er sei auch widersprüchlich, weil er die Verzerrung der Natur von Menschen, Sprache und poetischer Rede mit sich bringt. Die Vollkommenheit einer Sprache müsste und könnte weder im Überschreiten der menschlichen Grenzen noch in der Radikalisierung eines einzigen Bestandteils der menschlichen Natur bestehen. »Ja wären wir ganz Geist: so sprächen wir bloß Begriffe, und Richtigkeit wäre das einzige Augenmerk; aber in einer sinnlichen Sprache müssen uneigentliche Wörter, Synonymen, Inversionen, Idiotismen sein,« (Herder, 1984, 196) und zwar eine Vielfalt an Wörtern, eine Freiheit in der Formulierung und eine Verwurzelung der Sprache in der Geschichte und Denkweise eines Volkes. Mit dem Wort ›sinnlich‹ ist hier nicht nur auf die Fähigkeit zu rühren, sondern auch auf den sinnlichen Ursprung der menschlichen Sprachen, angespielt.

Sulzers Wunsch, das Wörterbuch der vollkommenen Sprache »soll den Unterschied der beinahe gleichlautenden Wörter sorgfältig anzeigen,«[17] verrate endlich, so Herder, die Absicht der damaligen deutschen Ästhetik, die philosophische Methode der Zergliederung und Bestimmung der Begriffe auf alle Wissens-Bereiche auszudehnen. Als Vertreter dieser Tendenz gilt auch Kant, dem Herder vorwirft, Baumgartens Methode fortgesetzt und in der Schrift über das Schöne und Erhabenen den Anspruch erhoben zu haben, die Gefühle logisch zu zergliedern.

»Alle [Wörter] kannst du nicht bestimmen, Philologischer Weltweise!« protestiert Herder. »Nein! so weit reicht noch nicht dein Gebiet, und noch minder ins Land der Dichter – Der Dichter muß rasend werden, wenn du ihm die Synonyme raubst; er lebt vom *Überfluß*.« (197) Die Entstehung eines Gegenstandes bestimmt wiederum seine Natur und seine Gesetze und beeinflusst damit seine weitere Entwicklung: »Wir sind Menschen, ehe wir Weltweisen werden« (190), warnt Herder in vielen seiner frühen Schriften (siehe auch Herder, 1985, 11–

---

17 Von Herder zitiert.

12), und die Sprache ist ursprünglich kein Erzeugnis einer individuellen Spekulation oder die Ausführung eines philosophischen Projektes, sondern das Werk einer rohen und sinnlichen Menschheit.

> Immer ein Glück [dann] für den Dichter, und ein Unglück für den Weltweisen, dass das Reich einer lebendigen Sprache, Demokratie ist; das Volk regiert, und duldet keine Tyrannen: der Sprachgebrauch herrscht und ist schwer zu bändigen. *Hunc penes arbitrium est et vis et norma loquendi.* (197)

Hier gestaltet das Problem des sprachlichen Gebrauchs ausdrücklich und heftig einen Streit zwischen zwei verschiedenen philosophischen Wissensformen: einerseits dem logisch-abstrakten Formalismus, der vergeblich die Umgangssprache verbiegen möchte, andererseits die Philosophie des gesunden gemeinen Verstandes, für die die Umgangsprache als Prüfstein gilt. Um die *Fragmente* zu verstehen, ist dieser Entwurf, die Philosophie wieder in die Sprache zu integrieren, ausschlaggebend; und das Ziel dieser Polemik wird Herder lebenslänglich begleiten, wie die *Metakritik* und *Kalligone* letztlich und reichlich beweisen.[18]

Neben dieser Erbschaft gibt es jedoch eine weitere, die vielleicht heutzutage aktueller ist: die Tyrannei und der Despotismus werden zur Gedankenfigur der Geschichtsphilosophie.[19] Insofern eine absolute Monarchie ihre Herrschaft auf die Vielfalt der Sprachen, wie die utopische Universalsprache der Wissenschaften, oder auf die Vielfalt der Völker, wie das römische Reich, ausdehnt, sei sie unnatürlich und zum Scheitern verurteilt.[20] Eine solche Herrschaft sei unnatürlich, weil sie die ursprüngliche Sinnlichkeit und Mannigfaltigkeit der

---

18 Es mag überflüssig sein, die unzähligen Stellen aus der *Metakritik* zu zitieren, bei denen Herder die kritische Terminologie in Hinblick auf den gemeinen Sprachgebrauch prüft, um Kants Distanzierung von einer Philosophie des gesunden Verstandes zugunsten einer alten Metaphysik nachzuweisen (siehe z.B. Herder 1998, 318 und 345 und Formigari 1994). Der Stil selbst der *Metakritik* ist von solchem Ansatz geprägt. Unentbehrlich scheint es mir vielmehr, das folgende Zitat aus der *Vorrede* zu *Kalligone* anzuführen, wo Herder das Motiv des sprachlichen Despotismus und der sprachlichen Demokratie wieder aufgreift, um genau die theoretische Legitimität des metakritischen Verfahrens gegen den Kritizismus zu beweisen. »Woher dann hat die Metaphysik ihre Worte? Aus der Sprache. Diese ist aber ein Gemeingut; jeder kann für ihre Bestimmtheit rechten. *Wessen* sind die Seelenkräfte, die der Philosoph zergliedert, betrachtet, anwendet? *Der Menschheit.* Wer Mensch ist, trägt sie in sich; er darf zu Menschen über ihren Gebrauch und Missbrauch reden. / An die *Quelle* der Mißbräuche mußte sich also die Metakritik halten, an die Kritik selbst [...]. Auch nur in Gegensätzen konnte sich die Metakritik der Kritik nachstellen, ohne diese Gegensätze zu einem System zu binden: denn vom Druck des kategorischen Despotismus wollte sie befreien, nicht aber ein neues Wortjoch | auflegen.« (Herder 1998, 646-647)

19 Herders positive Beurteilung des sogenannten ›orientalischen Despotismus‹ widerspricht einer solchen Interpretation nicht. Als historisch, geographisch und zeitlich bedingte Regierungsform, die außer in diesen Lagen nicht berechtigt sei, gilt auch der orientalische Despotismus als Gedankenfigur der Geschichtsphilosophie, insofern er eine beispielhafte Erläuterung der Bedingtheit der menschlichen Geschichte bietet. Ferner unterscheidet Herder ganz deutlich zwischen der Macht der Patriarchen und dem künstlichen Despotismus der staatlichen Maschinen, der zynischen Staatsklugheit, der mechanischen und abstrakten Vernunft, wovon hier die Rede ist. Dass sie für völlig unvergleichbar und unterschiedlich gehalten werden, sei durch diese Stellen aus dem vierten Kapitel des neunten Buches der *Ideen* nachgewiesen. Nachdem die These des kriegerischen Ursprungs aller Erbregierungen eingeführt wurde, fügt Herder im Hinblick auf die vorangegangenen Grade der Regierungsordnungen hinzu: »So lange ein Vater über seine Familie herrschte, war er Vater und ließ seine Söhne auch Vater werden.« (Herder, 2002, 333) Das macht schon einen wesentlichen Unterschied aus, insofern der eigentliche Despot seine Söhne im Zustande der Unmündigkeit belässt, wie die Polemik mit Kants These über die Notwendigkeit eines Herrn hervorhebt (337). Das Wort ›Despotismus‹ selbst sei in diesem Fall ungeeignet: »Der Name Herr, König, eigenmächtiger, willkürlicher, erblicher Despot war Völker dieser Verfassung etwas Unerhörtes.« (333)

historischen Subjekte überfordert und, wie die *Ideen* ausdrücklich erläutern, das Ziel der Geschichte beschränkt.

Genau das Motiv des Despotismus und das damit verbundene Thema der Staatmaschine kehren im neunten Buch der *Ideen* über die Bestimmung des menschlichen Geschlechts wieder, wo sie der Ablehnung der kantischen Geschichtsphilosophie dienen. Dies beweist sowohl die Erwiderung auf Kant über das Tier, das einen Herrn benötigt, als auch die folgende Stelle aus einem zuerst entworfenen und danach gestrichenen sechsten Kapitel. Dort schließt Herder: »Je größer und folglich despotischer die Staaten sind, je künstlicher sie zu künstlichen Zwecken verwaltet werden: desto mehr verliert sich im großen Ocean jeder kleine einzelne Tropfe der glücklichen oder unglücklichen Menschheit.« (Herder, 2002, 1138)

Literaturverzeichnis

Primärliteratur

Arnauld, Antoine & Lancelot, Claude, *Grammaire générale et raisonnée de Port-Royal*, Genève, 1993.
— & Nicole, Pierre, *La logique ou l'art de parler*, Hildesheim/New York 1970 (Nachdruck der Ausgabe Paris 1662).
— & Nicole, Pierre, *Logique de Port-Royal*, Paris 1868 (Nachdruck der fünften Auflage).
Berkeley, George, *A Treatise on the Principles of Human Knowledge*, in: *Works*, Oxford 1941, Vol. 1, *Philosophical Works, 1705-21*.
Beauzée, Nicolas, *Langue* (1765), in: D'Alembert, Jean Lerond (Hg.), *Encyclopèdie ou dictionnaire raisonné des sciences, des arts et des métiers*, New York 1969, vol. 2.
Duclos, Charles Pinot, *Remarques* (1754), in: Arnauld & Lancelot, 1993.
Gellius, Aulus, *Die attischen Nächte*, Darmstadt 1992 [Leipzig 1875].
Herder, Johann Gottfried, *Werke in drei Bänden*, München 1984-2002 u.a. Bd. 1, 1984: *Herder und der Sturm und Drang 1764-1774*, und Bd. 3/1-2, 2002: *Ideen zur Philosophie der Geschichte der Menschheit*.
— *Fragmente über die neuere deutsche Literatur* (1768), in: *Werke in drei Bänden*, 1, 1984.
— *Auch eine Philosophie der Geschichte zur Bildung der Menschheit* (1774), in: *Werke in drei Bänden*, 1, 1984.
— *Von der Annehmlichkeit, Nützlichkeit und Nothwendigkeit der Geographie* (1784), in: *Werke in drei Bänden*, 3/1, 2002.
— *Erziehung und Traditionsbildung* (Paralipomenon zu *Ideen* IX), in: *Werke in drei Bänden*, 3/1, 2002.
— *Werke in zehn Bänden*, Frankfurt a.M. 1985-2000 u.a. Bd. 1, 1985: *Frühe Schriften: 1764-1772*, 1985 und Bd. 8, 1998: *Schriften zu Literatur und Philosophie 1792-1800*.
— *Versuch über das Sein* (1764), in: *Werke in zehn Bänden*, Bd. 1, 1985.
— *Über den Fleiß in mehreren gelehrten Sprachen* (1764), in: *Werke in zehn Bänden*, Bd. 1, 1985.

---

20 Vgl. die folgende Stelle aus *Über den Fleiß in mehreren gelehrten Sprachen* (1764): »So lange über die zerstreute Menge der Gelehrten kein Monarch herrscht, der eine Sprache auf den Thron der Ruinen so vieler andern erhübe: so lange die Plane zu einer allgemeinen Sprache unter die leere Projekte und Reisen zum Monde gehören: so lange bleiben viele Sprachen ein unentbehrliches Übel und also beinahe ein wirkliches Glück« (Herder, 1985, 24) und aus *Auch eine Philosophie* (1774): »Wenn alle Völker unter dem Römischen Joche gewissermaßen die Völker zu sein aufhörten, die sie waren, und also über die ganze Erde eine Staatskunst, Kriegskunst und Völkerrecht eingeführt wurde [...]: da die Maschine *stand* [...] und *fiel*, und da die Trümmern alle Nationen der Römischen Erde *bedeckten*.« (Herder, 1984, 611)

— *Kalligone* (1800), in: *Werke in zehn Bänden*, 8, 1998.

Lambert, Johann Heinrich, *Neues Organon*, in: *Philosophische Schriften*, Bde. 1-2, Hildesheim/New York 1965.

Michaelis, Johann David, *De l'influence des opinions sur le langage, et du langage sur les opinions* (Nachdruck der Ausgabe 1762), Stuttgart-Bad Cannstatt 1974.

Quintilianus, Marcus Fabius: *Ausbildung des Redners. Zwölf Bücher*, Darmstadt 1988.

Varro, Marcus Terentius, *De Lingua Latina*, Leipzig 1910.

Sekundärliteratur

Auroux, Sylvain, *La conception politique de la langue, la Révolution Française et la democratie*, in: *Zeitschrift für Phonetik, Sprachwissenschaft und Kommunikationsforschung*, Berlin 42 (1989) H. 5.

Cavazza, Franco, *Studio su Varrone etimologo e grammatico*, Firenze 1981.

Ciafardone, Raffaele, *J. H. Lambert e la fondazione scientifica della filosofia*, Urbino 1975.

Dahlmann, Hellfried, *Varro und die hellenistische Sprachtheorie*, Berlin/Zürich 1964² (unveränderter Nachdruck der ersten Auflage 1930).

Formigari, Lia, *La sémiotique empiriste face au kantisme*, Liège 1994.

— *Il linguaggio. Storia delle teorie*, Roma 2001.

Gessinger, Joachim, *Kritik der sprachlichen Unvernunft. Joachim Heinrich Campe und die Preisfrage der Berliner Akademie zur Reinheit der deutschen Sprache*, in: Ute Tintemann und Jürgen Trabant (Hg.), *Sprache und Sprachen in Berlin um 1800*, Hannover/Laatzen 2004.

Schiewer, Gesine Lenore, *Cognitio symbolica. Lamberts semiotische Wissenschaft und ihre Diskussion bei Herder, Jean-Paul und Novalis*, Tübingen 1996.

Vecchio, Sebastiano, *Il circuito linguistico e la politica. Linguaggio, nazione e popolo nella rivoluzione francese*, Acireale 1982.

ULRIKE ZEUCH

Figmente ex nullis ad nulla?
Herders sprachphilosophische Prämissen in der *Abhandlung* und der *Metakritik* - kritisch betrachtet

Zwischen dem Erscheinen von Herders *Abhandlung über den Ursprung der Sprache* von 1772 und den beiden Teilen *Eine[r] Metakritik zur Kritik der reinen Vernunft, Verstand und Erfahrung* sowie *Vernunft und Sprache*, von 1799 liegen 27 Jahre. Selbst wenn zutrifft, was Herder am 5. April 1799 an Gleim schreibt, dass die *Metakritik* »seit bald 20 Jahren« (Herder 1984, 46) gedacht gewesen sei, ist doch die Frage naheliegend, ob sich in der Zwischenzeit in Herders sprachphilosophischer Konzeption etwas Grundsätzliches geändert hat. Immerhin sind in dieser Zwischenzeit für die Sprachphilosophie der Sache nach zumindest mittelbar folgenreiche erkenntnistheoretische Entwürfe entstanden; dazu gehören neben Kants *Kritik der reinen Vernunft* von 1781 Fichtes *Über den Begriff der Wissenschaftslehre* von 1794, das *Älteste Systemprogramm des deutschen Idealismus*[1] sowie die Schriften der Frühromantiker und Hölderlins.[2]

Der Sache nach folgenreich sind insbesondere die genannten idealistischen Entwürfe für die Sprachphilosophie insofern, als sie - dem Anspruch nach - Erkenntnis radikal subjektivieren, Welt aus dem Subjekt konstituieren und den objektiven Weltbezug durch Sprache in Frage stellen, um den es Herder geht. Gegen diese Art ›Selbstdenker‹ richtet sich Herder in der *Metakritik* explizit; er nennt sie »Despoten« wider Willen, da sie, »was sie dachten, mit Macht auf[drängen]« (Herder 1998, 305) würden.

Die Tatsache, dass die genannten Entwürfe trotz dieses Anspruchs gleichwohl von einem Gegebenen in der Anschauung ausgehen, allein lässt aber schon vermuten, dass die Hervorhebung der Unterschiede zwischen vorkritischer und kritischer Philosophie durch das Bedürfnis nach Abgrenzung wesentlich mitbestimmt ist und das Bewusstsein, eine kopernikanische Wende vollzogen zu haben, durchaus blinde Flecken aufweisen kann.[3]

Für die Herder-Forschung kann die Frage, ob sich zwischen 1772 und 1799 in Herders sprachphilosophischer Konzeption durch für sie der Sache nach folgenreiche erkenntnistheoretische Entwürfe etwas Grundsätzliches geändert hat, deshalb interessant sein, weil die Antwort Aufschluss verspricht über Herders Fähigkeit zur Reflexion auf unbefragte Voraussetzungen, und zwar nicht nur auf Kants Voraussetzungen, so etwa Thomas S. Seebohms Erwartung an Herder unter Bezugnahme auf das heutige Verständnis einer Meta-Kritik,[4] sondern auch Herders eigene.

---

1 Vgl. dazu Hansen 1989; Arnold 1997.
2 Zu Herders Ablehnung des transzendentalen Idealismus vgl. Menges 1990.
3 Eine kopernikanische Wende vollzogen zu haben - davon spricht Kant in der Vorrede zur *Kritik der reinen Vernunft* 1956, B XVI. Mit ihr erhebt er zugleich den Anspruch, als einziger und auf dem einzigen Weg, der übrig, denkbar und sinnvoll ist (A XII), das, was Scheinwissen war, zu einem Zeitpunkt, da die Urteilskraft gereift ist, auf eine gesicherte Grundlage zu stellen (A XI). Interessanterweise lässt Herder den Jüngling angesichts der »Fata Morgana. Zerbrochene Säulen, umgekehrte Häuser, Paläste und Schiffe, zerrissene, schwebende Brücken [...]«, die für die »älteren philosophischen Systeme, wie man sie kritisch vorstellt«, stehen, »voll widernden Schauers« zurückschrecken (Herder 1998, 308).

Während Herders Kritik an Kants *Kritik* seit der 2. Hälfte des 19. Jahrhunderts sowohl für Kantianer wie Herderianer ein wichtiges Thema der Forschung ist,[5] ist Herders Fähigkeit zur Reflexion auf seine eigenen Voraussetzungen zwar am Rande und in Bezug auf einzelne Prämissen durchaus thematisiert, bislang, so weit ich sehe, aber noch nicht eigens untersucht worden.[6] Das liegt (1) an der im Falle der *Metakritik* naheliegenden, nach wie vor großen Aufmerksamkeit, die dem Vergleich Herder – Kant zuteil wird, (2) an der tendenziell weniger problemgeschichtlichen, als vielmehr doxografischen, historische Zusammenhänge rekonstruierenden wie kontextualisierenden Ausrichtung der Forschung,[7] (3) an der Tendenz, Herder von der Moderne her in den Blick zu nehmen, d.h. als Wegbereiter für Positionen der Nachfolgezeit, ob der Nietzsches, Heideggers, des *linguistic turn* oder gar des postmodernen Primats der Differenz, Vielfalt und Unstrukturierbarkeit,[8] oder als (leider) »erfolglose Alternative zur dominanten okularen und manuellen Erkenntnistheorie des Westens«[9] und (4) schließlich daran, dass die *Metakritik* für die Sprachphilosophie gegenüber der *Abhandlung* eine eher untergeordnete Rolle spielt.[10]

Im Folgenden wird es um die Frage gehen, ob Herder – gegenüber sich selbst ›metakritisch‹ – die Herausforderung, welche die radikale Subjektivität für seine sprachphilosophische Konzeption der *Abhandlung* darstellt, bewältigt hat. Um diese Frage zu beantworten, werde ich die beiden Schriften unter den Aspekten ›Methode‹, ›Erkenntnisweise‹ und ›Sprache als Medium der Verständigung‹ miteinander vergleichen.

---

4 Seebohm 1972, 62. Zu Herder nicht als Meta-Kritiker, sondern als Post-Kritiker, Hyper-Kritiker oder Trans-Kritiker im Urteil der zumeist kantianischen Gegenrezensenten vgl. Mayr 2003, 13 f.
5 Vgl. die Hinweise bei Heinz 1997, 92, Anm. 16-18. Zammito (2002) hingegen konzentriert sich auf die Zeit zwischen 1760 und den 1770er Jahren, nicht auf den Vergleich des späten Herder und Kant.
6 Zwar stellt Müller-Sievers 1997, 100, in Herders *Abhandlung* »preformationist assumptions of the unquestioned parallelism of sound and tone« fest, die mit seinem epigenetischen Sprachursprungsansatz unvereinbar seien. Müller-Sievers kritisiert aber nicht eigentlich, dass Herder unbefragt von bestimmten Prämissen ausgeht, sondern dass sie sich mit seinem empirischen Ansatz überkreuzten und er mit seinem empirischen Ansatz nicht weit genug gegangen sei: »Herder had been right in correlating language and reason; but since he was unable to conceive of this relationship as epigenetic, reason remained thoroughly dependent upon the suggestions of nature« (112). Hofbauer hebt die bildungstheoretischen Prämissen in Herders Sprachdenken hervor (1995, 29 ff.), ohne diese allerdings zu problematisieren. Mayr weist darauf hin, dass Herder die Kategorientafel in der *Metakritik* bereits voraussetze, statt, wie angesichts seines methodischen Ansatzes eigentlich zu erwarten wäre, »die kategorialen ›Reihen der Verständigungen‹ aus einer Sprach- bzw. Satzanalyse« (2003, 32) herzuleiten; hingegen führt Mayr ohne kritische Stellungnahme drei, für die *Metakritik* zentrale Prämissen als »scheinbar harmlose[n], gewissermaßen selbstverständliche[n] Grundsätze[n]« (16) an, was sie jedoch keineswegs sind, nämlich dass in der *Metakritik* nur von der menschlichen Vernunft die Rede sei, die Seele monistisch sei und in Sprache denke (16-18).
7 Vgl. etwa Fürst 1988; Gesche 1993; Schiewer 1996; Kim 2002; Neis 2003.
8 Borsche 1994; Menges 1990, 60 ff.
9 Trabant 1998, 114.
10 Dabei hat sich Herders Sprachphilosophie Gaier 1988, 209, zufolge seit seinem *Versuch über das Seyn* von 1764 kontinuierlich entwickelt und in der *Metakritik* den gedanklich »differenziertesten und am weitesten vorausweisenden Ausdruck« gefunden. Auch Mayr 2003, 160, liest die »›Systemstücke‹ der Herderschen ›Metakritik‹« wie eine »Synopse und Systematisierung wichtiger Positionen und Werkstationen des Herderschen Denkweges«, beginnend mit dem *Versuch über das Seyn*, der *Abhandlung* bis zu den *Ideen* und *Gott*. Hofbauer 1995, 50, hingegen meint, dass der »sprachphilosophische Gehalt [sc. der *Metakritik*] weit weniger interessant [sei] als derjenige der früheren Schriften, insofern er diese Positionen nicht in einem neuen Kontext wiederholt und polemisch rafft«.

Methode

Herder ist sowohl in der *Abhandlung* wie der *Metakritik* (Herder 1998, 320) davon überzeugt, dass jede menschliche Erkenntnis durch Sprache (das äußere, gesprochene Wort wie das innere Merk-Wort) vermittelt und nur über die empirisch nachvollzogene Genese der Begriffsbildung das Prinzip menschlicher Erkenntnis zu ermitteln sei. Bei dieser dem Anspruch nach genetischen (Herder 1998, 457) Verfahrensweise ergeben sich im Wesentlichen drei Probleme.

Die Annahme der Sprache als einer psychischen Realität setzt erstens voraus, dass mit der Bezeichnung der Dinge etwas wesentlich zu ihnen Gehörendes erfasst ist - so der Anspruch von Herder, wie ich im Folgenden noch genauer zeigen werde.[11] Erkenntnis soll Herder zufolge aber nicht nur mit der Wahrnehmung beginnen, sondern in der Vorstellung als Ort der Vergegenwärtigung bereits gemachter Wahrnehmungen zu ihrem endgültigen Ergebnis kommen. Mit dieser Auffassung steht Herder in seiner Zeit nicht allein. Auch für Kant etwa gilt, dass ohne Sinnlichkeit keine Synthesis und ohne Synthesis keine Erkenntnis stattfindet. Demnach kommt man - theoretisch zumindest - niemals in den Stand, jenseits der Dimension der Anschauung Sachverhalte benennen zu können, die im Bereich der Anschauung erst gar nicht auftreten, wie Liebe, Gerechtigkeit oder Gott.

Die Annahme der Sprache als einer psychischen Realität setzt zweitens eine aktive, eigenständige Erkenntnisleistung voraus; und Herder betont auch immer wieder die Freiheit gegenüber den Eindrücken von außen als wesentliches Unterscheidungsmerkmal der Sprachbefähigung des Menschen im Unterschied zu den Tieren. Dadurch aber, dass bei Herder wie auch selbst bei Kant die Spontaneität der Erkenntnis nicht losgelöst ist von Anschauung, sondern auf Sinnlichkeit und damit auf allerst einmal Rezipiertem fußt, sind Spontaneität und Freiheit entschieden Grenzen gesetzt.

Zwar soll das Prinzip menschlicher Erkenntnis erst mit Hilfe der Analyse der Sprache ermittelt werden, aber worin dieses Prinzip besteht, nämlich aus Mannigfaltigem oder Allgemeinem ein Eines oder Besonderes (Herder 1998, 457 u. 593) zu bilden, dass dieses Prinzip menschlicher Erkenntnis analog zur Sprache der Entwicklung, und zwar einer Höherentwicklung unterliegt, die ein Ziel hat, und das Mittel zur Erkenntnis des Prinzips, der Begriff bzw. das Wort, und das Prinzip selbst eins sind (Herder 1998, 593), wird schon als bekannt vorausgesetzt.

Das Prinzip menschlicher Erkenntnis mit Hilfe der Analyse der Sprache ermitteln zu wollen heißt aber, das, was das Denken selbst ist, nicht nur von Begriffen, sondern mehr noch: von einer realen Sprache, der menschlichen Rede, die »ein Abdruck des Allen, ein lebendiges Bild unsrer Gedankenweise« (Herder 1998, 593) sein soll, abzuleiten. Unter dieser Voraussetzung lässt sich eine Entwicklung der Sprache, die sich ausdifferenziert, sich empor- arbeitet von sinnlichen Einheiten zu abstrakteren Einheiten (Herder 1998, 594), nicht erklä- ren. Denn wenn das Begreifen, das Denken, die Vernunft gar von Sprache derart abhängig ist, dass ihr alles »mittelst der *Sprache*« (Herder 1998, 593) gegeben ist, wird man weder in der Lage sein, sich über die Defizite des vermeintlich bereits Erkannten zu verständigen und dem anzunähern, was jenseits der Sprache liegt: dem Sachverhalt selbst, noch einen Sachverhalt durch eine andere Formulierung oder durch neu gebildete Begriffe präziser zu fassen. Weshalb man bei komplexen Sachverhalten, die man sprachlich adäquat wiedergeben möchte,

---

11 Dass wir uns entgegen dieser Annahme beim Sprechen auch von den Akzidentien her mitteilen, zeigt ja gerade das Beispiel, welches Herder anführt, von dem Schaf als dem Blökenden.

nach Worten ringt, bleibt unerklärlich. Und Sprecher unterschiedlicher Sprachen würden einander nicht verstehen, wenn das Denken der Menschen völlig durch ihre jeweilige Einzelsprache geformt wäre.[12]

Parallel zur empirischen Methode geht Herder in der *Abhandlung* durch die Annahme subjektimmanent vorfindbarer Ideen oder eingeborener Allgemeinbegriffe von einer nichtempirischen Voraussetzung aus. Die durchaus naheliegende Vermutung, dass er sie gezielt eingeführt habe, um die genannten Probleme zu lösen, trifft nicht zu, denn Herder selbst reflektiert auf diese Probleme nicht. Auch in der *Metakritik* ist die Annahme subjektimmanent vorfindbarer Ideen implizit präsent, aber da Herder die *Metakritik* vor allem gegen Kants Urteile vor aller Erfahrung als bloße *figmente* richtet, hat er in der *Metakritik* noch weniger Veranlassung, der Frage nachzugehen, ob Argumentationslücken bestehen und inwiefern diese unter der Prämisse subjektimmanenter Ideen eher geschlossen werden könnten.

Dass Herder in der *Abhandlung* explizit und in der *Metakritik* trotz seiner erklärt empirischen Methode implizit von nicht-empirisch gewonnenen Allgemeinbegriffen wie Ursache und Wirkung (Herder 1998, 458) ausgeht, ist nicht einer persönlichen Neigung zum Unsystematischen, ja Inkonsistenten geschuldet, die Herder vor allem von Kantianern immer wieder bescheinigt worden ist, sondern ist charakteristisch für die Sprachphilosophie der Zeit allgemein. Zwar wird die empirische Methode favorisiert – eine Tendenz seit der Frühen Neuzeit –, aber die Favorisierung geht nicht so weit, die *tabula rasa* in Bezug auf das Prinzip der Erkenntnis konsequent durchzuhalten, und durch ihr programmatisches Selbstverständnis werden leicht uneingestandene apriorische Prämissen übersehen – ein Widerspruch, der auch die Sprachphilosophie zu Beginn des 19. Jahrhunderts bestimmt.[13]

Hinsichtlich der Methode kann von einem Unterschied zwischen *Abhandlung* und *Metakritik* nur bedingt gesprochen werden, insofern Herder die Bedeutung eingeborener oder, wie er meint, platonischer Ideen für die Begriffsbildung zurücknimmt. Dies geschieht aber nicht aus sachlichen Erwägungen – im übrigen bleibt die Bezugnahme auf nicht-empirische Allgemeinbegriffe implizit bestehen –, sondern aus polemischen Gründen, um die Grenze

---

12 Zu den Argumenten gegen den radikalen linguistischen Relativismus vgl. Trabant 1998, 23f.; Trabant selbst vertritt einen gemäßigten Relativismus und teilt damit Herders Aporie, nämlich einerseits durch die Verschiedenheit der Sprachen eine Verschiedenheit der Denkweisen begründen zu wollen, die letztlich eine Verständigung über Sprachgrenzen hinweg unmöglich macht, andererseits an der universalen Verstehbarkeit als Möglichkeit festzuhalten. Dieses aporetische Einerseits-Andererseits bestätigt Trabant, indem er feststellt: »Die Verschiedenheit der Sprachen ist sicher nicht so tief, wie uns der linguistische Relativismus glauben machen wollte. Sie ist aber auch nicht so oberflächlich, wie das aristotelistische europäische Denken dachte [...]«; zugleich gilt auch ihm die Verschiedenheit der Sprache als gleichbedeutend mit der Verschiedenheit von Weltansichten (25), wobei er sich affirmativ auf Wilhelm von Humboldt bezieht. Für Simon liegt das Novum in Herders Ansatz gerade darin, das sprachpragmatische Argument Kants konsequent zu Ende gedacht zu haben: »Jede Sprache hat ihre eigene grundlegende Sinnlichkeit. Von Sprache zu Sprache kann es folglich keine zusammenhängenden Elementarbegriffe (Kant) geben, die sich auf ein Modell einer Welt zurückbeziehen ließen« (1998, 56), ohne dass Simon ein Problem darin sieht, wenn »die Sprachwelten prinzipiell nicht aufeinander abbildbar und auch nicht ineinander übersetzbar« (58) sind.

13 Vgl. Jecht 2003, vor allem 85ff. und 166ff.; sie legt das methodische Problem am Beispiel Humboldts präzise dar, sieht es als Ausdruck von »Ratlosigkeit«, das in eine »Sackgasse« (169) führe, und stellt das Problem in den zeitgenössischen Kontext, wobei sie eine »kombinierte Methodik« als Trend innerhalb vieler wissenschaftlicher Bemühungen Ende des 18. Jahrhunderts, vor allem auf dem Gebiet der Naturforschung, ausmacht (166f.); aber bei ihrer Darlegung bleibt sie doxografisch und rechtfertigt die methodische Unentschiedenheit implizit, indem sie sie als »vielleicht eine der letzten Weigerungen, das Wissen über den Menschen getrennten Disziplinen zu überlassen« (167), interpretiert.

gegenüber Kant deutlicher markieren zu können. Der Vorrang der empirischen Methode führt zu einer Nivellierung der Unterschiede zwischen Wort und Bedeutung, konkretem einzelnen Gegenstand und Begriff, dem durch die Sinne Wahrnehmbaren und dem durch Verstand oder Vernunft Verstehbaren.[14]

Wenn die Vernunft aber tatsächlich nur das zum Gegenstand hat, was ihr durch die Sinne vermittels der menschlichen Rede gegeben ist (Herder 1998, 593), dann ist sie außerstande, zwischen Begriffsinhalt und Wort zu unterscheiden – eine Leistung, die Ulrich Gaier zufolge für Herder in der *Abhandlung* eigentlich essentiell ist –,[15] und Denkakte ohne sprachliches Abbild wie logisches Schlussfolgern oder ohne sinnlich wahrnehmbares Korrelat wie Gerechtigkeit, Liebe, Engel, Gott u. ä. bleiben unberücksichtigt; dasselbe gilt für sämtliche Gefühle des Unbewussten oder Unterbewussten, die nicht sprachlich artikuliert werden,[16] denn »[d]ie Basis der Menschheit ist [...], wenn wir von willkürlicher Sprache reden, unaussprechlich« (Herder 1985, 774). Die für den Menschen spezifische Erkenntnisleistung ist reduziert darauf, zu »partikularisieren« und »im Allgemeinen ein Besonderes zu erfassen« (Herder 1998, 550).

Erkenntnisweise

Ulrich Gaier[17] hat ausführlich die einzelnen Ursprünge der *Abhandlung* als Unterschiede der Sprachbegriffe dargestellt. Mir geht es an dieser Stelle nur um die menschliche Sprache und die mit ihr verbundene spezifische Erkenntnisweise. Das Vermögen zur Erzeugung der für den Menschen spezifischen Sprache nennt Herder in der *Abhandlung* ›Besonnenheit‹.[18] Die Unschärfe dieses Begriffs – sie heißt auch Verstand, Vernunft, Reflexion, Aufmerksamkeit oder Anerkennung (Herder 1985, 722) – und die Ambivalenz in der Bestimmung der Leistung dieser Besonnenheit habe ich bereits anderen Ortes herausgestellt;[19] denn einerseits ist

---

14 Hofbauer 1995, 26f., sieht die Ursache für diese Nivellierung in der Zirkel-Struktur von Herders Annahme, dass ohne Vernunft keine Sprache, ohne Sprache keine Vernunft sei und der Mensch durch Sprache denken gelernt habe, weshalb er in Sprache denke. Das ist kein Widerspruch zu dem oben Gesagten, denn die von Hofbauer konstatierte, von ihm durchaus als problematisch beurteilte (52) zirkuläre Struktur eines solchen sprachimmanenten Denkens hat ihre Ursache in dem Vorrang der Empirie.
15 Gaier 1988, 83.
16 Vgl. Herder 1985, 774f.: »Es müßte der dunkelste Schwärmer oder ein Vieh – der abstrakteste Götterseher, oder eine träumende Monade sein, der ganz ohne Worte dächte. Und in der menschlichen Seele ist, wie wir selbst in Träumen und bei Verrückten sehen, kein solcher Zustand möglich.«
17 Gaier 1988, 84ff.
18 Die jüngere Forschung wertet Herders Ansatz in der *Abhandlung*, das Entstehen der Sprache durch einen Akt der Besonnenheit zu begründen, einerseits als besondere Leistung, nämlich »das Göttliche psychologisch aus dem menschlichen Wesen heraus« zu erklären (Pohlmeyer-Jöckel 2001, 16), als eine bedeutende Verlagerung »from the sign to the process of signification, a shift of momentous consequences« (Mueller-Vollmer 1990, 12), andererseits als irritierend wegen der »inconsistency of his [sc. Herder's] own rules and semantics, most notably the deliberate confusion of the distinction between sound and tone« (Müller-Sievers 1997, 97), da Herder nirgendwo in der *Abhandlung* zeige, »how and that the transition from sound to tone is effectuated« (99). Fürst (1988, 231 und Anm. 10) hebt hervor, dass die Besonnenheit »eine zentrale Konstante der anthropologisch zentrierten Sprachphilosophie Herders« auch in der *Metakritik* sei. Zur kritischen Rezeption von Herders Ansatz im 19. Jahrhundert vgl. Salmon 1993.
19 Zeuch 2004.

die Besonnenheit frei in der Wahl des für signifikant gehaltenen Merkmals eines Gegenstandes, andererseits ist sie rezeptiv, da sich ihr das Merkmal durch besondere Intensität aufdrängt (Herder 1985, 723).

Gerade an dem Beispiel, welches Herder zur Erläuterung für die Erkenntnisweise der Besonnenheit anführt und auf welches die Forschung immer wieder Bezug nimmt: das Lamm oder Schaf als »das Blöckende« (Herder 1985, 723),[20] wird deutlich, von welcher Prämisse er unbefragt ausgeht: Aufgrund sinnlich wahrnehmbarer Eigenschaften und nur dieser allein soll etwas Wesenhaftes erkannt werden. Das Blöken ist demzufolge nicht nur ein einzelnes Merkmal, sondern avanciert zur Idee (Herder 1985, 724), zum Wesensmerkmal des Schafes. Dabei geht aus dem Text nicht eindeutig hervor, ob schon beim ersten Mal oder erst beim zweiten Mal, da das in einem ersten Urteil festgehaltene Merkmal als wiederkehrend bestätigt wird und zumindest eine gewisse Kontinuität aufweist. Denn Herder spricht von Idee, an die sich das akustisch wahrnehmende Subjekt beim zweiten Mal deutlich erinnere, aber schon bei der ersten Begegnung von Subjekt und Objekt und dem Anerkennen des wahrgenommenen Lauts als Merkmal für sich hat es diesen Status: den einer Entität.

Dass die Wahl gerade auf das Blöken fällt, hat in der Priorität, die das Ohr für Herder in bestimmter Hinsicht innerhalb der Hierarchie der Sinne einnimmt, seinen Grund.[21] Ob für ihn an dieser Stelle auch der Aspekt der Konstanz eine Rolle gespielt hat und er die haptisch erfahrbare Qualität des Wolligen und die visuell erfahrbare Qualität des Weißen deswegen als mögliches Merkwort nicht erwogen hat, weil es auch schwarze Schafe gibt und geschorene Schafe nicht wollig sind, ist eher zweifelhaft;[22] denn das Merkwort eint Mannigfaltiges und steht für Vorstellungskomplexe, in diesem Fall den Vorstellungskomplex »weiß, sanft, wollicht« (Herder 1985, 723). Die Möglichkeit, dass die Sinne sich hinsichtlich der Wahrnehmung von Gestalt, Farbe, Drucknachgiebigkeit usf. (Herder 1985, 734) auch täuschen könnten, die Herder in anderen Schriften wie dem *Vierten kritischen Wäldchen* und der *Plastik* ausführlich durchspielt, kommt hier nicht in Betracht.

Was aber sagt das Blöken über das Wesen des Schafes aus? Wenn das Blöken eine dem Wesen des Schafes eigene Bestimmung wäre, würden auch bestimmte stimmliche Eigenschaften des Menschen sein Wesen ausmachen und nicht die für den Menschen spezifische psychische Leistung. Im übrigen macht das Schaf noch vieles andere, was auch zu ihm gehört, wie Milch geben, gebären, in Herden leben usf.; diese Tätigkeiten zeichnet allerdings auch andere Tiere aus. Aber ein Wolf unterscheidet sich von einem Lamm gerade durch den Wirkungskreis oder die Sphäre,[23] in der er sich bewegt, die sich aus der Differenz seiner psychischen Leistung im Unterschied zu der des Lammes erklärt – ein Aspekt, den Herder in einem anderen Zusammenhang der *Abhandlung* (Herder 1985, 712ff. u. 772) durchaus sieht.

Warum also ausgerechnet das Blökende als inneres Merkwort? M.E. insistiert Herder auf diesem inneren Merkwort, weil es sinnlich, und zwar akustisch wahrnehmbar ist und seine Prämisse zu bestätigen scheint, dass aufgrund sinnlich wahrnehmbarer Eigenschaften etwas Wesenhaftes erkannt werden könnte. Das Schaf ist durch das Blöken auf eine erste, äußerliche, durchaus effektive Weise von anderen Tieren unterschieden, aber auch nicht mehr. Denn von seinem Wesen ist dadurch noch nichts erfasst.[24] Mit Hilfe der Besonnenheit, wie

---

20 In der zweiten, späteren Fassung ist das »ha« wohl deshalb getilgt, um den Interjektionscharakter dieser Feststellung zugunsten eines Aktes der Besonnenheit zurückzunehmen.
21 Vgl. Gesche 1993, 61; Trabant 1998, 102ff.
22 An anderem Orte (Herder 1998, 460) hingegen spielt die Konstanz eine zentrale Rolle.
23 Vgl. Gaier 1988, 97, Anm. 146.

Herder sie konzipiert, kommt der Mensch aber auch nie in den Stand, mehr zu erfassen als wahrnehmbare Merkmale, d.h. Akzidentien, die bloß dadurch, dass er sie verinnerlicht, zu inneren Merkwörtern und damit sich die Applikation bewusst macht, nicht zwangsläufig wesenhafter werden.

Zwar nennt Herder die Subsumption eines bestimmten Vorstellungskomplexes unter ein »inneres Merkwort« (Herder 1985, 726) nur »das Erste Urteil der Seele« (Herder 1985, 722), andererseits hat die Besonnenheit, nachdem sie einmal ein Merkmal als für einen bestimmten Gegenstand, in diesem Fall das Lamm, spezifischen bei sich anerkannt hat, kein Kriterium, um zu prüfen, ob das erwählte Merkmal auch tatsächlich für diesen Gegenstand oder Sachverhalt spezifisch ist und dessen Wesen betrifft. Als Urteil gilt Herder in der *Abhandlung* (Herder 1985, 723f.) wie der *Metakritik* (Herder 1998, 397) der Akt der Prädikation, d.h. der Synthesis oder Zusammensetzung von Subjekt und Prädikat durch das *ist*, der eine Auflösung, Trennung, Unterscheidung oder Analysis derselben voraussetzt.[25] Und zwar soll sich der Sinn des Subjekts ›Schaf‹, worunter Herder »irgend ein *Merkmal*, ein *Verhältnis*, eine *Beschaffenheit*« (Herder 1998, 336) versteht, durch den bloßen Akt der Prädikation ›offenbaren‹. Dabei gibt Herder selbst in der *Metakritik* zu bedenken, dass die »*merklichste* Eigenschaft nicht immer die *wesentlichste*« sei und »keine menschliche Charakteristik [...] wesentlich und vollständig« bezeichne (Herder 1998, 404). Es scheint, als nehme er diese Art der Fehlurteile als unvermeidbar hin; jedenfalls macht er keinen Vorschlag, wie sie vermieden bzw. korrigiert werden könnten,[26] und kann es auch nicht, da er die Auffassung vertritt, es entziehe sich der menschlichen Erkenntnis, wie der sinnlich wahrnehmbare Gegenstand *geistiger Typus*, wie er Gedanke werde (Herder 1998, 418).[27]

Im Unterschied zur *Abhandlung* nimmt Herder in der *Metakritik* den Aspekt, dass Besonnenheit ein »*Vorzug der Freiheit*« (Herder 1985, 716) sei, zurück, um sich von Kants »Spontaneität des Verstandes« (Herder 1998, 422) deutlich abzusetzen, und er verstärkt den Akzent, dass der Besonnenheit (dem Verstand, der Vernunft) *alles* gegeben sei, sowohl die Inhalte (sinnliche Data) wie die Art der Verknüpfung dieser Data (Herder 1998, 400ff.). Gleichwohl sollen gerade die Prädikationen der Besonnenheit »Kenntnisse *erweitern*«, indem »das Prädikat etwas saget, das nicht sogleich im Subjekt *erscheinet*« (Herder 1998, 336). Das Problem, wie der menschliche Verstand zu neuen Erkenntnissen kommt, wenn ihm alle Inhalte durch die Erfahrung immer schon gegeben sind, die er lediglich in einzelne Bestandteile zerlegt, um sie wieder zusammenzusetzen, erörtert Herder in der *Abhandlung* nicht eigens. Geschärft hat sich sein Blick für dieses Problem durch den Idealismus, der sich vehement gegen den – so

---

24 Immerhin bemerkenswert ist, dass Herder nach seinem Exkurs das Wort ›Schaf‹ als »lautbares Merkmal« (Herder 1998, 420) weiterhin verwendet und keinen neuen Namen einführt, der dem inneren Merkwort eher entsprechen würde, wobei sich das Onomatopoetische in diesem Fall durchaus anbieten würde. Bemerkenswert ist angesichts Herders spekulativer Ursprungstheorie auch, dass er sich an dieser Stelle nicht fragt, wie ›Schaf‹ in der adamitischen Ursprache oder im Hebräischen, das jener wohl noch am nächsten kommt, geheissen haben mag, und ob es in den verschiedenen einzelnen Sprachen onomatopoetische Wurzeln gibt. Mueller-Vollmer hingegen hält »Herder's famous example of semiotic recognition of the sheep as the bleating-one« für »successful because of the onomatopoetic character of the words« (1990, 14).
25 Zu den Begriffen ›Analysis‹ und ›Synthesis‹ in der *Metakritik* vgl. Herder 1998, 335ff. und 413.
26 De facto erkennt schon ein Kleinkind, das zunächst zu allen Männern mit Bart ›Papa‹ sagt, wenn sein eigener Vater einen Bart hat, irgendwann, dass das innere Merkwort (einen Bart haben) für den Begriff ›Vater‹, der als ›Papa‹ bezeichnet wird, zu unspezifisch ist. Es erkennt also, dass es, indem es ›Papa‹ mit ›Bart haben‹ verknüpft hat, den Sinn von Vater noch nicht hinreichend verstanden hat.
27 Herder nennt diese Umwandlung ›Metaschematisieren‹ oder »Metastasis« (Herder 1998, 418).

etwa Friedrich Schlegel – Mechanismus des Denkens wendet. Unter ›Mechanismus‹ versteht Schlegel die Zuordnung von Vorstellungen zu Begriffen, von Begriffen zu Begriffen und die aus diesen Zuordnungen sich ergebenden Verknüpfungen von Begriffen in einzelnen Sätzen, Urteilen und Schlussverfahren. Wenn Herder »nicht ewig Identitäten, d. i. Ein und Dasselbe A=A herbeten oder 4 in 2+2 auflösen« (Herder 1998, 336) will, dann teilt er mit Schlegel die Überzeugung, dass der Widerspruchssatz bloß Tautologien feststellen könne.[28]

Zwar will Herder, anders als Schlegel, den Bezug zur empirischen Gegenstandswelt neu etablieren, nicht auflösen, und meint, auf diese Weise sowohl den abstrakt-logischen, seiner Meinung nach inhaltsleeren Mechanismus des Denkens[29] vermeiden wie die Erkenntnis von Neuem begründen zu können. Wenn aber der Besonnenheit der sinnlich wahrnehmbare Gegenstand, etwa das Schaf, und nur dieser gegeben ist und sie über diesen hinaus über keine eigenen Inhalte und Kriterien der Beurteilung verfügt, kann die Besonnenheit nurmehr unter ein Merkmal diejenigen Vorstellungen subsumieren, die ihr bereits allesamt vorliegen. Weder erfasst sie etwas Neues, noch kommt sie über eine tautologische Bestätigung dessen, *was ist*, hinaus.

Konsequent ist Herder mit seinem Primat der Erfahrung allerdings nicht, denn er erklärt kurzerhand »den Unterschied der Synthesis und Analyse bei einzelnen Urteilen« für irrelevant, mit der Begründung, dass eine »Verknüpfung zweier Begriffe, die nicht ein und Dasselbe sind«, immer synthetisch, das Ergebnis der Synthese aber, der neue Begriff, zugleich analytisch sei, da er mit anderen zusammenhänge, »aus denen er entwickelt wird« (Herder 1998, 337).[30] Herder gesteht an dieser Stelle offen ein, dass es ihm letztlich gleichgültig ist, ob ein Begriff »durch Erfahrung oder durch Ableitung aus höheren Grundsätzen« gebildet wird, solange das Ergebnis stimmt (ebd.). Nur gibt es kein Kriterium, seine Richtigkeit zu überprüfen, und auch diese höheren Grundsätze oder analytischen Begriffe können eigentlich nur Produkte von irgendwann einmal geleisteten Synthesen, d.h. mit Hilfe von Erfahrungssätzen gebildet sein.

Auch hinsichtlich der Erkenntnisweise kann von einem Unterschied zwischen *Abhandlung* und *Metakritik* nur bedingt gesprochen werden, denn die entscheidende Voraussetzung, erfahrungsimmanent etwas Wesenhaftes erfassen zu wollen, bleibt uneingeschränkt gültig. Die Herausforderung, die der radikale Subjektivismus für Herder darstellt, veranlasst ihn – trotz eigener Bedenken – nicht dazu, seine Prämissen kritisch zu überprüfen. Vielmehr führt sie dazu, die eigene Position noch konsequenter auf Erfahrungsimmanenz der Erkenntnis hin auszurichten, was ihm, wie gezeigt, nicht ohne Widersprüche gelingt, und jeden Anschein von Subjektivität zu tilgen, was ihn verkennen lässt, dass die Erfahrungsimmanenz keineswegs Objektivität garantiert, denn die Auswahl eines Merkmals bleibt – bei aller suggestiven Intensität – subjektiv.

---

28 Vgl. Zeuch 1991, 66 ff.
29 Vgl. auch Herders Polemik in der *Abhandlung* gegen »kalte, vernunftlangsame, sorgsam abstrahierende Experimente, wie sie der müßige, einsame Philosoph macht« (Herder 1985, 777).
30 Insofern wäre Simons Feststellung in Bezug auf die *Abhandlung*, Herder sei daran gelegen, »Philosophie als Analysis zu konzipieren und Synthesis auszuschließen« (1998, 56), er intendiere »den Wegfall des synthetischen Schrittes nach dem schon geleisteten analytischen« (58; vgl. auch 54), in Bezug auf die *Metakritik* zu modifizieren. In der *Metakritik* heißt es: »Ein Verständliches muß dem Verstande gegeben sein, und er versteht es nur durch *Unterscheidung*. Das Unterschiedene aber muß er verbinden; sonst kam er nicht zum Verstande des Ganzen. Ein *Datum* also (Thesis), und in ihm *Disjunktion* (Analyse) und *Komprehension* (Synthese) ordnen sich selbst in vier Glieder, deren letzteres, indem es zum ersten zurückkehrt, zugleich zu einer neuen Kategorie weiterschreitet« (Herder 1998, 412).

Sprache als Medium der Verständigung

Sprache hat für Herder nicht die Funktion, Unterschiede zu artikulieren, die zuvor erkannt worden sind.[31] Zwar spricht er von ›unterscheiden‹, ›trennen‹, ›vergleichen‹, ›ordnen‹ und ›verknüpfen‹ usf. als wesentlich zur Begriffsbildung gehörenden Akten sowohl in der *Abhandlung* (Herder 1985, 776) als auch in der *Metakritik* (Herder 1998, 320). Aber um einen bestimmten Unterschied artikulieren zu können, greift der Mensch auf etwas bereits Unterschiedenes, etwa beim Schaf auf das Blöken, zurück, das sich ihm als Merkmal aufdrängt bzw. das er dann als inneres Merkwort in sich wiederfindet. Und dieser Unterschied oder dieses Merkmal *ist* zugleich Artikulation. Warum Herder, obwohl das Blöken der »*Name* des Schafs« sein soll und die Seele »in ihrem Inwendigen geblöckt« und »wiedergeblöckt« (Herder 1985, 724) hat, das Schaf dann doch ›Schaf‹ nennt und nicht das Blökende oder eher: ›Mäh‹, ist nicht ersichtlich.[32]

In jedem Fall geht der Artikulation keine Erkenntnis voraus, sondern sie ist mit ihr identisch. »Lasset – so Herder in der *Abhandlung* – ihm (sc. dem Menschen) den freien Gebrauch seiner Sinne: da der Mittelpunkt dieses Gebrauchs in Gesicht und Gehör fällt, wo jenes ihm Merkmal und dieses Ton zum Merkmale gibt: so wird mit jedem leichtern, gebildetern Gebrauch dieser Sinne, ihm Sprache *fortgebildet*« (Herder 1985, 775).[33] Dasselbe gilt Herder zufolge für den Spracherwerb des Kindes durch die Eltern. Verstehen im Sinne von ›unterscheiden‹ hat auch in diesem Falle nicht statt, sondern das Kind stammelt nach, was ihm vorgesagt worden ist. Wie beim Blöken des Schafes etwas Wesenhaftes soll auch mit dem Wort der Eltern ihre »ganze Seele, die ganze Denkungsart« (Herder 1985, 786) mitgeteilt werden. Kaum lässt sich dies mit Herders Äußerung an früherer Stelle der *Abhandlung* vereinbaren, dass Eltern ihre Kinder nie Sprache lehren würden, »ohne daß diese nicht immer selbst mit erfänden« (Herder 1985, 727).

Wenn aber Sprache nicht die Funktion hat, Unterschiede zu artikulieren, die zuvor erkannt worden sind, sondern lediglich etwas bereits Unterschiedenes sprachlich repräsentiert, das man reproduziert, dann dient Sprache nicht der Mitteilung (Herder 1985, 746), kurz: der Entfaltung menschlicher Denkvielfalt in der kritischen, produktiven, auch kontroversen Auseinandersetzung über Sachverhalte.[34] Dies aber müsste man angesichts Herders Überzeugung vom Fortgang des menschlichen Denkens in der Geschichte der Menschheit

---

31 Laut Trabant 1998, 29, überwindet Herder damit eine längst fällige Trennung: »Weder sind Signifikate und Signifikanten, noch Kognition und Kommunikation getrennt, noch das Universelle vom Historischen. [...] Kognition ohne Kommunikation ist steril, wenn nicht vielleicht sogar unmöglich, da sie nur durch die Kommunikation in die Existenz tritt«.

32 Hofbauer erklärt dies durch die Arbitrarität zwischen Begriff und Wort: »Das Wort ist nicht einfach der Ausdruck des Begriffs, sondern er ist völlig unabhängig von diesem« (1995, 52); eben diesen inneren Begriff (das Blökende) nennt Herder in der *Abhandlung* aber »Wort« (Herder 1985, 724). So eindeutig ist die von Hofbauer angenommene Unabhängigkeit m.E. nicht. Hofbauer selbst hebt dann auch hervor, dass das Verhältnis zwischen Begriff und Wort zwar arbiträr sei, sich die Trennung aber wieder aufhebe, da sich ein Begriff »doch nur durch eine lautliche Bezeichnung verfestigen« (1995, 53) könne.

33 Die hier festgelegte Zuordnung von Auge und Ohr zu Merkmal und Ton stimmt mit der im Schaf-Beispiel nicht überein, denn bei diesem ›gibt‹ das Gehör das Merkmal, und der Ton oder das gesprochene Wort ›Schaf‹ hat mit dem Blöken nichts gemein.

34 Selbst wenn, wie Hofbauer (1995, 27) meint, der Dialog und das Gespräch, primär das mit sich selbst geführte, bei den zu Beginn des Spracherwerbs synonymisch gebrauchten Termini wie Wort und Vernunft, Begriff und Wert, Sprache und Ursache zu einer Klärung, d.h. einer Unterscheidung führt, heißt das noch nicht, über Sachverhalte diskutieren zu können.

und seiner Rede, dass Eltern ihre Kinder »auf Unterschiede der Sachen, mittelst gewisser Wortzeichen« (Herder 1985, 727), aufmerksam machten, eigentlich annehmen. Stattdessen soll Sprache eine generelle Empathie oder Sympathie erzeugen und das egoistische Monadendasein, von dem Herder am Anfang der *Abhandlung* (Herder 1985, 697) spricht, auf der Gefühlsebene überwinden. Unter dieser Voraussetzung kann man aber niemals ein Urteil über die Richtigkeit der von den Eltern bzw. generell von anderen vorgenommenen Unterscheidung treffen. Sprache dient dann lediglich der Wiedergabe von bereits Artikuliertem; darauf beschränkt sich dann Kommunikation. Das Reproduzierte bleibt dabei in der Dimension der Wahrnehmung bzw. Vorstellung. Miteinander sprechen können im Prinzip nur die, welche derselben Sprachgemeinschaft angehören.[35] Über Sachverhalte, die keine Gegenständlichkeit oder eine solche nicht mehr aufweisen, da sie als Gegenstände jetzt inexistent sind, auf die man also auch nicht zeigen kann, ist eine Verständigung nicht möglich.

In der *Metakritik* wird diese Position verstärkt, nicht revidiert. So gelten Herder die Worte »*Dasein, Gegenstand*« als übereinstimmend mit »*Wahr, Wissen und Wesen*« dadurch, dass sie allesamt etwas »Daseiendes, Gewisses, Festes« bezeichneten (Herder 1998, 364). Andreas Leopold Hofbauer nennt diese Position »Präsenz- und Wesensmetaphysik« (1995, 53). Insofern Sein, Dasein usf. die Grundvoraussetzungen von Erfahrung sein sollen, trifft diese Bezeichnung zu. Nur betrifft beispielsweise Herders Begriff von ›Sein‹ als Basis oder Urkategorie der ersten, nach dem Schema eines Quartenars aufgebauten »realontologischen«[36] Ursprungsformel, d.i. der Zahlenkreuzformel oder Tetraktys,[37] in der *Metakritik* (Herder 1998, 365 u. 401) die Materie, d.h. die materielle Voraussetzung für die Entwicklung der gegenständlichen Welt; ›Sein‹ meint nicht – wie etwa in der platonisch-aristotelischen Philosophie – bestimmtes Sein. Sonst würde Herder in der *Metakritik* nicht immer wieder betonen, dass Erkenntnis vom Allgemeinen (Herder 1998, 508) im Sinne von Unbestimmtsein – »eine unbestimmt-hingeworfene Zahl« (509) oder »das unbestimmte Allgemeine« (510) – zum Besonderen im Sinne von Partikularisieren (513) fortschreite.[38] Analoges gilt für die drei weiteren Grundelemente der Erfahrung, die Herder in der *Metakritik* »Grundbegriff[e] der Vernunft« bzw. Kategorien (Herder 1998, 364) nennt: Dasein (im Raum), Dauer (in der Zeit) und Kraft (365); denn sie betreffen die materiellen Bedingungen, unter denen Gegenstände erscheinen, die bei Herder, der hierin Kant folgt, implizit zu Ordnungsweisen des Subjekts, zu (subjektiven) Konstruktionen[39] des »*Neben-, Nach-* und *Durcheinander*« (Herder 1998, 366) von Gegenständen werden. In jedem Fall dienen aber auch sie nicht der Erkenntnis dessen, was ist, sondern sie sind die materiellen Voraussetzungen.

Hofbauer meint, dass im Vergleich mit der *Abhandlung*, die noch von der Arbitrarität von Vorstellung und Lautbild, Begriff und Wort, Signifikat und Signifikant ausgehe, in der

---

35 Hofbauer (1995, 31) weist auf Herders Argument der Universal-Grammatik hin, die dann doch eine Verständigung innerhalb verschiedener Sprachgemeinschaften erlaube; allerdings gelingt es Herder nicht, wie Hofbauer zu Recht betont (ebd., Anm. 55), plausibel zu machen, wieso es überhaupt verschiedene Sprachen gibt, wenn doch die Vernunft überall dieselbe sein soll.
36 Vgl. Mayr 2003, 45.
37 Ebd., 32 ff.
38 Zu Recht hebt Mayr hervor, dass Herder, indem er »die Zahlenformel seines ›Vernunftgesetzes‹ von der ›Sinnenempfängnis‹ her ›zählt‹«, das Dimensionsmodell der Antike genau umkehrt, »in welcher der Nus als der ›Punkt‹ ursprünglicher Potentialität definiert war [...]« (2003, 46).
39 So spricht Herder beispielsweise in Bezug auf die Mathematik, die sich mit den drei Begriffen Raum, Zeit und Kraft beschäftige, davon, »daß sie *Kräfte* als Verhältnisse zu einander im Raum und in der Zeit setzet, und solche als ihre eigne Ideen nach Zahl und Maß konstruiret« (Herder 1998, 366); eben diese Begriffe soll aber »die Natur in unsern Bau konstruiret« (ebd.) haben.

Metakritik eine kritische Ebene entfalle, »welche Richtung der Entscheidung und Überprüfbarkeit ergeben könnte« (Hofbauer 1995, 55). In gewisser Weise trifft das zu, wenn Herder sagt, dass das »Sein [...] der Grundbegriff der Vernunft und ihres Abdrucks, der menschlichen Sprache« (Herder 1998, 364) sei. Aber die Tendenz zur Nivellierung der Unterschiede lässt sich schon in der *Abhandlung* feststellen, und Herder hält auch in der *Metakritik* am Unterschied zwischen Bezeichnung und Bezeichnetem fest. Die von Herder als »Urbegriffe unsres Verstandes« (Herder 1998, 401) bezeichneten Begriffe wie Sein, Dasein, Dauer und Kraft (365) beziehen sich ausschließlich auf Dinge im Sinne von »*wirklichen Gegenständen*« (479). Ohne die »innere Natur« zu kennen, bekommen diese Dinge einen Namen (Herder 1998, 403), indem ein Merkmal als ›diesem Ding da‹ zugehörig anerkannt wird. Über diese Anerkennung hinaus gibt es eigentlich keine weitere, differenziertere Erkenntnis. Und doch geht Herder davon aus, indem er behauptet, dass die Sprache zwar nur sinnliche Begriffe kenne, aber zugleich »die feinsten Begriffe des Verstandes« bezeichnen würde, »so daß nicht *welches* Wort, sondern in *welchem Sinn* das Wort dort und hier gebraucht werde, den Ort des Begriffs entscheidet« (Herder 1998, 482).

Offen bleibt, wie man zu einem anderen (nicht sinnlichen) Sinn gelangen kann, wenn sich Erkenntnisfortschritt nur sprachimmanent entwickelt, und wie unterschiedliche Bedeutungen ein und desselben Worts unterschieden werden können. Tatsächlich ändert sich an der Erkenntnis des primär sinnlich wahrgenommenen und durch ein Merkmal ›identifizierten‹ Gegenstandes, seiner sinnlichen Bedeutung, die eigentlich, das sieht Herder durchaus, zu den »Partikular-Eindrücken« (Herder 1998, 552) zählt, auch im weiteren Fortgang nichts; seine ›Bedeutung‹, sein ›Sinn‹ wird lediglich unterschiedlichen Kategorien subsumiert, nicht differenziert oder gar eine möglicherweise falsche Generalisierung, wozu die Kinder, so Herder, neigen (Herder 1998, 551), korrigiert.

Zusammenfassung

Indem Herder in der *Metakritik* sowohl die Kategorientafel als auch deren kreuzförmige, doppelpolare, tetradische Ordnung nicht aus der Sprach- bzw. Satzanalyse herleitet, wie Florian Mayr (2003, 32) zu Recht bemerkt, relativiert Herder die für seinen sprachphilosophischen Ansatz zentrale Prämisse der Sprachimmanenz des Denkens, wie er sie in der *Metakritik* (Herder 1998, 320) formuliert: »Die menschliche Seele denkt *mit Worten*; sie äußert nicht nur, sondern sie bezeichnet sich selbst auch und ordnet ihre Gedanken mittelst der *Sprache*«. Diese Relativierung geschieht aber gleichsam unter der Hand, nicht metakritisch reflektiert. Sowohl in methodischer als auch in epistemologischer Hinsicht kann, wie gezeigt, in der *Metakritik* von einer kritischen Reflexion auf die eigenen Voraussetzungen nicht die Rede sein.

Zu diesen Voraussetzungen zählen die Sprachimmanenz des Denkens, die Begriffsbildung ausschließlich mit Hilfe der Wahrnehmung und der Erfahrung von Konstanz innerhalb derselben sowie die Annahmen, dass die Bezeichnung der Dinge etwas wesentlich zu ihnen Gehörendes erfasse und Artikulation mit Erkenntnis identisch sei.

Herder bewältigt die Herausforderung, welche die radikale Subjektivität für seine sprachphilosophische Konzeption der *Abhandlung* darstellt, in der *Metakritik* aus drei Gründen nicht: Die Momente, die sprachlich benannt und damit, so Herder, erkannt werden, sind lediglich Akzidentien, nicht die Sache selbst, sie sind – bei aller Intensität – subjektiv, und

Herder geht uneingestanden von empirisch nicht abgeleiteten, höheren Grundsätzen bzw. analytischen Begriffen aus, die gleichwohl irgendwann einmal durch ein Subjekt gebildet worden bzw. in ihm vorgefunden sein müssen.

Literaturverzeichnis

Arnold, Günter: Herder und die Philosophie des deutschen Idealismus nach den biographischen Quellen, in: Marion Heinz (Hg.): Herder und die Philosophie des deutschen Idealismus, Amsterdam u. a. 1997 (Fichte-Studien-Supplementa. Bd. 8), 189–202.

Borsche, Tilman: Natur-Sprache. Herder – Humboldt – Nietzsche, in: Ders. (Hg.): »Centauren-Geburten«. Wissenschaft, Kunst und Philosophie beim jungen Nietzsche, Berlin u. a. 1994 (Monographien und Texte zur Nietzsche-Forschung. Bd. 27), 112–130.

Fürst, Gebhard: Sprache als metaphorischer Prozeß. Johann Gottfried Herders hermeneutische Theorie der Sprache, Mainz 1988 (Tübinger Theologische Studien. Bd. 31).

Gaier, Ulrich: Herders Sprachphilosophie und Erkenntniskritik, Stuttgart-Bad Cannstatt 1988 (problemata. Bd. 118).

Gesche, Astrid: Johann Gottfried Herder. Sprache und die Natur des Menschen, Würzburg 1993 (Epistemata. Reihe Literaturwissenschaft. Bd. 97).

Hansen, Frank-Peter: »Das älteste Systemprogramm des deutschen Idealismus«. Rezeptionsgeschichte und Interpretation, Berlin u. a. 1989 (Quellen und Studien zur Philosophie. Bd. 23).

Heinz, Marion: Herders Metakritik, in: Dies. (Hg.): Herder und die Philosophie des deutschen Idealismus, Amsterdam u. a. 1997 (Fichte-Studien-Supplementa. Bd. 8), 89–106.

Herder, Johann Gottfried: Briefe. Gesamtausgabe, Bd. 8 (Januar 1799–November 1803), bearb. v. Wilhelm Dobbek u. Günter Arnold, Weimar 1984.

— Abhandlung über den Ursprung der Sprache. In: Werke in zehn Bänden, Bd. 1, hg. von Ulrich Gaier, Frankfurt a. M. 1985.

— Eine Metakritik zur Kritik der reinen Vernunft, in: Werke in zehn Bänden, Bd. 8, hg. von Hans-Dietrich Irmscher, Frankfurt a. M. 1998.

Hofbauer, Andreas Leopold: Ökonomien der Sprache. Erörterungen zirkulär-genetischer, eschatologischer und disseminatorischer Ökonomien der Sprachphilosophie, Wien 1995.

Jecht, Dorothea: Die Aporie Wilhelm von Humboldts. Sein Studien- und Sprachprojekt zwischen Empirie und Reflexion, Hildesheim u. a. 2003 (Germanistische Linguistik. Monographien. Bd. 10).

Kant, Immanuel: Kritik der reinen Vernunft, nach der ersten und zweiten Original-Ausgabe neu hg. von Raymund Schmidt, Hamburg 1956 (Philosophische Bibliothek. Bd. 37a).

Kim, Dae Kweon: Sprachtheorie im 18. Jahrhundert. Herder, Condillac und Süßmilch, Sankt Ingbert 2002 (Saarbrücker Beiträge zur Literaturwissenschaft. Bd. 73).

Mayr, Florian: Herders metakritische Hermetik. Eine Untersuchung zum Diskurs über die »Heilige Tetraktys« im Deutschland des 18. Jahrhunderts, Diss. München 2003.

Menges, Karl: Erkenntnis und Sprache. Herder und die Krise der Philosophie im späten achtzehnten Jahrhundert, in: Wulf Koepke (Hg.): Johann Gottfried Herder. Language, History, and the Enlightenment, Columbia (SC) 1990 (Studies in German Literature, Linguistics, and Culture. Bd. 52), 47–70.

Müller-Sievers, Helmut: Self-Generation. Biology, Philosophy and Literature around 1800, Stanford (CA) 1997.

Mueller-Vollmer, Kurt: From Sign to Signification: The Herder-Humboldt-Controversy, in: Wulf Koepke (Hg.): Johann Gottfried Herder. Language, History, and the Enlightenment, Columbia (SC) 1990 (Studies in German Literature, Linguistics, and Culture. Bd. 52), 9–24.

Neis, Cordula: Anthropologie im Sprachdenken des 18. Jahrhunderts. Die Berliner Preisfrage nach dem Ursprung der Sprache (1771), Berlin/New York 2003.

Pohlmeyer-Jöckel, Markus: Poesie und Geschichte. Formen der Erkenntnis beim frühen J.G. Herder, Münster 2001 (Pontes. Bd. 7).

Salmon, Paul: Herder's *Abhandlung über den Urspung der Sprache*: Reception and Reputation, in: John L. Flood u.a. (Hg.): ›*Das unsichtbare Band der Sprache*‹. Studies in German Language and Linguistic History in Memory of Leslie Seiffert, Stuttgart 1993 (Stuttgarter Arbeiten zur Germanistik. Bd. 280), 253-277.

Schiewer, Gesine Lenore: Cognitio symbolica. Lamberts semiotische Wissenschaft und ihre Diskussion bei Herder, Jean Paul und Novalis, Tübingen 1996 (Frühe Neuzeit. Bd. 22).

Seebohm, Thomas S.: Der systematische Ort der Herderschen Metakritik, in: Kant-Studien 63 (1972), 59-73.

Simon, Ralf: Das Gedächtnis der Interpretation. Gedächtnistheorie als Fundament für Hermeneutik, Ästhetik und Interpretation bei Johann Gottfried Herder, Hamburg 1998 (Studien zum achtzehnten Jahrhundert. Bd. 23).

Trabant, Jürgen: Artikulationen. Historische Anthropologie der Sprache, Frankfurt a.M. 1998 (suhrkamp taschenbuch wissenschaft. Bd. 1386).

Zammito, John H.: Kant, Herder, and the Birth of Anthropology, Chicago/London 2002.

Zeuch, Ulrike: Das Unendliche - *Höchste Fülle* oder Nichts? Zur Problematik von Friedrich Schlegels Geist-Begriff und dessen geistesgeschichtlichen Voraussetzungen, Würzburg 1991 (Epistemata. Reihe Literaturwissenschaft. Bd. 69).

— Herderowska filozofia języka a »Kratylos« Platona w kontekście epoki, in: Rozum i swiat. Herder i filozofia XVIII, XIX i XX wieku, hg. v. Marion Heinz u.a., Warszawa 2004, 311-327.

SABINE GROSS

Vom »Körper der Seele« zum »Damm der Affekte«.
Zu Johann Gottfried Herders Metaphorik

I.

Herders Schreibweise ist im Verlauf seiner Rezeption immer wieder Unsystematik, unphilosophische Denkweise und ausufernde Metaphorik vorgeworfen worden. Erst in jüngerer Zeit hat in der Herderforschung eine grundsätzliche Um- und Aufwertung von Herders Sprachverwendung stattgefunden: die zu Grunde liegende Systematik seines Denkens wird betont und seine Denk- und Ausdrucksweise als nicht nur innovativ, sondern auch epistemologisch produktiv eingeordnet.

Parallel mit dem Umdenken Herders Sprache gegenüber hat auch die Metapherntheorie in den letzten Jahrzehnten Positionen wie die Vicos, Herders oder Jean Pauls, die von der grundlegenden Wichtigkeit des Metapherngebrauchs überzeugt waren, eingeholt und bestätigt. Wichtige Erkenntnisse geliefert haben unter anderem Max Black, Paul Ricœur und Bernhard Debatin; auch George Lakoff, Mark Johnson und Mark Turner sind zu nennen (vgl. u. a. Black 1996, Ricœur 1975, Debatin 1995, Lakoff und Johnson 1980, Johnson 1987). Mittlerweile hat sich die Einsicht durchgesetzt, dass Metaphern Basiselemente menschlicher Sprachverwendung sind, deren Verständlichkeit in ihrem Rekurs auf menschliche Körper- und Welterfahrung gründet. Die Metapher ist nicht Wort-Substitut, sondern Denkbewegung, begriffliche Struktur; sie ist nicht Schmuck oder Supplement, sondern Basis der Sprachentwicklung und trifft oft den Kern eines Sachverhalts direkter und besser als die sogenannte »nichtfigurative« Sprache. Metaphern können unmittelbar einsichtig sein – oder andererseits einen Zusammenprall unvereinbarer Elemente inszenieren, eine Inkongruität, die Auflösung verlangt. Die Metapher schafft Bedeutung, macht sprunghaft Ähnlichkeiten sichtbar, kann Auslöser für neue Einsichten sein. Schließlich wird Metaphern sogar neurologischer »Nutzen« zugesprochen: Metaphern, so Marcel Danesi, tragen bei zur Verbindung zwischen – und gemeinsamen Aktivierung von – beiden Gehirnhälften: ikonisch-gestalthafte Teile der Metapher werden in der rechten Hälfte verarbeitet, während die linke Hälfte sich mit der Umsetzung in abstrakte Begriffe beschäftigt. Sie führen also zu einem »neurological flow« und fördern den Austausch zwischen beiden Hirn-Hemisphären, während sie zugleich eine sprachliche Brücke zwischen dem eher ikonisch-imaginativen und dem propositional-symbolischen Denken herstellen (Danesi, nach Debatin 1995, 253–54).

Die folgenden Beobachtungen und Überlegungen zu Herders Metapherngebrauch konzentrieren sich, um das Thema ins einigermaßen Darstellbare einzugrenzen, vor allem auf Herders Metaphern zur Sprache. Den Schwerpunkt bilden ausgewählte Schriften des frühen Herder – »Über den Fleiß in mehreren gelehrten Sprachen«, »Von der Ode«, die 2 Fassungen der »Fragmente« (1. bis 3. Sammlung 1767 sowie die überarbeitete zweite Version der 1. Sammlung 1768), die »Abhandlung über den Ursprung der Sprache« – sowie in VII der Abschnitt »Das sonderbare Mittel zur Bildung der Menschen ist Sprache« aus den »Ideen zur Philosophie der Geschichte der Menschheit«.[1]

II.

Herders Metaphern dienen fast immer der Veranschaulichung, Verständlichmachung. Sie sind einsichtig und bei näherem Hinsehen in der Regel plausibel und oft wohlgeordnet (obwohl sich andererseits auch Fälle anführen lassen, in denen seine Metaphern Überraschendes zusammenfügen und damit die Ordnung des Denkens gewissermaßen in Unruhe bringen). Dass sie sich zum großen Teil harmonisch in das fügen, was man sein »Weltbild« nennen könnte, haben neuerdings vor allem Walter Moser (1982) und Verena Albus (2001) gezeigt. Aber auch ohne Sekundärhilfe gewinnt jeder Leser verhältnismäßig rasch diese Erkenntnis: organische, belebte, naturorientierte, zyklische Metaphern und Bildbereiche herrschen vor; Mechanisches ist überwiegend negativ besetzt; Fließendes und biegsam-Bewegliches sind gut; das Kalte und Tote steht dem Warmen und Lebendigen gegenüber; Klang und Ton als Positiva haben ihr vorwiegend negatives Komplement im Buchstaben und der Schrift; dominante Metaphernfelder sind historisch orientiert, dynamisch, anthropomorph.

Albus versucht in großer Ausführlichkeit und mit erheblichem Sammelfleiß Herders Metaphern zu systematisieren in Kategorien wie Wachstumsmetaphorik, Veränderungsmetaphorik (beispielsweise »Gärung«), Bewegungsmetaphorik, Sammelmetaphorik (beispielsweise »Schatz«) sowie Metaphern aus den verschiedenen Sinnesbereichen. Allerdings macht sie bei über 1000 Belegen keinerlei Unterschiede zwischen Früh- und Spätwerk und zitiert ihre Belege überwiegend ohne Angabe der Texte – ein Vorgehen, das Herders Gesamtwerk ohne Rücksicht auf etwaige Entwicklungen und Verschiebungen homogenisiert und zugleich gewissermaßen zerteilt in eine Reihe säuberlich unterschiedener Metaphernstränge, die trotzdem keineswegs vollständig sind. Kampf- und Bekleidungsmetaphern beispielsweise fehlen, und Albus' Interesse an systematischer Einordnung in Herders Weltbild erlaubt ihr keine Aufmerksamkeit für einzelne, hervorstechende, idiosynkratische Metaphern. Gelegentlich möchte man auch Zweifel an Albus' taxonomischem Eifer anmelden: gehört beispielsweise die Seifenblase wirklich unter »Bewegung«?

Mosers erheblich kürzere und prägnante Analyse konzentriert sich dagegen auf einen Text. 1982 fast parallel mit Lakoff und Johnsons *Metaphors We Live By* erschienen, arbeitet er in beeindruckender Weise die umfassende Systematik heraus, mit der Herder in den »Ideen« analog zu der von ihm skizzierten Menschheitsentwicklung Argumentation sowie Metaphorik entlang der Vertikale und in Richtung Vorwärtsbewegung strukturiert. Doch trotz ihrer Schwächen bestätigt auch Albus' Arbeit, dass Herder zahlreiche Metaphern so systematisch wie konsequent benutzt, und zwar sowohl spezifische Metaphern als auch ganze Metaphernfelder, die dann Einzelmetaphern strukturieren. Baum, Familie und Gewebe beispielsweise fügen sich in Herders übergreifendes Interesse an Zusammenhängen, Entwicklung, Wachstum und Veränderung ein.[2]

Aber Systematik heißt keineswegs Beschränkung, wie bereits ein kurzer und keineswegs vollständiger Blick auf die Metaphern zeigt, mit denen Herder sich der Sprache annimmt: Schon früh – beispielsweise in »Über den Fleiß in mehreren gelehrten Sprachen« – wird die Sprache physiognomisiert und personalisiert: sie kann »hüpfend« oder »gravitätisch« sein, ist

---

[1] Die frühen Schriften werden nach Band 1 der Frankfurter Ausgabe (Hg. Ulrich Gaier) zitiert (Herder 1985). Im Fließtext erscheinen die zahlreichen Zitate aus diesen Texten lediglich unter Angabe der Seitenzahl, wobei die Angabe der Einzelwerke im Literaturverzeichnis das Zuordnen der Zitate ermöglicht. Für die »Ideen« wurde die vor kurzem erschienene Ausgabe von Wolfgang Proß zu Grunde gelegt (Herder 2002). Hervorhebungen in Zitaten, soweit nicht angemerkt, im Original.

ein »Proteus« der sich als Pflanze je nach Boden und Nahrung unterschiedlich entwickelt (22-23); sie ist ein Schlüssel, der Schatzkammern aufschließt, verhüllt aber auch als Schleier Schönheiten (25) - und bereits hier enthält sie »Blumen« (22, 25). Auch in den »Fragmenten« hat sie ein »Gesicht« mit »feineren Zügen« (180). Ihre Doppelfunktion ist es, sowohl »das Ohr zu füllen« als auch »dem Geist Ruheplätze zu verschaffen« (209).

In »Die Eigenheit unserer Sprache« (570) erscheint die Sprache im Verlauf einer Textseite als »Leib und Seele«, als Familienmitglied, Baumstamm, Tempel »körperliches Gebäude«, Abkömmling ihrer Ahnen, als Nachbarin, festes Land, das auf einer Wurzel ruht, und gotischer Palast - es kann einem schon ein wenig schwindlig werden bei dieser Häufung.

In Herders Charakterisierung von Hamanns Sprache in den »Fragmenten« findet eine sympathetische Intensivierung statt, in der die Bilder sich ineinanderschieben: Hamanns Schriften enthalten »Samenkörner«, deren Schale »ein mühsam geflochtenes Gewebe von Kernausdrücken, Anspielungen und Wortblumen« ist, in dem sich »Balsamdüfte vom ätherischen Tisch der Alten, mit einigen Vapeurs der Gallier und dem Brodem der brittischen Laune« zu einer den Autor umhüllenden »Wolke« vermischen (248).

Sprache kann biegsam und gelenkig sein (177, 257, passim); sie dient als Werkzeug, als Behältnis, als Vorratshaus; sie ist Schatz, Beute, zu bearbeitendes Feld mit Ländereien - und immer wieder »lebendiger Wohlklang«, »malende Musik«, »Silberton«, »Meer des Wohllauts« (alle 579; vgl. auch 417, 250); und wo die Gedanken die »Söhne des Himmels« sind, sind die Worte die »Töchter der Erde« (259). Doch es bleibt nicht immer so friedlich in den »Fragmenten«: Herder beklagt sich über die »zum Gähnen deutliche« Prosa der Zeit und die Leser, die sie verdienen, mit der Bemerkung, dafür müsse man »die Feder [...] eintunken [...] in wässerichtes, phlegmatisches Gehirn« und seinen Stil »entmannen« (235).

In dieser Form zusammengestellt, kann die Liste fast wahllos wirken. Der Eindruck wäre falsch: Herders Metaphernwahl ist eklektisch, aber nicht willkürlich. In jeweils wechselndem Kontext bezieht er Sprache insgesamt auf beinahe alle Bereiche menschlicher Erfahrung.

III.

Ich möchte zunächst noch einen spezifischen Bereich aus den Sprachmetaphern herausgreifen, den der Bekleidung, von äußerer Hülle und innerem Gehalt. Diese Wahl bietet sich aus drei Gründen an:

1) Herder wählt Metaphern aus diesem Bereich häufig, verwendet sie schlüssig und überzeugend, dabei aber mit durchaus unterschiedlicher Wertigkeit.

2) Einkleidungsmetaphern haben eine lange Tradition - wie relativ viele der Metaphern, die Herder benutzt. In der unterschiedlichen Gestaltung der Einzelverwendung lassen sich sowohl Tradition als auch Herders Idiosynkrasie und Individualität erkennen.

---

2 Ein kurzer Hinweis auf die in diesem Punkt widersprüchliche Herder-Rezeption muss hier genügen: Wird Herder auf der einen Seite von Zeitgenossen (beispielsweise in der Allgemeinen Deutschen Bibliothek) wegen des Mangels an Systematik und einer bildhaft-unverständlichen Sprache getadelt, so wurzelt andererseits Kritik, seine Bilder wiederholten sich und seien nicht erfinderisch und abwechslungsreich genug, in eben der vorhandenen Systematik (beispielsweise Haußmann 1906, nach Albus 2002, 116).

3) Dieses Metaphernfeld bezieht sich autoreferentiell auf Sprache und Gedanken und auf die Metapher selbst in ihrer Tradition als schmückende Hülle der Rede.

In der historischen Entwicklung der »Rhetorik der Kleidung« lokalisiert Heiner Weidmann um 1800 einen »Umbruch«. Nachdem »[s]eit der Antike [...] die Macht der Kleider- und Preziosenmetapher in der Rhetorik ungebrochen« war, wird nun, so Weidmann (2003, 220-21), das »vielfach variierte Modell des Stils als Kleid des Gedankens abgelöst. Nicht Bekleidung (des Körpers), sondern Verkörperung (der Seele), nicht exornatio, sondern incarnatio ist das neue Konzept.« Herders »Fragmente« liefern einen zentralen Beleg für die Anwendung dieses neuen Paradigmas *in* der Sprache *auf* die Sprache. Hier geht Herder noch einen Schritt über seine beharrliche Wiederholung und Explikation des Diktums, der Gedanke klebe am Ausdruck, hinaus: Zunächst stellt er das Verhältnis des Ausdrucks zum Gedanken wie das der Haut zum Körper dar (395). Aber schon wenige Seiten darauf geht er weiter: »*Gedanke* und *Ausdruck*! verhält er sich hier wie ein Kleid zu seinem Körper? Das beste Kleid ist bei einem schönen Körper bloß Hindernis. – Verhält er sich wie die Haut zum Körper? Auch noch nicht gnug [...].« Und mit Berufung auf Platons Phaidros fährt er fort: »ich setze diese schöne Sokratische Bilder zusammen, und zeige meinen Lesern ein Bild, daß *Gedanke* und *Wort, Empfindung* und *Ausdruck* sich zu einander verhalten, wie Platons *Seele* zum *Körper*.« (404-05) Auch weiter bleibt Herder im Bild, wenn er fortfährt, er rechne durchaus damit, »daß zehn schöne Geister, die sich in das schöne Kleid, und den Putz des Costume, in die schönen Fingerspitzen der Chineserschönheiten, in das blendende Teint französischer Wendungen, oder in das oft überladene Kolorit brittischer Bilder verliebt haben, mich für einen Träumer und Enthusiasten schelten werden.« (405)

Überhaupt hat das Bekleiden der Sprache, und sei es mit den »Strahlen Olymps« (607), in diesen frühen Texten für Herder nicht selten auch etwas vom Verkleiden. Unkritisches Festhalten am Lateinischen ist für ihn »Lexikon und Grammatik plündern, und sich von lateinischen Lappen mit vieler Mühe einen Arlekinsrock zusammen flicken« (413). Der Wortkörper ist in sich wiederum teilbar, nämlich in »Grammatik und Naturell [und damit] Leib und Seele« (570). Die Vorliebe für die nackte Form (mit der begleitenden positiven Wertung von Nacktheit) entwickelt Herder parallel auch in seiner »Plastik«, und in beiden Versionen der »Fragmente« werden die »Idiotismen« der Sprache dargestellt als »Reize, die durch die Sprache, wie der Busen der Phryne durch einen seidnen Nebel, durch das Wassergewand der alten Statuen, das sich an die Haut anschmieget, durchschimmern.« (190, auch 584) Wenn schon Einkleidung erforderlich ist, dann bitte zumindest als enthüllende Verhüllung.

Aber so ganz schwört Herder dem alten Einkleidungs-Paradigma doch noch nicht ab. Bei Hamann beispielsweise ist für ihn »jeder Gedanke [...] in ein Wort eingekleidet, ohne welches er ihn nicht denken und sagen konnte.« (249). Fabeln können der zu vielen Kunst entkleidet (so über Bacon, 440), Gedanken aber wiederum in mythologische Bilder eingekleidet werden (442). Die Sprache kann in der Dichtung als »Feierkleid« (234) dienen und erscheint wiederholt als Hülle der Gedanken, als ihre Form, als Anzug. Bei den Kleidungsvarianten bietet Herder ein breites Spektrum an, von den Windeln (601) bis zum Panzer (612); das Übersetzen wird mit dem Anpassen einer Rüstung verglichen (645). Die spezifische Wahl der Einzelmetapher erlaubt ein entsprechendes Spektrum von positiven bis negativen Bewertungen. Ist die Sprache beispielsweise mit unkritisch verwendeten »Kunstwörtern« überladen, »so verwandelt sich mit einemmal das, was bei den Erfindern eine Rüstkammer zum Gebrauch gewesen war, in eine Galanteriebude, wo man eins nach dem andern besieht, auskramet, und höchstens hier und dar etwas putzet.« (422) Und in der folgenden Äußerung über die deutsche Sprache finden sich nebeneinander neues und altes Paradigma, unbekleidetes Ideal und Einkleidung als Schmuck: »Sie ist bestimmt und reich genug, die feinsten Gedanken des Metaphysikers in ihrer nackten Schönheit vorzutragen, und von der andern Seite nachdrücklich und bilderreich genug, die abgezogensten Lehren durch den Schmuck der Dichtkunst zu beleben.« (221-22)

Nicht zuletzt macht Herder in der folgenden dynamischen Allegorie, zu der er die vielstufige Metapher ausbaut, die Einkleidungsmetapher als Ausdruck seiner zwiespältigen Haltung gegenüber jener philosophischen Sprache fruchtbar, die die Stufe der Sinnlichkeit überwunden und den Verstand in die Sphäre der Vernunft erhoben hat:

> [Diese Art der Philosophie] soll den Begriff eben von seiner Hülle absondern, in der man ihn zu sehen gewohnt ist, und von Jugend auf zu sehen gewohnt war. Er sträubt sich, und wenn wir ihn mit Gewalt entkleiden: so entwischt er und läßt uns das Kleid in der Hand; oder wir verunstalten ihn, haben ihm mit seinem Gewande zugleich seine Haut zerrissen: da steht er unkenntlich und verwundet in philosophisch-barbarischen Hüllen. In der Tat, die Mühe ist nicht so leicht, immer den Gedanken zum Augenmerk zu haben, ihn von den Worten zu entkleiden, in denen wir ihn *kennen*, aber nicht nackt *erkennen*: ihn in das Licht der Deutlichkeit zu zaubern, daß jeder spricht: das ist er! und genau sagen kann: warum ers ist? (425)

Der erkenntnisfördernde Umgang mit dem Begriff erscheint hier geradezu als eine Art Vergewaltigung.[3]

Herder verwendet die Be- und Entkleidungsmetaphorik also mit unterschiedlicher Wertigkeit – positiv, negativ, ambivalent – flexibel an Kontext und Redeabsicht angepasst und erweist sich damit wiederum als Repräsentant eines überindividuellen Paradigmenwechsels, zu dessen Avantgarde er selber gehört.

IV.

Bereits einige der obigen Beispiele zeigen Herders ausgeprägte Tendenz, »fruchtbare« Metaphern zu wählen, also solche, bei denen sich ein Anfangselement gewissermaßen entfalten und ausarbeiten lässt, wie in der folgenden Aussage über das endliche menschliche Gedächtnis:

> [...] daß unsere Seele bei ihrem unendlichen Durst nach Wahrheiten, doch nie eine unendliche Menge derselben fassen kann: daß sie uns sehr bald wie ein beschriebnes Blatt vorkomme, wo man am Rande und zwischen die Reihen freilich noch vieles Nützliche zuschreiben kann; aber der ganze Anblick des Blattes ist beschrieben; unglücklich! wenn man sagen muß, es ist *beschmieret*, oder *verschwendet*: alsdenn läßt freilich der Rest es zu, zu bessern und auszustreichen; aber im ganzen ist der Schade unersetzlich. (388)

Oft geschieht dies auf eine Weise, in der verschiedene entwickelte Elemente miteinander harmonieren, das Bild lebendig machen, den Leser quasi identifikatorisch in die Handlung hineinziehen. Das belegt beispielsweise die folgende variationsreich ausdifferenzierte, inner-

---

3   Ulrich Gaier (1987, 227) hat darauf hingewiesen, wie Herders Metaphern bei der Beschreibung von Wandel und Fortschritt, beispielsweise anhand der Lebensalter-Analogie, die Logik der Phasen-Progression, die er skizziert, zugleich unterlaufen und einen Subtext des Verlustes schreiben.

halb von Herders dreistufigem Modell der Sprachentwicklung und -verwendung – Poesie, Prosa und »Weltweisheit« (Philosophie) – mehrfach neu einsetzende, dabei aber im einzelnen und insgesamt schlüssige Passage zu »Sprache als Werkzeug«:

> Wer also seine Sprache zur Weltweisheit, zur Prose und Poesie zu bereiten sucht: der ebenet eben damit den Boden, daß er Gebäude und Paläste trage. Oder noch mehr! er liefert dem Schriftsteller Werkzeug in die Hände; dem Dichter hat er Donnerkeile geschmiedet: dem Redner seine Rüstung geglänzet: dem Weltweisen Waffen geschärfet, und jedem andern, der bloß für das Auge dastehet, hat seine vorrätige Hand, Anzug, Putz, und wie oft auch damit seine ganze Würde und Schönheit verschaffet. [...] Sprach- und Schulmeister sind die ersten, die die Sprache verderben, daß sie, wie sie sie wollen, zu nichts taugt. Sie polierten das Instrument so lange, bis es gut zum Anschauen und Aufhängen ward: sie krümmeten, und dehnten, bis es schwach, bis es verunstaltet wurde: sie schnitzelten am Bogen, bis er brach – unselige Kunstrichter und Regelnschmiede! – Allein um so gelegner und wie gerufen sollten solche kommen, die diesen Sprachverderbern das Werkzeug noch zu rechter Zeit entreißen, und es zu dem Rüstzeuge machen wollen, das in den Händen einer heiligen regellosen Unbesonnenheit Wunder tut. (»Sprache überhaupt betrachtet«, 549–50)

Auch in Richtung ironischer Polemik lässt sich die Allegorie problemlos erweitern:

> Man sollte nicht glauben, wie dürftig die unsre, auch an den unentbehrlichsten Hülfsmitteln sei, wenn man die Hilfsmittel insonderheit nach ihrem Innern, als Instrumente der Wissenschaften, betrachten will. Wenn jeder arabische Weise 60 Kamele allein mit den Wörterbüchern seiner Sprache beladen konnte: so gehört kaum ein Maulesel dazu unsern Frisch und unsern Bödiker wegzutragen: denn die meisten unserer vielen Deutschen Gesellschaften haben an dies edle Unternehmen auch nicht im Traume gedacht, ihre Sprache zum vollkommenen Werkzeug der Wissenschaften zu machen, auch nur so fern dies Machwerk mechanische Arbeit foderte: und was haben wir also aufzuzeigen, wenn uns ein Grieche und Römer in unserer philosophischen Werkstätte und Rüstkammer zuspräche? (551-52)

Aber noch in erheblich größerer Verdichtung finden sich Metaphern, die fließende Übergänge und Ineinanderschiebungen präsentieren, dabei aber doch ihrer eigenen synthetischen wie – in einigen Fällen – synästhetischen Logik folgen, beispielsweise diese Passage über Homers Stil:

> Der Rhythmus des ganzen Werks ist wie ein Silberton, der freilich in Wirbeln, und Wellen und Kreisen sich durch die Luft fortarbeitet: Kreis umschließet Kreis: Welle schlägt Welle: Wirbel faßt in Wirbel: so wird der Schall bis zu unserm Ohr fortgetrieben. Hier aber verlieren sich Wirbel und Wellenkreise; alles fließet in einen himmlischen Laut zusammen, der unteilbar, wie ein Gedanke, und rein ist, wie ein Tropfe Nektar im Munde der seligen Götter. (617)

Sprache wird in der folgenden Passage dargestellt als ein Betätigungsfeld, in dem Bergbau, Goldsuche, Alchemie und Jagd sich zu einem Szenario reicher Belohnung für die entsprechend aktiven Menschen verbinden:

> Ein kühnes Genie durchstößt das so beschwerliche Zeremoniell: findet und sucht sich Idiotismen; gräbt in die Eingeweide der Sprache, wie in Bergklüfte, um Gold zu finden. Und betrigt es sich auch manchmal mit seinen Goldklumpen: der Sprachenphilosoph probiere und läutere es: wenigstens gab es Gelegenheit zu chymischen Versuchen. Möchten sich nur viele solche Bergleute und Schmelzer in Deutschland finden, die, wenn die deutsche Sprache eine Berg- und Waidsprache ist, auch als Gräber und Jäger sie durchsuchten. (590)

Hier werden Metaphern aus- und nacheinander entwickelt, ineinander geschachtelt, aufeinander gehäuft. Doch in der Regel erweist sich beim wiederholten Lesen solcher bild- und aktionsgesättigter Passagen, dass die Übergänge vielleicht überraschenden, doch nachvollziehbaren Assoziationen folgen und sich durchaus aufeinander beziehen. Gelegentlich allerdings hypertrophiert diese Ballung von Metaphern auf eine Weise, dass beim Lesen der Eindruck entsteht, Herder habe sie weniger schlüssig auseinander entwickelt als vielmehr wiederholt neu angesetzt:

> Muttersprache, der ganze Umfang von Begriffen, die wir mit der Muttermilch einsogen – Muttersprache, die ganze Welt von Känntnissen, die nicht gelehrte Känntnisse sind – Muttersprache, das Feld, auf welchem alle Schriften des guten Verstandes hervor wuchsen – was ist sie also für eine Menge von Ideen! Ein Berg, gegen welchen die kleine Anzahl philosophischer Abstraktionen, ein künstlich aufgeworfener Maulwurfshügel – einige Tropfen abgezogenes Geistes gegen das Weltmeer! der Weltweise hat also in seiner Untersuchung unendlich mehr Data, wenn er sich dieser freien Sprache überlässet: er spreche noch immer unbestimmt, wenn er nur vielseitig spricht: er spaziere frei, in desto mehreren Gegenden wird er bekannt, an desto mehrern Orten kann er Früchte suchen, hie und da Minen eröffnen – hie und da die Wünschelrute versuchen.
> (638; vergleichbar auch 412, 419)

Hier überschlägt sich die Metaphernproduktion förmlich, ebenso die Anbietung einladender Topographien und aktiver Handlungsrollen. In der Tat sind diese Passagen, in denen oft jede Periode einen neuen Metaphernbereich aktiviert, am befriedigendsten, wenn man ihnen keine sequentielle Ordnung zumutet, sondern sie als parallel-alternativ liest:

> [D]as älteste Wörterbuch war so ein tönendes Pantheon, ein Versammlungssaal beider Geschlechter, als den Sinnen des ersten Erfinders die Natur. Hier ist die Sprache jener alten Wilden ein Studium in den Irrgängen menschlicher Phantasie und Leidenschaften, wie ihre Mythologie. Jede Familie von Wörtern ist ein verwachsnes Gebüsch um eine sinnliche Hauptidee, um eine heilige Eiche, auf der noch Spuren sind, welchen Eindruck der Erfinder von dieser Dryade hatte. Die Gefühle sind ihm zusammengewebt: was sich beweget, lebt: was da tönet, spricht [...]. (738)[4]

V.

Bereits einige der bisher angeführten Beispiele haben gezeigt, dass die Übergänge zur Polemik fließend sind. Noch nicht deutlich genug haben sie allerdings demonstriert, wie effektiv Herder Metaphern einsetzt, um die Durchschlagskraft seiner polemischen Argumente zu steigern und intensivieren. In der Umarbeitung der »Fragmente« 1768 findet sich eine Tirade gegen Regeldogmatismus und Klassikfetischismus in der Dichtung, die durchaus auch für Herders eigene Texte als Programm gelten könnte:

> Kein ungewagtes Wort soll gewagt, kein Ausdruck aus dem gemeinen Leben aufgenommen werden, der nicht schon in Büchern abgedroschen ist: kein Eigensinn kann erlaubt werden, so bald er ein Eingriff in eine Regel sein kann. Kunstrichter wünschen nichts so sehr, als *geläufigen* Stil, Ausdrük-

---

4   Ulrich Gaier schlägt folgendes Modell vor, das für solche Passagen sinnvoll sein könnte: »Herder denkt [...] zugleich in drei verschiedenen Logiken und stellt neben eine bestimmte Formulierung meist eine oder zwei alternative, wie auch seine Bildlichkeit meist gleichzeitig mehrfach analogisiert und den Sachverhalt sowohl organisch-natürlich wie imaginativ-künstlich und reflexiv-theoretisch umschreibt.« Gaier spricht von der »multiplen, in sich selbst sich spiegelnden, korrigierenden und kritisierenden Analogisierung, wie Herder sie an entscheidenden Stellen offenbar gezielt einsetzt, um auch durch die Einbildungskraft den ganzen Menschen anzusprechen und den Gegenstand ganz, und das heißt in oberflächlich widersprechenden Bildern, vor die Vorstellung zu bringen.« (1987, 211 u. 220)

ke, die für alle Sprachen geräumig, für alle Denkarten gedehnt gnug sind, und das, was so recht nach ihrem Sinne, wo keine Regel beleidigt, keine neue Freiheit gewagt ist, wo alles in langsamen Schritt, wie ein beladener Maulesel, trabet, das ist *klassisch*. Auf einmal sind mit diesem Worte, alle *idiotistische* Schriftsteller weg, denn wer wird nicht gerne klassisch sein wollen? Und um dies, ist ja kein anderer Weg, als zu schreiben, wie die Regelnschmiede, die Pedanten der Reinigkeit, und des Üblichen in der Schreibart, die Großsiegelbewahrer der Keuschheit einer Sprache an ihren geheimen Orten, wie diese es wollen. (587)

Die edle Jungfrau Sprache findet sich hier nicht in der Höhle des Drachen, sondern den puritanischen Sprachbürokraten ausgeliefert. Stil wird hier zu einem scheunenartig Platz bietenden Raum für Sprache und Denken; im selben Satz erscheint der beladene Maulesel - gewählt wird kein edles Tier für die Klassik, sondern das niedrigste, niedergedrückte Arbeitstier (wir erinnern uns, es ist uns schon vorher bei den Wörterbüchern begegnet); und die den »Großsiegelbewahrern« so wichtige Keuschheit ist hier - Herder ist nicht prüde - wahrhaftig kein erhaltenswürdiger Wert.

In polemischer Absicht setzt Herder anschauliche Metaphern gezielt ein, um selbst solchen Aussagen Evidenz zu verleihen, die der Intuition krass zuwiderlaufenden. Der freie Gang - anthropologisch menschlich - dient in der folgenden Aussage 1768 dazu, die Philosophie in Empirie und Lebenserfahrung zu verankern:

So ist also die Untersuchung abstrakter Sätze, so viel möglich in der freien Sprache des Lebens, fruchtbarer und sicherer: hin und her zu treten, ob man feste gehet: freier hin und her zu spazieren, um Materialien des Denkens zu holen - als wenn man sich an einen schmalen Streif von Worten und Unterscheidungen heftet. (639)

Die Metaphern - der schmale Streif, das umfassendere Bild vom Spazieren im Freien - sind dabei Teil einer listigen Polemik, die geradezu einer Umdeutung gängiger Bewertungen gleichkommt: Herder setzt sie ein, um die Freiheit als Sicherheit zu definieren und das Sich-Halten an philosophische Definitionen in Unsicherheit zu verwandeln.

Originell ist auch eine anschließende Passage, in der Herder explizit den Nutzen von Irrtümern bestätigt (hierin einig mit beispielsweise Rousseau, Goethe und Brecht): »[M]an irre auf *seine* Art«, denn »eben weil man langen Zeitraum durch nichts tat, als sich an einigen regelmäßig gespannten Luftseilen herab und herauf zu schwingen [...] deswegen hat man verjährte Irrtümer [...].« (640) Es ist bemerkenswert, wie Herder hier elegante Akrobatik als fehlenden Mut und abgegriffene Routine darstellt.

Metaphern erlauben es Herder auch, sozusagen in verdichteter Form polemisch zu werden, beispielsweise wenn er in einem der »Fragmente über die Ode« à propos einer philosophischen Bestimmung der Künste milde bemerkt: »Man sollte indessen, meiner Meinung nach, bei diesem Gebäude nicht von oben, sondern unten anfangen [...].« (97) Eben die Evidenz der Bildlogik, die wiederum an die Alltagserfahrung appelliert, ist es, die hier als Argument wirksam wird.

VI.

Herders Metaphern folgen nicht nur dem klassischen Gebot der *enargeia*, indem sie bildhaft verlebendigen und dem Leser ein Objekt anschaulich vor Augen stellen; sie gehen signifikant über »Anschaulichkeit« und »Bildlichkeit« in ihrer vorwiegend visuellen, beobachterorientierten Funktion hinaus. Es fällt auf, wie viele der Metaphern, die Herder verwendet, nicht nur darstellen, sondern zugleich eine Logik insinuieren - von Abläufen, Handlungen usf. Die Metaphern haken sich sozusagen in Szenarien und Schemata ein (kognitivistisch gesprochen), die sie im Leser aktivieren: ein Baum wächst, und zwar nach oben, und verbreitet sich in der Krone (zumindest der prototypische Baum); ein Haus wird vom Grundstein aus in die Höhe gebaut. Die traditionelle und zu enge Vorstellung von der Metapher als »uneigentlichem« Ausdruck greift insbesondere zu kurz, wo es um diesen Aspekt metaphorischer Sprache geht. Die bisher angeführten Beispiele belegen die Tendenz zur Genüge: Oft geht es Herder gerade darum, die den genannten oder evozierten Elementen innewohnende Logik zu aktivieren. Und dieses Aktivieren von virtuellen Handlungs- und Bewegungsszenarien, das Dynamisieren von Erfahrungen, trifft nicht nur auf begrifflich-kognitiver Ebene zu, sondern wird durchaus auch sprachlich explizit gemacht: In seinen Metaphern stellt Herder nicht nur statische Bilder vor, sondern lädt den Leser in Szenen ein, in denen ein Subjekt sich handelnd auf eine räumlich bestimmte Welt einlässt: »Der Philosoph, der in dieser philosophischen Grammatik säße, ist wie ein ungelenkiger Alter, der muntern Knaben das Springen verbeut, weil er selbst nicht mitspringen kann.« (645) In einem ausführlicheren Beispiel solch extremer Belebung geht es wieder einmal um das Verhältnis von Ausdruck und Gedanke, das hier allerdings nichts weniger als harmonisch ist - wenn nämlich ein deutscher Dichter versucht, auf lateinisch zu dichten:

> Sogleich wird der Gedanke vom Ausdrucke gefesselt; das Bild soll in seiner Schönheit erscheinen, und hat Flecken, die den Glanz beschimpfen: es soll reich an Nebenbegriffen sein, und diese Nebenideen erniedrigen es: es soll groß erscheinen, und wird gezerrt, es soll mit einem mal überraschen, und schlägt uns ins Antlitz: es wird mit Putz überladen, und erscheint klein: Gedanke und Ausdruck sind wie jene zusammengewachsene Mißgeburt, die mit einem Haupt lachte, mit dem andern weinte, mit dem Rücken an einanderstieß, sich fortzerrete, und auf einer Stelle blieb. (412)

Gelegentlich folgt Herder dem in einer Metapher angelegten Verlebendigungs- und Bewegungspotential vielleicht ein wenig zu weit, so zum Beispiel, wenn er die deutsche Sprache wie folgt positioniert und zugleich ermahnt: »Der Verstand hat sie auf einen erhabenen Hügel gestellt: hier stehe sie, ohne anderen Nationen ihren Platz zu beneiden; und gemsenartig nach dem Gipfel derselben überspringen zu wollen. Sie verliere sich aber auch nicht auf die kleinen Nebenhügel, rings um ihren Sitz, oder steige an den Fuß des Berges, um daselbst zu schlummern.« (590)

Typisch jedenfalls ist, dass intellektuelle und philosophische Beschäftigungen und Haltungen in körperliche Aktivitäten »übersetzt« werden, in denen das Individuum sich handelnd mit seiner Umgebung auseinandersetzt. Ein von Herder immer wieder verwendeter Bild- und Erfahrungsbereich ist das Gehen, Wandern, Spazieren, Fortschreiten, mittels dessen das Subjekt sich aktiv und variationsreich seine - häufig gleichfalls abwechslungsreich und differenziert gegliederte - Umwelt aneignet. Typisch dafür ist nicht zuletzt auch die folgende Allegorie vom Philosophieren, die in der kreativen Umkehrung der Sisyphos-Situation wesentliche Aspekte des Umgangs mit Philosophie - Autoritätsgefälle, Verdinglichung von Begriffen, Frustration und Machtanspruch – in einem so facettenreichen wie in sich schlüssigen Landschaft-Handlungs-Szenario konzentriert:

> Der Lehrling trat in das Land der Philosophie: steil hinan steht vor ihm eine Höhe, wo von oben herab, synthetisch strenge, Begriffe und Worte herab gerollt werden – Entweder erfleuch die Höhe, oder du mußt von unten zusehen, und nehmen, was dir zugezählt wird! das letzte ist leicht und gewöhnlich. Man fängt auf, was *ohngefähr* herunter kommt, d.i. man lernet nackete Sätze – Conclusionen ohne die Mittelnerve des Beweises, und läßt sich Wörter vorzählen, wie man den Extemporaldichtern Endreime giebt. Man hört einen Philosophen durch, wie ein Register zum orbis pictus abstrakter Begriffe: man wird ein historischer Schüler derselben; ein Witzling aus, oder gar ein Spötter über die Philosophie. – Nun nehme man den kleinen Rest derer, die jene steile Höhe hinan klettern wollen: einige fallen mitten im Klettern zurück, das sind die unglücklichen Halbphilosophen, die schädlichsten Geschöpfe, die sich unterstanden, alles trübe zu machen, weil sie nichts recht und ganz wußten. Andere kommen hinauf, und tun, was andere taten: sie rollen ihre Begriffe und Worte so synthetisch herunter, wie ihre Vorgänger: damit gut! (»Die Bildung einer Sprache«, 641–42)

VII.

Um dem Konferenzthema – dem frühen *und* dem späten Herder – wenigstens etwas Respekt zu zollen, bietet sich schließlich ein Blick auf den Abschnitt »Das sonderbare Mittel zur Bildung der Menschen ist Sprache« in den »Ideen« (II, 9/2) an. Hier nun ist keine Rede mehr vom Kleben des Gedankens am Ausdruck. Die Entwicklung zur Sprache wird zum einen weitaus stärker phylogenetisch behandelt als in den »Fragmenten«, physiologischer auch als in der Sprachursprungsschrift, und zum anderen in einen erheblich weiteren Rahmen gestellt. Kontinuität in der Verwendung von Metaphern ist evident: Als Basis für die Ausprägung von Sprache erscheint die »menschliche Organisation« als »Saite«, die den Klang aller anderen Wesen in sich fühlen kann, und der Körper als »Saitenspiel« (Herder 2002, 314, 315); der »Schatz« der Sprache wird genannt, und die Verbindung von zwei Lieblingsbegriffen Herders, Klang und lebendiger Atem, wird mit Gottes Gegenwart zu einem Bild kombiniert, das in seiner Verdichtung nicht unbedingt widerspruchsfrei, aber dafür um so intensiver ist: »denn alle liefen wir noch in Wäldern umher, wenn nicht dieser göttliche Othem uns angehaucht hätte und wie ein Zauberton auf unsern Lippen schwebte.« (Herder 2002, 316)

Metaphorisch bieten die »Ideen« durchaus Originelles: Da werden die Sprachwerkzeuge als »Steuerruder unserer Vernunft« dargestellt und die Zunge als »Tausendkünstlerin aller göttlichen Gedanken und Worte« (Herder 2002, 129). Aber an diesen Metaphern fällt bereits etwas auf, zu dessen Bestätigung – und der These, dass die Art der Repräsentation in den »Ideen« eine durchaus andere ist – zwei weitere kurze Passagen, wiederum aus Buch 9/2, Material liefern:

> Von einem bewegten Lüftchen hängt alles ab, was Menschen je auf der Erde menschliches dachten, wollten, taten und tun werden [...]. (Herder 2002, 316)

> Wie sonderbar, daß ein bewegter Lufthauch das einzige, wenigstens das beste Mittel unsrer Gedanken und Empfindungen sein sollte! Ohne sein unbegreifliches Band mit allen ihm so ungleichen Handlungen unsrer Seele wären diese Handlungen ungeschehen, die feinen Zubereitungen unsres Gehirns müßig, die ganze Anlage unsres Wesens unvollendet geblieben [...]. (Herder 2002, 316)

Erstaunlich ist in dieser Darstellung zweierlei. Zum einen scheint die Insistenz der Sprachursprungsschrift, Gott habe mit der Sache eigentlich nichts zu tun, wo nicht zurückgenommen, doch erheblich neu perspektiviert; eine oberflächliche, sozusagen am Wort klebende Lektüre könnte die entsprechenden Passagen in den »Ideen« ohne weiteres als Gegenposition auslegen. Mir scheint es sich eher um eine geradezu dramatische, doch letztlich schlüssige Umgewichtung zu handeln (das zeigen nicht zuletzt Formulierungen in den »Ideen«, die ebenso auch in der Sprachursprungsschrift stehen könnten): In der Sprachursprungsschrift hat Herder betont, dass Sprache – als Denken und mit ihm verbunden – nur aus der Entwicklung des menschlichen Verstandes verständlich, also nicht komplett und gottgegeben zu denken ist. Jetzt, in den »Ideen«, betont und ergänzt er – ohne sie dabei jedoch zurückzunehmen – die vorige spezifische Perspektive in dem Sinne, dass der Mensch in Anlage und Entwicklung letzten Endes ein Geschöpf Gottes ist. So ist die Akzentverschiebung vom kognitiven Potential und der Entwicklungsfähigkeit des Menschen zum Wunderbaren dieses Phänomens letztlich kein Widerspruch.

Der Rahmen wird auch in anderer Hinsicht erweitert: Das Verbindende, ja Menschheitsverbindende der Kommunikation wird in ganz anderer Weise betont als in der Preisschrift – beispielsweise, wenn es heißt »Gesetze stiftete sie und verband Geschlechter« (Herder 2002, 317); und nicht zuletzt wird der Sprache eine nicht nur den Intellekt ausbildende, sondern auch im geradezu Eliasschen Sinne zivilisierende Wirkung zugeschrieben, letzteres wiederum in einer Metapher, die sich so in früheren Texten nicht findet: »Nur die Sprache hat den Menschen menschlich gemacht, indem sie die ungeheure Flut seiner Affecten in Dämme einschloß und ihr durch Worte vernünftige Denkmale setzte.« (Herder 2002, 317)

Aber die beschriebene Reperspektivierung geht einher mit einer weiteren und ähnlich auffälligen Verschiebung: War Herder in der Sprachursprungsschrift nach Kräften darum bemüht, die Entwicklung der menschlichen Sprache als plausibel, verständlich, logisch, ja geradezu unausweichlich darzustellen, so ist sein Darstellungsgestus der Sprache gegenüber in den »Ideen« geradezu das Gegenteil – das wird aus den angeführten Zitaten, metaphorisch oder nichtfigurativ, deutlich. Sprache erscheint hier als absolut erstaunliches Phänomen; die Kluft zwischen Zunge und Menschheitsverbindendem, zwischen Luft in der Stimmritze und dem »ganzen Reich der Ideen des Menschen« (Herder 2002, 129) zwischen »dem bewegten Lufthauch« und »allen Schätzen [der menschlichen] Tradition und Cultur« (Herder 2002, 316) wird gerade durch das Kurzschließen jeweils zweier so disparater Elemente und Ebenen betont. Hier dient die Anschaulichkeit also nicht dem Selbstverständlichmachen, sondern, um einen Begriff des 20. Jahrhunderts zu verwenden, der dieses Verfahren ausgesprochen passend charakterisiert: dem Verfremden.[5]

Die folgende Passage demonstriert deutlich diesen, im Vergleich mit den Frühschriften veränderten, Impuls:

> Wenn uns jemand ein Rätsel vorlegte, wie Bilder des Auges und alle Empfindungen unsrer verschiedensten Sinne nicht nur in Töne gefaßt sondern auch diesen Tönen mit inwohnender Kraft so mitgeteilt werden sollen, daß sie Gedanken ausdrücken und Gedanken erregen; ohne Zweifel hielte man dies Problem für den Einfall eines Wahnsinnigen, der höchst ungleiche Dinge einander substituierend, die Farbe zum Ton, den Ton zum Gedanken, den Gedanken zum malenden Schall zu machen gedächte. Die Gottheit hat das Problem tätig aufgelöset. Ein Hauch unsres Mundes wird das Gemälde der Welt, der Typus unsrer Gedanken und Gefühle in des andern Seele. (315–16)

---

5   Gemeint ist hier Verfremdung als ästhetisches Verfahren in der Tradition des Russischen Formalismus.

Für diese Verfremdung, diesen sich gewissermaßen unvoreingenommen-staunend gebenden Blick – dessen Funktion sich als die des Gotteslobs erweist – verwendet Herder eine ähnlich metaphorisch-bildhafte Sprache wie in anderen Zusammenhängen für das Plausibelmachen. Doch im Vergleich mit den früheren Schriften ist die Bildlichkeit hier gedämpft, weniger verb- und handlungsrollenhaltig, statischer.

VIII.

In Herders Metaphern verbinden sich rhetorische Souveränität, poetische Illumination und anthropologische Grundorientierung, finden Präzision und Überschwang ein nicht immer ganz ausgeglichenes Verhältnis. Zusammenfassend lässt sich in vier Schritten ein Fazit mit Ausblick skizzieren:

1.) Die angeführten Belege bestätigen zunächst bereits etablierte Erkenntnisse: Herders Sprache ist anschaulich, lebhaft, bilderreich, metaphorisch; Herder praktiziert das, was er als Ideal von der poetischen Sprache fordert, deren menschheitsgeschichtliche Entwicklung in Richtung auf prosaische und philosophische Sprache er zwar einerseits als unausweichlich darstellt, andererseits aber mit nostalgischem Bedauern beschreibt.

Klar wird: Herders Metaphern fügen sich inhaltlich überzeugend in seine anthropologische Ästhetik oder ästhetische Anthropologie; sie vermitteln Begriffe, Ideen und Argumente anschaulich über den menschlichen Körper, seine Orientierung, seine Handlungen, über menschliche Interaktion und Gesellschaft; sie situieren Abstraktes in einem nicht zuletzt durch menschliche Tätigkeiten und Erfahrungen gegliederten und solcherart vertrauten räumlichen Kontinuum. Als Exemplifizierung seiner Überzeugung dessen, was Sprache leisten kann und soll, bieten Herders Metaphern eben die Vermittlung von Begriff und sinnlicher Anschauung, die er als Ideal aufstellt.

Eine Reihe von Leitmetaphern erscheint in Herders Texten immer wieder oder doch zumindest gehäuft. Ihre Rolle, Entwicklung, Veränderung oder Ablösung in Herders Gesamtwerk könnte eine diachronische Untersuchung lohnen und damit Erkenntnisse über Herders Sprachverwendung liefern, die von taxonomischen Arbeiten nicht erfasst werden. Jedenfalls sind ihre Rekurrenz und Kontinuität Beleg für Herders systematisches Denken.

2.) Ein spezielles Problem im Kontext der Metaphernverwendung stellt die Selbstaussage Herders von der Blumendecke als verbergender Hülle seiner Gedanken in der Vorrede zur Umarbeitung der »Fragmente« dar: »Ich habe wie unter einer Blumendecke, und oft mit Anspielungen geschrieben: wer es für den Zweck meines Hervortretens ansieht, diese Blumendecke zu zeigen, denket von mir klein [...].« (545) Metaphorische »Blumen« erscheinen bei Herder häufig im Kontext von Sprache, und in der Regel hält er nicht viel von ihnen, Nur gelegentlich sind sie positiv besetzt (z.B., als es um Baumgarten geht, 256); häufiger treten sie auf im Sinne von irrelevanten Elementen, ablenkendem Sprachzierrat – also ganz im Sinne der alten misstrauisch-ablehnenden Metapherntradition. Auch wenn es für Herder »keine wirkliche Alternative zur Blumendecke zu geben [scheint]« (Albus 113) – hier klingt es doch so, als würde der bildhafte Stil dem »eigentlichen« Inhalt gewissermaßen übergeworfen, sei es als stilistischer Prunk oder als Verbrämung. Nicht nur diese Aussage (für die natürlich auch die Umstände und Rezeption der Erstpublikation kontextuell relevant sind), sondern auch die Form, in der Metaphern tatsächlich in Herders Texten auftreten, lässt die Überlegung zu, dass die Metaphern bei Herder ein zwar häufiges, charakteristisches Element seiner Schreibweise sind, aber letzten Endes nicht in jedem Fall ein irreduzibles; dass sie vielmehr auch in späteren Stadien hinzukommen können, der Ausarbeitung bedürfen und andererseits selber der Ausarbeitung seiner Texte dienen. Dafür spricht zum einen die Häufigkeit, mit der er sich traditioneller Metaphern bedient oder zumindest an solche Traditionen anschließt und damit zugleich Denktraditionen und Vorstellungen aktiviert, die in seine Überlegungen passen. Dafür spricht weiterhin, dass bei aller Häufigkeit Herders Metaphern oft illustrierenden, explizierenden Charakter haben: sie erweitern Bilder zu Allegorien, machen anschaulich: aber was gesagt wird, ließe sich häufig doch auch in anderen Worten – und sei es in anderen Metaphern! – sagen. Mit anderen Worten: Die oft kalkulierte Verwendung bestätigt, dass die Kombination von Anschauung und Begriff, Herders Ideal, sich in seinen Texten nicht spontan manifestiert, sondern Ergebnis einer ausgefeilten rhetorischen Technik ist. Es scheint gelegentlich, als seien Herders Metaphern besser in seine Philosophie integriert als in seine Texte. So sehr die Körperverwurzelung, das Ausgehen von sinnlichen Erfahrungen Basis von Herders Denkweise und Sprachverwendung ist: Der Einsatz von Metaphern in seinen Texten ist offenbar kontrolliert, gesteuert, Mittel zum Zweck, das Ausmaß ihrer Verwendung keineswegs spontan, sondern wohl modulierbar (das wird deutlich in Texten und Passagen, in denen Herder beispielsweise die »rhapsodische« Sprache Hamanns nachahmt, ebenso in relativ metaphernarmen Passagen auch in den frühen Texten).[6]

3.) Bereits die angeführten Beispiele als Ausschnitt erlauben eine notwendige Differenzierung in Bezug auf Herders stilistische Originalität: Herders Metaphern selbst sind überwiegend keineswegs neu, sondern entstammen Bildbereichen, die weitgehend durch die klassische Rhetorik, die antike Philosophie, frühneuzeitliche Emblematik und natürlich vor allem die Bibel abgesteckt sind.[7] Selbstverständlich gibt es Ausnahmen; aber in vielen Fällen ist es vielmehr die Ausführung im Einzelfall, die spezifische Aktualisierung und Variante (sowie die Variationsbreite insgesamt beispielsweise im Bereich »Bekleidung«), die Herders Originalität in der Verwendung von Bildern ausmachen, mit deren Tradition er in hohem Maße vertraut war. Herder, der sich häufig gegen die zu stark am Original angelehnte Nachahmung ausspricht, formuliert sein eigenes Programm in den »Fragmenten«: »Aber *aus der Bilderwelt* der Alten gleichsam eine neue uns zu finden wissen, das [...] zeichnet den Dichter. Man [...] legt in sie einen neuen poetischen Sinn, verändert sie hier und da, um einen neuen Zweck zu erreichen; verbindet und trennt [...].« (450) Wie variationsreich Herder gerade den klassischen und biblischen Bilderkanon erneuert, entautomatisiert, neue Einsichten poetisch anschaulich macht und Erkenntnis stiftet, ist sicherlich einer ausführlichen Untersuchung wert – nicht zuletzt an hier nur kurz berührten Beispielen wie Herders Baummetaphern, dem Bereich des Duftes oder dem Bildfeld von Schatz und Beute.

Gerade angesichts der in erheblichem Maße »kanonischen« Wahl von Bildern lohnt auch der Blick darauf, wie Herder diese Bilder sprachlich-kognitiv »bearbeitet«. Zum einen

---

6 Zu ähnlichen Ergebnissen kommt Eric Blackall (1961) für Herders Sprachstil insgesamt, vor allem seine Syntax. In seiner detaillierten Analyse weist Blackall nach, dass Herders scheinbar emphatisch-impulsiver Stil Ergebnis sogfältiger Bearbeitung ist; der Eindruck der Unmittelbarkeit, so Blackalls Fazit, »is a carefully worked-at illusion.« (518)

7 Pöschl 1964 liefert reichliche Belege dafür, dass Herder für Bildfelder wie Baum, Acker, Kampf, Bekleidung, Fels, Meer, Berg, Samen und andere mehr in Bibel und antiker Literatur in erheblichem Maße Vorgänger hat.

verwendet er sie oft in elaborierter Form als Gleichnisse oder Allegorien, ausgearbeitet zu mehrgliedrigen anschaulichen Vorstellungen. Neben geballt auftretenden oder parallel und damit auch alternativ gesetzten Metaphern liefert vor allem das häufige Auftreten solcher Metaphernausarbeitungen – in denen Herder über längere Passagen hinweg sozusagen »im Bild« bleibt und ein kohärentes Szenario entwickelt – klare Belege auf der stilistisch-rhetorischen Ebene gegen Herders angeblichen Mangel an Systematik. Aber während dieser Grad rhetorischer Elaboriertheit auch noch in den Bereich klassisch tradierter rhetorischer Kunst fällt, stellt Herder diese *techne* zugleich in den Dienst einer innovativen Belebung seines Metaphernrepertoires, indem er diese mit Handlungsrollen dynamisiert, die er dem Leser anbietet.

Die vorläufige These, dass Herders Metaphern einen auffallend hohen Anteil an »aktiven« Bestandteilen aufweisen, wäre in einer wesentlich umfassenderen vergleichenden Stilanalyse zu erhärten oder widerlegen, die andere zeitgenössische Autoren miteinbezieht. Doch lässt sich auf Grund der für diese Arbeit gesichteten Texte sicherlich sagen, dass Herder nicht nur »Anschaulichkeit« und »Bildlichkeit« praktiziert, wie sie sich beispielsweise in den oft schlichten nominalen Metaphernstrukturen $a=x$ (die Metapher ist eine Blume) oder den so beliebten Genitivmetaphern *a ist das x von b* (Metaphern sind die Blumen der Sprache) niederschlagen. Herders Metaphern bieten häufig Subjektpositionen (vielleicht vergleichbar den Kasusrollen im Satz, wie sie durch Verben eröffnet und definiert werden) und Handlungsentwürfe. Sie beziehen damit die LeserInnen ein in Szenarien, die den *aktiven Umgang* von Subjekten mit ihrer Umgebung, ihrer Lebenswelt repräsentieren. Spezifika von Herders Stil stehen also in harmonischer Analogie zu seiner Philosophie vom Menschen.

4.) Herder argumentiert rhetorisch und kognitiv so versiert wie kunstvoll mit Metaphern: sie sind für ihn Bausteine des menschlichen Verstandes und Verstehens. So bietet sich zum Schluss ein Abstecher zu Bernhard Debatin an, der aus philosophischer Perspektive das untersucht hat, was er die »Rationalität der Metapher« nennt. Denn gerade die angeführten – und zum Teil als Fragen formulierten – Ergebnisse, die Herders Metaphern *zwischen* Anschauung und rhetorischem Kalkül, Tradition und Innovation, Notwendigkeit und Supplementarität situieren, sind es nicht zuletzt, die Herder zu einem Repräsentanten und Praktiker metaphorischer Rationalität machen.[8] Debatin schreibt der Metapher die »Funktion eines rationalen Vorgriffs« (7) zu. Oft genug relegiert zum »Anderen« der Rationalität, hat sie – so Debatin – tatsächlich »den Stellenwert eines notwendigen und zugleich rationalen Instrumentes der Welterschließung und der Welterkenntnis.« Debatins Schlussfolgerung ist nicht nur brisant, sie fügt sich zugleich produktiv in die gegenwärtige Einschätzung Herders in der Forschung, denn – so Debatin – es »wird damit zugleich auch der enge Rationalitätsbegriff des abendländischen Rationalismus in Frage gestellt.« (Debatin 1995, 50)

***

Hans Adler, Heinrich Clairmont und Joachim Dyck sei für Anregungen und Hinweise sowie den KonferenzteilnehmerInnen für Diskussion und Kommentare herzlich gedankt.

---

8   Debatins Untersuchung enthält bedauerlicherweise keine Beispiele. Während er sich ausführlich auf Vico als Repräsentanten der Position »Die Metapher ist sowohl notwendig als auch rational« bezieht, bleibt Herders Rolle in seinem Buch enttäuschenderweise auf zweimalige Namensnennung beschränkt.

Literaturverzeichnis

Albus, Verena: Weltbild und Metapher. Untersuchungen zur Philosophie im 18. Jahrhundert, Würzburg 2001.

Black, Max: Die Metapher, in: Anselm Haverkamp (Hg.), Theorie der Metapher, Darmstadt 1996, 55-79.

Blackall, Eric: The Imprint of Herder's Linguistic Theory on His Early Prose Style, in: PMLA 76/5 (1961), 512-518.

Debatin, Bernhard: Die Rationalität der Metapher: eine sprachphilosophische und kommunikationstheoretische Untersuchung, Berlin/New York 1995.

Gaier, Ulrich: Poesie als Metatheorie. Zeichenbegriffe des frühen Herder, in: Gerhard Sauder (Hg.), Johann Gottfried Herder: 1744-1803, Hamburg 1987, 202-224.

Herder, Johann Gottfried: Werke, Band 1: Frühe Schriften (Hg. Ulrich Gaier), Frankfurt a.M. 1985.

— Über den Fleiß in mehreren gelehrten Sprachen, in: Herder 1985, 22-29.

— Von der Ode. Dispositionen, Entwürfe, Fragmente, in: Herder 1985, 57-99.

— Über die neuere deutsche Literatur. Erste Sammlung von Fragmenten. Eine Beilage zu den Briefen, die neueste Literatur betreffend. 1767, in: Herder 1985, 161-259.

— Über die neuere deutsche Literatur. Zwote Sammlung von Fragmenten. Eine Beilage zu den Briefen, die neueste Literatur betreffend. 1767, in: Herder 1985, 261-365.

— Über die neuere deutsche Literatur. Fragmente, als Beilagen zu den Briefen, die neueste Literatur betreffend. Dritte Sammlung. 1767, in: Herder 1985, 367-539.

— Über die neuere deutsche Literatur. Fragmente. Erste Sammlung. Zweite völlig umgearbeitete Ausgabe. 1768, in: Herder 1985, 541-649.

— Abhandlung über den Ursprung der Sprache, in: Herder 1985, 695-810.

— Ideen zur Philosophie der Geschichte der Menschheit (Hg. Wolfgang Proß), Band 1: Text. Band 2: Kommentar, Darmstadt 2002.

Johnson, Mark: The Body in the Mind. The Bodily Basis of Meaning, Imagination, and Reason, Chicago 1987.

Lakoff, George u. Mark Johnson: Metaphors We Live By, Chicago 1980.

Moser, Walter: Herder's System of Metaphors in the *Ideen*, in: Wulf Koepke u. Samson Knoll (Hg.), Johann Gottfried Herder, Innovator through the Ages, Bonn 1982, 102-124.

Pöschl, Viktor, Renate Gärtner u. Waltraut Heyke: Bibliographie zur antiken Bildersprache, Heidelberg 1964.

Ricœur, Paul: La métaphore vive, Paris 1975.

Weidmann, Heiner: Rhetorik der Kleidung um 1800, in: Andreas Härter, Edith Anna Kunz u. Heiner Weidmann (Hg.), Dazwischen. Zum transitorischen Denken in Literatur- und Kulturwissenschaft, Göttingen 2003, 215-234.

RÜDIGER SINGER

Hat Herder eine Theorie der Übersetzung entwickelt?
Überlegungen, ausgehend von Schleiermachers *Methoden des Übersezens*

I. Das Problem

Dass Herders Werk in der Geschichte der literarischen Übersetzung eine wichtige Station markiert, wenn nicht gar einen »Wendepunkt«, wurde oft behauptet;[1] fragt man aber, worin seine Leistung denn eigentlich bestanden habe, wird das Bild überraschend vage und widersprüchlich.[2] Das hängt nicht zuletzt damit zusammen, dass es von Herder keinen im strengen Sinne theoretischen Text gibt, der sich ausschließlich mit dem Thema Übersetzung beschäftigt, so dass man sich durchaus fragen kann, ob Herder überhaupt eine Theorie der Übersetzung entwickelt hat.[3]

Im Folgenden soll deshalb versucht werden, seine Position vor dem Hintergrund eines sehr geschlossenen theoretischen Textes darzustellen, der zehn Jahre nach Herders Tod entstanden ist: Friedrich Schleiermachers berühmter Akademievortrag *Ueber die verschiedenen Methoden des Uebersezens* von 1813. Schleiermacher entwickelt darin Thesen, die schon für Herder zentral sind, systematisierend in einer Weise weiter, von der hermeneutisch orientierte Übersetzungs-Theoretiker sich bis heute anregen lassen.[4] Das hat zur Folge, dass Herder rückblickend gerne als unsystematischer Vorläufer Schleiermachers gesehen wird. Tatsächlich aber gibt es auch wesentliche Differenzen, die meiner Meinung nach geeignet sind, die Aktualität von Herders Übersetzungstheorie wie auch von Herders Übersetzungspraxis zu erweisen.

---

1 So etwa in Purdie 1965, 124; neuerdings in Albrecht 1998, 78.
2 Ein vielleicht extremes, aber doch symptomatisches Beispiel ist das Herder-Kapitel in Thomas Hubers *Studien zur Theorie des Übersetzens im Zeitalter der deutschen Aufklärung*. Nach Hubers Ansicht erschöpft sich Herders Übersetzungstheorie mit seinen Ausführungen in den *Fragmenten,* andernorts gemachte Äußerungen böten nichts wirklich Neues (Huber 1968, 79). Worin genau diese Theorie besteht, weiß Huber allerdings nicht recht anzugeben. Gegen Ende seiner Ausführungen formuliert er zwar: »Was den Sinngehalt des Originals angeht, so untersteht ihm der Übersetzer völlig, eine begriffliche Analogie ist auf jeden Fall herzustellen. In der sprachlichen Gestalt jedoch hat der Übersetzer freiere Hand« (ebd., 80). Damit ist aber eher eine Position bezeichnet, gegen die Herder zu Felde zieht, mit dem - eigentlich auch Huber zufolge - entscheidenden Argument: »In der *Dichtkunst* ist Gedanke und Ausdruck wie Seele und Leib, und nie zu trennen« (FHA 1, 369). Die wichtigsten Beiträge zu Herders Übersetzungstheorie, denen auch mein Versuch verpflichtet ist, stammen von Andreas F. Kelletat (1984) und Ulrich Gaier (1990, bes. 909-918).
3 Georg Schleypen hat zwar einen Aufsatz mit dem Titel *Herders Theorie des Übersetzens* veröffentlicht, spricht in der Schlusspassage aber nur von »Gedanken«, die Herder nie vermocht hätte »systematisch geordnet niederzuschreiben«. Ihrer »ungeheuren Zukunftsträchtigkeit« habe das freilich keinen Abbruch getan (Schleypen 1938, 290).
4 Siehe vor allem Kopetzki 1994.

Es geht also *nicht* um die Frage, welche Vorstellungen Schleiermacher direkt oder indirekt von Herder übernommen hat, sondern darum, Herders eigene ›Theorie‹ zu profilieren. Dies geschieht, indem zunächst Gedankengänge Schleiermachers vorgestellt werden, die mit Vorstellungen Herders vergleichbar sind, um dann Unterschiede herauszuarbeiten und schließlich Herders spezielle ›Methoden des Übersetzens‹ zu charakterisieren.

II. Schleiermacher: *Ueber die verschiedenen Methoden des Uebersezens* (1813)

Die grundlegende Gemeinsamkeit zwischen Herder und Schleiermacher liegt darin, dass beide von einer sprachrelativistischen Position ausgehen: Sie teilen die Überzeugung, »daß keinem einzigen Wort in einer Sprache eins in einer andern genau entspricht, keine Beugungsweise der einen genau dieselbe Mannigfaltigkeit von Verhältnißfällen zusammenfaßt, wie irgend eine in einer andern« (Schleiermacher 1813, 42).[5]

Nun steht aber ein jeder – auch ein(e) jeder Dichter(in) – in einem doppelten Verhältnis zur Muttersprache: »Jeder Mensch ist auf der einen Seite in der Gewalt der Sprache, die er redet; er und sein ganzes Denken ist ein Erzeugniß derselben. [...] Auf der andern Seite aber bildet jeder freidenkende geistig selbstthätige Mensch auch seinerseits die Sprache.« (Schleiermacher 1813, 43)

Wenn nun ein Dichter aus einer Sprache in eine andere übersetzt wird, gibt es grundsätzlich zwei Möglichkeiten: Entweder der Übersetzer berücksichtigt das Doppelverhältnis des Übersetzten zu seiner Muttersprache oder er ignoriert es. In Schleiermachers Formulierung: »Entweder der Uebersezer läßt den Schriftsteller möglichst in Ruhe, und bewegt den Leser ihm entgegen; oder er läßt den Leser möglichst in Ruhe und bewegt den Schriftsteller ihm entgegen.« (Schleiermacher 1813, 47)

Die herkömmliche Methode war – über Jahrtausende – die zweite, die den »Schriftsteller«, konkret gesagt also den Originaltext, nicht nur der Sprache, sondern auch dem kulturellen Horizont des Lesers anpasste: die ›einbürgernde‹ Übersetzung. Innerhalb dieser Methode lassen sich noch einmal zwei Tendenzen unterscheiden, nämlich »*Paraphrase*« und »*Nachbildung*«.

> Die Paraphrase will die Irrationalität der Sprachen bezwingen, aber nur auf mechanische Weise. Sie meint, finde ich auch nicht ein Wort in meiner Sprache, welches jenem in der Ursprache entspricht, so will ich doch dessen Werth durch Hinzufügung beschränkender und erweiternder Bestimmungen möglichst zu erreichen suchen. (Schleiermacher 1813, 45 f.)

---

5 Herder vertritt diese insbesondere von Hamann inspirierte Auffassung bereits in seiner Schulrede *Über den Fleiß in mehreren gelehrten Sprachen* von 1764 (FHA 1, 22-29) und bringt sie mit den *Literatur-Fragmenten* ab 1766 in die öffentliche Diskussion ein. Als Beispiel sei eine Überlegung zum Problem der Psalmen-Übersetzung angeführt: »Die Chöre der Morgenländer können sich in ihren beiden Gegensätzen *beinahe* wiederholen; allein das Bild, oder die Sentenz bekommt durch eine Wendung, oder ein Wort Neuheit. Das Kolorit verändert sich, und diese Veränderung gefällt dem Ohr der Morgenländer; hingegen unsre Sprache, die an diesen *beinahe-Synonymen* gefesselt ist, muß entweder die Wiederholungen *ohne diesen Nebenzug* ausdrücken; und alsdenn sind sie für unser Ohr *verdrießliche* Tavtologien; oder sie drückt sie gar *schielend* aus, und verirrt sich, wie sehr oft in der deutschen Bibelübersetzung, von der Hauptidee des Gemäldes. Der Fehler liegt wirklich in der Verschiedenheit unsrer Sprachen, und ist schwerlich zu vermeiden.« (FHA 1, 196)

Schleiermacher merkt dazu an, dass die Paraphrase zwar den »Inhalt vielleicht mit einer beschränkten Genauigkeit« wiedergeben könne, aber auf den »Eindruck« Verzicht leiste.

Umgekehrt verhält es sich mit der »Nachbildung«: Sie

> beugt sich unter der Irrationalität der Sprachen; sie gesteht, man könne von einem Kunstwerk der Rede kein Abbild in einer anderen Sprache hervorbringen, das in seinen einzelnen Theilen den einzelnen Theilen des Urbildes genau entspräche, sondern es bleibe bei der Verschiedenheit der Sprachen, mit welcher so viele andere Verschiedenheiten wesentlich zusammenhängen, nichts anders übrig, als ein Nachbild auszuarbeiten, ein Ganzes, aus merklich von den Theilen des Urbildes verschiedenen Theilen zusammengesetzt, welches dennoch in seiner Wirkung jenem Ganzen so nahe komme, als die Verschiedenheit des Materials nur immer gestatte.
> (Schleiermacher 1813, 46)

Diese Methode verwirft Schleiermacher mit dem Argument: »indem die Einerleiheit des Eindrukks gerettet werden soll, giebt man die Identität des Werkes auf« (Schleiermacher 1813, 47).

Wenn der Übersetzer also versucht, den Autor bzw. dessen Werk dem Leser ›entgegenzubewegen‹, findet letztlich gar keine Begegnung mit dem Fremden statt, sondern mit etwas anderem, dem entweder ›inhaltlich‹ oder ›formal‹ Wesentliches fehlt.[6]

Deshalb kann es für Schleiermacher seriöserweise nur den anderen Weg geben, nämlich den der ›verfremdenden Übersetzung‹, wobei sich der Begriff ›Verfremdung‹ nicht etwa auf das Original, sondern auf die Normen der Zielsprache bezieht. Auch dieser Weg setzt allerdings einen Verzicht voraus: auf den Ehrgeiz nämlich, einem Leser den gleichen Eindruck von einem Werk zu verschaffen, den es auf einen *native speaker* und womöglich gar auf einen Zeitgenossen des Dichters gehabt hätte. Dieses Ziel ist jedoch, Schleiermacher zufolge, ohnehin illusorisch; stattdessen müsse sich der Übersetzer

> zum Ziel stellen, seinem Leser einen solchen Genuß zu verschaffen, wie das Lesen des Werkes in der Ursprache dem so gebildeten Manne gewährt, den wir im besseren Sinne des Worts den Liebhaber und Kenner zu nennen pflegen, dem die fremde Sprache geläufig ist, aber doch immer fremde bleibt, der nicht mehr wie die Schüler sich erst das einzelne wieder in der Muttersprache denken muß, ehe er das Ganze fassen kann, der aber doch auch da wo er am ungestörtesten sich der Schönheiten eines Werkes erfreut, sich immer der Verschiedenheit der Sprache von seiner Muttersprache bewußt bleibt. (Schleiermacher 1813, 51)

Was heißt das aber konkret? Generell gilt: »[J]e genauer sich die Uebersetzung an die Wendungen der Urschrift anschließe, um desto fremder werde sie schon den Leser gemahnen« (Schleiermacher 1813, 55). Betrachtet man Schleiermachers eigene Platon-Übersetzung als Konkretisierung dieser Vorstellung, bedeutet das vor allem die möglichst getreue Nachbildung von Idiomatik und Syntax. In seinem Akademievortrag behandelt Schleiermacher zunächst und vor allem *semantische* Probleme der literarischen Übersetzung und kommt erst dann darauf zu sprechen, dass »auf dem Gebiet der Poesie und auch der kunstreicheren

---

6 Inbegriff einer solchen Übersetzungspraxis waren die französischen »*belles infidèles*« (siehe Albrecht 1990, 76-83), die Herder am Beispiel Homers kritisiert: »Die Franzosen, zu stolz auf ihren Nationalgeschmack, nähern demselben alles, statt sich dem Geschmack einer andern Zeit zu bequemen. Homer muß als *Besiegter* nach Frankreich kommen, sich nach ihrer Mode kleiden, um ihr Auge nicht zu ärgern: sich seinen ehrwürdigen Bart, und alte einfältige Tracht abnehmen lassen: französische Sitten soll er an sich nehmen, und wo seine bäurische Hoheit noch hervorblickt, da verlacht man ihn, als einen Barbaren.« (FHA 1, 307)

Prosa [...] das musikalische Element der Sprache, das sich in Rhythmus und Tonwechsel offenbart, eine ausgezeichnete und höhere Bedeutung hat« (Schleiermacher 1813, 53). Daraus folgt zwar immerhin die pauschale Forderung:

> Was also dem sinnigen Leser der Urschrift in dieser Hinsicht auffällt als eigenthümlich als absichtlich als wirksam auf Ton und Stimmung des Gemüthes, als entscheidend für die mimische oder musikalische Begleitung der Rede, das soll auch unser Uebersezer mit übertragen. Aber wie oft, ja es ist schon fast ein Wunder, wenn man nicht sagen muß immer, werden nicht die rhythmische und melodische Treue und die dialektische und grammatische in unversöhnlichem Streit gegen einander liegen! (Schleiermacher 1813, 53f.)

Wie aber hat sich angesichts dieses Dilemmas der Übersetzer zu verhalten? Diese Frage lässt Schleiermacher offen. Dennoch scheint mir recht deutlich, dass er sich im Zweifelsfalle zugunsten der ›dialektischen und grammatischen Treue‹ entscheiden würde – schon deshalb, weil sich die Übersetzung für Schleiermacher grundsätzlich auf »Litteratur« bezieht, also auf Buchstaben-Überlieferung. Bezeichnend ist bereits, dass er nicht vom fremdsprachigen »Dichter« oder wenigstens »Autor« spricht,[7] den der Übersetzer mit dem Leser seiner Sprache zusammenzubringen habe, sondern vom »Schriftsteller«. Noch bezeichnender ist, dass er die Übersetzung von Gebrauchstexten, die er von der literarischen als eigentlicher Übersetzung kategorial unterscheidet, mit folgender Begründung als »Dolmetschen« bezeichnet: »Dem Gebiete der Kunst und der Wissenschaft eignet die Schrift, durch welche allein ihre Werke beharrlich werden; und wissenschaftliche oder künstlerische Erzeugnisse von Mund zu Mund zu dolmetschen, wäre ebenso unnüz, als es unmöglich zu sein scheint« (Schleiermacher 1813, 39f.).[8]

III. Schleiermacher vs. Herder

Für Herder dagegen geht es vor allem um die Übersetzung von *Poesie*, und diese ist ›ursprünglich‹ – was für ihn immer bedeutet: wesensmäßig – ›Gesang‹.[9] Dieser Ausdruck, der meiner Meinung nach auch hinter seinem Gebrauch der Begriffe ›Ode‹, ›Lied‹ und ›Epos‹ steht, ist reich an Implikationen.

Gesang deutet erstens auf *Mündlichkeit* und damit für Herder auf Improvisation, Improvisation wiederum deutet auf Spontaneität und damit auf ›unmittelbaren‹ Gefühlsausdruck.[10] Zweitens impliziert Gesang *Vortrag*, also die konkrete Gegenwärtigkeit und Aktion

---

7 So Goethe, wenn er – in einer verwandten Formulierung, die Schleiermacher gekannt haben könnte – zwei »Übersetzungsmaximen« unterscheidet: »die eine verlangt, daß der Autor einer fremden Nation zu uns herüber gebracht werde, dergestalt, daß wir ihn als den Unsrigen ansehen können; die andere hingegen macht an uns die Forderung, daß wir uns zu dem Fremden hinüber begeben und uns in seine Zustände, seine Sprechweise, seine Eigenheiten finden sollen« (zit. nach Störig 1963, 35, zum Verhältnis der beiden Zitate siehe Albrecht 1998, 73f.).

8 Schleiermacher: Uebersezen, 39f. Erinnert sei auch daran, dass Schleiermacher ein entschiedener Gegner der ›esoterischen‹ These war, wonach Platos Schriften schon durch ihre Dialog-Form darauf verwiesen, dass seine eigentliche Lehre nur im mündlichen Vollzug vermittelbar gewesen sei (vgl. Szlezák 1990, 56).

9 Diese These wird ausführlich in meiner Dissertation (Singer 2006) entwickelt. Auch die nun folgenden Ausführungen zu den Implikationen des »Ton«-Begriffes fassen thesenartig Ergebnisse meiner Studie zusammen.

eines Sängers und oft auch die Interaktion mit den Hörern bzw. die Zusammen-»Stimmung« der Stimmen innerhalb einer Gemeinschaft. Und schließlich impliziert Gesang natürlich ein musikalisches Element – nicht notwendigerweise eine Melodie, aber doch zumindest eine rhythmische Begleitung.

Bei Herder nun verschiebt sich der Akzent in Richtung auf ein musik-analoges Zusammenwirken von Elementen *in* einem Text, ein Zusammenwirken, das er mit dem Begriff »*Ton*« bezeichnet. Ulrich Gaier hat gezeigt, dass Herder den Begriff im Anschluss an den Sprachgebrauch der »Meistersinger und mittelalterlichen Spruchdichter« verwendet, bei denen »Ton« nicht nur die musikalische Melodie meint, sondern auch

> formale Charakteristika des Textaufbaus wie Reim, Strophe, Binnenassonanz, metrisch-rhythmische Behandlung; dann wiederkehrende stilistische Mittel oder inhaltliche Topoi und deren Variation, und dies alles als wiedererkennbare Ausdrucksform z.B. für eine variierbare und erweiterbare Reihe von Aussagen in einer bestimmten politischen Situation mit bestimmter politischer Tendenz. (FHA 3, 886f.)

»Ton« ist also ein Konzept, das sowohl Elemente der ›Form‹ wie auch des ›Inhalts‹ umfasst. In Herders Verständnis erzeugt »Ton« beim Rezipienten eine spezifische »Stimmung«, ein Begriff, der noch stark metaphorisch zu verstehen ist: Wie ein Instrument wird die »Seele« des Hörers auf einen »Ton« gestimmt.[11]

Dementsprechend stellt Herder auch an einen Übersetzer – der zunächst ja ebenfalls Rezipient einer Dichtung ist –, die Forderung, ein Lied »treu zu erfassen, wie es *in uns* übertönt, und festgehalten, so zu geben« (FHA 3, 247f.). Doch diese Forderung gilt nicht nur für Lieder. Herder lobt die 1778 erschienene Homer-Übersetzung Bodmers folgendermaßen:

> Darf ich hier [...] ein ziemlich verkanntes Geschenk unsrer Sprache, einen Nachgesang Homers, wenn nicht von seinem Freunde und Mitsänger, so doch gewiß von seinem ehrlichen Diener, der ihm lange die Harfe getragen, rühmen: es ist die Übersetzung Homers von Bodmer. Freilich leidet sie, wie keine Übersetzung auf der Welt, Vergleichung mit dem Urgesange; wenn man indessen diesen vergißt, und sie nicht mit dem Auge liest, sondern mit dem Ohr hört, hie und da die Fehler menschlich verzeihet, die sich bisweilen auch dem Ohr nicht verbergen, und ihm sagen: »so sang wohl Homer nicht!« – Dies abgerechnet, wie man bei jedem menschlichen Werk, und bei Homers Übersetzung gewiß, etwas abrechnen muß, wird man, dünkt mich, auf jeder Seite den Mann gewahr, der mit seinem Altvater viele Jahre unter einem Dache gewohnt und ihm redlich gedient hat. Die Odyssee insonderheit war ihm, so wie uns allen näher, und viele Gesänge durch gar hold und vertraulich. Dies ist meine Meinung und etwa ein kleiner Dank für das Werk vieler Jahre, dessen Arbeit sich im Genusse wohl über allen Dank belohnt hat; andrer Meinung und künftige Übertreffung unbeschadet. (FHA 3, 232)

---

10 Das ist bereits ein Grundmotiv seiner frühen Versuche über die Ode (FHA 1, 57–99), in denen Herder die »Naturode« eines »Naturmenschen im Taumel seiner Affektbegeisterung« imaginiert: Sie »wird eine Abstufung von wenigen Worten enthalten; diese wird er ganz mit den Naturakzenten tönen, die sich dem Unartikulierten nur im heftigsten Punkt des Affekts näherten; seine Geberden werden stark; und so einfältig sein als sie bei den Alten ›waren‹ ehe sie in Pantomimentanz ausarteten« (FHA 1, 67).

11 Dieser Metaphorik begegnet man etwa in der *Vorrede* zum zweiten Teil seiner *Volkslieder* von 1779, mehr oder weniger explizit, immer wieder; nahezu allegorisch verdichtet wird sie, wenn Herder 1795 von Ossian spricht: Bei ihm gehe »alles von der *Harfe der Empfindung*, aus dem *Gemüt des Sängers* aus; um ihn sind seine Hörer versammelt, und er teilt ihnen sein *Inneres* mit. [...] Daher die Einleitungen in seine Gesänge, durch welche er die Seelen der Zuhörer in seinen Ton gleichsam stimmt und füget.« (FHA 8, 78, vgl. Singer 2004)

Aus diesem Zitat lassen sich vier Konsequenzen des Herder'schen Ton-Begriffs für seine Übersetzungstheorie ableiten. Die erste betrifft das Verhältnis von Übersetzung und ›Original‹: Übersetzung ist »*Nachgesang*« – und das nicht nur im Falle Homers, wie ich glaube (und in meiner Dissertation zu belegen suche). »Nachgesang« ist ein Versuch, Qualitäten des ursprünglichen Gesanges, wie ich sie eben angeführt habe, im Medium der Schrift zu evozieren.

Das bedeutet – zweitens –, dass der *Übersetzer* noch hinter den ihm vorliegenden fremdsprachlichen Text (oft fälschlich »Original« genannt) zurückgehen muss, und zwar in einer Verbindung von Einfühlung und historisch-philologischer Arbeit, die auf die historische Rekonstruktion der ursprünglichen Entstehungs- und Aufführungs-Bedingungen zielt. Um diese Qualitäten in der Übersetzung heraufzubeschwören, ist nicht zuletzt poetisches Genie gefordert: »Wo ist ein Übersetzer, der zugleich Philosoph, Dichter und Philolog ist; er soll der Morgenstern einer neuen Epoche in unsrer Literatur sein!« (FHA 1, 293).

Dem entsprechend ist aber – drittens – nicht nur der Übersetzer gefordert, sondern auch der *Leser*: Er muss seine gewohnte Lese-Haltung transzendieren (was konkret bedeuten kann: laut lesen),[12] um wieder zum Hörer zu werden. Andererseits muss er sich bewusst halten, dass eine Übersetzung ihre Vorlage nicht ersetzt, sondern auf sie hinweist – er selbst ist nun aufgerufen, diesem Hinweis nachzugehen, etwa, indem er mehrere Übersetzungen vergleicht.

Das wiederum bedeutet – viertens –: »Übersetzen ist«, um eine Formulierung von Rolf Kloepfer heranzuziehen, »eine Art der Progression« (Kloepfer 1967, 125). Sogar einem Leser nämlich, der der Ursprache kundig ist, kann eine Übersetzung neue Einsichten in den ›Gesang‹ vermitteln.[13] Andererseits kann ihn die Erkenntnis von Unzulänglichkeiten der vorhandenen Übersetzungen auch zum Versuch der Übertreffung anstacheln, ein Versuch, der wiederum neue Lösungsversuche provoziert usw.

Welche Konsequenzen aber hat die Forderung der Ton-Treue nun für die konkrete Übersetzung? Das lässt sich wiederum im Bezug auf Kategorien Schleiermachers beschreiben.

IV. Herders Übersetzungs-Strategien

Ein Weg, den Herder als einer der ersten konsequent beschreitet, ist der der ›verfremdenden Übersetzung‹. Wie befremdend das seinerzeit war, bezeugt eine Passage aus der *Vorrede* zum zweiten Teil seiner *Volkslieder*-Anthologie:

Der Anblick dieser Sammlung gibts offenbar, daß ich eigentlich von *Englischen* Volksliedern ausging und auf sie zurückkomme. Als vor zehn und mehr Jahren die *Reliques of ancient Poetry* mir in die Hände fielen, freuten mich einzelne Stücke so sehr, daß ich sie zu übersetzen *versuchte*, und unsrer Muttersprache, die jener an Kadenzen und Lyrischem Ausdruck auffallend ähnlich ist, auch ähnlich gute Stücke *wünschte*. Meine Absicht war nicht, jene Übersetzungen drucken zu lassen, (wenigstens übersetzte ich sie dazu nicht) und also konnte meine Absicht auch nicht sein, durch

---

12 Herder wirkt also – wenigstens auf dem Gebiet der ›Poesie‹ – jener zunehmenden Tendenz zum leisen Lesen im ausgehenden achtzehnten Jahrhundert entgegen, die Erich Schön beschrieben hat (Schön 1993).
13 Vgl. FHA 1, 184 und folgende Stelle aus einem Brief an Merck vom 1772: »Ich lese den Homer jetzt in Damm's Uebersetzung, die mich sehr unterhält: man lies't muntrer fort als im Griechischen, sieht Composition, Rede und Handlung ganzer: überdem ist der alte Mährchen- und treuherzige Rhapsodistenton hier so gut und übermäßig ausgedrückt, daß man eben so oft über Vater Damm als über Vater Homer zu lächeln und sich zu freuen hat.« (Briefe 2, 249)

sie die Klassische Heiligkeit unsrer Sprache und Lyrischen Majestät zu betrüben, oder, wie sich ein Kunstrichter witzig ausdruckt, ›den Mangel aller Korrektheit als meine Manier‹ zu zeigen. Sollten diese Stücke bleiben, was sie in der Urschrift waren: so konnten sie nicht mehr *Korrektheit* (wenn das unpassende Wort ja statt finden soll!) haben; oder ich hätte neue und andre Stücke geliefert. Wo im Original mehr Korrektheit war, suchte ich auch mehr auszudrücken; trug aber kein Bedenken, sie aufzuopfern, wenn sie den Haupton des Stücks änderte und also nicht dahin gehörte. Jedem stehets frei, sie, wie er will, zu übertragen, zu verschönern, zu feilen, zu ziehen, zu idealisieren, daß kein Mensch mehr das Original erkennet; es ist *seine* und nicht *meine* Weise, und dem Leser stehet frei, zu wählen. (FHA 3, 243 f.)

Herder verteidigt sich hier gegen Kritik, die eine ›einbürgernde Übersetzung‹ erwartet. Beim Vorwurf, Herder habe in seinen Übersetzungen den »Mangel aller Korrektheit« zu seiner »Manier« gemacht, geht es also keineswegs um mangelnde ›Treue‹ gegenüber dem Original,[14] sondern im Gegenteil um die mangelnde Anpassung an sprachliche und stilistische Normen, die die Zielsprache als Schriftsprache ausgebildet hat. Ein kurzes Beispiel mag dies illustrieren. In der schottischen *Edward*-Ballade heißt es:

O, I hae killed my reid-roan steid,[15]
(Percy 1767, 57).

Herder übersetzt:

O ich hab geschlagen mein Rotroß tot.
(FHA 3, 366)

Der Satzbau ahmt den englischen nach und verstößt damit im Deutschen gegen Normen grammatischer ›Korrektheit‹. Er wirkt blockhaft und sperrig und macht in Verbindung mit der dunklen Vokalmalerei und der kühnen Wortbildung »Rotroß« sinnfällig, dass es sich hier um ein »altes, recht schauderhaftes Schottisches Lied« (FHA 2, 461) handelt. Das Fremdartige der ›verfremdenden Übersetzung‹ entspricht also dem fremden ›Ton‹, den die Vorlage auch für einen lesenden »Liebhaber und Kenner« des Originals besitzt.[16] Nun hat aber insbesondere Andreas F. Kelletat darauf hingewiesen, dass eine form- und inhaltsgetreue Übersetzung dem Prinzip der *Ton*treue auch zuwider laufen kann. Das ist zum Beispiel der Fall, wenn der Ton der Vorlage nicht schwer und düster, sondern leicht und rührend sein soll oder wenn es – etwa in einer Komödie – auf ein schnelles Verständnis ankommt. Nach Schleiermachers Modell gibt es aus diesem Dilemma keinen Ausweg, ein Kompromiss zwischen einbürgernder und verfremdender Übersetzung ist unmöglich:

Beide [Wege] sind so gänzlich von einander verschieden, daß durchaus einer von beiden so streng als möglich muß verfolgt werden, aus jeder Vermischung aber ein höchst unzuverlässiges Resultat nothwendig hervorgeht, und zu besorgen ist daß Schriftsteller und Leser sich gänzlich verfehlen. (Schleiermacher 1813, 47)

---

14 In dieser Weise missversteht Sdun (1967, 29) diese Stelle und daraufhin die Bedeutung von Herders ›Ton‹-Begriff überhaupt. Zum konkreten Anlass für Herders Verteidigung siehe Gaier 1990, 1077.
15 Wörtlich »mein rotbuntes Pferd«.
16 Ironischerweise wurde dieser ›Ton‹ bereits durch archaisierende Eingriffe des Bearbeiters – wahrscheinlich Sir David Dalrymple – forciert (siehe Schmidt-Hidding, 1961). Für eine Interpretation der gesamten *Edward*-Übertragung sei auf Kaiser 1988 verwiesen.

Herder ist da weniger rigoros – weshalb ihm nicht selten vorgeworfen wurde, in vielen Übersetzungen hinter seine eigene Theorie zurückgefallen zu sein.[17] Das mag zwar mitunter zutreffen,[18] oft sind seine scheinbaren Inkonsequenzen jedoch auf das Bemühen zurückzuführen, *sowohl* dem »Ton« der Vorlage gerecht zu werden *als auch* dem Kenntnisstand und den ästhetischen Gewohnheiten des Lesers, der den »Ton« vernehmen soll.[19]

Verdeutlichen lässt sich das an Herders Position(en) zur Frage, ob Homer in Hexametern übersetzt werden sollte.[20] Herder meint nämlich, dass der griechische Hexameter sehr viel freier und näher an der gesprochenen Sprache gewesen sei als der deutsche nach dem Muster Klopstocks. Er interessiert sich deshalb zunächst vor allem für Prosa-Übersetzungen Homers, begrüßt dann Bürgers Versuche in Blankversen, bevor er sich doch (wie oben zitiert) halbwegs mit Bodmers Hexameter-Experiment befreundet.

»Tonbewahrende Übersetzung« bedeutet also keineswegs Mimikry, sondern, wie Andreas F. Kelletat formuliert,

> das sensible Aufspüren und schöpferische Reproduzieren der rhythmischen Strukturen, Widerstände und akustischen Modulationen, die einem literarischen Text eine unverwechselbarere Gestalt verleihen als dessen Inhalt und verstechnische Form. (Kelletat 1984, 187)

Auch als dessen Inhalt! Aus Schleiermachers Sicht hätten wir es bei solchen schöpferischen Eingriffen bereits mit einer »Nachbildung« zu tun. Dies ist umso mehr der Fall, wenn Herder bestimmte Charakteristika seiner Vorlage verstärkt, um die emotionale Wirkung des Tones zu erhöhen. So habe ich in meiner Dissertation gezeigt, wie er in manchen Übersetzungen gegenüber der Vorlage den Anteil von Interjektionen verstärkt. Hier der Beginn der schottischen Volksballade *Sweet William's Ghost* und Herders Übertragung:

---

17 Übrigens hielt auch Goethe, obwohl er metaphorisch eine ähnliche Dichotomie entwarf wie Schleiermacher (vgl. Fußnote 7), einen »Mittelweg« nicht nur für möglich, sondern wies sogar auf einen Übersetzer hin, der ihn in vorbildlicher Weise beschritten habe: Wieland. Allerdings habe dieser »als Mann von Gefühl und Geschmack in zweifelhaften Fällen« die verfremdende Übersetzung vorgezogen (Störig, 35, vgl. Thgart 1989). Interessanterweise lobt auch Manfred Fuhrmann – für das Gebiet der »Kunstprosa« eigentlich ein Vertreter der verfremdenden Übersetzung – Wielands Horaz-Übertragung, die, um den »lockeren, leise ironisch gefärbten Konversationston« der Episteln und Satiren zu retten, den Hexameter durch den Blankvers ersetzt und erst gar nicht versucht, Raffinessen der lateinischen Syntax abzubilden (Fuhrmann 1986, 9): ein Beispiel, das im Übrigen bestens geeignet ist, Schleiermachers Fiktion der mündlichkeitsfernen »Litteratur« in Frage zu stellen.

18 »Gilt schon für Herders Anthologie griechischer Epigramme, daß sie – im Gegensatz zu den ›Volksliedern‹ und den ›Liedern der Liebe‹ – keinen Wendepunkt mehr in der Geschichte des Übersetzens markiert, so müssen die 1792 ebenfalls in den ›Zerstreuten Blättern‹ veröffentlichten Übertragungen aus der ethisch-didaktischen Spruchdichtung orientalischer (vor allem persischer) Literaturen als eindeutiger Rückschritt beurteilt werden«, wird doch etwa »die kunstvolle Reimprosa des ›Golestan‹ (›Der Rosengarten‹; 1258) von Saadi, auf den der größte Teil der Herderschen Auswahl zurückgeht, in antike Distichen gezwängt.« (Kelletat 1984, 85f.)

19 Bei der Übertragung neulateinischer Gedichte von Jakob Balde bildet Herder die antiken Metren nach, greift aber vor allem durch Kürzungen und andere ›Entbarockisierungen‹ so stark in die Struktur der Gedichte ein, dass Kelletat feststellt: »Die Grenze zwischen eigener Dichtung und Übersetzung ist in der ›Terpsichore‹ aufgehoben« (Kelletat 1984, 98). Diesen Befund meint er aber, sich A.W. Schlegel anschließend (Schlegel 1846, 376–413), keineswegs als Kritik und weist auf die politische Funktion der Übersetzungen hin. Auch Gaier vermutet, dass die Übersetzungen ohne die Ausblendung allzu ›barocker‹ und ›jesuitischer‹ Züge bei Herders Publikum wohl auf keinerlei Verständnis hätten hoffen dürfen (FHA 3, 1264–1268).

20 Vgl. Wagner 1960, 47–52.

There came a ghost to Margaret's door,	Zu Hannchens Tür, da kam ein Geist,
With many a grievous grone,	Mit manchem Weh und Ach!
And ay he tirled at the pin;	Und drückt' am Schloß und kehrt' am Schloß
But answer made she none.	Und ächzte traurig nach.
(Percy 1767, 126)	(FHA 2, 478)

Die Nicht-Übersetzung des letzten Verses gibt Herder Raum, um noch einmal das Ächzen des Geistes in Erinnerung zu rufen, das er zuvor mit »Weh und Ach!« anstelle von »grievous grone« (=groan) übersetzt hatte. Wenngleich diese Änderung in gewisser Weise durch das »ay« des nächsten Verses gedeckt ist, bleibt doch die Substantivierung der beiden Interjektionen auffällig.[21] Meiner Meinung nach ist sie programmatisch: »Ton« kann in Herders Sprachgebrauch nämlich auch Interjektion bedeuten, und die Interjektion fasziniert ihn als unmittelbarster und ursprünglichster Ausdruck von Emotionen.[22] Das aber heißt, dass Herder die ›wilden‹ emotionalen Grundschichten seiner zivilisatorisch verbildeten Leser ansprechen will, dass er auf *anthropologische Konstanten* setzt, um Einfühlung zu ermöglichen, die die Kluft zwischen Zeiten, Sprachen und Kulturen überbrückt. Dass dabei die »Einfühlung« mitunter zur Projektion wird, liegt allerdings auf der Hand.

Reflektierter soll die kulturelle und/oder zeitliche Kluft durch eine weitere Strategie überwunden werden, die ich als *erklärende Übersetzung* bezeichnen möchte. Ich meine damit das Zusammenspiel einer verfremdenden Übersetzung und eines Kommentars, der die Voraussetzungen für Einfühlung schafft: Einerseits wird der übersetzte Text verfremdet, verweigert sich also poetischen Konventionen der Zielsprache, andererseits wird der rahmende Kommentar poetisiert, bedient sich also emotionalisierender Strategien wie etwa affektintensiver Metaphorik und direkter Ansprache des Lesers. Damit entgeht die erklärende Übersetzung - anders als die von Schleiermacher abgelehnte »Paraphrase« - der Gefahr, auf den »Eindrukk« eines konzentrierten poetischen Textes zu verzichten. Freilich ist sie in hohem Maße auf die Mitarbeit des Lesers angewiesen, und zwar geistig wie emotional. Ist es doch der Leser, der die Synthese zu vollziehen hat zwischen der Übersetzung im engeren Sinne und dem Kommentar; die eigentliche Übersetzung steht also nicht auf dem Papier, sondern vollzieht sich, wie Herder sagen würde, in der Seele des Lesers.

Das Konzept einer solchen Übersetzung formuliert Herder zunächst - in den *Literatur-Fragmenten* von 1766 - als Vision:

> Der beste Übersetzer muß der beste Erklärer sein; wäre dieser Satz auch umgekehrt wahr: und wären beide verbunden: so würden wir bald ein Buch hoffen können, das so hieße: ›Poetische Übersetzung der morgenländischen Gedichte; da diese aus dem Lande, der Geschichte, den Meinungen, der Religion, dem Zustande, den Sitten, und der Sprache ihrer Nation erklärt, und in das Genie unsrer Zeit, Denkart und Sprache verpflanzt werden.‹ In der Vorrede würde man mit Recht sagen können: ›Diese Übersetzung hat notwendig das schwerste und mühsamste Werk sein müssen, zu dem in der Erklärung, die Bemerkungen einiger wenigen Philologen von Geschmack, und in der Übersetzung die Cramerschen Psalmen nichts als kleine Beiträge haben sein können, oft um uns zu

---

21 Sie wird auch in der weiteren Übersetzung durchgeführt und mit Reduplikationen verbunden; diese Verbindung ist auch konstitutiv für Bürgers *Lenore*, auf die Herders Übertragung bekanntlich großen Einfluss hatte (Singer 2006, Kap. C.2.1).
22 Siehe vor allem die Preisschrift *Über den Ursprung der Sprache* (FHA 1, 695-810, bes. 697-708, dazu ausführlich Singer 2006, Kap. B.2.2).

helfen, Gesichtspunkte zu zeigen und behutsam zu machen. Allein wir halten es auch für eine Originalarbeit, die mehr Einfluß auf unsere Literatur haben kann, als zehn Originalwerke. Sie unterscheidet die Gränzen fremder Völker von den unsrigen, so verwirrt sie auch laufen mögen: sie macht uns mit den Schönheiten und dem Genie einer Nation bekannter, die wir sehr schief ansahen, und doch von Gesicht kennen sollten: sie ist ein Muster einer Nachahmung, die Original bleibt. [...]‹ (FHA 1, 292)

Für ›morgenländische Gedichte‹ löst Herder diese Vision ein, indem er das so genannte *Hohelied* als *Lieder der Liebe* übersetzt. Zur Übertragung der »Lieder« selbst bemerkt er: »In einem Silbenmaße nach deutschen Mustern würden sie vielleicht auffallender, runder und angenehmer worden sein, allein ich wollte dem Original auch durch Verschönerung nichts vergeben und es lieber, so viel es anging, in seiner uralten hebräischen Einfalt liefern« (3, 483). Wie der Kommentar diese Übertragung ergänzt, mag eine Bemerkung im Anschluss an *Hohelied* 1, 1-4 verdeutlichen: »Vielleicht ward dieser Seufzer mit einer schmachtenden Blume, mit einer duftenden Morgenrose übersandt; das sehnende Mädchen duftet mit hinüber«. Eine Fußnote Herders erläutert: »Daß sich die Morgenländer solche Boten und Briefe der Liebe in Blumengeschenken zusenden, ist aus der *Montague* Briefen, *Hasselquists* Reisen (S. 37) *Guy's* Briefen u.a. bekannt.« (FHA 3, 434).

Als ›erklärende Übersetzung‹ lässt sich auch die Schrift *Vom Geist der Ebräischen Poesie* verstehen, auf die jüngst Wulf Köpke wieder aufmerksam gemacht hat.[23] Ein weiteres Beispiel, auf das hier ebenfalls nur verwiesen werden kann, stellt die *Vorrede* zum dritten Buch seiner nie veröffentlichten *Alten Volkslieder* dar. Sie trägt den bezeichnenden Titel *Wäre Shakespear unübersetzbar?* und besteht zum größten Teil aus Bruchstücken von Shakespeare-Übersetzungen – und deren Kommentar. Sie stellt aber auch eine der wichtigsten *theoretischen* Schriften Herders zur Theorie der Übersetzung dar: wenn man nämlich Theorie nicht als Systematik begreift, die von der Praxis gesondert oder ihr gar übergeordnet ist, sondern als eine Betrachtungs-Weise, die die eigene Praxis begleitet, mal von ihr angestoßen oder modifiziert, mal auch sie anstoßend oder modifizierend.

---

23 »Wie bereits im ersten Teil die Gespräche mit Übersetzungen aus der Bibel und anderen Gedichten gemischt waren, um das Nachdenken mit der Anschauung und Evidenz zu verbinden, so sind im zweiten Teil die Übersetzungsproben der eigentliche Text, der lediglich vom Verfasser als Hilfe zum Verständnis kommentiert wird.« (Köpke 2004, 97).

Literaturverzeichnis

Herders Werke werden – mit der Sigle FHA – nach der Ausgabe des Deutschen Klassiker Verlages (Frankfurt a.M. 1985 ff.) zitiert, Briefe nach der Ausgabe von Wilhelm Dobbek und Günter Arnold (Weimar 1977 ff.).

Albrecht, Jörn: Die literarische Übersetzung. Geschichte, Theorie, kulturelle Wirkung, Darmstadt 1998.

Baildam, John D.: Paradisal Love. Herder and the Song of Songs, Sheffield 1999.

Fuhrmann, Manfred: Vom Übersetzen aus dem Lateinischen, Freiburg i.Br./Würzburg 1986.

Gaier, Ulrich: Kommentar zu: Johann Gottfried Herder: Werke in zehn Bänden, Bd. 3: Volkslieder – Übertragungen – Dichtungen, hg. von U.G., Frankfurt a.M. 1990, 839-1352.

Huber, Thomas: Studien zur Theorie des Übersetzens im Zeitalter der deutschen Aufklärung 1730-1770, Meisenheim am Glan 1968.

Kaiser, Gerhard: Zu Johann Gottfried Herders *Edward*, in: Gunter E. Grimm (Hg.): Gedichte und Interpretationen: Deutsche Balladen, Stuttgart 1988, 59-68.

Kelletat, Andreas F.: Herder und die Weltliteratur. Zur Geschichte des Übersetzens im 18. Jahrhundert, Frankfurt a.M. [u.a.] 1984.

Kloepfer, Rolf: Die Theorie der literarischen Übersetzung. Romanisch-deutscher Sprachbereich, München 1967.

Kopetzki, Annette: Beim Wort nehmen. Sprachtheoretische und ästhetische Probleme der literarischen Übersetzung, Hamburg 1994.

Köpke, Wulf: *Vom Geist der Ebräischen Poesie*. Biblisch-orientalische Poesie als alternatives Vorbild, in: Herder-Jahrbuch 7 (2004), 89-101.

Percy, Thomas (Hg.): Reliques of Ancient English Poetry [...], Bd. 1 von 3 Bänden, London ²1767 (1. Aufl. 1765).

Purdie, Edna: Some Problems of Translation in the Eighteenth Century in Germany, in: Dies.: Studies in German Literature of the Eighteenth Century. Some Aspects of Literary Affiliation, London 1965, 111-131.

Schlegel, August Wilhelm von: [S]ämmtliche Werke, hg. von Eduard Böcking, Bd. 10 Leipzig 1846.

Schleiermacher, Friedrich: Ueber die verschiedenen Methoden des Uebersezens [1813], in: Störig 1963, 38-70.

Schleypen, Georg: Herders Theorie des Übersetzens, in: Die Deutsche Höhere Schule 9 (1938), 283-290.

Schmidt-Hidding, Wolfgang: *Edward, Edward* in der Balladenwelt, in: Festschrift zum 75. Geburtstag von Theodor Spira, hg. von H. Viebrock und W. Erzgräber, Heidelberg 1961, 100-112.

Schön, Erich: Der Verlust der Sinnlichkeit oder Die Verwandlungen des Lesers. Mentalitätswandel um 1800, Stuttgart 1993.

Sdun, Winfried: Probleme und Theorien des Übersetzens in Deutschland vom 18. bis zum 20. Jahrhundert, München 1967.

Singer, Rüdiger: Ossian: Der »Homer des Nordens« und seine Textlandschaft, in: Imagologie des Nordens. Kulturelle Konstruktionen von Nördlichkeit in interdisziplinärer Perspektive, Frankfurt a.M. 2004.

— »Nachgesang«. Ein Konzept Herders, entwickelt an den »Poems of Ossian«, englisch-schottischen ›popular ballads‹ und den Anfängen der deutschen Kunstballade, Würzburg 2006.

Störig, Hans Joachim (Hg.): Das Problem des Übersetzens, Darmstadt 1963.

Szlezák, Thomas Alexander: Gespräche unter Ungleichen. Zur Struktur und Zielsetzung der platonischen Dialoge, in: Literarische Formen der Philosophie, hg. von Gottfried Gabriel und Christiane Schildknecht, Stuttgart 1990, 40-61.

Tghart, Reinhard: »*Wielandische oder Vossische Manier*«, in: Ders.: Weltliteratur. Die Lust am Übersetzen im Jahrhundert Goethes. Katalog zur Jahresausstellung des Schiller-Nationalmuseums Marbach 1982, Stuttgart-Bad Cannstatt ²1989, 268-295.

Wagner, Fritz: Herders Homerbild – seine Wurzeln und Wirkungen, Phil. Diss., Köln 1960.

VI. Rezeptionsstrategien bei Herder / Herder in der Rezeption

RALPH HÄFNER

Macht der Willkür und Poesie des Lebens
Herders Swedenborg-Lektüre zwischen Saint-Martin und Friedrich Schiller

Im Laufe von vier Jahrzehnten hat sich Herder wiederholt mit dem Problem des Geistersehens auseinandergesetzt. In dem Zeitraum von 1766 bis 1802, von der Rezension von Kants *Träumen eines Geistersehers* bis zur Entwicklung des Phänomens in der *Adrastea*, zeigt sich uns eine erstaunliche Kontinuität in der Auffassung gegenüber einer Frage, die noch bis zum Beginn des 20. Jahrhunderts das Interesse einer gebildeten Öffentlichkeit erregt hatte. Durch ihren jeweiligen Anlass motiviert, geben Herders Stellungnahmen Aufschluss über die Entwicklung einer Anthropologie, der er die Rekonstruktion der Geschichte des menschlichen Verstandes zugrundegelegt hat. Mit ihr, mit der Rekonstruktion der Geschichte des menschlichen Verstandes, erschließt sich Herder jenen »Punkt«, »der uns ohne Metaphysik der sicherste ist.«[1] Wenn er denn doch irgendeinen Nutzen aus der Lektüre jener »8 Quartbände voll Unsinn«[2] gezogen hat, als die er - mit Kant - Emmanuel Swedenborgs Hauptwerk *Arcana coelestia* (1749-1756) bezeichnet hat, so war es die Rekonstruktion einer Krankengeschichte des menschlichen Verstandes, einer »Pathologie unsrer Seele«, vor der sich ihm die Merkmale des gesunden Verstandes nur umso lichter abschatteten.

1. Die frühe Phase (1766): Swedenborg im Rahmen der Enthusiasmus-Debatte

Als Herder die *Träume eines Geistersehers, erläutert durch Träume der Metaphysik* seines Lehrers Immanuel Kant rezensiert, vergleicht er den Stil der Abhandlung mit Laurence Sternes Roman *Tristram Shandy* (1760 ff.) (SWS 1,126). Kants Satire ist gleichwohl das Ergebnis einer Reflexion, die den Königsberger Gelehrten in den vorausliegenden zwanzig Jahren intensiv beschäftigt hatte. Seit den *Gedanken von der wahren Schätzung der lebendigen Kräfte* (1746) versuchte er das im rationalpsychologischen und pneumatischen Teil der zeitgenössischen Metaphysiken gestellte Problem des Verhältnisses und des Zusammenhangs zwischen Körper und Geist als unlösbar aufzuweisen, insofern ihm nämlich die Frage selbst eine nicht begründbare Voraussetzung enthielt. Wer von der Immaterialität oder Undurchdringlichkeit des Geistes spricht, verleiht diesem ein substantielles Dasein und setzt ihn so erst in den Stand, auf eine mitunter unerwartete Weise sein Wesen zu treiben. Für Kant war mit diesem

---

1   Johann Gottfried Herder, [Rez. zu: Immanuel Kant, Träume eines Geistersehers, erläutert durch Träume der Metaphysik, Königsberg 1766] in: ders., Sämtliche Werke, hg. von Bernhard Suphan, 33 Bde., Berlin 1877-1913, hier: 1,130. – Diese Ausgabe wird im folgenden mit der Sigle SWS zitiert.
2   Herder, SWS 1,127. Es handelt sich um ein von Herder nicht gekennzeichnetes Zitat aus: Kant, Träume eines Geistersehers, A 98.

»Märchen« »aus dem Schlaraffenlande der Metaphysik« (Kant, Träume eines Geistersehers, A 89) aber schon etwas vorausgesetzt,

> was nicht durch Erfahrung bekannt ist, sondern vielleicht auf eingebildeten Schlüssen beruhet: nämlich daß mein denkendes Ich in einem Orte sei, der von den Örtern anderer Teile desjenigen Körpers, der zu meinem Selbst gehöret, unterschieden wäre. Niemand aber ist sich eines besondern Orts in seinem Körper unmittelbar bewußt, sondern desjenigen, den er als Mensch in Ansehung der Welt umher einnimmt. (Kant, Träume eines Geistersehers, A 20)

Herder legt sich Kants Überlegungen für seine eigene frühe Anthropologie zurecht. Das Selbstverhältnis des Menschen begründet für Herder eine »Moralische Einheit«, die ihrerseits jedoch darum nicht voraussetzungslos ist, weil sie das Resultat einer aus den Verhältnissen zur »Welt« sich ergebenden Bestimmung ist. Da die Wahrnehmung dieser Verhältnisse zur »Welt« individuell jedoch sehr verschieden sein kann, ist auch das jeweilige Selbstverständnis des Menschen lebens- wie weltgeschichtlich in fortwährender Umwandlung begriffen. Diese Umwandlung ist an den symbolischen Repräsentationen der Völker ablesbar, an ihren Künsten, Wissenschaften und Religionen, insofern die Geschichte der materiellen Kultur Ausdruck der Geschichte des menschlichen Verstandes ist.

2. Die mittlere Phase I (1770er Jahre): Mystische Erfahrung und Geschichte der Seele

Swedenborgs *Arcana coelestia* enthalten zum überwiegenden Teil Bibelauslegungen in der Tradition des mehrfachen Schriftsinns. In regelmäßigen Abständen gibt der Autor jedoch auch Rechenschaft von seinen Begegnungen mit den Seelen Verstorbener und mit Engeln unterschiedlicher Art. Um 1770 gewinnt die darin manifest gewordene »Pathologie der Seele« für Herder insofern eine neue Qualität, als er sinnespsychologische Vorgänge gerade auch von ihren Anomalien, Abweichungen und Verrückungen zu verstehen versucht. Vor dem Hintergrund der Enthusiasmus-Debatte des 17. Jahrhunderts, wie sie durch Meric Casaubons *Treatise concerning Enthusiasme* (1655) gegenwärtig ist, entwickelt sich in den Jahrzehnten nach 1700 eine intensive Diskussion über dieses Phänomen. Sie ist mit Namen wie Locke, Leibniz, Hume, Shaftesbury und Voltaire verknüpft. Vermittelt durch die Psychophysiologie der Jahrhundertmitte (Condillac), beginnt Herder mit einem bemerkenswert umfassenden Studium der älteren und neueren mystischen Literatur. Insbesondere in dem Hauptwerk des Mystikers Pierre Poiret, dem *Oeconomie divine* (1687) überschriebenen Traktat, findet er die Beschreibung von Zuständen des menschlichen Verstandes, deren Inhalt Kant in dem *Versuch über die Krankheiten des Kopfes* (1764) kurzerhand auf ein »gestörtes Erinnerungsvermögen« zurückgeführt hatte.

Ich habe an anderem Ort gezeigt,[3] dass Herders Interesse an der Mystik auf eine sinnespsychologische Zergliederung von Zuständen gerichtet war, von denen der Mystiker überzeugt war, dass sie uns ein Wissen vermitteln, das jenseits der Grenzen des menschlichen Verstandes liegt. Für Herder indes waren die Inhalte mystischer Erfahrungen Daten, an denen die Entstehungsgeschichte von Denkbildern, die die Funktionsweise unseres Bewusst-

---

[3] Vgl. Häfner (1995); das Buch enthält im Anhang Auszüge aus Herders Exzerpten von Pierre Poirets Hauptwerk *Oeconomie divine*.

seins reflektieren, zu rekonstruieren war. Die Denkbilder der Mystiker sind ihm - wie die unwillkürlichen Phantasien des Kindes - Zeugnisse für die Urgeschichte der Menschheit; wer sich in das unerschöpfliche Bilderarchiv der Mystiker, Kinder und Wahnsinnigen versenkt, erhält Einblick in sehr frühe Entwicklungsformen des menschlichen Verstandes. Denkbilder, Symbole und Mythen sind erste Formen von Abstraktionen, in denen die »sonderbarsten Erfindungskunstgriffe des Menschlichen Geistes«[4] sichtbar werden. In der Schrift *Über den Ursprung der Sprache* (1772) vermag Herder Swedenborg und Klopstock deswegen zusammenzunehmen, weil beide die Welt himmlischer und höllischer Geister »aus sinnlichen Materialien bauen.« (HWP 2,311) Wenn auf der Schwundstufe der Geschichte der Seele, bei den Hottentotten, nicht einmal »das Wort *Geist* zu finden« sei (HWP 2,310), so zeigt sich für den Anthropologen darin die Tatsache, dass der »gemeine Verstand« der Wilden - »nach Maß der Cultur« - unfähig war, sich von der sinnlich erfahrbaren Welt zu lösen, sich als ein Anderes, von den Sinnesdaten Unterschiedenes zu denken. Es bedurfte eines hohen Maßes an Überwindung oder - psychologisch ausgedruckt - an Aufmerksamkeit und Scharfsinn, sich von den eindringenden sinnlichen Daten zu distanzieren, d.h. sie in Denkbilder des Verstandes zu verwandeln und sie im Gedächtnis zu verwahren. Indem der Verstand auf die Inhalte seines Denkens reflektiert, erlangt er ein Bewusstsein seiner selbst. Aber dieses Selbstbewusstsein ist kein für alle Menschen gleichermaßen gültiges Maß des Erkennens, es ist vielmehr stets spezifisch, es ist nach Zeit, Ort und genialer - individueller - Anlage zu empfinden vielmehr selbst individuell.

Obwohl er mit ihnen vertraut war, hat sich Herder meines Wissens nirgends mit den zeitgenössischen Spuk- und Gespenstergeschichten im Stil von Montfaucon de Villars oder Jacques Cazotte beschäftigt;[5] auch die Mythologie des Avignoneser Freimaurers Dom Pernety hat, obgleich er sie kannte, keinen Eingang in seine Schriften gefunden.[6] Man wird vermuten dürfen, dass er in derlei Erzeugnissen *willkürliche* Verknüpfungen von Bildungssplittern erblickte, denen er keinen Wert für die Rekonstruktion der Geschichte des menschlichen Verstandes zuzusprechen vermochte.

Anders verhielt es sich mit den mittelalterlichen und neueren Mystikern, aber auch mit Swedenborg und Klopstock. Die Sprachbilder der Johannes Tauler und Johannes Ruysbroek, der Pierre Poiret, Antoinette Bourignon und Friedrich Christoph Oetinger, die er sich bis in die eigene Terminologie hinein - besonders auffallend in der mittleren Fassung der Abhandlung *Vom Erkennen und Empfinden* (1775) - angeeignet hat, enthielten ihm eine *un*willkürliche Symbolik sinnlicher Wahrnehmungen und damit eine Auslegung der Wirklichkeit, an der die Funktionsweise dessen, was wir Erkennen, Wissen, Fürwahrnehmen nennen, studiert werden konnte.[7] Wie Albrecht von Haller das Phänomen der Irritabilität an den zuckenden Froschschenkeln beobachtet, legt Herder in einem Gedankenexperiment die Nervenfasern frei, um die Resultate der Reizbarkeit in den mystischen Extasen zu studieren. Kindheit und Mystik, Wahnsinn und Dichtkunst sind die Experimentierfelder, die der beobachtende Zergliederer mit Vorliebe durchstreift.[8] Swedenborgs »Engel und Geister«, Klop-

---

4   Herder, Über den Ursprung der Sprache, in: ders., Werke, hg. von Wolfgang Proß, Bd. 2, München, Wien 1987, S. 311. (Im folgenden zitiert mit der Sigle HWP.)
5   Vgl. Montfaucon de Villars, Le comte de Gabalis, Amsterdam 1671 (= Bibliotheca Herderiana, Weimar 1804, Nr. 6548. - Im folgenden zitiert mit der Sigle BH und zugehöriger Nummer); Jacques Cazotte, Œuvres badines et morales, Amsterdam 1776 (= BH 6083).
6   Dom Pernety, Les fables egyptiennes et grecques, Paris 1758 (= BH 6027, 6028).
7   Vgl. Ralph Häfner (1995), zu Poiret ausführlich bes. 111-116, 265-273, zu Oetinger vgl. ebd., 153f. (s.a. Registerangaben).

stocks »Himmel und Hölle« und die Phantasien des Negers, der »seine Götter vom Gipfel der Bäume herunter« wittert (HWP 2,311), sind Arten einer Symbolik, in denen sich der Geist der Völker und die Ursprünge ihres kulturellen Idiotismus widerspiegeln. Die völlig unentwickelte Symbolik der Hottentotten, nicht allzu weit entfernt von der des Orang Utan, gibt Einblick in den grässlichen Abgrund, aus dem sich die Kultur des menschlichen Verstandes nur allmählich entwickeln konnte.

3. Die mittlere Phase II (1780er Jahre): Freimaurer und Aristokraten am Ende des Ancien Régime

Herder hat sich in den 1780er Jahren offenbar nur am Rande mit Swedenborg beschäftigt. In den *Ideen zur Philosophie der Geschichte der Menschheit* erscheint der Geisterseher in seiner Eigenschaft als Weltraumfahrer, der in seinem Traktat *De telluribus* (1758) die Möglichkeit belebter Himmelskörper abschätzt, neben den bekannten Kosmonauten Athanasius Kircher und Christiaan Huygens.[9] Ich möchte stattdessen den Blick auf einige Erscheinungen dieses Jahrzehnts lenken, die in einer bestimmten Beziehung zu dem schwedischen Geisterseher stehen, bisher aber wenig Beachtung gefunden haben.

Im Jahr 1781 erscheint die erste, 1787 die zweite Originalausgabe von Kants *Kritik der reinen Vernunft*. Mit ihr löst Kant das 1766 aufgegebene Versprechen ein, die Metaphysik als eine Wissenschaft von den Grenzen des menschlichen Verstandes zu begründen.[10] Herder hatte Mitte der 1760er Jahre in engem Gedankenaustausch mit Kant das Konzept einer »negativen Wissenschaft« entwickelt,[11] in dem man die erste erkenntnistheoretische Grundlegung seiner Anthropologie zu sehen hat. Nun, seit den siebziger Jahren des Jahrhunderts, arbeitet Kant diese Grundlegung der Verstandesvermögen sukzessive in den drei Kritiken aus, um auf dem apriorischen und in diesem Sinne normativen Fundament die prinzipielle Möglichkeit einer systematischen oder dogmatischen Philosophie abzuschätzen. Kants Rezension von Herders *Ideen*,[12] die den Bruch zwischen beiden besiegelt, kreist vor allem um diese normativ sein sollende Grundlegung der Verstandesvermögen.

Im Laufe der achtziger Jahre finden die Geheimlehren der Freimaurer, zumal im Ausgang des Lyoneser Kreises um den portugiesischen Okkultisten Martinez de Pasqually,[13] in den vornehmsten aristokratischen Zirkeln immer mehr Zuspruch. Martinez de Pasqually hatte

---

8   Vgl. Herder, Brief an Johann Kaspar Lavater, Mitte Mai 1775, in: Herder, Briefe, hg. von Wilhelm Dobbek und Günter Arnold, 10 Bde., Weimar 1977-1996 (im folgenden zitiert mit der Sigle DA), 3,186 (Nr. 161): »Ich habe durch keinen unsre Bibel lieber bekommen, als durch Kinder und Narren das ist Mystiker und Philosophen. Die Mystiker sind auch Philosophen nach ihrer Art, anders nicht zu betrachten, (sie entwickeln und raisonniren aus ihrer Phantasie und Empfindung) und im Ganzen zieh' ich sie den Wolffianern weit vor. Bei diesen wird alles Maschiene: bei jenen doch alles Leben und Empfindung. Nur ihr Licht brennt in Rauch. Anders genommen, verdunkeln, tödten, ermatten, schwächen sie auf Lebenszeiten.« – Vgl. hierzu Ralph Häfner (1995), 94 f.
9   Vgl. Wolfgang Proß, Kommentar zu: Herder, Ideen zur Philosophie der Geschichte der Menschheit (= Werke, Bd. 3,2), München 2002, 80.
10 Vgl. Giorgio Tonelli (1959); Tonelli (1963).
11 Vgl. Herder, Negative Wissenschaft, Edition in: Ralph Häfner (1995), 267 f., sowie die Erläuterungen ebd., 70-92.
12 Vgl. Wolfgang Proß (1997).
13 Grundlegend: Gérard van Rijnberk (1935/1938); zuletzt: Wilhelm Schmidt-Biggemann (2004).

bereits 1754 einen okkultistischen Ritus vorgeblich im Geist der jüdischen Kabbala des 11. Jahrhunderts eingeführt; Kant scheint auf diesen Umstand anzuspielen, wenn er das dritte Hauptstück der *Träume eines Geistersehers* camouflierend »Antikabbala« überschreibt (Kant, Träume eines Geistersehers, A 58).

Der martinistische Geheimbund erregt erneut ein lebhaftes Interesse an unterschiedlichsten Lehren von Engeln und Geistern, Gespenstern und Wiedergängern. 1775 erscheint anonym eine Schrift des wichtigsten Vertreters des Lyoneser Geheimbundes, Louis-Claude de Saint-Martin, *Des erreurs et de la verité*,[14] ein Werk, das in Matthias Claudius' deutscher Übersetzung von 1782 ein breites Publikum erreicht.

Das Jahr 1782 war bekanntlich ein Schlüsseljahr für die Freimaurerei in Deutschland. In den Monaten Juli und August fand in Wilhelmsbad ein Konvent statt, auf dem die divergierenden Bestrebungen sichtbar wurden.[15] In den Jahren zuvor schon trat die Freimaurerloge von der Strikten Observanz in eine Führungskrise.[16]

Herder hat sich seit Juli 1779 um die Schrift Saint-Martins bemüht. Die politische Theologie, die sie enthält, stößt nicht nur bei ihm, sondern auch bei Wieland, Schiller und Goethe, auf heftigen Widerstand, scheint sie doch dem Absolutismus eine theosophisch akzentuierte Grundlage zu liefern. Man reagiert auf unterschiedliche Weise auf die Herausforderung des die Fürstenhäuser erfassenden Okkultismus: Wieland publiziert 1787 *Eine Lustreise ins Elysium*, Schiller gibt eine Antwort mit der Erzählung *Der Geisterseher* (1787/1789), Goethe schreibt die Cagliostro-Komödie *Der Groß-Cophta* (1791/1792).

Der Charakter der Schrift Saint-Martins war indessen anfangs auch Herder nicht ganz klar. Als er im Juli 1779 Lavater bittet, ihm das Buch zu leihen,[17] erwartet er offenbar eine Anthropologie auf der Grundlage der Sinneserfahrungen, wie er sie selbst mit der 1778 gedruckten endgültigen Fassung der Abhandlung *Vom Erkennen und Empfinden* vorgelegt hatte. Der Titel von Saint-Martins Schrift, *Des erreurs et de la verité* ebenso wie der fingierte Druckort »Édimbourg« ließ ja in der Tat eine Abhandlung im Stil der schottischen *common-sense*-Lehre vermuten. Spätestens seit November 1780 weiß Herder jedoch, dass es sich bei Saint-Martins Traktat um ein Werk des politischen Okkultismus handelt; am 18. Dezember desselben Jahres nennt er es ironisch »das vielgelobte geheime Buch«, auf das er »noch immer« warte, und er fügt noch hinzu: »vielleicht ist am Ende doch nichts dahinter.«[18] Im März 1781 endlich überschickt Johann Georg Müller ihm das Werk, das er nach einer ersten flüchtigen Lektüre sogleich in die Tradition der Mystik stellt:

> Das Buch des erreurs ist ein andrer Jacob Böhme, nur mit neuerer Facon u[nd] mehr Geschmack u[nd] Gelehrsamkeit. Mehr mag ich noch nicht sagen. Wenn ichs gelesen habe, will ichs gleich

---

14 Vgl. [Louis-Claude de Saint-Martin], Des erreurs et de la vérité, ou les hommes rappellés au principe universel de la science; Ouvrage dans lequel, en faisant remarquer aux observateurs l'incertitude de leurs recherches, & leurs méprises continuelles, on leur indique la route qu'ils auroient dû suivre, pour acquérir l'evidence physique sur l'origine de bien & du mal, sur l'homme, sur la nature matérielle, la nature immatérielle, & la nature sacrée; sur la base des gouvernements politiques, sur l'autorité des souverains, sur la justice civile & criminelle, sur les sciences, les langues, & les mots. Par un Ph... Inc..., A Édimbourg, 1782. – Zu Saint-Martin vgl. Auguste Viatte (1979), bes. 1,269–292. Zu den politischen Implikationen vgl. Jean-René Derré (1986), passim.
15 Vgl. Hermann Schüttler (2002), mit Literatur und bisher unbekannten Quellen.
16 Vgl. Gerhard Müller (2002).
17 Vgl. Herder, Brief an Johann Kaspar Lavater, Juli 1779, in: Herder, DA 4,97 (Nr. 80).
18 Herder, Brief an Johann Georg Hamann, Mitte November und 18. Dezember 1780, DA 4,150 (Nr. 128).

meinem alten Hamann übersenden; denn merkwürdig ists doch immer. Beßer ists darüber u[nd] über Sachen seines Inhalts zu sprechen, als zu schreiben.[19]

Am 21. Mai 1781 sendet er Saint-Martins Abhandlung weiter an Hamann mit der Versicherung: »Ich komme Ihnen mit keinem Urteil über das Buch zuvor«, nicht ohne wenig später, bevor er auf Martinez de Pasqually explizit zu sprechen kommt, eine allgemeine Bemerkung anzuschließen:

> es ist nicht zu glauben, was in unserm aufgeklärten Jahrhundert die Magie insonderheit Raum gewinnt. Von Paris bis Berlin ist sie ausgebreitet, u[nd] die Voltärianer sind Hauptsproße derselben; eine Menge vornehmer, aufgeklärter Leute. Ihr Band ist Ungefähr u[nd] ein blinder Gehorsam.[20]

Herder ist zu dieser Zeit noch überzeugt, dass Kants erste *Kritik* im Sinne einer Wissenschaft von den Grenzen des menschlichen Verstandes diesen ›Blumen des Bösen‹ den Nährboden würde entziehen können: »Das sind Schwefelblumen der reinen Vernunft, über die Kant das Gesetzbuch schreibet.«[21] Dass es sich bei den »Schwefelblumen« um Saint-Martins Buch *Des erreurs et de la verité* handeln muss, geht aus einem Brief Herders vom 6. März 1791 hervor, als er eine verwandte Metapher aufgreift und über Claudius' deutsche Ausgabe anmerkt: »Das Buch des erreurs p[erge] ist mir immer abscheulich gewesen. Mit dem Übersetzer Claudius habe ich mich deshalb einmal als über eine Giftmischerei ordentlich überworfen.«[22] Claudius, der seinen Überdruss an der institutionalisierten Gelehrtenwelt mit einem ausgesprochenen Hang zu Empfindelei und sogenannten tiefen Gefühlen beschwichtigte, hatte 1782 in der Vorrede die fragliche Schrift ebenso lobend wie entschuldigend als »ex-zentrisch« bezeichnet. Saint-Martin ist ihm ein Geist, der nicht von dieser Welt ist, und seine Darlegungen gelten ihm daher so gut wie Verheißungen, die den Menschen »von dem Sichtbaren zu dem Unsichtbaren, von dem Vergänglichen zu dem Unvergänglichen« leiten.[23] Beide Bereiche, das Sichtbare und das Unsichtbare, das Vergängliche und das Unvergängliche, stehen in einem kausalen Verhältnis zueinander. Im Gegensatz zu den Gelehrten, die in der »Blöde« ihres irdischen Verstandes stets von ungewissen Resultaten auf das verborgene Prinzip der Resultate zu schließen genötigt seien, erkläre Saint-Martin das »Resultat« unmittelbar »aus [dem] und durch das Prinzip«.[24] Der Weg zur Wahrheit erfordere, dass sich der Mensch seiner eitlen Gelehrsamkeit entschlage und sich der »Leitung der allgemeinen zeitlichen tätigen und verständigen Ursache« anvertraue.[25]

Im Hintergrund dieser nebulösen Gelehrtenkritik steht unter anderem der mehrmals wieder aufgelegte Traktat *De eruditione solida, superficiaria, et falsa* (1692, 1694, 1708) des bereits genannten Mystikers Pierre Poiret.[26] Wahrhafte Weisheit ist ein gnadenhaftes Geschenk, dessen der Mensch nur durch bedingungslose Unterwerfung unter den Willen Gottes teilhaftig werde.

---

19 Herder, Brief an Johann Georg Müller, Ende März 1781, DA 4,170 (Nr. 165).
20 Herder, Brief an Johann Georg Hamann, Anfang März, 11., 14., und 21. Mai 1781, DA 4,178f. (Nr. 171) – Zu Voltaires Kontakten zu den Lyoneser Illuminaten vgl. Auguste Viatte (1979), 1,186.
21 Herder, DA 4,179.
22 Herder, Brief an Karl Ludwig von Knebel, 6. März 1791, DA 6,229 (Nr. 152).
23 Matthias Claudius, Vorrede des Übersetzers [von: Saint-Martin, Irrthümer und Wahrheit [...], Breslau 1782], in: Claudius, Sämtliche Werke, München 1968, 212–217, hier: 216.
24 Ebd., 215.
25 Ebd., 214.
26 Vgl. Ralph Häfner (2001).

Herder hatte, wie wir wissen, die Sinnespsychologie Poirets zu Beginn der 1770er Jahre im einzelnen studiert, weil er eine gewisse Konformität zwischen der Gefühlsinnigkeit des Mystikers und dem sich entwickelnden Verstand des Kindes wahrnehmen zu können glaubte. Selbst Mitglied einer Freimaurerloge in Weimar,[27] erkannte er sehr genau, dass Saint-Martins Okkultismus demgegenüber handfesten politischen Interessen diente oder dienstbar gemacht worden ist. Die Unterwerfung des Willens unter die Führung Gottes war nur die Metapher für die absolute Herrschaft der Aristokratie auf Erden, deren politische Verantwortung an eine Hinterwelt unsichtbarer Agentien delegiert werden sollte. Schillers Held in der Erzählung *Der Geisterseher*, ein Held voller aristokratischer Halbbildung, vollzieht in dem Augenblick den Umschlag von dem naiven Glauben an geheime Kräfte zu einem frivolen Libertinismus, als er bemerkt, dass hinter allem Spuk überhaupt nichts steckt, als er inne wird, dass man bei einem magischen Experiment nur deshalb »nichts beobachtet hätte, weil auch nichts dahinter sei«.[28]

Eine Zeitlang wird der Okkultismus zu einem Werkzeug, das die Macht des Adels zu sichern hilft. Dass es sich längst nicht mehr um Erkenntnisprobleme, sondern um politische Machtfragen handelt, gibt Herder in einem Brief an Hamann vom Mai 1781 zu verstehen, indem er ausruft:

> Ich werde von Tag zu Tage klärer überzeugt, daß in unsrer Zeit das einzige Mittel zu wirken - leiden ist, wenn man nicht schmeicheln u[nd] Tellerlecken will. Die 30. Tyrannen zu Sokrates Zeit sind jetzt in die Millionen gewachsen u[nd] in allen Ständen gehts so kunterbunt her, daß einem, wenn mans sieht, Farbe u[nd] Wort fehlt.[29]

Herder hat sich seither nicht mehr über Saint-Martin geäußert, aber er hat dessen Publikationen weiterhin aufmerksam verfolgt. Er kannte den *Tableau naturel des rapports entre Dieu, l'homme et l'univers* von 1782 ebenso wie den 1792 erschienenen Traktat *L'homme de désir*.[30] Im Juni 1796 endlich analysiert er gegenüber dem Herzog Ernst Ludwig von Sachsen-Gotha die geistespolitische Lage so:

> Offenbar ringen in unserm Zeitalter zwei Extreme, Unglaube u[nd] Mysticismus mit einander; in der Mitte beider bauet sich jeder Rechtschaffene sein neues Jerusalem im alten Christentum selbst oder findet es längst gebauet u[nd] bereitet.[31]

Die adhortative Schlusswendung ist sicherlich nicht bloß Ausdruck der Reverenz gegenüber der hohen Stellung des Briefadressaten. Das irenische Bild von dem »neuen Jerusalem im alten Christentum« barg vielmehr die Hoffnung auf Verjüngung einer Gesellschaft, deren Glieder durch Wahrnehmungsstörungen und Meinungsmanipulationen unterschiedlichster

---

27 Vgl. die Hinweise und Zeugnisse in: Berger/Grün (Hg.), Geheime Gesellschaft (2002), zu Herder bes. den Kurzbeitrag von Günter Arnold, ebd., S. 214f. - Auf den annähernd 400 Seiten des Katalog-Buches findet sich nicht der geringste Hinweis auf die Reaktionen, mit denen die Weimaraner auf die intellektuellen Herausforderungen der Martinisten antworteten. Trotz der zum Teil hervorragenden Beiträge führt die Beschränkung auf die Situation in Deutschland letztlich zu einem einseitigen und verzeichnenden Bild der historischen Tatsachen. Die Namen Matthias Claudius und Johann Caspar Lavater sucht man vergebens.
28 Friedrich Schiller, Der Geisterseher. Aus den Memoires des Grafen von O**, in: ders., Sämtliche Werke, hg. von Gerhard Fricke und Herbert G. Göpfert, München 1984, 5,126.
29 Herder, Brief an Johann Georg Hamann, DA 4,177 (171). - Zu Herders und Hamanns Adelskritik zuletzt: Günter Arnold (2005).
30 Vgl. BH 5735f. resp. 5742. - Des erreurs et de la verité, ed. Lyon 1781: BH 5737.
31 Herder, Brief an Herzog Ernst II. Ludwig von Sachsen-Gotha, 8. Juni 1796, DA 9,593 (Nr.236).

Art dann nicht mehr kompromittiert sein würden, *gerade* nachdem sich erst kürzlich unerhört neue Machtpotentiale unter der Herrschaft der Terreur fürchterlich ausgewirkt hatten.

Herders frühe Einsicht, dass eine Rektifizierung der Wahrnehmung die Glückseligkeit des Menschen befördern könne, erhielt nun eine präzise gesellschaftspolitische Bedeutung. Sah er sich selbst doch zwischen die beiden »Extreme«, von denen er sprach, zwischen »Unglaube u[nd] Mysticismus«, gesetzt: Auf der einen Seite stehen Claudius und Lavater mit ihrem martinistischen Hintergrund. Die Krise, die sich seit Mitte 1779 angekündigt hatte, kommt jetzt, 1781, mit dem – nicht offen ausgetragenen – Streit um Saint-Martins Buch zum Durchbruch. Auf der anderen Seite finden sich die Adepten der kritischen Philosophie. In ihr erblickt Herder die verderbliche Radikalität eines subjektiven Idealismus, der auf dem gewissermaßen dogmatischen Unglauben (»Zweifel«) gegenüber einer – im Sinne Herders pantheistisch zu deutenden – Präsenz von äußeren Inzitamenten unserer Erfahrung beharrt.

4. Die Spätphase (1799/1802): Idealismus und ästhetischer Mysticismus

Es ist diese postrevolutionäre, geistes- und gesellschaftspolitisch gleichermaßen prekäre Situation, in der Herder sich am Ende der 1790er Jahre noch einmal zu Swedenborg zurückwendet. Nun ist es George Berkeley, den er zum Kronzeugen gegen »Unglaube u[nd] Mysticismus« aufruft.

Bischof Berkeley spielte bereits früher eine Rolle in diesem Kontext. Im Juni 1781, als Herder Saint-Martins Abhandlung *Des erreurs et de la verité* liest und man Kants Vernunft-Kritik erwartet, verteidigt er Berkeleys »subtiles, Idealistisches Lehrgebäude« und charakterisiert den Autor mit den Worten: »Ein seltner Mann mit Kopf u[nd] Herzen, von dem mich einige Züge recht erfreut haben.«[32] Man kann noch weiter zurückgehen. In der *Lettre sur les aveugles* (1749) hatte Diderot eine bemerkenswerte Übereinstimmung zwischen dem Idealismus Berkeleys und dem Sensualismus Condillacs im Blick auf unsere Wahrnehmungsinhalte und die daraus abgeleiteten Begriffe festgestellt: »nous ne sortons jamais de nous-mêmes; et ce n'est que notre propre pensée que nous apercevons«.[33] Begriffe wie Wesen, Materie, Substanz usw. sind das Ergebnis unserer Wahrnehmung, über deren ›Seinsstatus‹ uns nichts bekannt ist. Kant knüpfte hier an, wenn er in den *Träumen eines Geistersehers* unseren Begriffen einen ›wesentlichen‹ Gehalt abspricht.

Im Jahr 1799 hatte sich Kants Position verändert, nicht jedoch diejenige Herders. Im »Ersten Theil« von *Verstand und Erfahrung. Eine Metakritik zur Kritik der reinen Vernunft* (1799) ist ihm Berkeley der wichtigste Gewährsmann im Rahmen der Polemik gegen die »Letternphantasmen« der kritischen Philosophie, die er jetzt ausdrücklich mit den Wahnvorstellungen Swedenborgs kurzschließt.

Das Modell, das Herder für sich selbst in Anspruch nimmt, wiederholt exakt die Figur des zwischen den Extremen von »Unglaube u[nd] Mysticismus« angesiedelten rechten Maßes. Der Realismus der Wahrnehmung, den Herder mit einem kruden Sensualismus identifiziert, begründet eigentlich eine »idealische, d.i. Phantasie-Welt«, ein »Universum sinnlicher

---

32 Herder, Brief an Johann Georg Müller, 5. Juni 1781, DA 4,184 (Nr. 173).
33 Denis Diderot, Lettre sur les aveugles à l'usage de ceux qui voient, in: ders., Œuvres philosophiques, hg. von Paul Vernière, Paris 1964, 114f.

Eindrücke, lebhaft empfangener Typen«.³⁴ Bei dem Sensualismus handelt es sich nach Herder also um einen Idealismus *malgré lui*, wie man sagen könnte, der sich nur darin von dem »kritischen Idealism« unterscheide, als letzterer das »Resultat der gemeinsten Erfahrung in der verworrensten Abstractionssprache« vorstelle. *Diese* Phantasiewelt des aller Erfahrung scheinbar vorausliegenden Begriffs, ein »Phantasma a priori«, fällt ihm nun deswegen mit Swedenborgs »himmlischen Geheimnissen« zusammen, weil und insofern als auch dieser die Welt der Geister nur durch uneigentlichen Gebrauch von Begriffen der sinnlichen Erfahrung zu beschreiben vermochte:

> Wir erfuhren aber aus seinen himmlischen Geheimnissen, (arcana coelestia) aus allen seinen Gesprächen, die er mit Geistern hielt, nichts als was Schwedenborg mit sich selbst sprechen konnte und mußte, indem er sich diesen oder jenen Geist nach seinen Begriffen und Vorurtheilen imaginirte. (SWS 21,167)

Wie entgeht Herder diesem Dilemma? Er führt den »Immaterialismus« Berkeleys ein, um zu beweisen, dass die »uns zukommenden *reellen Ideen* aus dem Grunde unsrer Seele *nicht* entspringen, auch nicht willkührlich in unsrer Gewalt sind, sondern von einem andern Geist, d.i. von Kräften der Natur, (die todte Materie dabei ganz vergessen) uns *eingewirkt, eingedruckt, eingepflanzt* werden« (SWS 21,164). Damit sei die Wirklichkeit der »Sinnenwelt« anerkannt, auch wenn uns ihre Materialität nur in der Gedankenform »reeller Ideen« gegenwärtig ist. Die »äußere Welt« ist uns nur als »Welt unsrer Sinne« begreiflich, ohne dass doch diese nur das Phantasma unserer Einbildungskraft wäre. Denn im Gegensatz zu willkürlichen Phantasmen sei der Zusammenhang zwischen »Kräften der Natur« und »reellen Ideen« ein solcher der Kausalität, des »Begriffs von Ursache und Wirkung«, der dem »Selbstbewußtsein« einwohnt.

Man wird fragen müssen, was Herder unter dem »Begriff von Ursache und Wirkung« genau versteht. Die Kritik der Kausalitätsverhältnisse stand ja nicht nur am Beginn der kritischen Philosophie,³⁵ die Prävalenz des »Prinzips« - einer absolut verständigen, göttlichen »Ursache« - gegenüber den Resultaten unserer Wahrnehmung und Erkenntnis war vielmehr, nach Claudius, das auszeichnende Merkmal des martinistischen Okkultismus angesichts eines landläufigen Raisonnements. Herder denkt das Verhältnis von Ursache und Wirkung als ein solches der *Analogie*, und die - missverständliche - Betonung der Kausalität soll, wenn ich recht sehe, eigentlich nur die *Gesetzmäßigkeit* derartiger Verhältnisse der Analogie herausheben. Die Schwierigkeit eines Verständnisses ergibt sich daraus, dass das Gesetz der Analogie zwar konstant ist, dass der Verstand aber doch in der Lage sein soll, die »von uns nicht erschaffenen, aber nach Gesetzen uns zukommenden Ideen oder Empfindungen« »auszuarbeiten, vestzuhalten, zurückzurufen, zu trennen und zu verbinden.«³⁶ Herders Erkenntnispsychologie ist an dieser Stelle der »Metakritik« gar nicht ohne die in den *Ideen* zur Ausführung gebrachte Geschichtsphilosophie zu denken, denn die Art der Ausarbeitung »reeller Ideen«, die Möglichkeiten, sie festzuhalten, der Zeitpunkt sie zurückzurufen und die Verfahren, sie zu trennen und zu verbinden - all diese Bedingungen schaffen eine unendliche Diversifikation, zu der sich die kulturellen ›Weltbilder‹ der Völker und Individuen zerstreuen.

---

34 Herder, Verstand und Erfahrung. Eine Metakritik zur Kritik der reinen Vernunft. Erster Theil, Leipzig 1799, SWS 21,161.
35 Vgl. Giorgio Tonelli, »Die Anfänge von Kants Kritik der Kausalbeziehungen und ihre Voraussetzungen im 18. Jahrhundert«, in: Kant-Studien 57 (1966), 417–456.
36 Herder, Verstand und Erfahrung. Eine Metakritik, SWS 21,166.

Herders Rückgriff auf Swedenborg in der »Metakritik« *Verstand und Erfahrung* hatte einen polemischen Anlass. Doch auch die Darstellung der Lehre des Geistersehers in der *Adrastea* (1802), auf den ersten Blick nur eines der vielen Herderschen Lebensbilder aus dem 18. Jahrhundert, hat einen – bis heute offenbar unbemerkt gebliebenen – Adressaten: Friedrich Schiller. Damit haben sich die Koordinaten von Herders Argumentation etwas verschoben. Zugleich knüpft Herder noch einmal an Kants *Träume eines Geistersehers* an, nachdem er einen derartigen Bezug in der »Metakritik« auffallenderweise vermieden hatte. Swedenborg als ein »menschliches Phänomenon« auffassend, ist er ihm nun gänzlich zu einem Fall für den Nervenarzt geworden, an den er mit besorgtem Blick, so gewinnt man den Eindruck, auch die junge romantische (›sentimentalische‹) Dichtergeneration verweisen möchte.

Die Einbildungskraft, die Herder eine »bilderweckende Kraft« nennt, »ohne die der Verstand nicht wirkt«, hat sich im Falle Swedenborgs derart verselbständigt, dass ihm seine eigenen Gedanken als Geister und Engel entgegenschritten. Die »falschen Denkbilder«, die ihm seine erkrankte Phantasie vorspiegelte, waren ihm zu Phantomen oder Gespenstern geworden, mit denen er sich lebhaft besprach. Herder diagnostiziert bei dem Kranken eine »starke Intention der Gedanken«, die sich zu »fixen Ideen« verfestigt hatten. Im Lichte dieser »psychologischen Erklärung« markiert das Jahr 1743, als dem schwedischen Geisterseher Christus erscheint, eigentlich den Beginn einer Nervenkrise, die den Verstand des solcherart Erkrankten auf die Stufe des Kindes herabdrückt. Swedenborg ist hinfort ein »Selbstbetrogner«, die »hellen Gestalten« seiner Phantasie werden ihm zu wirklichen »Engeln und Heiligen«. Gewiss, so Herder, »Swedenborgs Geheimnisse sind in jedes Menschen Geist und Herz geschrieben«,[37] insofern als jeder Mensch das Kindesalter durchlaufen hat; allein das »körperliche Bild« (das Herder in der »Metakritik« im Kontext Berkeleys ›reelle Idee‹ genannt hatte) ist ihm zu einer »geistigen Gestalt« geworden, dem er ein wirkliches Dasein unabhängig von dem körperlichen Dasein, dessen ihn die »reellen Ideen« bei guter Gesundheit versichert hätten, zuspricht.

Herder nimmt damit ein Erklärungsmodell auf, das Kant 1766 in den *Träumen eines Geistersehers* entwickelt hatte. Die Inhalte unserer Phantasie, so Kant, werden personifiziert,

> und das Bild, welches ein Werk der bloßen Einbildungskraft ist, wird als ein Gegenstand vorgestellt, der den äußeren Sinnen gegenwärtig wäre. Die Bestürzung über die vermeinte Erscheinung einer Sache, die nach der natürlichen Ordnung nicht zugegen sein sollte, wird, obschon auch anfangs ein solches Schattenbild der Phantasie nur schwach wäre, bald die Aufmerksamkeit rege machen, und der Scheinempfindung eine so große Lebhaftigkeit geben, die den betrogenen Menschen an der Wahrhaftigkeit nicht zweifeln läßt. (Kant, *Träume eines Geistersehers*, A 68 f.)

Herder hatte sich 1795 mit Beiträgen an dem von Schiller redigierten Musenalmanach sowie an den *Horen* beteiligt. Schiller seinerseits legte ihm einige seiner philosophischen Gedichte vor, über die Herder sich am 22. August 1795 einleitend wie folgt äußert: »Ich danke aufs schönste für die Mittheilung der Gedichte. Die Ideale u[nd] Schatten sind rührend-schön, erhaben-traurig. Wie ist Ihnen zu muthe, wenn Sie lange Zeit solche Gefühle in sich umherwälzen?«[38] In dem ersten der beiden genannten Gedichte, *Die Ideale*, erschienen im Musenalmanach für 1796, hatte Schiller den Prozess der Personifikation von Naturerscheinungen als

---

37 Herder, Emanuel Swedenborg, der grösseste Geisterseher des achtzehnten Jahrhunderts (= Adrastea, 3. Band, 6. Stück, 1802), in: ders., Werke in zehn Bänden, Bd. 10, hg. von Günter Arnold, Frankfurt a. M. 2000, 558-569, hier: 566. (Im folgenden zitiert mit der Sigle HWA.)
38 Herder, Brief an Friedrich Schiller, 22. August 1795, DA 7,180 (Nr. 177).

ein Heraussetzen innerer Vorstellungsbilder beschreiben, die für den Betrachter eine eigene Wirklichkeit annehmen: Wie Pygmalion erweckt Schillers Jüngling »des Marmors kalte Wangen« (v. 19)[39] zu eigenartigem Leben durch eine, mit Herder zu reden, »starke Intention der Gedanken«: jugendliche Liebe als Wahnsinn. In diesem Prozess scheidet sich die »rauhe Wirklichkeit« von den wirklich gewordenen Idealen des Subjekts scharf ab: »Da lebte mir der Baum, die Rose, / Mir sang der Quellen Silberfall, / Es fühlte selbst das Seelenlose / Von meines Lebens Widerhall.« (v. 29-32)

Nun, im Jahr 1802, nutzt Herder die Swedenborg-Abhandlung in der *Adrastea* zu einer Replik auf Schillers Konzept eines freien Spiels der Phantasie. Dichter und Maler, Tonkünstler und Redner, so Herder, vereinigen sich darin, dass sie »Idole hervorbringen«, dass sie in intensiverer Weise als andere Menschen die »bilderschaffende Kraft« »ins Spiel zu setzen« vermögend sind (HWA 562). Sie zeigen sich dann als im »Besitz des magischen Stabes« (HWA 562).

Der »magische Stab«, von dem Herder hier spricht, ist eine unumwundene Anspielung auf Schiller. Das Gedicht, auf dessen Titel sich Herder dann auch explizit bezieht, ohne doch Schiller zu nennen, ist *Poesie des Lebens* überschrieben. In dem Swedenborg-Aufsatz spricht Herder davon, dass die durch »Neigung, Leidenschaft und Gewohnheit« aufgebrachten Idole der Einbildungskraft mit zunehmendem Alter den Charakter von ›reellen Ideen‹ (»das körperliche Bild«) verlieren, indem sie sich zu einer »geistigen Gestalt« verklären. Mit dieser Umwandlung ursprünglich körperlicher Bilder zu Idolen »wächst« aber auch »die Täuschung«: Die geistigen Gestalten gewinnen eine Wirklichkeit *für uns*, der keine ›reelle Idee‹ mehr zugrundeliegt, die Idole sind gänzlich von ihrem *fundamentum in re* losgelöst, sie *sind* uns nun Gespenster, Geister, Engel. Herder schließt mit erhobenem Zeigefinger: »Wir nennen dies die *Poesie des Lebens*, die, mit Maß gebraucht, zu unserm Glück beitragen, im Übermaß aber uns zu süßlichen Toren machen kann, wie jedes andre Blendwerk.« (HWA 563)[40]

Damit hatte Herder die Intention von Schillers Gedicht in einer Weise torpediert, die die Kritik, die er am Ende des Aufsatzes an »unserem neueren Idealismus« übt, vorbereitet. Die Metapher vom Spiel der Phantasie aufgreifend, spricht er von »bloßen Buchstaben-Spielen«, deren Urheber er »eine Reihe *Geisterseher*« nennt (HWA 569). Gemäß seinem Leitspruch »Nichts allzu sehr« fordert Herders Adrastea den Leser auf, »keiner Imagination *unbegrenzten Raum zu geben*, auch die reinsten Ideen des Wahren und Schönen dergestalt nicht in Bilder zu kleiden, als ob diese die Wahrheit selbst wären« (HWA 568). Was ist die Wahrheit selbst? Es ist die Wirklichkeit »reeller Ideen«, die - wie Herder in der »Metakritik« bekanntlich darlegte - gerade *nicht* »aus dem Grunde unsrer Seele« hervorgehen und die wir »nicht willkührlich in unsrer Gewalt« haben, denn sie sind nur das Resultat eines von »Kräften der Natur« erregten Innewerdens des eigenen Selbst.

Eine derartige Erklärung ist mit Schillers *Poesie des Lebens* von Grund auf inkompatibel. Herders Standpunkt ist derjenige, den Schiller einem ›nüchternen‹ Beobachter zu Beginn des Gedichts beilegt, einem Beobachter, der »Aus der Erfahrung sicherm Porte« (v. 16) alles verwirft, »was nur scheint« (v. 17), der die »Wahrheit« »entblößt« zu sehen begehrt (vgl. v. 4), auch wenn er sich damit an die »strengen Fesseln« der »Nothwendigkeit« bindet, der die Pro-

---

39 Zitate hier und im folgenden nach: Schillers Werke. Nationalausgabe, Bd. 1: Gedichte in der Reihenfolge ihres Erscheinens 1776-1799, hg. von Julius Peters und Friedrich Beißner, Weimar 1943.
40 Herder fasst die Entwicklung menschlicher Neigungen und Handlungen als komplexes Konstrukt von Leidenschaften, Vorstellungsbildern und äußeren Umständen auf. Vgl. hierzu: Häfner (2004).

dukte der Phantasie nur als Trug, »Schattenbilder« und »erborgten Schein« aufzufassen in der Lage ist. Was wäre vor *diesem* Hintergrund die Wahrheit selbst? Sie machte das Glück, das Pygmalion in der Verwandlung des Marmors genießt, zunichte, ja sie höbe das Leben, das wir nur um den Preis eines Selbstbetrugs ertragen, auf:

> Apoll zerbricht die goldne Leyer,
> Und Hermes seinen Wunderstab,
> Des Traumes rosenfarbner Schleyer
> Fällt von des Lebens bleichem Antlitz ab.
> Die Welt scheint was sie ist, ein Grab.
> [...]
> Der Schönheit Jugendbild veraltet,
> Auf deinen Lippen selbst erkaltet
> Der Liebe Kuß, und in der Freude Schwung
> Ergreift dich die Versteinerung.
> (v. 23-27, 32-35)

Diesem Ergebnis geht eine Diskussion über Schillers Gedicht *Das verschleierte Bild zu Sais* voraus. Bereits in dem Gedicht *Die Ideale* hatte Schiller von der »großen Schuld der Zeiten« (v. 103) gesprochen, die das irdische Dasein abzutragen habe. Dieser Aspekt der Schuld tritt nun in den Mittelpunkt der ägyptischen Parabel. Der wissensdurstige Jüngling übertritt das Verbot des Orakels, den Schleier der Gottheit zu heben, weil er die Wahrheit unverhüllt zu sehen begehrt. Doch am Ende ist »seines Lebens Heiterkeit dahin«, »tiefer Gram« reißt ihn »zum frühen Grabe« (v. 80f.), indem er warnend ausruft: »›Weh dem, der zu der Wahrheit geht durch Schuld, / Sie wird ihm nimmermehr erfreulich seyn.‹« (v. 84f.)

Herder öffnet sich einem Verständnis des Gedichts, indem er den Begriff der Schuld sogleich durch den christlichen Begriff der »Sünde« ersetzt. Am 22. August 1795 schreibt er an Schiller, nachdem er *Die Ideale*, *Das Reich der Schatten* (= *Das Ideal und das Leben*) und die Satire *Pegasus in der Dienstbarkeit* gelobt hatte:

> Ueber das Bild zu Heliopolis möchte ich mit Ihnen hadern. Durst nach Wahrheit ist nie Schuld [...] Und warum sollte man den Schleier nicht heben dörfen. Warum sollte es die Gottheit zweideutig verbieten, u[nd] selbst dadurch zur Sünde reizen? ›Wer ihn früher hebt / Der – ›Nun!‹ Der sieht die Wahrheit.‹

Und Herder fügt hinzu:

> Verzeihen Sie, den Zusatz hat der H[err] Pfarrer gemacht, das Orakel hat ihn nicht gesprochen. Laßen Sie den armen Jungen, der sich in die Rotonde schleicht, vom Anblick der Wahrheit, wenn sie sich in dieser Macht den Schleier wider Willen darf heben lassen, toll, oder gar zerschmettert werden; laß ihn blind werden, oder die Wahrheit im Anblick immer coloßalischer sich erheben – wie Sie wollen; nur dies Priestervervot, u[nd] die Schuld, die es wirken soll, – damit habe ich nichts zu schaffen.[41]

Man wird hier abermals von einer völligen Inkompatibilität der Wissensordnungen sprechen müssen, die Schillers Gedicht und Herder Einwände voneinander trennen. Für Herder liegt im Wissensdurst als solchem keine Schuld, schädlich ist ihm nur das Übermaß. Aber wo liegt die Grenze? Kant hatte in den *Träumen eines Geistersehers* von der »Erkenntnissucht«

---

[41] Herder, Brief an Friedrich Schiller, 22. August 1795, DA 7,180 (Nr. 177).

gesprochen, die den Menschen auf Objekte leite, die jenseits der »durch die Natur der menschlichen Vernunft gesetzten Grenzen« (Kant, Träume eines Geistersehers, A 117f.) liegen. Die Gefahr einer »Scheineinsicht«, wie sie im Falle von Swedenborgs Visionen offensichtlich vorliegt, könne dann gebannt werden, wenn man »nicht die Gegenstände allein, sondern deren Verhältnis zu dem Verstande des Menschen kennt« (A 120). Pneumatische Verhältnisse, d.h. Einsichten, die »ohne die Vermittelung der Materie« zustande kommen, sind bloße »Erdichtungen«, denn sie können »auf keinerlei Weise aus demjenigen« geschlossen werden, was uns »gegeben ist.« (A 122)

Herder hat diese Grundlegung der Anthropologie mit dem Konzept »reeller Ideen« im Kontext von Berkeleys »Immaterialismus« noch in der »Metakritik« ausdrücklich bekräftigt. Wenn er Schillers Begriff der »Schuld« im christlichen Sinne als »Sünde« interpretiert, so hat er zumindest richtig gesehen, dass damit ein *metaphysisches* Prinzip wirksam wird, das den Horizont jeder materialistischen Anthropologie notwendig sprengt. Im Hintergrund von Schillers Parabel steht der – durch gnostische Einsichten später vielfach modulierte – Gedanke Anaximanders, dass das Leben eine Buße sei, mit der der Mensch die »Schuld der Zeiten« abzutragen habe. Das Reich des schönen Scheins ist demgegenüber eine Welt sui generis, die von dem Joch des Daseins völlig entbunden ist. Darin bestand doch Schillers Lehre in der Satire *Pegasus in der Dienstbarkeit*. Sobald der Hippogryph aus den Banden der Knechtschaft befreit ist, macht sich wieder die ihm eigene »wilde Flugbegierde« (v. 24) bemerkbar:

> Nicht mehr das vor'ge Wesen, königlich,
> Ein Geist, ein Gott, erhebt es sich,
> Entrollt mit einem mal in majestätschen Wogen
> Der Schwingen Pracht, schießt brausend himmelan,
> Und eh der Blick ihm folgen kann,
> Verschwindet es am fernen Aetherbogen.
> (v. 87-92)

Der freie, von den Zwängen des Schicksals entbundene Flug des Geistes war für Herder die Metapher für eine jener »Krankheiten des Kopfes«, von denen Kant in den sechziger Jahren gehandelt hatte. Wer die Grenzen des menschlichen Verstandes überschreitet, tritt in den Bereich der Wahnsinnigen, Mystiker und Phantasten. Er fällt aus dem reifen Alter der Menschheit zurück in die Kindheit; er wird – im Blick auf das Missverhältnis zur Reife des Zeitalters – kindisch. Auch die ästhetischen Gebilde sind, wenn sie wahrhafter Ausdruck der Verwirklichung einer Menschheitsform sein sollen, daher stets an das *soziale* (civile, sittliche) Maß ›reeller Ideen‹ gebunden. Die willkürliche Erzeugung einer Welt des schönen Scheins ist Herder zuwider, weil sie das sittliche Maß des Menschen nicht tangiert.

Anfang November 1795 hat Herder diesen Konflikt mit Schiller erörtert. Ausgangspunkt des Gesprächs war damals die Frage, ob eine zeitgemäße Dichtung sich der nordischen Mythologie bedienen solle, weil sie dem germanischen Geist verwandt sei, oder ob die griechischen Mythen für die Poesie nicht geeigneter wären, auch wenn sie keinen Bezug zur Lebenswirklichkeit der nordischen Völker haben. Über diese »sehr intereßante Frage« äußert sich Schiller am 4. November wie folgt:

> Gibt man ihnen die Voraussetzung zu, daß die Poesie aus dem Leben, aus der Zeit, aus dem Wirklichen hervorgehen, damit eins ausmachen und darein zurückfließen muß und (in unseren Umständen) *kann*, so haben Sie gewonnen; denn da ist es alsdann nicht zu läugnen, daß die Verwandtschaft dieser Nordischen Gebilde mit unsrem Germanischen Geiste für jene entscheiden muß.[42]

Daraufhin entwickelt Schiller seine eigene Auffassung, in der die Poetik des »sentimentalischen Dichters«, an der er zur selben Zeit arbeitet, in Umrissen sichtbar wird. An die ungenügenden Ergebnisse erinnernd, zu denen Klopstock durch die Wiederbelebung nordischer Mythen gekommen war, legt er unmittelbar im Anschluss an die Exposition der These Herders dar:

> Aber gerade jene Voraussetzung läugne ich. Es läßt sich, wie ich denke, beweisen, daß unser Denken und Treiben, unser bürgerliches, politisches, religiöses, wissenschaftliches Leben und Wirken wie die Prosa der Poesie entgegengesetzt ist. Diese Uebermacht der Prosa in dem Ganzen unsres Zustandes ist, meines Bedünkens, so groß und so entschieden, daß der poetische Geist, anstatt darüber Meister zu werden, nothwendig davon angesteckt und also zu Grunde gerichtet werden müßte. Daher weiß ich für den poetischen Genius kein Heil, als daß er sich aus dem Gebiet der wirklichen Welt zurückzieht und anstatt jener Coalition, die ihm gefährlich sein würde, auf die strengste Separation sein Bestreben richtet. Daher scheint es mir gerade ein Gewinn für ihn zu sein, daß er seine eigne Welt formiret und durch die Griechischen Mythen der Verwandte eines fernen, fremden und idealischen Zeitalters bleibt, da ihn die Wirklichkeit nur beschmutzen würde.[43]

Es ist leicht zu sehen, dass die von Schiller empfohlene »Separation« des poetischen Geistes von der schmutzigen Wirklichkeit in den Augen Herders einem ästhetischen Autismus das Wort redete, dem die Wirklichkeit nur dann erträglich ist, wenn er sie durch die Gebilde der »eignen Welt« *ersetzt*. Noch wenige Monate zuvor, am 12. Juni 1795, als Schiller das Gedicht *Poesie des Lebens* niederschreibt,[44] bittet er Herder »inständig«, an den *Horen* mitzuwirken: »Möchten Sie doch veranlaßt werden, alles, was ihnen von jetzt an in die Feder kommt, unserm Journale zu bestimmen.«[45] Diese Aufforderung hat Schiller später nicht wieder erneuert.

Die Gegenwart von Schillers *Poesie des Lebens* innerhalb der Swedenborg-Abhandlung Herders hat denn auch einen ausgesprochen polemischen Charakter. Swedenborgs »Himmelswelt« (HWA 565) ging aus demselben »Mißbrauch der Phantasie« (HWA 567) hervor wie die Einsichten des »neueren Idealismus«: »So spielet die Phantasie mit uns nicht nur in dichterischen, sondern auch in wissenschaftlichen Träumen.« (HWA 565)

Herders Anthropologie wahrt darin eine bemerkenswerte Kontinuität. Die frühe Lehre von den Grenzen des menschlichen Verstandes erscheint in der - klassischen - Figur des rechten Maßes noch einmal zu einer Zeit, als Okkultismus und Idealismus - und Herder hat beide stets zusammen gesehen - ihm den sittlichen Wert des Lebens zu verdunkeln schienen.

---

42 Friedrich Schiller, Brief an Herder, 4. November 1795, in: Schillers Werke. Nationalausgabe, Bd. 28, hg. von Norbert Oellers, Weimar 1969, 97-99, hier: 97 f. (Nr. 82).
43 Ebd., 98.
44 Vgl. Friedrich Schiller, Brief an Goethe, 12. Juni 1795, in: Schillers Werke. Nationalausgabe, Bd. 27, hg. von Günter Schulz, Weimar 1958, 192 f. (Nr. 158).
45 Vgl. Friedrich Schiller, Brief an Herder, 12. Juni 1795, ebd., 191 f. (Nr. 156).

Literaturverzeichnis

Günter Arnold: Hamanns Verhältnis zum Staat im Dialog mit Kant und Herder, in: Gajek, Bernhard (Hg.), Die Gegenwärtigkeit Johann Georg Hamanns. Acta des achten Internationalen Hamann-Kolloquiums an der Martin-Luther-Universität Halle-Wittenberg 2002, Bern u. a. 2005, 499-507.

Berger, Joachim u. Grün, Klaus-Jürgen (Hg.): Geheime Gesellschaft. Weimar und die deutsche Freimaurerei, München, Wien 2002.

Derré, Jean-René: Littérature et politique dans l'Europe du XIXe siècle, Lyon 1986.

Häfner, Ralph: Johann Gottfried Herders Kulturentstehungslehre. Studien zu den Quellen und zur Methode seines Geschichtsdenkens (= Studien zum achtzehnten Jahrhundert 19), Hamburg 1995.

— Das Erkenntnisproblem in der Philologie um 1700. Zum Verhältnis von Polymathie und Aporetik bei Jacob Friedrich Reimmann, Christian Thomasius und Johann Albert Fabricius, in: Häfner, Ralph (Hg.), Philologie und Erkenntnis. Beiträge zu Begriff und Problem frühneuzeitlicher ›Philologie‹ (= Frühe Neuzeit 61), Tübingen 2001, 95-128.

— Félix le Triste. Was schätzt Herder an Diderots Erzählung *Les deux amis de Bourbonne*?, in: Nachrichten der Akademie der Wissenschaften zu Göttingen. I. Philologisch-historische Klasse. Jg. 2004. Nr. 9 (= S. 329-348 des Jg.).

Müller, Gerhard: Freimaurerei und politische Führungseliten. Die Strikte Observanz in den thüringischen Staaten (1764-1782), in: Berger/Grün (2002), 169-175.

Proß, Wolfgang: »Ein Reich unsichtbarer Kräfte«. Was kritisiert Kant an Herder?, in: Scientia poetica 1 (1997), 62-119.

Rijnberk, Gérard van: Un thaumaturge au XVIIIe siècle. Martines de Pasqually. Sa vie, son œuvre, son ordre, 2 Bde., Paris 1935, Lyon 1938 (Neudr.: Plan de la Tour (Var): Editions d'aujourd'hui, 1980).

Schüttler, Hermann: Der Wilhelmsbader Freimaurerkonvent im Spiegel der Illuminaten, in: Berger/Grün (2002), 175-184.

Schmidt-Biggemann, Wilhelm: Politische Theologie der Gegenaufklärung. Saint-Martin, De Maistre, Kleuker, Baader, Berlin 2004.

Tonelli, Giorgio: La question des bornes de l'entendement humain au XVIIIe siècle et la genèse du criticisme kantien, particulièrement par rapport au problème de l'infini, in: Revue de Métaphysique et de Morale 64 (1959), 396-427.

— Die Umwälzung von 1769 bei Kant, in: Kant-Studien 54 (1963), 369-375.

Viatte, Auguste: Les sources occultes du romantisme. Illuminisme - Théosophie 1770-1820, 2 Bde., Paris 1979.

GUNDULA EHRHARDT

Attraktion und Repulsion
Herders frühe Burke-Rezeption und »Kalligone«

I.

Ein Mann der kleinen Geste war Johann Gottfried Herder nie, wenn es um verdientes Lob, wenn es um Beifall und Anerkennung ging. Das Lob aber, das er dem ›Brittischen Erfahrungsphilosophen‹[1] Edmund Burke gespendet hat, ist geradezu unvergleichlich zu nennen: die Entdeckungen Burkes, heißt es im *Vierten Kritischen Wäldchen*, seien »Entdeckungen in einer so dunklen Gegend«, einer Gegend, »die sich gemeinen Augen« (also den Augen des empirischen Laien) nur von fern, »wie eine mit Wolken bedeckte Zaubergegend zeigt«. Eine Zaubergegend, die unerreichbar und unberührbar schien – und die nun, so Herder, als »ein blühendes Land« vor unseren Augen stehe, als »eine Insel Madera ...«:[2] dank Edmund Burke, der den erkenntnishemmenden Wolkenschleier als erster durchdrungen habe.

Mit einem höheren Anspruch kann man dem angelsächsischen Kunsttheoretiker aus der Schule John Lockes kaum begegnen. Wenn man sich also mit der Burke-Rezeption Herders[3] befasst, dann hat man es – zugleich – mit nichts geringerem als den innersten Bezirken der Herderschen Epistemologie zu tun. Denn wo sonst, wenn nicht in den »dunklen Gegenden«, in den »tiefen, wilden Hainen der Natur«,[4] von denen hier die Rede ist, hätte das epistemologische Interesse Herders seinen Ursprung? Längst hat man nachgewiesen, dass er mit den Größen des englischen Empirismus, mit Locke, Hume und Berkeley, gut vertraut war; und beinahe mehr noch mit den verzweigten sensualistischen Strömungen in Frankreich, die v.a. durch Rousseau, Diderot, Condillac und den etwas in Vergessenheit geratenen Charles Bonnet[5] beeinflusst wurden.

All dies war Herder schon während seiner Königsberger Zeit geläufig. Auch hatte er von den epochemachenden Vorträgen Albrecht v. Hallers über das physiologische Phänomen des ›Reizes‹ Kenntnis genommen, die im Jahr 1756 in deutscher Sprache erschienen waren. Wie stark bereits der junge Herder an diesen empirisch-sensualistischen, durchaus sinnesphysiologischen Problemstellungen interessiert gewesen ist, das lässt schon der frühe *Versuch über das Sein* (1764) erkennen: »Alle meine Vorstellungen sind sinnlich –«, heißt es da, »sind dunkel – sinnlich und dunkel schon längst als gleichbedeutende Ausdrücke (!) bewiesen.« Und weiter:

---

1 Johann Gottfried Herder: *Viertes Kritisches Wäldchen*, in: J.G. Herder: Werke. Hg. von Wolfgang Proß. Bd. II. München/Wien 1987, 151. (Künftig, mit Bandangabe, zitiert unter der Sigle »Proß«.)
2 Ebd., 152.
3 Zur Genese sowie zu den verwendeten Materialien vgl. Gundula Ehrhardt/Günter Arnold: Handschriftliches zu Herders Burke-Rezeption. Die Exzerpte XXVI 5, 86 und XXVIII 2, 71ʳ, in: Herder Yearbook 7 (2004), 123-135.
4 Ebd.
5 Vgl. dazu Ralph Häfner: ›L'âme est une neurologie en miniature‹. Herder und die Neurophysiologie Charles Bonnets, in: Hans-Jürgen Schings (Hg.): Der ganze Mensch. Anthropologie und Literatur im 18. Jahrhundert (DFG-Symposion 1994). Stuttgart/Weimar 1994, 390-409.

> der elende Trost zur Deutlichkeit – die Abstraktion, die Zergliederung, aber wie weit erstreckt sich der! – die Zergliederung geht ins unendliche fort, denn einige Begriffe sind – – – sinnlich. Ich ziehe sie ab, einige sind wiederum sinnlich, bis dieses sich nicht mehr abziehen läßt, der grobe Klumpen bleibt über.[6]

In diesem schlichten, denkbar unakademischen Satz verbirgt sich eine Grundeinsicht, die Herder nicht mehr loslassen sollte. Dass sie ihn auf ganz andere Wege führt als einen Physiologen vom Schlage Albrecht v. Hallers (angesichts der Hallerschen Schriften äußert Herder noch in Bückeburg: »für den Verstand vortreflich; u. nie ein Wort für den ganzen Menschen«[7]), dass Herder also gewisse physiologische Detailfragen, wie z.B. den Unterschied zwischen ›Reiz‹ und ›Empfindung‹, übergeht und in ein umfassendes psychologisches Konzept auflöst,[8] dass er die seelenlose, mechanische Materie gar »wie Pygmalions Statue mit Geist belebt«:[9] darin liegt die besondere anthropologische Qualität seiner Sinnesphysiologie.

Wenn sich Herder nämlich sinnesphysiologischen Fragen zuwendet, dann stets mit Blick auf den ›ganzen Menschen‹ – der rein positivistischen Forschung gegenüber, die, wie Albrecht v. Haller, ganz unbeirrt mit dem Ätzstein[10] zu Werke ging und dabei ohne jeden anima-Begriff auszukommen schien, dieser Forschungshaltung gegenüber hat er ein gewisses Missbehagen nie überwinden können.[11] Lieber hielt er sich da an Untersuchungen, die über die rein positivistische Bestandsaufnahme hinausgehen, die von einem wenn auch eigenwillig-unhistorischen, aber doch echten psychologischen Interesse getragen werden, denen also – bei aller Physiologie – der Begriff der »Seele« etwas wert ist. Mit anderen Worten: an Untersuchungen wie Edmund Burkes *Enquiry*.

II.

Der protestantische Ire Edmund Burke, jener berühmte Theoretiker der Französischen Revolution und Repräsentant der »Whigs« im England des mittleren 18. Jahrhunderts, ist – wie man weiß – von Hause aus Politiker durch und durch. Dass er als junger Mann auch eine kleine ästhetische Schrift verfasst hat, gilt in nicht-germanistischen Kreisen als Marginalie; und wenn doch einmal davon die Rede ist, dann nicht ohne eine leicht spöttische Attitüde. Und in der Tat nimmt sich die *Philosophical Enquiry into the Origin of our Ideas of the Sublime and Beautiful*,[12] nimmt sich dieser (erste und letzte) ästhetiktheoretische Versuch im Gesamt-

---

6 J.G. Herder: *Versuch über das Sein*, in: Proß I, 577.
7 An Johann Heinrich Merck, [Anfang Oktober 1771], in: Johann Gottfried Herder: Briefe. Gesamtausgabe 1763-1803. Hg. von Wilhelm Dobbek u. Günter Arnold. Weimar 1977ff. Bd. 2, 79. (Künftig zitiert unter der Sigle »DA«.)
8 Dazu ausführlich Simon Richter: Medizinischer und ästhetischer Diskurs im 18. Jahrhundert: Herder und Haller über den Reiz. In: Lessing Yearbook 25 (1993), 83-95.
9 J.G. Herder: *Vom Erkennen und Empfinden der menschlichen Seele* (3. Fassung, 1778), in: Proß II, 675.
10 Albrecht von Haller: *De partibus corporis humani sensibus et irritabilibus*. (Von den empfindlichen und reizbaren Teilen des menschlichen Körpers.) Deutsch hg. u. eingel. v. Karl Sudhoff. Leipzig 1922, 15.
11 Vgl. etwa den Brief an Johann Heinrich Merck: »Auf Haller's Roman bin ich – und doch nur mäßig begierig. Ich habe, da ich auch jetzt seine neuen Theile von Physiologie (Sinne, Seelenkräfte, und Oekonomie des Lebens) durchstudirt, meine Hochachtung gegen diesen großen Mann, trotz aller Mühe, nie zum Enthusiasmus aufschwingen können« (wie Anm. 8).

werk Burkes wie ein Fremdkörper aus. Das liegt u. a. daran, dass sich eine kleine Werbeaktion dahinter verbirgt: denn Edmund Burke, dessen Erstlingsschrift ja unmittelbar anschließt an die sehr erfolgreiche Essayreihe *The Pleasures of the Imagination* von Joseph Addison,[13] gedachte durch dieses nicht-politische Debut die Aufmerksamkeit der breiten literarischen Öffentlichkeit zu erringen. Und dies mit Erfolg: Ende der 50er Jahre erhielt er Zugang zu den namhaftesten Salons in London.

Insbesondere die deutsche Rezeptionsgeschichte des Buches macht deutlich, dass ein kurzer Seitenblick auf die Herkunft Burkes nicht schaden kann. Denn das minimiert die Versuchung, sich von den düsteren, vermeintlich präromantischen Reizen des Werkes gefangennehmen zu lassen – die um 1756 freilich weit weniger düster waren, als das die romantischen, vom Genre der »Gothic Novel« befeuerten Burke-Rezipienten wahrhaben wollten. Mit Burke, so hieß es (und heißt es nicht selten immer noch), sei endlich einmal die klassizistische Doktrin des Ebenmaßes herabgestimmt und in die Schranken gewiesen worden. Ja, man habe es mit einer »Ästhetik des Schreckens und Schmerzes«[14] zu tun, mit einem regelrechten Schmerzenskult. Unter historischen Gesichtspunkten allerdings weist auf einen solchen Befreiungsschlag wenig hin: stand der junge Burke doch, sowohl politisch als auch kulturell, ganz und gar in der Tradition des englischen Klassizismus – was sich mit seiner gemäßigt liberalen Grundhaltung bestens vertrug. An einem ästhetiktheoretischen Affront konnte ihm gar nicht gelegen sein, denn er kam nicht von der Ästhetiktheorie her, sondern von den sozialanthropologischen Theorien des 17. und frühen 18. Jahrhunderts. Woran der Literat Burke hauptsächlich interessiert war, das waren die gesellschaftlichen und politischen R a h m e n b e d i n g u n g e n des ästhetischen Erlebnisses.

Dafür nun brachte das deutsche Publikum, das die Schrift erst 17 Jahre später,[15] im Jahr 1773 nämlich, kennengelernt hatte, nur mäßiges Interesse auf – gelinde gesagt. Im Grunde hatte man für die peniblen, typisch britischen Abschattierungen des ›Social Living‹, u. a. unterscheidet Burke zwischen dem sog. Gesellschaftstrieb (»Passions which belong to Society«) und dem Trieb zur Selbsterhaltung (»Passions which belong to Self-Preservation«), nicht viel übrig.[16] Moses Mendelssohn, der erste deutsche Burke-Rezensent, spart auch nicht mit Tadel hinsichtlich der unübersehbar defizitären Logik des Buches: »Es wäre zu wünschen«, so schreibt er, »daß die Engländer so fleißig unsere Philosophie studirten, als wir ihre Beobachtungen zu Rathe ziehen.«[17] Herder hält die Zügel da etwas lockerer: »Ich lasse ihm [...] seine qualitates occultas von Begriffen«, heißt es im *Vierten Kritischen Wäldchen*, »ich lasse

---

12   Edmund Burke: *A Philosophical Enquiry into the Origin of our Ideas of the Sublime and the Beautiful.* (Vom Erhabenen und Schönen.) Aus dem Englischen übersetzt von Friedrich Bassenge. Berlin 1956, 36. Diese Übersetzung – als Neuauflage erschienen im Meiner-Verlag (Philosophische Bibliothek Bd. 324, Hamburg ²1989) – ist nach wie vor maßgebend.
13   Joseph Addison/Richard Steele (Hg.): *The Spectator*. Edinburgh 1766 (No. 411-42, 1711/12).
14   Samuel H. Monk: The Sublime. A study of critical theories in 18-century England. New York 1935, 84.
15   Die komplizierte Übersetzungshistorie des Werkes, die mit Lessing (dessen Übersetzung im Ostermeßkatalog des Jahres 1758 bereits angekündigt worden, aber nie erschienen ist) beginnt und – über Herder, den Rigaer Pastor Johann Jakob Harder und den Altertumswissenschaftler Christian Adolph Klotz – bis zu Christian Garve reicht, hat dazu geführt, dass sich das breite deutsche Publikum erst im Jahr 1773, auf Betreiben von Verleger Hartknoch, der die Garvesche Übersetzung angeregt und in die Wege geleitet hat, mit dem Werk vertraut machen konnte.
16   Zu den rezeptionsgeschichtlichen Zusammenhängen vgl. Christian Begemann: Erhabene Natur. Zur Übertragung des Begriffs des Erhabenen auf Gegenstände der äußeren Natur in den deutschen Kunsttheorien des 18. Jahrhunderts, in: DVjs 58 (1984), bes. 102ff.

ihm alles, was System ist. Aber die eigentlichen Erfahrungen in ihm sind würkliche Entdeckungen«.[18]

III.

Die ›eigentlichen Erfahrungen‹, man könnte auch sagen: die wache, unbestechliche (in gewissem Sinne sogar »unbedarfte«) Generaldiagnostik des so flüchtigen ästhetischen Erlebnisses – das ist es, was Herder an der Burkeschen Schrift zu schätzen weiß.[19] Von einer revolutionären Abwertung des Lieblichen und Ebenmäßigen, vom »agreeable horror« kein Wort. Im Gegenteil: wo er nur kann, hebt Herder den dichotomischen (d.h. gerade nicht einseitigen und befangenen) Zugriff der *Enquiry* hervor – und lobt ihn in den höchsten Tönen. Und dies über drei Jahrzehnte hinweg: vom *Vierten Kritischen Wäldchen* bis zur *Kalligone* findet sich nicht der geringste Widerhall dessen, was Samuel H. Monk die ›Ästhetik des Schreckens und Schmerzes‹[20] genannt hat. Sollte Herder diese düstere Dimension der Burkeschen Ästhetik etwa entgangen sein? Und Mendelssohn und Lessing ebenfalls? Wohl nicht. Eher hat es den Anschein, als ob die deutschen Burke-Rezensenten des 18. Jahrhunderts durch Begriffe wie ›pain‹, ›terror‹ und ›horror‹ gar nicht sonderlich irritiert gewesen wären – oder gar schockiert. Vor allem Herder hat die gewollt-panische Attitüde angesichts des Erhabenen stets mit Spott und Hohn überzogen: »Ästhetische Gefühle«, so liest man in der *Kalligone*, »müssen ohne die hochpeinliche Halsgerichtsordnung gefühlt werden: denn freilich dem im Meer Ertrinkenden, vom Haifisch verschlungenen ist der Ozean gräßlich.« Wer sein wankendes und störanfälliges Ich nicht zurücknehmen, wer seine Subjektivität nicht zumindest zeitweise dem Genuss des Naturobjekts aufopfern könne – der solle, und dieser Hieb richtet sich gegen keinen geringeren als gegen Kant, doch »Zweckmäßiger zu Lande« bleiben.[21]

---

17 Moses Mendelssohn: *Bibliothek der schönen Wissenschaften und freyen Künste*. Bd. III, 2. Stück (1758). ²Leipzig 1962, 291. – Ganz ähnlich auch Lessing: »[...] allein das ganze Gebäude taugt nichts«. An Moses Mendelssohn, 18. Februar 1758, in: Gotthold Ephraim Lessing: Gesammelte Werke. Hg. von Paul Rilla. 10 Bde. ²Berlin/Weimar 1968. Bd. 9, 162. Vgl. dazu auch die Burke-Rezension Lessings selbst (»Bemerkungen über Burkes Philosophische Untersuchungen über den Ursprung unserer Begriffe vom Erhabenen und Schönen«; ebd., Bd. 7, 273–279).

18 J.G. Herder: *Viertes Kritisches Wäldchen*, in: Proß II, 152.

19 Erstmals erwähnt wird die Schrift im November 1768 gegenüber Hamann – bekannt war sie Herder vermutlich bereits seit seiner Rigaer Zeit. Wie sich dem Hamann-Brief (DA 1, 75) entnehmen lässt, hat er sich gegen Ende des Jahres 1768 dann auch ein Exemplar der dritten (um die einführende Abhandlung *On Taste* erweiterte) Auflage bestellt, die er zunächst in einer französischen Übersetzung kennengelernt hatte.

20 Zu den geistesgeschichtlichen Hintergründen vgl. dazu Carsten Zelle: Angenehmes Grauen. Literaturhistorische Beiträge zur Ästhetik des Schrecklichen im achtzehnten Jahrhundert. Hamburg 1987, bes. S. 186 ff.

21 Johann Gottfried Herder: *Kalligone* (III. Teil: »Vom Erhabnen und vom Ideal«), in: J.G. Herder: Werke. Bd. 8. Hg. von Hans-Dietrich Irmscher. Frankfurt a.M. 1998, 876 f. – Die *Kalligone* gehört (wie auch die *Metakritik*) nach wie vor zu jener Gruppe von Herders Werken, der sehr wenig Aufmerksamkeit gewidmet wird – lediglich um 1900 gab es einen kurzfristigen Aufschwung. Vgl. Günther Jacobi: Herders Kalligone und ihr Verhältnis zu Kants Kritik der Urteilskraft. Berlin 1906; Hans Baer: Beobachtungen über das Verhältnis von Herders Kalligone zu Kants Kritik der Urteilskraft. Heidelberg 1907.

Dass es sich hier keineswegs um blanke Polemik, um Verbitterung und Altersstarrsinn handelt, das lässt sich anhand der allerfrühesten (und allerpersönlichsten) Äußerungen Herders zum Erhabenen leicht feststellen; sind doch bereits die entsprechenden Passagen des *Reisejournals* auf diesen hymnischen Ton gestimmt: »[...] und was gibt ein Schiff«, so hebt er dort an,

> daß zwischen Himmel und Erde schwebt, nicht für weite Sphäre zu denken! Alles gibt hier dem Gedanken Flügel und Bewegung und weiten Luftkreis! Das flatternde Segel, das immer wankende Schiff, der rauschende Wellenstrom, die fliegende Wolke, der weite unendliche Luftkreis![22]

Und diese Tonlage nimmt über drei Jahrzehnte hinweg keinerlei Schaden. Alles deutet deshalb darauf hin, dass das schier unerschütterliche Grundvertrauen in die Kräfte der Natur (das Herder nie verlassen hat), dass dieses Vertrauen nicht nur die liebliche, sondern auch die rauhe und unberechenbare Seite der Natur einschließt – denn nicht von ungefähr greift Herder speziell das Erhabenheitsverständnis des späten 18. Jahrhunderts an. Was ihm daran missfällt und aufs entschiedenste gegen den Strich geht, das ist die moderne, subjektivistische Trennung des Erhabenen vom Schönen, das ist die vorsätzliche Isolierung der erhabenen Natur. Ein Reizbegriff erster Güte musste für ihn deshalb der Kantische Begriff der ›Subreption‹ sein – der ja jenen Punkt des Erhabenheitserlebnisses bezeichnet, an dem die Bewältigung einer furchterregenden Natur umschlägt in die erhabene Selbstbemächtigung des (intelligiblen) Subjekts: »Kehrt sich die Sache so?«, hakt die *Kalligone* denn auch nach, »Ich achte und ehre die Natur, weil ich mich achte; in mir verehre ich das Erhabene und bin das Erhabenste, Stifter alles Erhabenen, durch die Achtung, die ich mir selbst weihe.«[23] Von solchen transzendentalphilosophischen Anmaßungen will der vorkritische Herder nichts wissen – und hält sich stattdessen an das erhabene Objekt, an die Natur selbst. Denn, so seine Prämisse, nur dort (und nicht in der Willkür des Subjekts) könne das ästhetische Erlebnis seinen Anfang nehmen.[24]

IV.

Wenn Herder im *Vierten Kritischen Wäldchen* von den »tiefen, wilden Hainen der Natur« spricht, aus denen Edmund Burke seinen Lorbeer gebrochen habe, dann spielt er damit in erster Linie auf das physikalische Grundprinzip an, das sich die *Enquiry* unterschwellig zunutze macht. Gemeint ist das Prinzip ›Attraktion–Repulsion‹, das, im Newtonschen Gravitationsgesetz kulminierend, über die hermetische und neuplatonische Tradition zurückreicht bis auf Empedokles. Wie man weiß, war Herder im höchsten Maße fasziniert davon, zeitlebens. Die Burkesche Ästhetik stellt in diesem großen ideengeschichtlichen Tableau

---

22 J.G. Herder: *Journal meiner Reise im Jahre 1769*, in: Proß II, 360.
23 Ebd., 255. – Bei Herder schon findet man die Argumente, die späterhin Hartmut und Gernot Böhme gegen Kants Theorie des Erhabenen in Stellung gebracht haben. H. und G. Böhme: Das Andere der Vernunft. Zur Entwicklung von Rationalitätsstrukturen am Beispiel Kants. Frankfurt a.M. 1985, 215 ff.
24 Wer mit Herder in dieser epistemologischen Kernfrage ganz und gar übereinstimmt, das ist – wie sich an einer ganzen Serie von Texten (*Prometheus, Briefe aus der Schweiz. Zweite Abteilung, Wilhelm Meisters Wanderjahre*) nachweisen ließe – sein ehemaliger Schüler Goethe. Vgl. dazu Hans-Jürgen Schings: Beobachtungen über das Gefühl der Erhabenen bei Goethe. In: Begegnung mit dem ›Fremden‹. Akten des VIII. Internationalen Germanisten-Kongresses. Tokyo 1990. Bd. 7. München 1991, S. 15–26.

freilich nur einen sehr kleinen, sehr speziellen Mosaikstein dar – unnötig zu sagen, dass dem Polyhistor Herder eine Fülle an unterschiedlichsten Quellen[25] bekannt war, in denen dieses Denkprinzip vorkommt. Insbesondere natürlich Schriften zur Neurophysiologie (hier ist v. a. an Albrecht v. Haller, George Louis Leclerc de Buffon und Charles Bonnet zu denken); aber auch an Denker neuplatonischer und pansophischer Provenienz wie Johann Baptist van Helmont oder Henry More.

Im Zentrum des modernen Polaritätsdenkens aber steht, in unangefochtener Autorität, Isaac Newton. Wo immer in Herders Schriften von ihm die Rede ist, da sind gewisse anthropologische Lieblingsideen nicht weit. Wohl eines der schönsten Beispiele dafür ist der Aufsatz *Liebe und Selbstheit*, erschienen 1782 in den ›Zerstreuten Blättern‹, wo – im Anschluss an Hemsterhuis' *Lettre sur les Désirs* (1770) – der »Pulsschlag der Seele« so gründlich und umfassend wie nur selten thematisiert wird. Was bei der Lektüre, nebenbei bemerkt, sofort ins Auge fällt, ist, wie weit das Polaritätsdenken Herders von der z. T. höchst willkürlichen Assoziationsakrobatik der Spätromantik entfernt ist; nichts hätte ihm wohl ferner gelegen als etwa in Holzfasern Nervenbahnen sehen zu wollen, wie der Jenenser Naturforscher Lorenz Oken das getan hat. Einen Kopf wie Hegel konnte dergleichen völlig aus der Fassung bringen: »Etwas Kohlenstoff, Sauerstoff, Stickstoff und Wasserstoff zusammengeknetet«, so höhnte er, »und in ein von andern mit Polarität usw. beschriebenes Papier gesteckt«. Dazu ein paar ›vernunftlose Analogien‹, ein paar ›besoffene Gedankenblitze‹[26] – und fertig sei die pulsierende romantische Natur.

Ganz anders das subtile, bis in die feinsten Verästelungen ausgereifte Polaritätsdenken Herders – denn dieses Denken erfasst nicht nur die körperlichen, geistigen und seelischen Wirkungszusammenhänge; es setzt sie auch ins Verhältnis zum Kosmos. Schon dem jungen Herder, der sich (unter der Anleitung Kants) bereits in Königsberg mit Newton vertraut gemacht hatte und auch mit den kosmologischen Schriften seines Lehrers selbst, schon ihm war bewusst, was für einen beachtlichen analogischen Brückenschlag er vollzog, als er die kleine Pariser Skizze *Zum Sinn des Gefühls* (1769) mit der Feststellung eröffnete: »Es ist sonderbar, daß die höchsten Begriffe der Philosophie von Anziehung und Zurückstoßung, die einfachsten Sachen des G e f ü h l s sind, so wenig wissen wir! das Höchste der Philosophie ist zugleich das erste und bekannt.«[27] Soll heißen: zwischen den Gesetzen des Kosmos und der menschlichen Sinnlichkeit herrscht eine geheime analogische Übereinstimmung; die physikalischen Kräfte, von denen die Sterne und Planeten auf ihrer Bahn gehalten werden, diese Kräfte – so die Hypothese Herders – zirkulieren auch in der Lebenswelt des Menschen und natürlich im menschlichen Organismus selbst. Mikrokosmos und Makrokosmos befinden sich in einem beständigen Prozess des Wechselwirkung, sie fördern und ergänzen einander: und dies unter dem Signum einer unzerstörbaren kosmischen Harmonie.

So stellt sich, in knappster Form, die ontologische (vom spinozistischen Immanenzgedanken sowie vom Leibnizschen Prinzip der Kontinuität beeinflusste) Hintergrundkonstellation dar, die Herder stets im Kopf hatte, wenn er sich mit empirisch-sensualistischen Erkenntnissen – mit der genauen Beschaffenheit des »Mikrokosmos« also – auseinandersetzte. So auch im Fall Burke. Schätzt er die *Enquiry* doch nicht etwa dieser oder jener Einzelbeob-

---

25 Vgl. dazu Ralph Häfner: Johann Gottfried Herders Kulturentstehungslehre. Studien zu den Quellen und zur Methode seines Geschichtsdenkens. Hamburg 1995.
26 Friedrich Wilhelm Joseph Schelling: Briefe und Dokumente. Hg. von Horst Fuhrmans. Bd. I. Bonn 1962. Darin die Abhandlung »Schelling und Hegel. Ihre Entfremdung«, 496.
27 J. G. Herder: *Zum Sinn des Gefühls*, in: Proß II, 243 (Hervorhebung v. Vf.).

achtung wegen (was das betrifft, so nimmt sich das Buch ohnehin eher wie ein Potpourri aus), sondern weil die hier versammelten Erfahrungen, Wahrnehmungen und Beobachtungen eben jenen Analogieschluss zwischen kosmischem und neuromuskulärem System erlauben.

Insbesondere in der *Kalligone*, aber auch schon im *Vierten Kritischen Wäldchen*, bringt Herder die neuartige angelsächsische Ästhetiktheorie auf diesen Kurs: und dies sehr zum Vorteil des Büchleins selbst. Denn dass es das Zeug zu einer Vermittlungsfunktion solchen philosophischen Ausmaßes hat, war seinem Verfasser gar nicht recht bewusst.[28] Wie man weiß, hegte der Quäkerschüler Burke gewisse deistische Vorbehalte gegen das Gravitationsgesetz, überhaupt gegen die Entdeckungen Newtons – was Herder freilich nicht davon abgehalten hat, das System Burkes als ›edles‹, ›Wahrhaftig Newtonisches System‹ zu bezeichnen und festzustellen: »Wir haben einen Brittischen Erfahrungsphilosophen, der diese zwei Gefühle [das Gefühl des Schönen und Erhabenen, d. Vf.] bis tief in unsere Natur und gleichsam auf das Faserngewebe [...] verfolgt und überall das Erhabne auf ein Gefühl der Anstrengung, das Schöne auf eine sanfte Erschlaffung der Nerven zurückleitet«.[29]

V.

Eine fulminante Entdeckung! Eine Entdeckung, die das zähe ästhetiktheoretische Dauerproblem, warum etwas gefalle oder missfalle, warum es Wohlbehagen oder Schrecken hervorrufe, auf einen Schlag zu lösen scheint. Eine Entdeckung aber auch, die sich der modernen, subjektivistischen Tendenz, das (ästhetische) Objekt selbst geringzuschätzen und ihm jedenfalls die Primärwirkung abzusprechen, in den Weg stellt. Insbesondere um 1800 war Herder diese dezidiert physiologische Begründung des ästhetischen Erlebnisses natürlich sehr will-

---

28 Hier liegt eine unübersehbare methodische Schwäche des Buches vor. Denn: Burke nennt zwar das Newtonsche Gravitationsgesetz (*Opticks*, 3. Buch), versteht dessen Hauptpotenz – das Prinzip Attraktion-Repulsion – aber nur bedingt zu nutzen. Im Text selbst fällt der Name ›Newton‹ dann auch nur zweimal; der unterschwellige Vorwurf der Blasphemie (den Burke an Newtons Hypothese eines »subtle elastic æther« festmacht) ist in IV, 1 [Bassenge, 168 f.] plaziert: »Als Newton die Eigenschaft der Attraktion entdeckte und ihre Gesetze aufstellte, fand er sie zunächst sehr dienlich, um einige der bemerkenswertesten Phänomene in der Natur aufzuklären; und doch: im Verhältnis zum allgemeinen System der Dinge konnte er die Attraktion nur als eine Wirkung betrachten, deren Ursache er damals noch nicht aufzuspüren vermochte. Aber als er späterhin begann, sie auf einen elastischen Äther zurückzuführen, scheint dieser große Mann (wenn es einem so großen Manne gegenüber nicht pietätlos sein sollte, irgend so etwas wie einen Fehler aufzudecken) seine vorsichtige Art des Philosophierens aufgegeben zu haben; denn auch wenn man über diesen Gegenstand all das einräumte, was ihm gelungen ist, hinreichend glaubhaft zu machen, – so würde man sich nach meiner Auffassung doch ebenso vielen Schwierigkeiten gegenübersehen wie vorher. Die große Kette der Ursachen, die Glied für Glied miteinander verbunden ist – bis selbst zum Thron Gottes hin, kann niemals durch irgendwelche Bemühungen wie die unseren auseinandergebrochen werden. Wenn wir auch nur einen Schritt hinter die unmittelbaren sinnlichen Qualitäten vordringen wollen, verlassen wir unser Reich.« Eben diesen Schritt scheut Herder – auf das analogische Erkenntnisprinzip vertrauend (»Was wir wissen, wissen wir nur aus Analogie, von der Kreatur zu uns und von uns zum Schöpfer. Soll ich also dem nicht trauen, der mich in diesen Kreis von Empfindungen und Ähnlichkeit setzte, mir keinen andern Schlüssel, in das Innere der Dinge einzudringen, gab [...]?« *Vom Erkennen und Empfinden der menschlichen Seele*, in: Proß II, 665) – nicht.

29 J.G. Herder: *Viertes Kritisches Wäldchen*, in: Proß II, 151.

kommen. Machte sie es ihm doch möglich (und das war nun ein Geniestreich typisch Herderscher Prägung), anhand einer durch und durch neuzeitlichen Schrift zu der ursprünglichen, d.h. traditionell verbürgten Einheit des ›Schönen‹ und ›Erhabenen‹ zurückzuführen – wieder ins Gedächtnis zu rufen, dass das Schöne und das Erhabene »Stamm und Äste Eines Baums«[30] sind, dass das Erhabene nichts als der schwer zu erreichende Gipfel des Schönen und also das sei, was die Griechen καλλιστον und αριστον genannt haben.

Schon der antike Anspielungshorizont macht deutlich, dass Herder durchaus nicht gewillt war, die Bewertung dieser beiden Kategorien von den neuesten transzendentalphilosophischen Erkenntnissen abhängig zu machen. Im ersten Satz schon beruft er sich auf Pseudo-Longin und bringt sogleich auch einen imaginären Dialog mit Phidias, Lysipp, Anakreon und Pindar in Gang – und wer sich in diesen Ahnenreigen (erstaunlicherweise) ganz zwanglos einfügt, das ist unser ›Brittischer Erfahrungsphilosoph‹: umstandslos und ohne weitere Begründung wechselt Herder aus dem antiken Diskurs hinüber in den modernen, empirischen. Doch die scheinbar so beiläufig, so zufällig wirkende Achsendrehung hat Methode: denn erstens gelingt es Herder auf diese Art und Weise, die Argumentation Kants[31] nicht nur zu umgehen, sondern sie auch mit empirischen Mitteln zu unterlaufen. Und zweitens hat sich so eine kontinuierliche denkgeschichtliche Entwicklungslinie aufweisen lassen, die von Pseudo-Longin bis zu Edmund Burke reicht – und dies ohne jeden transzendentalphilosophischen Beistand. Wie geschickt der späte Herder die Argumente Burkes von langer Hand in seinen eigenen Argumentationsgang zu amalgamieren versteht, kann hier nur angedeutet werden; werfen wir stattdessen noch einen Blick auf die einzelnen Burke-Passagen selbst.

Erstmals fällt der Name Edmund Burke im *Vierten Kritischen Wäldchen*, wo er eingesenkt ist in die jeweiligen Ausführungen über das Phänomen des ›Schalls‹. Aus gutem Grund: ist der Schall, zwischen der Materie und dem menschlichen Sinnesapparat vermittelnd, ist die »körperliche Masse von Tönen«, wie Herder sagt, doch aufs engste mit dem Erhabenheitserlebnis verbunden.[32] Mehr noch: für Herder ist der Sinn des Gehörs das erhabene Organ schlechthin; in der Rangfolge der sublimitätstauglichen Sinnesorgane weist er ihm, vor dem Tast- und Gesichtssinn (Geruch und Geschmack werden naturgemäß ausgespart), den ersten Platz zu. Nicht ohne Enttäuschung hat er daher zur Kenntnis nehmen müssen, dass der Kunsttheoretiker Burke zugegebenermaßen nicht viel von Musik verstand und also gerade nicht der ›Philosoph des Wohllauts‹[33] sein konnte, auf den er gehofft hatte:

> Nur Schade, daß Burke seine Erfahrungen des allgemeinen Gefühls nicht in ihre dünnen Fäden feinerer und specieller Gefühle verfolgen konnte! Schade, daß er nicht Musik und überhaupt nicht künstliche Erfahrung gnug besaß, um über diese reflectirten Kräfte dieselben Erfahrungen anzustellen![34]

---

30 J.G. Herder: *Kalligone* (wie Anm. 21), 873.
31 Vgl. dazu die einschlägigen Passagen der *Kritik der Urtheilskraft* (I, 2: »Vom Dynamisch-Erhabenen der Natur«), wo Kant eine Reihe von transzendentalphilosophischen Einwänden gegen die Methodik Burkes vorbringt und zeigt, »wohin eine bloß empirische Exposition des Erhabenen und Schönen führe«, in: I. Kant: Werke in sechs Bänden. Hg. von Wilhelm Weischedel. Darmstadt 1957. Bd. V, 368. – Dazu ausführlich George Candrea: Der Begriff des Erhabenen bei Burke und Kant. Straßburg 1894.
32 Vgl. J.G. Herder: *Viertes Kritisches Wäldchen* (II, 7). Proß II, 149 ff.
33 Ebd., 153.
34 Ebd., 152.

Was die *Enquiry* nun aber in Hülle und Fülle bot, das waren detaillierte, ja geradezu penible Beschreibungen jener neurophysiologischen Reaktionsmuster, die durch visuelle, haptische, olfaktorische und einfache akustische Eindrücke ausgelöst werden – also beispielsweise durch Dunkelheit und Licht, durch die Berührung von rauhen oder glatten Oberflächen, durch verschiedenartige Gerüche, durch Tierschreie usw. Dergleichen hat Herder sehr interessiert. Doch hat er sich nicht damit zufriedengegeben, hat er den ausgeprägten empiristischen Sammeleifer als Vorstufe angesehen. Wonach der Rezipient Herder auf der Suche war, das war eine übergeordnete, gesetzmäßige Erkenntnis: eine Art ›ästhetisches Naturgesetz‹. (Das ist auch der Grund, weshalb er das System Burkes – anstatt es, wie Mendelssohn, einer strengen Prüfung zu unterziehen – kurzerhand gestrafft und auf seine wesentlichen Punkte reduziert hat.)

Nun ist hier nicht der Ort für eine detaillierte Textanalyse. Zwar handelt es sich jeweils nur um wenige Zeilen –[35] aber eben doch um Zeilen, die aus einem ungeheuren geistesgeschichtlichen Kosmos hervorgewachsen sind. Man tut deshalb gut daran, den Fall Burke als einen in sich geschlossenen und stimmigen ›Einfluß‹ zu betrachten (und sich nicht mit der Analyse von möglichen Fehlinterpretationen aufzuhalten). Das Hauptverdienst Edmund Burkes liegt dann – eindeutig – darin, das Prinzip ›Attraktion–Repulsion‹ in den ästhetischen Diskurs überführt, oder genauer: es zu der Kategorie des »Schönen« und der Kategorie des »Erhabenen« in Beziehung gesetzt zu haben. Dank der *Enquiry*, so konstatiert Herder im Jahr 1769 und dreißig Jahre später noch einmal, habe endlich der Nachweis erbracht werden können, dass das (kosmische) Polaritätsgesetz auch im sinnlich-ästhetischen Vermögen des Menschen wirksam ist. Soll heißen: jene Kraft, die sich im Kosmos als Anziehung und Zurückstoßung bemerkbar macht und auch zwischen den einzelnen Körpern, jene Kraft ist auch in der menschlichen Seele wirksam.

Steht man also z.B. vor einem Abgrund, dann stemmen sich sämtliche Muskeln gegen den Fall, das Nervensystem wird angespannt und gefordert – der Mensch befindet sich im Zustand der Konzentration (bei Burke: »contraction«). Spaziert man hingegen durch ein liebliches Tal, dann lockert und entspannt sich das neuromuskuläre System; das Gefühl des Wohlbehagens, des ungestörten Genusses scheint dann beinahe in die Naturobjekte hinüberzufließen – der Mensch befindet sich im Zustand der Expansion (von Burke, ex negativo, als »relaxation« bezeichnet). Sowohl das Gefühl des Schönen als auch das Gefühl des Erhabenen, so das Fazit Burkes und, in der Folge, auch Herders, hat also eine manifeste physiologische Ursache. »Unter dem Zwergfell«, so resümiert er das selbst, liegen also ästhetische Potenzen verborgen, »die wir sehr unrichtig und mühsam im Kopfe suchen«.[36] In diesem Aperçu – das die anthropologischen Wissensbestände des 18. Jahrhunderts zu einer ihrer Pointen verdichtet – hat man die Quintessenz der Herderschen Burke-Rezeption. Das angelsächsische Zauberwissen hat seine Wirkung getan: und niemand, das darf man hinzufügen, hat dieses Wissen auf geistvollere Art und Weise zu enthüllen vermocht als Johann Gottfried Herder.

---

35 Vgl. dazu J.G. Herder: *Viertes Kritisches Wäldchen*, in: Proß II, 151-153 u. 217; *Vom Erkennen und Empfinden der menschlichen Seele*, in: Proß II, 601f. u. 680; *Kalligone*, in: J.G. Herder: Werke. Bd. 8. Hg. von Hans-Dietrich Irmscher. Frankfurt a.M. 1998, 863f. u. 873f.

36 J.G. Herder: *Vom Erkennen und Empfinden der menschlichen Seele* (3. Fassung, 1778), in: Proß II, 674.

Literaturverzeichnis

Addison, Joseph/Steele, Richard (Hg.): The Spectator. Edinburgh 1766 (No. 411-42, 1711/12).

Baer, Hans: Beobachtungen über das Verhältnis von Herders Kalligone zu Kants Kritik der Urteilskraft. Heidelberg 1907.

Begemann, Christian: Erhabene Natur. Zur Übertragung des Begriffs des Erhabenen auf Gegenstände der äußeren Natur in den deutschen Kunsttheorien des 18. Jahrhunderts, in: DVjs 58 (1984), 74-110.

Burke, Edmund: A Philosophical Enquiry into the Origin of our Ideas of the Sublime and the Beautiful (Vom Erhabenen und Schönen). Aus dem Englischen übersetzt von Friedrich Bassenge. Berlin 1956.

Candrea, George: Der Begriff des Erhabenen bei Burke und Kant. Straßburg 1894.

Ehrhardt, Gundula/Arnold, Günter: Handschriftliches zu Herders Burke-Rezeption. Die Exzerpte XXVI 5, 86 und XXVIII 2, 71^r, in: Herder Yearbook 7 (2004), 123-135.

Häfner, Ralph: »L'âme est une neurologie en miniature«. Herder und die Neurophysiologie Charles Bonnets, in: Hans-Jürgen Schings (Hg.): Der ganze Mensch. Anthropologie und Literatur im 18. Jahrhundert. DFG-Symposion 1994. Stuttgart/Weimar 1994, 390-409.

— Johann Gottfried Herders Kulturentstehungslehre. Studien zu den Quellen und zur Methode seines Geschichtsdenkens. Hamburg 1995.

Haller, Albrecht von: De partibus corporis humani sensilibus et irritabilibus. (Von den empfindlichen und reizbaren Teilen des menschlichen Körpers.) Deutsch hg. u. eingel. v. Karl Sudhoff. Leipzig 1922.

Herder, Johann Gottfried: Werke. Hg. von Wolfgang Proß. Bd. II. München/Wien 1987.

— Werke. Bd. 8. Hg. von Hans-Dietrich Irmscher. Frankfurt a.M. 1998, 876f.

— Briefe. Gesamtausgabe 1763-1803. Hg. von Wilhelm Dobbek u. Günter Arnold. Weimar 1977ff.

Jacobi, Günther: Herders Kalligone und ihr Verhältnis zu Kants Kritik der Urteilskraft. Berlin 1906.

Kant, Immanuel: Werke in sechs Bänden. Hg. von Wilhelm Weischedel. Darmstadt 1957.

Lessing, Gotthold Ephraim: »Bemerkungen über Burkes Philosophische Untersuchungen über den Ursprung unserer Begriffe vom Erhabenen und Schönen«. In: G.E. Lessing: Gesammelte Werke. Hg. von Paul Rilla. 2. Auflage. Bd. 7. Berlin/Weimar 1968, 273-279.

Mendelssohn, Moses: Bibliothek der schönen Wissenschaften und freyen Künste. Bd. III, 2. Stück (1758). ²Leipzig 1962.

Monk, Samuel H.: The Sublime. A study of critical theories in 18-century England. New York 1935.

Schelling, Friedrich Wilhelm Joseph: Briefe und Dokumente. Hg. von Horst Fuhrmans. Bd. I. Bonn 1962.

Schings, Hans-Jürgen: »Beobachtungen über das Gefühl der Erhabenen bei Goethe«. In: Begegnung mit dem ›Fremden‹. Grenzen - Traditionen - Vergleiche. Akten des VIII. Internationalen Germanisten-Kongresses Tokyo 1990. Bd. 7. Hg. von Eijirō Iwasaki. München 1991, 15-26.

Zelle, Carsten: Angenehmes Grauen. Literaturhistorische Beiträge zur Ästhetik des Schrecklichen im achtzehnten Jahrhundert. Hamburg 1987.

WOLF GERHARD SCHMIDT

Paradigma des Sentimentalischen
Die Ossianrezeption des späten Herder

In der Forschung wird meist der restaurative Impetus des späten Herder betont, sein Insistieren auf »anachronistischen Erbaulichkeiten«,[1] das ästhetisch hinter dem Autonomiepostulat von Klassizismus und Frühromantik zurückbleibe und dem Mitbegründer des Sturm und Drang nur mehr eine Außenseiterposition lasse. Im folgenden soll diese These kritisch hinterfragt und der poetologische (Alters)Diskurs neu verortet werden. Denn tatsächlich ist Herder durch seine Ossian-Rezeption[2] ein wesentlicher Mediator des sentimentalischen Modells und partizipiert 1795 stark am Wiederaufleben der *Querelle des anciens et des modernes*. Er diagnostiziert wie Schiller und Friedrich Schlegel das Ende objektiv-repräsentativer Ordnungen und versteht die Gegenwart nach dem »Einsturze der äußern Welt«[3] als eine ›subjektive‹ Epoche. Dabei zeichnet sich insbesondere der etwa gleichzeitig mit dem 107. Humanitätsbrief entstandene Essay Homer und Ossian durch ein Verfahren aus, das zwei geographisch und typologisch divergente Poesieformen einander gegenüberstellt.[4] Die Nähe zum sentimentalischen Modell ist evident. Der moderne Dichter kann nach dem Verlust naiver »Wahrheit«[5] nur noch aus der eigenen »Empfindung«,[6] d.h. »aus sich selbst schöpfen«,[7] wobei der Unwiederholbarkeit des Vergangenen ein »wehmütiger Ausruf«[8] korreliert. Bereits im Journal bezeichnet Herder den fundamentalen Perspektivwechsel im künstlerischen Selbstverständnis: »Die Natur ist von uns gegangen und hat sich verborgen.«[9] Durch die gleichzeitige Verbindung mit dem joy of grief-Diskurs geht Herders Lamento jedoch über Rousseau hinaus und antizipiert ähnliche Formulierungen bei Schiller und Hölderlin. Denn nichts sei »rührender« als die Empfindung der Distanz von der Antike; allein daraus erkläre sich die »Neigung für den Schatten des Altertums und für die Entfernung in verfloßne Jahrhunderte«.[10] Die hier virulente Tendenz zum Selbstgenuss zeigt, dass Herder ›progressiver‹, d.h. sentimentalisch-romantischer orientiert ist, als man gemeinhin vermutet.

Im 107. Humanitätsbrief unterscheidet er drei Arten der Kategorisierung poetischer Texte: erstens »den Weg der Gattungen und Arten«, zweitens – im markierten Rekurs auf Schiller – den »nach Empfindungen«, die der jeweiligen Produktion zugrunde liegen, sowie drittens die sog. »Naturmethode«, die versucht »jede Blume an ihrem Ort zu lassen, und dort ganz wie sie ist nach Zeit und Art, von der Wurzel bis zur Krone zu betrachten«.[11] Im späten

---

1 Helmut Pfotenhauer (1991), S. 251.
2 Vgl. ausführlich Wolf Gerhard Schmidt (2003/04). Bd. 2, S. 642–722.
3 Jean Paul: (Sämtliche) Werke. Bd. 5, S. 93 (Vorschule der Ästhetik).
4 Eine ähnliche Unterscheidung liegt dem *Gespräch zwischen einem Rabbi und einem Christen über Klopstocks Messias* zugrunde.
5 FA 8, S. 79.
6 Ebd., S. 78.
7 Ebd., S. 81.
8 Ebd., S. 83.
9 FA 4, S. 302.
10 FA 9/2, S. 104 (Journal meiner Reise im Jahr 1769).

Ossianaufsatz kompiliert Herder die beiden letztgenannten Verfahrensweisen. Die Unterschiede zwischen Homer und Ossian werden daher zunächst topographisch-historisch begründet:

> Unsere Erde hat mancherlei Klima; unser Menschenstamm hat mancherlei Geschlechter. Ionien ist nicht Schottland, die Galen sind keine Griechen: hier ist kein Troja, keine Helena, kein Pallast der Circe. Was wollen wir unnütz vergleichen? Gegend, Welt, Sprache, die ganze Seh- und Denkart beider Nationen ist anders; das verschiedene Zeitalter, in welchem Homer und Ossian lebten, noch ganz ungerechnet. Was ein Tausend von Jahren und Meilen von einander trennt, wollt Ihr als ein Symplegma zu Einer Form vereinen.[12]

Die »Naturmethode« wird nun aber ergänzt durch die individualpsychologische, über die »insonderheit *Schiller* viel Feines und Vortreffliches gesagt hat«.[13] Herder spielt hier auf die ebenfalls 1795 in den Horen veröffentlichten Aufsätze *Ueber das Naive* und *Die sentimentalischen Dichter* an. Diese Referenz ist insofern von besonderer Bedeutung, als beide Schriftsteller in der Tradition der *Querelle*[14] den spezifischen Charakter moderner Dichtung zu bestimmen versuchen. Das gleiche Ziel verfolgt auch Friedrich Schlegel in seiner Abhandlung *Über das Studium der griechischen Poesie* von 1797. *Tertium comparationis* ist dabei der Aspekt der Vermittlung, der Reflexivität, der nach Ansicht aller drei Schriftsteller ein Hauptcharakteristikum der ›neuen Zeit‹ darstellt. Wie aus der Korrespondenz beider Autoren hervorgeht, erhält Herder Schillers Aufsatz *Über das Naive* Ende Oktober 1795 und die erste Fortsetzung, *Die sentimentalischen Dichter*, Ende November. Über beide Teile äußert er sich überaus positiv:

> Ihr Grundsatz ist so groß und so wahr; die Entwicklung führt so hoch und tief; sie tröstet, und giebt Muth; sie belebt die Schöpfung umher und stralt ihr Bild in uns zu dem Zweck, der uns obliegt, so lieblich, daß Viele, Viele Ihnen danken werden. Dabei ist sie so schön und beredt geschrieben, daß [...] sie eine sehr edle Präcision und bei einer schneidenden Schärfe eine wohlthätige Gutmüthigkeit charakterisiret.[15]

Zusammen mit Goethes *Werther* markieren beide Abhandlungen einen Perspektivwechsel innerhalb des aufklärerischen Diskurses. Denn obwohl die *lineare* Harmonisierung von Homer und Ossian schon bei dem schottischen Philosophen Hugh Blair suspendiert wird,[16] sind Goethe, Herder und Schiller die ersten, die das spezifisch Moderne der Lieder des keltischen Barden hervorheben. So dichtet Homer nach Herder »*rein-objektiv*«, Ossian dagegen »*rein-subjektiv*«.[17] Die Werke des letzteren werden deshalb – trotz ihres Alters, von dem auch Herder überzeugt ist – als frühestes Beispiel einer spezifisch anti-klassischen Literatur verstanden, die sich von der emotionalen ›Apathie‹ eines Homer emanzipiert hat. Denn der ist

> bloß ein Erzähler; sein Hexameter schreitet ein- und vielförmig dahin, ohne alle Teilnehmung, als die ihm der Inhalt auflegt. [...] Aus dem gleichförmigen Hexameter Homers und aus der ruhigen Weisheit, die ihn belebet, entsprang daher jener Styl Griechenlandes, der von der heitern Denkart dieses Volkes zeuget.[18]

---

11 FA 7, S. 576 (Briefe zu Beförderung der Humanität).
12 FA 8, S. 77f. (Homer und Ossian).
13 FA 7, S. 576 (Briefe zu Beförderung der Humanität).
14 Vgl. auch Gerhard Sauder (1996), S. 66–68.
15 DA 7, S. 193 [Nr. 192] (Brief vom 21. Oktober 1795 an Friedrich Schiller). Vgl. auch ebd., S. 200 [Nr. 198] (Brief vom 10. November 1795 an F.S.) und 201 [Nr. 199] (Brief vom 25. November 1795 an F.S.).
16 Vgl. Hugh Blair: A Critical Dissertation, S. 357.

Die Werke Homers werden aus diesem Grund mit der Licht-Metapher belegt. Der Grieche schreibt mit dem »Auge«,[19] erklärt alle Handlungszusammenhänge und sorgt für detailgenaue Figurencharakterisierung. Damit avanciert er zum ästhetischen Paradigma einer rational operierenden Aufklärung. Dies ist insofern interessant, als Herder den antiken Epiker noch 1778 zum ›poeta auris‹ (d. h. des ›Ohrs‹) erklärt:

> Gesicht und Gehör, die den meisten Stoff zum Denken geben, sind selten bei einem Menschen in gleichem Grad der Ausbildung und natürlichen Stärke. Klarheit des Auges hasset oft tiefe Innigkeit des Ohrs (geistig zu reden), die beiden Rosse sind also ungleich, die zunächst am Wagen der Psyche ziehen. Die drei größten epischen Dichter in aller Welt, *Homer, Ossian* und *Milton* waren blind, als ob diese stille Dunkelheit dazu gehörte, daß alle Bilder, die sie gesehen und erfasset hatten, nun *Schall, Wort, süße Melodie* werden *könnten*.[20]

Über ein Jahrzehnt später hat sich die diskursive Formation geändert. Homer ist nun nicht mehr der Bruder des Kelten, sondern dessen Antipode. Denn Ossian bezeichnet das emotionale Korrelat der Vernunft, die Empfindsamkeit, die allerdings nicht übertrieben werden darf, soll sie nicht destruktiv wirken. Trotzdem bleibt sie notwendig, denn mit den Gedichten des keltischen Barden kommt erstmals das Moment der Individualität in die Literaturgeschichte. »Bei Ossian geht alles von der Harfe der Empfindung, aus dem Gemüt des Sängers aus; um ihn sind seine Hörer versammelt, und er teilt ihnen sein Inneres mit.«[21] Jetzt ist es also nur noch der greise Barde – und nicht mehr Homer, der die Gegenstände durch »Töne des Ohrs«[22] malt. Es handelt sich hierbei um einen für die Analyse der Menschheitsgeschichte wesentlichen Aspekt, denn nach Herder muss sowohl die »Denk-« als auch die »Empfindungsweise« einer Kultur betrachtet werden. Beide verbinden sich in den Volksliedern zu »charakteristischen Träumen« und besitzen damit eine quasi transzendentale Funktion. So konstatiert Herder – erneut in Übereinstimmung mit Schiller: »Im Traum und im Spiel zeigt sich der Mensch ganz, wie er ist; in jenem aber am meisten«.[23]

Die poetologische Relevanz der beschriebenen Neuperspektivierung zeigt sich auch im 107. Humanitätsbrief. Dort heißt es:

---

17 FA 8, S. 78 (Homer und Ossian). Dieser fundamentale ästhetische Gegensatz findet sich in Herders früheren Vergleichen von Homer und Ossian noch nicht, wenngleich er bereits in der zweiten Hälfte der 1770er Jahre im Rekurs auf Blair eine stärkere Trennung zwischen beiden Dichtern vornimmt: »Es können nie größere Kontraste in der Welt entstehen, als Oßian und Milton, in dem was Dichtung ist; und in mehr als Einem Gesichtspunkte werden Zeiten kommen, die da sagen: Wir schlagen Homer, Virgil und Milton zu, und richten aus Oßian. Vom Homer ist er indeß der nächste Nachbar, den ihn, wo an nichts, so an einer süßen Geschwätzigkeit und, für eine Phantasie, die einmal Idole will, an Einfalt und Schönheit der Mythologie übertrifft, von der freilich jener nichts weiß« (SWS 9, S. 543 [*Fragment über die beste Leistung eines jungen Genies zu den Schätzen der Dichtkunst*]).

18 FA 8, S. 78 (Homer und Ossian). Im *Fragment über die beste Leistung eines jungen Genies zu den Schätzen der Dichtkunst* konstatiert Herder, dass Homer zu Unrecht als »allegorischer, physischer oder alchymischer Weisheitströdler« betrachtet werde (SWS IX, S. 543).

19 Vgl. FA 8, S. 78 und FA 10, S. 834 (Adrastea 1804. Bd. 5. St. 10 [Vom Funde der Gesänge Ossians]).

20 FA 4, S. 348 f. (Vom Erkennen und Empfinden der menschlichen Seele. Bemerkungen und Träume). Vgl. auch SWS XII, S. 334 (Vom Geist der Ebräischen Poesie. Zweiter Anhang: Vorrede zu Börmels Übersetzung der Klagegesänge Jeremias (Von der Ebräischen Elegie) [1781]).

21 FA 8, S. 78 (Homer und Ossian).

22 Ebd. Vgl. auch FA 10, S. 834 (Adrastea 1804. Bd. 5. St. 10 [Vom Funde der Gesänge Ossians]).

23 FA 6, S. 324 (Ideen zur Philosophie der Geschichte der Menschheit).

Man hat die Dichtkunst subjektiv und objektiv, nach den Gegenständen, die sie schildert, und nach den Empfindungen, mit denen sie Gegenstände darstellt, geordnet; ein wahrhafter und nützlicher Gesichtspunkt, der auch zu Charakterisierung einzelner Dichter z.B. Homers und Oßians, [...] der rechte scheinet. Homer nämlich erzählt die Geschichten seiner Vorwelt ohne merkliche besondre Teilnehmung; Oßian singet sie aus seinem verwundeten Herzen, aus seiner traurig-fröhlichen Erinnerung.[24]

Homer und Ossian verhalten sich zueinander wie Materie und Idee. Während bei dem griechischen Epiker der Mensch – um mit Schiller zu sprechen – ›null‹ wird vor dem Faktum der Handlung, generiert der keltische Barde ebendiese Handlung aus reiner Emotion. Die Inspirationsmetapher verliert damit ihren rhetorisch-topischen Gestus zugunsten einer genie-ästhetischen Aufladung. Ossian erscheint als der moderne Künstler, der zu einer objektiv-naiven Weltaneignung nicht mehr fähig ist, sondern die »letzte Stimme der Heldenzeit für die schwächere Nachwelt« darstellt.[25] Herder begründet diese Selbstreflexivität des Barden wiederum klimatisch-topographisch:

> In den südlichen, wärmeren Gegenden breitete sich die Natur mehr aus; lockerer geht die Menschheit aus einander und teilt sich allem, was um sie ist, leichter und lebendiger mit. Dagegen aber bleiben vielleicht auch Empfindungen unerweckt, die nur der nordische Himmel, einsame Geselligkeit, Not und Gefahr ausbilden konnten. Die intensive Kraft des Gesanges, wiewohl in einem engern Kreise ist Ossians; die extensive, im weitesten Felde der Mitteilung bleibt Homers großer Vorzug.[26]

Herder sieht in der Introspektion *Ossians* eine kulturgeographische Besonderheit, aus der sich die Uniformität des Stils erklärt, zugleich aber auch die gattungspoetische Vielfalt. Denn der keltische Barde ist kein »rein epischer«, sondern ein »lyrisch-epischer Dichter«,[27] dessen Werke »man bald als heroische Romanzen, bald als rührende Idyllen, bald als reine lyrische Stücke betrachten kann und deren einige, z.B. Comala sich dem Drama nähern«.[28] Die Tendenz zur Genremischung ist hier Kennzeichen einer Individualisierung des Schreibstils, die aus der persönlichen Betroffenheit des Autors resultiert. Dennoch sucht Herder das melancholisch Subversive in den aufklärerischen Diskurs zu integrieren, wenn er nach Sinn und Zweck der – scheinbar perspektivlosen – ossianischen Trauerarbeit fragt: »es scheint unmöglich, daß ein Volk nur *klage*, ohne sich zu *beklagen*, ohne die Ursache seines Verfalls anzuzeigen und den Geist der Väter, wenn auch mit leeren Versuchen, zurückzurufen und anzufeuren. – Hievon zeigt sich in den Ossianischen Gesängen fast keine Spur«.[29] Aus diesem Grund liegt für Herder der sentimentalischen Perspektive weniger ein bedauernswerter Verlust zugrunde, als die Herausforderung zur Mediation des Alten und Neuen – ähnlich wie bei Schiller, der jedoch »unsre Theilnahme an der Kind*heit* u. Nat*ur*, auch als moralisch betrachtet, etwas *zu wehmütig*« angibt. »Diese Wehmut mischt sich bei; ist aber nicht Hauptempfindung«.[30] Herder äußert dies nicht zuletzt mit Blick auf Macphersons Tendenz zu effeminierter Empfindsamkeit:

---

24 FA 7, S. 576 (Briefe zu Beförderung der Humanität).
25 FA 8, S. 81 (Homer und Ossian).
26 Ebd. Auch bei Hugh Blair findet sich der Begriff »extensive« im Zusammenhang mit Homer (vgl. A Critical Dissertation, S. 357).
27 FA 8, S. 79 (Homer und Ossian).
28 Ebd., S. 80.
29 Ebd., S. 82.
30 DA 7, S. 193 [Nr. 192] (Brief vom 21. Oktober 1795 an Friedrich Schiller).

> Ich gebe es zu, daß Ossian mißbraucht werden kann, nicht nur, wenn man ohne seine Empfindung seine Töne nachsingt, sondern auch, wenn man seinen wehmütigen Gefühlen sich zu einsam überläßt, und sich mit erliegender Ohnmacht an seinen Bildern, an seinem süßen Wolkentrost labet.[31]

Nur die rational gezähmte, nicht absolut sympathetische Lektüre ermöglicht eine Ossianrezeption in den Grenzen der Aufklärung. Hieraus erklärt sich auch Herders erzieherischer Hinweis an seinen Sohn August: »Aufs leichte, lustige Verstehen kommt alles an [...]. Ossian verbanne vor der Hand; er schickt sich hierzu nicht«.[32] Goethes *Werther* hat dieser Pädagogik sicherlich Vorschub geleistet, zumal Herder selbst im Homer-Aufsatz *Ossians* Wirkung auf junge Leser rezeptionsästhetisch zu begründen versucht: »Offenbar trug die abgerissene Gestalt dieser Erzählungen, ihre hohe Einfalt, und wenn ich so sagen darf, ihr *niederer Himmel, ihre schmale Einfassung* zu dem Eindruck bei, den sie auf alle, insonderheit jugendliche Seelen machten«.[33] Im Rahmen von Herders Jahreszeitenmodell wird *Ossian* daher mit dem Herbst assoziiert. Hierfür zeigt sich jedoch nicht allein das nordische Klima verantwortlich, sondern auch das geschichtsphilosophische Bewusstsein eines Volkes, den kulturellen Höhepunkt bereits überschritten zu haben. Vor diesem Hintergrund ist *Ossian* nicht mehr nur in sich vollkommene Naturpoesie, sondern ein spezifisch moderner, d.h. reflektierter Text, wenngleich Herder bereits in der Nachschrift zum *Briefwechsel* »gebrochne Endtöne«[34] beim keltischen Barden wahrnimmt. Im Unterschied zu Schillers sentimentalischem Dichter, der die Empfindungen des naiven nur noch erahnen, aber nicht mehr nacherleben kann, bedeutet ›reflektiert‹ bei Herder keineswegs die vollständige Suspension authentischer Gefühle: »Wenn ich bei einigen Neuern das Wort *Dichter aus Reflexion* gebrauchte, so war auch dies unvollkommen: denn ein Dichter aus *bloßer Reflexion* ist eigentlich kein Dichter«.[35] Der moderne Schriftsteller soll vielmehr durch strukturelle Nachbildung zu neuer Wahrheit des Ausdrucks gelangen. Diese bleibt aber keineswegs rein ästhetisch orientiert.

Da Ossian der Letzte seines Stammes ist, kann er das eigene Volk nicht mehr erziehen. Nach Herder bedarf es dazu eines neuen ›Zukunftshelden‹. Die Tat hat also Vorrang vor dem Wort, die Bildung vor der Ästhetik. Denn »[k]äme diesen armen Galen ein zweiter Fingal wieder, so würde sein Sohn Ossian auch erscheinen. Er sänge nicht mehr, wozu jener den Ton angab und was die traurige Zeit leider fortsingen mußte: Untergang der Helden, Unterdrückung, Jammer und Wehmut«.[36] Nicht der melancholisch-rückblickende, sondern allein der heroisch-deskriptive Ossian taugt also zur Volksbildung, denn er setzt der »Welt ein Beispiel vor Augen«, dass »epische Gesänge auch ohne Blutdurst und Mord, ohne Eroberungssucht, Schwärmerei, Aberglauben und Götzendienst, ohne Gespenster und Teufel bestehen mögen: so waren sie erwünschte Geschenke. Aber sie haben vielmehr genutzt, und werden noch Mehreres bewirken«.[37] In seinem letzten diesbezüglichen Aufsatz *Vom Funde der Gesänge Oßians* (1803) beschwört Herder denn auch pathetisch die Wiederkehr des keltischen Barden: »Das *Licht alter* wird ein *Gesang neuer Zeiten* werden, der *Schwanengesang* Oßians die Stimme eines *neubelebten Phöbus*«.[38]

---

31 FA 8, S. 83 (Homer und Ossian).
32 Aus Herders Nachlaß. Bd. 2, S. 450 (Brief vom Frühjahr 1798).
33 FA 8, S. 72 (Homer und Ossian).
34 FA 2, S. 494 (Nachschrift [zum Briefwechsel über Ossian]).
35 FA 7, S. 577 (Briefe zu Beförderung der Humanität).
36 FA 8, S. 87 (Homer und Ossian).
37 FA 10, S. 831f. (Adrastea 1804. Bd. 5. St. 10 [Vom Funde der Gesänge Ossians]).

Dass es letztlich also doch der Dichter ist, dem die historische Mediatorfunktion zugesprochen wird, zeigt, dass Herder in der Tat ›moderner‹ ist, als sein ethischer Legitimationsdiskurs nahelegt. (Dies gilt auch mit Blick auf die Forderung nach einer ›neuen Mythologie‹ im *Iduna*-Aufsatz.) Dennoch agiert Herder mehr an den Grenzen der Aufklärung, als dass er sie übertritt. Er fürchtet die Konsequenzen der eigenen Zeitdiagnose und warnt mehrfach vor dem ›ohnmächtigen‹ Ästhetizismus, der entsteht, wenn man »seinen wehmüthigen Gefühlen sich zu einsam überläßt«. Dies führt zu Diskontinuitäten: Einerseits vertritt Herder weiterhin ein heteronomes, an Moral und Humanität orientiertes Dichtungsverständnis, das sich gegen Empfindelei, Klassizismus und Frühromantik wendet; andererseits erkennt und katalysiert er (wie gezeigt) den Subjektivierungsprozess am Ende des 18. Jahrhunderts. In seiner Abneigung gegen den »Erbfehler der Deutschen, Systeme zu zimmern«,[39] entwickelt Herder ein eigenes ›Modernisierungskonzept‹, dessen Theoreme von Jean Paul und Friedrich Schlegel modifiziert aufgegriffen werden. So verwenden beide statt der Termini ›naiv-sentimentalisch‹ die Gegensatzpaare ›subjektiv-objektiv‹ bzw. ›plastisch-romantisch‹ und plädieren – ebenfalls im Rückgriff auf Herder – für eine verstärkte ›Individualisierung‹ des typologischen Verfahrens. Und auch Uhland übernimmt in seinem Aufsatz *Über das Romantische* von 1807 Herders Ossian-Modell zur Unterscheidung zwischen antiker und zeitgenössischer Perspektive. Die in der Forschung dominante Fixierung auf Schiller übersieht somit das Alternativmodell eines Denkers, der trotz finaler Randstellung einen wesentlichen Beitrag leistet zur Genese einer spezifisch ›modernen‹ Poetologie.

Literaturverzeichnis

Blair, Hugh: A Critical Dissertation on the Poems of Ossian, the Son of Fingal [1763]. In: The Poems of Ossian and related works. Hg. von Howard Gaskill. Edinburgh 1996, S. 343-408 und 542-551 (Anmerkungen).

Herders Sämmtliche Werke. Hg. von Bernhard Suphan. 32 Bde. Berlin 1877-1899. Bd. 33. Hg. von Reinhold Steig. Ebd. 1913. [SWS]

Herder, Johann Gottfried: Werke in zehn Bänden. Hg. von Günter Arnold u.a. Frankfurt a.M. 1985-2000. [FA]

Aus Herders Nachlaß. Ungedruckte Briefe von Herder und dessen Gattin, Goethe, Schiller, Klopstock, Lenz, Jean Paul, Claudius, Lavater, Jacobi und andern bedeutenden Zeitgenossen. Hg. von Heinrich Düntzer und Ferdinand Gottfried von Herder. 3 Bde. Frankfurt a.M. 1856f.

Herder, Johann Gottfried: Briefe. Gesamtausgabe 1763-1803. Unter der Leitung von Karl-Heinz Hahn hg. von den Nationalen Forschungs- und Gedenkstätten der klassischen deutschen Literatur in Weimar (Goethe- und Schiller-Archiv). Bearbeitet von Wilhelm Dobbek und Günter Arnold. 9 Bde. Weimar 1977-1988. [DA]

Jean Paul: (Sämtliche) Werke. 10 Bde. Hg. von Norbert Miller (und Wilhelm Schmidt-Biggemann). München 1959-1985, Bd. 5 (Vorschule der Ästhetik).

Pfotenhauer, Helmut: Um 1800. Konfigurationen der Literatur, Kunstliteratur und Ästhetik. Tübingen 1991 (Untersuchungen zur deutschen Literaturgeschichte; 59).

Sauder, Gerhard: Herders Ursprungsdenken. In: Le Sturm und Drang: une rupture? Actes du colloque organisé par l'IUFM, la section d'Allemand et le laboratoire Littérature et Histoire des pays de

---

38 Ebd., S. 834.
39 DA 1, S. 92 (Brief vom 31. Oktober 1767 an Johann Georg Scheffner).

langues européennes, le 17 novembre 1995 à Besançon. Ebd. 1996, S. 65–80 (Laboratoire Littérature et Histoire des pays de langues européennes; 42).

Schmidt, Wolf Gerhard: ›Homer des Nordens‹ und ›Mutter der Romantik‹. James Macphersons *Ossian* und seine Rezeption in der deutschsprachigen Literatur. 4 Bde. Berlin/New York 2003/04 [zugl. Dissertation, Universität des Saarlandes 2002].

JOHN H. ZAMMITO

Physiological Psychology: Herder's Engagement with Haller in the 1770s

Herder and Haller

The immediate context for Herder's work on *Vom Erkennen und Empfinden der menschlichen Seele*, we know, was a prize contest sponsored by the Philosophy Section of the Berlin Academy for the year 1774. The Academy wished to understand the difference between cognition and feeling, how they related in human experience, and how, in particular, this bore on the idea of genius.[1] The terms of the prize issue stemmed directly from the leader of the philosophy section, Johann Georg Sulzer, and the deck was stacked from the outset, since he had already published his own work on this topic, staking out a position from which all the entries would be appraised. (Heinz, 1994, 113–117) Herder knew all about this, and had little expectation of winning the prize contest, because he differed fundamentally from Sulzer. (Herder, 1977, III, 239) Sulzer, in a sense anticipating the critical Kant, argued for the separation of understanding and sensibility. This was a challenge to the Leibniz-Wolff school, which sought to ground all experience in the cognitive faculty of representation. Herder, though trained by Kant, took a stance different from all these thinkers. He affirmed the unity of experience, but sought to ground it in feeling, not understanding.

Why would Herder have entered the contest on such terms? And why would he have persisted through *three* versions, ultimately to publish the work independently? The answer, I believe, is Herder's sense of mission to advance the cause of anthropology against philosophy, by challenging not only Sulzer but the Leibniz-Wolff school behind him, and even, perhaps, his former mentor Kant. (Zammito, 2002) My view is that the three versions of Herder's essay, *Vom Erkennen und Empfinden*, can be read as stages in his development of the argument leading from philosophy to anthropology as dominant modes of cultural understanding. The key resource was empirical – specifically, physiological – psychology. Through that resource, Herder could re-situate the disciplinary perspectives of philosophy and nascent psychology in a more holistic and decidedly anthropological frame. To overthrow Sulzer, *Schulphilosophie*, and Kant – and with them philosophy as the presiding discourse of German thought – Herder turned to the most important life scientist of his day, Albrecht von Haller. Yet my thesis is that he needed to reconstruct Haller as well: the physiologist provided vital resources for Herder's endeavor, but the religious traditionalist was nothing but an obstacle. I suggest that Herder does to Haller in his essays of the 1770s what La Mettrie did to Haller in 1749: deliberately to read him in a vital-materialist manner deeply offensive to Haller *and yet* consistent with the most important impulses in »philosophical medicine« and emergent anthropology.

---

1 Herder provides a translation of the terms of the prize competition in his essay: Herder, 1775, 269. (Herder's 1778 version, plus the Preface to the 1775 version, can be found in English translation in Forster, 2002, 185. Quotations from the 1778 version are from Forster.)
Translations from German sources into English by the author unless noted.

Eighteenth-century inquiry into human nature – what would after 1770 call itself *anthropology* – constituted the birth of what we would today call the social sciences – or better, the hermeneutic and social sciences. In one of his typically witty and provocative essays, Odo Marquard suggested that a way to mark the epochal shift taking place in Europe around 1750 would be to note the emergence of three new (and in fact quite closely interrelated) sub-specialties within philosophy: aesthetics, philosophy of history, and philosophical anthropology. (Marquard, 1980, 194-5) It is just that crystallization – not as something *subsumed under* but rather *bursting loose from* philosophy – which characterized the emergence of a new disciplinary discourse of »anthropology« in Germany. (Linden, 1976; Käuser, 1990; Barkhoff & Sagarra, 1992; Faull, 1995; Fink, 1993; Bödeker, 1995; Fabian et al., 1980; Pfotenhauer, 1987; Schings, ed., 1994) Anthropology crystallized in three distinct manifestations around the year 1772: first, Ernst Platner's publication of *Anthropologie für Ärzte und Weltweise*; second, Kant's inaugural course in anthropology at the University of Königsberg; and third, the publication of Herder's prize-winning *Essay on the Origins of Language*. Herder was among the earliest and most radical advocates of supplanting philosophy by anthropology, and he devoted his life's work to that endeavor.[2] Indeed, as the discipline struggled toward actualization, both in substance and in name, it was Herder who proved ultimately its most fertile proponent.[3]

The crystallization of anthropological discourse arose from the convergence (»con-fusion«) of a number of disparate inquiries: the *medical* model of physiological psychology, the *biological* model of animal soul, the *pragmatic* or *conjectural* model of cultural-historical theory, the *literary-psychological* model of the new novel (*Tristram Shandy, Sorrows of Young Werther*), and the *philosophical* model of rational psychology grounded in the quandaries of substance interaction (the mind-body problem). (Wokler, 1993, 122) Thus the interpenetration of insights from literature and medicine, from medicine and philosophy, from travel and history – this distinctly *metaphorical* transfer not just of data but of »ways of knowing« – is the distinctive feature of the emergent »science of man.« The constellation by 1772 was clear. Its eclecticism was not a weakness; it was an opportunity for synthesis of an extraordinarily fruitful nature. Thereby, anthropology became »the royal science of the second half of the century.« (Pfotenhauer, 1987, 4.)

Sergio Moravia has identified decisive »epistemological liberalization[s]« – the use of analogy, comparison, observation of particulars – through which anthropology as an eighteenth-century discourse fashioned itself. (Moravia, 1980, 248 ff.) These drew on the authority of John Locke's »natural history of the understanding.« (Rogers, 1993, 79; Buickerood, 1985, 157) Breaking free from mere introspection, Locke »opened up new perspectives on the relevance of history, anthropology, and the comparative study of languages for the science of the mind.« He »compared the operations of the human mind with those of the higher animals« and with the »mental states of idiots and madmen,« and sought evidence from – in his own words – »›the whole course of Men in their several Ages, Countries, and Educations.‹« (Wood, 1989, 96)[4] By framing the question of human consciousness as the »history of human understanding« Locke transformed the most fundamental of all the

---

2 »What fruitful new developments would not arise if only our whole philosophy would become anthropology.« (Herder, 1766, 134)
3 Herder proved »the undeclared, but omnipresent leading figure of our undertaking.« (Schings, ed., 1994, 8.) For a comprehensive integration of Herder into the anthropology of his day, see Proß, 1987.
4 The last citation is from Locke himself, *Essay Concerning Human Understanding*, i.61.181-2.

philosophical disciplines, logic, in a starkly psychological direction. »From Bacon to Locke through Descartes and the Port Royal ›Logic,‹ a new conception emerged according to which logic ought to be based on the empirical study of the understanding.« (Vidal, 1993, 93) He was the unquestioned source from whom Condillac, the leading psychologist of the eighteenth century, drew inspiration, as Condillac in turn proved the inspiration of the *Encyclopédistes*, of Charles Bonnet, and of Herder.

Not only the study of primitives conjoined with the history of civilization, but also the question of animal-human comparison, the origins of language, the nature of sexuality, the problems of monsters and insanity – all seemed to be relevant to a grasp of *human nature*, which was, as Robert Wokler notes, a foremost obsession of the eighteenth century. (Wokler, 1995, 32; R. Smith, 1995) An equally crucial idea, especially for Herder, was invoking the »whole man.« (Schings, 1994) Rejecting what it envisioned as »Cartesian« dualism, the 18th-century science of man sought to »rehabilitate corporeality« from negative associations. (Moravia, 1980, 252) The new »psychologists« believed even »the most impalpable and spiritual functions of man were to reveal themselves empirically, to exhibit sensible signs, and to permit an empirical analysis.«[5] Such a reorientation made possible a recognition of the »wholeness of man« despite the metaphysical abysses that »wholeness« bridged. Indeed, displacing the dichotomous mode of »soul/body« discourse (*substance* discourse) by one in the developmental/dialectical mode of »physical/moral« (*attribute* discourse) became, according to Moravia, the central feature of the emergence of the science of man in the eighteenth century. (Moravia, 1979, 163-174) Wokler explains that terms like *le physique* and *le moral* might appear interchangeable with *l'âme* and *le corps* but unlike these, »they have an evolutionary connection in that one may give rise to and become transformed into the other.« (Wokler, 1993, 124) The invocation of these terms, while it did not solve the metaphysical problem of dualism, made of mind and body »two aspects of human being which are essentially homogeneous, or are at least no longer separated by an unbridgeable ontological abyss.« (Moravia, 1979, 165) This was a self-conscious *naturalization* of man; naturalists conceived of the *physique* and the *moral* as two sides of a unity. The core of this natural history of the human understanding was *psychology*, especially a *physiological* psychology which engaged the relation of the mind to the body.

»Psychology, that is the motto,« writes Reinhard Brandt. »English philosophy after and in some part even with Locke, with his partially empirical theory of knowledge, abandons two of the three old *metaphysicae speciales* as independent domains in its epistemologically grounded philosophy: cosmology and theology [...These] quietly become epiphenomena of human consciousness.« (Brandt, 1992, 67) Wolfgang Riedel minces no words: »One does not overstate to say that the German late Enlightenment stood out as an epoch of empirical psychology.« (Riedel, 1992, 26) A psychological turn and with it a turn to observation and experience, to empirical, *a posteriori* science, proved preponderant impulses that swept up Germany in the second half of the eighteenth century and constituted emergent anthropology. Moses Mendelssohn's effort to integrate foreign aesthetic theory into the German approach led him, perhaps somewhat unintentionally, to shift the discourse in a psychological and empirical direction away from Baumgarten's project as a cognitive approach to beauty. By incorporating a more psychological approach into his essays, especially the later

---

5   As Gary Hatfield puts it, »Ontological questions were bracketed in order to concentrate on the study of mental faculties through their empirical manifestations in mental phenomena and external behavior.« (Hatfield, 1995, 188)

ones, Mendelssohn helped bring the sensationalist and naturalistic viewpoint of Dubos, Batteux and the French Enlightenment, and the related British school of Shaftesbury, Hutcheson, Kames, Hume and Burke into fashion in Germany.

The »Philosophical Physicians« and Albrecht von Haller

Kondylis has made the important argument that the Enlightenment engaged in a »rehabilitation of sensibility« not simply in the sense of taking sensible experience seriously in cognition but in recognizing and attaching positive value to the animal nature of man. (Kondylis, 1981, 9-41) This was the special project of the »philosophical physicians.« For the purposes of this essay, this »medical enlightenment« proves a particularly decisive background out of which anthropological thought arose in Germany after the middle of the century. (Cunningham and French, eds., 1990) Medical thinkers made the »whole man« an issue. The crucial enterprise was to develop empirical psychology from a medical vantage. In medicine the categorical dualism of body and soul made no sense at all. Physicians refused to allow »life« to be mystified into an inexplicable fiat. The register was not initially or essentially metaphysical or theoretical. It wasn't even simply diagnostic. It was *therapeutic*. The concern of the medical theorists was a health that required the harmony of body and soul, and that had to attend to their mutual determinations. They had no choice but to intrude into the sacrosanct spheres of metaphysics, to become, in the revealing phrase of the day, »philosophical physicians.« (Schings, 1977; Riedel, 1992)

That term originated in France, as a rubric for the school of Montpellier among others. Théophile Bordeu was among the most explicit in identifying himself as a *médecin-philosoph*. (Moravia, 1972) La Mettrie, another example, insisted that the philosophical physicians, and only they, could penetrate through the labyrinth of man. (Schings, 1977, 14) The French »materialists« saw themselves as anthropologists, and they proceeded with the »optimistic attitude that a physiological consideration of man would cast light upon obscure epistemological and moral-legal problem constellations.« (Hartung, 1994, 41) The same impulse animated the Scottish Enlightenment. John Gregory was unquestionably a »philosophical physician.« He »drew on Bacon's methodological legacy and developed a natural historical, comparative method, which incorporated the investigation of both body and mind, along with their interconnections« in his important work, *A Comparative View of the State and Faculties of Man with Those of the Animal World* (1765). He »recommended as ›a very important enquiry to a physician‹ the investigation of the ›laws relating to the mutual influence of the mind and body upon each other‹, along with the study of the ›history of the faculties of the human mind‹.« (Wood, 1989, 92-3)

Central to the constitution of anthropological-psychological discourse in the second half of the eighteenth century in Germany was a concern with *animal soul*. Already a substantial literature had developed on this theme in France and the Germans took that up and elaborated on it. A particular focus of the German writing was the identification of language as the decisive divide between animals and man. The controversy centered on whether the orangutan could speak. Anatomically, some thinkers argued, the ape should be able to do so. That only confirmed the *spiritual* nature of the distinction of man from the other animals. The origin of language marked a decisive *providential* intervention in human history. Indeed, anatomical similarity only reinforced the claim that the difference which constituted humankind had to be sought in a separate, spiritual dispensation. Reason and language belonged to a divine, spiritual intervention: that was the line which all these thinkers tried to hold. One way to do this was to draw very sharp lines between sensibility and irritability, between the responsiveness of the rational soul and that of the animal soul. This was the line taken up in Germany. G. F. Meier published *Versuch eines neuen Lehrgebäudes von den Seelen der Tiere* in 1749. Hermann Reimarus was another important theorist in this vein. His *Allgemeine Betrachtungen über die Triebe der Tiere, hauptsächlich über ihre Kunsttriebe* (1762) insisted that there was a categorical difference between man and animals, namely language capacity, that could not be naturalized. (Ingensiep 1994, 61) Along the same line, Johann Süßmilch wrote an essay on the problem of language in connection with animals in 1766. This was the direct provocation to Herder's prize-essay of 1772, which accordingly became one of the breakthrough works of German anthropological discourse. (Aarsleff, 1974)

One leading »philosophical physician« in Germany was Johann August Unzer. »Unzer was one of the most important physiologists of the eighteenth century. His specialty was in showing the lines of connection between medical science and philosophy.« (Hartung, 1994, 43) In *Philosophische Betrachtungen des menschlichen Körpers überhaupt* (1750), Unzer maintained that there was a complete duplication or correspondence between every mental and every physical event in the human organism. From 1759 to 1764 Unzer edited *Der Arzt*, the most important periodical advocating »philosophical medicine« at mid-century. Still more important in German »philosophical medicine« was Johann Gottlob Krüger (1715-1759), a member of the medical faculty at Halle then, later in his career, at Helmstedt. Krüger was a dedicated disciple of Wolffian *Wissenschaftlichkeit*, and he sought in his three-volume *Naturlehre* (1740-1749) to offer a rigorously causal account of human health not based merely on empirical (»historical«) knowledge but grounded in principles, hence a »philosophy of the human body.« (Linden, 1976, 27-29) His later *Versuch einer Experimental-Seelenlehre* (1756) was a still more crucial text in the emergence of »philosophical medicine.« Krüger »wanted to show philosophers that medicine could make a contribution to philosophical knowledge of the soul, and that mathematics could be applied to this subject matter.« Through clinical case histories and quantitative brain physiology, Krüger hoped not only to make observations but to develop a rigorous experimental methodology. His approach to brain physiology »adopted a vibratory conception of nerve activity,« and he sought to quantify this. (Hatfield, 1995, 201-203) His key theoretical recourse there was to the physiology of Albrecht von Haller.

Haller was the hero of the German »philosophical physicians.« Together with his disciples, Johann Georg Zimmermann and Charles Bonnet, Haller dominated German mid-century life science. Zimmermann published a very important tract on medical practice: *Von der Erfahrung in der Arzneykunst* (1763-64), in which he insisted that physicians needed to be diagnostic not only of the physical but of the moral condition of their patients. »Moral and medical observations require the same spirit of observation. Whoever is capable of observing moral man well is capable of observing his illnesses well [...] A true physician determines the illnesses of the body through immediately and correctly observed signs, just as a true moralist [discerns] the dispositions of minds.«[6] This was no exact science, Zimmermann admitted, but it defined an essential *empirical* practice.[7] That is, »empirical knowledge is

---

6 Zimmermann, *Von der Erfahrung in der Arzneykunst*, vol. I, 169-70, in Davies, 1985, 22.
7 Zimmermann, ibid., 4; in Davies, 1985, 28.

historical, narrative, and indicative.« (Davies, 1985, 30) Zimmermann celebrated his mentor, Haller, for having an interest simultaneously in anatomy and in literature, thus modeling what it meant to be a »philosophical physician.«[8]

Haller simply was the most important pioneer in physiology of his generation, yet his religious and philosophical orientation remained very traditional. La Mettrie recognized that while Haller's research entailed vital-materialist breakthroughs in the life sciences his personal religious commitments could not accommodate their implications. Callously, he exposed Haller's discomfort by dedicating the anonymous and scandalous *L'Homme Machine* to him. (Saussure, 1949) The nasty exchange that ensued between the two figures exposed the crisis of metaphysical and theological commitments that natural scientific developments were occasioning. Haller spent the balance of his career mending metaphysical fences between his pioneering physiology and the materialism it so largely presaged. (Toellner, 1967) This tortured role as scientific inspiration and theological-metaphysical obstacle makes Haller a crucial figure in the transition to the new science in Germany. The new generation of »philosophical physicians« learned a great deal from his pioneering work in comparative physiology, particularly from his controversial account of »irritability« and »sensitivity.« (Rudolph, 1964) Yet they had to struggle to create metaphysical as well as methodological space for the new materialism. (Roe, 1981; Vartanian, 1950; Neubauer, 1981/82)

Haller sought to maintain a strict metaphysical dualism on top of his empirical vitalism. (Nisbet 1970, 42) He distinguished between a »rational soul,« which was immaterial and spontaneously active, and an »animal soul,« which was corporeal and, if not entirely passive, at least susceptible to a »simple model« of causation, which we might anachronistically call »stimulus-response.« Life, for Haller, should not be identified with irritability, *Reiz*. His whole effort was to make of this phenomenon a kind of mechanism, an involuntary tissue response, evident even in isolation from a living organism, to be explained by the material structure of the muscle tissue. Conversely, Haller developed the idea of »sensibility,« which, if associated physiologically with the nervous system, nevertheless allowed for the »spiritual« intervention in the physical world that all these figures recognized as an empirical fact. (Figlio, 1975, 177) Thus Haller, having elevated the phenomenon of irritability to salience, sought to locate it in »a space of undecidability between life and death.« (Richter, 1993, 87)

This desperate effort to contain vitalism was simply incongruous with the impulses of the best empirical research. (Haigh, 1976; Roger, 1963) The distinction between vitalism and animism is one of the linchpins for an effective understanding of what was taking place in the life sciences in the late eighteenth century. (Dewhurst and Reeves, 1978, 98) Haller's own experimental work established that animism was no longer viable; everything important to the new science hinged upon accepting vitalism, yet his own beliefs led him to cling to a residual philosophical-religious animism. For science after mid-century the divide that separated progressive from regressive »research programmes« (in the Lakatosian sense) came to be precisely the question of willingness or unwillingness to *explore and explain* vital materialism. By that test, the greatest German scientist and the greatest German philosopher of the eighteenth century (Albrecht von Haller and Immanuel Kant, respectively) appear strikingly conservative. In that light, some intellectual rebellion was in order. Herder sought to provide it.

---

8   Zimmermann, »Untersuchung der Frage, wie ein schöner Geist sich der Zergliederungskunst widmen könne,« in Davies, 1985, 31.

Herder and Anthropology

From this »thick description« of the milieu of Herder's *Vom Erkennen und Empfinden der menschlichen Seele*, I believe, we can see the strategic importance of his views on physiological psychology and the importance of his turn to the philosophical physicians, and Albrecht von Haller specifically. Herder integrated into his own practice all the impulses of the newly emergent »science of man,« of anthropology, in the second half of the eighteenth century in Germany. He, far more than Kant, adopted the whole cultural shift toward »epistemological liberalization« that constituted the emergence of anthropological discourse. For Herder, analogy, metaphor, observation and experience, bringing thought back down to earth and concerning oneself with the whole man were the sum and substance of thinking in an enlightened manner about the problem of anthropology. He made that point clearly at the end of his *Essay on the Origins of Language*: his purpose had been, he wrote, »to collect *accurate data from the human soul, human organization, the structure of all old and primitive languages, and from the whole economy of the human race* and to prove his principle in such a way as the most certain philosophical truth can be proven.« (Herder, 1772, 147) The key, he asserted, was to develop a rigorous, genetic-psychological examination of the »history of human understanding« starting from the physiology of the human senses. That was his primary task for the rest of the decade, especially the three versions of *Vom Erkennen und Empfinden der menschlichen Seele*.

Herder asserted emphatically, »no psychology is possible which is not step for step determinate physiology.« (Herder, 1778, 80) He insisted upon resolving the question of the relation of body to soul by empirical inquiry. This required both the suspension of the privilege of metaphysical dualism and the imputation of a far more dynamic potential to the physical order and specifically to the biological organism - the body - of man. Herder aimed continuously at a *physiological* psychology, inspired by the Frenchmen Condillac and Diderot.[9] He had begun to study Condillac in 1764. (Proß, 1987, 1182-1187) He was especially fascinated with the famous »statue« analogy, and with Condillac's stress on the sense of touch. These were the very things that Diderot had taken up and developed in his enormously influential *Letter Concerning the Blind*: the key features of the »Molyneux problem.«[10] This problem had been presented to Locke by his friend and admirer, the physician Molyneux, and Locke made it famous in his *Essay Concerning Human Understanding*. (Davis, 1960) The issue was whether a blind person suddenly endowed with sight could distinguish merely from visual perception what he already knew tactilely as a sphere and a cube. Molyneux denied this, as did Locke. Berkeley went on to make even more drastic arguments both about the separateness of senses and about the phenomenal character of »primary« qualities no less than »secondary« qualities. Especially in response to additional experimental evidence offered by the physician Cheselden, Diderot took up all this in *Letter Concerning the Blind* in 1749. That text in fact persuaded Condillac to undertake the *Traité des sensations* (1754) to correct some weaknesses in his earlier work which Diderot had criticized. Condil-

---

9 He modeled his approach explicitly on Diderot: »Diderot can be the model for making experiments but not simply to build on his experiments and to systematize them! A work of that sort can become the first psychology, and since from this all the [other] sciences follow, simultaneously a philosophy or encyclopedia for all that!« (Herder, 1769a, 110)
10 Herder explicitly invokes Diderot and the Molyneux problem with reference to his investigation of touch and sight in Herder, 1769b, 294.

lac attempted a full derivation of everything in consciousness strictly from sensory perception. Even the operations of reflection should be explained mechanically from the juxtaposition of sensations. This was the endeavor of his famous marble statue illustration in *Traité des sensations*, probably the most important work in perceptual theory after Berkeley.

Herder followed this whole literature avidly. (Immerwahr, 1978; Chabbert, 1985; Gossman, 1960) He sought to link the insights of psychologists investigating the Molyneux problem empirically with his own theory of the developments of the senses as linked to the character and emergence of the forms of art. He worked up a theory of developmental psychology grounded in the specificity of each of the senses, which he found confirmed in the characteristics of the particular forms of fine art which appeal to these specific senses.[11] Herder first articulated it in 1769, in the *Viertes Kritisches Wäldchen* and »Zum Sinn des Gefühls,« and he developed it fully over the next decade in *Vom Erkennen und Empfinden der menschlichen Seele* and *Plastik*. His most essential argument had to do with the feeling of touch: »touch is at once the first, certain and faithful [*treue*] sense which emerges: it is already in its first stages of development in the embryo, and only gradually over time do the other senses distinguish themselves from it.« (Herder, 1769b, 325) »It is exactly the same in the history of art among the peoples as with the history of human nature. Formation for the sense of touch had long been in place before representation for the sense of sight could emerge [...].« (Herder, 1769b, 325)

Through the sense of touch Herder hoped to be able to make the transition from metaphysical dualism to a sensual self, a soul immersed in the real via space, time and force.

> The sense of touch is according to Herder the sense for the inner forces of the soul, through which it constructed its body, hence the sense for the force of attraction of one's own soul and the force of repulsion of the world, the consciousness of the strivings of the self and at the same time the consciousness of being limited by external forces. On the basis of the universal claim of this statement, the sense of touch is the metaphysical sense.
> (Wisbert, 1985, 1077)

For the relationship between consciousness – the soul – and the world, the model with which he sought to operate was the analogy of attraction-repulsion in physical theory. In »Zum Sinn des Gefühls,« Herder worked this idea out. His endeavor was shaped directly by Condillac's and Diderot's reception of Leibniz. In short, Herder sought to revise Leibnizian dynamism from a transcendent to an immanent monadology. In this he was following in the footsteps of Kant, but he was also carrying the argument even further than Kant had taken it and, of course, in a direction Kant would explicitly repudiate after the »critical turn.« As Marion Heinz puts it, Herder worked out a »double structure of spiritualization of nature and naturalization of spirit.« (Heinz, 1994, xix) She elaborates: »Since Herder separated Hume's insight into the limits of human knowledge from its skeptical consequences, he assigned to philosophy a new field of endeavor: the illumination without prejudice of the organization of the finite-human subject and the boundaries and possibilities that this would determine.« (Heinz, 1994, 14.) »What characterizes the sketches of the year 1769 is Herder's effort to make conceivable the unity of body and soul of every entity [*Alles*

---

11 »Thus, from the reworking of the impressions of sight arise the ideas of distance, space and substance, from the reworking of those of hearing arise the representations of succession and thus of time, and finally from the feeling of touch, the representation of unity and multiplicity and also of cause and effect.« (Proß, 1987, 876)

Existenten] through the unification of powers [*Kräfte*] that Kant had divided between the immaterial and the material monads, the power of representation on the one hand, and the forces of attraction and repulsion on the other.« (Heinz, 1994, xxii) Herder sought to explain both the physical and the moral world, both nature and spirit, in terms of attractive and repulsive forces which were unanalyzable but actual, efficient causes. (Proß, 1987, 851)

Unlike the rationalist school or Kant, Herder started from sensibility, not logic. In stressing sensibility over formal logic, Herder sought to explain the fundamental, unanalyzable concepts of space, time, and force in a more lucid and defensible form than German school metaphysics had hitherto achieved. The other side of Herder's revision was strong resistance against any idea of *innate* faculties. For Herder, reason and reflection (*Besonnenheit*) were *emergents* from nature, not transcendental interventions.[12] Thus, Herder aligned himself with the empiricist tradition; he would heartily have endorsed Locke's words: »practice makes [the mind] what it is, and most even of those excellencies, which are looked on as natural endowments, will be found, when examined more narrowly, to be the product of exercise.«[13] German assimilation of the discussion of the animal soul in the works of Reimarus and Krüger proved equally influential for Herder's »physiological psychology,« his »subjective philosophy.« (Herder, 1769c, 668-670) Also important for Herder were the ideas of Burke on the physiological bases for such subtle aesthetic feelings as the sublime and the beautiful.[14]

For Herder, this entailed a drastic revision of the place and nature of logic: Logic could only be a matter of empirical inquiry – hence a »form of empirical psychology.« (Adler, 1990, 75-76) »Logic becomes nothing other than the experimental psychology of the higher faculties, and thus becomes something quite different from what it now is.« (Herder, 1769a, 48) The task for philosophy was not to persist in the arid formalities of logic as Leibniz and Wolff had formulated it, but rather to take up the new business of »the *whole part* of *practical truth and probability*.«[15] The greater part of this new science was yet to be discovered: »What an abyss of insights into how the soul gathers, judges, infers ideas lies hidden here!« (Herder, 1772b, 459) Here was a naturalism that Hume and Diderot, but never Kant, might endorse. To construct this new logic of creativity was the task of »aesthetics, as a philosophy of the senses, of imagination, of poetry! [...] The philosophy of true *bon sens*.« (Herder, 1769a, 48-50)

---

12   Later, in his *Ideen*, Herder made this explicit: »Both in theory and in practice, reason is merely something *acquired* [*Vernommenes*] and learned, a proportion and direction of man's ideas and faculties [*Kräfte*] to which he was predetermined by his organisation and way of life.« (Herder, 1784, 145)

13   John Locke, *Of the Conduct of the Understanding*, in Buickerood, 1985, 169.

14   Herder calls Burke the »British philosopher of experience [...] with whom Moses [Mendelssohn] has acquainted us.« (Herder, 1769b, 349)

15   »Wolff and Leibniz laid the first cornerstones of [logic], and never got farther than ideas, judgments and distinct inferences [...] Accordingly, the whole *part* of *practical truth and probability* has only come into place in most recent times, when we no longer need logic.« (Herder, 1772b, 459.) As Hans Adler explains, »logic ought to concern itself with the functions of thinking [...] It is no longer in a position to give directions for how to think; rather, it [should] ›gather‹ how thinking actually took place.« He elaborates: »Logical derivation [*Schlußfolgern*] presupposes attentiveness to the particular (*attentio*) and successive analysis of the parts of the particular (*reflexio*) which are to be compared to one another in a judgment.« »Psychology should not be structured according to presupposed faculties, in order to subordinate affect and sensations under them, but rather all that in actuality manifests itself in affects and sensations needs in the first place to be observed [*beobachtet*] and grasped as unique, individual. ›No speculating, only gathering‹ is Herder's demand for a ›human science.‹« (Adler, 1990, 71)

Psychology would provide a »map of the human soul.« To sketch it, Herder would require the reports of every brave explorer who had plunged into this wilderness, among whom he figured prominently Montaigne, Shaftesbury, Kames, Rousseau, and Locke (though interestingly neither Hume nor Kant). Montaigne, Shaftesbury, and all these others offered pieces of a puzzle Herder hoped to reconstruct, that new »logic« of creativity, of the »lesser faculties,« of the *fundus animae*. It was for providing data of this »journey into the interior« that Herder actually distinguished Kames's project from Baumgarten's: »His book has a different point of view, it is a world of reflections on singular phenomena and data which others had never yet brought into the field of observation.« (Herder, 1769b, 395) Herder believed the sources upon which the new anthropology should draw spanned all the genres. He turned to novels and plays, to history and physiology - anywhere an insight penetrated into the depths of the human soul. »Art and literature are from this point of view prominent objects of consideration, because they are in a particularly considerable measure the correlates in human practice of the gnoseological dispositions.« (Adler, 1990, 101) In his grand scheme for a new curriculum of education in the *Journal meiner Reise im Jahre 1769*, he added *ethnography*: »the species of man, political and wild and half wild world, in their forms, clothing, style of life [...] lots of data about mores, major institutions and conditions: what they have and produce, are and are not, in what measure it is a unity or not.« (Herder, 1769a, 43)

Herder sought to explain the totality of human experience - albeit empirically - and he set about doing so from the evidence in man's sensuousness. This »subjective« philosophy turned on the finitude of the human subject. Herder proposed to offer an empirical description of how the essential but underivable concepts of human understanding emerge »out of the nature of the subject as an explicable matter of fact.« (Heinz, 1994, 8) He endeavored to understand concretely and in detail how the specific senses served as organs of such emergent lucidity. »It is a very difficult matter to trace every science in all its concepts and every language in all its words back to the senses in which and for which they arose, and yet that is essential for every science and every language.« (Herder, 1769a, 119) Here was the most original and powerful aspect of his approach.

Herder's *Vom Erkennen und Empfinden*

Michael Forster, based on his work in translating Herder's *Vom Erkennen und Empfinden*, believes he can detect a backing away from physiological psychology between the 1775 and the 1778 versions. He claims »the 1775 draft develops a more consistently and elaborately *physiological* theory of the mind than is found in the version of 1778.« (Forster, 2002, 178) It is not clear to me that this was the case. Instead, I suggest that in the final version, Herder streamlined his naturalism to draw a better balance between his philosophical concerns and those of his physiological psychology. As Forster himself notes, the two versions do ultimately come down affirming a physiological approach to human conscious experience. (Forster, 2002, xxii)[16] The shifts in tone and substance in the final version - which Forster characterizes, interestingly, as a »roughing up« of the text - serve rather to accommodate new rhetorical impulses that guided its composition. First of all, this version was to be presented to the public, not the Berlin Academy. (Forster, 2002, 220n) It would stand as an independent publication - indeed, Herder's most extended and important commentary on philosophy and psychology to date. In it, he could not resist taking swipes (some of them not entirely fair) at the now announced winner of the prize competition. Also there is at least some plausibility to the view that his tirade against genius in the final section of the 1778 version was a paradoxically flamboyant farewell to the *Sturm und Drang*, betokening his move to Weimar and entrance upon a new phase of his creative and institutional life. In all these senses, then, I suggest there is less distance between the 1775 and 1778 versions on the key theme of physiological psychology than Forster supposes. I believe that in this judgment I am seconded by Marion Heinz in her detailed consideration of the three versions of the text. (Heinz, 1994, 109-173)

The crucial move of the text, in my view, is to suggest that a »science of the soul must become entirely natural science,« i.e., seek out empirically the evidence of the action of *forces* and establish as coherently as possible how they interact to produce the complex ultimate phenomenon of human experience. (Herder, 1775, 265) Herder insists that if we approach this »science« on the basis proposed, attention must fasten upon »the broad region of sensations, drives, effects, of action« which forms »the heart of our being.« (Herder, 1775, 265) *Heart* is a rhetorically decisive term. It operates on the two registers Herder is essentially concerned to fuse: the heart is a *muscle*, and hence legitimately within the most literal sphere of Haller's physiology of *Reiz*, and yet, of course, metaphorically, the heart is the center of feeling, emotion, passion, spirit. It is the symbol of the embodied vitality of human experience. Thus it becomes the figural »seat of the soul« in the rhetoric of Herder's exposition. It is always »around« the heart that Herder pitches his claim that »the soul with all its forces feels itself *living* [...] it is only *present* in the universe through action and reaction on this body full of sensations.« (Herder, 1775, 266) »The entire inner man is one. All passions ring round the heart.« (Herder, 1775, 277) »Our entire internal, excitable Self, from that inexhaustible fount of excitation, the heart, down to the smallest fiber animated by *Reiz*, follows these simple laws.« (Herder, 1775, 273)

In his text of 1775, Herder wrote, »Perhaps dead matter has wound through all the stages and steps of mechanism and raised itself to the little spark of life which is only the beginning of organization, and yet how powerfully it still surges in the feelings of a human soul!« (Herder, 1775, 272) *Reiz* is Herder's key to this crucial metamorphosis. The essential point is to establish *continuity* between the physical and the mental. »Quite generally, nothing in nature is separated, everything flows onto and into everything else through imperceptible transitions.« (Herder, 1778, 178) Herder wished to exploit Haller's theory of *Reiz*, or irritability, to establish this thoroughgoing unity. »All life expands and leaps to higher stages.« (Herder, 1775, 276) »In the abyss of irritability lies the seed of all sensibility, passion and action.« (Herder, 1775, 277) »Sensibility is just the aggregate of all the dark irritations, just as thought is the bright aggregate of sensibility.« (Herder, 1775, 277) »The nerve proves more subtly what has been said concerning the fibers of irritation generally.« (Herder, 1778, 185) Thus Herder blatantly and deliberately overrides the primary distinction of his source, Haller.

---

16 »There is an ambiguity in Herder's position here: usually he wants to resist physicalist reductionism, and so avoids saying that irritation is purely physiological and fully constitutes mental states; but in the 1775 draft of *On the Cognition* and even in parts of the published version, that *is* his position.« Forster is highly suspicious of »vitalism,« and therefore inert to the prospect that a »vital-materialist« option may have presented itself to Herder. See Reill 2005 for a version of the history of 18th-century life science which highlights just that prospect. See also Lenoir, 1982, which certainly provided enough evidence for the possibility a generation ago.

My claim is that this was the essential point of Herder's whole invocation of *Reiz*: to use and to abuse Haller, to misread him strongly against his own intentions for the sake of the new vital materialism. The best evidence of this lies in the passages from both 1775 and 1778 where Herder evokes Haller specifically by name. In 1775 he writes: »Haller's work is Pygmalion's statue grown warm in the hands of a lover of humanity.« (Herder, 1775, 277) In 1778 he writes: »Haller's physiological work raised to psychology and enlivened with mind like Pygmalion's statue – *then* we can say something about thinking and sensation.« (Herder, 1778, 180) Two things are crucial to grasp here. First, Herder claims in each instance that Haller requires a decisive *supplement* to be adequate for physiological psychology. And that supplement it found in the metaphor of Pygmalion. That was not a metaphor we could find in Haller's work. It is, however, the decisive metaphor of Condillac and the French psychological school. Herder thus announces his subversion of Haller in the cause of vital materialism.

H. B. Nisbet is outraged that Herder »misinterpreted Haller's vitalism, linking it to his own metaphysics of ›Kräfte‹ rather than to precise physiological functions, as Haller had intended.« (Nisbet, 1970, 257)[17] For Nisbet, Herder »fails […] to distinguish clearly between irritability, which is common to all living matter, and what we should call contractability, encountered in fibres, muscles, etc.« (Nisbet, 1970, 264) Herder »completely misunderstood Haller, and ignored almost everything of scientific value in his work.« (Nisbet, 1970, 265) He disregarded Haller's precision about »the specific physiological functions of muscles, nerves, etc. […] (i.e. perfectly local phenomena).« (Nisbet, 1970, 256) Could Herder have been so ignorant of what Haller was about? Had he not studied Haller carefully enough, or failed to understand the context of Haller's work in the life sciences of the day? Hardly.

It is incontrovertible that Herder had studied Haller thoroughly by 1771. There is good reason to believe that Herder had access to Haller's ideas, if not directly from the source then through Bonnet or Zimmermann already in 1769. (Dreike, 1973, 41-43; Hagner, 1994, 147; Marbach, 1964) The point is, Herder's project was from the outset to »deliberately misinterpret« Haller in a creative manner. (Richter, 1993, 89) Haller insisted that »irritability and sensibility are quite separate and discontinuous phenomena, each associated with different physiological reactions.« (Nisbet, 1970, 264) That was the most important claim of the most widely read scientific paper Haller wrote. Nisbet is unquestionably correct about what Haller intended; where he seems insensitive is in regard to the theoretical desiderata of the biological and psychological sciences in extricating themselves from the palpable limitations of those intentions.[18] We have substantial evidence of the protracted resistance to Haller's discrimination and especially to the dualist metaphysical-religious inspiration behind it.

---

17 »›Reiz‹ is for Herder neither a physical nor a physiological phenomenon in the strict sense, it is simply an ingredient in his basically metaphysical, Leibnizian psychology, lending it outwardly a physiological and scientific colouring.« (Ibid., 264) Herder did not »make clear distinctions between the physiological, the psychological, and the metaphysical aspects of consciousness.« (Nisbet, 1970, 254) Rather, he used Haller as »a means of bridging the dualistic gap between mind and body, and between emotion and reason, whereas Haller had related them to definite physiological functions of the body.« (Ibid., 264) Indeed, all this is true. What is not so true is Nisbet's verdict that this was scientifically nefarious.

18 While Nisbet has made a very powerful case for his general principle that »in nearly all areas of [Herder's] thought, the concept of ›Kraft‹ greatly detracted from the scientific value of his ideas,« such that »Herder's psychological vitalism thus shares the defects of his biological vitalism« (Nisbet, 1970, 274, 266), there is a powerful body of evidence amassing which suggests that the concern with vitalism and epigenesis was central to the most innovative currents of science in the age.

(Roger, 1963) The Montpellier school was relentless in its criticism of Haller for the sake of »philosophical medicine.« (Williams, 2003) Even in Germany, I suggest, vital materialism was essential to the progress of the medical and life sciences.[19] An extended study of the period detects the centrality of force (*Kraft*) in 18th-century neurophysiology and medical psychology. (Jackson, 1969) The case for a *continuity* from irritability to sensibility needed to be made, philosophically as much as scientifically, if a thoroughgoing naturalism was to be possible. That was what Herder set out to formulate.

If Haller »refused to recognize irritability as a form of life,« Herder, by contrast, read Haller precisely as providing evidence for a theory of the »transformation of dead matter into moving life.« (Richter, 1993, 88) As Simon Richter has argued, Herder was deploying a crucial *analogy* between medicine and aesthetics via the polysemantic valences of the term *Reiz*. In medicine, *Reiz* signified simply »that which causes a physical sensation of pleasure or pain.« But in aesthetics, *reizend* had a dramatically different register. It was an adjective used preponderantly to refer to the »gentle violence« of »feminine beauty,« as in the phrase *reizendes Mädchen*. (Richter, 1993, 83) That is, *reizend* betokened that which aroused (erotic) desire. This was emotional, aesthetic – a matter, assuredly, of a sentient agent. Thus, »[Herder] grasped at the analogy [between the medical and the aesthetic senses of *Reiz*] as a means to bridge the gulf between irritability and sensibility.« (Richter, 1993, 90) That was a methodological as much as a metaphorical undertaking. It represented the necessary move to establish a physiological psychology.

Reiz, especially via the metaphorical potency of the heart, helps Herder toward a physiological continuity between the physical and the psychical, his main objective. But we must see that, once the crucial argument from *Reiz* to life is made, Herder goes on in the balance of *Vom Erkennen und Empfinden* to characterize the rich complexity of lived experience, in which understanding and sensibility are in utter mutuality and can only be grasped in complex, hermeneutic interpretation, not formal conceptual analysis. Hence his argument that, for this more anthropological sense of psychology, we should have recourse to (auto)biography, medical case studies, and the works of creative writers. (Herder, 1778) This is my ground for contending that this text in psychology is ultimately a text in anthropology, i.e., in the science of (the whole) man.

Where Kant rejected physiological psychology explicitly in his anthropology lectures after 1773, Herder took up and elaborated precisely this idea in his key work of the 1770s, the three versions of his *Vom Erkennen und Empfinden der menschlichen Seele*. In this, Herder was fully in step with the discourse of anthropology in Germany and Europe generally; it was Kant who chose to follow a different path. Herder was, insofar, the »complete« anthropologist of that age. In the end, it must be said, the discipline of anthropology does not look back to Immanuel Kant as a crucial predecessor. But Herder is and will remain a major figure in the emergence of that discipline.

---

19 Thus, perhaps the most important disciple/successor of Haller, Johann Friedrich Blumenbach, turned resolutely to vitalism. See Lenoir, 1982.

References

Aarsleff, Hans, »The Tradition of Condillac: The Problem of the Origin of Language in the Eighteenth Century and the Debate in the Berlin Academy Before Herder,« in *Studies in the History of Linguistics*, ed. Dell Hymes (Bloomington: Indiana University Press, 1974), 93-156.

Adler, Hans, *Die Prägnanz des Dunklen: Gnoseologie, Ästhetik, Geschichtsphilosophie bei J. G. Herder* (Hamburg: Meiner, 1990).

Barkhoff, Jürgen and Eda Sagarra, eds., *Anthropologie und Literatur um 1800* (Munich: Iudicium, 1992).

Bödeker, H. E., »Anthropologie,« in *Lexikon der Aufklärung*, ed. Werner Schneiders (Munich: Beck, 1995), 38-39.

Brandt, Reinhard, »Die englische Philosophie als Ferment der kontinentalen Aufklärung,« in *Europäische Aufklärung(en): Einheit und nationale Vielheit*, ed. Siegfried Jütter and Johann Schlobach (Hamburg: Meiner, 1992), 66-79.

Buickerood, James, »The Natural History of the Understanding: Locke and the Rise of Facultative Logic in the Eighteenth Century,« *History and Philosophy of Logic* 6 (1985), 157-190.

Chabbert, Jean, »Le jeune Herder et Diderot: Une relation paradoxale?« *Beiträge zur Romanischen Philologie* 24 (1985), 281-287.

Cunningham, Andrew, and Roger French, eds., *The Medical Enlightenment of the Eighteenth Century* (Cambridge, etc.: Cambridge University Press, 1990).

Davies, Martin, »Karl Philipp Moritz' *Erfahrungsseelenkunde*: Its Social and Intellectual Origins,« *Oxford German Studies* 16 (1985), 13-35.

Davis, John, »The Molyneux Problem,« *Journal of the History of Ideas* 21 (1960), 392-408.

Dewhurst, Kenneth, and Nigel Reeves, *Friedrich Schiller: Medicine, Psychology, and Literature* (Berkeley: University of California Press, 1978).

Dreike, Beate, *Herders Naturauffassung in ihrer Beeinflussung durch Leibniz' Philosophie* (Wiesbaden: Steiner, 1973, *Studia Leibnitiana. Supplementa*, 10).

Fabian, Bernhard, Wilhelm Schmidt-Biggemann and Rudolf Vierhaus, eds., *Die Neubestimmung des Menschen: Wandlungen des anthropologischen Konzepts im 18. Jahrhundert* (Munich: Kraus, 1980).

Faull, Katherine, ed., *Anthropology and the German Enlightenment: Perspectives on Humanity* (Lewisburg: Bucknell University Press, 1995).

Figlio, Karl, »Theories of Perception and the Physiology of Mind in the late Eighteenth Century,« *History of Science* 12 (1975), 177-212.

Fink, Karl J., »Storm and Stress Anthropology,« *History of the Human Sciences* 6 (1993), 51-71.

Forster, Michael, ed., *Herder's Philosophical Writings* (Cambridge: Cambridge University Press, 2002).

Fox, Christopher, Roy Porter and Robert Wokler, eds., *Inventing Human Science* (Berkeley, etc; University of California Press, 1995).

Gossman, Lionel, »Berkeley, Hume and Maupertuis,« *French Studies* 14 (1960), 304-324.

Gusdorf, Georges, *L'avènement des sciences humaines au siècle des lumiéres* (Paris: Payot, 1973).

Hagner, Michael, »Aufklärung über das Menschenhirn: Neue Wege der Neuroanatomie im späten 18. Jahrhundert,« in Schings, ed., *Der ganze Mensch* (1994), 145-161.

Haigh, Elizabeth, »Vitalism, the Soul, and Sensibility: The Physiology of Théophile Bordeu,« *Journal of the History of Medicine* 31 (1976), 30-41.

Hartung, Gerald, »Über den Selbstmord: Eine Grenzbestimmung des anthropologischen Diskurses im 18. Jahrhundert,« in Schings, ed., *Der ganze Mensch* (1994), 33-51.

Hatfield, Gary, »Remaking the Science of Mind: Psychology as Natural Science,« in *Inventing Human Science*, ed. Christopher Fox, et al., (1995), 184-231.

Heinz, Marion, *Sensualistischer Idealismus* (Hamburg: Meiner, 1994).

Herder, Johann Gottfried (1766), »Wie die Philosophie zum Besten des Volks allgemeiner und nützlicher werden kann« in *Werke in zehn Bänden*, (Frankfurt a.M.: Deutscher Klassiker Verlag, 1985), 1.

Herder (1769a), *Journal meiner Reise im Jahre 1769* in *Werke in zehn Bänden*, 9.

Herder (1769b), *Viertes Kritisches Wäldchen* (1769) in *Werke in zehn Bänden*, 2.
Herder (1769c), »Plan zu einer Ästhetik« (1769) in *Werke in zehn Bänden*, 1.
Herder (1772), *Ursprung der Sprache* in *Sämtliche Werke*, ed. Bernhard Suphan (Berlin: Weidmann, 1892), 5.
Herder (1772b), Review of Beattie, *Essay on the Nature and Immutability of Truth*, in *Sämtliche Werke*, 5.
Herder (1775), »Vom Erkennen und Empfinden den zwo Hauptkräften der Menschlichen Seele«, in *Sämtliche Werke*, 8.
Herder (1778), »Vom Erkennen und Empfinden der menschlichen Seele: Bemerkungen und Träume« in *Sämtliche Werke*, 8.
Herder (1784), *Ideen*, I., in *Sämtliche Werke*, 13.
Herder (1977), *Briefe: Gesamtausgabe, 1763-1803*, ed. Wilhelm Dobbek and Günter Arnold (Weimar: Böhlau, 1977).
Immerwahr, Raymond, »Diderot, Herder, and the Dichotomy of Touch and Sight,« *Seminar* 14 (1978), 84-96.
Ingensiep, Hans Werner: »Der Mensch im Spiegel der Tier- und Pflanzenseele: Zur Anthropomorphie der Naturwahrnehmung,« in Schings, ed., *Der ganze Mensch* (1994), 54-79.
Jackson, Stanley, »Force and Kindred Notions in Eighteenth Century Neurophysiology and Medical Psychology,« *Bulletin of the History of Medicine* 44 (1969), 397-410.
Käuser, Andreas, »Anthropologie und Ästhetik im 18. Jahrhundert,« *Das achtzehnte Jahrhundert* 14:2 (1990), 196-206.
Kondylis, Panajotis, *Die Aufklärung im Rahmen des neuzeitlichen Rationalismus* (Stuttgart: Klett-Cotta, 1981).
Lenoir, Timothy, *The Strategy of Life: Teleology and Mechanism in Nineteenth-Century German Biology* (Dordrecht: Reidel, 1982).
Linden, Monika, *Untersuchungen zum Anthropologiebegriff des 18. Jahrhunderts* (Bern/Frankfurt a.M.: Lang, 1976).
Marbach, Johann, »Beiträge Albrecht von Hallers zu Herders Anthropologie unter besonderer Berücksichtigung sprachlich-literarischer Aspekte,« *Annali* 7 (1964), 41-60.
Marquard, Odo, »Der angeklagte und der entlastete Mensch in der Philosophie des 18. Jahrhunderts,« in *Die Neubestimmung des Menschen*, ed. Bernhard Fabian et al. (1980), 193-209.
Moravia, Sergio, »The Enlightenment and the Sciences of Man,« *History of Science* 18 (1980), 247-268.
— »›Moral‹ - ›Physique‹: Genesis and Evolution of a ›Rapport,‹« in *Enlightenment Studies in Honour of Lester G. Crocker*, ed. A. Bingham and V. Topazio (Oxford: Voltaire Foundation, 1979), 163-174.
— »Philosophie et médecine en France à la fin du XVIIIe siècle,« *Studies on Voltaire and the Eighteenth Century* 89 (1972), 1089-1151.
Neubauer, John, »The Freedom of the Machine: On Mechanism, Materialism, and the Young Schiller,« *Eighteenth-century Studies* 15 (1981/82), 275-290.
Nisbet, H.B., *Herder and the Philosophy and History of Science* (Cambridge: Modern Humanities Research Association, 1970).
Pfotenhauer, Helmut, *Literarische Anthropologie* (Stuttgart: Metzler, 1987).
Proß, Wolfgang, ed., *Herder und die Anthropologie der Aufklärung* (=Johann Gottfried Herder, *Werke*, 2 [1987]).
Reill, Peter Hanns, *Vitalizing Nature in the Enlightenment* (Berkeley, etc.: University of California Press, 2005).
Richter, Simon, »Medizinistischer und ästhetischer Diskurs im 18. Jahrhundert: Herder und Haller über Reiz,« *Lessing Yearbook* 25 (1993), 83-95.
Riedel, Wolfgang, »Influxus physicus und Seelenstärke: Empirische Psychologie und moralische Erzählung in der deutschen Spätaufklärung und bei Jacob Friedrich Abel,« in *Anthropologie und Literatur um 1800*, ed. Barkhoff and Sagarra (1992), 24-52.
Roe, Shirley, *Matter, Life and Generation: Eighteenth-century Embryology and the Haller-Wolff Debate* (Cambridge: Cambridge University Press, 1981).

Roger, Jacques, *Les sciences de la vie dans la pensée française du XVIIIe siècle* (Paris, 1963).
Rogers, G.A.J., »Locke, Anthropology, and Models of Mind,« *History of the Human Sciences* 6 (1993), 73-87.
Rudolph, G., »Hallers Lehre von der Irritabilität und Sensibilität,« in K.E. Rothschuh, ed., *Von Boerhaave bis Berger* (Stuttgart, 1964).
Saussure, Raymond de, »Haller and La Mettrie,« *Journal of the History of Medicine* (Autumn 1949), 431-449.
Schings, Hans-Jürgen, ed., *Der ganze Mensch: Anthropologie und Literatur im 18. Jahrhundert* (Stuttgart: Metzler, 1994).
— »Der philosophische Arzt: Anthropologie Melancholie und Literatur im 18, Jahrhundert,« in Schings, *Melancholie und Literatur* (Stuttgart: Metzler, 1977), 11-40.
Smith, Roger, »The Language of Human Nature,« in *Inventing Human Science*, ed. Christopher Fox et al. (1995), 88-105.
Toellner, Richard, »Hallers Abwehr von Animismus und Materialismus,« *Sudhoffs Archiv* 51 (1967), 130-144.
Vartanian, Aram, »Trembley's Polyp, La Mettrie and Eighteenth-century French Materialism,« *Journal of the History of Ideas* 11 (1950), 259-286.
Vidal, Francisco, »Psychology in the eighteenth century: a view from encyclopedias,« *History of the Human Sciences* 6 (1993), 89-119.
Williams, Elizabeth, *A Cultural History of Medical Vitalism in Enlightenment Montpellier* (Aldershot, England: Ashgate, 2003).
Wisbert, Rainer, »Commentary on ›Gesetze der Welt, Gesetze der Körper,‹« in Herder, *Werke in zehn Bänden* 9 (1985).
Wokler, Robert, »From *l'homme physique* to *l'homme moral* and back: Toward a History of Enlightenment Anthropology,« *History of the Human Sciences* 6 (1993), 121-138.
— »Anthropology and Conjectural History in the Enlightenment,« in *Inventing Human Science*, ed. Christopher Fox et al. (1995), 31-52.
Wood, Paul, »The Natural History of Man in the Scottish Enlightenment,« *History of Science* 27 (1989), 89-123.
Zammito, John, *Kant, Herder and the Birth of Anthropology* (Chicago/London: University of Chicago Press, 2002).

Ernest A. Menze

Johann Gottfried Herder, ›Young Germany,‹ and Beyond: Problems of Reception

This paper is part of a work in progress. The conclusions are tentative. At the 2002 conference of the International Herder Society I offered some reflections on affinities between Heine and Herder. An expanded version of those remarks has now appeared in the *Heine Jahrbuch* (Vol. 43, 2004, 150-171), endeavoring to show that Heine's »elective affinity« to Herder reflects the impact on him of a broad range of readings in Herder's works. Subsequently, it appeared appropriate to investigate whether a similar impact of Herder, whose reception history has been insufficiently explored, might be demonstrated in the case of other authors. In the course of my survey it became increasingly clear that Herder's much-lamented anonymity (Menze 2004, 150-151) was much less encompassing than might be assumed on the basis of the relative scarcity of open acknowledgment. This paper presents mere fragments of Herder's reception history. Only a larger, collaborative effort will provide a rounded picture of Herder's manifold impact on his posterity.

Helmut Koopmann long ago examined the relationship of *Young Germany* to Herder (Koopmann 1970, 170-175). Observing that while in questions regarding aesthetics, the authors identified with *Young Germany* always referred to Goethe, and also to Jean Paul, in matters pertaining to history they appealed, explicitly and implicitly, time and again to Herder (Koopmann 1970, 171), Koopmann pointed to Heine and Wienbarg as the *Young Germans* who explicitly aligned themselves with Herder as the ancestor who endowed their philosophy of history with its principles and placed them in his succession. In order to demonstrate the *Young Germans'* affinity, Koopmann relates utterances by Heine, Mundt, Gutzkow, and Immermann to citations from Herder's *Ideen* and *Vom Geist der ebräischen Poesie*, his *Auch eine Philosophie* [...], and the *Reisejournal* (Koopmann 1970, 172, 175). Stressing the utilization by the *Young Germans* of Herder's reflections on »the individuality of each age,« on the one hand, and noting what he calls Herder's »organological view of history« on the other, Koopmann endeavors to show why and how »[...] the ›Young Germans‹ reshaped Herder's thought, however in their own peculiar fashion.« (Koopmann 1970, 172-173). Though his suggestion of a dichotomy in Herder's works between the early emphasis of historical individuality and the later turn to a more cyclical determinism in the *Humanitätsschule* was flawed, Koopmann made a powerful case for an enduring kinship of a *Young Germany* unalterably hostile to any and all systems, and a Herder who »lived history« in motion, as they did (Koopmann 1970, 175). Koopmann's account, published in 1970 and suggesting significant familiarity of the *Young Germans* with some aspects of the early and the mature Herder, presented noteworthy insights. But, intended as a survey, it could not convey to us the full range of Herder's impact on them. My own work on Heine and Herder at least suggests a more elaborate kinship, an understanding of Herder by Heine more in line with the contours of modern Herder scholarship.

Bernard Becker performed a salutary service when he published his dissertation, *Herder-Rezeption in Deutschland: eine ideologiekritische Untersuchung* (Becker 1987), which focused on the time after 1871. Elaborating on his presentation to the 1984 Saarbrücken Herder Konferenz (Sauder 1987, 423-436), Becker's solid effort established a useful theoretical frame and a factual resource for a better understanding of Herder's impact on Germany after 1871. Becker's brief overview of the earlier 19th century, including his reference to Koopmann's work on *Young Germany*, supports my contention that much work here needs to be done (Becker 1987, 70-73). Becker's survey of Herder-*Forschung* in the two Germanies after WW II invites a comparison with the simultaneous Heine reception there. The treatment the two writers received, including the distortions for ideological purposes, in a way confirm their long-overlooked affinity (Becker 1987, 193-216; Bernig 2003, 105-123).

A cursory look at the *Young Germany* authors mentioned in relation to Herder by Koopmann and Becker conveys a striking tenor of matter-of-fact familiarity, sometimes including mention of proud ownership of the works. When Heinrich Laube refers in *Das junge Europa* (1833) to Herder, alongside Heeren, Schlegel, and Champollion, as subjects of study in »the hunt for footprints of human development,« when he discusses the flawed style of Herder, the »intrepid with the great human heart,« when he points to Goethe's passionate defense of the *Aelteste Urkunde*, and to Herder's place with Wieland in the hierarchy of Weimar humanists (Houben 1908-1910, I, 87; XXIX, 306-319, 318; L, 47-48, 164), he goes far beyond the empty praise of obligatory homage that is usually considered to have been Herder's lot.

When Theodor Mundt speaks of Goethe's *Lebensgenuß*, his enjoyment of life, as rooted in his vision of antiquity, and when he insists that Herder would gladly have shared in the pleasure, if not his preacher's garb had prevented him, often souring his mood, he seemed to imply that he knew Herder well (Mundt 1853, 77). The editors of Ludwig Börne's works suggest that Börne's notion in the *Narr im weißen Schwan* of freedom deriving from peace among peoples, not governments, was based on a thought in Herder's 57th *Humanitätsbrief*: »[E]s scheint als nehme Börne hier einen Gedanken Herders auf, der wie er in den Völkern den Willen zur Vereinigung, in den Regierungen allein den trennenden Willen gesehen hatte: ›Kabinette mögen einander betrügen [...] nicht so rücken Vaterländer gegeneinander; sie liegen ruhig nebeneinander und stehen sich als Familien bei.‹« (Rippmann 1964, III, 1070-1071; Herder 1991, FA VII, 337-338). The fact that Herder's name adorns, »together with those of Lessing, Schiller, and Jean Paul, on the one hand, and those of Voltaire, Rousseau, Lamennais, and Béranger on the other,« Börne's gravestone at the Père Lachaise cemetery in Paris suggests an affinity, even if actual references to him in Börne's writings appear to be scarce (Rippmann 1985, 299).

Reflecting on his utter devotion to Jean Paul characters during his adolescent readings, Karl Gutzkow remembers that »Jean Paul pointed towards Herder and his works, too, were acquired, sent to the bookbinder, and the freshly cut pages still adhering together, were freed from their confinement, at least in part, through reading, if only to stay in touch with theology. For theology it was to be, and it had to be [...].« (Gutzkow 1911, III, 461) Gutzkow does not tell us to what extent he freed, at a later date, the remaining volumes from their confinement. But his references to Herder betray a »matter-of-fact familiarity,« also observed in other *Young Germans*, that goes beyond theology. In his *Rückblick auf mein Leben, 1829-1849* stressing, notwithstanding his own Hegelian training, his adverseness to abstract formalistic thinking, he recalls that »he was able to think only in terms of concrete foundations, in the manner of philosophizing practiced by the English, Lessing and Herder.« (Gutzkow 1911, IV, 38-39) The question arises whether Gutzkow's placement of Herder among Germany's men of genius (Gutzkow 1911, IV, 196), his appealing to him alongside »our« Montesquieu as reassurance against the specter of reaction evoked by Görres's *Athanasius*

(1838) (Gutzkow 1911, IV, 41), signifies wide reading in his personal Herder edition. Only an in-depth study of Gutzkow, as called for by Peter Stein, in line with those that have already been devoted to Büchner und Heine, will provide an answer (Stein 1987). The very disparity among them that marks the »members« of the Young Germany Movement, allowing two of them - Heine and Immermann - to be featured *Dichter* in Sengle's *Biedermeierzeit* (Sengle 1980, III, 468-591, 815-887), mandates distinctive approaches and detailed exploration in regard to their Herder reception.

Among the problems on the way to a clearer understanding of Herderian reception history is the issue of Herder's style. Hans Adler has persuasively demonstrated that »[i]t is hardly an exaggeration to say that, from the 18th century until today, [...] Herder's style has been and is an obstacle to his reception« (Adler 2003). Adler's account of the »consequences of two centuries of Herder reception« affected by Kant's »implicit rather than explicit« judgment of Herder's style as »corresponding in its obscurity to the uselessness of his obscure style of thinking« will make any student of Herder reception in the nineteenth century pause (Adler 2003, 5). A detailed study of individual reader reactions to Herder's style seems to be called for. Two examples of encounters in passing must suffice here. Mention has already been made of Heinrich Laube's critique: »His style is difficult, redundant, latinized as well as lacking firmness and form« (Houben 1908-1911, XXIX, 318: »Sein Stil ist nicht sowohl schwierig, gehäuft, lateinisch, als schleppend, ohne Halt, ohne Form«). The second encounter with regard to Herder's style moves the discussion to the authors encompassed by the word »beyond« in the title of this paper. Commenting on Grillparzer's intensive reading of Hamann during the 1820s, and his encounter with Herder as shown by the excerpts of the latter's works appearing together with the notes on Hamann, Josef Nadler quotes Grillparzer speaking to Adolf Foglar on August 11, 1844:

> Herder never really attracted me, because the mixture of the scientific and - how shall I put it - belletristic did not appeal to me. Goethe has characterized him well: Herder is not a writer, but he has become part of the people. That's why one now is less inclined to read him. Nevertheless, even if I am not his greatest admirer, I do indeed share his thoughts.

Nadler adds: »More we did not want to know. What Grillparzer, agreeing with Goethe, had to say about Herder as a writer may be forgiven him. After all, Herder has become part of the people. Grillparzer has shared Herder's thoughts. But, beginning in 1819, he has also absorbed them, as demonstrated by his *Tagebuch* and *Studien*.« (Nadler 1948, 221-222)

Although Friedrich Sengle cautions the reader to keep in mind Josef Nadler's well-known products of fantasy, he finds Nadler's thesis of the Hamann-Gillparzer connection confirmed by Victor Suchy, »[...] above all ›certain conformities in Grillparzer's views on the philosophy of language and mythological studies.‹« (Sengle 1980, 65, citing Suchy 1976)[1]

The scattered references to Herder in Grillparzer's writings, including the excerpts in his notes on Hamann mentioned by Nadler, betray once more the »matter-of-fact familiarity«

---

1 See also Nadler 1949, 484-485: »Franz Grillparzer hat zweifellos Goethe's Hamannbild gekannt. Er gehört nun schon zu der Generation, die durch die neuen Ausgaben [including, one might add, the now-complete first »complete« Herder edition] einen geschlossenen Eindruck vom Magus im Norden hat. Grillparzer hat sich sofort die Auswahl von Cramer und die Ausgabe von Roth angeschafft. Er hat sich in Hamann eingelesen. Diese Leseproben werden überall dort sichtbar, wo Grillparzer von der Magie der Sprache gefesselt wird.« Referring to Grillparzer's *Tagebuch* of 1827 and that of 1858, Nadler goes on: »Zeigt die erste Stelle, wie innerlich sich Grillparzer mit Hamann verwandt gefühlt hat, so die zweite, daß er Hamann bis in sein Alter zu Rate zu ziehen pflegte.«

alluded to above in other writers of the *Restauration* epoch. At one point, in the *Aphorismen*, he refers to Alexander von Humboldt as »the Herder of the natural sciences« (Grillparzer 1903, XVI, 335), and at another point, much earlier in his life, he observed: »It is said of Herder in his biography that ›his soul craved intellectual affection by others as much as air to breathe.‹ The same goes for me.« (Grillparzer 1903, XVI, 32)[2] In Grillparzer's *Studien und Aufsätze* on »Zur Kunstlehre« one reads: »Regarding the impact of music compared to that of the other arts see Herder's *Göttergespräche. Zerstreute Blätter,* I. Sammlung p. 123.« (Grillparzer 1964, III, 234)[3] What are we to make of Grillparzer's casual mention of Herder's essay, which was first published in 1780 in the *Tiefurter Journal*? Rudolf Haym tells us that »this ›conversation of the Gods,‹ too, originated in the social circle of the Duchess Amalia,« and that it, in keeping with its environs, though raising some significant aspects regarding these two forms of art, did not amount to much more than »clever bantering.« (Haym 1885, II, 332: »geistreiches Geplauder«) Subsequent diary entries echo some of Herder's considerations. It is difficult to believe that Grillparzer read carefully what Haym called »clever bantering« and that he skipped over the other substantial essays in the 1st *Sammlung* of Herder's *Zerstreute Blätter.* (Grillparzer 1964, III, 234-236) When Grillparzer, in his discussion of Fichte, reveals his own understanding of cognition, of a perception based on sensation, »with results infinitely richer than ever could be attained by thinking,« one cannot help but think of Herder (Grillparzer 1964, III, 1155):

> Stimmt merkwürdig mit meinen eigenen Überzeugungen überein, nur daß ich das Gefühl Empfindung genannt und als Sitz dieser letzteren die Seele als Sitz des Gesamt-Wesens des Menschen gedacht habe; wo denn auch nicht gerade die Dinge an sich erkannt, aber ein unendlich reicheres Ergebnis gewonnen wird, als die Denkkraft jemals verschaffen kann.

Grillparzer certainly merits further study with respect to Herder's impact.

Turning from Grillparzer to Stifter, my expectations of direct links to Herder were modest, indeed, because a survey of selected works yielded, as in so many other authors, few direct references. But a closer look at the secondary sources showed that a Stifter-Herder affinity has been noted and explored and that it, indeed, merits further research. Indispensable for this work are the probing studies of Moriz Enzinger, of which only his minute examination of Stifter's years as a student was consulted here (Enzinger 1950). Among the Herder scholars known to me who in their writings on Stifter have pointed to antecedents in Herder's thought and works are Hans-Dietrich Irmscher and Ralph Häfner (Irmscher 1971, 1991, 1994; Häfner 1991). But before I get to them, I must once more give credit to Friedrich Sengle. One need not necessarily agree with all of his conclusions to stand in awe of the seemingly inexhaustible riches of Sengle's *Biedermeierzeit*. His relatively brief reference to Peter Schäublin's »Stifter von *Abdias* her gelesen« sent me off in my so far incomplete pursuit of the Stifter-Herder connection (Sengle 1980, 974; Schäublin 1974, 1975). Discussing his own view of *Abdias* as symbolic of Judaism as such rather than of the poet's lot, Sengle praises Schäublin's »exemplary interpretation« which, he finds, »relies on Herder's

---

2   It is not clear whether Grillparzer referred to Caroline von Herder's account of her husband's life (Herder 1820), or the biography of Danz and Gruber (Leipzig 1805). At any rate, here is further evidence of genuine affinity.

3   See Herder 1888, XV, 222-240: »Ob Malerei oder Tonkunst eine größere Wirkung gewähre? Ein Göttergespräch.« The page number cited by Grillparzer indicates that he used the Gotha edition of the 1st Sammlung of *Zerstreute Blätter* published in 1785 (2nd ed. 1791) by Carl Ettinger. The Grillparzer citation is from Tgb. 249, 1817.

›Physiko-Theologie‹ to reject both the realist and the romantic interpretation«; Sengle reminds his readers that Herder and Jean Paul, »precisely in their avoidance of extreme idealism (Romanticism) and empiricism (Realism), were especially weighty authorities for the *Biedermeier*.« (Sengle 1980, 974) Sengle goes on to cite Schäublin's study in support of his own view that Stifter himself was closer to Herder than were the Romantics, and that he followed Herder in his denial of a line separating nature and history (Sengle 1980, 974).

Schäublin's extensive and thorough two-part essay cannot be discussed here in detail. Suffice it to say that Schäublin reads *Abdias* as »the fruit of Stifter's intensive and far-reaching Herder reception,« with particular reference to Herder's *Ideen* and his *Über den Ursprung der Sprache*. (Schäublin 1975, 87; 1974, 108) There are numerous references to Herder's *Ideen* as well as suggestions that Stifter was familiar with crucially important Herder texts such as *Auch eine Philosophie* [...] and *Vom Erkennen und Empfinden der menschlichen Seele*.

Ralph Häfner's thoughtful and learned essay, aside from invoking Herder's *Ideen* in reference to Stifter's philosophy of history, also suggests that Stifter, »very probably [...] was familiar« with Herder's *Plastik* and that, »possibly citing from memory,« he may have alluded to Herder's use of the term »*das sanfte Gesetz*« in *Vom Erkennen und Empfinden der menschlichen Seele*. (Häfner 1991, 24, 18-19)[4]

In his writings on Stifter, Professor Irmscher did not set out to examine Stifter's relationship to Herder; rather, he occasionally pointed out affinities and possible connections, inviting further study.[5] Irmscher's incidental references to Herder in his Stifter book suggest a broad range of connections, from Herder's early writings to the mature works of the Weimar period. (Irmscher 1971, 23, 127, 139, 156, 160, 199, 223) In his 1991 essay on Stifter's concept of the sublime, Irmscher reads elements of Stifter's »gentle law« as traceable to Leibniz via Herder (Irmscher 1991, 48-49).

Wolfgang Matz's fairly recent biography of Stifter leaves no doubt about the magnitude of Herder's place in Stifter's firmament. Matz finds that, for Stifter, Weimar *Klassik* first of all meant Herder; that he even read Goethe with Herder's eyes and that he found in Herder's *Ideen* the confirmation of his belief in the »unending ascent of humankind towards true humanity.« (Matz 1995, 166-167) Matz called my attention to the secondary school »reader,« edited - »with the investment of much time and effort« - by Stifter and his friend Johannes Aprent and published by Heckenast in 1854. (Matz 1995, 318) The text pages made available to me by Professor Irmscher are from a reprint of the the year 1938, with a slightly different title, also containing Stifter's correspondence with Heckenast pertaining to the publication. According to Professor Irmscher, the correspondence confirms Stifter's primary role in the selections of the texts. Spread over the more than 300 pages of the *Lesebuch*, the 46 pages of Herder texts reflect Stifter's keen appreciation of Herder's qualities and offered the intended student readership a demanding introduction to Herder's thought.

---

4 For the latter reference Häfner cites Herder 1892, VIII, 285, without mentioning that this text is from the second version of the *Preisschrift* written in 1775 and, to my knowledge, first published by Suphan together with the first and the final versions long after Stifter's death. I do not find the term used by Herder in the final version, published in 1778 and subsequently and the only one possibly available to Stifter. Nevertheless, the affinity is uncanny.

5 With his usual generosity, Professor Irmscher promptly sent me his book when I inquired about it, as well as the two articles also listed in my bibliography. When I mentioned the Stifter-Aprent *Lesebuch*, to be discussed below, he copied and sent me the 46 pages of the book containing excerpts from Herder's writings. I am deeply indebted to Professor Irmscher for these courtesies, as well as his thoughtful responses to my queries.

Beginning with an extensive section of *The Cid*, the »Reader« presents selections from the *Volkslieder*, Herder's own poetry as well as his *Nachdichtungen*, and short excerpts from the *Ideen* and the essay »Ueber die Unsterblichkeit des Menschen.« For the reader who has not given much thought to Herder's possible impact on Stifter, the proportional prominence as well as the variety of Stifter's Herder selections are indeed a revelation.[6]

Almost a century ago, Gustav Wilhelm firmly established, in his introduction to Stifter's *Bunte Steine*, Stifter's awareness of Herder's *Ideen* and *Nemesis* essay when formulating his »gentle law,« (Stifter 1911, IV, 7-36, 11-14). Writing much later, Margaret Gump reacted to Wilhelm's claim regarding Herder, Goethe, Jean Paul, and Wilhelm von Humboldt by stating that »there is probably as much a priori affinity as there is direct influence.« (Gump 1974, 75) Gump's probable case for a priori affinity, weakening the case for direct influence, reminds me of my experience when I explored the Heine-Herder affinity. Again, only a careful analysis of Stifter's own readings, as far as they can be determined, together with a focused re-reading of his works as introduced by Schäublin, will provide a more satisfactory answer. A contemporary of Gump asserted that »the impact of Goethe's and Herder's works upon Stifter's mid-life and late works is no longer questioned today.« (Zoldester 1970, 23) Writing in 1923, twelve years after he edited Stifter's selected works, Gustav Wilhelm reiterated and affirmed his conclusions regarding Herder's far-reaching impact on Stifter. (Wilhelm 1923, 120-134) By adding Feuchtersleben as a complementary subject to his analysis of Stifter's dependence on Herder, and by bringing in figures (considered »small« today, but looming large in Stifter's day) such as Karoline Pichler (1769-1843) and Johann Mayrhofer (1787-1836) as Herder devotees, Wilhelm gave greater scope and strength to his argument. (Wilhelm 1923, 120-121) His multiple references to Herder's *Ideen*, his *Humanitätsbriefe*, and *Zerstreute Blätter*, vis-a-vis citations from Stifter's *Narrenburg*, *Mappe meines Urgroßvaters*, and *Hagestolz*, reveal striking similarities. (Wilhelm 1923, 122-123) Linking Herder's eloquent appeal, in the Preface to the *Ideen*, to »the God who has ordered everything in nature [...] from the power that holds the planets and suns together to the thread of the spider's web,« to Stifter's life-long insistence on the greatness of the small, Wilhelm seeks to counteract Hebbel's devastating critique of Stifter's creed. (Wilhelm 1923, 124) Wilhelm was convinced that Stifter stood up for his »revered Herder« in the privileged circles of his acquaintance and he suggests very strongly that jointly with the private students that came to him from these

---

6   Stifter/Aprent 1938. It is not certain which edition of Herder's works Stifter used to make his selections. I give the titles and page numbers of the *Lesebuch*, followed by their location in Herder's works abbreviated as »FA« (1985-2000) and SWS (1877-1913), where references to earlier editions are provided. »Aus dem *Cid*,« 52-63 (FA 3, 644-648, 678-690); »Edward,« 80-81, (FA 3, 365-367; SWS 25, 19-21, SWS 5, 172-174); »Tödten und Lebendig machen,« 102 (SWS 28, 245-246); the following ten entries are from *Blätter der Vorzeit* in *Zerstreute Blätter*, 3rd *Sammlung*: »Adams Tod,« 102, (SWS 26, 328); »Abrahams Kindheit,« 104, (SWS 26, 334-336); »Die Stimme der Tränen,« 105-106, (SWS 26, 336-337); »Das Grab der Rahel,« 106-107, (SWS 26, 337-338); »Die Morgenröte,« 107, (SWS 26, 349-350); »Die Gesänge der Nacht,« 107-108, (SWS 26, 348-349); »Die Sterne,« 108-109, (SWS 26, 358); »Das Kind der Barmherzigkeit,« 109, (SWS 26, 316); »Der Tag vor dem Tode,« 110, (SWS 26, 368); »Drei Freunde,« 110-111, (SWS 26, 360-361). From the *Volkslieder*: »Fabellied,« 117-118, (FA 3, 330, 1139; SWS 25, 436-437). From Herder's own poetry, published and unpublished, as it appears in SWS 29: »Die Reue,« 281-282, (SWS 29, 602-603); »Der Regenbogen,« 282-283, (SWS 29, 84); »An die Bäume im Winter,« 283, (SWS 29, 661-662); »Nacht und Tag,« 283, (SWS 29, 159); »Nichts verliert sich,« 283-284, (SWS 29, 663). Epigrams, 302 303: (not located!). Essays: »Werth und Wirken der Sprache,« 329-331, (*Ideen*, SWS 13, 355-358); »Der Mensch im Verbande der Menschheit,« 331-333, (from »Ueber die menschliche Unsterblichkeit,« SWS 16, 28-50, 34-37; FA 8, 203-219, 207-209, 1039-1042).

families, he read in Herder's works. (Wilhelm 1923, 124) Wilhelm's painstaking account of Stifter's 1849 series of articles on education in *Der Wiener Bote*, with itemized allusions to Herder's writings (including the *Schulreden*) and his account of the 1854 *Lesebuch*, together with the more explicitly documented dependence of Feuchtersleben on Herder, constitute a powerful chapter in Herder's *Wirkungsgeschichte*. (Wilhelm 1923, 128-132, 124, 129) It seems that the notion of a priori affinity as an explanation of similarities must give way to greater scrutiny of Stifter's exposure to Herder's works.

This scrutiny is applied vigorously by the editors of the currently appearing *Historisch-Kritische Gesamtausgabe* (*HKG*) of Stifters works and letters. The references to Herder as a major source for Stifter, appearing under the rubric *Anregungen* in the commentaries to the works that have appeared so far, substantiate the case for the Stifter-Herder connection. Selections generously supplied to me by Professor Alfred Doppler, the principal editor of the edition, and my own perusal of the incomplete *HKG*, invite a thorough review not feasible within the constraints of this paper.

The same goes for the Stifter biography of Peter Schoenborn, whose central thesis after two decades of work unequivocally and unremittingly points to Herder as Stifter's »house philosopher,« to Stifter as Herder's »disciple,« and to a Viennese »circle« of Herder devotees (Schoenborn 1999, 373), to cite only a few of the multiple references. The major challenge to a full accounting of the Herder-Stifter relationship will be the location of open expressions of Stifter's admiration for Herder, which in the case of Heine's affinity to Herder captivate the beholder. (Menze 2004, 151, 165) Whether Stifter's habitual »secretiveness« in regard to his sources, as Schoenborn calls it, may be penetrated remains to be seen. Discussing the probability of Helene Charlotte von Lestwitz (1754-1803) serving as the real-life model for Stifter's *Brigitta*, Schoenborn exclaims: »But how Stifter derived this information is not readily determined, given the secretiveness of the poet.« (Schoenborn 1999, 351) Schoenborn's own reading of Herder also needs to be scrutinized carefully. It is surprising that he does not make any use of Hermann Blumenthal's illuminating discussion of Stifter's perception of history (Blumenthal 1933). Again, Herder is central to a major examination of Stifter's *Verhältnis*, actually »relation,« to history, abounding with references to Herder and pin-pointing verbatim correspondences. Blumenthal also makes a strong case for the role played in connecting Stifter with Herder by Karl von Rotteck's *Weltgeschichte*, used by Stifter as a text in his tutoring activity, and by Carl Philip Hartmann, who himself was deeply indebted to Herder and who taught both Stifter and Feuchtersleben in Vienna and most likely conveyed to them his own deep admiration for Herder (Blumenthal 1933, 88, 90-91, 77, 100-101).

A thorough review of Stifter's correspondence and his writings on public affairs promises to bring further insights into Herder's impact on him. It seems reasonable to suggest that a separate study of their relationship is needed. My decision to go »beyond« *Young Germany* in my exploration of Herder's unfulfilled *Wirkungsgeschichte* presents the scope of the task ahead only imperfectly. But the magnificence of Herder's patrimony calls for no less than a grand effort on the part of his fortunate heirs to explore and demonstrate its reception and impact more fully.

Note: All translations from sources originally in German by the author.

References

Adler, Hans: Herders Stil, in: Paper given at the Herder *Tagung* at the Villa Vigoni, 13-16 October 2002, Loveno di menaggio, Como, Italy.

Becker, Bernhard: Herder-Rezeption in Deutschland: eine ideologiekritische Untersuchung, St. Ingbert 1987.

— Phasen der Herder-Rezeption in Deutschland von 1871-1945, in: Gerhard Sauder (Hg.): Johann Gottfried Herder 1744-1803, Hamburg 1987, 423-436.

Bernig, Jörg: Vergessenheit und Instrumentalisierung. Die deutsche Heine-Rezeption im ersten Nachkriegsjahrzehnt, in: Heine Jahrbuch 42 (2003), 105-123.

Blumenthal, Hermann: Adalbert Stifters Verhältnis zur Geschichte, in: Euphorion. Zeitschrift für Literaturgeschichte, 34 (1933) H. 1, 72-110.

Danz & Gruber: Charakteristic Johann Gottfried von Herders, Leipzig 1805.

Enzinger, Moriz: Adalbert Stifters Studienjahre (1818-1830), Innsbruck 1950.

Grillparzer, Franz: Grillparzers Sämtliche Werke, Moritz Becker (Hg.), 16 Bde., Leipzig 1903.

— Sämtliche Werke, 4 Bde., München 1964.

Gump, Margaret: Adalbert Stifter, New York 1974.

Gutzkow, Karl: Gutzkows Werke, Peter Müller (Hg.), 4 Bde., Leipzig 1911.

Häfner, Ralph: Stifters Geschichtsentwurf im *Nachsommer* - eine Replik auf die Querelle des Anciens et Modernes?, in: Vasilo 40 (1991) F. 3/4, 6-29.

Haym, Rudolf: Herder nach seinem Leben und Werken, 2 Bde., Berlin 1877-1885.

Herder, Johann Gottfried: Werke in zehn Bänden, Frankfurt a.M. 1985-2000.

— Sämtliche Werke: Bernhard Suphan (Hg.), 33 Bde., Berlin 1877-1913.

— Sämtliche Werke in 45 Theilen, Caroline von Herder et al. (Hg.), Tübingen 1805-1820.

Houben, Heinrich Hubert (Hg.): Heinrich Laubes gesammelte Werke in fünfzig Bänden, Leipzig 1908-1910.

Irmscher, Hans-Dietrich: Adalbert Stifter. Wirklichkeitserfahrung und gegenständliche Darstellung, München 1971.

— Phänomen und Begriff des Erhabenen im Werk Adalbert Stifters, in: Vasilo 40 (1991) F. 3/4, 30-58.

— Die Darstellung der Gotteserfahrung in Stifters Frühwerk, in: Kyoyo-Ronso 96 (1994), 117-130.

Koopmann, Helmut: Das Junge Deutschland: Analyse eines Selbstverständnisses, Stuttgart 1970.

Matz, Wolfgang: Adalbert Stifter oder Diese fürchterliche Wendung der Dinge, München 1995.

Menze, Ernest A.: Herder and Heine: Reflections on Affinities, in: Heine Jahrbuch 43 (2002), 150-171.

Mundt, Theodor: Geschichte der Literatur der Gegenwart, 2. Aufl., Leipzig 1853.

Nadler, Josef: Franz Grillparzer, Vaduz 1948.

— Johann Georg Hamann: Der Zeuge des Corpus Mysticum, Salzburg 1949.

Rippmann, Inge & Peter (Hg.): Ludwig Börnes Sämtliche Schriften, 5 Bde., Düsseldorf 1964.

— (Hg.): Börne Index. Historiographisch-biographische Materialien zu Ludwig Börnes Schriften und Briefen, 2 Bde., Berlin/New York 1985.

Sauder, Gerhard (Hg.): Johann Gottfried Herder 1744-1803, Hamburg 1987.

Schäublin, Peter: Stifters *Abdias* von Herder her gelesen, in: Vasilo 23 (1974) F. 3/4, 101-113; Vasilo 24 (1975) F. 3/4, 87-105.

Schoenborn, Peter A.: Adalbert Stifter. Sein Leben und Werk, 2. Aufl., Tübingen & Basel 1999.

Sengle, Friedrich: Biedermeierzeit. Deutsche Literatur im Spannungsfeld zwiscshen Restauration und Revolution 1815-1848, 3 Bde., III, Stuttgart 1980.

Stein, Peter: Probleme der literarischen Proklamation des Politischen: Karl Gutzkow im Jahre 1835, in: Josef A. Kruse & Bernd Kortländer (Hg.): Das junge Deutschland, Kolloquium zum 150. Jahrestag des Verbots vom 10. Dezember 1835, in Heine Studien, Düsseldorf 1987.

Stifter, Adalbert: Werke in sechs Teilen, Gustav Wilhelm (Hg.), Vierter Teil, Bunte Steine, Berlin/Leipzig/Wien/Stuttgart 1911.

— Werke und Briefe. Historisch-Kritische Gesamtausgabe, Alfred Doppler & Wolfgang Frühwald (Hg.), Stuttgart/Berlin/Köln 1978ff.
— & J. Aprent (Hg.), Lesebuch zur Förderung humaner Bildung, München and Berlin 1938.

Suchy, Victor: Hamann und Grillparzer, in: Bernhard Gajek (Hg.): Johann Georg Hamann. Acta des Internationalen Hamann-Colloquiums in Lüneburg 1976, Frankfurt a.M. 1979, 340-348.

Wilhelm, Gustav: Herder, Feuchtersleben und Stifter, in: Euphorion. Zeitschrift für Literaturgeschichte (1923) 16. Ergänzungsheft, 120-134.

Zoldester, Philip H.: Adalbert Stifters Weltanschauung, Bern 1970.

WOLFERT VON RAHDEN

»Nie wirklich satt und froh ...« – Nietzsches Herder

I. Die Polemik

Gegen wohl kaum einen andern Denker des »Sturm und Drang« und der Aufklärung polemisierte Nietzsche dermaßen heftig wie gegen Herder. Er sei »*der ideale Dilettant*« (*Nachlaß 1869/70, III 2[12], KSA 7*, 49),[1] »pastoral« (*Nachlaß 1873, III 27[68], KSA 7*, 607) und »Prediger« (*Nachlaß 1872/73, III 19[233], KSA 7*, 493), »kein grosser Denker und Erfinder« (*Menschliches, Allzumenschliches II, KSA 2*, 602), »und mehr als irgend einem unserer sogenannten Classiker geht ihm die einfältige wackere Mannhaftigkeit ab« (ebd., 603).[2] »Sein *Stil* flackert, knistert und raucht« und »er sass nicht an der Tafel der eigentlich Schaffenden« (ebd.). Das polemische Verdikt gipfelt in einer Invektive *ad personam*: »Nie wirklich satt und froh, war Herder überdiess allzu häufig krank; da setzte sich bisweilen der Neid an sein Bett, auch die Heuchelei machte ihren Besuch« (ebd.).

Diese Zitate lassen an Deutlichkeit nichts zu wünschen übrig. Offensichtlich hat Nietzsche in Herder einen veritablen Antipoden ausgemacht. Seine ablehnende Haltung bezieht sich dabei sowohl auf Herder als Person wie auf den Autor – dessen Stil und dessen Konzept(e), also den gesamten Denkansatz. Die Distanz zwischen beiden, folgt man der Polemik, erscheint jedenfalls dermaßen groß, dass der Leser kaum noch eine Gemeinsamkeit zwischen ihnen vermuten würde. Die Fronten sind klar abgesteckt, die Ablehnung ist ebenso engagiert wie unzweideutig. Das Negativ-Verdikt über Herder fällt noch massiver aus als jenes über Schiller; von den »sogenannten« Weimarer Klassikern gilt ihm allein Goethe als nachahmenswert, den er deshalb auch nicht in einem Atemzuge mit den beiden anderen genannt wissen möchte.

Woher rühren diese auffällig scharfen Attacken? Gibt es dafür plausibel nachvollziehbare Begründungszusammenhänge? Sind die Positionen beider Denker wirklich fundamental so unterschiedlich, wie es diese Zitate unterstellen? Im Beitrag werden Spuren gesichert und Textbelege gesichtet, die dazu beitragen, diesen Fragenkomplex zu entschlüsseln. Wie also könnte – aus der Perspektive eines Lesers von heute – die Kritikstrategie Nietzsches interpretiert werden? Es soll eine Hypothese angeboten werden, die auf jene möglichen Motive, Intentionen, aber auch verdeckten Mechanismen und Konstellationen zielt, die eine Antwort auf die Frage geben könnten, warum gerade Herder diesen hartnäckigen Anwürfen Nietzsches ausgesetzt ist. Einerseits wurden ja auch Kant und Schiller Objekte der Kritik Nietzsches (Schiller vor allem als Statthalter Kants in der Kunst, der Ästhetik mit Moral vermenge). Andrerseits hatte Herder ebenso wie später Nietzsche den Kantischen Ansatz stark kritisiert und stand in ästhetischen Fragen dem Kant-Kritiker Goethe weitaus näher.

---

1 Hervorhebungen im Original sind hier und im folgenden *kursiv* bzw. in **Fettdruck** wiedergegeben.
2 Dem Vorwurf der »Effemination« sah sich im übrigen auch Nietzsche selbst ausgesetzt, etwa von seiten seines Zeitgenossen, des Philosophen E. v. Hartmann, der Nietzsche als »unmännlich«, ja »weibisch geartet« (1898, 65) verunglimpfen zu können glaubt. Zu dieser Kontroverse vgl. W. v. Rahden (1984).

Und besonders Goethe galt Nietzsche als eines der wenigen großen Vorbilder, die er nimmermüde rühmt.³

Warum also diese Schärfe der Polemik?

Um diese Frage beantworten zu können, empfiehlt es sich, zunächst Nietzsches Sicht auf sein ›Objekt der Aggression‹ so weit zu präzisieren, wie sie sich in den Texten (veröffentlichtes Werk und Nachlass) präsentiert. Im Vergleich etwa zu Schiller, Kant oder gar Goethe – um nur diese drei zu nennen – sind die Erwähnungen des Namens von Herder im gesamten Textcorpus von Nietzsche als eher spärlich zu bezeichnen. (So erfährt der Name Herders im Gesamtwerk Nietzsches – Publikationen und Nachlass ohne Briefe – explizit nur 9 Erwähnungen, der von Schiller 128, der von Kant 174 und der von Goethe gar 343. Es nimmt mithin nicht sonderlich wunder, dass die Forschung sich bisher kaum mit dem Verhältnis Nietzsches zu Herder, von einigen Spezialproblemen einmal abgesehen, beschäftigt hat.)

In einem zweiten Schritt versuche ich, die Perspektive Nietzsches aus dem Blickwinkel einer kritischen Lektüre auf ihre Stimmigkeit und ihre Triftigkeit zu überprüfen. Für die Formulierung und Begründung meiner Hypothese werde ich, wo es mir angemessen erscheint (also sparsam), zudem auf psychoanalytische Kategorien zurückgreifen. Mir erscheint dieses Vorgehen deshalb gerechtfertigt – vorausgesetzt, man ist bereit, der Psychoanalyse zumindest ein gewisses Erklärungspotential zuzubilligen –, weil mich vor allem die Frage nach dem ›Warum‹ dieser Polemik interessiert. Die Frage nach den möglichen Motiven – »Weil-Motiven« und »Um-zu-Motiven«⁴ (sprich: Intentionen) sowie ›unbewussten Motiven‹ – überschreitet freilich den ›rein‹ philologischen und textinternen Diskurs. Insofern wage ich mich auch aufs psychologische Terrain und damit bewusst aufs Gebiet einer psychologischen spekulativen Vernunft, wie ich sie nennen möchte, die sich in erster Linie durch Plausibilitätsargumente zu bewähren hat. Es gibt aber auch, wie ich meine, eine doppelte ›historische Rechtfertigung‹ für die zusätzliche Inanspruchnahme psychologischer bzw. psychoanalytischer Termini, und zwar aus dem zeitgenössischen Diskurs heraus (der in Teilen bereits sehr stark mit einer psychologisierenden Rhetorik besetzt war und damit gewissermaßen ›zeitgeistgemäße‹ Tendenzen repräsentierte). Zum einen versteht auch Nietzsche selbst sich ganz entscheidend als Psychologen; das bedeutet, er bedient sich häufig und zentral einer psychologischen Argumentationsstrategie – man denke etwa an die ›Psychogramme‹, die Nietzsche von Wagner, Schopenhauer oder Eduard von Hartmann zeichnet⁵ –, und er verwendet bereits, wenn man so will, auch einzelne ›psychoanalytische‹ Begriffe quasi *avant la lettre*.⁶ Zum andern hat vermutlich auch Freud seinerseits Nietzsche einiges zu verdanken.⁷

---

3   Man denke (als ein Beispiel unter vielen) an ein Zitat aus der *Götzen-Dämmerung*: »Goethe ist der letzte Deutsche, vor dem ich Ehrfurcht habe [...]« (*KSA* 6, 153). Eine angemessene Darstellung und Wertung von Nietzsches komplexem Verhältnis zur Weimarer Klassik insgesamt steht nicht im Zentrum meiner Überlegungen – dazu sei verwiesen vor allem auf H. Ottmann (2000), P. Bishop & R.H. Stephenson (2005) und H. v. Seggern (2005) –, da es mir hier in erster Linie um die Beziehung Nietzsches zu Herder geht.

4   Diese begriffliche Differenzierung übernehme ich von Alfred Schütz.

5   Vor allem die »Abrechnung« Nietzsches mit Wagner verdeutlicht die psychologische Argumentationsstrategie prägnant, vor allem in den Schriften *Richard Wagner in Bayreuth* (1876), *Der Fall Wagner. Ein Musikanten-Problem* (1888) und *Nietzsche contra Wagner. Aktenstücke eines Psychologen* (1889). Doch darüber hinaus prägt der psychologische Blick – mehr oder weniger stark – das gesamte Werk Nietzsches, auch und gerade als selbstanalytischer Blick, wie in *Ecce homo. Wie man wird, was man ist* (1889). Zur Genese des Autors Nietzsche vgl. auch W. v. Rahden (2005b).

II. Selbstdiagnostische Bulletins über das Befinden und Befindlichkeiten

1. Über die Ambivalenz von Krankheit

»Nie wirklich satt und froh, war Herder überdiess allzu häufig krank ...«. Ersetzt man »Herder« durch »ich«, könnte dieser Satz ebensogut in Nietzsches Autobiographie stehen – und sinngemäß ist er auch aus *Ecce homo* (Nietzsches ›autobiographischster‹ Schrift) herauszulesen. Aber wie in seinem Werk, so auch in seinem Leben: Widersprüche bestimmen Nietzsches Existenz als Autor und als Alltagsperson. Man lese Nietzsches Briefe und seine nachgelassenen Aufzeichnungen: Ähnlich wie in Thomas Manns Tagebüchern wird man stets wie in einem ärztlichen Bulletin über den Gesundheitszustand – besser: den Krankheitszustand (den tatsächlichen oder den eingebildeten) – aufs allerpeinibelste informiert. Dauernde Migräne- und Übelkeitsanfälle lassen den früh Emeritierten in den Süden fliehen, wo er sich ob des milderen Klimas eine Linderung der Leiden und bessere Arbeitsbedingungen erhofft. Oft genug ist er deprimiert und verzweifelt wegen seiner physischen Gebrechen und der unerträglichen Schmerzen, die ihm seine Krankheit bereitet, aber immer wieder sucht er die Krankheit auch positiv zu sehen: »Zuletzt hat mir die Krankheit den *allergrößten Nutzen* gebracht: Sie hat mich *heraus gelöst*, sie hat mir den Muth zu mir selbst zurückgegeben« (an Brandes, 10. April 1887, *KGB III 5*, 290). Leid und Schmerz gewinnen eine karthatische Kraft und setzen Imaginationen frei. Der Philosoph und Dichter zeigt sich erst, wenn es ihm gelingt, die »gelösten« Kräfte kreativ sprachlich zu gestalten, denn – diese Formulierung verwendet er leicht variierend häufiger – »der Schmerz macht Hühner und Dichter gackern« (*Zarathustra IV, KSA 4*, 362); es kommt eben darauf an, *wie* man gackert. Bei Herder indes unterstellt Nietzsche nur die negative Seite von Krankheit und schließt das körperliche Übel(-sein) mit dem moralischen Übel kurz: »Nie wirklich satt und froh, war Herder überdiess allzu häufig krank. Da setzte sich bisweilen der Neid an sein Bett, auch die Heuchelei machte ihren Besuch.«[8] Reduziert man diese Polemik unter Abzug ihrer moralisch disqualifizierenden Verdächtigung auf eine psychosomatische Kernaussage, so könnte man vielleicht

---

6   Um nur einige Beispiele zu geben: Eine tragende Rolle in Nietzsches psychologischem Diskurs spielen Termini wie das »Unbewußte«, die »Projektion« (als Abwehrmechanismus), »Sublimierung«, »Verinnerlichung«, »Verdichtung« und »Verschiebung«, »Verdrängung« und »Verleugnung«. Allerdings mangelt es an einer systematischen und methodischen Verknüpfung im Rahmen eines psychologischen Theorie-Entwurfs – diesen Versuch hat dann Freud gewagt. Trotz partieller Übereinstimmungen in der Begriffsbildung darf aber nicht vergessen werden, was beide auch entscheidend trennt: das grundlegend unterschiedliche Erkenntnisinteresse, das jede Forschung begründet und leitet (und das im Fall Freuds vor allem praktisch-therapeutisch motiviert war).

7   Wie stark der Einfluss Nietzsches auf Freud tatsächlich einzuschätzen ist, bleibt freilich heftig umstritten. Diese Debatte begann schon zu Lebzeiten Freuds, und sie dauert noch an. Aus der Vielzahl der Publikationen zu dieser Frage seien stellvertretend nur einige wenige erwähnt: W. Kaufmann (1982), A. Venturelli (1984), R. Lehrer (1995), J. Figl (1996); das Verhältnis Freuds zu Nietzsche erörtert detailliert die umfangreiche Studie von R. Gasser (1997), die allerdings letztlich zum Ergebnis gelangt, dass »die Ähnlichkeit der Gedanken [beider] seit Freuds Zeiten erheblich überschätzt wurde« (ebd., 711). Hier finden sich auch ausführliche Literaturangaben; Textverweise zur Geschichte der Diskussion bei R.F. Krummel (1974, 1983).

8   Diese bereits zitierte Passage gehört zu dem umfangreichsten zusammenhängenden Text, den Nietzsche überhaupt zu Herder verfasst hat, und zwar zum Aphorismus 118 aus *Menschliches, Allzumenschliches II, Der Wanderer und sein Schatten*, betitelt »Herder« (*KSA 2*, 602f.).

folgende *Diagnose* stellen: Die körperlichen Krankheitssymptome führen zu wiederkehrenden Stimmungsschwankungen, zu launischen Wechselbädern, denen in erster Linie das engere persönliche und soziale Umfeld ausgesetzt ist. In dieser neutraleren Umformulierung, der die polemische Spitze gebrochen ist, vermag man Umrisse des Herderschen Persönlichkeitsprofils sogar wiederzuerkennen – man denke etwa an die übellaunigen Ausfälle gegen Goethe.[9] Aber in dieser Formulierung erkennt man ebenso Nietzsche gleichsam in einer Selbstcharakterisierung wieder. Dessen launische Attacken gegen viele enge Freunde und Freundinnen, unter anderen Wagner, Rée, Rohde, Gersdorff, Malwida von Meysenbug und auch gegen Mutter und Schwester führen zu Verwerfungen, die zwar in einigen Fällen später behoben wurden, in anderen jedoch in einem lebenslang andauernden Zerwürfnis endeten. (Ich lasse die Frage offen, inwieweit aus Nietzsches Sicht im Einzelfall berechtigte Gründe für derlei Ausfälle vorgelegen haben mögen. Im hier verhandelten Kontext interessiert zunächst nur das Phänomen, *wie* wird »gegackert«.)

2. »Reisen bildet« – Reiselust, Reiselast

In einem speziellen *Therapieversuch* unterscheiden sich Herder und Nietzsche allerdings grundlegend. Beide waren bekanntlich Verehrer der mediterranen Kultur, im besondern der klassischen antiken und der provençalischen, auf die sie sich in ihrem Werk ›theoretisch‹ mit gutem Grund und nicht nur einmal berufen haben. In der ›praktischen‹ Wahrnehmung dieser Region, in der Art und Weise, wie beide als Reisende Land und Leute ›erfahren‹ haben, findet die Übereinstimmung jedoch ein rasches Ende. Während Herder seine Italienreise (vom 6. August 1788 bis 9. Juli 1789) schon anfangs und auch letzten Endes als einen Fehlschlag abbucht, vermag der Südlandfahrer Nietzsche – rund hundert Jahre später – den mediterranen Gefilden – trotz der auch hier auftretenden Krankheitssymptome – die gute Seite abzugewinnen, und er wird nicht müde, die vortreffliche Wirkung zu loben, welche die ›Medizin‹ Italien auf ihn als Person und als Autor ausgeübt habe.

Nach seiner vorzeitigen Emeritierung in Basel verbringt Nietzsche ab 1880 bis zu seinem Zusammenbruch Anfang 1889 in Turin die Sommermonate vorzugsweise in Sils-Maria im Engadin, während er sich die übrige Zeit zumeist im mediterranen Raum aufhält: Riva del Garda, Venedig, Stresa, Genua, Recoaro, Messina, Rom, Santa Margherita, Rapallo, La Spezia, Villafranca, Nizza, Mentone, Florenz, Ruta Ligore, Cannobio und Turin. Von diesen Orten besucht er Venedig, Rom und Genua des öfteren, länger verweilt er in Nizza und schließlich in Turin. Die Briefe aus dieser Zeit lesen sich wie ein Stimmungsbarometer: »Immer krank, viel zu Bett« (an Heinrich Köselitz, Stresa, [7. November 1880], *KGB III 1*, 44); »Ich führe täglich einen *Kampf* durch, von dem niemand einen Begriff hat, die Anfälle meiner Schmerzen sind so mannichfaltig und verlangen von mir so viel, viel Energie, Geduld, Nachdenken und *Erfindung*« (an denselben, Genua, [27. Oktober 1881], *KGB III 1*, 136f.); »Dies Messina ist wie geschaffen für mich« (an Franz Overbeck, Messina, [8. April,

---

9   Die seiner Meinung nach »hinterhältigen« Angriffe gegen Goethe nahm Nietzsche Herder (und anderen wie etwa Klopstock) besonders übel, sah er darin doch in erster Linie das heuchlerisch christlich-»moralinsaure« Ressentiment gegenüber jenem Genie am Werke, das »sittliche und religiöse Absurditäten« (Goethe) in Frage stelle: »[...] es gab eine Zeit, wo Herder, wenn er von Goethe sprach, mit Vorliebe das Wort ›Priap‹ gebrauchte« (*Der Fall Wagner*, KSA 6, 18). Diese Form der Kritik erscheint Nietzsche als die »unanständigste Art der Gegnerschaft, die von Hinten und Unten«, also »nach Hunde-Art« erfolge und nur nach »Schmutz« suche (*Nachlaß 1888, VIII 15[71], KSA 13*, 452f.).

1882], *KGB III 1*, 190); »Mit meiner *Gesundheit* steht es so, wie vor mehreren Jahren in Basel es einmal *stand* – ich weiß nicht mehr wo aus, noch ein. Die ungeheure Masse an Gemüthsqualen hat mich in alle Fundamente hinein zu Schaden gebracht. [...] Krank, krank, krank!« (an denselben, Nizza, 24. Dezember 1883, *KGB III 1*, 462f.); »Nizza übt genau wie im vorigen Winter einen überraschend-schnell-wohlthätigen Einfluß – und ich begreife nunmehr, daß es die *Lufttrockenheit* ist, welche mich Nizza und Oberengadin lieben läßt: ich meine, der lufttrockenste Ort der Reviera und der Schweiz, also Nizza und Oberengadin thun meinem Kopfe am wohlsten. [...] Es geht besser, die Anfälle sind hier viel seltener« (an denselben, Nizza, 22. Dezember 1884, *KGB III 1*, 572f.); »Die Wahrheit zu sagen: seit meinem letzten Briefe gieng es immerfort schlecht, das Wetter änderte sich und damit war es für mich aus. Ewige Anfälle, Erbrechen über Erbrechen [...] Mit den Augen geht es immer schlimmer« (an Mutter und Schwester, Nizza, [Anfang Januar 1885], *KGB III 3*, 3 u. 5); »[...] daß der Winter an geistigem Gewinn für meine Hauptsache sehr reich gewesen ist: also auch der Geist ist nicht krank, nichts ist krank, nur die liebe Seele« (an die Mutter [Fragment, Nizza, vermutlich 17. Februar 1888], *KGB III 5*, 258); schließlich ›erhebt‹ Nietzsche neben Sils-Maria und Nizza seinen neu entdeckten Aufenthaltsort Turin zu seiner dritten »Residenz«: »Aber *Turin*! [...] Das ist wirklich die Stadt, die ich *jetzt* brauchen kann! [...] Und für die Füße wie für die Augen ein klassischer Ort!« (an Heinrich Köselitz, Turin, 7. April 1888); »Turin [...] ist eine *capitale* Entdeckung. [...] der erste Ort, in dem ich *möglich* bin!« (an denselben, Turin, [20. April 1888], *KGB III 5*, 298f.). Man sieht: Nietzsche schwankt immer wieder zwischen euphorischen und eher depressiv anmutenden und von Krankheitsattacken geprägten Stimmungsphasen. Seine Krankheitssymptome verschwinden zwar nicht – wie erhofft –, wohl aber jene pessimistische Grundstimmung, die ihn regelmäßig einholt, wenn er die »freundlichen« Klimazonen in den Alpen und im Süden verlässt. Und in jenen Perioden, in denen keine Krankheitsattacken auftreten, neigt er dazu, die Krankheitserfahrung zu kultivieren und positiv zu stilisieren, sie zu »bejahen«.[10]

Anders liegt der Fall bei Herder. Ihm erscheint Italien insgesamt und fast durchgängig als eine ›unfreundliche‹ Klimazone. Vermutlich hatte er noch den positiven Reisebericht von Goethe im Ohr – der kurz zuvor im Juni 1788 seinen Italienaufenthalt beendet hatte –, bevor er selbst im August des Jahres seine Reise antrat. So war der Erwartungsdruck sicherlich groß und die darauf folgende Enttäuschung umso größer: Die Äußerungen Herders über seine Italienreise in den Briefen an seine Gattin Karoline (geb. Flachsland) zeichnen jedenfalls überwiegend ein düsteres Bild; allerdings stand die Reise von Anfang an unter einem unglücklichen Stern, da Herder die erste Phase der Unternehmung – nur halb freiwillig – mit einer Reisegesellschaft teilte, die ihm äußerst unangenehm war. Jedoch auch noch nach der Trennung von diesen Reisebegleitern, die seine Stimmung immer tiefer gedrückt

---

10 S. Žižek (1991) hat aus psychoanalytischer Sicht das Bestreben, die Neurose (und den Diskurs über sie) zu kultivieren, in die handliche Form einer Maxime gefasst: »Liebe dein Symptom wie dich selbst!« Dieses Postulat könnte man als halb-ironische Synthese aus Nietzsche, Freud und Lacan deuten; die Verwandtschaft mit Nietzsche liegt hier vor allem einerseits in der grundlegenden Bejahung des ›ganzen‹ Lebens (also auch der Krankheit), wie sie in der Maxime zum Ausdruck kommt; andererseits verweist die Formulierung auch auf christliche Imperative bzw. Aussagen der Bibel, die ›psychologisiert‹ werden – ein Verfahren, dessen Nietzsche sich häufiger zu bedienen pflegte. Die naheliegenden hypochondrischen Implikationen dieses Imperativs werden von mir vernachlässigt, auch wenn sowohl Nietzsches wie auch Herders Äußerungen bisweilen Anlass bieten zu begründeten Vermutungen, die in diese Richtung zielen. In dem hier verhandelten Kontext geht es in erster Linie um die Schilderung der Symptome, nicht um deren Ätiologie.

hatten, schreibt er, Rom sei ihm »ein Grab«, das zu verlassen er sich freue, da ihm »im Grunde alles in Rom Gift und Ekel ist« (an Karoline, Rom, 11. Oktober 1788, *Briefe*, 96). Und er stellt sich die Frage: »Was hatte ich mit Rom zu tun? Was Rom mit mir? Gott gebe mir jetzt Glück, Gesundheit und Kraft, den Fehler zu bessern« (an dieselbe, Rom, 12. Oktober 1788, *Briefe*, 104f.). Er leidet unter der ungewohnten Hitze ebenso wie unter der fremden Umgebung: »Denn wie das Klima in Italien mit Kälte und Wärme auf mich wirkt, ist unbeschreiblich. Ich bin bei der Wärme sogleich wie aufgelöst; wenn andern leidlich warm ist, bin ich ein lebendiger Brunnen [...]« (an dieselbe, Florenz, 21. Mai 1789, *Briefe*, 326). Seine physische und psychische Verfassung ist oft schlecht, er fühlt sich kraftlos und schwach: »Mein Brief ist heut außerordentlich matt; aber meine Seele ist's auch« (an dieselbe, Mailand, 13. Juni 1789, *Briefe*, 348). Der Heimwehgeplagte atmet erst zu jenem Zeitpunkt auf, als er wieder heimischen Boden unter den Füßen spürt: »Außerordentlich wohl hat's mir getan, seit ich wieder in Deutschland bin, nach welchem Lande ich mich zuletzt gesehnt habe, daß mir Speise, Trank und Schlaf nicht mehr gefielen. [...] Die Reise hat mich, glaube ich, sehr verändert; gottlob indessen, wenn ich da bin, ist sie vorüber« (an dieselbe, Nürnberg[?], Juli 1789, *Briefe*, 362).

Mag die Verwandtschaft der beiden Italienfahrer in ihrer Wetterfühligkeit, den psychosomatischen Stimmungsschwankungen und ihrer tendenziellen Alltagsmisanthropie auch augenfällig sein – beider Urteil über das Reisen im allgemeinen und das Reisen nach Italien im besonderen könnte kaum gegensätzlicher ausfallen. Die Aufklärung hatte das Reisen als Mittel der Bildung entdeckt, als eine Möglichkeit, neue Erfahrungen zu machen; zugleich sind die Erfahrungen der Ferne aber auch solche der Nähe: Wenn wir etwas über den Fremden, den Anderen erfahren, dann erfahren wir vor allem etwas über uns selbst, über das Fremde *in* uns selbst. Die Grenzüberschreitung geht also in eine doppelte Richtung: nach innen und nach außen, nach draußen. Viele Autoren der Aufklärung charakterisiert ganz entschieden ein kosmopolitischer Anspruch. Sie sind »Weltbürger«, weil sie das Universale und Allgemeine, das alle verbindet, als das maßgebliche Kriterium des »Menschengeschlechts« erachten. Sie wenden sich gegen nationale und rassistische Ressentiments: eine Haltung, die, wie man weiß, keineswegs im Widerspruch zu einer differenzierten und positiven Bewertung des je Besonderen, der Verschiedenheit der Kulturen und Nationen stehen muss – nicht zuletzt Herder steht dafür als überzeugendes Beispiel. Auf die Frage, ob und wie diese Haltung lebenspraktisch – das heißt z.B. in bezug auf Reiseaktivitäten und persönliches Kennenlernen anderer Länder und Kulturen – umgesetzt wurde, fällt die Antwort indes sehr unterschiedlich aus: Kant etwa hat seinen Geburtsort Königsberg kaum einmal verlassen; Herder blieb auch vorwiegend in heimischen Regionen,[11] sein ›Experiment Italien‹ kann im Ergebnis als gescheitert angesehen werden, während der auch eher ›standorttreu‹ zu nennende Goethe seine Italienreise (von 1786 bis 1788) als sehr positive Erfahrung gewertet hat. Etwa ein Jahrhundert später macht Nietzsche seine Reiseerfahrungen in Italien. Ihn zieht es nach seiner Frühpensionierung ganz nach Süden. Die Zeit seiner späteren und wohl wichtigsten Schaffensperiode verbringt er, wie bereits erwähnt, in der Regel in Sils-Maria und an der Reviera, oder er wechselt rastlos von Pension zu Pension in diversen italienischen

---

11 Gemeint sind die mehr oder minder heimischen Sprachregionen: Königsberg, Riga, Straßburg, Bückeburg, Weimar. Eine frühe Ausnahme stellt die Seereise nach Frankreich dar, über die Herder im *Journal meiner Reise im Jahr 1769* ausführlicher berichtet hat (*SWS 4*, 343-486). Der junge stürmende und drängende Herder zeigt allerdings für das Reiseerlebnis noch eine Offenheit und Neugierde, die der spätere Italienfahrer weitgehend vermissen lässt.

Orten. Laut eigenem Bekunden ist Nietzsche diese ruhelose Reiseaktivität durch seinen angegriffenen Gesundheitszustand eher aufgenötigt worden, als dass sie ›freier Wahl‹ entsprang. Aber seine Krankheits- und Schwächeanfälle verfolgten ihn auch in mediterranen Gefilden, denn – wohin man auch reist – dem eigenen Körper kann man nicht entfliehen, man nimmt ihn samt seinen Gebresten notgedrungen mit. Gleichwohl erlaubten ihm Kultur und Klima fern der Heimat höchst kreative Phasen und einen distanzierten – mitunter höchst scharfsinnigen – ethnologischen und psychologischen Blick auf die eigene Kultur.

So unterschiedlich die Bedeutung des Reisens für die Einzelnen auch gewesen sein mag, es eint sie alle – Kant und Goethe, Herder und Nietzsche – die Offenheit für andere oder ›fremde‹ Kulturen. Wichtiger für sie waren die ›imaginären‹ Reisen durch die Weltliteratur.[12] Auch den ›nomadisierenden‹ Nietzsche begleitete, wenn irgend möglich, stets seine umfangreiche Reisebibliothek; und als einen ganz wesentlichen Entscheidungsgrund für die spätere Wahl Turins als »Residenz« nennt er die ausgezeichnete Literaturlage in der Stadt: »*Drei*sprachige große Buchhandlungen. Dergleichen habe ich noch nirgends getroffen« (an Heinrich Köselitz, Turin, [20. April 1888], *KGB III 5*, 299). Der Weltbürger erweist sich vor allem auch in seiner Offenheit und Rezeptionsbereitschaft von Autoren jenseits der eigenen regionalen Grenzen und jenseits der eigenen historischen Epoche.

III. Die Fröhliche Wissenschaft

> Glück also zum ersten Strahl der neueren poetischen Morgenröthe in Europa! Sie hat einen schönen Namen: die fröhliche Wissenschaft (gaya scienza, gai saber). [...] Die ›Morgenröthe‹ ist ein jasagendes Buch, tief, aber hell und gütig. Dasselbe gilt noch einmal und im höchstem Grade von der gaya scienza [...] Die *Lieder des Prinzen Vogelfrei* [...] erinnern ganz ausdrücklich an den provençalischen Begriff der ›gaya scienza‹, an jene Einheit von *Sänger*, *Ritter* und *Freigeist*, mit der sich jene wunderbare Frühkultur der Provençalen gegen alle zweideutigen Culturen abhebt [...]

schreibt Nietzsche in *Ecce homo - Die fröhliche Wissenschaft* (*KSA 6*, 333f.). Und in einem Brief ersucht er seinen Verleger E.W. Fritzsch in Leipzig (7. August 1886, *KGB III 5*, 226) um eine Erweiterung des Titels für die Zweitauflage der *Fröhliche[n] Wissenschaft*; er wünsche den »Zusatz in Parenthese ›gai saber‹, damit man an den provençalischen Ursprung meines Titels und an jene Dichter-Ritter, die Troubadours erinnert wird, die mit jener Formel all ihr Können und Wollen zusammenfaßten.«[13] Vermutlich wird nur dem sehr akribischen und kundigen Leser aufgefallen sein, dass die beiden einleitenden Sätze des Eingangszitats, die Nietzsches Buchtitel in einem Atemzuge nennen – *Morgenröthe* und *Die fröhliche Wissenschaft*

---

12 Generell spielte die Reiseerfahrung besonders in der Aufklärung eine prominente Rolle, nicht nur ›real‹ als Reise ins Unbekannte, wie sie z.B. Georg Forster auf spektakuläre Weise gewagt hat, sondern auch als Paradigma der Erkenntnis: »Theoriebildung nach dem Muster der Reise zu verstehen, war im 18. Jahrhundert populär« (B. Hüppauf 2004, 125). Zur *Reise* als Metapher für Erkenntnis von Neuem siehe vor allem Edward Said (1983). Die Verschränkung von *Reise* als Erfahrung sowohl des geographischen Außenraumes wie des psychischen Innenraumes habe ich (im Anschluss an T. Todorov) an der Diskurskonkurrenz zwischen Kant und Karl Philipp Moritz zu verdeutlichen versucht (W. v. Rahden 1993c).
13 Tatsächlich erscheint die zweite Auflage von *Die fröhliche Wissenschaft* ein Jahr später mit dem Untertitel »la gaya scienza«.

– nicht von Nietzsche selbst, sondern von Herder stammen, und zwar aus seinen *Briefe[n] zu Beförderung der Humanität* von 1796.[14]

Hat Nietzsche diesen Text von Herder gekannt? Hat er gar die Idee zu diesen Buchtiteln Herder zu »verdanken«? In Nietzsches Bibliothek befindet sich kein einziges Werk von Herder, und auch die Ausleihliste der Basler Bibliothek weist keinen Titel von Herder aus, den Nietzsche entliehen hat. Wir können also die Frage *nicht* zweifelsfrei beantworten, ob Nietzsche diese Textpassagen aus Herders *Humanitätsbriefen* gelesen hat oder nicht. Denkbar wäre es, dass er über Sekundärliteratur davon Kenntnis hatte, aber sehr wahrscheinlich ist es nicht, da sich auch im Nachlass keinerlei Verweise, Reminiszenzen oder gar Exzerpte dazu aufgefunden haben. So muss diese Mutmaßung letztlich spekulativ bleiben. Trotzdem – und das ist in unserem Kontext entscheidend – erstaunt der Gleichklang, wie er in diesen Zitaten zum Ausdruck kommt, in denen sich beide Autoren des Topos »Morgenröthe« bedienen und sich auf die »fröhliche Wissenschaft« und deren provençalischen Ursprung – *gaya scienza, gai saber* – berufen.

Die mögliche Verwunderung, mit der man diesen identischen Anküpfungspunkt beider zur Kenntnis nehmen könnte, darf jedoch einen gewichtigen Kontrast nicht verdecken: Die jeweilige Aktualisierung der »gaya scienza« unterliegt unterschiedlichen Strategien. Herders Focus ist eingeschränkter, er hat in erster Linie die Kunst im Blick. Nietzsche dagegen fasziniert die ›große‹ Perspektive, sein Blick zurück wird vorrangig geleitet von einem sehr viel weiter gespannten Interesse (das seinen exponierten Niederschlag findet in den späten Schriften wie *Jenseits von Gut und Böse* sowie *Zur Genealogie der Moral*). Herder sieht in der provençalischen Kunst vor allem den Ursprungsort einer neuen europäischen Kunstauffassung. Ihm gilt die »fröhliche Wißenschaft« zunächst als Paradigma der »neuern Europäischen Dichtkunst«, was sie von der »Poesie der Alten« unterscheide. Das Zusammenspiel von Musik und Sprache, die formale reimgeregelte Strukturierung von Lied und Erzählung im kommunikativen Spiel des mündlichen Vortrags bilden den Rahmen jener »Wissenschaft«, die Herder die »Kunst der Trobadoren« nennt (*Humanitätsbriefe VII 84, SWS 18*, 37). Diese Innovation *innerhalb* der Dichtkunst begreift Herder als Einheit von Sänger und Dichter: Der Troubadour, der Kunst als einen kommunikativen Akt beherrscht, wird dabei zum idealen (Vor-)Bild des Künstlers, der die neuen Wissenskünste sinnbildlich verkörpert.

Nietzsche aber will mehr: Er nimmt die provençalische Kunst als Paradigma einer Gesamtkultur, die eine Einheit von Wissen, Kunst und einer bejahenden Lebensauffassung repräsentiert. Und dafür steht der Typus des »Dichter-Ritters«. Hier dient die provençalische Kultur mit dem »Freigeist« des Troubadours im Zentrum auch als ein alternativer Entwurf. An ihm wird die neuzeitliche Gesellschaft *kritisch* gemessen, deren Kultur – so Nietzsche – durch die herrschende »moralische Tartüfferie« zwiespältig und unglaubwürdig geworden sei.

Trotz der divergenten Interessen in der Strategie der Anknüpfung – das Grundinteresse von beiden divergiert nicht: Die Wertschätzung der provençalischen Kunst und der Troubadours ist den Autoren gemeinsam, und das mag durchaus verblüffen, wenn man sich an Nietzsches Abweisung des gesamten Herderschen Denkens erinnert. Die Geburt des modernen Europa erfolgt aus dem Geiste der »gaya scienza« – so ließe sich die entscheidende Idee

---

14 Die Orthographie im Herder-Zitat habe ich an Nietzsches Schreibweise angeglichen. Ein Blick ins Original der *Sämmtliche[n] Werke* macht die Differenzen deutlich: »Glück also zum ersten Stral der neueren poetischen Morgenröthe in Europa! Sie hat einen schönen Namen: *die frölische* Wißenschaft, (gaya ciencia, gay saber;) möchte sie deßen immer werth seyn!« (*Humanitätsbriefe VII 85, SWS 18*, 37).

pointieren, die beider Argumentation zugrundeliegt. Genauer: Die Entstehung des neuen europäischen Geistes erfolgt zu Beginn des 12. Jahrhunderts entscheidend aus der »Dichtkunst und erdichteten Lebensform der Trobadors«. Im nach-antiken Europa – in Ablösung des schon nicht mehr geläufigen Lateinischen – bildeten sie eine bereits verbreitete Volkssprache, wie Tilman Borsche (1994, 177) darlegt, weiter fort zu einer »Kunstsprache«. Diese Kunstsprache, »zum differenzierten Ausdruck von Gefühlen und Gedanken fähig«, entwickelte sich »weit über die fließenden Grenzen der Volkssprache hinaus zum allgemeinen Medium einer hochkomplexen Dichtungstradition« (ebd.).

Vor allem jene zwei Züge dieser »frühen Europäer« greift Nietzsche emphatisch auf, in denen er die Geistesverwandtschaft zu erkennen glaubt zwischen dem Troubadour von einst (wie er ihn sieht) und dem Philosophen von heute (wie er ihn begreift). *Zum einen* geht es um die »Passion«: Den »Dichter-Rittern« – so schreibt Nietzsche in *Jenseits von Gut und Böse* (260, KSA 5, 212) – verdanke das Abendland die »Liebe *als Passion*«, »unsere europäische Spezialität«, und diese Passion sieht er bewahrt in der »Leidenschaft der Erkenntnis«,[15] die den Philosophen auszeichne, jedenfalls den Philosophen, der diesen Namen verdiene. *Zum andern* geht es um den »freien Geist« des Troubadours, in dem Nietzsche die Verwandtschaft zum Philosophen entdeckt: Der Freigeist folgt auch gegen alle gesellschaftliche Autorität seinem »individuellen Gesetz«, das ihm eine hohe Selbstverantwortlichkeit aufbürdet, die er mit allen Konsequenzen zu tragen bereit ist.[16] Auch Herder verbindet mit der »gaya scienza« vor allem die »Idee der Freiheit der Gedanken« und benennt damit eine entscheidende Differenz, die sie von der »Poesie der Alten« abhebe (*Humanitätsbriefe VII 86, SWS 18*, 46).

Die Zeit der Troubadours währte, historisch gesehen, nur kurz[17] und Nietzsche stilisiert sie nostalgisch. Er macht keinen Hehl aus seiner Hochachtung für jene »prachtvollen erfinderischen Menschen des ›gai saber‹, denen Europa so Vieles und beinahe sich selbst verdankt« (*Jenseits von Gut und Böse 260, KSA 5*, 212). Die »freigeistigen Ritter«, diese »Christen von rücksichtsloser Rechtschaffenheit« (*Die fröhliche Wissenschaft 377, KSA 3*, 631), in deren Tradition sich Nietzsche begreift, waren – um es mit Borsche zu sagen – »selber ›heimatlose

---

15 Zur genaueren Bestimmung dieses Terminus von Nietzsche im Kontext der »gaya scienza« vgl. vor allem T. Borsche (1994); die Bedeutsamkeit dieses Topos für das gesamte Schaffen Nietzsches hat vor allem M. Brusotti (1997) zu Recht hervorgehoben.
16 Diesen Gedanken habe ich detaillierter entfaltet in W. v. Rahden (2003).
17 Etwa von Beginn des 12. Jahrhunderts bis Ende des 13. Jahrhunderts. Als letzter Troubadour gilt Guiraud Riquier (um 1230-1292) – der einzige unter ihnen, der geschrieben und seine Gedichte datiert hat und der ein »doctor de trobar« sein wollte (vgl. R. Lafont & C. Anatole 1970, 141). Das »grausame Ende der okzitanischen Ritterkultur« fasst T. Borsche (1994, 184) in den Satz zusammen: »Die Lebensform der Trobadors wurde durch die Inquisition gebrochen«. Es waren die »freigeistigen« Strömungen, die in der Provence ihr Zentrum hatten und durch welche die klerikale Instanz ihre Autorität ernsthaft bedroht sah. Zur Bekämpfung dieser provençalischen ›Abweichung‹ wurde erstmals die Inquisition institutionalisiert. Papst Innozenz III. hatte zum »Kreuzzug gegen die Provence« aufgerufen, und Gregor IX. hatte die Inquisition im Jahre 1232 als päpstliche Institution autorisiert, die dem 1216 gegründeten Dominikanerorden übertragen wurde (und 1252 legalisierte Innozenz IV. in der berüchtigten Bulle »Ad extirpanda« die Folter für innerkirchliche Verfahren). Die Strategie dieser frühen Inquisition in ihrem Vernichtungsfeldzug gegen die Katharer, auch als Albigenser bekannt, und gegen die Waldenser – ein Vernichtungsfeldzug, *in dessen Sog auch die okzitanische Ritterkultur geriet* – wird näher untersucht in W. v. Rahden (1993b, bes. 35-40). Z. Herbert (1996, 47-114) schildert engagiert und anschaulich die Kultur der Troubadours und Albigenser sowie die Zerstörungsstrategie der katholischen Kirche gegen sie und erhellt Vorgeschichte und Hintergründe dieses langandauernden und erbarmungslosen Verfolgungsdramas.

Europäer‹: heimatlos, weil ohne feste Position in der geographischen, sozialen, moralischen Ordnung ihrer Zeit; Europäer, weil das moderne Europa aus ihrem Geist entstanden ist. So jedenfalls sah es Herder, so sahen es die Romantiker, und so sieht es auch Nietzsche«.[18]

Diese gemeinsame Präferenz für die »fröhliche Wissenschaft« verweist indes, wie ich meine, zugleich[19] auf eine weitere Übereinstimmung. Sowohl Herder wie Nietzsche bemühen sich, die Tradition der Wissenskünste der Troubadours dem Vergessen zu entreißen, und sie versuchen damit beide, jene Grenzziehung zu unterlaufen, die epistemologisch die Wissenschaften von den Künsten immer schärfer zu trennen begann und die sich bis heute institutionell verfestigt hat.[20] Dahinter steht offensichtlich bei beiden der Gedanke, Poesie und Wissen, Künste und Wissenschaften *avant la lettre* nicht auseinanderzureißen. Diese Wissenskünste verkörpern sich in der Figur des Troubadours. In ihm sieht Nietzsche Dichtung und Musik, Tapferkeit und theoretisches wie praktisches Wissen noch als eine Einheit bewahrt. Musik, Poesie und Rhetorik - die provençalischen Ritter und Sänger-Dichter stehen in der Tradition der oralen Überlieferung - bilden für Nietzsche ebenso wie für Herder einen Anknüpfungspunkt, der auch für den eigenen Entwurf zum Tragen kommt. Unabhängig davon, ob der jeweils subjektive Blick der beiden Autoren der historischen Situation des Troubadours tatsächlich gerecht wird, bleibt als eine bemerkenswerte Gemeinsamkeit: das Ideal des »ganzen Menschen« als Wissenskünstler erfährt eine Aufwertung und wird zum Gegenbild wider die Vorstellung vom rationalistisch verkürzten und durch lebensfeindliche Dogmen verkümmerten Menschen.

IV. Die Identität in der Differenz

Freilich sollen die grundlegenden Differenzen zwischen beiden Autoren nicht unterschlagen oder verwischt werden. Doch es sind ja nicht die Differenzen, die überraschen, wohl aber die Gemeinsamkeiten, die beide teilen und die in der Rezeptionsgeschichte eher unbeachtet geblieben sind. Herder sieht sich in der Tradition der klassischen Aufklärung. Ihm eignet noch eine gewisse unerschütterliche anthropologische Zuversicht: der Glaube an den Fortschritt des »Menschengeschlechts« durch ästhetische Bildung und moralische Erziehung (wie Herder ihn unermüdlich in seinen *Ideen* äußert)[21] - jene Zuversicht, die Nietzsche längst verloren hat. Allenfalls eine Schwundstufe hat bei Nietzsche überlebt: der Entwurf vom einzelnen Individuum, das nach dem »Tod Gottes« die Bürde des Gedankens an die »ewige Wiederkehr des Gleichen« quasi »heroisch« auf sich zu nehmen vermag. Wenn aber die Existenz Gottes nicht mehr als Bürgschaft für eine allgemeine Moral vorausgesetzt, also - Kantisch gesprochen - nicht mehr als »Garant(ie) des Sittengesetzes« in Anspruch genommen werden kann, dann muss sich das einzelne Individuum der Herausforderung stellen, die

---

18 So T. Borsche (1994, 176f.) in seiner ausführlichen Untersuchung der historischen Dimension des Begriffs einer »fröhlichen Wissenschaft«.
19 Unter jenen Denkbildern, die den semantischen Raum *Mittelalter* besetzen, nimmt das vom *Troubadour* eine bedeutsame Stellung ein; diese bildlichen Vorstellungen, die unsere Erinnerung an und unsere Vorstellung von *Mittelalter* geprägt haben und noch prägen, untersucht J. Le Goff (2005).
20 Jene Konkurrenz von Begriff vs. Metapher, die paradigmatisch genommen werden kann für die Frontstellung Wissenschaft vs. Kunst, habe ich skizziert in W. v. Rahden (2000).
21 Vgl. Herder *Ideen zur Philosophie der Geschichte der Menschheit* (1784-1791), 4 Bde. (*SWS 13, 14*).

Last für das ›individuelle Gesetz‹ in Eigenverantwortung zu übernehmen, und dazu bereit sein, diese gleichsam »übermenschliche« Bürde zu tragen, »der schwersten Forderung an die Menschheit, die je an sie gestellt wurde« (*Ecce homo, Vorwort 1, KSA 6*, 257).

Dieser Gedanke scheint mir, um es nochmals zu betonen, die eigentliche Bedeutung des so vielfach missdeuteten Konzepts des »Übermenschen« bei Nietzsche zu sein. Erst im Zusammenhang mit dem Gedanken der »ewigen Wiederkunft des Gleichen« (und jenem vom »Willen zur Macht«) wird die Idee des »Übermenschen« verständlich.[22]

Auch Herder hatte seine Zuversicht bereits nicht mehr auf bloßes Gottvertrauen allein gestützt, sondern vorrangig - und hier erweist sich schon der junge Herder als Aufklärer *par excellence* - auf des Menschen »eigne Kraft« vertraut. Man denke etwa an seine Begründungsstrategie in der Frage (der berühmten Berliner Akademiefrage von 1769), ob der Mensch von selbst habe Sprache erfinden können. Gegen des Theologen Süßmilch Argumentation, der in der Akademie-Debatte die Sprache als »gottgegeben« verteidigt, erfährt die menschliche »Besonnenheit« eine Schlüsselrolle, um die Sprachentstehung aus eigener menschlicher Kraft zu erklären.[23]

Aber nicht nur der stürmende und drängende, sondern auch der aufklärende und aufgeklärte Herder - der als Generalsuperintendent von Weimar immerhin ein exponiertes theologisches Amt innehatte - hat die Erklärungsreichweite der theologischen Instanz bereits bemerkenswert eingeschränkt. Häufig spricht er dort von »Natur« und »Naturabsicht« - und nicht von »Gott« (wie er bisweilen offenbar gleichsam entschuldigend sich rechtzufertigen genötigt sieht) -, wo ihm der Lauf der menschlichen Gattung zum Besseren *subjektiv* als Erziehungsauftrag und *objektiv* als Entwicklungsprozess im Rahmen einer Geschichtsphilosophie[24] begründungsbedürftig erscheint.[25] Jedenfalls sind starke Tendenzen einer Rückstufung theologischer Erklärungstopoi auffällig: Nicht mehr ein eingreifender persönlicher Gott - der etwa durch »Wunderwerk« tätig wird - besetzt die entscheidenden Positionen im argumentativen Diskurs, lediglich ein theologischer Rest ist erkennbar, wie auch immer er in letzter Instanz motiviert sein mag, sei's protestantisch, sei's deistisch oder pantheistisch. Im Gegensatz zu Herder begreift sich Nietzsche als Atheist: Er propagiert den »Tod Gottes« - genauer: Zarathustra *verkündet* ihn, und Nietzsche *konstatiert* ihn in seinen theoretischen Schriften als nihilistische Konsequenz der Selbstaufhebung der Moral in der Moderne. Die

---

22 Dieser komplexere Zusammenhang kann hier nur angedeutet, aber nicht weiterverfolgt werden; vgl. hierzu allgemein e.g. Montinari (1982) und Müller-Lauter (1999).

23 Herder gewann bekanntlich mit seiner *Abhandlung über den Ursprung der Sprache* am 6. Juni 1771 den Preis, sein Beitrag wurde Anfang 1772 im Auftrag der Akademie veröffentlicht (*SWS 5*, 1-156). Die wohl prominenteste Begriffsprägung in der *Abhandlung* - »Besonnenheit« - spielt fortan im anthropologischen Denken eine tragende Rolle. Sie profitiert wohl nicht zuletzt davon, dass sie - als philosophisch noch unbelasteter Begriff - den Dualismus von Vernunft und Sinneserfahrung insofern vermittelnd unterläuft, da sie *etymologisch* die sinnliche Seite bewahrt, auch wenn sie *semantisch* die Vernunft priorisiert. Zur Diskussion der Sprachursprungsdebatte im historischen - insbesondere spätaufklärerischen - und aktuellen Kontext vgl. W. v. Rahden (1989) und ders. & J. Gessinger (1989).

24 Zur Diskussion der geschichtsphilosophischen Auffassung Lessings vgl. näher etwa U.J. Schneider (1985), zur Geschichtsphilosophie der Aufklärung allgemein vgl. P. Kondylis (1981) - der die Aufklärung vor allem als Rehabilitierung der Sinnlichkeit versteht - und H.D. Kittsteiner (1980), der die Architektur der Geschichtsphilosophie der Aufklärung eingebettet sieht in die Entwicklung von der »invisible hand« bei Adam Smith bis zum Mechanismus des Marktes bei Marx und sie interpretiert als eine Verschiebung von der teleologischen zur kausalen Denkfigur (um aus der Vielzahl der Publikationen zum Thema nur diese drei zu nennen).

25 So z.B. in der einleitenden Bemerkung zu seinen *Ideen* (*SWS 13*). Zur Kommentierung dieser These vgl. auch W.v. Rahden (1993a).

theologischen Instanzen und deren persönliche Sachwalter, die »Pfaffen«, wie der Pastorensohn die geistliche Zunft abschätzig häufig zu nennen pflegt, haben seiner Meinung nach abgewirtschaftet, sie sind ihm nur noch ein Greuel. Doch so oft Nietzsche auch über den »Predigerton« des »Pfaffen« Herder höhnen mag – just jene seiner Schriften, die ihm selbst nach eigenem Zeugnis die wichtigste war, der *Zarathustra*, zeichnet sich über weite Strecken gerade durch ihren »Predigerton« aus und durch ihre »biblischen« Stilelemente.

Lassen wir exemplarisch, anstatt zu paraphrasieren, den Autor selbst sprechen:

> Innerhalb meiner Schriften steht für sich mein *Zarathustra*. Ich habe mit ihm der Menschheit das grösste Geschenk gemacht, das ihr bisher gemacht worden ist. Dies Buch, mit einer Stimme über Jahrtausende hinweg, ist nicht nur das höchste Buch, das es giebt [...], es ist auch das *tiefste* [...] (*Ecce homo, Vorwort 4, KSA 6, 259*).

Etwas später heißt es über *Zarathustra*: »Hier redet kein Fanatiker, hier wird nicht ›gepredigt‹ [...]« (ebd., 260). Und er schließt sein Vorwort zu *Ecce homo* mit Zarathustras Worten: »Nun heiße ich euch, mich verlieren und euch finden; und erst, *wenn ihr mich Alle verleugnet habt*, will ich euch wiederkehren ...« (ebd., 261).

Aber – so mag man sich fragen – dementiert nicht bereits diese emphatische Aufforderung ihre eigene Botschaft? Eine nähere Inspektion der stilistischen und semantischen Merkmale dieser Textpassage lässt zumindest begründete Zweifel aufkommen an Nietzsches nachdrücklicher Versicherung, Zarathustra rede anders, er »predige nicht«.

Auf den ersten Blick verkündet Zarathustra eine anti-religiöse und damit auch eine »antichristliche« Botschaft, weil sie nicht die Tugend des unerschütterlichen Glaubens (an Gott und/oder seinen Propheten oder an einen Heiland) propagiert, sondern ganz im Gegenteil zur Verleugnung des ›Propheten‹ aufruft. Dadurch erhebt sie die (aus einer christlichen Wertperspektive gesehen) ›böse Tat‹ zur allgemeinen Maxime. Auf den zweiten Blick jedoch wird die Anspielung auf Simon Petrus' Fehlverhalten deutlich, der bekanntlich seinen Herrn verleugnet hatte.[26] In Verkehrung der üblichen Tatbewertung wird eine Aufforderung formuliert, die man folgendermaßen explizieren könnte: *Tut es allen Petrus gleich und verleugnet euren Herrn, mag er nun Jesus oder Zarathustra heißen.*[27] Der »Verleugner« Petrus wird dadurch in seinem Handeln positiv umgewertet.

Allerdings bleibt diese Konstruktion als Kritikfigur dem christlichen Denksystem insofern verhaftet, indem sie innerhalb der Logik der neutestamentlichen Erzählung agiert, die sie bloß ›umkehrt‹. Nietzsche tappt *contra intentionem* in jene Falle, die darin besteht, dass ein System durch bloße Negation nicht abgeschafft, sondern als System dadurch sogar noch affirmiert wird. (So wie der ›höchste‹ diabolische Zweifler und Verleugner, die Figur Satans, in letzter Instanz *ad maiorem Dei gloriam* agiert, da er als eine *notwendige* Bedingung dem christlichen System inhärent ist.)

Darüber hinaus nimmt Nietzsche die christliche Denkfigur der Parusie auf (»will ich euch wiederkehren«), und schließlich lehnt er sich in seiner Rhetorik eng an Elemente des biblischen Sprachstils an, wie er in der Luther-Übersetzung prägnant wurde (und sich in Wendungen wie »heiße ich euch« und »will ich euch wiederkehren« zeigt).

---

26 Die Darstellung der Verleugnung Jesu durch Petrus stimmt in ihrem Erzählkern bei den Evangelisten überein: *Matthäus 26,69-75; Markus 14,66-72; Lukas 22,54-62; Johannes 18,15-27.*

27 *Expressis verbis* wird Petrus im übrigen im gesamten Werk Nietzsches mit keinem Wort erwähnt.

Bereits ein genauerer Blick auf dieses kurze Beispiel, den Schlusssatz des Vorworts zu *Ecce homo* (auch dieser Titel eine Anspielung auf Christus),[28] liefert also starke Indizien für die Annahme, dass Nietzsches Selbsteinschätzung bzw. seine eigene Ansicht des *Zarathustra* einer Selbsttäuschung unterliegt. Vielmehr erweist sich, dass der radikale Kritiker des Christentums in diesem Beispiel tendenziell dem von ihm negierten christlichen Denksystem hinterrücks selbst noch aufsitzt. So kehren das Verdrängte und Verleugnete mit Macht zurück (um es mit Freud zu sagen), und das ganz besonders in der Schrift, die ihm nach eigenem Bekunden am meisten bedeutete. Der *Zarathustra* kehrt als »Bibel der Zukunft« wieder.[29] Was also kann als Zwischenbefund festgehalten werden? Was sich aus der Sicht Nietzsches als vorgeblich himmelweite Differenz zu Herder liest, relativiert sich bei näherem Hinsehen doch ganz erheblich: Der christliche Amtsträger erweist sich als aufgeklärter, als sein scharfer Kritiker es wahrhaben will, während der Autor des *Anti-Christ* sich an exponierter Stelle just jenes Predigerhabitus bedient, den er seinem selbsterwählten Widerpart aufs allerheftigste zum Vorwurfe macht.

Dass Totgesagte oft länger leben, als manchem lieb sein mag, erkannte indes auch Nietzsche: »Ich fürchte, wir werden Gott nicht los, weil wir noch an die Grammatik glauben ...« (*Götzen-Dämmerung*, KSA 6, 78). Da unsere Sprache nach dem Subjekt-Prädikat-Objekt-Schema organisiert ist, fragen wir, so Nietzsche, überall nach dem Subjekt, nach dem Täter – bis hin zum ersten bzw. letzten Täter, dem »unbewegten Beweger«. Und das sei Gott. So führe und verführe uns unsere Sprache und damit Denkstruktur dazu, den alten Bahnungen verhaftet zu bleiben; und als performative Kraft, so könnte man im Sinne Nietzsches ergänzen, bestimmt diese Struktur auch unser Handeln.

Man denke an die Aufklärung und an Kant: In der Rolle des letzten Täters kehrte Gott in den ethischen Diskurs zurück. Auch der »kategorische Imperativ« bedarf eines »Imperators«.[30] Aus diesem Grund sei Gott als Garant des Sittengesetzes (als Postulat der *praktischen Vernunft*) wiederauferstanden, nachdem er zuvor erkenntnistheoretisch (im Diskurs der *reinen Vernunft*) bereits beerdigt worden war. Der Theoretiker des Konzeptes vom »Willen zur Macht« sieht die praktische Wirksamkeit – das »Dispositiv« der Gottesidee (um es mit Foucault auszudrücken) – als *inneren* Machteffekt in der Instanz des Gewissens und als *äußeren*, wie es sich in den staatlichen Institutionen entfaltet.

Halten wir inne, um einen auffälligen Befund festzuhalten: In der subjektiven Emphase, das Individuum anzusprechen, um es »zu bilden und zu vervollkommnen« (Herder) oder »das Selbst zu steigern« (Nietzsche), aber auch in ihrer Auffassung, dass diese »Bildungskräfte« (Herder) oder die Kräfte als »Willen zur Macht und zur Wahrheit« (Nietzsche) gleichsam objektiv, also »anthropologisch« (Herder) oder »physiologisch« (Nietzsche) im menschli-

---

28 Der lateinische Titel dieser Schrift, welche die Genese von Nietzsche als Autor selbstreflexiv in den Blick zu nehmen versucht (*Ecce homo. Wie man wird, was man ist*, geschrieben 1888), lässt den Rekurs aufs *Neue Testament* erkennen: sind dies nach *Johannes 19,5* – in der Übersetzung der *Vulgata* – doch die Worte des Pontius Pilatus (»Seht, welch ein Mensch«), mit denen er den gegeißelten und dornengekrönten Jesus dem Volke präsentiert. Überhaupt gilt, dass gerade beim »spätesten« Nietzsche sich das Verleugnete besonders augenfällig Bahn bricht, etwa wenn er seine letzten Briefe mit »der Gekreuzigte« unterzeichnet. Diese Briefe, geschrieben kurz vor dem Zusammenbruch Anfang Januar 1889, sind adressiert an August Strindberg, Meta von Salis, Georg Brandes, Heinrich Köselitz, Malwida von Meysenbug, Kardinal Mariani sowie an den König von Italien, Umberto I., und ein Schreiben ist »den erlauchten Polen« zugedacht (*KGB III 5*, 572, 575, 577).
29 In einem späten Brief an Paul Deussen (26. November 1888, *KGB III 5*, 492) wählt Nietzsche selbst diese Formulierung: »Zarathustra [...], das erste Buch aller Jahrtausende, die Bibel der Zukunft [...]«.
30 »Zum ›kategorischen Imperativ‹ gehört ein Imperator« (*Nachlaß 1885, VII 40[10], KSA 11*, 632).

chen Organismus angelegt seien, stehen sich beide Autoren näher, als Nietzsche es wahrhaben wollte.[31]

Was also bleibt nach näherer Inspektion als ein entscheidender Unterschied? Zöge der vergleichende Interpret Bilanz, so könnte er - bei aller Verschiedenheit der historischen Kontexte beider Denker - zumindest folgendes konstatieren: *Zum einen* trennt Nietzsche von Herder der selbsterklärte rigorose Abschied von den Theologoumena, den Nietzsche in seiner Philosophie vollzieht. *Zum andern* geht es Herder in seinen Reflexionen entscheidend auch immer um die Menschheit als Gattung, um »die fortschreitende Vervollkommnung des Menschengeschlechts«, wie es in den *Humanitätsbriefen* (*II 25, SWS 17*, 113) heißt. Im Gegensatz dazu hat Nietzsche primär das einzelne Individuum im Blick, dem er einiges, ja »Übermenschliches« zumutet. Die Gattung als solche blendet er weitgehend aus.[32] Der Masse

---

31 Bei beiden spielt übrigens der Terminus »Kraft« bzw. »Kräfte« eine herausragende Rolle, wenn auch freilich in unterschiedlichen epistemologischen Kontexten. Die Nietzsche-Interpretation von G. Deleuze (1962) zentriert sich entscheidend um diesen Terminus; zur Genealogie von Nietzsches Kraftbegriff vgl. auch M. Bauer (1984).

32 Diese Frage wurde bereits in der Spätaufklärung kontrovers diskutiert. Moses Mendelssohn hatte in *Jerusalem* (1783, 413f.) im Gegensatz zu Lessing, dessen Auffassung tendenziell auch Herder und Kant teilten, gerade starke Zweifel daran angemeldet, dass eine Erziehung des ganzen Menschengeschlechts (und nicht nur des einzelnen Individuums) möglich und machbar sei: »Ich für meinen Teil habe keinen Begriff von der Erziehung des Menschengeschlechts, die sich mein verewigter Freund Lessing von, ich weiß nicht, welchem Geschichtsforscher der Menschheit hat einbilden lassen [Mendelssohn bezieht sich auf Lessings 1780 anonym erschienene Schrift *Die Erziehung des Menschengeschlechts*, deren erste 73 Paragraphen bereits 1777 in den *Wolfenbüttler Beiträge[n]* publiziert worden waren]. Man stellet sich das kollektive Ding, das menschliche Geschlecht wie eine einzige Person vor und glaubt, die Vorsehung habe sie hieher gleichsam in die Schule geschickt, um aus einem Kinde zum Manne erzogen zu werden. [...] Aber das auch das Ganze, die Menschheit hienieden, in der Folge der Zeiten immer vorwärtsrücken und sich vervollkommnen soll, dieses scheinet mir das Zweck der Vorsehung nicht gewesen zu sein; [...].« Statt dessen fordert er den Blick auf die Empirie, »die Tatsachen«, die überhaupt keinen Anlass für einen derartigen Optimismus böten (ebd., 414): »Schmiedet keine Hypothesen; schauet nur umher auf das, was wirklich geschiehet, und, wenn Ihr einen Überblick auf die Geschichte aller Zeiten werfen könntet, auf das, was von jeher geschehen ist.« Die Fortschrittskonzeption der herrschenden Meinung der deutschen Spätaufklärung wird von ihm generell in Frage gestellt (ebd., 414f.): »Nun findet ihr, in Absicht auf das gesamte Menschengeschlecht, keinen beständigen Fortschritt in der Ausbildung, der sich der Vollkommenheit immer näherte. Vielmehr sehen wir das Menschengeschlecht im ganzen kleine Schwingungen machen, und es tat nie einige Schritte vorwärts, ohne bald nachher, mit doppelter Geschwindigkeit, in seinen vorigen Stand zurückzugleiten. [...] Der Mensch geht weiter; aber die Menschheit schwankt beständig zwischen festgesetzten Schranken auf und nieder, behält aber, im ganzen betrachtet, in allen Perioden der Zeit ungefähr dieselbe Stufe der Sittlichkeit, dasselbe Maß von Religion und Irreligion, von Tugend und Laster, von Glückseligkeit und Elend; [...].« Im Verwerfen dieser Fortschrittsidee zeigen sich verblüffende Parallelen zu Nietzsche, ebenso wie in der Bewertung der großen Einzelnen (ebd., 412f.): »Sooft es nützlich war, hat die Vorsehung unter jeder Nation der Erde weise Männer aufstehen lassen und ihnen die Gabe verliehen, mit hellerem Auge in sich selbst und um sich zu schauen [...].« Explizit bezieht sich Nietzsche auf Mendelssohn, diesen »Erzengel der Altklugheit« (*Nachlaß 1881, V 11[137], KSA 9*, 493), nur selten, und wenn, dann vor allem, um dessen Stil abzukanzeln, etwa dass er »nicht mehr Mendelsohn'sche Wendungen aushalte« (*Nachlaß 1874, III 37[7], KSA 7*, 833). Bei Herder lassen sich allerdings in der Frage des »Fortschreitens der Menschheit« *in toto* zuweilen gegenläufige Tendenzen erkennen. In den *Ideen* drückt sich in erster Linie die Zuversicht der *perfectibilité* aus; in der früheren Schrift von 1774 *Auch eine Philosophie der Geschichte zur Bildung der Menschheit* wird dieser Gedanke jedoch zuweilen relativiert. Zwar steht auch hier der »Plan des Fortstrebens« der Menschheit - »mein großes Thema!« - im Zentrum (*SWS 5*, 511), aber zugleich wird eingeschränkt, dass »wahrscheinlich immer *Mensch Mensch* bleibe, *nach der Analogie aller Dinge* nichts als Mensch!« (*SWS 5*, 558).

steht er mit Misstrauen gegenüber, weil sie als bloßes »Heerdenvieh« weder Mut noch Initiative aufzubringen vermag, »sich des eigenen Verstandes zu bedienen«, um es mit den Worten des von Nietzsche wenig geschätzten »Chinesen von Königsberg« (*Jenseits von Gut und Böse 210, KSA 5*, 144) zu sagen; denn die »Heerde« sei nur imstande, irregeleitet von »Ressentiment« und Schlagworten, wie »Volk, Rasse, Nation, Sozialismus« oder »christlichen Werten«, den »Vor-Ochsen« (den Begriff »fore-ox« entlehnt Nietzsche von Francis Galton)[33] blind hinterher zu traben. *Und schließlich*: Herder hält explizit am Fortschrittsgedanken fest: Die Entwicklung von Individuum und Gattung ebenso wie *die* Geschichte überhaupt (als Kollektivsingular bezogen auf die Menschheitsgeschichte) und Geschichten (als Plural bezogen auf unterschiedliche Völker und Kulturen) werden im Prinzip als ein Prozess der *perfectibilité* gedeutet. Nietzsche hingegen verwirft eine kausale (›stoßende‹) oder teleologische (›vom Ziele her ziehende‹) Denkfigur für den Fortschritt der Geschichte. Er sieht im Geschichtsverlauf statt dessen die »ewige Wiederkunft des Gleichen«, also ein Kreislaufmodell. Allenfalls das Konzept des Übermenschen, gedeutet als Übergangs- und Überwindungsfigur vom Menschen zum Übermenschen, verweist für das Individuum implizit - wenn man so will - doch auf eine Idee des Fortschritts. In der Spannung von Geschichtsphilosophie und Anthropologie entfalten sich die Gegensätze und Gemeinsamkeiten beider Positionen. Letzten Endes jedoch zeigt sich selbst in den Differenzen noch eine Übereinstimmung. Beide bewahren - wie unterschiedlich auch immer - einen Kernbestand vom Erbe der Aufklärung, wenn man es ebenso begreift als Selbstaufklärung des ganzen Menschen über sich selbst wie auch als Forderung an den Einzelnen, über sich selbst hinauszugehen, sich zu »vervollkommnen« oder sich zu »steigern«.

V. Wahlverwandtschaft wider Willen?

Die *These meines Beitrags* geht von der Vermutung aus, dass Herder für Nietzsche als *autobiographische Projektionsfläche* erscheint: Er dient gleichsam als Objekt der Aggressionsabfuhr zur Abwehr jener Eigenschaften und psychophysischen Zustände, die Nietzsche an sich selbst zeitlebens beunruhigen und quälen - seine hartnäckigen Krankheiten, seine wiederkehrenden mentalen Schwankungen -, all das, was sein Schreiben, sein Leben massiv einschränkt und deswegen aggressiv besetzt ist (auch wenn er immer wieder Leid und Schmerz - wenn sie denn einen »nicht zugrunde richten« - als produktive Kraft philosophisch zu rechtfertigen sucht). So erscheint manche Charakterisierung Herders aus Nietzsches Feder wie eine Spiegelung und kann als eine verkappte Selbstbeschreibung gelesen werden. Neben diese ›biographische Nähe‹ tritt überdies eine ›theoretische Nähe‹. Entsprechend lassen sich metaphorologisch und in theoretischen Konfigurationen - ungeachtet der natürlich vorhandenen Differenzen - überraschend viele Ähnlichkeiten und Gemeinsamkeiten entdecken: die Betonung des »ganzen Menschen« und der Wille, dem Einzelnen eine »progressive« Steigerung seines Selbst zuzumuten; die Wertschätzung der Bedeutsamkeit des Körpers bzw. des Leibes und der Sinnlichkeit, der Relevanz der Affekte; die Priorisierung des Hörsinns und damit verbunden die Betonung des Musikalischen; die Ablehnung der Trennung von Wissenschaft und Kunst und das Plädoyer für den Vorrang der Metapher vor dem Begriff. Augenfällig sind

---

33 Siehe F. Galton (1883, e.g. 72).

die Übereinstimmungen beider im Rückgriff auf bestimmte Diskursanschlüsse und verschiedene historische Bezugspunkte, etwa in der europäischen Orientierung mit Präferenzen für das französische (und provençalische) Denken und die griechische Antike, aber auch beider Hochachtung für Spinoza, den französischen Sensualismus und die Wertschätzung der »gaya scienza«. Darüber hinaus verbindet beide die Offenheit für naturwissenschaftliche zeitgenössische Theorien. Beide sind ebenso neugierig wie »altgierig«.[34] Beide eint der »historisch-philosophische Blick«.[35] Und nicht zuletzt verstehen sich sowohl Herder wie Nietzsche vor allem als *schreibende* Existenz – als Autor.[36]

Die Vielzahl und Vielfalt der Berührungszonen schafft eine ›Theorie-Intimität‹ zwischen beiden Denkern, die vielleicht auch die Frage beantwortet, warum Herder für Nietzsche ›bedrohlicher‹ erscheinen konnte als etwa Kant oder Schiller. Während Kant sich vorwiegend als Philosoph und Schiller sich in erster Linie als Künstler verstand, vereinte Herder beide Bereiche in Anspruch und Praxis und stand damit in dieser Hinsicht Nietzsche weitaus näher. Und auch beider ›Interesse‹ für theologische Frage- und In-Frage-Stellungen zeigt eine gewisse Nähe in den ›Arbeitsfeldern‹. Denn anders als die Nicht-Theologen Kant und Schiller, denen Nietzsche ›nur‹ ihre »Moralisiererei« vorwarf, erfuhr Herder wohl nicht zuletzt auch wegen seiner Funktion als Generalsuperintendent, also als direkter Repräsentant der theologischen Instanz, weitaus schärfere Kritik von dem Autor, der zeitlebens gegen die professionellen theologischen Hüter der christlichen Moral anschrieb. So mag vielleicht die Vermutung nicht ganz abwegig erscheinen, dass die massiven Attacken des Pastorensohns gegen den »Pastor« Herder vor allem auch als eine indirekte Abrechnung mit dem eigenen protestantischen Sozialisationsmilieu gedeutet werden können.[37] Und auf der anderen Seite steht dann der »heidnische« Goethe: Ihn stilisiert Nietzsche zum Idealbild, er wird zur positiven Projektionsfigur erhoben.

Um meine These zusammenzufassen – für die Besonderheit der Beziehung gilt: Die ambivalente Struktur dieser ›doppelten Nähe‹ – positiv wie negativ – bestimmt entscheidend das Verhältnis Nietzsches zu Herder.

Wie heißt es in einer Passage aus *Menschliches, Allzumenschliches* (*KSA* 2, 607)? »Herder hatte das Unglück, dass seine Schriften immer entweder neu oder veraltet waren«. Mit anderen Worten könnte man mit Nietzsche sagen: Herders Schriften waren »unzeitgemäß«. Aber erinnern wir uns: Nietzsche selbst verstand sich just als »unzeitgemäß« (man denke an den Titel seiner vier frühen Studien – *Unzeitgemäße Betrachtungen* – oder an die späten

---

34 Diesen Begriff prägt Nietzsche in *Also sprach Zarathustra* (III, *KSA* 4, 235).
35 Auf diese Gemeinsamkeit hat zu Recht Enno Rudolph (1996, 13f.) aufmerksam gemacht.
36 Wenn auch bisweilen mit unterschiedlichen Konsequenzen, was die Frage der Autorschaft betrifft: Während der junge Herder durchaus auch anonym publizierte, gar seine Autorschaft leugnete – wie bei den 1769 anonym erschienenen *Kritische[n] Wälder[n]* (*SWS* 1) –, beklagt sich der späte Nietzsche bitter darüber, dass er als Autor in Deutschland kaum bekannt sei. So empört er sich etwa in einem Brief an seine Mutter, dass er zwar »ein ungeheuer berühmtes Thier« sei, aber »nicht gerade in Deutschland, denn die Deutschen sind zu dumm und zu gemein für die Höhe meines Geistes und haben sich immer an mir blamirt« (21. Dezember 1888, *KGB* III 5, 543); und an Jean Bourdeau in Paris schreibt er nicht ohne Ironie: »Meine Bücher sind nicht einmal langweilig, aber kein D[eutscher] hat einen Begriff davon –« ([etwa 17. Dezember 1888], *KGB* III 5, 535). Es überrascht also kaum, dass Nietzsche – soweit mir bekannt – nie anonym publiziert hat. In seinem umfangreichen Nachlass finden sich lediglich einige wenige Notate, die mit möglichen Pseudonymen ›spielen‹, wie »Pacific Nil« (*Nachlaß 1873, III 26[24]*, *KSA* 7, 586) oder »Felix Fallax« (*Nachlaß 1885, VII 34[194]*, *KSA* 11, 486).
37 Zur autobiographisch-familiengenealogischen Dimension der Beziehung Nietzsches zu Herder, die hier nur angedeutet ist, vgl. ausführlicher W. v. Rahden (2005a).

Streifzüge eines Unzeitgemäßen). Auch in diesem Beispiel gerät Nietzsche eine Charakterisierung Herders, die er in unverhohlen disqualifizierender Absicht vornimmt, unter der Hand zu einer Selbstcharakterisierung.

Ist es die Ahnung (oder ›unbewusste‹ Erkenntnis?) dieser Nähe zu Herder, die bei Nietzsche zu einer polemischen Abstoßungsbewegung führt, die unter dem Signum »Herder« offenbar vor allem auf das eigene verdrängte ›alter ego‹ zielt?

Bei aller Differenz kann festgestellt werden, Nietzsche und Herder, deren Geburtsdatum 100 Jahre trennen, eint auch die Offenheit, ja die Widersprüchlichkeit ihres Denkens, das sich nicht einem – wie auch immer begründeten – homogenen Systementwurf verschrieben hat.

Literaturverzeichnis

Bauer, Martin (1984): »Zur Genealogie von Nietzsches Kraftbegriff. Nietzsches Auseinandersetzung mit J.G. Vogt«. In: *Nietzsche-Studien. Internationales Jahrbuch für die Nietzsche-Forschung. Grundfragen der Nietzsche-Forschung.* Hg. von Mazzino Montinari und Helmut Hillebrand. Bd. 13, 211-227

Bishop, Paul; Stephenson, R.H. (2005): *Friedrich Nietzsche and Weimar Classicism.* New York

Borsche, Tilman (1994): »Vom romantischen Traum einer fröhlichen Wissenschaft. Nostradamus, Nietzsche und die Inquisition«. In: *Nietzsche-Studien. Internationales Jahrbuch für die Nietzsche-Forschung.* Bd. 23, 175-199

Brusotti, Marco (1997): *Die Leidenschaft der Erkenntnis. Philosophische und ästhetische Lebensgestaltung bei Nietzsche von ›Morgenröthe‹ bis ›Also sprach Zarathustra‹.* Berlin, New York

Deleuze, Gilles (1962): *Nietzsche et la philosophie.* Paris

Figl, Johann (1996) (Hg.): *Von Nietzsche zu Freud. Übereinstimmungen und Differenzen von Denkmotiven.* Wien

Galton, Francis (1883): *Inquiries into Human Faculty and its Development.* London

Gasser, Reinhard (1997): *Nietzsche und Freud.* Berlin, New York

Gessinger, Joachim; von Rahden, Wolfert (1989) (Hg.): *Theorien vom Ursprung der Sprache.* 2 Bde. Berlin, New York

Herbert, Zbigniew (1996): »Albigenser, Inquisitoren und Troubadoure« (O Albigensach, Inkwizytorach i Trubadurach. 1962). In: ders.: *Opfer der Könige.* Zwei Essays. Aus dem Polnischen von Klaus Staemmler. Frankfurt a.M., 47-114

Herder, Johann Gottfried (*SWS* 1877-1913): *Sämmtliche Werke.* Hg. von Bernhard Suphan. 33 Bde. Berlin

— (*Briefe* 1980): *Bloß für Dich geschrieben. Briefe und Aufzeichnungen über eine Reise nach Italien 1788/89.* Hg. von Walter Dietze und Ernst Loeb. Berlin

Hüppauf, Bernd (2004): »Immanuel Kant vergönnt sich eine Lustreise«. In: *Paragrana. Internationale Zeitschrift für Historische Anthropologie. Rausch – Sucht – Ekstase.* Hg. von Christoph Wulf und Jörg Zirfas. Berlin, Bd. 13, Heft 2, 113-137

Kaufmann, Walter (1982): *Nietzsche. Philosoph – Psychologe – Antichrist.* Übers. v. Jörg Salaquarda. Darmstadt (Übers. des engl. Originals 1974, 4. Aufl.: *Nietzsche. Philosopher – Psychologist – Antichrist*)

Kondylis, Panajotis (1981): *Die Aufklärung im Rahmen des neuzeitlichen Rationalismus.* Stuttgart

Kittsteiner, Heinz Dieter (1980): *Naturabsicht und Unsichtbare Hand. Zur Kritik des geschichtsphilosophischen Denkens.* Frankfurt a.M., Berlin, Wien

Krummel, Richard Frank (1974, 1983): *Nietzsche und der deutsche Geist.* Berlin, New York, 2 Bde.

Lafont, Robert; Anatole, Christian (1970): *Nouvelle Histoire de la Littérature occitane.* Paris

Le Goff, Jacques (2005): *Ritter, Einhorn, Troubadoure. Helden und Wunder des Mittelalters.* Aus dem Französischen von Annette Lallemand. München (*Héros et merveilles du Moyen Age*. Paris 2005)

Lehrer, Ronald (1995): *Nietzsche's Presence in Freud's Life and Thought.* New York

[Lessing, Gotthold Ephraim] (1780): »Die Erziehung des Menschengeschlechts«. In: ders.: *Werke in drei Bänden.* Nach den Ausgaben letzter Hand. München (³1995), Bd. II, 1110-1132

Mendelssohn, Moses (1783): »Jerusalem oder über religiöse Macht und Judentum«. In: ders.: *Schriften über Religion und Aufklärung.* Hg. und eingeleitet von Martina Thom. Darmstadt, Berlin (1989), 395-458

Montinari, Mazzino (1982): *Nietzsche lesen.* Berlin, New York

Müller-Lauter, Wolfgang (1999): *Über Werden und Willen zur Macht. Nietzsche-Interpretationen I.* Berlin, New York

Nietzsche, Friedrich (*KSA* 1980): *Sämtliche Werke. Kritische Studienausgabe.* Hg. von Giorgio Colli und Mazzino Montinari, 15 Bde. München, Berlin, New York,

— (*KGB* 1975 ff.): *Briefwechsel. Kritische Gesamtausgabe.* Hg. von Giorgio Colli und Mazzino Montinari, bisher 25 Bde. Berlin

Ottmann, Henning (2000) (Hg.): *Nietzsche-Handbuch. Leben - Werk - Wirkung.* Stuttgart, Weimar

Rahden, Wolfert von (1984): »Eduard von Hartmann ›und‹ Nietzsche. Zur Strategie der verzögerten Konterkritik Hartmanns an Nietzsche«. In: *Nietzsche-Studien. Internationales Jahrbuch für die Nietzsche-Forschung. Grundfragen der Nietzsche-Forschung.* Hg. von Mazzino Montinari und Helmut Hillebrand. Bd. 13, 481-502

— (1989): »Sprachursprungsentwürfe im Schatten von Kant und Herder«. In: J. Gessinger; W. v. Rahden (1989), Bd. I, 421-467

— (1993a): »›Ich bin ein Thier gewesen‹. Herder's Concept of Evolution in the Context of His Time«. In: Daniel Droixhe; Chantal Grell (Éds.): *La linguistique entre mythe et histoire.* Actes des journées d'étude organisées les 4 et 5 juin 1991 à la Sorbonne en l'honneur de Hans Aarsleff. Münster, 187-210

— (1993b): »Orte des Bösen. Aufstieg und Fall des dämonologischen Dispositivs«. In: A. Schuller; W. v. Rahden (1993), 26-54

— (1993c): »Sprachpsychonauten. Einige nicht-institutionelle Aspekte der Entstehung einer ›Sprachbetrachtung in psychologischer Rücksicht‹ im letzten Drittel des 18. Jahrhunderts am Beispiel der Diskurskonkurrenz zwischen Immanuel Kant und Karl Philipp Moritz«. In: Klaus D. Dutz (Hg.): *Sprachwissenschaft im 18. Jahrhundert. Fallstudien und Überblicke.* Münster, 111-141

— (2000): »Der Grund des Abgrunds«. In: *Paragrana. Internationale Zeitschrift für Historische Anthropologie: Metaphern des Unmöglichen.* Hg. von Christoph Wulf. Bd. 9, Heft 1, 34-45

— (2003): »Individual Law: On Some Aspects of Nietzsche's Juridical and Aesthetic Discourse«. In: *Cardozo Law Review.* Yeshiva University, New York, vol. 24, Nr. 2, 723-737

— (2005a): »›Ächte Weimaraner‹: Zur Genealogie eines Genealogen«. In: *Ein gross vnnd narhafft haffen.* Festschrift für Joachim Gessinger. Hg. von Elisabeth Berner; Manuela Böhm und Anja Voeste. Potsdam, 43-54

— (2005b): »›Si hortum cum bibliotheca habes, nihil deerit‹. Lektüren des späten Nietzsche«. In: *Sprache, Bewußtsein, Stil. Theoretische und historische Perspektiven.* Festschrift für Hans-Martin Gauger. Hg. von Daniel Jacob, Thomas Krefeld und Wulf Oesterreicher. Tübingen, 283-303

Rudolph, Enno (1996): »Kultur als höhere Natur. Herder als Kritiker der Geschichtsphilosophie Kants«. In: *Nationen und Kulturen. Zum 250. Geburtstag J. G. Herders.* Hg. von Regine Otto. Würzburg, 13-25

Said, Edward (1983): »Travelling Theory«. In: ders.: *The World, the Text, and the Critic.* Cambridge, 226-247

Schneider, Ulrich Johannes (1985): »Toleranz und historische Gleichgültigkeit. Zur Geschichtsauffassung der Aufklarung«. In: *Lessing und die Toleranz.* Beiträge der vierten internationalen Konferenz der Lessing Society in Hamburg vom 27.-29. Juni (Sonderband zum *Lessing Yearbook*). Hg. von Peter Freimark, Franklin Kopitzsch und Helga Slessarev. Detroit, München, 115-128

Schuller, Alexander; von Rahden, Wolfert (1993) (Hg.): *Die andere Kraft. Zur Renaissance des Bösen.* Berlin

Seggern, Hans-Gerd von (2005): *Nietzsche und die Weimarer Klassik*. (Diss. phil. FU Berlin 2003). Tübingen, Basel

Venturelli, Aldo (1984): »Nietzsche in der Berggasse 19. Über die erste Nietzsche-Rezeption in Wien«. In: *Nietzsche-Studien. Internationales Jahrbuch für die Nietzsche-Forschung. Grundfragen der Nietzsche-Forschung.* Hg. von Mazzino Montinari und Helmut Hillebrand. Bd. 13. Berlin, New York, 448–480

Žižek, Slavoj (1991): *Liebe dein Symptom wie dich selbst! Jacques Lacans Psychoanalyse und die Medien.* Berlin

Namenregister

A

Aarsleff, Hans 437, 446, 476
Abbt, Thomas 50, 307, 308, 319
Abraham, Nicolas 307, 319
Addison, Joseph 417, 424
Adelung, Johann Christoph 105, 108
Adler, Emil 34, 157, 171, 243
Adler, Hans 75, 84, 204, 209, 262, 265, 323, 324, 327, 328, 332, 339, 382, 441, 442, 446, 451, 456
Alberti, Leon Battista 201
Albrecht, Jörn 385, 387, 388, 395
Albus, Verena 370, 371, 380, 383
Alexander der Große 179, 220
Alexander, Samuel 255
Alt, Peter-André 287, 288, 290, 321, 323, 327
Amyot, Jacques 158
Anatole, Christian 467, 475
Anselm von Canterbury 344
Aprent, Johannes 453, 454, 457
Aristoteles 104, 216, 311, 319
Arnaud, Abbé François 160, 169
Arnauld, Antoine 149, 344, 352
Arnauld, Pierre 149
Arnold, Gottfried 234
Arnold, Günter 14, 19, 33, 53, 135, 143, 145, 169, 173, 181, 197, 209, 227, 240, 243, 244, 246, 251, 253, 261, 265, 283, 286, 293, 306, 326, 355, 366, 395, 402, 405, 408, 413, 415, 416, 424, 430, 447
Astruc, Jean 245
Aubertin, Charles 166, 171
Augustinus 193
Auroux, Sylvain 343, 346, 348, 353
Aust, Stefan 343
Avetisjan, Vladimir A. 174, 180, 181

B

Babut, Pierre 150, 151, 153, 160
Bacon, Francis 45, 156, 168, 224, 346, 372, 435, 436
Bacon, Roger 344
Baer, Hans 418, 424
Baeumler, Alfred 57

Bahrdt, Karl Friedrich 187
Baildam, John D. 395
Ballauff, Theodor 71, 74
Barkhoff, Jürgen 119, 434, 446, 447
Barnard, Frederick M. 111, 119, 239, 240
Barnouw, Dagmar 91, 96
Barthes, Roland 64
Batteux, Charles 436
Baudelaire, Charles 64
Bauer, Martin 472, 475
Baum, Angelica 272, 282, 323, 327
Baum, Manfred 244, 251
Baumgarten, Alexander Gottlieb 319, 350, 380, 435, 442
Bayer, Oswald 327, 328
Bayle, Pierre 224
Beattie, James 45, 447
Beauzée, Nicolas 156, 157, 158, 159, 160, 161, 162, 163, 166, 169, 170, 343, 348, 349, 352
Becker, Bernhard 47, 53, 90, 96, 145, 171, 449, 450, 456
Begemann, Christian 417, 424
Begrow 147, 149, 151, 152, 154, 176, 297
Beiser, Frederick C. 89, 96, 243, 251
Belhalfaoui-Koehn, Barbara 146, 171
Bell, David 253, 265
Belting, Hans 26, 27, 28
Benner, Dietrich 71, 74
Béranger, Pierre-Jean de 450
Berens, Gustav 145, 149, 151
Berger, Joachim 405, 413
Bergman, Torbern 126, 127
Berkeley, George 346, 352, 406, 407, 408, 411, 415, 439, 440, 446
Berlin, Isaiah 91, 96
Bernal, Martin 90, 96
Bernasconi, Robert 114, 116, 119
Bernd, Adam 57, 58, 61
Bernig, Jörg 450, 456
Bernis, François-Joachim Pierre de 166
Biale, David 236, 240
Birkenhauer, Josef 121, 127
Bishop, Paul 460, 475
Bittner, Konrad 173, 176, 177, 181
Black, Max 369, 383

Blackall, Eric 381, 383
Blackwell, Thomas 153, 169, 278
Blair, Hugh 426, 427, 428, 430
Bloom, Harold 307, 308, 309, 318, 319
Blumenbach, Johann Friedrich 116, 445
Blumenberg, Hans 55, 221, 224, 227
Blumenthal, Hermann 455, 456
Bödeker, Hans Erich 434, 446
Bodmer, Johann Jacob 389, 392
Boehm, Gottfried 27
Boening, John 91, 96
Böhme, Gernot 122, 127, 419
Böhme, Hartmut 122, 127, 419
Boie, Heinrich Christian 18, 31
Bollacher, Martin 53, 58, 74, 84, 85, 119, 132, 135, 143, 176, 178, 179, 180, 181, 197, 209, 220, 228, 230, 240, 251, 253, 265, 328, 339
Böning, Thomas 321, 325, 327
Bonnet, Charles 39, 415, 420, 424, 435, 437, 444
Bordeu, Théophile 436, 446
Börne, Ludwig 450, 456
Borsche, Tilman 356, 366, 467, 468, 475
Bossuet, Jacques Bénigne 149
Böttiger, Karl August 26, 181
Bouhours, Dominique 162
Bourdeau, Jean 474
Bourignon, Antoinette 401
Brandes, Georg 461, 471
Brandt, Reinhard 435, 446
Braungart, Georg 323, 327, 332, 339
Braungart, Wolfgang 322, 327
Brecht, Bertolt 52, 54, 55, 56, 376
Broberg, Gunnar 118, 119
Browne, George 148
Brumlik, Micha 65, 74
Brummack, Jürgen 53, 58, 74, 84, 85, 132, 143, 200, 201, 253, 265, 276, 282, 321, 328, 339
Bruneau, Charles 171
Brunot, Ferdinand 147, 149, 150, 157, 161, 171
Brusotti, Marco 467, 475
Brutus 213, 216
Büchner, Georg 451
Buffon, Georges-Louis Leclerc, Comte de 104, 117, 119, 420
Buickerood, James G. 251, 434, 441, 446
Bukowsky, Charles 62
Bultmann, Christoph 19, 51, 53, 204, 209, 249, 250, 251
Bunge, Marcia 186, 197, 223, 227

Buntfuß, Markus 68, 74
Bürger, Gottfried August 392, 393
Burke, Edmund 93, 415, 416, 417, 418, 419, 420, 421, 422, 423, 424, 436, 441
Burroughs, William 62
Bury, Friedrich 26, 27, 28, 30, 32

C
Callenberg, Johann Heinrich 234, 241
Campe, Joachim Heinrich 353
Campenhausen, Johann Chr. von 148
Candrea, George 422, 424
Carboncini, Sonia 286
Caesar, Gaius Iulius 164, 170, 213, 220
Casaubon, Meric 400
Cassirer, Ernst 272, 282
Cavazza, Franco 344, 353
Cazotte, Jacques 401
Cesana, Andreas 76, 84
Chabbert, Jean 440, 446
Champollion, Jean-François 206, 450
Chase, Bob 91, 96
Chauvelin, Bernard-Louis de 166
Cheselden, William 439
Ciafardone, Raffaele 348, 353
Clairmont, Heinrich 257, 259, 263, 265, 382
Clark, Robert T. 249, 251
Claudius, Matthias 13, 262, 403, 404, 405, 406, 407, 430
Clément, Pierre 149
Coleridge, Samuel Taylor 64
Condillac, Étienne Bonnot de 156, 157, 158, 161, 162, 163, 166, 170, 172, 332, 335, 339, 366, 400, 406, 415, 435, 439, 440, 444, 446
Corneille, Pierre 165, 170
Coseriu, Eugenio 346
Couturier, Daniel 150, 151, 152, 153, 171
Coyer, Gabriel-François, Abbé 161, 170
Crébillon, Claude Prosper Jolyot de 149, 165
Cromwell, Oliver 239
Cunningham, Andrew 436, 446
Curley, Edwin 248, 251
Czerwinski, Peter 312, 319

D
D'Alembert, Jean Le Rond 15, 155, 156, 165, 166, 168, 170, 352
D'Espiard, François Ignace 104
Dagen, Jean 166, 171

Dahlmann, Hellfried 344, 353
Damm, Christian Tobias 390
Damm, Sigrid 24
Danz & Gruber 452, 456
Davies, Martin 437, 438, 446
Davis, John 439, 446
Debatin, Bernhard 369, 382, 383
Defoe, Daniel 69
Deleuze, Gilles 472, 475
Demandt, Alexander 166, 171
Dennis, John 270
Derré, Jean-René 403, 413
Derrida, Jacques 170, 307, 329, 336, 339
Descartes, René 45, 56, 57, 62, 248, 258, 286, 435
Detering, Heinrich 307, 319
Deupmann, Christoph 272, 282
Deussen, Paul 471
Dewhurst, Kenneth 438, 446
Diderot, Denis 38, 45, 149, 155, 156, 157, 158, 159, 161, 162, 163, 166, 167, 168, 169, 170, 171, 172, 246, 281, 332, 406, 413, 415, 439, 440, 441, 446, 447
Dilthey, Wilhelm 70, 74, 221
Dmitriewa, Katia 174, 181
Dobbek, Wilhelm 14, 48, 53, 169, 181, 227, 240, 253, 265, 306, 366, 395, 402, 416, 424, 430, 447
Dohm, Christian Wilhelm 220, 231, 232, 237, 239, 240
Domsien, Christoph Samuel 20
Doppler, Alfred 455, 457
Dreike, Beate Monika 124, 127, 444, 446
Dressel, Gert 285
Dubos, Jean-Baptiste 123, 127, 163, 164, 436
Duclos, Charles Pinot 149, 170, 344, 345, 347, 352
Dülmen, Richard van 221, 228
Du Marsais, Cesar-Chesneau 156
Düsing, Wolfgang 217, 326, 328
Dyck, Joachim 280, 282, 382

E
Ebert, Johann Arnold 294, 295
Egede, Hans 100
Ehrhardt, Gundula 415, 424
Embach, Michael 235, 240
Engel, Manfred 286, 287
Enzensberger, Hans Magnus 343
Enzinger, Moriz 452, 456

Epiktet 216
Ernst II. Ludwig, Herzog von Sachsen-Gotha 405

F
Fabian, Bernhard 434, 446, 447
Fabricius, Johann Albert 413
Fasel, Christoph 321, 328
Faull, Katherine 434, 446
Fénelon, François de 149
Feuchtersleben, Ernst von 454, 455, 457
Feuerbach, Ludwig Andreas 225
Fichte, Johann Gottlieb 91, 96, 173, 217, 223, 224, 225, 251, 355, 452
Figl, Johann 461, 475
Figlio, Karl 438, 446
Fink, Gonthier-Louis 104, 108, 122, 127, 137, 143, 150, 161, 163, 165, 171
Fink, Karl J. 434, 446
Fisher, Richard 96
Flachsland, Karoline 18, 20, 21, 22, 52, 178, 182, 297, 298, 299, 300, 301, 463
Fontenelle, Bernard le Bovier de 149, 171
Formigari, Lia 344, 351, 353
Forster, Georg 96, 136, 143, 293, 465
Forster, Michael 433, 442, 443, 446
Förster, Wolfgang 81, 84
Foucault, Michel 309, 319, 471
Fox, Christopher 446, 448
Frank, Ruth 146, 158, 171
Franz I. (von Frankreich) 164
Frei, Hans W. 186, 191, 197
Freitag, Egon 25
French, Roger 436, 446
Fréron, Louis 149
Freud, Sigmund 289, 291, 307, 319, 460, 461, 463, 471, 475, 476
Frisi, Paolo 319
Fritzsch, E.W. 465
Fuhrmann, Manfred 319, 392, 395
Fürst, Gebhard 356, 359, 366

G
Gabriel, Gottfried 43, 395
Gadamer, Hans-Georg 79, 84, 129, 130, 134, 143, 308, 319
Gaier, Ulrich 36, 37, 38, 39, 41, 43, 53, 75, 84, 126, 127, 132, 143, 158, 169, 171, 199, 204, 205, 209, 213, 249, 251, 261, 265, 276, 312,

319, 321, 328, 356, 359, 360, 366, 370, 373, 375, 383, 385, 389, 391, 392, 395
Galilei, Galileo 55, 218
Galton, Francis 473, 475
Gärtner, Renate 383
Gasser, Reinhard 461, 475
Gehlen, Arnold 46, 77, 78, 82, 84
Gellius, Aulus 345, 352
Gerold, Karl Gustav 156, 163, 171
Gersdorff, Carl von 462
Gerstenberg, Heinrich Wilhelm 145, 298
Gesche, Astrid 356, 360, 366
Gessinger, Joachim 343, 353, 469, 475, 476
Geßner, Salomon 298
Girard, Gabriel 157, 170
Glacken, Clarence 121, 127
Gleim, Johann Wilhelm Ludwig 161, 243, 253, 254, 260, 294, 295, 298, 301, 305, 306, 355
Goethe, Johann Wolfgang 13, 14, 17, 18, 19, 20, 21, 22, 24, 25, 27, 29, 32, 33, 46, 47, 51, 52, 61, 67, 148, 154, 160, 166, 170, 174, 181, 182, 209, 223, 226, 243, 246, 251, 253, 258, 262, 265, 282, 283, 284, 293, 301, 302, 303, 305, 306, 310, 319, 322, 325, 326, 327, 328, 339, 376, 388, 392, 395, 403, 412, 419, 424, 426, 429, 430, 449, 450, 451, 453, 454, 459, 460, 462, 463, 464, 465, 474
Goldsmith, Oliver 298
Golz, Jochen 293, 306
Görres, Johann 450
Gossman, Lionel 440, 446
Goudar, Ange 166, 170
Goya, Francisco 291
Graf, Friedrich Wilhelm 106, 107, 108
Graff, Anton 22, 23, 32
Graubner, Hans 321, 328
Gregor IX., Papst 467
Gregory, John 436
Greif, Stefan 321, 328
Grillparzer, Franz 451, 452, 456, 457
Grimm, Gunter E. 53, 246, 265, 319, 339, 395
Grimm, Jacob 105, 108
Grimm, Wilhelm 105, 108
Großklaus, Dirk 272, 282
Gruber, Johann Gottfried 52
Grün, Klaus-Jürgen 405, 413
Grünbein, Durs 62
Guercino, il (= Giovanni Francesco Barbieri) 53
Gump, Margaret 454, 456
Gundert, Hermann 271, 283

Gundling, Nicolaus Hieronymus 246
Gusdorf, Georges 149, 171, 446
Gutzkow, Karl 449, 450, 451, 456

H

Habermas, Jürgen 346
Häfner, Ralph 46, 53, 147, 171, 200, 201, 205, 206, 209, 400, 401, 402, 404, 409, 413, 415, 420, 424, 452, 453, 456
Hagner, Michael 444, 446
Hahn, Karl-Heinz 47, 265, 430
Haigh, Elizabeth 438, 446
Haller, Albrecht von 60, 123, 124, 127, 401, 415, 416, 420, 424, 433, 436, 437, 438, 439, 443, 444, 445, 447, 448
Hamann, Johann Georg 16, 17, 21, 22, 24, 43, 45, 48, 49, 50, 52, 53, 57, 145, 147, 155, 160, 168, 170, 199, 204, 205, 207, 209, 237, 240, 241, 249, 250, 269, 270, 271, 272, 273, 274, 275, 276, 277, 278, 279, 280, 281, 282, 283, 294, 295, 296, 297, 298, 301, 303, 321, 327, 328, 329, 371, 372, 381, 386, 403, 404, 405, 413, 418, 451, 456, 457
Hamilton, John T. 275, 283
Hampshire, Stuart 255, 265
Hansen, Frank-Peter 355, 366
Harder, Hans-Bernd 47, 48
Harder, Johann Jacob 417
Harich, Wolfgang 52, 53
Hartknoch, Johann Friedrich 17, 21, 22, 151, 152, 153, 154, 155, 156, 160, 163, 167, 169, 297, 301, 304, 417
Hartley, David 239, 240
Hartmann, Carl Philip 455
Hartmann, Eduard von 223, 459, 460, 476
Hartung, Gerald 436, 437, 446
Hatfield, Gary 435, 437, 446
Havelock, Eric A. 310, 319
Haym, Rudolf 52, 53, 145, 146, 147, 171, 190, 197, 206, 209, 219, 243, 249, 253, 254, 265, 452, 456
Heckenast, Gustav 453
Heeren, Arnold Hermann Ludwig 450
Hegel, Georg Wilhelm Friedrich 173, 217, 227, 420, 450
Heidegger, Martin 356
Heine, Heinrich 221, 227, 228, 449, 450, 451, 454, 455, 456
Heinz, Jutta 124, 127, 306
Heinz, Marion 75, 79, 84, 200, 209, 217, 326,

328, 356, 366, 367, 433, 440, 441, 442, 443, 446
Heise, Jens 65, 74
Heißenbüttel, Helmut 62
Helmont, Johann Baptist van 420
Helvétius, Claude Adrien 137, 172
Hemsterhuis, François 214, 420
Henkel, Arthur 16, 17, 276, 283
Herbert, Zbigniew 467, 475
Herz, Andreas 321, 328
Herz, Marcus 239
Herzl, Theodor 239
Hesse, Andreas Peter von 301
Heyke, Waltraut 383
Heyne, Christian Gottlob 301
Hiob 207, 275; s. a. Job
Hippokrates 122, 128
Hobbes, Thomas 56
Hofbauer, Andreas Leopold 356, 359, 363, 364, 365, 366
Hofe, Gerhard vom 205, 207, 209, 250, 251, 284
Hoffmann, Stefan 317, 319
Hoffmann, Volker 269, 283
Hoheisel, Karl 121, 128
Hölderlin, Friedrich 33, 355, 425
Holstein-Gottorp, Peter Friedrich Wilhelm Prinz von 301
Homer 153, 169, 270, 271, 278, 279, 280, 284, 320, 326, 374, 387, 389, 390, 392, 395, 425, 426, 427, 428, 429, 431
Honkes, Ulrich 171
Horaz 275, 283, 345, 346, 392
Houben, Heinrich Hubert 450, 451, 456
Huber, Michael 155
Huber, Thomas 385, 395
Hufnagel, Erwin 70, 74
Humboldt, Alexander von 121, 134, 143, 452
Humboldt, Wilhelm von 19, 65, 71, 74, 293, 358, 366, 454
Hume, David 46, 49, 50, 53, 92, 95, 209, 249, 251, 328, 400, 415, 436, 440, 441, 442, 446
Hupfeld, Hermann 207, 210
Hüppauf, Bernd 465, 475
Hurd, Richard 160, 170
Hurlebusch, Klaus 49, 53
Hutcheson, Francis 436
Huygens, Christiaan 402

I
Immermann, Karl 449, 451
Immerwahr, Raymond 440, 447
Ingensiep, Hans Werner 437, 447
Innozenz III., Papst 467
Irmscher, Hans-Dietrich 34, 53, 74, 76, 84, 85, 145, 157, 166, 171, 174, 179, 181, 204, 209, 265, 276, 277, 283, 306, 319, 326, 328, 339, 366, 418, 423, 424, 452, 453, 456

J
Jackson, Stanley 445, 447
Jacobi, Friedrich Heinrich 28, 49, 50, 51, 54, 254, 256, 261, 262, 263, 264, 298, 305, 430
Jacobi, Günther 418, 424
Jacobs, Jürgen 114, 119
Jaeschke, Walter 49, 50
Jakobson, Roman 310, 320
Jannidis, Fotis 307, 319, 320
Jean Paul 13, 28, 33, 217, 303, 305, 308, 320, 353, 367, 369, 425, 430, 449, 450, 453, 454
Jecht, Dorothea 358, 366
Job 207, 246, 247, 275
Johannes (Apostel) 51, 185, 186, 187, 188, 189, 194, 195, 196, 197, 253, 470, 471
Johnson, Mark 369, 370, 383
Jonas, Hans 194, 197
Jones, Rufus M. 225, 228
Jonsson, Stefan 90, 91, 96
Jørgensen, Sven-Aage 283
Joseph II., Kaiser 229
Joyce, James 62

K
Kahnweiler, Henry 60
Kaiser, Gerhard 391, 395
Kames, Henry Home 436, 442
Kant, Immanuel 15, 16, 17, 25, 29, 33, 34, 36, 37, 38, 42, 44, 50, 52, 56, 58, 59, 60, 69, 74, 83, 85, 91, 96, 97, 111, 114, 115, 116, 117, 119, 128, 141, 143, 173, 188, 195, 199, 200, 217, 224, 225, 231, 236, 241, 251, 255, 260, 262, 263, 264, 265, 271, 283, 293, 294, 326, 328, 336, 337, 339, 350, 351, 352, 355, 356, 357, 358, 359, 361, 364, 366, 367, 399, 400, 402, 403, 404, 406, 407, 408, 410, 411, 413, 418, 419, 420, 422, 424, 433, 434, 438, 439, 440, 441, 442, 445, 448, 451, 459, 460, 464, 465, 468, 471, 472, 474, 475, 476

Karoline Luise, Prinzessin von Sachsen-Weimar und Eisenach 106
Karl Friedrich, Großherzog von Sachsen-Weimar 30
Katharina II. (von Russland) 149, 174, 175, 176, 177, 178, 179
Kaufmann, Angelika 22, 23, 32
Kaufmann, Walter 461, 475
Käuser, Andreas 434, 447
Keller, Mechthild 173, 181, 182
Kelletat, Andreas F. 385, 391, 392, 395
Kemper, Dirk 61
Kemper, Hans-Georg 277, 283, 321, 327, 328
Kepler, Johannes 55, 218, 219
Kessler, Martin 41
Kim, Dae Kweon 356, 366
Kippenberg, Hans G. 194, 197
Kircher, Athanasius 402
Kittsteiner, Heinz Dieter 469, 475
Klauer, Martin Gottlieb 13, 32
Kloepfer, Rolf 390, 395
Klopstock, Friedrich Gottlieb 49, 53, 145, 146, 179, 204, 277, 298, 300, 392, 401, 402, 412, 425, 430, 462
Klotz, Christian Adolph 17, 145, 153, 155, 278, 297, 417
Knebel, Karl Ludwig von 27, 28, 29, 223, 404
Knodt, Eva 250, 251
Knoll, Samson B. 99, 108, 383
Koch, Samuel Nielssen 153, 154
Koeppen, Wilhelm 146, 171
Kolbert, Jean-Baptiste 169
Kommerell, Max 46
Kondylis, Panajotis 436, 447, 469, 475
Koopmann, Helmut 449, 450, 456
Kopernikus, Nicolaus 55, 56, 346
Kopetzki, Annette 385, 395
Köpke (Koepke), Wulf 83, 85, 96, 108, 250, 251, 283, 366, 383, 394, 395
Körner, Christian Gottfried 18, 22, 29
Koschorke, Albrecht 123, 128, 317, 320, 333, 339
Köselitz, Heinrich 462, 463, 465, 471
Krauss, Werner 46, 48, 53
Krebs, Roland 157, 172, 325, 328
Krüger, Johann Gottlob 437, 441
Krummel, Richard Frank 461, 475
Kurz, Gerhard 322, 326, 328

L

Ladenthin, Volker 65, 74
Lafont, Robert 467, 475
Lakoff, George 369, 370, 383
Lamarck, Jean-Baptiste P. A. de 117, 119
Lambert, Johann Heinrich 33, 34, 35, 36, 37, 38, 40, 41, 213, 343, 347, 348, 349, 353, 367
Lamennais, Hugues-Félicité-Robert de 450
La Mettrie, Julien Offray de 433, 436, 438, 448
La Morlière, Charles Jacques de 165
Lancelot, Claude 149, 352
Landfester, Ulrike 332, 339
La Rochefoucauld, François VI., Duc de 159
Laube, Heinrich 450, 451, 456
Lavater, Johann Caspar 22, 23, 24, 32, 223, 249, 301, 302, 303, 402, 403, 405, 406, 430
Lefkowitz, Mary R. 96
Le Goff, Jacques 468, 476
Lehmann, Hartmut 241
Lehrer, Ronald 461, 476
Leibniz, Gottfried Wilhelm 36, 45, 49, 56, 57, 60, 67, 74, 122, 124, 125, 126, 127, 128, 134, 173, 181, 244, 254, 258, 261, 263, 264, 346, 400, 420, 433, 440, 441, 444, 446, 453
Lenoir, Timothy 443, 445, 447
Lenz, Jakob Michael Reinhold 24, 302, 430
Leonardo Da Vinci 326
Lepenies, Wolf 134, 143
Leppin, Volker 41, 306
Lessing, Gotthold Ephraim 46, 52, 53, 54, 107, 146, 155, 163, 165, 166, 170, 187, 188, 189, 190, 191, 192, 193, 194, 197, 262, 281, 294, 298, 305, 324, 328, 332, 337, 339, 416, 417, 418, 424, 447, 450, 469, 472, 476
Lestwitz, Helene Charlotte von 455
Levy, Ze'ev 241
Lichtenberg, Georg Christoph 285, 286, 293, 303
Liebsch, Dimitri 203, 207, 209
Linden, Monika 434, 437, 447
Lindner, Herbert 243, 251
Lindner, Johann Gotthelf 16, 294, 295
Linné, Carl von 76, 116, 118, 119, 126
Lips, Johann Heinrich 20, 23, 32
Litt, Theodor 46
Locke, John 156, 345, 346, 400, 415, 434, 435, 439, 441, 442, 446, 448
Lomonossow, Michail 176, 178
Lord, Albert 310, 320
Löwenbrück, Anna-Ruth 232, 234, 241
Löwith, Karl 224
Lowth, Robert 208, 230, 241, 245, 249, 269,

273, 275, 276, 283
Ludwig XIV. (von Frankreich)   166, 169, 178
Luhmann, Niklas   33
Lukas (Apostel)   191, 470
Lumpp, Hans-Martin   273, 283
Luther, Martin   22, 52, 53, 55, 232, 233, 234, 235, 240, 241, 272, 470
Luzzatto, Simone   238, 239, 241

M

Macpherson, James   320, 428, 431
Malettke, Klaus   150, 172
Mallet, Paul Henri   160, 170
Malsch, Wilfried   81, 85, 96
Manilius, Marcus   274
Manke, Helga   346
Marbach, Johann   444, 447
Marcus Aurelius   216
Mariani, Kardinal   471
Markov, Walter   47
Markus (Apostel)   191, 470
Markworth, Tino   79, 85, 250, 251
Marmontel, Jean-François   159, 166, 170
Marquard, Odo   434, 447
Marschall, Wolfgang   103, 108
Martin, Gaston   150, 172
Martinez de Pasqually   402, 404, 413
Marx, Karl   46, 93, 225, 346, 469
Matthäus (Apostel)   191, 470
Matz, Wolfgang   453, 456
Maurer, Michael   85, 108, 293, 294, 300, 302, 304, 305, 306
Mauvillon, Eléazar   157, 160, 167, 170
Mayr, Florian   356, 364, 365, 366
Mayrhofer, Johann   454
Meier, Georg Friedrich   437
Meinecke, Friedrich   79, 85, 129
Menasseh ben Israel   238, 239, 241
Mendelssohn, Moses   154, 220, 230, 231, 232, 237, 239, 240, 241, 244, 246, 262, 270, 294, 296, 297, 309, 417, 418, 423, 424, 435, 436, 441, 472, 476
Menges, Karl   230, 232, 241, 355, 356, 366
Menninghaus, Winfried   335, 339
Menze, Ernest A.   220, 449, 455, 456
Merck, Johann Heinrich   31, 297, 298, 303, 390, 416
Merck, Louise Francisque   152
Merkel, R.F.   108
Metzger, Stefan   33, 34, 37, 43

Meyer, Johann Heinrich   29
Meysenbug, Malwida von   462, 471
Michaelis, Christian Benedikt   234
Michaelis, Johann David   234, 235, 241, 245, 249, 269, 273, 284, 343, 344, 345, 346, 347, 348, 349, 353
Michelangelo   326
Milton, John   277, 427
Mitchell, W.J.T.   327, 328
Mittenzwei, Werner   52, 54, 56
Modigliani, Denise   283, 323, 328
Molière   178
Molyneux, William   439, 440, 446
Momekam-Tassie, Martin   143
Mommsen, Katharina   74, 146, 151, 166, 169
Monk, Samuel H.   417, 418, 424
Montaigne, Michel de   108, 158, 442
Montesquieu, Charles-Louis de Secondat   123, 128, 159, 163, 164, 165, 167, 178, 450
Montinari, Mazzino   59, 469, 475, 476, 477
Moravia, Sergio   434, 435, 436, 447
Morazé, Charles   152, 172
More, Henry   420
Morellet, Abbé André   150, 170
Morelly, Etienne-Gabriel   200
Moritz, Karl Philipp   61, 223, 286, 287, 322, 326, 328, 329, 446, 465, 476
Möser, Justus   319
Moser, Walter   370, 383
Moses   189, 207, 220, 229, 230, 234, 245, 246
Mueller-Vollmer, Kurt   85, 96, 97, 108, 217, 251, 359, 361, 366
Mülder-Bach, Inka   332, 339
Müller, Ernst   274, 283
Müller, Gerhard   403, 413
Müller, Johann Georg   14, 21, 169, 304, 305, 403, 404, 406
Müller-Lauter, Wolfgang   469, 476
Müller-Sievers, Helmut   250, 251, 356, 359, 366
Mundt, Theodor   449, 450, 456
Musil, Robert   90, 96

N

Nadler, Josef   170, 209, 275, 283, 451, 456
Namowicz, Tadeusz   199, 209
Napoleon Bonaparte   93, 174, 220
Neis, Cordula   356, 366
Neubauer, John   438, 447
Newton, Isaac   41, 134, 218, 219, 273, 419, 420, 421

Nickisch, Reinhard   293, 306
Nicolai, (Christoph) Friedrich   17, 145, 153, 167, 168, 294, 296, 297
Nicole, Pierre   344, 352
Niehues-Pröbsting, Heinrich   332, 339
Nietzsche, Friedrich   57, 59, 90, 356, 366, 459, 460, 461, 462, 463, 464, 465, 466, 467, 468, 469, 470, 471, 472, 473, 474, 475, 476, 477
Nikolaus von Kues   224
Nisbet, Hugh Barr   113, 115, 116, 117, 119, 213, 438, 444, 447
Nohl, Johannes   52, 54
Norton, Robert   89, 90, 96
Novalis (Friedrich von Hardenberg)   61, 64, 290, 353, 367

O

Oetinger, Friedrich Christoph   38, 39, 42, 401
Oken, Lorenz   420
Orloff, Grigorij   176, 177
Osiander, Andreas   55
Ossian   160, 299, 303, 308, 309, 310, 311, 312, 313, 314, 315, 316, 317, 318, 320, 322, 389, 395, 425, 426, 427, 428, 429, 430, 431
Osten-Sacken, Peter von der   233, 234, 241
Ottmann, Henning   460, 476
Otto, Regine   43, 84, 85, 96, 97, 99, 108, 131, 132, 141, 143, 181, 213, 226, 228, 253, 254, 265, 328, 476
Overbeck, Franz   223, 462
Ovid   246, 277

P

Pagden, Anthony   97
Pannenberg, Wolfhart   77, 85
Parekh, Bhikhu C.   91, 97
Parry, Milman   310, 320
Pascal, Blaise   56, 57, 58, 60, 287
Paul I. (von Russland)   179, 181
Péhant, Emile   157, 172
Peirce, Charles Sanders   43
Pénisson, Pierre   155, 168, 172
Percy, Thomas   391, 393, 395
Pernety, Dom   401
Peter I., der Große (von Russland)   173, 174, 175, 176, 177, 178, 179, 180, 182
Peter III. (von Russland)   175, 176, 177, 179
Petersen, Leiva   46, 47
Pfaff, Peter   205, 209, 210, 284

Pfotenhauer, Helmut   338, 339, 425, 430, 434, 447
Picasso, Pablo   60
Pichler, Karoline   454
Pico della Mirandola, Giovanni   201
Pindar   271, 275, 278, 279, 282, 283, 422
Platner, Ernst   434
Platon   37, 41, 55, 65, 214, 216, 246, 270, 271, 272, 273, 274, 275, 276, 278, 281, 282, 283, 319, 324, 347, 358, 364, 367, 372, 387, 388, 395, 419, 420
Plessner, Helmuth   77, 78, 85
Pockels, Carl Friedrich   286
Pohl, Jürgen   125, 128
Pohlmeyer-Jöckel, Markus   359, 367
Poiret, Pierre   400, 401, 404, 405
Pontius Pilatus   471
Porter, Roy   446
Pöschl, Viktor   381, 383
Potemkin, Grigorij   177
Prémontval, André-Pierre le Guay   170, 345
Pross, Wolfgang   39, 40, 46, 53, 127, 128, 243, 245, 246, 251, 253, 265, 316, 320, 343, 370, 383, 401, 402, 413, 415, 416, 418, 419, 420, 421, 422, 423, 424, 434, 439, 440, 441, 447
Protagoras   201
Pseudo-Longin   422
Purdie, Edna   385, 395
Pythagoras   246

Q

Quinet, Edgar   174
Quintilianus, Marcus Fabius   344, 345, 353

R

Racine, Jean   162
Radischtschew, Alexander   177
Rahden, Wolfert von   459, 460, 465, 467, 468, 469, 474, 475, 476
Raphael   326
Rasputin, Grigorij   177
Ravid, Benjamin   238, 241
Ravitzky, Aviezer   240, 241
Raynal, Guillaume-Thomas, Abbé de   166
Rée, Paul   462
Reeves, Nigel   438, 446
Régnier-Desmarais, François-Séraphin   149
Rehberg, Friedrich   27, 28, 32
Reill, Peter Hanns   443, 447

Reimarus, Hermann Samuel 35, 185, 186, 187, 188, 189, 190, 196, 197, 437, 441
Reimmann, Jacob Friedrich 413
Reisiger, Hans 14, 16, 17, 18, 19, 21, 22
Reni, Guido 53
Restaut, Pierre 149
Reventlow, Henning Graf 273, 283
Richardson, Samuel 298
Richter, Simon 416, 438, 444, 445, 447
Rickels, Laurence 307, 320
Ricœur, Paul 369, 383
Riedel, Friedrich Justus 145, 339
Riedel, Wolfgang 435, 436, 447
Riehm, Eduard 207, 210
Rijnberk, Gérard van 402, 413
Ringleben, Joachim 273, 283
Rippmann, Inge 450, 456
Rippmann, Peter 450, 456
Riquier, Guiraud 467
Ritter, Carl 121, 127, 128
Robertson, William 95
Roe, Shirley 438, 447
Roger, Jacques 438, 445, 448
Rogers, G.A.J. 434, 448
Rogers, Guy MacLean 96
Rogers, Pat 271, 283
Rohde, Erwin 462
Rose, Paul Lawrence 230, 241
Rossi-Landi, Ferruccio 346
Rothschuh, Karl 123, 128, 448
Rotteck, Karl von 455
Rouché, Max 146, 169
Rousseau, Jean-Jacques 16, 35, 52, 53, 69, 74, 145, 148, 149, 159, 161, 162, 166, 170, 175, 287, 296, 298, 376, 415, 425, 442, 450
Rudolph, Enno 141, 143, 474, 476
Rudolph, G. 438, 448
Ruysbroek, Johannes 401
Rymatzki, Christoph 234, 241

S
Sadji, Uta 111, 119
Sagarra, Eda 119, 434, 446, 447
Said, Edward 91, 95, 97, 465, 476
Saint-Foix, Germain-François Poullain de 164
Saint-Martin, Louis-Claude de 399, 403, 404, 405, 406, 413
Salis, Meta von 471
Salmon, Paul 359, 367
Salmony, Hannsjörg 332, 339

Sauder, Gerhard 14, 85, 96, 97, 108, 127, 137, 143, 171, 172, 209, 251, 319, 383, 426, 430, 450, 456
Saussure, Raymond de 438, 448
Schabert, Ina 307, 320
Schach, Andreas 121, 128
Schaff, Barbara 307, 320
Schaller, Klaus 71, 74
Schaller, Ludwig 30, 32
Schäublin, Peter 452, 453, 454, 456
Schauer, Hans 20, 48, 178, 182
Scheffner, Johann Georg 17, 45, 294, 295, 430
Scheler, Max 77, 78, 85
Schelling, Friedrich Wilhelm Joseph 33, 173, 420, 424
Schiewer, Gesine Lenore 347, 353, 356, 367
Schildknecht, Christiane 43, 395
Schiller, Friedrich 18, 22, 29, 46, 47, 52, 174, 217, 293, 303, 327, 328, 329, 395, 399, 403, 405, 408, 409, 410, 411, 412, 425, 426, 427, 428, 429, 430, 446, 447, 450, 459, 460, 474
Schilson, Arno 52, 54
Schings, Hans-Jürgen 272, 283, 415, 419, 424, 434, 435, 436, 446, 447, 448
Schlaffer, Heinz 310, 320
Schlegel, August Wilhelm 392, 395
Schlegel, Friedrich 43, 224, 226, 329, 362, 367, 425, 426, 430
Schlegel, Gottlieb 297
Schlegel, Johann Adolf 450
Schlegel, Karoline 19
Schleiermacher, Friedrich 188, 225, 327, 328, 385, 386, 387, 388, 390, 391, 392, 393, 395
Schleypen, Georg 385, 395
Schmidt, Eva 223, 224, 228
Schmidt, Horst-Michael 59
Schmidt, Roderich 47
Schmidt, Wolf Gerhard 309, 314, 315, 318, 320, 425, 431
Schmidt-Biggemann, Wilhelm 273, 283, 402, 413, 430, 446
Schmidt-Hidding, Wolfgang 391, 395
Schmithals, Walter 191, 197
Schmitt, Axel 54
Schneider, Jost 47, 54, 90, 97, 223, 228
Schneider, Klaus 339
Schneider, Peter-Paul 54
Schneider, Sabine 322, 329
Schneider, Ulrich Johannes 469, 476
Schoenborn, Peter 455, 456
Scholz, Gerhard 46

Schön, Erich 390, 395
Schöne, Albrecht 276, 283
Schopenhauer, Arthur 460
Schramm, Carl Chr. 150, 170
Schrimpf, Hans Joachim 204, 328
Schuller, Alexander 476
Schulte, Christoph 230, 231, 232, 236, 237, 240, 241
Schumacher, Eckhard 321, 329
Schürmann, Eva 254, 265
Schüttler, Hermann 403, 413
Schweitzer, Albert 185, 190, 197
Schwinge, Ernst-Richard 270, 278, 283
Scipio 216
Sdun, Winfried 391, 395
Seebohm, Thomas 355, 356, 367
Seggern, Hans-Gerd von 460, 477
Sengle, Friedrich 451, 452, 453, 456
Sevigné, Madame de 149
Shaftesbury, Anthony Ashley-Cooper, Earl of 57, 58, 60, 254, 261, 263, 264, 269, 270, 271, 272, 273, 274, 276, 280, 281, 282, 283, 323, 327, 328, 400, 436, 442
Shakespeare, William 49, 50, 165, 246, 247, 248, 250, 251, 298, 308, 309, 310, 311, 312, 313, 314, 315, 316, 317, 318, 320, 322, 394
Simon, Ralf 75, 85, 279, 283, 321, 326, 329, 358, 362, 367
Singer, Rüdiger 388, 389, 393, 395
Singer, Wolf 60
Sloan, Phillip 115, 116, 119
Smend, Rudolf 53, 84, 230, 241, 244, 245, 265
Smith, Adam 469
Smith, Roger 435, 448
Smollett, Tobias 150
Soboul, Albert 47
Soeffner, Hans-Georg 67, 74
Soemmerring, Samuel Thomas 113, 119
Sokrates 270, 271, 272, 275, 309, 405
Solbrig, Ingeborg 91, 97
Sophokles 246, 247, 312
Sørensen, Bengt Algot 322, 329
Soulavie, Jean-Louis Giraud 127, 128
Spener, Philipp Jakob 234, 241
Spengler, Oswald 91
Spinoza, Baruch (Benedictus) de 39, 41, 45, 122, 126, 202, 238, 243, 244, 245, 246, 247, 248, 249, 250, 251, 253, 254, 255, 256, 257, 258, 259, 260, 261, 262, 263, 264, 265, 316, 420, 474

Stählin, Jakob 179, 182
Stanzel, Franz 166, 172
Steele, Richard 417, 424
Stein, Peter 451, 456
Steinhausen, Georg 293, 306
Stephenson, Roger H. 460, 475
Sterne, Laurence 150, 399
Steuben, Hans von 207, 210
Stierle, Karlheinz 27
Stifter, Adalbert 452, 453, 454, 455, 456, 457
Stolpe, Heinz 46, 47
Störig, Hans Joachim 388, 392, 395
Strasser, Johano 343
Strecker, Joachim Ludwig 20, 32
Strich, Fritz 174, 182
Strindberg, August 471
Stückrath, Jörn 157, 172
Sturz, Helfrich Peter 18, 31
Suchy, Victor 451, 457
Sulzer, Johann Georg 154, 349, 350, 433
Suphan, Bernhard 53, 96, 100, 108, 145, 173, 174, 175, 176, 177, 182, 197, 211, 215, 227, 229, 240, 283, 288, 319, 399, 430, 447, 453, 456, 475
Süßmilch, Johann 366, 437, 469
Swedenborg, Emmanuel 399, 400, 401, 402, 406, 407, 408, 409, 411, 412
Szlezák, Thomas Alexander 388, 395

T

Tatischtschew, Wasilij 178
Tauler, Johannes 401
Teniers, David 150, 165
Tenorth, Heinz-Elmar 65, 74
Terenz 163
Tghart, Reinhard 395
Thomasius, Christian 413
Tieck, (Johann) Ludwig 226
Tischbein, Johann Friedrich August 25, 26, 32
Todorov, Tzvetan 465
Toellner, Richard 283, 438, 448
Tonelli, Giorgio 402, 407, 413
Torok, Maria 307, 319
Trabant, Jürgen 353, 356, 358, 360, 363, 367
Tracy, Destutt de 93
Trippel, Alexander 22
Troeltsch, Ernst 221, 224
Tully, James 91, 97

U

Udolph, Ludger 174, 182
Uhland, Ludwig 430
Umberto I. (von Italien) 471
Unzer, Johann August 437

V

Van der Laan, James M. 270, 283
van Laak, Lothar 321, 326, 328
van Stockum, Theodorus Cornelis 146, 172
Varro, Marcus Terentius 343, 344, 353
Vartanian, Aram 438, 448
Vaugelas, Claude Favre 149
Vecchio, Sebastiano 343, 353
Venturelli, Aldo 461, 477
Vergil 427
Viatte, Auguste 403, 404, 413
Vico, Giambattista 96, 255, 347, 369, 382
Vidal, Francisco 435, 448
Vierhaus, Rudolf 446
Viëtor, Karl 204, 210
Vietta, Silvio 59, 61, 62, 64
Villars, Montfraucon de 401
Villate, Cartaud de la 104
Vogel, Adolf 145, 146, 172
Vollrath, Willi 243
Voltaire 92, 95, 149, 156, 157, 160, 161, 162, 163, 164, 165, 166, 167, 169, 170, 224, 400, 404, 447, 450
Vovelle, Michel 47

W

Wackenroder, Wilhelm Heinrich 74, 226
Wagner, Fritz 270, 284, 392, 395
Wagner, Richard 241, 460, 462
Wallmann, Johannes 233, 234, 241, 251, 265
Warburton, William 246
Waszek, Norbert 265
Weber, Edmund 99, 109
Weber, Max 194, 197, 221, 224, 225
Weidmann, Heiner 372, 383
Weidner, Daniel 269, 276, 284
Weinreich, Frank 265
Weissberg, Liliane 220
Welsch, Wolfgang 103, 109

Welter, Nicole 65, 67, 70, 73, 74, 203, 210
Werlen, Hansjakob 91, 97
Westfeld, Christian Friedrich Gotthard 18, 19
Wiedemann, Konrad 51, 54
Wieland, Christoph Martin 26, 31, 293, 298, 326, 328, 392, 395, 403, 450
Wieland, Wolfgang 76, 80, 85
Wilhelm, Gustav 454, 455, 456, 457
Wille, Johann Georg 155, 167, 170
Williams, Elizabeth 445, 448
Wilpert, Gero von 225, 228
Winckelmann, Johann Joachim 108, 127, 137, 143, 171, 200, 324, 331, 332, 335, 339
Wisbert, Rainer 53, 74, 146, 148, 166, 167, 169, 172, 181, 440, 448
Wokler, Robert 434, 435, 446, 448
Wolff, Caspar Friedrich 39
Wolff, Christian 45, 58, 244, 261, 286, 402, 433, 437, 441, 447
Wood, Paul 434, 436, 448

Y

Young, Arthur 151, 154, 170

Z

Zabel, Hermann 227, 228
Zammito, John H. 43, 78, 85, 115, 119, 213, 243, 244, 245, 246, 251, 356, 367, 433, 448
Zantop, Susanne 104, 105, 109
Zaremba, Michael 47, 54
Zedler, Johann Heinrich 121, 128, 286, 287, 334, 339
Zelle, Carsten 272, 284, 418, 424
Zeuch, Ulrike 323, 325, 327, 329, 332, 339, 359, 362, 367
Zimmermann, August Wilhelm 127, 128
Zimmermann, Johann Georg 437, 438, 444
Zinzendorf, Nikolaus Ludwig Graf von 100, 102, 234
Zippert, Thomas 19, 53
Žirmunskij, Viktor M. 173
Žižek, Slavoj 463, 477
Zoldester, Philip H. 454, 457
Zumthor, Paul 315, 320

Die Beiträgerinnen und Beiträger

GÜNTER ARNOLD
Klassik Stiftung Weimar
Burgplatz 4
99243 Weimar
Deutschland
Guenter.Arnold@klassik-stiftung.de

VLADIMIR A. AVETISJAN
Lichwintzew Strasse H. 68 a W. 7
Ishewsk 426034
Russland

NATALIE BINCZEK
Universität Siegen
Fachbereich 3
Adolf-Reichwein-Str. 2
57068 Siegen
Deutschland
binczek@germanistik.uni-siegen.de

MARKUS BUNTFUSS
Theologische Hochschule Augustana
Lehrstuhl für Systematische Theologie
Waldstraße 11
91564 Neuendettelsau
Deutschland
markus.buntfuss@augustana.de

VANNA CASTALDI
Piazza Caduti sul Lavoro, 1
50018 Scandicci (Firenze)
Italien
vanna.castaldi@alice.it

GUNDULA EHRHARDT
Luisenstr. 49
10117 Berlin
Deutschland
gundula.ehrhardt@web.de

GONTHIER-LOUIS FINK
Rosseler Weg
66130 Saarbrücken
Deutschland
g.l.fink@t-online.de

ULRICH GAIER
Universität Konstanz
Fachgruppe Literaturwissenschaft
Postfach 162
78457 Konstanz
Deutschland
Ulrich.Gaier@uni-konstanz.de

SABINE GROSS
University of Wisconsin
Department of German
1220 Linden Drive
Madison, WI 53706
USA
sgross@wisc.edu

RALPH HÄFNER
1. Freie Universität Berlin
Institut für deutsche und niederländische
Philologie
Habelschwerdter Allee 45
14195 Berlin
Deutschland
2. Universität Bern
Institut für Germanistik
Länggass-Strasse 49
3000 Bern 9
Schweiz
ralph.haefner@web.de

WULF KOEPKE
50 Winton Street
Roslindale, MA 02131
USA
Wulfkoepke@aol.com

LOTHAR VAN LAAK
Universität Bielefeld
Fakultät für Linguistik und
Literaturwissenschaft
Postfach 100131
33501 Bielefeld
Deutschland
lothar.van.laak@uni-bielefeld.de

HORST LANGE
University of Nevada, Reno
Department of Foreign Languages and
Literatures
Edmund J. Cain Hall 241, MS 100
Reno, NV 89557
USA
lange@unr.edu

ANNE LÖCHTE
Barbarossastr. 5
10781 Berlin
Deutschland
anneloechte@web.de

KARL MENGES
University of California
Department of German
Davis, CA 95616
USA
krmenges@ucdavis.edu

ERNEST A. MENZE
6 Ann Drive
Rhinebeck, NY 12572
USA
ingelheimerstr@yahoo.com

MARIO MARINO
Friedrich-Schiller-Universität Jena
SFB 482
Humboldtstr. 34
07743 Jena
Deutschland
mario.marino@uni-jena.de

MICHAEL MAURER
Friedrich-Schiller-Universität Jena
Institut für Volkskunde/Kulturgeschichte
Zwätzengasse 3
07743 Jena
Deutschland
Michael.Maurer@uni-jena.de

MARTIN MOMEKAM-TASSIE
University of Douala
Faculty of Letters and Social Sciences
P.O. Box 3132 Douala
Republik Kamerun
momekam@hotmail.com

HARRO MÜLLER-MICHAELS
Ruhr-Universität Bochum
Fakultät für Philologie
Germanistisches Institut
Postfach 102148
44780 Bochum
Deutschland
harro.mueller-michaels@ruhr-uni-bochum.de

WOLFERT VON RAHDEN
Berlin-Brandenburgische Akademie der
Wissenschaften (BBAW)
Jägerstr. 22/23
10117 Berlin
Deutschland
rahden@bbaw.de

ANDRE RUDOLPH
Martin-Luther-Universität
Interdisziplinäres Zentrum für die Erforschung
der Europäischen Aufklärung
Franckeplatz 1, Haus 54
06110 Halle
Deutschland
andre.rudolph@izea.uni-halle.de

GERHARD SAUDER
Universität des Saarlandes
Fachrichtung 4.1 Germanistik
Postfach 151150
66041 Saarbrücken
Deutschland
g.sauder@mx.uni-saarland.de

WOLF GERHARD SCHMIDT
Katholische Universität Eichstätt-Ingolstadt
Germanistik - Neuere Deutsche
Literaturwissenschaft
Universitätsallee 1
85072 Eichstätt
Deutschland
Wolf.Schmidt@ku-eichstaett.de

JOST SCHNEIDER
Ruhr-Universität Bochum
Fakultät für Philologie
Germanistisches Institut
Postfach 102148
44780 Bochum
Deutschland
Jost.Schneider@ruhr-uni-bochum.de

SONIA SIKKA
University of Ottawa
Department of Philosophy
Ottawa, Ontario K1N 6N5
Canada
ssikka@uottawa.ca

DAVID SIMMONS
University of Wisconsin, Whitewater
Department of Philosophy and Religious
Studies
800 West Main Street
Whitewater, WI 53190
USA
simmonsd@uww.edu

RALF SIMON
Deutsches Seminar der Universität Basel
Nadelberg 4, Engelhof
4051 Basel
Schweiz
ralf.simon@unibas.ch

RÜDIGER SINGER
Georg-August-Universität Göttingen
Seminar für Deutsche Philologie
Käte-Hamburger-Weg 3
37073 Göttingen
Deutschland
ruediger.singer@gmx.de

CHENXI TANG
University of California
Department of German
5319 Dwinelle Hall
Berkeley, CA 94720-3243
USA
tang@uchicago.edu

SILVIO VIETTA
Universität Hildesheim
Institut für deutsche Sprache und Literatur
Marienburger Höhe
31141 Hildesheim
Deutschland
vietta@rz.uni-hildesheim.de

DANIEL WEIDNER
Jägerstr. 10/11
10117 Berlin
Deutschland
weidner@zfl.gwz-berlin.de

NICOLE WELTER
Humboldt Universität zu Berlin
Institut für Erziehungswissenschaften
Abteilung Historische Erziehungswissenschaft
Unter den Linden 6
10099 Berlin
Deutschland
nicole.welter@educat.hu-berlin.de

JOHN ZAMMITO
Rice University
Department of History MS-42
P.O. Box 1892
Houston, TX 77251-1892
USA
zammito@rice.edu

ULRIKE ZEUCH
Herzog August Bibliothek
38299 Wolfenbüttel
Deutschland
zeuch@hab.de

PETER ZUSI
Prosecka 678
190 00 Prag 9
Tschechische Republik
pmzusi@yahoo.com

Summary

Early and Late Herder: Continuity and/or Correction

This volume presents selected and revised contributions from the 2004 International Herder Conference in Saarbrücken in English and German. Johann Gottfried Herder's late works are featured more extensively in these analyses than in any previous symposia. Approaches from a range of disciplinary positions shed new light on conceptual positions and intellectual-textual trajectories as well as the interrelation of biography and thought, highlighting both continuities and revisions. Among the contributing disciplines are literary analysis and history, linguistics and anthropology, aesthetics, philosophy, history, theology, and pedagogy. They document the rich multi- and interdisciplinarity that Herder's prismatic and varied œuvre invites and that is a hallmark of Herder research. Taken together in their transdisciplinary intersection, they offer a comprehensive overview of the dynamic currents of state-of-the-art Herder scholarship.